大学赤本シリーズ

204

北海学園大学

教学社

は　し　が　き

おかげさまで，大学入試の「赤本」は，今年で創刊70周年を迎えました。

これまで，入試問題や資料をご提供いただいた大学関係者各位，掲載許可をいただいた著作権者の皆様，各科目の解答や対策の執筆にあたられた先生方，そして，赤本を使用してくださったすべての読者の皆様に，厚く御礼を申し上げます。

以下に，創刊初期の「赤本」のはしがきを引用します。これからも引き続き，受験生の目標の達成や，夢の実現を応援してまいります。

本書を活用して，入試本番では持てる力を存分に発揮されることを心より願っています。

編者しるす

＊　＊　＊

学問の塔にあこがれのまなざしをもって，それぞれの志望する大学の門をたたかんとしている受験生諸君！　人間として生まれてきた私たちは，自己の欲するままに，美しく，強く，そして何よりも人間らしく生きることをねがっている。しかし，一朝一夕にして，この純粋なのぞみが達せられることはない。私たちの行く手には，絶えずさまざまな試練がまちかまえている。この試練を克服していくところに，私たちのねがう真に人間的な世界がはじめて開かれてくるのである。

人生最初の最大の試練として，諸君の眼前に大学入試がある。この大学入試は，精神的にも身体的にも，大きな苦痛を感ぜしめるであろう。あるスポーツに熟達するには，たゆみなき，はげしい練習を積み重ねることが必要であるように，私たちは，計画的・持続的な努力を払うことによって，この試練を克服し，次の一歩を踏みだすことができる。厳しい試練を経たのちに，はじめて満足すべき成果を獲得できるのである。

本書は最近の入学試験の問題に，それぞれ解答を付し，さらに問題をふかく分析することによって，その大学独特の傾向や対策をさぐろうとした。本書を一般の参考書とあわせて使用し，まとはずれのない，効果的な受験勉強をされるよう期待したい。

（昭和35年版「赤本」はしがきより）

挑む人の、いちばんの味方

1954年に大学入試の過去問題集を刊行してから70年。赤本は大学に入りたいと思う受験生を応援しつづけてきました。これからも，苦しいとき落ち込むときにそばで支える存在でいたいと思います。

そして，勉強をすること，自分で道を決めること，努力が実ること，これらの喜びを読者の皆さんが感じることができるよう，伴走をつづけます。

そもそも赤本とは…

受験生のための大学入試の過去問題集！

70年の歴史を誇る赤本は，500点を超える刊行点数で全都道府県の370大学以上を網羅しており，過去問の代名詞として受験生の必須アイテムとなっています。

なぜ受験に過去問が必要なのか？

大学入試は大学によって問題形式や頻出分野が大きく異なるからです。

赤本の掲載内容

傾向と対策

これまでの出題内容から，問題の「**傾向**」を分析し，来年度の入試に向けて具体的な「**対策**」の方法を紹介しています。

問題編・解答編

- 年度ごとに問題とその解答を掲載しています。
- 「**問題編**」ではその年度の試験概要を確認したうえで，実際に出題された過去問に取り組むことができます。
- 「**解答編**」には高校・予備校の先生方による解答が載っています。

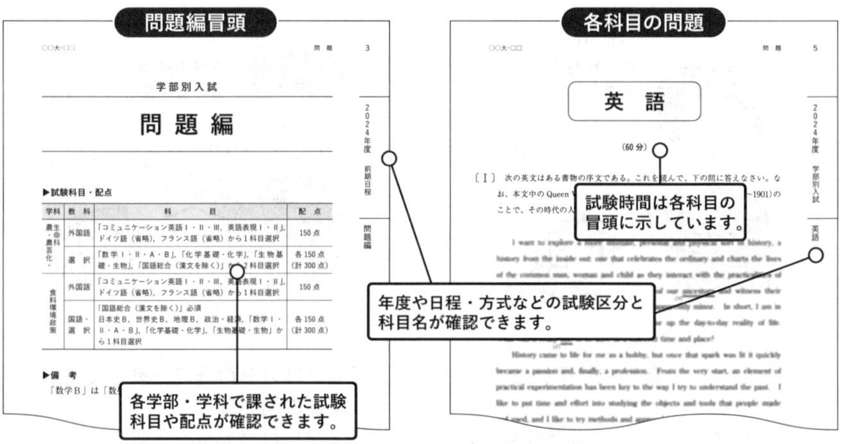

他にも，大学の基本情報や，先輩受験生の合格体験記，在学生からのメッセージなどが載っていることがあります。

掲載内容について

著作権上の理由やその他編集上の都合により問題や解答の一部を割愛している場合があります。
なお，指定校推薦入試，社会人入試，編入学試験，帰国生入試などの特別入試，英語以外の外国語科目，商業・工業科目は，原則として掲載しておりません。また試験科目は変更される場合がありますので，あらかじめご了承ください。

受験勉強は

過去問に始まり，

STEP 1

なにはともあれ

まずは解いてみる

しずかに…
今，自分の心と
向き合ってるんだから

ムーン

それは
問題を解いて
からだホン！

過去問は，**できるだけ早いうちに解く**のがオススメ！
実際に解くことで，**出題の傾向，問題のレベル，今の自分の実力**がつかめます。

STEP 2

じっくり具体的に

弱点を分析する

分析の結果だけど
英・数・国が苦手みたい
スリー
必須科目だホン
頑張るホン

間違いは自分の弱点を教えてくれる**貴重な情報源。**
弱点から自己分析することで，**今の自分に足りない力や苦手な分野**が見えてくるはず！

合格者があかす
赤本の使い方

傾向と対策を熟読

（Fさん／国立大合格）

大学の出題傾向を調べるために，赤本に載っている「傾向と対策」を熟読しました。

繰り返し解く

（Tさん／国立大合格）

１周目は問題のレベル確認，２周目は苦手や頻出分野の確認に，３周目は合格点を目指して，と過去問は繰り返し解くことが大切です。

過去問に終わる。

STEP 3

志望校にあわせて

苦手分野の重点対策

明日からはみんなで頑張るよ！
参考書も！ 問題集も！
よろしくね！
呼んだ？
なにを!?
どこから!?
グッ
グッ

参考書や問題集を活用して，苦手分野の**重点対策**をしていきます。**過去問を指針**に，合格へ向けた具体的な学習計画を立てましょう！

STEP 1▶2▶3

サイクルが大事！

実践を繰り返す

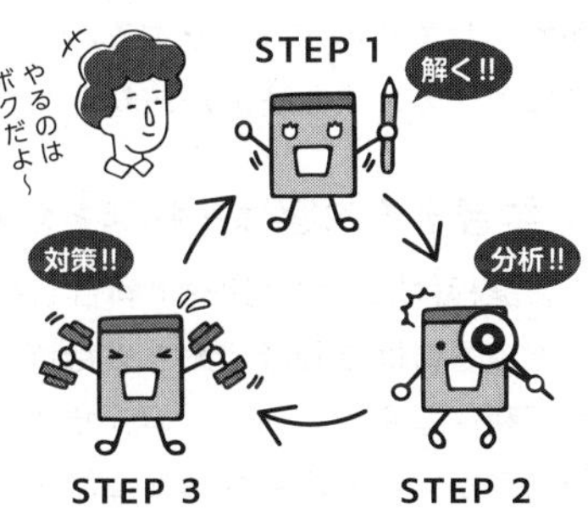

STEP 1～3を繰り返し，実力アップにつなげましょう！
出題形式に慣れることや，**時間配分を考えること**も大切です。

目標点を決める
(Yさん／私立大合格)
赤本によっては合格者最低点が載っているので，それを見て目標点を決めるのもよいです。

時間配分を確認
(Kさん／私立大学合格)
赤本は時間配分や解く順番を決めるために使いました。

添削してもらう
(Sさん／私立大学合格)
記述式の問題は先生に添削してもらうことで自分の弱点に気づけると思います。

新課程入試 Q&A

2022 年度から新しい学習指導要領（新課程）での授業が始まり，2025 年度の入試は，新課程に基づいて行われる最初の入試となります。ここでは，赤本での新課程入試の対策について，よくある疑問にお答えします。

Q1. 赤本は新課程入試の対策に使えますか？

A. もちろん使えます！

旧課程入試の過去問が新課程入試の対策に役に立つのか疑問に思う人もいるかもしれませんが，心配することはありません。旧課程入試の過去問が役立つのには次のような理由があります。

● 学習する内容はそれほど変わらない

新課程は旧課程と比べて科目名を中心とした変更はありますが，学習する内容そのものはそれほど大きく変わっていません。また，多くの大学で，既卒生が不利にならないよう「経過措置」がとられます（Q３参照）。したがって，出題内容が大きく変更されることは少ないとみられます。

● 大学ごとに出題の特徴がある

これまでに課程が変わったときも，各大学の出題の特徴は大きく変わらないことがほとんどでした。入試問題は各大学のアドミッション・ポリシーに沿って出題されており，過去問にはその特徴がよく表れています。過去問を研究してその大学に特有の傾向をつかめば，最適な対策をとることができます。

出題の特徴の例	・英作文問題の出題の有無 ・論述問題の出題（字数制限の有無や長さ） ・計算過程の記述の有無

新課程入試の対策も，赤本で過去問に取り組むところから始めましょう。

Q2. 赤本を使う上での注意点はありますか？

A. 志望大学の入試科目を確認しましょう。

過去問を解く前に，過去の出題科目（問題編冒頭の表）と 2025 年度の募集要項とを比べて，課される内容に変更がないかを確認しましょう。ポイントは以下のとおりです。科目名が変わっていても，実際は旧課程の内容とほとんど同様のものもあります。

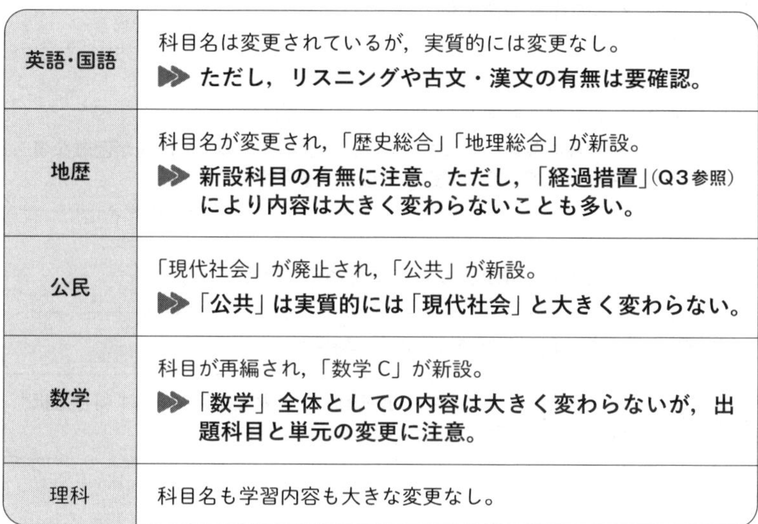

英語・国語	科目名は変更されているが，実質的には変更なし。 ▶▶ **ただし，リスニングや古文・漢文の有無は要確認。**
地歴	科目名が変更され，「歴史総合」「地理総合」が新設。 ▶▶ **新設科目の有無に注意。ただし，「経過措置」（Q3参照）により内容は大きく変わらないことも多い。**
公民	「現代社会」が廃止され，「公共」が新設。 ▶▶ **「公共」は実質的には「現代社会」と大きく変わらない。**
数学	科目が再編され，「数学 C」が新設。 ▶▶ **「数学」全体としての内容は大きく変わらないが，出題科目と単元の変更に注意。**
理科	科目名も学習内容も大きな変更なし。

数学については，科目名だけでなく，どの単元が含まれているかも確認が必要です。例えば，出題科目が次のように変わったとします。

旧課程	「数学Ⅰ・数学Ⅱ・数学A・数学B（数列・ベクトル）」
新課程	「数学Ⅰ・数学Ⅱ・数学A・**数学B（数列）・数学C（ベクトル）**」

この場合，新課程では「数学C」が増えていますが，単元は「ベクトル」のみのため，実質的には旧課程とほぼ同じであり，過去問をそのまま役立てることができます。

Q3. 「経過措置」とは何ですか？

A. 既卒の旧課程履修者への対応です。

多くの大学では，既卒の旧課程履修者が不利にならないように，出題において「経過措置」が実施されます。措置の有無や内容は大学によって異なるので，募集要項や大学のウェブサイトなどで確認しておきましょう。

◯旧課程履修者への経過措置の例

- 旧課程履修者にも配慮した出題を行う。
- 新・旧課程の共通の範囲から出題する。
- 新課程と旧課程の共通の内容を出題し，共通範囲のみでの出題が困難な場合は，旧課程の範囲からの問題を用意し，選択解答とする。

例えば，地歴の出題科目が次のように変わったとします。

旧課程	「日本史 B」「世界史 B」から１科目選択
新課程	「**歴史総合**，日本史探究」「**歴史総合**，世界史探究」から１科目選択※ ※旧課程履修者に不利益が生じることのないように配慮する。

「歴史総合」は新課程で新設された科目で，旧課程履修者には見慣れないものですが，上記のような経過措置がとられた場合，新課程入試でも旧課程と同様の学習内容で受験することができます。

要チェックだホン

新課程の情報は WEB もチェック！
より詳しい解説が赤本ウェブサイトで見られます。
https://akahon.net/shinkatei/

科目名が変更される教科・科目

	旧課程	新課程
国語	国語総合 国語表現 現代文A 現代文B 古典A 古典B	現代の国語 言語文化 論理国語 文学国語 国語表現 古典探究
地歴	日本史A 日本史B 世界史A 世界史B 地理A 地理B	歴史総合 日本史探究 世界史探究 地理総合 地理探究
公民	現代社会 倫理 政治・経済	公共 倫理 政治・経済
数学	数学Ⅰ 数学Ⅱ 数学Ⅲ 数学A 数学B 数学活用	数学Ⅰ 数学Ⅱ 数学Ⅲ 数学A 数学B 数学C
外国語	コミュニケーション英語基礎 コミュニケーション英語Ⅰ コミュニケーション英語Ⅱ コミュニケーション英語Ⅲ 英語表現Ⅰ 英語表現Ⅱ 英語会話	英語コミュニケーションⅠ 英語コミュニケーションⅡ 英語コミュニケーションⅢ 論理・表現Ⅰ 論理・表現Ⅱ 論理・表現Ⅲ
情報	社会と情報 情報の科学	情報Ⅰ 情報Ⅱ

目　次

2023 年度 問題と解答

掲載内容についてのお断り

基本情報

学部・学科の構成

大　学

●**経済学部**　豊平キャンパス
　経済学科*
　地域経済学科*
●**経営学部**　豊平キャンパス
　経営学科*
　経営情報学科
●**法学部**　豊平キャンパス
　法律学科*
　政治学科*
●**人文学部**　豊平キャンパス
　日本文化学科*
　英米文化学科*

●**工学部**　1年次：豊平キャンパス　2～4年次：山鼻キャンパス
社会環境工学科（社会環境コース，環境情報コース）
建築学科
電子情報工学科
生命工学科

（備考）＊の付してある学科は2部（夜間部）も設置されている。

大学院

経済学研究科 / 経営学研究科 / 法学研究科 / 文学研究科 / 工学研究科

大学所在地

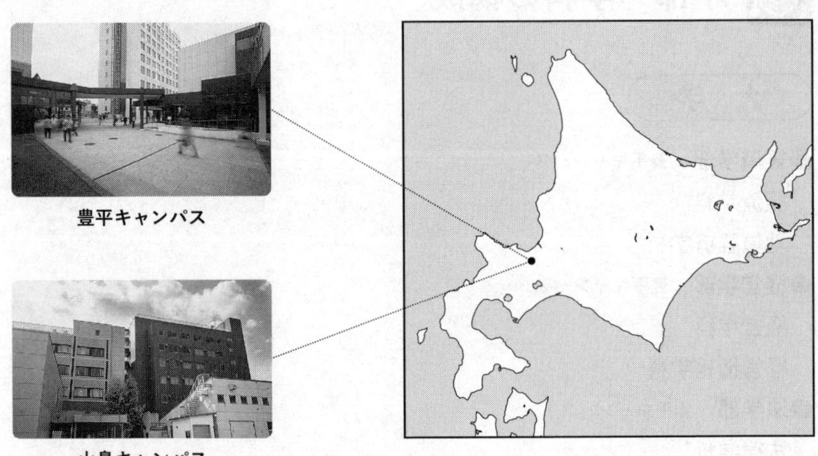
豊平キャンパス
山鼻キャンパス

豊平キャンパス　〒062-8605　札幌市豊平区旭町4丁目1番40号
山鼻キャンパス　〒064-0926　札幌市中央区南26条西11丁目1番1号

2024年度入試データ

◯経済学部・法学部は「学部」単位で募集。
◯経済学部・法学部の一般選抜は試験日自由選択制で，経済学部は2月9日と2月10日，法学部は2月11日と2月12日の2回に分けて募集（両日出願可）。

入試状況（志願者数・競争率など）

◯合格者数には追加合格者を含む（第二志望合格者は含まない）。
◯競争率は受験者数（大学入学共通テスト利用選抜は志願者数）÷合格者数で算出。

●一般選抜

学部	部	学科・コース等	募集人員	志願者数	受験者数	合格者数	競争率
経済学部	1部	〔2月9日試験〕	80	708	701	349	2.0
		〔2月10日試験〕	80	355	345	183	1.9
	2部	〔2月9日試験〕	27	137	136	69	2.0
		〔2月10日試験〕	26	83	83	49	1.7
経営学部	1部	経営学科	69	609	587	242	2.4
		経営情報学科	55	411	402	200	2.0
	2部	経営学科	50	166	165	108	1.5
法学部	1部	〔2月11日試験〕	65	401	390	210	1.9
		〔2月12日試験〕	65	192	187	101	1.9
	2部	〔2月11日試験〕	36	128	122	84	1.5
		〔2月12日試験〕	36	100	96	66	1.5
人文学部	1部	日本文化学科	50	211	199	120	1.7
		英米文化学科	45	165	162	113	1.4
	2部	日本文化学科	13	47	45	26	1.7
		英米文化学科	9	27	27	21	1.3

（表つづく）

学部	部	学科・コース等	募集人員	志願者数	受験者数	合格者数	競争率
工学部	1部	社会環境工学科 社会環境コース	13	40	38	31	1.2
		社会環境工学科 環境情報コース	10	46	44	31	1.4
		建築学科	20	124	119	87	1.4
		電子情報工学科	35	182	167	135	1.2
		生命工学科	20	114	104	85	1.2
合計			804	4,246	4,119	2,310	—

●大学入学共通テスト利用選抜Ⅰ期

学部	部	学科・コース等	募集人員	志願者数	合格者数	競争率
経済学部	1部		30	235	149	1.6
経営学部	1部	経営学科A方式	25	303	179	1.7
		経営学科B方式	20	75	44	1.7
		経営情報学科A方式	25	215	129	1.7
		経営情報学科B方式	20	89	44	2.0
法学部	1部	A方式	20	136	93	1.5
		B方式	10	48	30	1.6
人文学部	1部	日本文化学科	12	193	142	1.4
		英米文化学科	12	165	129	1.3
	2部	日本文化学科	6	36	26	1.4
		英米文化学科	6	35	30	1.2
工学部	1部	社会環境工学科 社会環境コース	6	59	51	1.2
		社会環境工学科 環境情報コース	4	62	47	1.3
		建築学科	12	129	106	1.2
		電子情報工学科	10	215	179	1.2
		生命工学科	12	129	108	1.2
合計			230	2,124	1,486	—

●大学入学共通テスト利用選抜Ⅱ期

学部	部	学科・コース等	募集人員	志願者数	合格者数	競争率
経済学部	1部		3	41	22	1.9
経営学部	1部	経営学科	10	25	10	2.5
		経営情報学科	10	27	10	2.7
	2部	経営学科	15	47	15	3.1
法学部	1部		5	30	17	1.8
	2部		18	22	17	1.3
人文学部	1部	日本文化学科	3	12	5	2.4
		英米文化学科	3	9	6	1.5
工学部	1部	社会環境工学科社会環境コース	2	6	5	1.2
		社会環境工学科環境情報コース	2	8	8	1.0
		建築学科	3	6	5	1.2
		電子情報工学科	3	15	13	1.2
		生命工学科	3	11	7	1.6
合計			80	259	140	—

平均点・合格点

○追加合格を実施した学科については最終の平均点・合格点である。

●一般選抜

部	学部・学科・コース等		満点	受験者平均点	合格者	
					合格点(合格得点率)	平均点
1部	経済学部	【2月9日試験】	350	181.77	182.25(52.1%)	213.30
		【2月10日試験】	350	182.36	182.37(52.1%)	211.14
	経営学部	経営学科	350	181.24	190.74(54.5%)	219.20
		経営情報学科	350	175.97	176.36(50.4%)	207.92
	法学部	【2月11日試験】	300	165.06	161.76(53.9%)	191.21
		【2月12日試験】	300	159.65	157.09(52.4%)	183.74
	人文学部	日本文化学科	350	187.54	179.55(51.3%)	210.97
		英米文化学科	350	172.07	154.06(44.0%)	192.10
	工学部	社会環境工学科 社会環境コース	350	161.83	124.57(35.6%)	179.30
		社会環境工学科 環境情報コース	300	134.44	115.94(38.6%)	153.38
		建築学科	300	147.92	124.41(41.5%)	165.10
		電子情報工学科	350	166.77	115.39(33.0%)	186.62
		生命工学科	300	142.54	102.61(34.2%)	156.91
2部	経済学部	【2月9日試験】	200	94.37	93.12(46.6%)	114.69
		【2月10日試験】	200	99.24	93.43(46.7%)	115.78
	経営学部	経営学科	200	96.44	87.57(43.8%)	109.09
	法学部	【2月11日試験】	200	95.65	81.17(40.6%)	108.65
		【2月12日試験】	200	97.60	84.88(42.4%)	109.88
	人文学部	日本文化学科	200	100.69	94.10(47.1%)	116.74
		英米文化学科	200	112.52	93.97(47.0%)	121.76

(備考) 中央値補正後の点数で合否判定を行っているため，得点に小数点が発生することがある。

●大学入学共通テスト利用選抜Ⅰ期

部	学部・学科・コース等		満点	志願者平均点	合格者	
					合格点(合格得点率)	平均点
1部	経済学部		350	235.4	231.0(66.0%)	257.0
	経営学部	経営学科A方式	400	302.7	304.0(76.0%)	324.4
		経営学科B方式	400	275.9	278.0(69.5%)	299.9
		経営情報学科A方式	400	290.8	291.0(72.8%)	312.4
		経営情報学科B方式	400	269.4	273.0(68.3%)	293.0
	法学部	A方式	500	351.7	346.8(69.4%)	381.8
		B方式	400	275.2	283.0(70.8%)	306.1
	人文学部	日本文化学科	700	466.2	435.2(62.2%)	499.1
		英米文化学科	400	262.1	240.6(60.2%)	277.6
	工学部	社会環境工学科社会環境コース	800	406.3	342.0(42.8%)	428.6
		社会環境工学科環境情報コース	600	306.0	270.0(45.0%)	325.6
		建築学科	600	389.1	342.0(57.0%)	408.1
		電子情報工学科	800	435.0	360.0(45.0%)	463.6
		生命工学科	600	364.9	308.0(51.3%)	383.3
2部	人文学部	日本文化学科	500	313.4	284.0(56.8%)	342.9
		英米文化学科	300	196.0	170.4(56.8%)	202.9

（備考）満点の換算方法によっては合格点に小数点が発生することがある。

●大学入学共通テスト利用選抜Ⅱ期

部	学部・学科・コース等		満点	志願者平均点	合格者	
					合格点（合格得点率）	平均点
1部	経済学部		600	412.1	414.0(69.0%)	448.9
	経営学部	経営学科	900	556.0	568.0(63.1%)	629.4
		経営情報学科	900	504.1	548.0(60.9%)	580.3
	法学部		600	426.0	435.6(72.6%)	476.9
	人文学部	日本文化学科	600	393.0	404.7(67.4%)	457.9
		英米文化学科	600	376.0	366.2(61.0%)	405.0
	工学部	社会環境工学科社会環境コース	600	379.5	344.0(57.3%)	397.8
		社会環境工学科環境情報コース	400	216.8	184.0(46.0%)	216.8
		建築学科	400	277.8	230.0(57.5%)	302.4
		電子情報工学科	600	407.7	349.0(58.2%)	426.2
		生命工学科	400	256.3	244.0(61.0%)	285.9
2部	経営学部	経営学科	400	252.3	284.0(71.0%)	297.8
	法学部		600	362.9	324.0(54.0%)	394.8

（備考）満点の換算方法によっては合格点に小数点が発生することがある。

募集要項（出願書類）の入手方法

大学案内は，大学ホームページ，テレメールから請求してください。なお，募集要項は大学ホームページからダウンロードしてください（7月下旬頃予定）。

資料請求先・問い合わせ先

北海学園大学　入試部入試課
〒062-8605　北海道札幌市豊平区旭町4丁目1番40号
TEL　011-841-1161（代）
　0120-86-2244（入試課直通）
ホームページ　https://www.hgu.jp/

科目ごとに問題の「傾向」を分析し，具体的にどのような「対策」をすればよいか紹介しています。まずは出題内容をまとめた分析表を見て，試験の概要を把握しましょう。

注　意

「傾向と対策」で示している，出題科目・出題範囲・試験時間等については，2024 年度までに実施された入試の内容に基づいています。2025 年度入試の選抜方法については，各大学が発表する学生募集要項を必ずご確認ください。

掲載日程・方式・学部

実施日ごとの学部・学科は以下のとおり。

2月 9 日：経済・人文（英米文化）・工（建築）学部

2月 10 日：経済・経営（経営）・工（社会環境工〈社会環境コース〉・電子情報工）学部

2月 11 日：法・経営（経営情報）・工（社会環境工〈環境情報コース〉・生命工）学部

2月 12 日：法・人文（日本文化）学部

経済学部・法学部は試験日自由選択制。

英　語

年度	日程	番号	項　目	内　容
2024 ●	2月9日		リスニング*	内容説明
		〔1〕	読　解	内容説明，表の空所補充，内容真偽
		〔2〕	文法・語彙	空所補充
		〔3〕	文法・語彙	空所補充
		〔4〕	会話文	空所補充
		〔5〕	読　解	空所補充
		〔6〕	読　解	内容説明
	2月10日	〔1〕	読　解	内容説明，表の空所補充，内容真偽
		〔2〕	文法・語彙	空所補充
		〔3〕	文法・語彙	空所補充
		〔4〕	会話文	空所補充
		〔5〕	読　解	空所補充
		〔6〕	読　解	内容説明
	2月11日	〔1〕	読　解	段落の主題，内容説明，表の空所補充，内容真偽
		〔2〕	文法・語彙	空所補充
		〔3〕	文法・語彙	空所補充
		〔4〕	会話文	空所補充
		〔5〕	読　解	空所補充
		〔6〕	読　解	内容説明
	2月12日	〔1〕	読　解	内容説明，表の空所補充，内容真偽
		〔2〕	文法・語彙	空所補充
		〔3〕	文法・語彙	空所補充
		〔4〕	会話文	空所補充
		〔5〕	読　解	空所補充
		〔6〕	読　解	内容説明

年度	日程	番号	項目	内容
2023 ●	2月9日		リスニング*	内容説明
		〔1〕	読　　解	内容説明，表の空所補充，内容真偽
		〔2〕	文法・語彙	空所補充
		〔3〕	文法・語彙	空所補充
		〔4〕	会 話 文	空所補充
		〔5〕	読　　解	空所補充
		〔6〕	読　　解	内容説明
	2月10日	〔1〕	読　　解	内容説明，主題，表の空所補充，内容真偽
		〔2〕	文法・語彙	空所補充
		〔3〕	文法・語彙	空所補充
		〔4〕	会 話 文	空所補充
		〔5〕	読　　解	空所補充
		〔6〕	読　　解	内容説明
	2月11日	〔1〕	読　　解	内容説明，主題，表の空所補充，内容真偽
		〔2〕	文法・語彙	空所補充
		〔3〕	文法・語彙	空所補充
		〔4〕	会 話 文	空所補充
		〔5〕	読　　解	空所補充
		〔6〕	読　　解	内容説明
	2月12日	〔1〕	読　　解	内容説明，主題，表の空所補充，内容真偽
		〔2〕	文法・語彙	空所補充
		〔3〕	文法・語彙	空所補充
		〔4〕	会 話 文	空所補充
		〔5〕	読　　解	空所補充
		〔6〕	読　　解	内容説明

（注）●印は全問，◑印は一部マークシート方式採用であることを表す。
各日程とも経済学部２部・経営学部２部（経営）・法学部２部・人文学部２部は〔１〕～〔５〕，それ以外は〔１〕～〔６〕を解答。
＊リスニングテスト：人文学部１部（英米文化）のみに課される。

読解問題は内容把握力をみる多彩な設問 短い会話文の出題も定着

01 出題形式は？

人文学部1部（英米文化）はリスニング＋大問6題で試験時間は80分（うちリスニングは20分程度），その他の学部は大問6題（2部は5題）で試験時間は60分である。リスニングを除き各日程とも，読解問題3題（2部は2題），文法・語彙問題2題，会話文問題1題の大問構成となっている。解答形式は全問マークシート方式による選択式である。

02 出題内容はどうか？

長文読解問題はかなりボリュームがあるが，構文・語彙は標準レベルであり，比較的読みやすい英文である。時事的内容を含む長文が出題されており，日頃からニュースなどを見たり，読んだりして背景知識をつけていると読みやすい。設問は本文についての英語での問いに英語で答えさせるものが多く，次いで本文の内容に合うよう英文を完成させるもの，内容真偽などがあり，内容把握力が試される。表の空所を補充させる問題も出されている。〔6〕では，掲示文，パンフレット，メールなどの題材をもとに出題されており，速読即解力，生活英語への理解が必要となる。文法・語彙問題は，会話文のスタイルをとりながら文法・語彙・語法の力を試す空所補充形式が多い。会話文問題は，文脈をしっかり把握しておかないと解答できないような空所補充問題である。

03 難易度は？

全体的には標準レベルであるが，読解問題や文法・語彙問題にはかなり紛らわしい選択肢もあるので注意が必要である。長文読解問題では，ある程度のスピードと同時に，精読力も要求される。会話文問題は基本的な知識を試すものが多い。

01 速読力

出題量が多いので，時間配分を考えないと解答途中で時間切れになってしまうだろう。授業の予習・復習に重点を置き，基本的事項（文法・語彙）を繰り返し学習することはもとより，時計を前に置いてできるだけ速く解答する訓練をしておきたい。まずは過去問を決められた時間内に解答してみよう。そうすることで，どのくらいの時間で問題を解けばよいかがわかるはずである。あとは標準的な問題集で速読力と内容把握力をつける学習をしよう。長文読解は設問がだいたい段落順に出題されている。長文読解の練習をするときは，段落ごとに大意をまとめながら読み進めるパラグラフ・リーディングを心がけるとよい。さらに，時間があれば簡単な英字のニュースなどを読むことも役に立つだろう。

02 文法力・語彙力

文法力・語彙力を問う問題も多く，基本問題だけに失点できない分野である。基本的な文法事項を身につけるためには，教科書を中心に参考書なども適宜確認しながら，数多くの問題に取り組んでおきたい。語法を問うものが増えてきているので，単語帳・熟語（構文）集とともに，語法についても問題集を利用して演習を行っておくこと。基礎ないし標準レベルの問題集を用いて，基礎学力の充実に可能なかぎり時間を割く必要がある。文法・語彙・語法のいずれも早期にマスターしたいところだが，だからこそ反復練習が重要である。単語集は『必携英単語 LEAP』（数研出版），英文法は『大学入試 すぐわかる英文法』（教学社），英文法・語法の問題集は『英文法・語法 Vintage』（いいずな書店）などを活用し学習するとよいだろう。

03 リスニング対策

リスニングは3つのパートに分かれて実施されている。パート1は600語程度の英文，パート2・パート3は会話文であることが多い。実施時間も短いことから，日頃からリスニングの訓練をしっかり行い，一度聞いただけで内容が理解できるように十分に耳を慣らしておく必要がある。ただ聞き流しているだけでは練習にならない。いわゆる5W1Hと，いろいろな数値をとらえるつもりで聞くことが重要である。また，本番で時間的なゆとりがあれば，先に設問の選択肢に目を通しておくのも効果的である。

日本史

年度	日程	番号	内　容	形　式
2024	2月9日	〔1〕	縄文時代～弥生時代の社会	記述・選択
		〔2〕	中世の政治・経済史	選択・記述
		〔3〕	明治時代～昭和戦前の政治史	選択・記述
		〔4〕	昭和戦後の政治史 ⊘史料	記述・選択
	2月10日	〔1〕	飛鳥時代～白鳳時代の文化史	記述・選択
		〔2〕	「大乗院日記目録」「大乗院寺社雑事記」「蔭凉軒日録」―室町時代の一揆 ⊘史料	記述・選択
		〔3〕	江戸時代～明治時代の交通史	記述・選択
		〔4〕	昭和戦前の政治史	記述・選択
	2月11日	〔1〕	院政期の政治・文化史	記述・選択
		〔2〕	寛政の改革	記述・選択
		〔3〕	近代の朝鮮半島史 ⊘年表	選択・記述・配列
		〔4〕	昭和戦後の政治・経済史	選択・記述
	2月12日	〔1〕	摂関政治	選択・記述
		〔2〕	足利尊氏に関連する政治史	記述・選択
		〔3〕	明治時代～昭和戦後までの税制度・政治史	選択・記述
		〔4〕	昭和戦前の政治・経済史	記述・選択
2023	2月9日	〔1〕	古代の王都に関連する総合問題	選択・記述・配列
		〔2〕	戦国時代	記述・選択
		〔3〕	幕末～大正時代の政治史	記述・選択
		〔4〕	昭和戦後の経済・政治史	配列・記述・選択
	2月10日	〔1〕	平安後期～鎌倉時代の政治史	記述・選択
		〔2〕	徳川家康に関連する政治史	記述・選択
		〔3〕	幕末～昭和戦前までの外交史	記述・選択
		〔4〕	占領期の改革	選択・記述

日程	番号	項目	内容	形式
2月11日	〔1〕	弥生～飛鳥時代の政治史	⊘年表	記述・選択
	〔2〕	近世のキリスト教史		選択・記述
	〔3〕	明治時代の経済に関連する総合問題		記述・選択
	〔4〕	明治～昭和戦後の農業に関連する総合問題		選択・記述
2月12日	〔1〕	宮都に関連した古代史	⊘図	記述・選択
	〔2〕	中世の外交史	⊘史料	選択・記述・訂正
	〔3〕	明治時代の経済・政治史		記述・選択
	〔4〕	大正～昭和戦後の政治史		記述・選択

近世以降の出題が半数以上を占める 江戸時代，戦後の外交・経済・文化は重要ポイント

01 出題形式は？

例年，各日程とも大問4題の出題で，解答個数は36個。文章中の下線部に関する設問や空所補充問題などが，記述法と選択法を中心に出題されている。いずれの日程においても，記述法の割合が5～6割程度と大きい。訂正法や配列法，正誤法が出題されることもある。試験時間は60分。

なお，2025年度は出題科目が「歴史総合（日本史関連部分），日本史探究」となる予定である（本書編集時点）。

02 出題内容はどうか？

時代別では，中世以前・近世・近代・現代の区分でそれぞれ大問1題ずつ，時代順に出題されることが多い。近世以降の割合が大きいが，原始について出題されることもある。近年，日中戦争から戦後までの出題が多くみられることにも注意しておきたい。また，年表を用いた時代縦断的なテーマ史が出題されることもある。そのほか，2023年度には徳川家康に関するリード文，2024年度には足利尊氏，松平定信に関するリード文が出題された。

分野別では，政治・経済・外交・文化と幅広く出題されている。2023年度は近世のキリスト教史，中世の外交史，2024年度は日中戦争以後の外交史，院政期，近代の朝鮮半島における外交，摂関政治などが出題された。政治・経済，外交・経済，政治・文化というように大問中に複数の分野が扱われることが多いので，極端な偏りはないが，過去には経済史の割合が大きかった年度もある。

史料問題も出題されている。見慣れない史料が出題されることもあるが，問われている内容はほとんどが教科書レベルである。

03 難易度は？

全般的に基本的事項からの出題が多く，教科書レベルの問題であるが，歴史用語の丸暗記だけでは対応できない問題もみられる。教科書の脚注や用語集の説明文も利用した正文・誤文選択問題ではかなり細かな知識を求めるものが含まれている。さらに近現代史は，詳細な知識を必要とする高度な内容の出題もある。ただし，解答にあたっては，こうした一部の難問に惑わされることなく，時間配分を意識しながら基本的な問題を確実にこなし，失点を防ぐようにしたい。

対策

01 教科書学習の徹底を

問題の大半は教科書の内容に即したものであるから，日頃から教科書を中心に学習すること。その際，単なる歴史用語の暗記にとどまることなく，その歴史的背景や意義なども理解する必要がある。そのためには，教科書を熟読し，問題集などで数多く問題に当たって理解を深めることが肝要である。なお，問題集に当たって解けなかった問題については，必ず教科書で確認しよう。そうすると教科書のどこに着眼して学習すればよいかがわかるようになる。また，教科書は本文だけでなく，脚注をはじめ，グラフ・年表・図版や美術作品などの写真といった視覚資料にも必ず目を通しておきたい。

02 近現代史の対策は不可欠

近世以降からの出題が大問３題という日程も多く，比重が高い。特に，近現代の外交史・経済史が頻出である。近現代は時間的に学習が不足しがちなので，早めに市販のサブノートなどを利用して備えておきたい。また，テーマ史が出題されることもあるので，テーマ別問題集などで慣れておこう。

03 歴史用語の正確な表記と読みを

例年，記述法の出題が多数みられる。平素から漢字を正確に書くことを心がけたい。誤字・脱字を含め，基本的な問題でのケアレスミスをなくすことが合格への近道だと心得ておこう。また，過去には用語の読み方を答えさせる出題があったため，特徴的な読み方をする用語には十分気をつけておくこと。

04 史料問題対策

見慣れない史料が出題されることもあるが，問われている内容はほとんどが教科書レベルである。教科書に載っている史料は，注を含めて丁寧に読んでおく必要がある。また，余裕があれば『詳説 日本史史料集』（山川出版社）などで普段から史料に親しんでおくのもよい。時代背景や歴史的事項に対する理解を深めるのに役立つので，学習の際には史料の注や解説も読んでおきたい。

05 用語集を利用した学習を

正文・誤文選択問題では比較的難度が高い問題も出題されている。用語集をうまく活用して，教科書の説明だけでは知ることのできない詳しい知識を確実に増やしておきたい。

06 年代を正しく覚えよう

時期や年代を問う出題がみられる。すべての年代を覚える必要はないが，基本的なものは，市販の年代暗記法の本などを利用して覚えておこう。また，年代の丸暗記に終わることなく，さまざまな出来事を年代順に順序立てて，歴史の流れを理解しておくことも重要である。

世界史

年度	日程	番号	内容	形式
2024	2月9日	〔1〕	ローマ帝国時代のキリスト教	記述
		〔2〕	明の歴史	記述・選択
		〔3〕	ラテンアメリカ史	記述・選択
		〔4〕	1900 年前後の西欧	記述・選択
	2月10日	〔1〕	古代オリエント史	記述・選択
		〔2〕	近世イスラーム国家	記述・選択
		〔3〕	フランス革命	記述・選択
		〔4〕	中華民国史	記述・選択
	2月11日	〔1〕	フランク王国史	記述・選択
		〔2〕	スーダンの歴史	記述・選択
		〔3〕	19 世紀のバルカン半島	記述・選択
		〔4〕	ファシズム国家	記述・選択
	2月12日	〔1〕	イスラームの成立	記述・選択
		〔2〕	イギリス中近世史	選択・記述
		〔3〕	ロシアのアジア進出	記述・選択
		〔4〕	20 世紀前半のアメリカ合衆国	記述・選択
2023	2月9日	〔1〕	東南アジア世界の形成	記述・選択
		〔2〕	教会権威の盛衰	記述・選択
		〔3〕	モンゴル帝国の形成	選択・記述
		〔4〕	アメリカ合衆国の発展	記述・選択
	2月10日	〔1〕	インドの古典文明	記述・選択
		〔2〕	中世ヨーロッパの文化	記述・選択
		〔3〕	清王朝	記述
		〔4〕	ドイツ史	記述
	2月11日	〔1〕	共和政ローマ	記述・選択
		〔2〕	隋王朝	記述・選択
		〔3〕	ロシア絶対王政	選択・記述
		〔4〕	オーストリア＝ハンガリー帝国	記述・選択

2月12日	〔1〕	中国の古典思想	選択・記述
	〔2〕	フランク王国の発展と分裂	記述・選択
	〔3〕	イギリス革命	記述・選択
	〔4〕	連合国の首脳会談 ⊘史料	記述・選択

標準的問題が多くを占める 正確な記述力の養成を

01 出題形式は？

各日程とも，大問４題の出題となっている。例年，ほとんどの大問が記述法と選択法の問題で構成されており，大問によっては全問が記述法のものもある。選択法は，全解答個数の１割から３割ほどである。試験時間は60分で，解答個数は50個程度である。

なお，2025年度は出題科目が「歴史総合（世界史関連部分），世界史探究」となる予定である（本書編集時点）。

02 出題内容はどうか？

地域別では，欧米地域は，西ヨーロッパの国々を中心に出され，南北のアメリカなどからの出題もみられる。アジア地域は，中国を中心にその周辺民族，西アジア，インドと幅広く出題されている。内陸アジア史・アフリカ史が出題されたこともあるので要注意である。

時代別では，古代から近現代まで偏りなく出題されている。通史の大問は少なく，ほとんどの大問が教科書の章の中でまとめられている比較的短期間の時代を対象としている。第二次世界大戦以後の現代史の出題は比較的少ないが，十分注意を払っておきたい。

分野別では，政治史に関する問題が大半を占めるが，文化史や社会経済史に関する問題も小問として随所に配されている。2023年度の２月10日実施分では中世ヨーロッパの文化が，２月12日実施分では中国の古典思想が出題された。

03 難易度は？

教科書レベルの標準的問題が多くを占めるが，一部に難度の高い問題も散見される。記述法が7～9割を占め，正確な知識が要求される問題である。標準的な難易度であり，時間的にも余裕があると思われるが，記述法中心なので漢字の書き間違いなどの記述ミスには注意したい。

01 まずは教科書中心の学習を

教科書レベルの問題が多くを占めることから，教科書中心の学習を進めること。空所補充問題の多くは，人名や歴史的語句を問うものとなっている。重要語句を意識しながら教科書を何度も精読するようにしよう。また，本文だけでなく，脚注や図表・地図などにも目を通しておきたい。

02 記述問題対策を怠りなく

記述問題が大半を占めることから，正確に書く力を養っておく必要がある。教科書を精読しながら重要語句を紙などに書いてみる，といった方法もよい。誤字・脱字などで減点や不正解とされたりすることのないように注意したい。特に中国史などでの漢字ミスは致命的なので，完全に覚えるまで何回も繰り返し書いて練習しよう。

03 偏りのない学習を

〔傾向〕でも記したように，ヨーロッパ・アメリカ・中国・イスラーム世界・内陸アジア・インドといった幅広い地域からの出題がみられる。したがって，偏りのない学習が必要である。受験生が苦手とする内陸アジアなど，古代から現代までを概観したテーマ別問題集などを利用すると効果的に学習できる。また，文化史については，授業で使用している図表の中の文化史一覧表（多くは世紀別になっている）を利用し，覚えるようにしよう。各国史の縦の流れをつかむことも重要であるが，政治史と社会・経済・文化史が別の箇所で扱われている教科書や用語集だけを用いた勉強では流れがつかみにくい。そこで，『各国別世界史ノート』（山川出版社）などを用いて，各国別の歴史を古代から現代まで通して学んでおくと有用であろう。その際，政治史だけでなく，社会経済史や文化史の流れも意識するようにしよう。

04 過去問の研究を早めに

問題の特徴やレベルを実感しておくことが大切である。早めに過去問を解いてみることをすすめる。また，自分で記述問題を採点する際は，解答に誤字・脱字などがないかに注意を払いながら採点するようにしよう。わからない問題は，教科書を使用し，何度も解き直すことをすすめる。特に選択肢に列挙されている正解以外の語句の意味をきちんと調べておくと，非常に有効な対策となろう。

地　理

年度	日程	番号	内　容		形　式
2024	2月9日	〔1〕	青森県五所川原市付近の地形図読図	⊘**地形図**	選択・計算・記述
		〔2〕	人口	⊘**統計表・グラフ**	記述・選択
		〔3〕	世界の農産物と食料問題	⊘**統計表**	選択・記述
		〔4〕	南アメリカの地誌	⊘**地図・図・グラフ**	選択・記述
	2月10日	〔1〕	北海道釧路市付近の地形図読図	⊘**地形図・図**	記述・選択・計算
		〔2〕	自然災害		記　述
		〔3〕	日本と世界の林業	⊘**統計表**	記述・計算・選択
		〔4〕	地域経済統合	⊘**地図・統計表**	記述・選択
	2月11日	〔1〕	神奈川県逗子市・鎌倉市付近の地形図読図	⊘**地形図・図・視覚資料**	記述・選択
		〔2〕	交通と第3次産業		選択・記述
		〔3〕	都市と人口	⊘**統計表**	記述・選択
		〔4〕	ヨーロッパの地誌	⊘**地図**	選択・記述
	2月12日	〔1〕	世界の自然環境	⊘**地図・グラフ**	選択・記述
		〔2〕	時差		記述・選択・計算
		〔3〕	都市と居住問題		選択・記述
		〔4〕	熊本県人吉市周辺の地域調査	⊘**グラフ**	選択・記述
2023	2月9日	〔1〕	世界の自然環境と文化	⊘**地図・グラフ・視覚資料・図**	選　択
		〔2〕	人口	⊘**統計表**	記述・選択
		〔3〕	都市	⊘**グラフ**	記述・選択
		〔4〕	アフリカの地誌	⊘**グラフ・地図・統計表**	記述・選択
	2月10日	〔1〕	栃木県宇都宮市・栃木市付近の地形図読図	⊘**地形図・統計表・図**	記述・選択
		〔2〕	火山		選　択
		〔3〕	工業と貿易	⊘**統計表**	記述・選択
		〔4〕	東南アジアの地誌		記述・選択

2月11日	〔1〕	宮城県南三陸町付近の地形図読図 ⊘地形図・視覚資料	記述・選択・計算
	〔2〕	気候区分と土壌 ⊘統計表	記述・選択
	〔3〕	水産業	記　述
	〔4〕	南アジアの地誌 ⊘地図・図・グラフ・視覚資料	選択・記述
2月12日	〔1〕	地理情報と地図	記述・計算・選択
	〔2〕	日本の自然環境と文化 ⊘地図・グラフ・視覚資料	選　択
	〔3〕	民族と国家	記　述
	〔4〕	北アメリカの地誌 ⊘地図	選択・記述

資料を駆使して多角的に問われる 統計の読解力養成，地図学習は不可欠

01 出題形式は？

例年，各日程とも大問４題の出題で，解答個数は60～70個前後である。記述法・選択法による出題が中心で，計算問題も出題されている。過去には正誤問題や論述問題もみられた。選択法では選択肢の数が多い問題がある。試験時間は60分。

なお，2025年度は出題科目が「地理総合，地理探究」となる予定である（本書編集時点）。

02 出題内容はどうか？

４題のうち１，２題が世界地誌や日本地誌，残りは系統地理的出題となることが多い。系統地理では地形図関連，自然環境，農工業，人口，エネルギーなど，幅広い分野からバランスよく出題されている。地理用語や地名の記述のほか，統計に関する理解を問う問題や，気候，図法に関する問題が頻出している。基本的事項の多角的な理解が問われているといえよう。

03 難易度は？

一部にやや詳細な事項を問う問題が含まれるが，全体的に標準レベルである。時間配分を工夫するなどして基本的な問題を取りこぼしなく正答することが何より大切である。

01 基本事項の徹底学習

出題のほとんどは高校地理の基本事項に関する理解を問うものなので，普段の授業を大切にし，教科書の内容をよく理解することが大切である。地図帳も各ページを丁寧に見ておこう。資料集などに載っている模式図や表，写真などの視覚資料にもよく目を通し，理解の手助けとしたい。また，記述問題に備えて用語や地名は正確に書けるようにしておくこと。『地理用語集』（山川出版社）などを利用して，基本事項の再確認をしておこう。さらに近年の傾向として，国際情勢に関する時事問題や環境問題，世界遺産などを問う設問もみられるので，新聞やテレビ，資料集などで最新の知識を学習しておく必要がある。その際，必ず地図帳で地域などを繰り返し確認しておこう。

02 地図帳で位置の確認

地誌問題では地図上での位置を問う問題や，近年は統計を利用した出題が多い。したがって，学習の際に出てきた地名や地形，資源などに関連した項目での国名と位置などは，地図帳で確認する習慣を身につけよう。日本地誌の問題もみられるので，日本の地誌に対応できるよう，特徴的なことは地図帳や資料集でも理解しておくとよい。

03 統計に慣れ親しむ

統計問題が頻出しているので，必ず統計書を１冊用意すること。各項目も繰り返し見直しておこう。特に農鉱産物の生産上位国や各国の主要貿易品，日本の農産物などの生産地域などはしっかり把握しておく必要がある。

統計書として，『データブック オブ・ザ・ワールド』（二宮書店），『地理データファイル』（帝国書院）は各種統計がコンパクトにまとめられており，使いやすい。また，『日本国勢図会』『世界国勢図会』（ともに矢野恒太記念会）にも目を通しておきたい。

04 過去問演習は必ず実行

日程間に出題傾向やレベルの差はないので，できるだけ多くの過去問に取り組み，実戦力の向上をはかりたい。出題傾向やレベルを自分自身で確認することができれば，学習指針も立てやすい。

政治・経済

年度	日程	番号	内容		形式
2024	2月9日	〔1〕	税制	⊘統計表・グラフ	記述・選択・計算
		〔2〕	金融		選択・記述・正誤
		〔3〕	公害		記述・選択
	2月10日	〔1〕	需要・供給曲線	⊘グラフ	記述・選択・計算
		〔2〕	日本の領土問題		記述・選択
		〔3〕	企業と財務諸表	⊘表	選択・記述・計算
	2月11日	〔1〕	地域的経済統合		選択・記述
		〔2〕	開発協力		記述・選択
		〔3〕	日本国憲法と平成期の諸改革	⊘資料	記述・正誤・選択
	2月12日	〔1〕	国際決済銀行（BIS）		記述・選択
		〔2〕	先住民とその問題		選択・記述
		〔3〕	核兵器と NGO	⊘表	記述・選択・配列
2023	2月9日	〔1〕	非正規雇用の増加傾向	⊘グラフ	記述・計算・選択
		〔2〕	地方自治	⊘資料	記述・選択・正誤
		〔3〕	労働生産性と労働時間		選択・記述
	2月10日	〔1〕	生活保護制度	⊘グラフ	記述・選択
		〔2〕	環境問題		選択・記述・配列
		〔3〕	企業		選択・記述
	2月11日	〔1〕	経済社会のデジタル化		記述・選択
		〔2〕	大日本帝国憲法と日本国憲法		選択・記述
		〔3〕	法律		正誤・記述・選択

2月12日	〔1〕	世界経済と外国為替相場の関係		記述・選択・正誤
	〔2〕	沖縄の基地	⊘グラフ	選択・記述
	〔3〕	裁判所		選択・記述

記述法は教科書の重要語句の理解がポイント 時事問題も頻出

01 出題形式は？

各日程とも大問 3 題の出題である。選択法・記述法を中心とした出題であるが，正誤法や計算法，配列法も出題されている。試験時間は 60 分。問題量が多く，時間配分を考えて解く必要がある。

02 出題内容はどうか？

大問 3 題で，政治分野，経済分野，国際関連からの出題となっている。

政治分野では，日本国憲法の用語を記述する問題や，内閣総理大臣の名前をフルネームで記述する問題など，現代の政治状況と関連づけた問題が多い。**経済分野**では，戦後日本経済や国際経済の歴史と関連づけた出題や，労働問題や社会保障制度についての出題が多い。社会の変化に関する時事的な問題も必ず出題されている。2023 年度はパートタイム・有期雇用労働法，デジタル庁の設置，最高裁判所裁判官の国民審査において在外国民が投票できないことへの違憲判断が問われた。2024 年度はインボイス制度，日本銀行新総裁の氏名について問われている。また，北海道に関連した問題も出題されており，2023 年度は北海道拓殖銀行の破綻について，2024 年度は札幌証券取引所のアンビシャス市場，アイヌ初の国会議員の氏名やウポポイについて問われている。このような時事的な問題にも対処できる力が必要である。

03 難易度は？

教科書の重要語句をしっかりマスターしておけば解ける標準的な問題が多い。一部でかなり専門的な問題もみられるが，基礎的な問題で取りこぼしがなければ合格点に到達できるだろう。

対策

01 教科書のマスター

大部分の問題は教科書の範囲の知識で対応できる。重要語句は基本的事項の理解とともに漢字で書けるようにしておこう。語句を答える問題も多いので，『山川 一問一答 政治・経済』（山川出版社）などの一問一答集を利用するのも効果的だろう。

02 資料集・用語集の活用

教科書だけでは説明が不十分な部分もあるので，最新の資料集や『朝日キーワード』（朝日新聞出版）などを活用して足りない部分を補い，知識の幅を広げておく必要がある。また，『政治・経済用語集』（山川出版社）などの用語集もぜひ活用したい。

03 時事問題に関心を

日頃から新聞の社説や解説に目を通し，世界や日本の政治・経済の動きに関心を払っておく必要がある。資料集は，巻頭特集やトピックスで時事的テーマをうまく要約して説明しているので利用しよう。

04 十分な問題演習を

各日程とも似たような形式で，同じような分野から出題されている。標準的な問題が多いので,『パスポート 政治・経済問題集』(清水書院) などの問題集を利用して多くの問題に当たっておこう。北海学園大学に特徴的な出題形式・分野に慣れるためにも過去問は丁寧に見ておく必要がある。選択問題は数多くこなすなかでカンやコツがつかめるし, より速く問題を処理する力もつくだろう。

数　学

年度	日程	学部	番号	項目	内容
2024	2月9日	経済	〔1〕	小問3問	(1)展開 (2)無理数の性質 (3)2次関数の最大・最小
			〔2〕	小問3問	(1)展開式の係数 (2)正六角形の頂点でできる三角形の個数 (3)互いに素である自然数の個数
			〔3〕	場合の数	さいころの出た目の場合の数
			〔4〕	微・積分法	接線，面積，最小値
			〔5〕	数列	漸化式，一般項，いろいろな数列の和
		工（建築）	〔1〕	小問3問	(1)・(2)〈経済学部〉〔1〕(1)・(2)に同じ (3)2次関数の最大・最小
			〔2〕	微・積分法	〈経済学部〉〔4〕に同じ
			〔3〕	場合の数	(1)さいころの出た目の場合の数 (2)・(3)〈経済学部〉〔3〕(2)・(3)に同じ
			〔4〕	数列	〈経済学部〉〔5〕に同じ
	2月10日	経済・経営（経営）	〔1〕	小問3問	(1)因数分解 (2)データの平均値，標準偏差 (3)放物線の原点に関する対称移動
			〔2〕	小問3問	(1)三角比 (2)2進法，8進法 (3)方程式の整数解
			〔3〕	確率	正の約数の個数に関する確率
			〔4〕	微・積分法	絶対値を含む定積分，最小値，定積分
			〔5〕	数列	漸化式，数列の和
		工〈社会環境〉・電子情報工〈社会環境〉	〔1〕	小問3問	(1)因数分解 (2)データの平均値，分散 (3)3次方程式
			〔2〕	三角関数	三角関数の合成，2倍角の公式，最小値
			〔3〕	小問3問	(1)導関数 (2)極限値 (3)複素数平面，極形式，ド・モアブルの定理
			〔4〕	確率	正の約数の個数に関する確率
			〔5〕	ベクトル	ベクトルの内積，垂直条件，最小値
	2月11日	経営（経営情報1部）・法（1部・2部）	〔1〕	小問3問	(1)因数分解 (2)方程式の実数解の個数 (3)2次関数の最大・最小
			〔2〕	小問3問	(1)重複組合せ (2)放物線が x 軸と接する条件 (3)正の約数の総和，5進法
			〔3〕	確率	余事象の確率，条件付き確率
			〔4〕	微・積分法	関数の極値，不定積分，面積
			〔5〕	数列	等差数列，2つの等差数列の共通項

年度	日程	学部	番号	項目	内容
		工（社会環境工〈環境情報〉・生命工）	〔1〕	小問3問	〈法学部1部・2部，経営学部1部（経営情報）〉〔1〕に同じ
			〔2〕	小問3問	⑴対数計算 ⑵2次方程式の解と係数の関係，三角関数 ⑶4次方程式
			〔3〕	積分法，複素数平面	定積分，ド・モアブルの定理
			〔4〕	確率	〈法学部1部・2部，経営学部1部（経営情報）〉〔3〕に同じ
			〔5〕	数列	〈法学部1部・2部，経営学部1部（経営情報）〉〔5〕に同じ
	2月9日	経済	〔1〕	小問3問	⑴無理数の計算 ⑵因数分解 ⑶三角形の面積の最大値
			〔2〕	小問3問	⑴記数法 ⑵連立不等式の整数解 ⑶条件付き確率
			〔3〕	確率	さいころの出た目に関する確率
			〔4〕	微・積分法	接線の方程式，放物線と直線で囲まれた図形の面積
			〔5〕	数列	連立漸化式（等比数列，階差数列）
		工（建築）	〔1〕	小問3問	〈経済学部〉〔1〕に同じ
			〔2〕	微・積分法	〈経済学部〉〔4〕に同じ
			〔3〕	確率	さいころの出た目に関する確率（⑴・⑵は〈経済学部〉〔3〕⑴・⑵に同じ）
			〔4〕	数列	〈経済学部〉〔5〕に同じ
2023	2月10日	経済・経営（経営）	〔1〕	小問3問	⑴無理数の計算 ⑵絶対値記号を含む1次方程式 ⑶2次関数
			〔2〕	小問3問	⑴三角形 ⑵整数 ⑶分母が2023の既約分数の個数
			〔3〕	場合の数	同じものを含む順列，順列の順序
			〔4〕	微・積分法	長方形の面積を2等分する放物線
			〔5〕	数列	連立漸化式，数列の和
		工（社会環境工〈社会環境〉・電子情報工）	〔1〕	小問3問	⑶三角関数の値（⑴・⑵は〈経済学部・経営学部（経営）〉〔1〕⑴・⑵に同じ）
			〔2〕	小問3問	⑴判別式 ⑵指数関数の最小値 ⑶3次関数の極値
			〔3〕	小問3問	⑴面積 ⑵導関数の計算 ⑶回転体の体積
			〔4〕	場合の数	同じものを含む順列，順列の順序（⑴・⑵は〈経済学部・経営学部（経営）〉〔3〕⑴・⑵に同じ）
			〔5〕	数列	〈経済学部・経営学部（経営）〉〔5〕に同じ

2月11日	法（1部・2部）・経営（経営情報1部）	〔1〕	小問3問	(1)無理数の計算 (2)2次関数の最大値・最小値 (3)中央値
		〔2〕	小問3問	(1)対偶 (2)1次不定方程式 (3)さいころの確率
		〔3〕	図形と計量	二等辺三角形・鋭角三角形の条件
		〔4〕	微・積分法	3次関数の極値，接線の方程式，面積
		〔5〕	数列	2項間の漸化式，数列の和
	工（社会環境工〈環境情報〉・生命工）	〔1〕	小問3問	〈法学部1部・2部，経営学部1部（経営情報）〉〔1〕に同じ
		〔2〕	小問3問	(1)2次方程式の解と係数の関係 (2)三角関数の最大値・最小値 (3)3次方程式（因数定理）
		〔3〕	極限，積分法	定積分と極限
		〔4〕	場合の数	7個の数字でできる3桁の整数
		〔5〕	ベクトル	平面ベクトルの内積，ベクトルのなす角

（注）経済学部1部，経営学部1部，法学部1部・2部は〔1〕〔2〕必須，〔3〕～〔5〕から1題選択解答。経済学部2部，経営学部2部は〔1〕～〔3〕を解答。
建築学科は〔1〕必須，〔2〕～〔4〕から2題選択解答。
社会環境工学科社会環境コースは〔1〕〔2〕必須，〔3〕～〔5〕から1題選択解答。
電子情報工学科は〔1〕〔3〕必須，〔4〕〔5〕から1題選択解答。
社会環境工学科環境情報コース，生命工学科は〔1〕〔2〕必須，〔3〕～〔5〕から1題選択解答。

出題範囲の変更

2025年度入試より，数学は新教育課程での実施となります。詳細については，大学から発表される募集要項等で必ずご確認ください（以下は本書編集時点の情報）。

●2024年度までの出題範囲

学部・学科	出題範囲
経済1部，経営1部，法1部・2部	数学Ⅰ・数学Aは2題必須。数学Ⅰ・数学A，数学Ⅱ，数学Bから1題選択 ※数学Aは「場合の数と確率」「整数の性質」，数学Bは「数列」「ベクトル」を出題範囲とする
経済2部，経営2部	数学Ⅰ・数学A ※数学Aは「場合の数と確率」「整数の性質」を出題範囲とする
建築	数学Ⅰは必須。数学Ⅱ，数学A，数学Bから2題選択
社会環境工，生命工	数学Ⅰ，数学Ⅱは必須。数学Ⅲ，数学A，数学Bから1題選択
電子情報工	数学Ⅰ，数学Ⅱ，数学Ⅲは必須。数学A，数学Bから1題選択

●2025 年度の出題範囲

学部・学科	出　題　範　囲
経済１部･２部, 経営１部･２部, 法１部・２部	数学Ⅰ・数学Ａは２題必須。数学Ⅰ・数学Ａ，数学Ⅱ，数学Ｂから１題選択 ※数学Ａは「場合の数と確率」「数学と人間の活動（整数の性質に限る)」，数学Ｂは「数列」「統計的な推測」を出題範囲とする。なお，数学Ａは出題範囲のうち１項目しか履修していない受験生にも配慮する。
建　　築	数学Ⅰは必須。数学Ⅱ，数学Ａ，数学Ｂから２題選択 ※数学Ａは「場合の数と確率」「数学と人間の活動（整数の性質に限る)」，数学Ｂは「数列」「統計的な推測」を出題範囲とする。なお，数学Ａは出題範囲のうち１項目しか履修していない受験生にも配慮する。
社会環境工, 生　命　工	数学Ⅰ，数学Ⅱは必須。数学Ⅲ，数学Ａ，数学Ｂ・数学Ｃ（数学Ｂまたは数学Ｃから出題される）から１題選択 ※数学Ａは「場合の数と確率」「数学と人間の活動（整数の性質に限る)」，数学Ｂは「数列」「統計的な推測」，数学Ｃは「ベクトル」「平面上の曲線と複素数平面」を出題範囲とする。なお，数学Ａは出題範囲のうち１項目しか履修していない受験生にも配慮する。
電子情報工	数学Ⅰ，数学Ⅱ，数学Ⅲは必須。数学Ａ，数学Ｂ・数学Ｃ（数学Ｂまたは数学Ｃから出題される）から１題選択 ※数学Ａは「場合の数と確率」「数学と人間の活動（整数の性質に限る)」，数学Ｂは「数列」「統計的な推測」，数学Ｃは「ベクトル」「平面上の曲線と複素数平面」を出題範囲とする。なお，数学Ａは出題範囲のうち１項目しか履修していない受験生にも配慮する。

全問記述式の標準的な問題

01 出題形式は？

いずれの学部・学科も大問３題を解答する形式で，必須問題と選択問題に分かれている。試験時間は 60 分。全問記述式であり，解答用紙はＡ３判両面で，解答スペースは１面につき大問２題ないし１題となっている。

02 出題内容はどうか？

経済・経営・法学部：必須問題は例年，２次関数，場合の数と確率を中心に出題されており，選択問題は微・積分法，数列が頻出となっている。

建築学科：必須問題は「数学Ⅰ」の範囲の小問集合で，選択問題は微・積分法，場合の数と確率，数列がよく出題されている。

社会環境工学科〈社会環境コース〉：必須問題は，2024 年度は「数学Ⅰ・Ⅱ」の範囲の小問集合１題と三角関数が出題された。選択問題は例年「数学Ⅲ」の微・積分法，場合の数と確率，数列，ベクトルなどから出題されている。

電子情報工学科：必須問題は「数学Ⅰ・Ⅱ」の範囲の小問集合１題と「数学Ⅲ」を含む問題１題が出題されている。選択問題は例年，場合の数と確率，数列，ベクトルなどから出題されている。

社会環境工学科〈環境情報コース〉・生命工学科：必須問題は「数学Ⅰ・Ⅱ」の範囲の小問集合で，選択問題は「数学Ⅲ」の微・積分法，場合の数と確率，数列，ベクトルがよく出題されている。

03 難易度は？

標準的な問題が多く，受験生の学習成果が反映される出題といえる。ただし，選択問題の中にやや難レベルの問題が含まれていることがあり，要注意である。難易度を素早く見極め，効率よく解答していこう。

対策

01 基本事項の定着をはかる

いくつかの基本事項が融合された問題構成になっている。したがって，教科書や傍用問題集を用いて基本事項を確認し，公式や定理がどのような場面で活用されるかを理解することが大切である。ただ単に知っているというだけではなく，それらをそれぞれの問題に適した形で使えるようにしたい。教科書の章末問題すべてが自力で解けるよう努力すること。その上で，標準問題中心の入試問題集にも取り組んで応用力を養っておきたい。『チャート式 解法と演習』シリーズ（黄チャート）（数研出版）などを活用したい。また，答案の書き方にも十分気を配り，簡潔で正確な計算および記述の仕方に慣れておくこと。日頃から自力で丁寧に計算する習慣をつけておきたい。

02　選択問題について

各学部で選択問題が出題されており，どの問題を選択するかが大切になる。過去に出題された問題に当たってみて，自分が得点しやすい科目（分野）をいくつか決めて，早いうちから重点的に学習しておくとよい。

物　理

年度	日程	番号	項　目	内　容
2024	2月9日	〔1〕	力　学	剛体のつりあい
		〔2〕	力　学	万有引力
	2月10日	〔1〕	力　学	斜め衝突，運動エネルギー
		〔2〕	電磁気	コンデンサーを含む回路
	2月11日	〔1〕	力　学	鉛直投げ上げと自由落下，運動方程式
		〔2〕	電磁気	コイルを含む回路
2023	2月9日	〔1〕	力　学	四分円をもつ台上の物体の運動
		〔2〕	波　動	水面波による定常波と干渉
	2月10日	〔1〕	力　学	流れのある川における船の運動
		〔2〕	電磁気	誘電体を挿入されたコンデンサー
	2月11日	〔1〕	力　学	なめらかな斜面と粗い水平面上での物体の運動
		〔2〕	電磁気	直線電流による磁場

（注）　2月11日は「理科（物理・化学・生物）」として出題。
物理・化学・生物各2題，計6題から2題選択解答。

力学，電磁気中心 題意の把握が大切

01 出題形式は？

例年，各日程とも出題数は2題で，試験時間は60分。解答は記述式（結果のみ）と記号選択であり，一部，数値計算の問題も含まれる。なお，2月11日実施分の工学部では理科として出題され，物理・化学・生物各2題，計6題から任意の2題を選択して解答する形式となっている。「理科」の〔1〕〔2〕が物理の問題となっている。

02 出題内容はどうか？

出題範囲は「物理基礎・物理」である。

力学，電磁気を中心に出題されているが，年度によっては波動からの出題もみられる。各分野とも基礎力の有無と理解力を試す出題が多く，複数の小問から構成される場合は，設問順に解答を導き出す誘導形式になっている。有名な実験の方法や，実生活の現象の物理的意味を問う内容も多い。教科書に出ている程度の実験・観察についての理解が必要である。

03 難易度は？

平易な問題がほとんどであるが，教科書の記述から一歩踏み込んだ内容も出題される。物理の法則や公式の基本はよく理解しておく必要がある。教科書が理解できていれば解けるもの，基本的な知識や考え方を問うものが多いが，誘導形式の場合，雪崩的に大量失点する恐れもある。見直しの時間を確保できるよう時間配分に注意しよう。日頃から，いろいろなやり方で問題を解く練習を行い，別解によって検算ができるようにしておきたい。

対策

01 教科書を中心に基礎力の充実をはかる

例年，基本事項とその応用に関するものが多く，基本的な法則や物理現象を十分に理解しておく必要がある。教科書の記述内容にほぼ沿った出題もみられるので，教科書の本文をじっくり検討して，よく理解し，途中の計算や説明も補いながら細かく読んでいこう。同時に，テーマごとに体系的な流れをしっかりつかんでおくこと。実験についても十分に学習し，グラフや図表の取り扱いにも慣れておきたい。

02 問題演習を行う

学力の判定には教科書の章末問題レベルのものがスラスラ解けるかどうかを目安とすればよい。日頃から問題演習によって解法のパターンを身につけるとともに，法則や基本事項の使いどころや用語の意味をしっかり理解しておくべきである。また，普段から計算力や推理力も養っておかなければならない。直観力や思考力を身につけるには，問題演習の際にこまめに図を描くことをすすめる。

03 頻出分野の重点的学習

高校物理では力学は土台といってよい。力学は他の分野に比べて，ひとひねりしてある問題が多いので，日頃から基本に立ち戻って学習し，疑問点を残さないよう万全の備えをしておきたい。また，電磁気も出題頻度が高いので，おろそかにしないこと。

04 探究活動の理解

日常生活の物理現象や有名な実験については，ひととおり理解しておくこと。特に，教科書や授業の内容は数値計算も含め理解しておきたい。また，日常生活の物理現象を扱った問題では，問題文をよく読み，題意を正確に把握することが大事である。

化学

年度	日程	番号	項目	内容
2024	2月11日	〔3〕	構造，変化	化学結合，結晶の分類，pH，原子の構成，物質量と濃度，電子式 ⊘計算
		〔4〕	総合	気体の色・臭い，金属イオン，沈殿生成，芳香族化合物の反応，化学平衡，構造異性体 ⊘計算
2023	2月11日	〔3〕	構造，変化	物質の分類，最外殻電子数，極性，体積・質量計算，分離，濃度，ボルタ電池 ⊘計算
		〔4〕	総合	アンモニアソーダ法，気体の体積・分圧，C_3H_8O の異性体 ⊘計算

（注）「理科（物理・化学・生物）」として出題。2月11日のみ実施。
物理・化学・生物各2題，計6題から2題選択解答。

傾向　理論分野の計算問題に注意

01　出題形式は？

物理，化学，生物各2題，計6題から任意の2題を選択して解答する。「理科」の〔3〕〔4〕が化学の問題。大問は2～4の中問で構成されることが多い。選択式は少なく，ほとんどが記述式である。計算問題は答えのみを求める形式であり，有効数字の指定がある。試験時間は60分。

02　出題内容はどうか？

出題範囲は「化学基礎・化学」である。

理論では物質の構成粒子，物質量，濃度，酸化数がよく出題され，計算問題も多く出題されている。無機や有機では，物質の名称や基本的な反応が出題されている。また，有機では，構造式や示性式で答える場合もある。

03 難易度は？

基本レベルの問題が多く，難問はほとんどみられない。教科書の章末問題程度までの，基礎的な知識と理解力を試す問題である。時間的にも余裕のある分量なので，見直しを行い，細かいミスによる失点を防ぐようにしたい。

対策

01 理論

全分野を教科書中心にまとめておこう。特に，物質の構成粒子や酸化還元反応，中和反応については必ず取り組んでおくこと。また，教科書の例題や章末問題で，化学反応式を用いた計算問題は必ず解答できるようにしておきたい。ただ，出題される計算問題は割り切れない数値を扱うものがあり，有効数字を意識した丁寧な計算力が求められている。煩雑な計算問題にも慣れておこう。

02 無機

各物質の性質や製法などを理解し，化学反応式を書けるようにしておくこと。また，沈殿の化学式や色，気体の発生，錯イオンなどの基礎知識も確実なものにしておこう。

03 有機

アルコールの酸化反応，アルデヒドの還元性など，官能基の基本的な反応・性質，芳香族化合物の分離について理解しておくこと。反応系統図を理解して，各物質の名称と合わせて覚えておこう。高分子からの出題はみられない。

生　物

年度	日程	番号	項　目	内　容
2024	2月11日	〔5〕	代　謝	光合成と光の強さ，光補償点と光飽和点（25 字他）⊘論述
		〔6〕	遺伝情報	酵素の反応と条件，遺伝情報と翻訳，突然変異（40 字）⊘論述・計算
2023	2月11日	〔5〕	生　態	生態系のバランスと物質循環
		〔6〕	生殖・発生	動物の発生と遺伝子

（注）「理科（物理・化学・生物）」として出題。2 月 11 日のみ実施。
物理・化学・生物各 2 題，計 6 題から 2 題選択解答。

基本事項中心，教科書学習の徹底を 字数指定の論述も出題

01 出題形式は？

物理，化学，生物各 2 題，計 6 題から任意の 2 題を選択して解答する。「理科」の〔5〕〔6〕が生物の問題。試験時間は 60 分。用語や文章を選択する問題，用語を答える問題が中心である。2024 年度は 25～40 字程度の字数制限つきの論述問題と字数制限のない論述問題が出題された。過去には計算問題が出題されたこともある。

02 出題内容はどうか？

出題範囲は「生物基礎・生物」である。

大問 2 題のうち，1 題が「生物基礎」，もう 1 題が「生物」からの出題となっている。ただし，「生物基礎」の大問内でも，発展的な内容として「生物」で学ぶことが含まれている場合もある。

03 難易度は？

字数指定のある論述問題ではポイントを押さえた解答が求められている。その他の問題は教科書の基本事項をきちんと理解・記憶していれば解ける基本レベルの問題が多いが，中には応用力を試されるものもある。

01 教科書の徹底的な復習を

ほぼすべての問題が教科書レベルといえるので，まずはきちんと教科書を復習し，用語などあいまいな面が残らないよう復習しておく必要がある。自分なりにノートに基本的な用語や図をまとめたり，サブノート形式の問題集か教科書レベルの問題集を利用したりして，全分野の復習をするとよいだろう。2023 年度に出題された iPS 細胞など新しい内容にも注意しておきたい。

02 論述・計算対策

2023 年度は出題されなかったが，論述問題の対策も必要である。時間があれば，問題集で論述問題の演習を，時間がなければ教科書の主な生物用語を数行程度で説明する練習をするとよいだろう。また，計算問題が出題されたこともあるので，標準レベルの問題集にある計算問題の練習を繰り返し，きちんと解けるようにしておくとよい。

国語

年度	日程	番号	種類	類別	内容	出典
2024	2月9日	〔1〕	現代文	評論	読み，語意，内容説明	「磁力と重力の発見」山本義隆
		〔2〕	現代文	評論	読み，書き取り，段落挿入箇所，内容説明，空所補充，内容真偽	「現実を解きほぐすための哲学」小手川正二郎
	2月10日	〔1〕	現代文	評論	書き取り，空所補充，内容説明，箇所指摘，欠文挿入箇所，内容真偽	「LGBT を読みとく」森山至貴
		〔2〕	現代文	評論	書き取り，箇所指摘，内容説明，空所補充，内容真偽，段落挿入箇所	「14 歳からの哲学」 池田晶子
	2月11日	〔1〕	現代文	評論	読み，書き取り，空所補充，語意，内容説明，内容真偽	「『覚える』と『わかる』」信原幸弘
		〔2〕	現代文	評論	内容説明，空所補充，欠文挿入箇所	「消費と私」久保田進彦
	2月12日	〔1〕	現代文	評論	内容説明，内容真偽	「語りえぬものを語る」野矢茂樹
		〔2〕	現代文	評論	読み，書き取り，空所補充，内容説明，内容真偽	「日本語からの哲学」平尾昌宏
		〔3〕	古文	説話	語意，文法，人物指摘，和歌解釈，内容説明，内容真偽	「古今著聞集」橘成季
2023	2月9日	〔1〕	現代文	評論	内容説明，空所補充，指示内容，内容真偽	「家父長制と資本制」上野千鶴子
		〔2〕	現代文	評論	書き取り，内容説明，空所補充，内容真偽	「分解の哲学」藤原辰史
	2月10日	〔1〕	現代文	評論	書き取り，空所補充，内容説明，内容真偽	「〈民主主義を超える民主主義〉に向けて」大澤真幸
		〔2〕	現代文	評論	書き取り，読み，内容説明，文法（口語），空所補充，欠文挿入箇所，内容真偽	「学習の生態学」福島真人

2月11日	〔1〕	現代文	評論	書き取り，内容説明，内容真偽	「紋切型社会」　武田砂鉄
	〔2〕	現代文	評論	読み，書き取り，内容説明，空所補充，指示内容，内容真偽	「代表制民主主義はなぜ失敗したのか」　藤井達夫
2月12日	〔1〕	現代文	評論	読み，箇所指摘，指示内容，内容説明，内容真偽，空所補充	「歴史修正主義」　武井彩佳
	〔2〕	現代文	評論	書き取り，読み，語意，空所補充，内容説明，文学史，表題，内容真偽	「私の日本語雑記」　中井久夫
	〔3〕	古　文	説話	語意，口語訳，文法，内容説明	「閑居友」　慶政

（注）　2月12日：人文学部1部（日本文化）は〔1〕～〔3〕，それ以外は〔1〕〔2〕を解答。

評論の題材は多彩で長文 語意や空所補充問題に注意

01　出題形式は？

2024年度の大問構成と試験時間は，人文学部1部（日本文化）が現代文2題と古文1題で70分（2023年度は80分），そのほかは現代文2題で60分となっている。解答形式は選択式と記述式の併用だが，選択式が大半を占める。記述式は漢字の書き取り・読みや箇所指摘（抜き出し）がほとんどである。解答方法はマークシートではなくすべて解答用紙に書き込む形式で，適切な大きさの解答欄が用意されている。

02　出題内容はどうか？

現代文は評論が出題されている。論理展開をきちんと読み取らせようとする問題であり，文章に丁寧に向き合うことが求められる。書き取りと読みはすべての学部でほぼ必出である。設問は，部分的な読解から文章全体の主題に関わるものまで多様である。空所補充や内容説明，内容真偽が多い。

古文は，説話や物語など類別はさまざまだが，文章は比較的平易である。重要古語の語意や口語訳を選択式で問う設問が多い。さらに，内容説明，内容真偽，文法，人物指摘，和歌解釈も出題されている。

03 難易度は？

現代文では，読みやすい文章と専門性の高い文章とが混在している。5,000 字に及ぶ長文もあり決して侮れない。設問によっては選択肢に紛らわしいものもあるが，語意がわかるだけで正答が絞れるものもある。ただし内容真偽問題は概して紛らわしく，漢字問題を含めて設問数も多いので，全体的にやや難といえる。

時間配分は，２題 60 分の学部は１題 25〜30 分が目安となる。人文学部１部（日本文化）は古文を 20 分以内に仕上げ，〔１〕〔２〕の現代文にできるだけ多くの時間を使えるようにしたい。

対策

01 現代文

選択式や本文中の語句を使って答えさせる出題が多いが，解答に直結する語句を正確にとらえるには，話題の展開や論理の流れを的確につかむ力をつけておく必要がある。そのためには，評論や随筆などを数多く読み，いろいろな表現に慣れておきたい。新聞の論説やコラム，新書などで興味のもてるものを読むとよいだろう。また，ことばに対するきめ細かい敏感な姿勢をもつことを心がけ，常に辞書を身辺に置いて活用すること。現代文用語集のようなもので語彙力の増強に努めることも有効である。

出典としては，比較的最近刊行された書物からの出題が多く，社会の変化に対応した新しい内容の文章が出されることもあるので，時代を切り取る新鮮な文章に日頃からふれておきたい。また，入試前年の新聞に掲載された評論から出題されることもある。普段から問題文に対するような姿勢で，新聞の文化欄を中心に目を通しておくことも有効である。さらには，自分の志望分野に関わる新書などを精読しておくことも問題文読解の力強い助けとなるだろう。共通テスト対策もかねて，『共通テスト過去問研究国語』（教学社）などに挑戦してみるのもよいだろう。

02 古　文

基本的な事項をしっかり固めること。文法・古語など，授業レベルの内容を確実に身につけたい。特に文法については，品詞分解をはじめ，用言の活用や音便，助動詞・助詞の用法，紛らわしい語の識別，副詞の呼応や敬語表現など，手抜きをしないようにしたい。出典が何であっても問われる基本的な事項は同じである。まず，基本的な文法事項と古語の意味についての得点は確保したい。文学史も，時代とジャンルを区分して，代表的な作品と作者についての基本的な知識を整理しておくこと。

03 語彙力

国語常識や漢字の読み，書き取りに対応するため，「ことば」そのものの力を養っておく必要がある。読み，書き取りの練習だけでなく，漢字の画数・外来語（カタカナ語）・慣用表現・敬語・故事成語・ことわざ・四字熟語・同訓異字・同音異義語・反意語などについても，市販の問題集などを使って徹底的に学習しておきたい。

2024年度

問題と解答

一般選抜2月9日実施分：経済・人文（英米文化）・工（建築）学部

問題編

▶試験科目・配点

学部		教科	科目	配点
経済	1部	外国語	コミュニケーション英語Ⅰ・Ⅱ・Ⅲ，英語表現Ⅰ・Ⅱ	150点
		選択	日本史B，世界史B，地理B，政治・経済，数学（「数学Ⅰ・A*」は2題必須。「数学Ⅰ・A*」「数学Ⅱ」「数学B*」から1題選択）の5科目から1科目選択	100点
		国語	国語総合**・現代文B	100点
	2部	選択	「コミュニケーション英語Ⅰ・Ⅱ・Ⅲ，英語表現Ⅰ・Ⅱ」，日本史B，世界史B，地理B，政治・経済，「数学Ⅰ・A*」の6科目から1科目選択	100点
		国語	国語総合**・現代文B	100点
人文（英米文化）	1部	外国語***	コミュニケーション英語Ⅰ・Ⅱ・Ⅲ，英語表現Ⅰ・Ⅱ	150点
		選択	日本史B，世界史B，地理B，政治・経済の4科目から1科目選択	100点
		国語	国語総合**・現代文B	100点
	2部	外国語	コミュニケーション英語Ⅰ・Ⅱ・Ⅲ，英語表現Ⅰ・Ⅱ	100点
		選択	日本史B，世界史B，地理B，政治・経済，国語（国語総合**・現代文B）の5科目から1科目選択	100点
工（建築）		外国語	コミュニケーション英語Ⅰ・Ⅱ・Ⅲ，英語表現Ⅰ・Ⅱ	100点
		数学	数学Ⅰは必須。数学Ⅱ，数学A，数学Bから2題選択	100点
		選択	物理基礎・物理，国語（国語総合**・現代文B）から1科目選択	100点

▶備　考

経済学部は試験日自由選択制。

＊経済学部の数学Aは「場合の数と確率」「整数の性質」，数学Bは「数

列」「ベクトル」を出題範囲とする。

**「国語総合」は近代以降の文章に限定。

***人文学部英米文化学科は，1部のみ試験前半20分程度で，リスニングテスト（配点は30点）を行う。

※　選択科目は試験場で選択する。

英　語

（経済学部1部・2部，人文学部2部（英米文化），工学部（建築）：60分）
（人文学部1部（英米文化）　　　　　　　　　　　　　　　：80分）

(注)　経済学部1部・工学部（建築）は[1]～[6]，人文学部1部（英米文化）はリスニングおよび[1]～[6]，経済学部2部・人文学部2部（英米文化）は[1]～[5]をそれぞれ解答すること。

リスニング

（1部英米文化学科受験者のみ）

編集部注：リスニング音源は，大学公式のウェブサイトで公表されています。
https://www.hgu.jp/examination/listening.html

なお，上記のリンクは2024年●月時点のものであり，掲載元の都合によってはアクセスできなくなる場合もございます。あらかじめご了承ください。

放送の指示を注意深く聴いて解答せよ。

Crafting beautiful wool products since 1932

Address: Bloomfield RR#2
Civic # 38317 Highway 2
Prince Edward Island, Canada
Email: info@macauslandswoollenmills.com

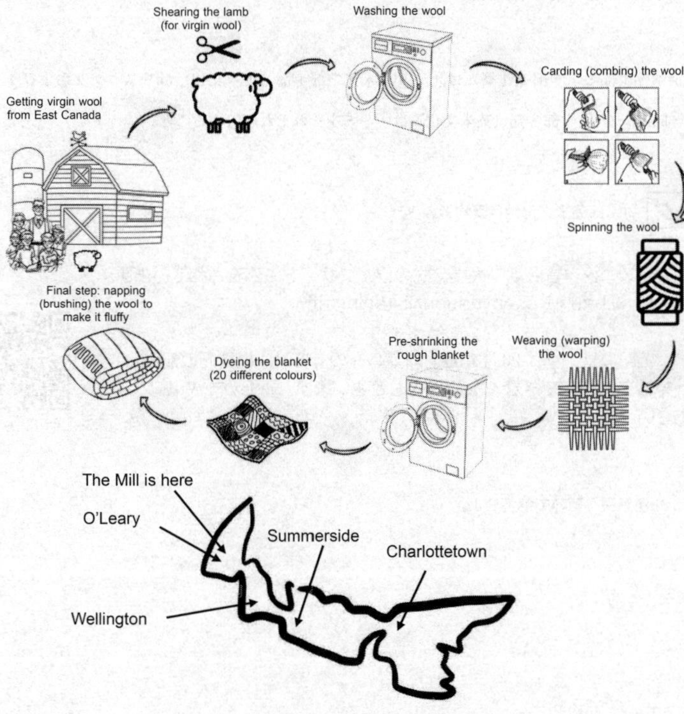

Prince Edward Island

Part One

L-1. ア. Prince Edward Island.
イ. Canadian potatoes.
ウ. Blankets made of wool.
エ. Anne of Green Gables.

L-2. ア. Managing blanket production.
イ. Making high quality blankets.
ウ. Keeping work interesting.
エ. Producing many blankets.

L-3.　ア．It is the most widely available wool.
　　イ．It is not produced in the Québec.
　　ウ．100% is produced in Canada.
　　エ．It is the first wool a sheep produces.

L-4.　ア．Making smaller bits of wool.
　　イ．Washing and drying the wool.
　　ウ．Removing the mud and grit.
　　エ．Combing the wool into threads.

L-5.　ア．Brushing the blanket to make it fluffy.
　　イ．Dyeing or coloring the blanket.
　　ウ．Shrinking the blanket by washing it.
　　エ．Weaving the thread into a blanket.

L-6.　ア．Comfortable scarves.
　　イ．Woollen mittens.
　　ウ．Sheep skin hats.
　　エ．Woollen rugs.

L-7.　ア．Through visitors coming by car.
　　イ．At their store in Wellington.
　　ウ．Through the Internet.
　　エ．Through telephone shopping.

Part Two

L-8.　ア．At a hotel.
　　イ．At home.
　　ウ．At a restaurant.
　　エ．At a police station.

L-9.　ア．An American resident.
　　イ．A business traveler.
　　ウ．A tourist.
　　エ．A mother.

< < < *The conversation continues.* > > >

L-10.　ア．Outside.
　　イ．At a restaurant.

ウ. In her hotel room.

エ. In the park on King's Street.

L-11. ア. One.

イ. Two.

ウ. Three.

エ. Four.

L-12. ア. To go to the salad bar.

イ. To use the washroom.

ウ. To go back to her hotel room.

エ. To go to the front desk.

L-13. ア. Visit a furniture company.

イ. Take a city tour.

ウ. Visit the park on King's Street.

エ. Stay in her hotel room.

L-14. ア. While walking to the bus terminal.

イ. During the meeting at the furniture company.

ウ. While coming to the police station.

エ. During the return trip to the hotel.

Part Three

L-15. ア. He doesn't like swimming.

イ. He doesn't like indoor pools.

ウ. It is too hot for him.

エ. The water is too hot.

L-16. ア. The child doesn't like studying.

イ. The child isn't coming home tonight.

ウ. The child came home late.

エ. The child doesn't want to discuss it.

L-17. ア. Buy more sweets.

イ. Not eat so many sweets.

ウ. Eat enough sweets.

エ. Not stop himself.

L-18. ア. He will miss the meeting tomorrow.
イ. He doesn't want to help her.
ウ. He doesn't have many things to do.
エ. He doesn't have time to read the report.

L-19. ア. Explain the business ideas to the man.
イ. Take creative notes.
ウ. Read Tom's business notes.
エ. Talk about business with Tom.

L-20. ア. The man.
イ. The woman.
ウ. The teacher.
エ. No one.

L-21. ア. Finding a new job.
イ. Making a new contract.
ウ. Taking over the company.
エ. Looking for new staff.

L-22. ア. The basketball team doesn't need her.
イ. She doesn't like what people have said about her.
ウ. She doesn't get enough playing time.
エ. The woman wants her to stop playing.

L-23. ア. She went to see a doctor.
イ. She went to the drugstore.
ウ. She took some medicine.
エ. She took time off work.

(放送内容)

Narrator: Part 1.

これから放送される英文を、メモを取りながら聴いてください。続いて、7つ質問があります。答えをそれぞれ選択肢の中から選び、解答欄にマークしてください。英文も質問文も1回しか読みませんから、よく注意して聴いてください。Part 1は、L-1からL-7までです。では、始めます。

Woman:

Today we are going to talk about a Canadian family business that makes wool blankets. Let's head to Prince Edward Island, a small island located in the Gulf of St. Lawrence, on the eastern side of Canada. Prince Edward Island is a famous tourist destination known for many things, including potatoes and, of course, Ann of Green Gables. But today, we are going to find out more about a family business: MacAusland's Woollen Mills. We are going to talk to the managing director Alex, who is going to tell us about how their popular wool blankets are made.

Man:

Thank you for coming today. Yes, let me tell you about our famous blankets and why they are so popular. As you mentioned we are a family business, so the quantity of blankets we produce every year is rather small. Instead, quality is our motto here at MacAusland's Woollen Mills. We don't compromise on any step in the process of achieving quality, and I think you will find this process interesting because it is quite complex.

First of all, the source of our wool is important to us. We get the raw wool from the east of Canada, so that includes the provinces which are on the Atlantic Coast, except Quebec. It is very important for us that our wool remains pure Canadian wool. Not only that, it is 100% virgin wool. This means the wool we take is from the first time in a year a lamb is sheered, or 'has a haircut' if you like. In addition to being the first wool of the year, virgin wool has obviously never been recycled, unlike most wool available on the market. Virgin wool is the finest and softest wool that a sheep will ever produce. It's naturally durable, insulating and water-repellent.

Making a blanket from raw wool is a complex process which has many steps. First of all, we take the raw wool and wash it. You know those sheep get kind of muddy and dirty! After the first wash has dried, we have to pick out that mud and the grit. Then we 'open up the fibres', or divide the wool into smaller bits. This process of teasing the wool into smaller and smaller fluffy bits is important because it's how we can produce nicer wool thread. Before we spin the wool into thread, however, we have to 'card', or comb, the wool.

Then, we spin the wool thread. Once the wool thread is spun, the next step is the weaving, also known as 'warping'. This means that the thread is woven by a big wooden weaving machine. The warping, or weaving, process gives us a rough blanket, which is then 'fulled' or pre-shrunk. We do that simply by washing it. The blanket is then washed a second time before it is dyed into all kinds of colours. We offer blankets in twenty different colours. Once the blanket is dry, we brush it to make it nice and fluffy. This process is called 'napping'. Finally, the blanket is cut into smaller pieces, which are then stitched and folded.

Here at MacAusland's Woollen Mills, we don't stop at blankets. We also make other products. We have warm woollen mittens, warm, comfortable sheep skin slippers to keep your feet warm in winter. To go with your woollen mittens, we also produce woollen hats to keep your heads warm too, so you can keep warm throughout winter. I should also mention we have beautiful sheep skin rugs as well, so you can keep yourself and your floor warm!

It is very easy to reach us. If you are coming from Charlottetown, then it takes approximately one-and-a-half hours by car. You'll need to head towards Summerside, then past Wellington and up to O'Leary. Keep going and we are just off Route 2. You can't miss us! If you cannot come to our mill directly, you can also phone us to place your order. A more popular option is to check us out on the internet and order our products that way. In fact, most of our sales are done online. Anyway, thank you again for inviting me to tell you about our woollen mill and I hope to see you soon.

Narrator: L-1. What is this announcement about?

<< Pause: 10 seconds >>

Narrator: L-2. What is most important at MacAusland's Woollen Mills?

<< Pause: 10 seconds >>

Narrator: L-3. What is unique about virgin wool?

<< Pause: 10 seconds >>

Narrator: L-4. What does it mean to 'open up the wool fibres'?

<< Pause: 10 seconds >>

Narrator: L-5. What is the meaning of 'warping the wool thread'?

<< Pause: 10 seconds >>

Narrator: L-6. What other products are offered at MacAusland's Woollen Mills?

<< Pause: 10 seconds >>

Narrator: L-7. How does this family business sell most of its products?

<< Pause: 10 seconds >>

Narrator: Part Two.

これから長い会話文が流れます。会話の途中に英語で質問があります。会話文も質問文も１回しか読みませんから、よく注意して聴いてください。Part Two は、L−8 から L−14 までです。

Man: Come in. What can I do for you?

Woman: Officer, I want to report a theft. Some things were stolen my bag.

Man: I'm sorry to hear that. Right, so I'll need to take a few details. Can I start with your name?

Woman: Louise Takeda.

Man OK, thank you. And are you a resident here in New York?

Woman: No, I'm actually Canadian. Though my mother was American.

Man: So you're just visiting this country?

Woman: That's right, officer. I come over most summers on business.
I'm an interior designer. I've had a really good business trip this time until this happened.

Man: OK. Please have a seat. I have a few more questions to ask you about the incident.

Narrator: L-8. Where does this conversation take place?

<< Pause: 10 seconds >>

Narrator: L-9. Who is the woman?

<< Pause: 10 seconds >>

Man: So, may I ask where you're staying now?

Woman: Well, I'm staying at the Riverside Hotel on King Street.
I think the things were stolen when I was having lunch in the restaurant there.

Man: When did you notice the items were missing?

Woman: I noticed my wallet was missing from my bag while paying my bill.

Man: Was there anything else missing?

Woman: Yes. My passport and my phone.

Man: OK. Your wallet, passport, and phone.

Woman: Yes, that's correct.

Man: And you think they were taken while you were having lunch at the restaurant?

Woman: Yes. It must have happened when I got up to go to the salad bar.

Man: So, you left your bag unattended at your table.

Woman: Yes, but it was just for a few minutes. And the salad bar was near my table.

Narrator: L-10. Where does the woman think the theft took place?

<< Pause: 10 seconds >>

Narrator: L-11. How many things is the woman missing?

<< Pause: 10 seconds >>

Narrator: L-12. Why did the woman leave her bag unattended?

<< Pause: 10 seconds >>

Man: OK. Do you remember any other things that happened during your lunch?

Woman: No. I was having a nice peaceful meal and browsing on my iPad.

Man: OK. May I ask what you were doing before lunch?

Woman: Well, I had a meeting with a furniture company on the other side of town. That took about three hours. It was a long bus ride back and forth and I slept part of the way back.

Man: Do you think it's possible you lost the items on the bus or at the furniture company?

Woman: I don't think so, but the bus ride was long and I fell asleep on the way back.

Man: Unfortunately, our city has a problem with thefts on public transportation, especially when riders are not attentive to their possessions. I'm afraid that that may have been when you lost your things.

Woman: Gee. And I was using a one-day transit pass, so I didn't check my wallet until after lunch at the restaurant.

Man: OK. I'll file a report, and we'll contact the restaurant and bus company and start the investigation of a possible theft.

Narrator: L-13. What did the woman do in the morning?

<< Pause: 10 seconds >>

Narrator: L-14. When does the police officer think the woman's items were stolen?

<< Pause: 10 seconds >>

Narrator: Part Three.

これから短い会話文が流れます。それぞれの会話文について英語で質問があります。会話文も質問文も1回しか流れません。よく注意して聴いてください。Part Three は、L-15 から L-23 までです。では、始めます。

Narrator: L-15
Man: This weather is killing me. I can't breathe.
Woman: I thought you liked hot weather.
Man: Yes, I do, but it's boiling today.
Woman: You're right. Shall we go to the indoor pool?
Narrator: What is the man's problem?

<< Pause: 10 seconds >>

Narrator: L-16
Man: I don't want you to come back home so late again.
Woman: It was not late, Dad. It was only ten o'clock.
Man: It was too late for a kid your age. I don't want to discuss this.
Woman: Okay, Dad. I won't do that again.
Narrator: Why is the man angry?

<< Pause: 10 seconds >>

Narrator: L-17
Woman: You don't seem to brush your teeth enough.
Man: Actually, I do, but I eat a lot of sweets.
Woman: You know how bad they are for your general health, right?
Man: Of course I do. But I can't stop myself.
Narrator: What does the man need to do?

<< Pause: 10 seconds >>

Narrator: L-18
Man: I've got to read this report before the meeting tomorrow.
Woman: It's not a big deal. If you start now, you'll finish it soon.
Man: But I don't have the time. I have so many other things to do.
Woman: Is there anything I can do to help you?
Narrator: What is the man's problem?

<< Pause: 10 seconds >>

Narrator: L-19

Man: Tom has excellent business ideas but he never shares them.

Woman: How do you know that he has got excellent ideas?

Man: He takes notes of his creative ideas, and I’ve read some of them.

Woman: I would like to be able to have a look at them.

Narrator: What does the woman want to do?

<< Pause: 10 seconds >>

Narrator: L-20

Man: I failed the math course again.

Woman: Don’t blame yourself. You studied as hard as you could.

Man: Who am I going to blame then?

Woman: Blame the teacher. That’s what most students do.

Narrator: According to the woman, who should get the blame?

<< Pause: 10 seconds >>

Narrator: L-21

Woman: A foreign company is going to take over our company.

Man: Do you think this will affect you?

Woman: I’m afraid some of us will lose our jobs.

Man: Then how about looking for a new job?

Narrator: What does the man suggest?

<< Pause: 10 seconds >>

Narrator: L-22

Man: Have you heard the gossip about Alice?

Woman: Yeah, she said she wants to quit the basketball team because of the gossip.

Man: I can’t figure out why people are saying bad things about her.

Woman: They’re just jealous she gets the most time on the court.
The team really needs her.

Narrator: Why does Alice want to quit the team?

<< Pause: 10 seconds >>

Narrator: L-23

Woman: I have problems sleeping, doctor. Working has become difficult.

Man: Have you done anything about it?

Woman: No, I wanted to see you first, doctor.

Man: One option could be medication, but let me ask you some more questions.

Narrator: What did the woman do about her sleeping problems?

<< Pause: 10 seconds >>

Narrator:

これでリスニング試験を終了します。

1 次の英文を読み，設問に答えよ。

Why We Procrastinate on the Tiniest of Tasks

Sometimes, we don't want to reply to an email, don't want to do our homework, or can't bring ourselves to do some boring paperwork, so we postpone these tasks and waste our time on social media or YouTube until it is almost too late. This is called procrastination. When we procrastinate on a task, or wait until the last minute to do something, it can balloon from a tiny checklist item into a major source of stress. "At its core, procrastination involves delaying a task even though we expect our situation to become worse as a result of doing so," explains Fuschia Sirois, professor of psychology at Sheffield University, U.K.

The effects of procrastination can be quite severe. People who regularly procrastinate tend to have higher levels of stress, poorer sleep patterns, and worse job prospects, especially when they occupy professional roles where autonomy and decision-making are required. In terms of mental health, procrastination is also linked to greater anxiety and depression. It can similarly undermine human relationships, because when we procrastinate, we end up breaking commitments with others. Given these negative effects, why do so many of us keep procrastinating?

It's easy to understand why some people procrastinate on big tasks such as taking exams or looking for jobs. Big tasks can be stressful or mentally draining and require loads of time, energy, and commitment. However, big tasks are so important to our lives that it's difficult for us to avoid them. In contrast, the reasons why we put off small tasks can be less obvious. One reason small tasks can pile up is that they often lack the same kinds of hard deadlines and structures common to bigger tasks. So, it's easier to avoid them because, unlike big tasks, which we must set aside a lot of time to tackle, there is little motivation to do small tasks right away.

However, procrastinating is not just about being lazy: there are important emotional reasons why we do so. Procrastination is not necessarily because of poor memory or because of poor time management. Instead, we usually make an intentional choice to put off something that might worsen doubt, insecurity, fear, or feelings of incompetence. Professor Sirois explains that "procrastinators are not these happy-go-lucky lazy people that don't really care. They're actually really self-critical and they worry a lot about their procrastination."

There are simple ways we can control our tendency to procrastinate. One of them involves understanding how exactly we allow small tasks to occupy so much space in our minds. Small tasks become big things precisely because we adopt an intense emotional perspective towards them. If we instead reframe our approach, modify our emotional response, and then practice self-compassion, the small tasks which annoy us so much become less important in our mind, and therefore easier to handle.

Timothy Pychyl, a psychology professor at Carleton University in Ottawa, says motivation often follows action. As he explains, "Next time you can't bring yourself to do something, ask yourself, *What's the next action I need to take on this little task?*" This question allows you to move your attention off your emotions and on to your action. Even more effective is doing something right away, without first thinking about why you don't want to do it. This allows you to keep your focus on productive actions rather than negative emotions, and this can ultimately increase your motivation to act.

American productivity consultant David Allen calls this 'the two-minute rule.' Stated simply, if a task takes fewer than two minutes to complete, then you should not waste time adding it to your to-do list, because it would take about the same time if you actually completed the task right away. In other words, instead of thinking about and scheduling a small task, just do it right then and there. This active mentality can help you bypass unnecessary thought processes. Professor Pychyl conducted a study among his students which supported Allen's theory. Once his university students actually began a task, they rated it as far less difficult and stressful than they had when they were procrastinating about it.

Another trick for tackling smaller tasks is to include them within larger ones. "Try and find a place where your small task fits into your bigger project," Pychyl suggests. For example, as you study hard for entrance exams—your big project—you have many smaller tasks to perform. One of them is making sure your documents and papers on your desk are in order. You might think that cleaning your desk is a boring job, but understanding this small task as an important part of the bigger task will help you bypass some of those negative emotions.

Professor Sirois suggests bypassing our tendency toward negative emotions and forcing positive emotions as another effective way to avoid procrastinating. You might, for example, look at the task as something that might be fun or enjoyable, or as an opportunity to learn a new skill. However, she admits that this might not necessarily be easy for everyone to do. The reason is that it is actually very easy to think negatively about things, whereas thinking positively about them requires greater mental and emotional effort.

Pychyl and Sirois agree that procrastination is part of life. Putting things off is not necessarily a form of moral failure; it's part of our practical reasoning which helps us prioritize one thing over another. In sum, procrastination is not simply a matter of laziness, poor memory, or poor time management. Sometimes it's just what we need to do to work effectively overall. More importantly, there are emotional reasons for procrastinating. Managing these emotions through more effective mood control can be particularly beneficial for reducing the stress associated with procrastination.

問1 *Choose the best answer based on the reading.*

1．What is the definition of procrastination?

A．Not replying to an email.

B．Not managing one's stress.

C．Wasting time on the Internet.

D．Delaying a task.

2．What effect of procrastination is mentioned?

A．Becoming more tolerant toward one's friends.

出典追記：Why we procrastinate on the tiniest of tasks, BBC Worklife on March 15, 2021 by Mark Johanson

B. Having more opportunities to seek jobs.

C. Having more anxiety and less sound sleep.

D. Becoming less autonomous.

3. We put off our small tasks because...

A. they are obvious.

B. they don't have tight deadlines.

C. they require a lot of commitment.

D. they are too simple.

4. We procrastinate primarily due to our...

A. poor memory.

B. poor time management.

C. feelings of incompetence.

D. take-it-easy attitude.

5. To avoid procrastinating, we should...

A. understand why small tasks bother us.

B. figure out which tasks are small or big.

C. pay less attention to small tasks.

D. handle small and big tasks similarly.

6. What is a good way of dealing with a small task?

A. Waiting until we are more motivated.

B. Doing the task immediately.

C. Knowing why we need to do it.

D. Focusing on negative emotions.

7. The two-minute rule is effective because...

A. our big tasks become smaller.

B. we can do two tasks at the same time.

C. we can bypass unnecessary small tasks.

D. we find small tasks easier to do.

8. Another good tip provided for dealing with small tasks is...

A. to combine them with larger ones.

B. to consider them as big ones.

C. to have all your things in order.

D. to have many projects at once.

9. How should we regard small tasks?

A. As things anyone can easily accomplish.

B. As things which require much preparation.

C. As opportunities to develop new skills.

D. As opportunities to procrastinate.

10. What is the last piece of advice given to lessen stress caused by procrastination?

A. Avoid procrastination at all times.

B. Bring our negative emotions under control.

C. Prioritize tiny tasks over bigger ones.

D. Be more effective at work.

問2 *Complete the following table.*

Researchers	Statements/Suggestions
Fuschia Sirois	・Procrastinators are those who (11). ・You should be (12) if you no longer want to procrastinate.
Timothy Pychyl	・When you face a task, you should first (13). ・It's good to have your small tasks embedded in your bigger projects.
David Allen	The two-minute rule means that (14).

11. A. are very critical of other people.

B. are very critical of themselves.

C. do not care about their tasks at all.

D. do not care about their future at all.

12. A. optimistic

B. pessimistic

C. intense

D. depressed

13. A. ask yourself if you really want to do it.

B. be motivated before acting.

C. consult with others before acting.

D. act, and then you will feel motivated.

14. A. to-do lists should take two minutes to complete.

B. you should do tasks on to-do lists as quickly as possible.

C. a to-do list helps you avoid negative emotions.

D. you should immediately do tasks which can be done quickly.

問3 *Mark A for TRUE and B for FALSE for each of the following statements.*

15. We procrastinate on small tasks because they are unnecessary and can be easily avoided.

16. David Allen's study supported Timothy Pychyl's theory.

17. Understanding small tasks as part of bigger tasks is a way to avoid negative emotions.
18. Both Timothy Pychyl and Fuschia Sirois argue that procrastination is sometimes necessary to work efficiently.

2 次の 19 ～ 26 の空所に入れる語句として最も適切なものを A ～ D の中から選べ。

19. X: Could you give me some advice about writing the essay, professor?
    Y: Most importantly, facts and opinions should be clearly (　　).
    A. disappeared　B. disoriented　C. disturbed　D. distinguished

20. X: The heavy rainfall yesterday has affected everything.
    Y: Right. Our baseball game has been (　　) until Friday.
    A. delivered　B. purchased　C. postponed　D. acknowledged

21. X: Monica goes to see a movie twice or three times a week.
    Y: That's unbelievable! She must have a (　　) enthusiasm for movies.
    A. genuine　B. partial　C. half-hearted　D. mechanical

22. X: Why do you read so many different kinds of books?
    Y: I just read out of (　　) and don't want to restrict the genres I read.
    A. curiosity　B. pity　C. kindness　D. compassion

23. X: Is Sapporo a big city?
    Y: It's relatively big with nearly two million (　　) but it is also surrounded by beautiful nature.
    A. entrepreneurs　B. inhabitants　C. patients　D. merchants

24. X: It's cold in here, isn't it?
    Y: You can (　　) the temperature by adjusting the air conditioner.
    A. accumulate　B. stimulate　C. regulate　D. speculate

25. X: Ben, did you say you had a problem?
    Y: Yeah, Penny. The budget for our section will be (　　) cut next year.
    A. drastically　B. narrowly　C. negatively　D. respectively

26. X: Do you know what happened after the tragic accident at the company last year?
    Y: Well, the new safety guidelines were (　　) adopted.
    A. previously　B. illegally　C. incorrectly　D. subsequently

3 次の27～36の空所に入れる語句として最も適切なものをA～Dの中から選べ。

27. X: What did you buy at the vintage shop?
 Y: I found a (　　) jacket. It was on sale.
 A. beautiful black leather　B. black leather beautiful
 C. leather beautiful black　D. black beautiful leather

28. X: Is this lounge for hotel guests only?
 Y: Yes. I'm sorry you can't come in (　　) staying here.
 A. unless you are　B. if you are
 C. unless you are not　D. only if you are

29. X: I can't find my glasses.
 Y: Do you remember where (　　) them?
 A. did you last see　B. you last saw
 C. do you last see　D. you last see

30. X: Is it OK to park the car here?
 Y: Please use the parking space over there. They don't allow people (　　) in front of the building.
 A. park　B. to park　C. parking　D. to be parked

31. X: You look tired. Didn't you sleep well last night?
 Y: I (　　) by a loud noise in the middle of the night, and I couldn't sleep after that.
 A. woke up　B. was woken up
 C. am woken up　D. was waking up

32. X: When do you think is a good time to visit Professor Johnson?
 Y: She has her office hours (　　) Monday mornings.
 A. in　B. at　C. on　D. from

33. X: Did you enjoy the movie yesterday?
 Y: Not really. I don't like movies (　　) have unhappy endings.
 A. who　B. in which　C. where　D. that

34. X: Have you ever been abroad?
 Y: Yes. I (　　) to France last year.
 A. have been　B. had been　C. was going　D. went

35. This book was wonderful. It gave me so much (　　) for thought.
 A. energy　B. food　C. water　D. power

36. It was so quick. The dog jumped over the fence in the (　　) of an eye.
 A. blink　B. shut　C. open　D. close

4　それぞれの会話の空所に入れる最も適切な選択肢をＡ～Ｄの中から選べ。ただし，同じ選択肢が２箇所に入ることはない。

Riku: I wonder if you could lend me your math notebook. I missed a couple of classes last month. Now I'm totally lost.

Kana: Sure. I'd be happy to lend it to you. (　37　)

Riku: Thanks, you're a lifesaver. I'll be in the library at 9 am if it's OK.

Kana: That's perfect. Just make sure to give it back to me when you're done. (　38　)

Riku: You can count on me. I'll make sure to return it by Friday.

Kana: Good. (　39　)

Riku: Thanks. I will.

A. I also need it for my own studying.
B. I'll bring it tomorrow morning.
C. I'll leave my notebook at home tomorrow.
D. And email me if you have any questions about my notes.

Miku: Excuse me. (　40　)

Employee: I'm sorry. We got a small delivery this morning, but it sold out quickly. There's been an outbreak of bird flu in this region and that's caused a shortage of eggs.

Miku: Oh, no. (　41　)

Employee: It's hard to give you a definite time. Our daily delivery schedule has been a bit unpredictable these days. But I would say around 10 o'clock in the morning.

Miku: I understand. (　42　)

Employee: I don't know. It all depends on how soon the situation returns to normal.

A. Do you have any eggs today?
B. At what time will eggs be available tomorrow?
C. Is there any other place where I could find eggs?
D. Do you have any idea how long this shortage might last?

5 次の文章の空所に入れる文として最も適切なものを A ～ D の中から選べ。ただし，同じ文が２箇所に入ることはない。

During the Ice Age, people were hunter-gatherers, which means that their diet was composed mostly of meat. (43) In fact, dogs became humans' best friends because our human ancestors shared their meat surplus with wolves, the ancestors of dogs. Genetic evidence suggests that dogs split from their wolf ancestors between 27,000 and 40,000 years ago. Dogs were the only animals domesticated by hunter-gatherers. Other animals such as horses, cats, sheep, chickens, pigs, and cows were domesticated after farming became widespread. (44) Others argue that the domestication of dogs for hunting purposes came much after wolves became used to living with people. It is reasonable to assume that, during the Ice Age, humans and wolves could have competed for food, as both are top predators. (45) In other words, humans and wolves were never really competitors. Instead of killing wolves, humans took in orphaned wolf pups, perhaps viewing them a bit like pets, and fed them on spare meat. Later, the tamed wolves became dogs, and became useful hunting partners.

A. However, studies have shown that ice-age humans were actually able to get more meat than they needed, and wolves simply ate their meat surpluses.
B. But they didn't kill all animals who could have given them meat.
C. Some scientists suggest that humans originally domesticated dogs to help them with hunting.
D. The more aggressive wolves were never really comfortable among human beings.

出典追記：Humans may have domesticated dogs by accident by sharing excess meat, NewScientist on January 7, 2021 by Michael Marshall

6 *Read the following information and answer the questions.*
（1部および工学部受験者のみ）

From:	akiotanaka@hgu.com
To:	powerpcsupport@yahoo.com
Date:	June 30, 2023, 13:00
Subject:	An Issue with a Pre-Owned Desktop PC

Dear Power PC Support Staff,

I recently purchased a pre-owned desktop PC from your store, which ran smoothly for several days. However, it unexpectedly malfunctioned the day before yesterday. Whenever I press the power button, the PC briefly comes on, but after a short while, it automatically shuts down, and the screen goes black. When I try to turn it on again, it starts, but the power shuts down again after some time. This happens repeatedly, and I'm pretty upset about it. I did not drop the PC, but the recent high temperature and humidity in the room may have affected it.

For now, I will wait and observe if the problem continues. Is there any compensation available if the computer is broken? I appreciate your assistance and thank you in advance for your cooperation.

Akio

From:	powerpcsupport@yahoo.com
To:	akiotanaka@hgu.com
Date:	July 3, 2023, 10:03
Subject:	Re: An Issue with a Pre-Owned Desktop PC

Dear Mr. Tanaka,

First of all, we are very sorry to hear that the desktop PC you purchased from us is malfunctioning, and we apologize for any inconvenience and concern this may have caused you. We also apologize for the delay in replying; verifying your information took us some time.

Our support team has confirmed that you should check the following points yourself. Firstly, they suggest that there may not be enough power reaching the PC. They recommend checking if your PC is connected to an overloaded adapter. If so, you should plug only your PC directly into a socket. Secondly, you may be using too many applications simultaneously, which might be affecting your PC. Instead of opening many applications all at once after starting up, you might want to open applications one at a time. Please try these two solutions first and get back to us if the problem persists. Since you have subscribed to our compensation package, your PC is covered for problems during the first year after purchase.

Best regards,
John

46. What problems has Akio had with his PC?
    - A. The computer makes a strange noise.
    - B. The computer suddenly shuts down.
    - C. It does not have enough applications.
    - D. It is damaged because of an accident.

47. What does Akio think is the cause of this problem?

A. The PC might be too old.

B. The PC was dropped on the floor.

C. The store is slow to respond.

D. It might be too hot and humid.

48. Akio is emailing about...

A. a new computer model.

B. the store's unusually slow response.

C. coverage in case the PC is broken.

D. a new computer application.

49. The store's response was a little slow because they were checking...

A. Akio's condition.

B. their response to Akio.

C. Akio's computer.

D. Akio's purchase information.

50. What is the first piece of advice from the store?

A. To make sockets invisible.

B. To reduce sockets.

C. To add more sockets.

D. To use exclusively one socket.

51. What is the second piece of advice from the store?

A. Don't open too many applications at the same time.

B. Keep the PC cool enough at all times.

C. Don't keep the PC switched on all the time.

D. Keep the PC clean at all times.

52. What does the store say about compensation?

A. It is negotiable.

B. It expires when the PC breaks.

C. It is valid for one year.

D. There is no compensation.

日本史

（60分）

1　次の文を読み，下記の問に答えなさい。なお，下線部と問の番号は対応している。

縄文時代の人々は，竪穴住居や$_1$貝塚からなる集落で定着的な暮らしを営み，狩猟漁労などの技術を高度に発展させた。さらに，$_2$植物の管理や原始的な農耕も行っていた可能性も指摘されている。縄文時代の終わりころ，大陸からの影響で北部九州を中心に本格的な水稲農耕が導入され，紀元前４世紀ころには弥生時代がはじまる。しかし，$_3$水稲農耕は，北海道や南西諸島には伝わらなかった。

弥生時代には，赤焼きの$_4$弥生土器のほか，$_5$石製の稲の穂摘み具や木材伐採用・加工用の磨製石斧が普及するとともに，$_6$銅と錫の合金や鉄などの金属器が生産された。さらには，$_7$穀物を貯える建築物が登場し，蓄積された余剰生産物をめぐって$_8$戦いも生じた。強力な集落は次第に周囲の集落を統合し，各地に$_9$政治的なまとまりが出現することとなった。これらの支配者たちは，大型の墳丘墓に多量の副葬品とともに埋葬されることがあり，身分や貧富の差が生じたことを示している。

問１　1877年にモースが発見，発掘調査した現在の東京都にある貝塚の名称を答えなさい。

問２　三内丸山遺跡では，野生のトチやクルミを利用するほか，食用になる実（堅果類）をもたらす林を管理していたとされる。この植物の名称を答えなさい。

問３　このうち，北海道の食料採集文化を何と呼ぶか，３字で答えなさい。　〔解答欄〕＿＿＿文化

問４　弥生土器は，貯蔵用・煮炊き用・盛りつけ用の３種がセットで使われた。その組み合わせとして適切なものを下から選び，記号で答えなさい。

ア．壺・甕・高杯　　イ．壺・鍋・片口　　ウ．鉢・羽釜・皿　　エ．鉢・甑・椀

問５　この道具の名称を答えなさい。

問６　この合金名を答えなさい。

問７　この建築物を４字で答えなさい。

問８　この戦いに備えるために，深いほりや土塁をめぐらしてつくられた集落を２字で答えなさい。

〔解答欄〕＿＿＿集落

問９　このまとまりを２字で答えなさい。

2　次の文を読み，下記の問に答えなさい。なお，下線部と問の番号は対応している。

源頼朝は，$_{1}$平氏政権打倒の兵を挙げると，鎌倉を根拠地として広く主従関係の確立につとめ，関東の荘園・公領を支配して東国武士らの所領支配を保障していった。1183年には平氏の都落ちのあと，$_{2}$(　　　)法皇と交渉して東海・東山両道の東国支配権を獲得した。ついで1185年には京都に軍勢を送って，弟義経に自分の追討を命じた法皇にせまり，諸国に守護を，荘園や公領には$_{3}$地頭をそれぞれ任命する権利や，諸国の国衙の実権を握る在庁官人を支配する権利などを獲得した。その後，頼朝は逃亡した義経をかくまったとして$_{4}$奥州藤原氏を滅ぼすと，1190年に右近衛大将，1192年には征夷大将軍に任ぜられた。

鎌倉幕府の支配機構は簡素で実務的なものであった。$_{5}$鎌倉には中央機関として一般政務や財政事務をつかさどる（　a　），御家人を組織し統制する（　b　），裁判事務を担当する（　c　）などがおかれた。また，地方には，守護と地頭がおかれた。このうち守護は，原則として各国に一人ずつ，おもに東国出身の有力御家人が任命された。守護は，$_{6}$(　　　)を基本的権限として有し，国内の御家人を指揮して平時には治安維持と警察権の行使にあたり，戦時には国内の武士を統率した。また在庁官人を支配し，とくに東国では国衙の行政事務を引き継ぎ，地方行政官としての役割も果たした。

$_{7}$幕府の支配は，将軍と御家人との主従関係を基礎においていた。将軍は主人として御家人に対しておもに地頭に任命することによって先祖伝来の所領の支配を保障したり，新たな所領を与えたりした。この御恩に対して御家人は，戦時には軍役を，平時には京都大番役や幕府御所を警護する鎌倉番役などをつとめて従者として奉公した。

東国は実質上，幕府の支配地域で，幕府が行政・裁判権を握り，そのほかの地方でも国司の支配下にある国衙の任務が守護を通じて幕府に吸収されていった。しかし，鎌倉時代は，京都の朝廷や貴族・大寺社を中心とする荘園領主の力がまだ強く残っており，政治の面でも経済の面でも，公武の二元支配を特徴としていた。朝廷は，国司を任命して全国の一般行政を統轄し，貴族・大寺社も受領や荘園領主として，土地からの収益の多くを握っていたからである。さらに将軍である頼朝自身も，$_{8}$多くの知行国や平家没官領を含む大量の荘園を所有しており，それが幕府の経済的基盤となっていた。$_{9}$すなわち，院政期以来の荘園・公領制という土地の領有体制は依然として続いていたのである。

問１　平氏政権に関する説明文として誤っているものを下から選び，記号で答えなさい。

ア．平清盛は，保元・平治の乱に勝利して地位と権力を高め，太政大臣にまでのぼりつめた。

イ．平氏は，治承・寿永の乱において，一の谷・屋島の合戦で相次いで敗れ，1185年に壇の浦の戦いで滅亡した。

ウ．平清盛は，父忠盛以来の日宋貿易に力を入れたが，宋が金に圧迫されて南宋となってからは，貿易が衰退した。

エ．平清盛は，娘徳子を高倉天皇の中宮に入れ，その子である安徳天皇を即位させ，外戚として威勢を振るった。

問２　空欄に適する語を答えなさい。

問３　地頭についての説明として誤っているものを下から選び，記号で答えなさい。

ア．源頼朝は，当所，平家没官領を中心とする謀反人の所領に限定して地頭を設置した。

イ．地頭は荘郷地頭とも呼ばれた。

ウ．従来の下司などの荘官は，地頭の設置によって没落した。

エ．地頭は，年貢の徴収・納入や土地の管理，治安維持を任務としていた。

オ．平清盛は各地で成長した武士団の一部を荘園や公領の現地支配者として地頭に任命した。

問４　奥州藤原氏の祖を下から選び，記号で答えなさい。

ア．藤原泰衡　イ．藤原基衡　ウ．藤原秀衡　エ．藤原信頼　オ．藤原清衡

問５　空欄 a・b・c にあてはまる組織の順番を下から選び，記号で答えなさい。

ア．侍所－政所－問注所　イ．政所－侍所－問注所　ウ．侍所－問注所－政所

エ．政所－問注所－侍所　オ．問注所－侍所－政所

問６　大番催促，謀叛人・殺害人の追捕を指す空欄に適する語を答えなさい。

問７　このような御恩と奉公の関係で結ばれる制度を何というか，答えなさい。　〔解答欄〕＿＿＿制度

問８　知行国の説明として誤っているものを下から選び，記号で答えなさい。

ア．平氏は，最盛期には，日本全国の約半分にあたる知行国を有していた。

イ．朝廷に認められた貴族や寺社が一国内の支配権と収益権を得た国のことである。

ウ．頼朝の知行国は，関東御分国と呼ばれた。

エ．摂関期に，盛行した結果，公領はなかば知行国主の私領と化した。

オ．知行国主は，子弟や近親を国守に任じた。

問９　荘園公領制の説明として誤っているものを下から選び，記号で答えなさい。

ア．後三条天皇による1069年の延久の荘園整理令がその成立の大きなきっかけとなった。

イ．12世紀の鳥羽院政期に確立した。

ウ．かつての律令制のもとで国・郡・郷などの上下で構成されていた一国の編成が，荘・郡・郷などが並立する荘園と公領で構成される体制に変化したことで成立した。

エ．豊臣秀吉の太閤検地によって完全に解体された。

オ．荘園公領制の成立によって，荘園では土地の私有化がいっそう進む一方，公領ではそれに歯止めがかけられた。

3 次の文を読み，下記の問に答えなさい。なお，問７を除き下線部と問の番号は対応している。

大日本帝国憲法では，天皇は帝国議会が関与できない権限である天皇大権[1]を持っていた。これら権限の中には，陸海軍の指揮統率権である（ Ａ ），兵力量を決定する編制大権，軍隊に治安権限を与える戒厳大権も含まれていた。

日本は天津条約の締結以降，軍事力の増強につとめた。第２次伊藤博文内閣の時には軍備拡張予算を承認し，その後を継いだ第２次松方正義内閣も軍備を拡張していった。さらに，第２次山県有朋内閣は，1900年に政党の力が軍部に及ぶのをはばむために（ Ｂ ）を定めた。

日露戦争[2]を経て国家財政が悪化する中，1911年に組閣した内閣[3]は，海軍より八・八艦隊計画と呼ばれる建艦計画，陸軍より２個師団増設計画を求められた。元老の山県有朋と陸軍は内閣に師団増設を迫ったが，首相はこれを財政的に困難であるとして拒絶した。これに対して，上原勇作陸相は帷幄上奏権を行使し，単独で辞表を提出した。後任の陸相を得ることができず，1912年にこの内閣は総辞職した。

第１次山本権兵衛内閣の時には，（ Ｂ ）は改められ予備・後備役の中・大将まで資格が広げられた。これは，軍部に対する政党の影響力拡大をはかるものでもあった。同内閣は1914年に外国製の軍艦・兵器の輸入をめぐる海軍の汚職事件[4]がきっかけで退陣した。

昭和時代になると軍部の台頭は目立つものとなった。例えば，1930年に政府が海軍軍縮条約[5]締結に踏み切った時には，海軍軍令部は（ Ａ ）の干犯であると激しく攻撃した。二・二六事件後に統制派が陸軍の主導権を握ると軍部の政治的な発言力は強まった。そして，陸軍の要求により（ Ｂ ）は復活[6]し，以降の諸内閣に対する軍の介入の端緒となったのである。

問１ 次の権限のうち天皇大権に含まれないものを下から選び，記号で答えなさい。

ア．宣戦の布告　イ．講和や条約の締結　ウ．文武官の任免　エ．最高裁の判決

問２ 日露戦争時の状況について誤っているものを下から選び，記号で答えなさい。

ア．日本は1905年１月に旅順要塞を陥落させた。

イ．日本は1905年３月に奉天で勝利を収めた。

ウ．日本はフランス・ドイツの支援を得て，戦局を有利に展開した。

エ．ロシアでは国内で革命運動がおこった。

問３ この内閣を下から選び，記号で答えなさい。

ア．第２次西園寺公望内閣　イ．第２次桂太郎内閣　ウ．寺内正毅内閣　エ．清浦奎吾内閣

問４ この汚職事件を答えなさい。 〔解答欄〕 ＿＿＿事件

問５ 下線部について次の問いに答えなさい。

⑴ この条約について正しい内容を下から選び，記号で答えなさい。

ア．日本の全権は加藤友三郎であった。

イ．主力艦の建造停止をさらに５年間延長するものであった。

ウ．主力艦の保有量については米・英に対して総トン数の７割の保有が認められた。

エ．この条約の締結に伴い日英同盟が破棄された。

⑵ この条約破棄後，海軍の大建艦計画のもとで武蔵とともに建造された戦艦の名称を答えなさい。

問6　この時の内閣を下から選び，記号で答えなさい。

ア．斎藤実内閣　イ．広田弘毅内閣　ウ．林銑十郎内閣　エ．第１次近衛文麿内閣

問7　A，Bに当てはまる語句を答えなさい。

4

次の文を読み，下記の問に答えなさい。なお，下線部と問の番号は対応している。

日本は<u>ポツダム宣言</u>[1]にもとづき連合国に占領されることとなった。同じ敗戦国のドイツと異なり，アメリカ軍による事実上の単独統治であり，マッカーサー元帥を最高司令官とする<u>GHQの指令・勧告</u>[2]にもとづき日本政府が政治を行う間接統治方式が採用された。

ポツダム宣言の受諾とともに鈴木貫太郎内閣は総辞職し東久邇宮稔彦が内閣を組閣した。東久邇宮内閣は連合国軍の進駐受け入れ，旧日本軍の速やかな武装解除，降伏文書の調印を遂行した。続いて首相に就任した幣原喜重郎に対して，マッカーサーは<u>五大改革</u>[3]を口頭で指示した。

続いてGHQは幣原内閣に憲法の改正を指示した。最終的に，GHQによる草案にやや手を加える形で日本国憲法が制定され，<u>第９条</u>[4]第１項にて「国際紛争を解決する手段」としての戦争の放棄が定められた。

一方，<u>第二次大戦後，米ソを中軸として，核武装した東西両陣営が軍事的な対峙を継続し，勢力範囲の画定や経済・イデオロギーなどあらゆる面で激しい競争を展開した</u>[5]。1950年に<u>（　A　）</u>[6]がはじまると，アメリカ，ソ連はそれぞれ別陣営を支援した。日本では，在日アメリカ軍が戦地に動員されたあとの軍事的空白を埋めるためにGHQの指令で警察予備隊が結成された。

サンフランシスコ平和条約が発効されると，それとともに警察予備隊は<u>（　B　）</u>[7]に改組された。さらに，アメリカは再軍備要求を強め，吉田茂内閣は防衛協力の実施に踏み切った。1954年には<u>日米相互防衛援助協定など４協定</u>[8]が締結され，日本はアメリカの兵器や農作物の援助を受けるかわりに自衛力の増強を義務づけられた。そして，同年に新設された<u>（　C　）</u>[9]の統括の下に自衛隊が発足した。

問1　以下はポツダム宣言の日本語訳を抜粋したものである。空欄に当てはまる語句を答えなさい。

十三，吾等ハ日本国政府カ直ニ全日本国軍隊ノ（　　　）降伏ヲ宣言シ，且右行動ニ於ケル同政府ノ誠意ニ付適当且充分ナル保障ヲ提供センコトヲ同政府ニ対シ要求ス

問2　GHQの指令・勧告と直接的な関係がないものを下から選び，記号で答えなさい。

ア．破壊活動防止法　イ．農地改革　ウ．公職追放　エ．政令201号

問3　五大改革に含まれないものを下から選び，記号で答えなさい。

ア．教育制度の自由主義的改革

イ．政府による神社・神道への支援・監督の禁止

ウ．秘密警察などの廃止

エ．労働組合の結成奨励

オ．婦人参政権の付与

カ．経済機構の民主化

問4　以下は日本国憲法第9条の条文である。空欄に当てはまる語句を答えなさい。

日本国民は，正義と秩序を基調とする国際平和を誠実に希求し，国権の発動たる戦争と，武力による威嚇又は武力の行使は，国際紛争を解決する手段としては，永久にこれを放棄する。

2　前項の目的を達するため，陸海空軍その他の戦力は，これを保持しない。国の（　　　）権は，これを認めない。

問5　バーナード･バルークが初めて用いたとされる，このような国際政治上の現象を表す語を何というか，答えなさい。

問6　（　A　）に当てはまる語句を下から選び，記号で答えなさい。

ア．朝鮮戦争　　イ．ベトナム戦争　　ウ．イラク戦争　　エ．湾岸戦争

問7　（　B　）に当てはまる語句を答えなさい。

問8　日米相互防衛援助協定など4協定の総称を何というか，答えなさい。

問9　（　C　）に当てはまる行政機関の名を答えなさい。

世界史

（60分）

1　次の文章を読み，下の設問に答えよ。

キリスト教は1世紀にローマ帝国支配下のパレスチナから生まれた。この地に生まれたイエスは，ユダヤ教を指導していた祭司や，律法の実行を重んじた（　1　）派を形式主義として批判し，神の愛はすべての人に及ぶと説いて神の国の到来と最後の審判を約束した。一方ユダヤ人支配層はローマに対する反逆者としてイエスを告発し，総督の（　2　）はイエスを十字架刑に処した。しかしイエスが復活し，その十字架上の死は人間の罪をあがなう行為であったという信仰が生まれ，これを中心にキリスト教が成立した。その後二大使徒と呼ばれる，のちに初代ローマ教皇とされたペテロや，回心してキリスト教徒となり伝道に尽くした（　3　）らの活動により，キリスト教はローマ帝国各地に広がった。2世紀末ごろまでには『新約聖書』がまとめられ，『旧約聖書』と共に教典となった。

当時のローマの宗教は多神教で，皇帝礼拝を拒むキリスト教徒は迫害の対象となった。初期の迫害としては，ローマ大火の犯人としてキリスト教徒を迫害した（　4　）帝によるものが知られる。迫害は3世紀後半に即位した（　5　）帝の時代まで続いた。しかし帝国内で拡大を続けるキリスト教を禁止し続けることは困難で，313年コンスタンティヌス帝は（　6　）を発してキリスト教を公認した。その後，ローマ古来の多神教を復活させようとした（　7　）帝の試みは失敗に終わり，392年には（　8　）帝がキリスト教をローマ帝国の国教と定めた。この間キリスト教の内部では教義をめぐる様々な論争が生じたが，325年に開催された（　9　）公会議でキリストを神と同一視する（　10　）派が正統教義とされた。

問1　文中の空欄（　1　）～（　10　）にあてはまる人名または語句を答えよ。

2　次の文章を読み，下の設問に答えよ。

14世紀の中国では元朝の支配力が衰え，(a)白蓮教徒による紅巾の乱をきっかけに群雄が蜂起した。反乱のなかで頭角をあらわした朱元璋は，1368年に明朝をたて（　1　）帝と呼ばれた。（　1　）帝は元末の混乱をおさめるため，(b)元代の統治機構を改めた。農村では(c)農家110戸で1里を編成し，富裕な10戸を里長戸，残りの100戸を10甲に分けて甲首戸を置き，連帯責任のもと輪番で租税の徴収，治安維持などを行わせた。さらに(d)賦役黄冊，魚鱗図冊を作成し，(e)民衆教化のための6カ条の教訓を定めた。軍制では(f)一般の民戸と別に軍戸の戸籍を設け，定数5600名を基準として1衛を編成したが，朝鮮・日本・琉球・台湾など「不征の国」を挙げ外征を控えた。法制面では(g)明律・明令を公布した。

（　1　）帝の死後，（　2　）帝に対し靖難の役で勝利し即位した（　3　）帝は積極的な対外政策をとり，5度にわたりモンゴル高原への遠征を行った。またイスラーム教徒の宦官（　A　）に命じ，艦隊を率いて南洋諸国に遠征させ朝貢を勧誘した。

（　3　）帝の死後，オイラトの指導者（　B　）が1449年に明に侵攻し，6代皇帝（　4　）帝を土木堡で破り捕虜とした。1550年にも，モンゴルの族長（　C　）が侵攻して一時は北京を包囲した。これらを受け，明は万里の長城を繰り返し修築した。

問1　文中の空欄（　1　）～（　4　）にあてはまる，朱元璋のとった一世一元の制による在位中の元号を冠した皇帝の呼称を答えよ。

問2　文中の空欄（　A　）～（　C　）にあてはまる人物名を答えよ。

問3　下線部(a)の説明として最も適切なものを，次のア～エから1つ選び，記号で答えよ。

ア．『法華経』を聖典とする仏教の一派で，隋の智顗が創始した

イ．神仙思想・道家思想・呪術などがまとまり，仏教を参考にして成立した宗教で，北魏の寇謙之により教団が形成された

ウ．阿弥陀信仰が呪術的なものとなった仏教系の民間宗教で，弥勒仏が貧農を救うために現れるという下生信仰と結びついた

エ．キリスト教の一派で，唐代にペルシア人司祭の阿羅本により布教され広まった

問4　下線部(b)の内容として最も適切なものを，次のア～エから1つ選び，記号で答えよ。

ア．皇帝と実務機関である六部の間に内閣を設置し，内閣大学士に六部を統轄させた

イ．皇帝と六部の間に尚書省を設置し，尚書左僕射・尚書右僕射の2名を宰相とした

ウ．皇帝と六部の間に中書省を設置し，長官である丞相を宰相とした

エ．六部を皇帝直属とし，万事を皇帝が直接決定した

問5　下線部(c)を何というか。漢字3字で答えよ。

問6　下線部(d)の説明として最も適切なものを，次のア～クからそれぞれ1つ選び，記号で答えよ。

ア．農業技術書　イ．産業技術書　ウ．紙幣　エ．戸籍・租税台帳

オ．医学書　カ．土地台帳　キ．道路台帳　ク．河川・水利台帳

問7　下線部(e)を何というか。漢字2字で答えよ。

問8　下線部(f)を何というか。漢字3字で答えよ。

問9 下線部(g)の内容として最も適切なものを，次のア〜エから1つ選び，記号で答えよ。

ア．憲法　イ．民法　ウ．刑法　エ．行政法

3 次の文章を読み，下の設問に答えよ。

成功を夢見た(a)スペイン人の征服者は，次々とアメリカ大陸に渡った。彼らの征服によって，現地の文明はおおかた破壊された。スペイン人は，(b)エンコミエンダやプランテーションで先住民を強制的に働かせ，(c)銀山の開発やさとうきびの栽培を始め，利益の高い商品を生産した。先住民は，新たに持ち込まれた病気や過酷な労働のため，人口が激減した。ドミニコ修道会聖職者の（ 1 ）らの反対もあり，先住民に代わる労働力として，アフリカの黒人が奴隷として導入された。

(d)19世紀初頭までに，ラテンアメリカはそのほとんどがスペイン植民地と（ 2 ）領ブラジルで構成されるようになり，カリブ海の島々にはイギリス・フランスなどの奴隷制砂糖プランテーションが広がっていた。フランス革命で本国が混乱すると，まず，仏領サン=ドマングで黒人奴隷たちが，（ 3 ）を指導者として蜂起した。彼自身はナポレオン軍に逮捕され獄死したが，1804年に，最初の黒人国家である（ 4 ）共和国が独立した。

植民地生まれの白人（クリオーリョ）たちは，先住民や黒人奴隷に対しては支配者であったが，本国からは抑圧されていたため解放運動を始めた。南米北部諸国の解放を実現したベネズエラ出身の(e)シモン=ボリバルや，チリやペルーの独立に寄与したアルゼンチン出身の（ 5 ）の活動によって，1830年までに，カリブ海の島々を除くラテンアメリカの大半が独立国となった。

問1 文中の空欄（ 1 ）〜（ 5 ）にあてはまる人名または語句を答えよ。

問2 下線部(a)に関連して，征服者と征服された勢力の組み合わせとして正しいものを，次のア〜エから1つ選び，記号で答えよ。

ア．征服者：コルテス　征服された勢力：マヤ

イ．征服者：コルテス　征服された勢力：オルメカ

ウ．征服者：ピサロ　征服された勢力：インカ

エ．征服者：ピサロ　征服された勢力：アステカ

問3 下線部(b)に関連して，この制度においては，先住民とその土地に対する支配がある条件のもとスペイン人植民者に委託された。その条件にもっともあてはまるものを，次のア〜エから1つ選び，記号で答えよ。

ア．一定量のカカオの栽培　イ．一定量の金貨の鋳造

ウ．先住民のための病院の設置　エ．先住民のキリスト教への改宗

問4 下線部(c)に関連して，1545年に発見されたアメリカ大陸最大の銀山は何か，答えよ。

問5 下線部(d)に関連して，ヨーロッパにおける19世紀の文化について，誤っているものを次のア〜エから1つ選び，記号で答えよ。

ア．文学では，それぞれ固有の国民語での創作が活発となった

イ．音楽では，大規模なオーケストラによる交響曲の形式が発達した

ウ．絵画では，複数の視点から対象を描く立体派（キュビズム）などが現れた

エ．科学技術では，写真の発明が文化に大きな影響を与えた

問6　下線部(e)に関連して，1825年の独立後に彼にちなみ国名を定めた国はどこか，答えよ。

4　次の文章を読み，下の設問に答えよ。

1870年代以降，アメリカ合衆国とドイツで工業化が進展したことで，もはやイギリスは「世界の工場」(a)ではなくなる。鉄鋼業など重工業と化学工業を主体とする第二次（　1　）の動きに対応できず，その覇権は次第に弱まっていった。世界的な不況や他の工業国との競合に直面するなかで，1875年，保守党のディズレーリ首相(b)は，（　2　）会社の株を買収して運河の経営権を掌握した。1877年には，（　3　）を皇帝とするインド帝国(c)を成立させた。さらに，1801年にイギリス本国に併合されたアイルランドについては自治権をめぐる問題があった。1880年代以降に自由党の（　4　）首相の努力もあってアイルランド自治法案が議会に提出されたが，可決されなかった(d)。

1873年には欧米の工業国が不況期に入って労働者の生活が悪化し，労働運動・社会主義運動が拡大していくなか，ドイツをはじめ各国で社会主義政党や労働組合連合体が結成された(e)。1889年には国際的な労働者組織である（　5　）がパリで結成された。フランスでは，政党の指導ではなく，労働組合の直接行動とゼネストによって一挙に社会革命の実現を目指す思想運動(f)が現れたが，1905年に（　6　）党が成立して，この動きを抑えた。

一方，イギリスではそれまで自由党と保守党の二大政党制であったが，穏健な社会主義団体の（　7　）と独立労働党が中心になって労働代表委員会が結成された。そして，同委員会は1906年に（　8　）と改称し，20世紀前半のうちに自由党に代わって二大政党制の一翼を担うようになる。1914年には自由党内閣によって，ようやくアイルランド自治法が成立したが，第一次世界大戦の勃発により，実施が延期された(g)。

問1　文中の空欄（　1　）～（　8　）にあてはまる人名または語句を答えよ。

問2　下線部(a)に関連して，イギリスはまもなく工業製品の輸出よりも，外国の政府や企業への融資（資本輸出）の収益に依存するようになり，「世界の（　　）」と呼ばれるようになるが，前記空欄に適切な語句を漢字2字で答えよ。

問3　下線部(b)に関連して，この人物の首相在任中の1878年のベルリン会議で，イギリスが行政権を獲得した地域として適切なものを，次のア～エから1つ選び，記号で答えよ。

ア．ジブラルタル　　イ．ボスニア・ヘルツェゴヴィナ　　ウ．マルタ島　　エ．キプロス島

問4　下線部(c)に関連して，イギリスがこの地を治めるにあたり，被支配者を分断し，彼らの団結・抵抗を防ぎ，支配を容易にする方法を何と呼ぶか，漢字4字で答えよ。

問5　下線部(d)に関連して，この法案に反対して自由党を離れ，後年保守党内閣に植民地相として入閣し，南アフリカ戦争を引き起こした人物名を答えよ。

問６　下線部(e)に関連して，ドイツではビスマルク首相が1878年に社会主義者鎮圧法を制定したが，同法の弾圧対象となった政党として適切なものを，次の ア ～ エ から，１つ選び記号で答えよ。

ア．ドイツ共産党　　イ．ドイツ独立社会民主党

ウ．ドイツ社会主義労働者党　　エ．国民社会主義ドイツ労働者党

問７　下線部(f)に関連して，19世紀末に始まったこのような思想運動を何と呼ぶか，カタカナで答えよ。

問８　下線部(g)に関連して，アイルランド自治法の実施延期に抗議して1916年のイースター蜂起に関与し，アイルランドの完全独立を求めた民族主義的政党の名称を答えよ。

地理

（60分）

1 次の図に関して，下記の設問に答えよ。

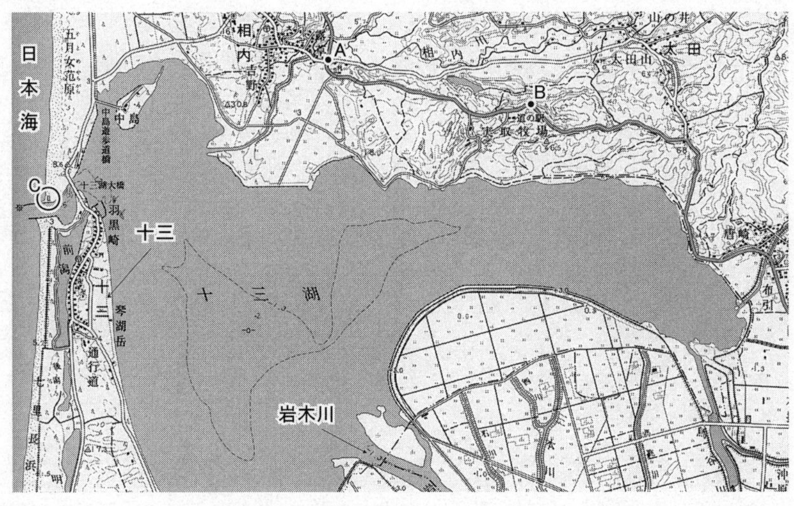

図

（地形図「小泊」の一部，2006年要部修正，原寸，一部改変）

編集部注：編集の都合上，70%に縮小

問1　図の縮尺として最も適当なものを，次の１～４から一つ選び，番号で答えよ。

１．1万分の1　　２．2万5千分の1　　３．5万分の1　　４．20万分の1

問2　この図が採用している図法の名称として最も適当なものを，次の１～４から一つ選び，番号で答えよ。

１．サンソン図法　　２．グード図法　　３．ユニバーサル横メルカトル図法

４．正距方位図法

問3　図中の地点Ａから地点Ｂまでの直線距離を計測したところ4cmだった。地点Ａ・Ｂ間の実際の直線距離を答えよ。

（　　　）km

問4　図中の円Ｃ内の地図記号 ⥿ が示すのは，地元では「津波之塔」と呼ばれる石碑である。これに関して，次の(1)と(2)の問いに答えよ。

(1) 「津波之塔」のように，災害の犠牲者の慰霊や教訓の継承などの目的で建てられた碑やモニュメントは，最近では新しい地図記号で表されることになっている。この新しい地図記号の名称を漢字7文字で答えよ。

(2) 「津波之塔」の建設の契機は1983年5月に発生した秋田県沖を震源とする日本海中部地震である。この地震と同じように日本海が震源地となって沿岸部に甚大な津波被害をもたらした地震の1つに北海道南西沖地震があり，1993年に発生してから2023年でちょうど30年を迎えた。北海道南西沖地震で大きな津波被害を受けた島の名称を，次の1～4から一つ選び，番号で答えよ。

1．奥尻島　2．利尻島　3．礼文島　4．択捉島

問5　図の範囲に存在する市町村の数を答えよ。

問6　図に関する次の文章を読み，下の(1)～(7)の問いに答えよ。

図中の岩木川は白神山地①の雁森岳（ガンモリダケ）に端を発する，全長約100kmの一級河川で，流域には河川名の由来にもなったと言われる，火山の岩木山②（標高1,625m）がそびえる。河口は典型的な（　ア　）で，稲作が盛んである。岩木川は十三湖に注ぐ。この十三湖と日本海との間には（　イ　）という地形が広がっている。

岩木川が注ぐ十三湖③は，淡水と海水が混じる汽水湖④である。図中「十三」という地名が見られる地域は，（　イ　）の上に集落が形成されている。ここには「十三湊遺跡」と呼ばれる中世の遺跡がある。ここはかつて「十三湊（トサミナト）」と呼ばれた（　ウ　）で，領主が北海道との交易⑤などを営んで栄えた。また，岩木川の中流には，江戸時代の（　エ　）を中核とする弘前市がある。

(1) 文章中の（　ア　）と（　イ　）にあてはまる語句を，次の1～6からそれぞれ一つずつ選び，番号で答えよ。

1．河岸段丘　2．扇状地　3．三角州　4．リアス海岸　5．砂州　6．トンボロ

(2) 文章中の（　ウ　）と（　エ　）にあてはまる語句を，次の1～6からそれぞれ一つずつ選び，番号で答えよ。

1．門前町　2．港町　3．宿場町　4．城下町　5．鉱山町　6．温泉町

(3) 下線部①に関して，白神山地が登録されている事業として最も適当なものを，次の1～4から一つ選び，番号で答えよ。

1．世界文化遺産　2．世界自然遺産　3．世界ジオパーク　4．ラムサール条約

(4) 下線部②に関して，岩木山の別称として最も適当なものを，次の1～4から一つ選び，番号で答えよ。

1．蝦夷富士　2．津軽富士　3．南部富士　4．出羽富士

(5) 下線部③に関して，十三湖のような地形名をカタカナ4文字で答えよ。

(6) 下線部④に関して，**汽水湖の特徴を持たない湖沼**を，次の1～4から一つ選び，番号で答えよ。

1．サロマ湖　2．宍道湖　3．浜名湖　4．十和田湖

(7) 下線部⑤に関して，おもに北海道に，そのほかサハリンや千島列島などにも居住する少数先住民族で，和人との交易を行っていた民族の一般名称を，カタカナ3文字で答えよ。

2　都市の人口に関する次の文章を読み，下記の設問に答えよ。

世界の人口は80億人に達している。世界には，①人間が日常的に居住している場所と，居住していない場所があり，人類は，知恵と経験，技術の発達により，環境変化に対応しながら未開地を開拓してきた。②世界の人口分布をみれば，人口が広い範囲にわたって密集している地域は，地中海沿岸や西ヨーロッパ，北アメリカ東部，日本からインドに至るモンスーンアジアである。この地域は，適度な気温と降水に恵まれ，食料生産が安定している。モンスーンアジアの主食である米は，高い（　ア　）扶養力（支持力）を持っている。20世紀後半になると，世界の人口は急激に増加した。これは発展途上国での死亡率の低下に伴って③急激な人口増加が起きたためである。

人口の増加には，出生数と死亡数の差による自然増加と，大都市への人口移動など，ある地域への移入人口と移出人口との差によって生じる（　イ　）増加がある。国内の情勢は，先進国と発展途上国では異なり，その違いが④各国の人口の増加傾向や年齢構成に現れる。

人口構成のうち，15歳未満の人口を（　ウ　）人口という。2019年の世界平均は25.6％であり，アジアやアフリカの発展途上国では人口の半数近くを占めている。15歳以上65歳未満（発展途上国では60歳未満とすることが多い）の人口を（　エ　）人口といい，生産に携わることができる年齢層である。また，老年人口とは，65歳以上の人口（発展途上国では60歳以上とすることが多い）で2019年の老年人口の世界平均は9.1％である。⑤老年人口の割合が増えるにつれ，高齢化社会，高齢社会，超高齢社会へ移っていく。日本の老年人口は，2019年には28.0％であり超高齢社会となっている。

日本の人口をみると，第二次世界大戦後のベビーブームの後は，出生率が急激に低下している。一方で医療の発展や福祉の充実などにより平均寿命は延びている。そして2005年からは人口が減少に転じている。また，地域差もあり，東京をはじめとする大都市圏は，人口や産業が過度に集中した（　オ　）状態となっているが，山間地域の集落などでは過疎が進んでいる。過疎が進み，老年人口の割合が50％を超え地域社会の維持が困難な集落がある。そのような集落は（　カ　）とよばれる。

日本は出生率が低下しているが，先進国の中にはフランスやスウェーデンのように回復傾向の国もある。これは子育てに関する手厚い手当てや医療費，教育費の負担が軽く，女性の社会進出に対して，社会として理解や配慮があることなどによる。労働時間の短縮や育児休業制度などにより⑥仕事と生活の両立が可能となることで，女性の就業率が高くなるだろう。

問１　（　ア　）～（　カ　）にあてはまる語句を答えよ。

問２　文章中の下線部①に関して，人間が日常的に居住している場所を（　あ　）といい，居住していない場所を（　い　）という。（　あ　），（　い　）にあてはまる語句を，それぞれカタカナで答えよ。

問３　文章中の下線部②に関して，次の表１は，人口の多い国々をその多い順に並べ，さらに各国の人口の世界の人口に占める割合（2021年）を示している。表中の空欄（　a　），（　b　）にあてはまるそれぞれの国名を答えよ。

表1

国名	割合（%）
中国	18.0
（　a　）	17.8
アメリカ合衆国	4.3
（　b　）	3.5
パキスタン	2.9
ブラジル	2.7
ナイジェリア	2.7
バングラデシュ	2.1
ロシア	1.8
メキシコ	1.6
日本	1.6

出典：『世界国勢図会　第33版』

問4　文章中の下線部③に関して，高い出生率と死亡率の低下により，急激に人口が増加することを何というか。漢字4文字で答えよ。

問5　文章中の下線部④に関して，次の図1のａ〜ｆは，日本，アメリカ合衆国，インド，エチオピア，ブラジル，スウェーデンの年齢3区分別の人口割合(2021年)を示している。このうち，インドとスウェーデンにあてはまるものをそれぞれ一つずつ選び，記号で答えよ。

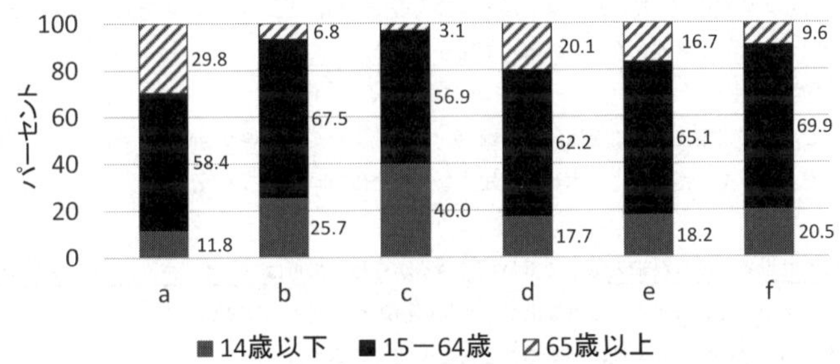

図1　年齢3区分別の人口割合

出典：『データブックオブ・ザ・ワールド　2023　Vol. 35』

問6　文章中の下線部⑤に関して，国際連合や世界保健機関（WHO）などの定義では，総人口に占める老年人口の割合によって，高齢化社会，高齢社会，超高齢社会を定義している。これらの割合として，高齢化社会（　Ａ　）%以上，高齢社会（　Ｂ　）%以上，超高齢社会（　Ｃ　）%以上，が一般的に示されている。（　Ａ　）〜（　Ｃ　）にあてはまる数字をそれぞれ答えよ。

問7　文章中の下線部⑥に関して，性別や年齢にかかわらず，誰もが働きやすい仕組みや社会をつくるためには，仕事と生活の調和を図ることが重要である。この仕事と生活の調和を何というか，カタカナで答えよ。

3　次の文章は，北海学園大学生協食堂での学生シズカ（以下，シズカ）さんとサブロウ（以下，サブロウ）くんの会話である。食と農に関するこの文章を読み，下記の設問に答えよ。

シズカ　：サブロウくん，今日は何を食べているの？

サブロウ：かけうどんと冷ややっこ，みそ汁だよ。日本人なんだからやっぱり和食を食べなきゃね。

シズカ　：うどんにみそ汁！？ずいぶん変わった組み合わせね…それに和食にこだわるのはいいけれど，（　ア　）も（　イ　）もほとんど輸入されているものじゃない。

サブロウ：そういえばそうだった。そう考えると僕たちの食べ物って輸入品ばかりだな。和食に欠かせない醤油や味噌の原料である（　ア　）まで外国のものって考えると，なんだか変な感じがするね。

シズカ　：その醤油や味噌が輸入（　ア　）から作られたかどうかは分からないけど，日本は（　ア　）の輸入を安定化させるために積極的に海外に投資をしてきたそうよ。1970年代に大規模な国家事業がはじまって，現在では大農業地帯へと変わったブラジルの（　あ　）開発には日本も大きく関わったって，授業で習ったわ。

サブロウ：うどんの原料の（　イ　）もほとんどが輸入らしいね。そういえば，うどんにコシをだすためにタピオカでんぷんが使われているって知ってた？

シズカ　：タピオカでんぷんってことは，原料は（　ウ　）よね？<u>アフリカ</u>①や南米の人たちがよく食べる作物だと思っていたけど，日本食にも知らない間に使われているのね。

サブロウ：<u>日本は世界一の食料輸入国</u>②って言われているからね。最近は<u>（　イ　）からつくられる製品の価格が上がっている</u>③けど，これ以上パンや麺の値段が上がるのは辛いなあ…。そうそう，輸入農作物といえば，食の安全性に関することをこの間の授業で習ったよ。

シズカ　：たとえば？

サブロウ：食品が世界各地から調達されるようになって，消費者がこの作物が安全かどうか気にするようになっただろう？だから，<u>その作物がどこで生産されて，どのような経路で消費者に販売されるかを追跡できる仕組み</u>④が作られるようになったんだって。

シズカ　：サブロウくんって意外とまじめに授業を聞いていたのね。少しだけ見直したわ。食の安全で思い出したけど，<u>遺伝子組み換えの（　ア　）や（　エ　）</u>⑤が増えているわよね。日本では（　エ　）を主食として食べることはあまりないけど，世界で見るとイネ（米），（　イ　）に次ぐ三大穀物の一つでしょう？健康に影響がないか心配になってしまうわ。

サブロウ：遺伝子を組み換えることで農業にかかる労力を減らしたり，コストを安く抑えることができるようになるらしいけど，人体への影響はまだよくわかっていないらしいね。

シズカ　：日本にとっても他人事ではないわよね。農業経済論のレポートのテーマは遺伝子組み換え作物にしようかしら。

問１　文章中の（　ア　）～（　エ　）にあてはまる農作物を下の１～７からそれぞれ一つずつ選び，番号で答えよ。なお，同じ記号には同じ番号が入る。

１．トウモロコシ　　２．小麦　　３．ササゲ　　４．大豆　　５．キャッサバ
６．タロイモ　　７．ジャガイモ

問２　下線部①に関して，問１．の１～７の作物のうち，原産地がアフリカであると考えられている作物を一つ選び，番号で答えよ。

問３　文章中の（　ア　）と（　イ　）の2021年の日本の食料自給率（重量ベース，概算）に最も近いものを下の１～６からそれぞれ一つずつ選び，番号で答えよ。

１．0.7％　　２．７％　　３．17％　　４．27％　　５．37％　　６．47％

問４　文章中の（　あ　）には，ブラジル高原に広く分布する，低木がまばらに生える草原からなる植生を示す言葉が入る。（　あ　）にあてはまる語句を，カタカナ４文字で答えよ。

問５　下線部②に関して，輸送する食料の重量がより重く，生産地から消費地までの距離がより遠いほど，食料輸入に伴う環境負荷は高まる。この環境負荷を数値化したものを何というか，答えよ。

問６　下線部②に関して，食料を他国から輸入した場合，その食料を生産するのに使われた水も間接的に輸入したことになる。この水のことを何というか，答えよ。

問７　下線部③に関して，日本では，輸入（　イ　）は政府がまとめて買い付け，製粉会社などの企業へ売り渡す価格を決定している。（　イ　）製品が値上がりしているのは，2021年と2022年に政府売渡価格が急上昇したためであるが，その背景として**誤っている文**を下の１～４から２つ選び，番号で答えよ。

１．ブラジルやパラグアイにおいて乾燥が進んでおり，生育・収穫量への影響が懸念されたため
２．ロシアとウクライナの紛争により，両国の生産・輸出が滞ることが懸念されたため
３．中国で離農が進んでおり，生産量が年々減少しているため
４．円安が進行し，輸入先に支払う代金が円建てでは増加したため

問８　下線部④に関して，食品が生産者から消費者に届くまでの流通経路を追跡できる状態のことを何というか，カタカナ８文字で答えよ。

問９　下線部⑤に関して，下の表１は2019年の遺伝子組み換え作物の栽培面積の上位５ヶ国を示している。表１中の（　a　）～（　c　）に入る国名を下の１～７からそれぞれ一つずつ選び，番号で答えよ。

１．インド　　２．スペイン　　３．オーストラリア　　４．中国
５．アメリカ合衆国　　６．アルゼンチン　　７．ナイジェリア

表1　遺伝子組み換え作物の栽培面積が大きい5カ国（2019年）

順位	国名	遺伝子組み換え作物の栽培面積
1	（ a ）	7150万ha
2	ブラジル	5280万ha
3	（ b ）	2400万ha
4	カナダ	1250万ha
5	（ c ）	1190万ha

出典：『ISAAA報告書（令和元年）』

4　次の図1を見て，南アメリカに関する下記の設問に答えよ。

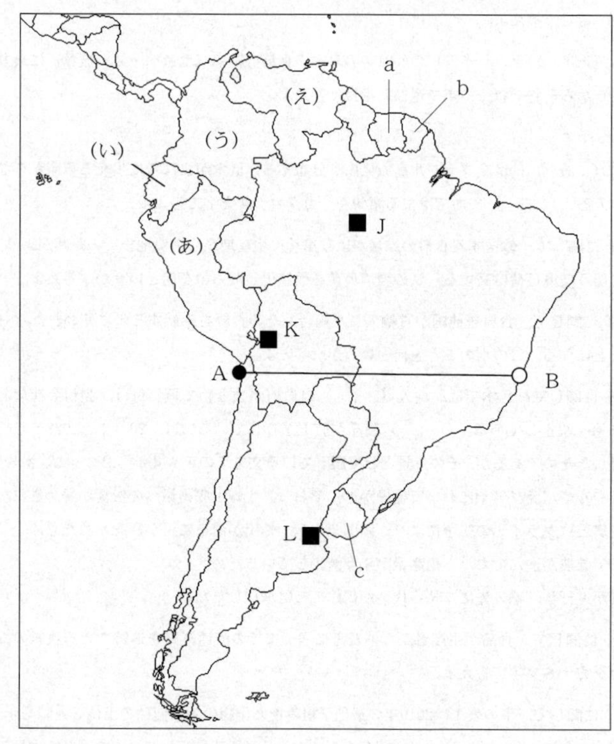

図1

問1　次の図2中のア～ウのいずれかは，図1中の線A（●）―B（○）に沿った地形断面図を示したものである。この地形断面図として最も適当なものを，ア～ウから一つ選び，記号で答えよ。なお，地形断面図の高さは強調して表現してある。

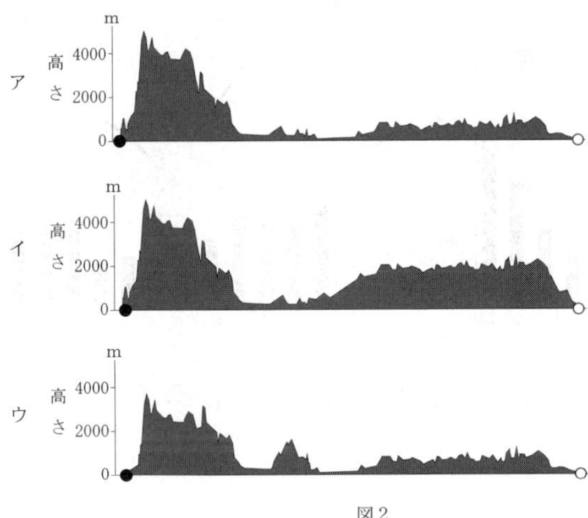

図2

問2　アマゾン地域について述べた次の文章中の（　カ　）～（　コ　）にあてはまる語をすべてカタカナで答えよ。

アマゾン地域には（　カ　）と呼ばれる熱帯雨林が広く分布するが，第2次世界大戦後のブラジル政府は，貧富の格差是正のため，小規模農民などに開拓を奨励した。その結果，熱帯雨林が農牧地として伐採され，多くの森林が焼失した。この地域には先住民族である（　キ　）が広範囲に居住しており，彼らの伝統的な生活が破壊された例もある。ブラジル政府は1980年代以降，森林の一部を国家の管理下においたり，先住民族の保護地域を設定したりするなど，アマゾン地域の開発抑制に乗り出した。ちなみに，森林の持続的利用のための取り組みとして，国立公園の整備や世界遺産登録など環境保全策を講じながら観光振興を進め，自然や歴史・文化に親しんだり学んだりする，（　ク　）ツーリズムを推進するコスタリカのような国もみられる。また，アマゾン地域では，（　ケ　）農業で行われている単一作物栽培によらず，樹木の植栽と多様な作物を組み合わせて収益性の高い持続的農業を行う（　コ　）を日系人が実践している。

問3　図1中のJ～Lは，ラパス，マナオス，ブエノスアイレスのいずれかの位置を示しており，次の図3中のサ～スは，これら3地点のいずれかにおける雨温図（月平均気温，月降水量）を示したものである。これら3地点の雨温図として適当なものを，サ～スの中からそれぞれ一つずつ選び，記号で答えよ。

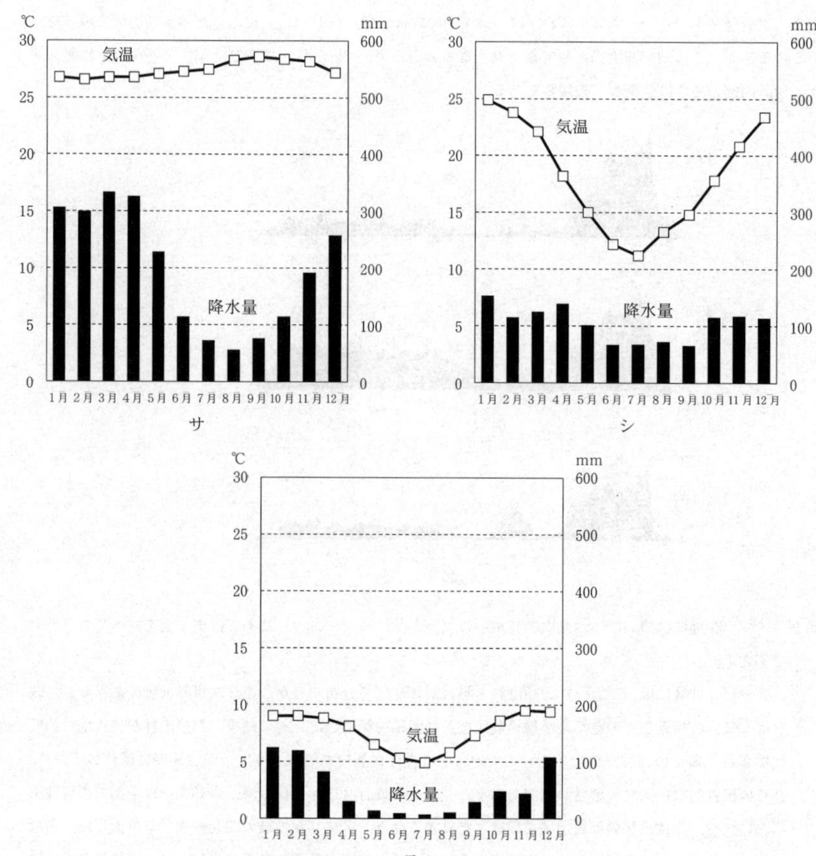

図3

出典：『理科年表2023』

問4　図1中のａ～ｃの国・地域の組み合わせとして適当なものを，次の1～4から一つ選び，番号で答えよ。

	1	2	3	4
a	スリナム	仏領ギアナ	スリナム	仏領ギアナ
b	仏領ギアナ	スリナム	仏領ギアナ	スリナム
c	ウルグアイ	パラグアイ	パラグアイ	ウルグアイ

問5　次の図4中のタ～ツは，ブラジル，アルゼンチン，ボリビアのいずれかの国における人種・民族構成（2023年時点）を示したものである。これとそれぞれの国の公用語の組み合わせとして最も適当なものを，下の1～6からそれぞれ一つずつ選び，番号で答えよ。

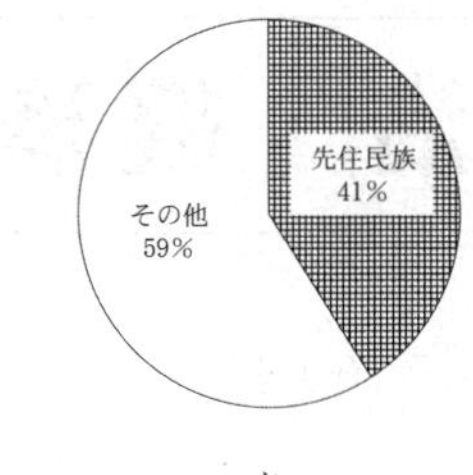

タ

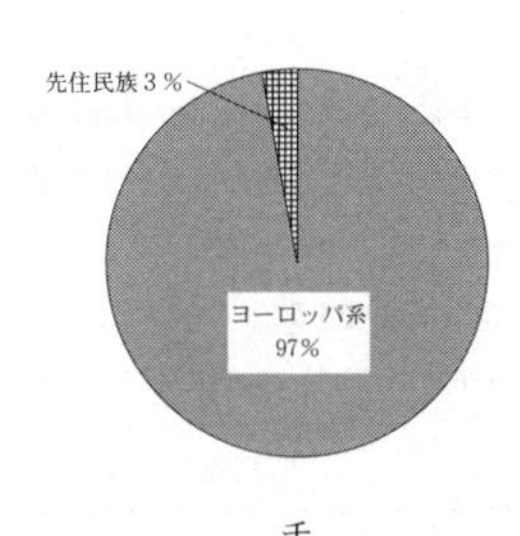

チ

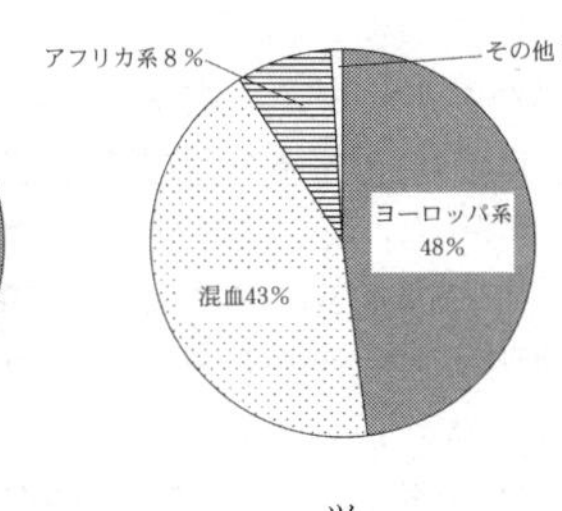

ツ

図４

出典：外務省資料より作成

	1	2	3	4	5	6
民族構成	タ	タ	チ	チ	ツ	ツ
公用語	スペイン語	ポルトガル語	スペイン語	ポルトガル語	スペイン語	ポルトガル語

問６　図１中の（あ）～（え）の国のうち赤道が通っていない国を２つ選び，記号とその国名を答えよ。ただし順番は問わない。

政治・経済

（60分）

1　次の文章を読み，下記の設問に答えよ。

わが国の戦後税制の基礎は，1949年のシャウプ勧告に基づき確立された。シャウプ勧告は，実際に税負担をする者と法的に納税を義務付けられる者が一致するような税(1)を中心とした簡素な税制を設計すること，地方税財源の強化(2)，などを勧告した。シャウプ勧告に基づいた税制は，1950年に施行され，現在のわが国の税制の基礎となった。そして，高度経済成長期には，比較的豊かな税収を確保することが出来た。それでも，1966年度当初予算から建設国債の発行が始まったことから分かるように，高度経済成長下でも均衡財政を維持することは困難になっていた。

このような財政状況に追い打ちをかけるように，1970年代はじめに(3)高度経済成長は終わり，その後，安定成長の時代を迎えた。高度経済成長の終焉により，所得税や法人税を中心に税収が伸び悩むようになった一方，老人医療費無料化などの社会保障制度を拡充した［　A　］元年ともいわれる1973年以降，著しく歳出が伸びたため，ますます歳出を税収で賄えなくなってきた。そのため，1975年度補正予算から赤字国債(4)の発行が本格的に始まったが，同時に財政再建(5)へ向けた取り組みも始まった。財政再建を行う1つの理由として，国債費の膨張により他の予算が圧迫されると，財政の［　B　］化が起こり，資源配分機能などの財政の機能が低下することが挙げられる。

竹下内閣は，このような経済・財政状況の下で，税制改革を実行した。この税制改革により，消費税が導入され，また所得税や法人税も改正(6)された。なお，わが国の消費税は，2022年10月1日現在174か国・地域で導入*（注）されている付加価値税(7)に相当する税である。

わが国は，消費税導入後，幾度か税率を引き上げ，現在に至る。この間，消費税が持つ，さまざまな問題を解消しようとする取り組み(8)も行われてきた。軽減税率導入はその一例である。

＊OECD（2022）*Consumption Tax Trends 2022*, p.265

問1　本文中の空欄［　A　］，［　B　］に当てはまる最も適切な語句を，漢字2文字でそれぞれ答えよ。

問2　下線部(1)のような税を総称して何と呼ぶか。漢字2文字で答えよ。　〔解答欄〕＿＿＿税

問3　下線部(2)に関連して，シャウプ勧告に基づき，これまでの地租（土地に対する税），家屋税（住宅に対する税）を統合したうえで，償却資産（事業活動を行うために所有している器具，機械，備品などのこと）に対する税を加えて1950年に創設された，原則，市町村税である税の名称を漢字で答えよ。

問4　下線部(3)に関連して，下記の文章の空欄［　　　］に当てはまる最も適切な語句を答えよ。

表1は，1960年から1989年のわが国の名目国内総生産成長率（表1ではAと表す），実質国内総生産成長率（表1ではBと表す），名目国内総生産成長率から実質国内総生産成長率を引いた数値（表1ではA－Bと表す），を示している。ここで，表1のA－Bの欄に注目すると，1973年と1974年の値が著

しく高いことが分かる。このことより，1973年と1974年の [　　　] 率が特に高かったことが分かる。

表1

単位：%

西暦(年)	A	B	A－B	西暦(年)	A	B	A－B
1960	21.4	13.1	8.3	1975	10.5	3.1	7.4
1961	20.8	11.9	8.9	1976	12.3	4	8.3
1962	13.5	8.6	4.9	1977	11.4	4.4	7
1963	14.4	8.8	5.6	1978	10.1	5.3	4.8
1964	17.6	11.2	6.4	1979	8.4	5.5	2.9
1965	11.3	5.7	5.6	1980	8.4	2.8	5.6
1966	16.1	10.2	5.9	1981	7.4	3.2	4.2
1967	17.2	11.1	6.1	1982	4.9	3.1	1.8
1968	18.4	11.9	6.5	1983	4.1	2.3	1.8
1969	17.5	12	5.5	1984	6.7	3.9	2.8
1970	17.9	10.3	7.6	1985	6.6	4.4	2.2
1971	10	4.4	5.6	1986	4.7	2.9	1.8
1972	14.5	8.4	6.1	1987	4.3	4.2	0.1
1973	21.8	8	13.8	1988	6.9	6.2	0.7
1974	19.3	－1.2	20.5	1989	7	4.8	2.2

出所：内閣府（1996）『国民経済計算報告:長期遡及主要系列：平成2年基準』より作成

問5　下線部(4)に関連して，次の問いに答えよ。

(a)　下記の条文は，財政法第4条第1項の条文である。条文中の空欄 [　　　] に当てはまる最も適切な語句を，以下の選択肢 ア ～ ク の中から1つ選び，記号で答えよ。

財政法第4条第1項

国の歳出は，公債又は借入金以外の歳入を以て，その財源としなければならない。但し，公共事業費，出資金及び貸付金の財源については，[　　　] を経た金額の範囲内で，公債を発行し又は借入金をなすことができる。

選択肢

ア．閣議決定　　イ．閣議了解　　ウ．議会の議決　　エ．議会の同意

オ．国会の議決　　カ．国会の同意　　キ．衆議院の議決　　ク．内閣の判断

(b)　下記の条文は，財政法第5条の条文である。財政法第5条は，公債の引き受けに関してどのような原則を規定しているか。それを説明した説明文の空欄 [　　　] に当てはまる最も適切な語句を漢字4文字で答えよ。

財政法第5条

すべて，公債の発行については，日本銀行にこれを引き受けさせ，又，借入金の借入については，日本銀行からこれを借り入れてはならない。(以下省略)

説明文

財政法第5条は，公債の [　　　] の原則を規定する。

(c)　図2のア～エの折れ線は，1997年末から2022年末までの，時価ベースの国債（国庫短期証券を除き，財投債を含む）発行残高に対する海外，金融機関（中央銀行を除く），社会保障基金および中央銀行の国債保有割合の推移を示している。ア～エのうち，中央銀行を表しているのはどれか。最も適切なものをア～エから1つ選び，記号で答えよ。

図2

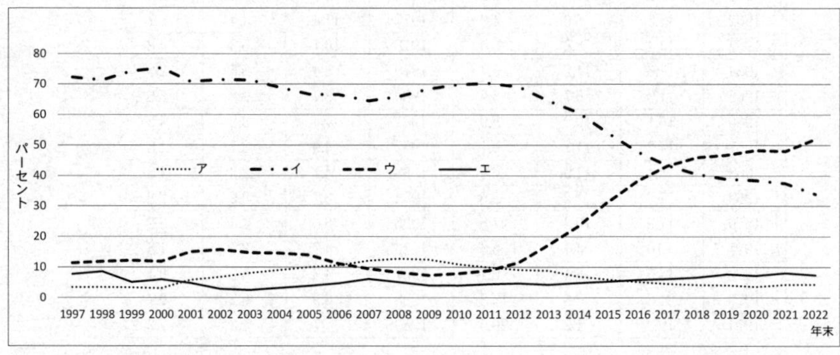

出所：日本銀行「資金循環統計」より作成

問6　下線部(5)に関連して，表3は，202X年度当初予算の歳出と歳入を示している。202X年度当初予算におけるプライマリー・バランス（基礎的財政収支）の値を，解答欄に合わせて答えよ。

表3

202X年度当初予算

歳出

一般歳出		62兆円
地方交付税交付金等		16兆円
国債費	債務償還費	15兆円
	利払費等	9兆円

歳出合計　102兆円

歳入

税収等		69兆円
公債金	建設公債	7兆円
	特例公債	26兆円

歳入合計　102兆円

〔解答欄〕　＿＿＿兆円の赤字

問7　下線部(6)に関連して，次の問いに答えよ。

(a)　図4のア～ウの折れ線は，わが国の1990年度以降の所得税，法人税および消費税の税収推移を示している。図4のア～ウは，それぞれどの税を表しているかを答えよ。

図4

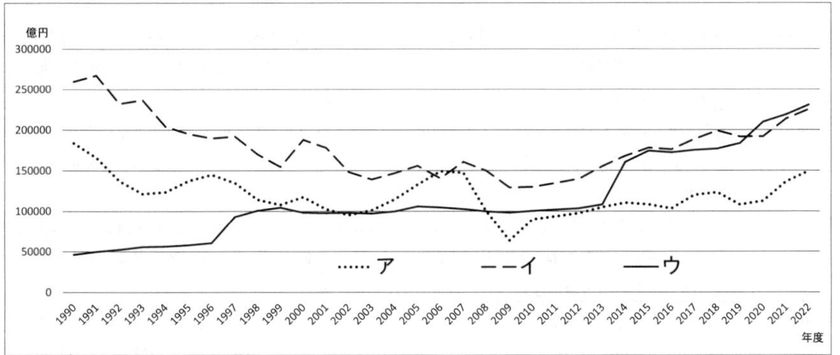

出所：2021年度までは，財務省ホームページより作成

https://www.mof.go.jp/tax_policy/summary/condition/zeisyu.xls

2022年度は，財務省が2023年7月3日に公表した資料に基づき作成

https://www.mof.go.jp/tax_policy/reference/fy2022_budget_and_settlement.pdf

(b)　竹下内閣が消費税を導入した時の消費税の税率は何％だったか。最も適切な数値を答えよ。

〔解答欄〕　＿＿＿％

問8　下線部(7)に関連して，付加価値税の最大の特徴は，税の累積が排除される点にある。この税の累積を排除する方法の1つとして，製造業者，卸売業者，小売業者，といったそれぞれの取引段階において，売上にかかる税額から仕入にかかる税額を控除（仕入税額控除と呼ぶ）し，控除後の額をそれぞれの取引段階での納付税額とすることにより税の累積を排除する，という方法がある。この方法を，表5で示される取引に適用したとき，表5のア，イにあてはまる最も適切な数値を答えよ。ただし，すべての取引段階において適用される付加価値税の税率は20％とし，また，表5には一部の数値のみを示している。

表5

	製造業者	卸売業者	小売業者	消費者
税抜き仕入額	0	250	410	740
税抜き売上額	250	410	740	
仕入にかかる税額	0			
売上にかかる税額				
納付税額		ア	イ	

問9　下線部(8)に関連して，次の問いに答えよ。

(a)　消費者が支払った消費税の一部が国庫に納められず，事業者の手元に残る現象は一般に何と呼ばれているか。最も適切な語句を漢字2文字で答えよ。

(b)　仕入税額控除制度の適用を受けるための要件として，2023年10月に適格請求書等保存方式が導入された。この，適格請求書等保存方式は，一般に何制度と呼ばれるか。解答欄の空欄に入る最も適切な語句をカタカナ5文字で答えよ。　〔解答欄〕　＿＿＿＿制度

2 次の文章を読み，下記の設問に答えよ。

金融とは，資金に余裕のある経済主体が，資金を必要としている経済主体に資金を融通することであり，より簡単にいえば，経済主体間での資金の貸し借りのことである。一般的には，家計という経済主体が資金の貸し手に，企業(1)という経済主体が借り手に，それぞれ位置づけられる。

企業が，何らかのビジネスを開始するにあたって資金を必要とする場合，その資金を調達するための方法としては，自ら蓄えた内部資金（内部留保・自己資金）を用いるという方法もあるが，外部から資金を調達するという方法もある。

外部から資金を調達する方法としては，直接金融と間接金融がある。直接金融とは，企業が株式や社債を発行して金融市場から直接に資金を調達するという資金調達方法である。ここでいう金融市場は，(2)取引期間に応じて，短期金融市場と長期金融市場に区分されるのが一般的である。

短期金融市場の例としては，金融機関同士が，日々の短期的な資金の過不足を調整するための取引を行うコール市場がある。コール市場の取引形態としては，担保付の取引（有担保コール）や無担保の取引（無担保コール）があり，後者の金利（具体的には，無担保コールレート（オーバーナイト物））は(3)日本銀行の金融政策において政策金利として利用されている。

一方で，長期金融市場には，株式を売買する株式市場，社債を含む債券を売買する公社債（債券）市場が該当する。また，株式や債券などの証券が売買される市場を指して証券市場ともいうが，(4)証券市場の中には，株式などを新たに発行し出資者を募る発行市場と，発行された証券が投資家の間で取引される［　A　］市場がある。わが国における最大の株式市場は，(5)東京証券取引所であり，証券取引所を通じて資金を調達する際には(6)証券会社が関与することになる。

これに対して，間接金融は，銀行などの金融機関を介して資金を調達するという資金調達方法である。たとえば，銀行は，企業が資金調達をする際に，資金の貸し手と借り手をつなぐ役割を果たすが，このような役割を指して，一般に，銀行には［　B　］機能があるともいう。また，銀行の果たす役割は同機能に限られるものではなく，その他の機能として，支払決済機能や信用創造機能がある。支払決済機能は遠隔地間での決済を行うためのものであるが，このような業務のことを［　C　］業務ともいう。このように銀行は，経済活動および金融において重要な役割を果たしている。そのため，(7)銀行に対する規制として，(8)自己資本比率規制や(9)預金保険制度といったものが存在する。

問１　下線部(1)に関連して，企業は自らの財政状態（財務状態）を把握するために，貸借対照表（バランスシート）などの計算書類を作成する義務を負っているが，この貸借対照表には，外部から調達した資金のうち返済する必要がない資金（株主の出資によって調達された資金等）を表示する箇所（部）がある。このような箇所（部）の名称として，最も適切なものを選択肢 ア ～ エ の中から１つ選び，記号で答えよ。

ア．資産の部　　イ．負債の部　　ウ．純資産の部　　エ．利益の部

問２　下線部(2)について，短期金融市場と長期金融市場の区分において採用されている取引期間として，最も適切なものを選択肢 ア ～ エ の中から１つ選び，記号で答えよ。

ア．３ヶ月以内（未満）　　イ．半年以内（未満）　　ウ．１年以内（未満）　　エ．３年以内（未満）

問３　下線部(3)に関連して，以下の問いに答えよ。

(a) 2023年４月９日より，日本銀行の総裁に，新たに就任した人物の氏名を漢字で答えよ。

(b) 日本銀行総裁を含む９名で形成する委員会のことを日本銀行政策委員会というが，同委員会では，年8回，金融政策の運営に関する事項を審議・決定するための会合が開催される。この会合の名称と，こ

の会合において決定される金融政策運営の基本方針の名称の組み合わせとして，最も適切なものを選択肢 ア ～ エ の中から１つ選び，記号で答えよ。

ア．金融政策決定会合－金融市場運営方針　イ．金融政策決定会合－金融市場調節方針
ウ．金融政策運営会合－金融市場調整方針　エ．金融政策運営会合－金融政策運営方針

問４　下線部(4)に関連して，以下の問いに答えよ。

(a)　日本には，証券市場を含む資本市場の機能の発揮や投資者保護を目的とする法律が存在するが，その名称として，最も適切なものを選択肢 ア ～ エ の中から１つ選び，記号で答えよ。なお，同法の法令名は，2006年にそれ以前の名称から変更されているが，解答に際しては現在の名称を選ぶこと。

ア．証券市場法　イ．証券取引法　ウ．金融商品販売法　エ．金融商品取引法

(b)　(a)で解答した法令には，証券市場や取引の公正性を維持することや投資者保護を達成するための規制がいくつか定められている。この中の１つに，会社の内部情報を知る立場にある者が，一般投資家が知ることのできない非公開の情報を利用して，株式の取引を行うことを制限する規制がある。この規制の名称として，最も適切なものを選択肢 ア ～ エ の中から１つ選び，記号で答えよ。

ア．相場操縦規制　イ．インサイダー取引規制　ウ．偽計規制　エ．風説の流布規制

問５　本文中の空欄［　A　］～［　C　］にあてはまる語句として，最も適切なものを選択肢 ア ～ シ の中から選び，記号で答えよ。

ア．コンサルティング　イ．貸付　ウ．売買　エ．与信　オ．流通　カ．取引
キ．金融取次ぎ　ク．金融仲介　ケ．先物　コ．マーケット・メイカー
サ．預金　シ．為替

問６　下線部(5)に関連して，以下の問いに答えよ。

(a)　東証株価指数の略称は何か。アルファベット５文字で答えよ。

(b)　2022年４月４日より東京証券取引所は市場区分を新たなものに変更したが，新たな市場区分の名称として存在しないものを選択肢 ア ～ エ の中から１つ選び，記号で答えよ。

ア．スタンダード市場　イ．グロース市場　ウ．プレミアム市場　エ．プライム市場

(c)　日本には，東京証券取引所以外の証券取引所も存在しており，そのうちの１つに札幌証券取引所がある。この札幌証券取引所には，北海道に関連のある企業を対象とした中小・中堅企業向けの育成市場が存在する。この市場の名称をカタカナ６文字で答えよ。

問７　下線部(6)に関連して，証券会社の業務内容に関する説明として，適切なものを選択肢 ア ～ ウ の中から全て選び，記号で答えよ。なお，選択肢に適切な説明がない場合は，解答欄に×と記載すること。

ア．証券会社は，顧客より預金を受け入れ，それを企業に貸し付ける。

イ．証券会社は，企業同士のM&Aの仲介を行う。

ウ．証券会社は，自己の資金を用いて株式や債券の売買を行う。

問８　下線部(7)に関連して，わが国において，銀行（預金取扱金融機関）に対する検査や監督等の役割を担う行政機関は金融庁であるが，2023年４月１日時点で，金融庁はどの行政機関の外局として設置されているか。最も適切なものを選択肢 ア ～ エ の中から１つ選び，記号で答えよ。

ア．内閣官房　イ．財務省　ウ．内閣府　エ．経済産業省

問９　下線部(8)に関連して，以下の問いに答えよ。

(a)　下線部(8)に関連する説明として，適切でないものを選択肢 ア ～ ウ の中から１つ選び，記号で答えよ。

ア．自己資本比率は，資産から負債を控除することで算出される自己資本を分母とし，総資産を分子とする形で算出される。

イ．国際金融業務を行わない銀行（国内業務だけの銀行）に対して要求される自己資本比率は４％以上である。

ウ．自己資本比率規制は金融機関の健全性維持（財務的安定性の維持）のために存在するものである。

(b) 自己資本比率規制はBIS 規制とも呼ばれるが，BIS についての日本語通称として，最も適切なものを選択肢 ア ～ エ の中から１つ選び，記号で答えよ。

ア．バーゼル銀行　　イ．国際決済銀行　　ウ．国際開発銀行　　エ．世界銀行

問10 下線部(9)に関連する説明として，最も適切なものを，選択肢 ア ～ ウ の中から１つ選び，記号で答えよ。

ア．金融機関が破綻した場合に，普通預金の預金者に対してなされる払い戻しの上限額（ペイオフ時の払い戻し保証額）は，元本2000万円とその利息である。

イ．預金保険制度にかかる保険料は，預金保険制度の対象となる口座を保有する預金者の手数料と国の租税によって支払われている。

ウ．預金保険制度に基づくペイオフが，わが国において，初めて発動されたのは，2010年の日本振興銀行の破綻のときである。

3 次の文章を読み，下記の設問に答えよ。

わが国の公害問題は，［ A ］県の別子銅山煙害事件や［ B ］県の足尾銅山鉱毒事件のように，すでに明治の殖産興業期に発生していた。

第二次世界大戦後の高度経済成長期に，公害問題は全国に広がり，また深刻化した。1960年代後半に訴訟が行われ，いずれも原告患者側が勝訴した四大公害訴訟とは，最初の提訴が行われた順に，新潟水俣病（新潟県［ C ］川流域の工場廃水中の［ i ］が原因），四日市ぜんそく（［ D ］県四日市市の工場から排出された［ ii ］が原因），イタイイタイ病（［ E ］県［ F ］川流域の鉱山廃水に含まれる［ iii ］が原因），および熊本水俣病（原因物質は新潟水俣病と同じ）についての訴訟である。

公害を規制するための一つの方法は，汚染物質がもたらす［ あ ］費用に相当する額を企業などに負担させることであり，汚染者負担の原則（PPP）は，この考え方に基づくものである。二つ目は，汚染物質の排出量を直接規制することであり，これには，各企業に一律の排出基準（排出ガスや排水中の汚染物質の割合）を定めてこれを順守させる［ い ］規制と，地域全体で総排出量を定め，各企業の排出量の合計がこれを超えないようにする［ う ］規制という二通りの方法がある。

公害が発生した際の被害者救済について，四大公害訴訟では，救済は被害者の原状回復を第一とすべきであって，金銭的補償は次善の手段でなければならず，また，被害と企業活動との［ え ］関係を企業が否定するのであれば，その立証の責任は企業にあるとされた。

また，公害被害の金銭的補償については，企業に故意や過失がなくても，被害と企業活動との間に［ え ］関係が認められる限り，企業は賠償責任を負うという［ お ］責任の原則が採られている。

公害対策により，重化学工業の生産活動による産業公害は減少したものの，高度経済成長期以降の都市化の進展につれ，都市市民の生活から生じる都市公害が発生した。自動車の排気ガスによる大気汚染，交通機

関による騒音や振動，生活排水による土壌・河川の汚染，生活ごみの増加などがその例である。

都市公害を防止し，また限られた資源を有効に活用して行くためには，ごみの分別収集や，削減，再利用，再資源化を意味する3R 活動(1)など，消費者の努力も求められている。また，廃棄物を出さない（ゼロ・エミッション）社会(2)の実現も課題である。

問1　空欄 A ～ F に当てはまる最も適切な語句を漢字で答えよ。

問2　空欄 i ～ iii に当てはまる最も適切な語句を以下の選択肢 ア ～ サ の中から一つ選び，記号で答えよ。

ア．硫黄酸化物　イ．塩化水銀　ウ．塩素酸化物　エ．カリウム　オ．ガリウム
カ．カドミウム　キ．ガドリニウム　ク．クロム酸水銀　ケ．酸化水銀　コ．臭素酸化物
サ．メチル水銀

問3　空欄 あ ～ お に当てはまる最も適切な語句を，漢字で，解答欄に指示された文字数で答えよ。

〔解答欄〕 あ □□□　い □□　う □□　え □□　お □□□

問4　下線部(1)の，それぞれ R で始まる三つの英語を，カタカナで，削減，再利用，再資源化の順に答えよ。

問5　下線部(2)に関連して，二酸化炭素の排出量と吸収量とを等しくして，排出量の実質ゼロを目指す考え方は，何と呼ばれるか，解答欄にあてはまるカタカナ10文字を答えよ。

〔解答欄〕 □□□□・□□□□□□

数　学

◀経 済 学 部▶

（60 分）

（注）　解答用紙には答えだけでなく，導出の過程も記入すること。

1部受験者は1 2が必須。3 4 5については，これらの中から1題を選択すること。

2部受験者は1 2 3の全問が必須。

1 （経済学部1部　必須 / 経済学部2部　必須）

次の各問いに答えよ。

(1)　$(x+2y+3z)^2-(-x+2y+3z)^2+(x-2y+3z)^2-(x+2y-3z)^2$ を計算せよ。

(2)　$\sqrt{7}$ が無理数であることを用いて，$(p+\sqrt{7})(q+5\sqrt{7})=27+6\sqrt{7}$ を満たす有理数 p，q の値を求めよ。ただし，$p<q$ とする。

(3)　2次関数 $f(x)=x^2-2ax+8b$ について，$-1 \leqq x \leqq 1$ における $f(x)$ の最大値が7，かつ最小値が -7 となる定数 a，b の値の組 $(a,\ b)$ をすべて求めよ。ただし，$|a| \geqq 1$ とする。

2 （経済学部1部　必須 / 経済学部2部　必須）

次の各問いに答えよ。

(1) $(x+a)(x+b)(x+c)(x+d)$ を展開し，同類項を1つにまとめて整理すると，x^3 の係数が2，定数項が3003となった。このとき，a，b，c，d の値をそれぞれ求めよ。ただし，a，b，c，d は整数とし，$a<b<c<d$ とする。

(2) 正六角形ABCDEFの6個の頂点から異なる3点を選び三角形を作る。この三角形が直角三角形とならないような正六角形の頂点の選び方は何通りあるか。

(3) 221以下の自然数で，221と互いに素である自然数の個数を求めよ。

3 （経済学部1部　<u>選択</u> / 経済学部2部　<u>必須</u>）

大中小3個のさいころを同時に投げて，大のさいころの出た目を x，中のさいころの出た目を y，小のさいころの出た目を z とする。大中小3個のさいころの目の出方を $(x,\ y,\ z)$ で表すとき，次の問いに答えよ。

(1) x，y，z の積 xyz が偶数になる $(x,\ y,\ z)$ は何通りあるか求めよ。

(2) $x+y+z$ が奇数になる $(x,\ y,\ z)$ は何通りあるか求めよ。

(3) $xy+yz+zx$ が奇数になる $(x,\ y,\ z)$ は何通りあるか求めよ。

4 （経済学部1部　選択）

座標平面上で，放物線 $y = 6x^2$ を C_1 とし，C_1 上の点 P $(p,\ 6p^2)$ における C_1 の接線を ℓ とする。また，頂点が点 P で，C_1 上の点 Q $(-2p,\ 24p^2)$ を通る放物線を C_2 とする。C_1 と ℓ，および直線 $x = 2$ で囲まれた図形の面積を S_1 とおき，C_1 と C_2 で囲まれた図形の面積を S_2 とおくとき，次の問いに答えよ。ただし，p は $0 < p < 2$ を満たす実数とする。

(1)　接線 ℓ の方程式を求めよ。

(2)　S_1 と S_2 をそれぞれ p を用いて表せ。

(3)　$S = S_1 + S_2$ とおくとき，S を最小にする p の値と，S の最小値を求めよ。

5 （経済学部1部　選択）

数列 $\{a_n\}$ が

$$a_1 = \frac{2}{3}, \qquad a_{n+1} = \frac{2a_n}{3(n+1)a_n + 2} \qquad (n = 1,\ 2,\ 3,\ \cdots)$$

によって定められ，$b_n = \dfrac{1}{a_n}$ とおくとき，次の問いに答えよ。

(1)　b_{n+1} を b_n を用いて表せ。

(2)　数列 $\{a_n\}$ の一般項を求めよ。

(3)　$\displaystyle\sum_{k=1}^{100} a_k$ を求めよ。

◀工学部（建築）▶

（60 分）

(注)　解答用紙には答えだけでなく，導出の過程も記入すること。

1は必須。2 3 4については，これらの中から 2 題を選択すること。

1 （必須）

次の各問いに答えよ。

(1)　$(x+2y+3z)^2-(-x+2y+3z)^2+(x-2y+3z)^2-(x+2y-3z)^2$ を計算せよ。

(2)　$\sqrt{7}$ が無理数であることを用いて，$(p+\sqrt{7})(q+5\sqrt{7})=27+6\sqrt{7}$ を満たす有理数 p，q の値を求めよ。ただし，$p<q$ とする。

(3)　2 次関数 $f(x)=x^2-2ax+8b$ について，$-1\leqq x\leqq 1$ における $f(x)$ の最大値が 7，かつ最小値が -7 となる定数 a，b の値の組 $(a,\ b)$ を求めよ。ただし，$a\leqq -1$ とする。

2 （選択）

座標平面上で，放物線 $y=6x^2$ を C_1 とし，C_1 上の点 P $(p,\ 6p^2)$ における C_1 の接線を ℓ とする。また，頂点が点 P で，C_1 上の点 Q $(-2p,\ 24p^2)$ を通る放物線を C_2 とする。C_1 と ℓ，および直線 $x=2$ で囲まれた図形の面積を S_1 とおき，C_1 と C_2 で囲まれた図形の面積を S_2 とおくとき，次の問いに答えよ。ただし，p は $0<p<2$ を満たす実数とする。

(1)　接線 ℓ の方程式を求めよ。

(2)　S_1 と S_2 をそれぞれ p を用いて表せ。

(3)　$S=S_1+S_2$ とおくとき，S を最小にする p の値と，S の最小値を求めよ。

3 (選択)

大中小3個のさいころを同時に投げて，大のさいころの出た目をx，中のさいころの出た目をy，小のさいころの出た目をzとする。大中小3個のさいころの目の出方を$(x,\ y,\ z)$で表すとき，次の問いに答えよ。

(1) x，y，zの積xyzが奇数になる$(x,\ y,\ z)$は何通りあるか求めよ。

(2) $x+y+z$が奇数になる$(x,\ y,\ z)$は何通りあるか求めよ。

(3) $xy+yz+zx$が奇数になる$(x,\ y,\ z)$は何通りあるか求めよ。

4 (選択)

数列$\{a_n\}$が

$$a_1=\frac{2}{3},\qquad a_{n+1}=\frac{2a_n}{3(n+1)a_n+2}\qquad (n=1,\ 2,\ 3,\ \cdots)$$

によって定められ，$b_n=\dfrac{1}{a_n}$とおくとき，次の問いに答えよ。

(1) b_{n+1}をb_nを用いて表せ。

(2) 数列$\{a_n\}$の一般項を求めよ。

(3) $\displaystyle\sum_{k=1}^{100}a_k$を求めよ。

物　理

（60 分）

1

I．図１－aのように，質量 M，長さ L の密度が一様な棒を水平面上に置き，棒の一端Bに軽い糸をつけ，糸を鉛直上向きに大きさ T_1 の力で引くと，棒はつりあって静止した。このとき，棒と水平のなす角は θ であった。また，水平面に接している方の棒の一端をAとする。重力加速度の大きさを g として，以下の問いに答えよ。

（1）　点Aのまわりにおいて，糸の張力 T_1 による力のモーメントを T_1，L，θ で表せ。

（2）　点Aのまわりにおいて，棒にはたらく力のモーメントのつりあいの式を書け。

（3）　T_1 を求めよ。

次に，質量 M，長さ L の密度が一様ではない棒を水平面上に置き，図１－aと同じ状況で，棒の一端Bに軽い糸をつけ，糸を鉛直上向きに大きさ T_2 の力で引くと，棒はつりあって静止した。

（4）　点Aから棒の重心までの距離が $\frac{1}{3}L$ であるとき，T_2 を求めよ。

（5）　このとき棒が水平面から受ける垂直抗力の大きさを M，g で表せ。

II．図１－bのように，質量 M，長さ L の密度が一様な棒を今度は粗い水平面上に置き，棒の一端Bに軽い糸をつけ，糸を大きさ T_3 の力で引くと，棒はつりあって静止した。このとき，棒と水平のなす角が α，糸と水平のなす角が β であった。ここで，$0 < \alpha < \frac{\pi}{2}$，$0 < \beta < \frac{\pi}{2}$ とする。また，水平面に接している方の棒の一端をAとする。

（6）　棒に沿った直線ABと糸のなす角のうち $\frac{\pi}{2}$ より小さい方の角を α，β で表せ。

（7）　点Aのまわりにおいて，糸の張力 T_3 による力のモーメントを T_3，L，α，β で表せ。

（8）　点Aのまわりにおいて，棒にはたらく力のモーメントのつりあいの式を書け。

（9）　T_3 を M，g，α，β で表せ。

次に，質量 M，長さ L の密度が一様ではない棒を用いて，図１－bと同じ状況で，$\beta = \frac{\pi}{6}$ として大きさ $\frac{1}{2}Mg$ の力で糸を引くと，棒はつりあって静止した。

(10)　点Aから棒の重心までの距離が $\frac{1}{6}L$ であるとき，$\tan\alpha$ を求めよ。

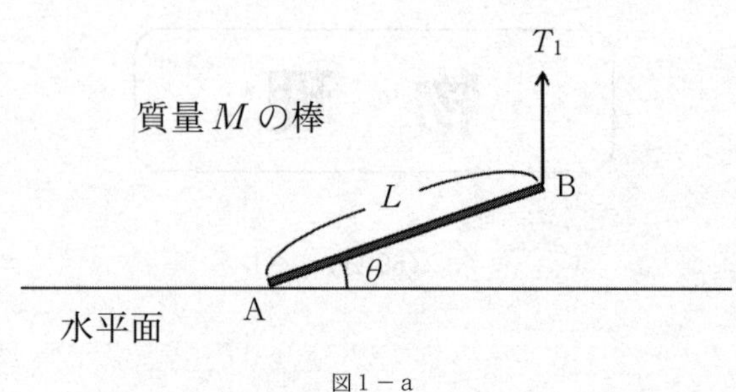

図1－a

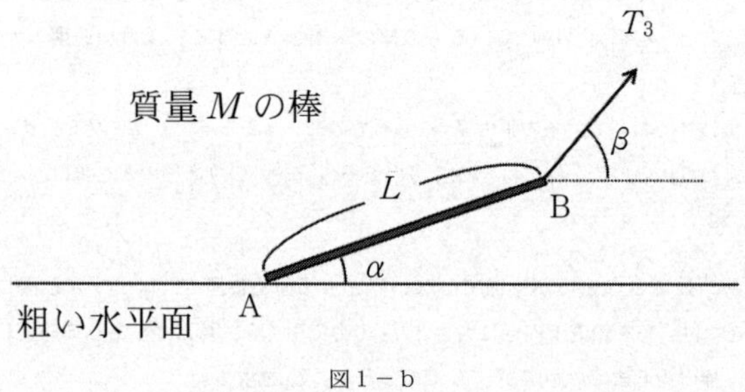

図1－b

2　地球の中心Oの周りを等速円運動をする人工衛星がある。以下のように，人工衛星を加速することで，人工衛星を地表すれすれの半径Rの円軌道から，点Oを中心とする半径$3R$の円軌道に移したい。文中の空欄を適切な数式で埋めよ。なお、人工衛星の初めの質量をm，地球の質量をM，地球の半径をR，万有引力定数をG，地表での重力加速度の大きさをgとする。地球が及ぼす万有引力の大きさは，地球の全質量が中心Oに集まったときに及ぼす万有引力の大きさに等しいものとする。人工衛星は質点とみなし，空気抵抗は無視する。

Ⅰ．地表に置いた人工衛星について考える。人工衛星と地球が及ぼしあう万有引力の大きさはG，M，m，Rを用いて［ (1) ］と書ける。この万有引力の大きさが地表にある人工衛星にはたらく重力の大きさmgに等しいとみなせるので，万有引力定数Gはg，M，Rを用いて［ (2) ］と表すことができ，この関係はⅡ以降で使用する。

Ⅱ．図2－aのように地表すれすれの半径Rの円軌道を速さv_1で等速円運動をしている人工衛星について考える。等速円運動の運動方程式より，速さv_1はR，gを用いて［ (3) ］となる。このときの人工衛星の周期はR，gを用いて［ (4) ］となる。

次に図2－bのように人工衛星を半径Rの円軌道から，楕円軌道を経由して，点Oを中心とする半径$3R$の円軌道に移すことを考える。この楕円軌道は点Aと点Bで2つの円軌道と接している。

Ⅲ．地表すれすれの半径Rの円軌道上にある点Aで人工衛星はガスを噴射し，運動方向に瞬間的に加速した結果，人工衛星の質量はm'となり，地球の中心Oを1つの焦点とし，線分ABを長軸とする楕円軌道に移った。地球の中心Oから無限に遠い点を万有引力による位置エネルギーの基準点に選ぶ。点Aで人工衛星がもつ万有引力による位置エネルギーはg，m'，Rを用いて［ (5) ］と書ける。点Aで加速した直後の人工衛星の速さをv_2とすると，点Aでの人工衛星の力学的エネルギーはg，m'，R，v_2を用いて［ (6) ］と書ける。楕円軌道上にある点Bを通過したときの人工衛星の速さをv_3とすると，点Bでの人工衛星の力学的エネルギーはg，m'，R，v_3を用いて［ (7) ］と書ける。このとき力学的エネルギー保存則より（6）＝（7）が成り立つ。また面積速度一定の法則を用いると，楕円軌道を運動する人工衛星の速さについて$v_2 = 3v_3$が成り立つので，v_3はR，gを用いて［ (8) ］となる。

Ⅳ．楕円軌道上の点Bで人工衛星はガスを噴射し，運動方向に瞬間的に加速した結果，半径$3R$の円軌道を速さv_4で等速円運動をするようになった。このときの人工衛星の速さv_4はR，gを用いて［ (9) ］となり，その周期はR，gを用いて［ (10) ］となる。

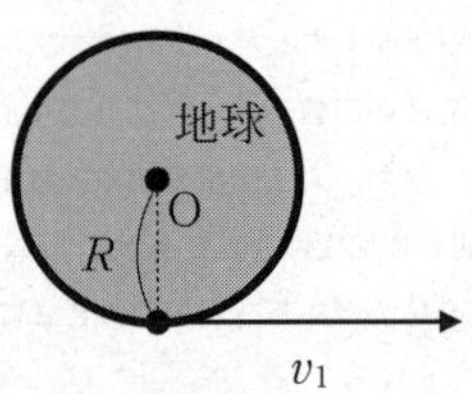

図2－a

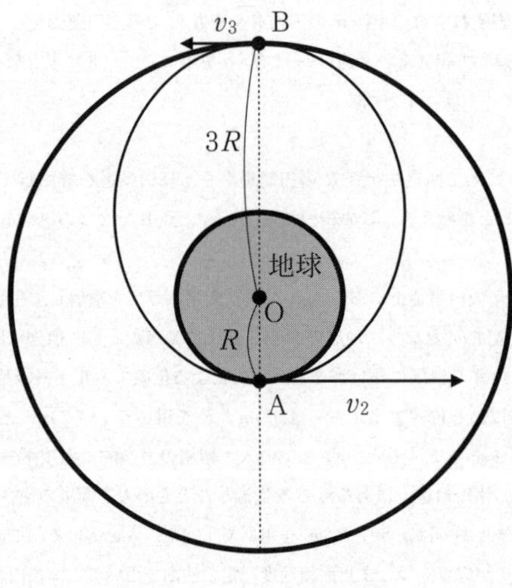

図2－b

ウ　日本ではこれまで子どもに生みの親の情報を隠す傾向が強かったことから、他の先進諸国に比べて里親制度が普及していない。

エ　自分のアイデンティティに悩む人が「ルーツ探し」をすることは、血縁や人種を重視する特定の価値観に従うことであり、結局は当人のためにならない。

オ　デイヴィッド・ヴェレマンによれば、子どものアイデンティティはただ自分を観察するだけでは構築できず、生物学上の親を通して自分を見つめることや先祖から続く物語のなかに自分を位置づけることが必要である。

カ　現在の北米社会における根強い黒人差別が原因で、白人女性であるサリー・ハスランガーと黒人である養子アイザックとの類似性が見えにくくなっている。

キ　「自然な核家族」図式においては、血縁でつながってさえいれば大家族も自然で普通なこととみなされる。

問七　傍線３「ある種の「神話」にすぎない」とあるが、ここで「神話」という言葉はどのような意味で用いられているか。最も適切なものを次の中から一つ選び、符号で答えよ。

ア　根拠がないのに確かなものだと広く信じられている説
イ　誰かがでっちあげた悪意ある作り話
ウ　現代では通用しなくなった時代遅れの教訓
エ　現実には実現不可能な高邁な理想
オ　個人の想像力が生み出した独創的だが普遍性のない物語
カ　人知を超えた存在についての荒唐無稽な説明

問八　空欄④に入る最も適切なものを次の中から一つ選び、符号で答えよ。

ア　この図式を世の中に広く行き渡らせることで、それに自分をあてはめられない人を減らしていくというものだ。
イ　子どもだけでなくあらゆる人に出自を知る権利を認め、この図式が誰にでもあてはまることを周知するというものだ。
ウ　権利を保障するのではなく、すべての子どもが自動的に自分の出自を知る仕組みをつくることで、この図式を乗り越えていくというものだ。
エ　この図式に抵抗するために、出自を知る権利をあえて認めないことで、それが不要となる社会を目指すというものだ。
オ　この図式に頼らず独力でアイデンティティを構築できる主体性を育むため、あえて出自を知る権利を認めないというものだ。
カ　この図式の背後にある、子どもは身近な存在を鏡としてアイデンティティを形成するものだという前提自体を問い直すというものだ。

問九　本文の内容と合致するものを次の中から**二つ**選び、符号（ア～キの順）で答えよ。

ア　「生物学上の親を知りたい」という子どもの欲求を認めることは、育ての親との信頼関係が崩れてしまう可能性が高いので慎重に行うべきである。
イ　生物学上の親を知らない子どもでも、社会のあり方が変われば差別を受けたり悩んだりしなくなる可能性がある。

問六　空欄①～③に入る最も適切なものを次の中からそれぞれ一つ選び、符号で答えよ。

①
ア　多くの人にとって努力すれば手に入るもの
イ　努力だけでは獲得できないもの
ウ　よりよく生きるために役立つもの
エ　一時の選択が一生ついてまわるもの
オ　当人が選択して獲得してきたもの
カ　育った環境に大きく左右されるもの

②
ア　それが将来に及ぼす効果
イ　それを可能にした社会や時代という背景
ウ　自分が大切に思っている人たちからの影響
エ　どれほど他人に助けられて生きてきたか
オ　それまでどんな環境で育ってきたか
カ　いかなる生物学上の親のもとに生まれたか

③
ア　踏み台
イ　捨て石
ウ　好敵手
エ　反面教師
オ　頼みの綱
カ　スケープゴート

問四　傍線１「子どもとの間に「血」のつながり――遺伝的なつながり――を求める傾向」とあるが、本文で言及されている事柄のうちこうした傾向を示す例として**適切ではないもの**を次の中から**二つ**選び、符号（ア～カの順）で答えよ。

ア　生殖補助医療技術を用いた出産のうち、非配偶者間人工授精（ＡＩＤ）の割合は極めて少ない。

イ　生殖補助医療において、これまではカップルに精子提供や卵子提供をする第三者の匿名性が守られてきた。

ウ　遺伝的なつながりのない子どもと養子縁組をするケースは減少ないし横ばいの状態が続いている。

エ　様々な事情で親と一緒に暮らせない子どもたちが日本には約４５０００人いる。

オ　日本では里親制度の利用が進んでおらず、ＯＥＣＤ諸国のなかで最低の水準である。

カ　養子縁組や里親制度において、子どもに「出自を知る権利」を認めようという動きが出てきている。

問五　傍線２「子どもがたんに生物学上の親の情報を得るだけでなく、生物学上の親に会って直接知ること（acquaintance）が必要」とあるが、その理由として最も適切なものを次の中から一つ選び、符号で答えよ。

ア　実際の体験と違って情報はいくらでも自分に都合よく解釈できてしまうため、現実の親との困難な関係のなかで人間的に成長することが妨げられるから。

イ　子どもは親を模範とし、生活のなかでその振る舞いを真似ることで成長するので、親の情報を得るだけでなく、親と一緒に暮らすことが必要だから。

ウ　自分が他人の目にどう映るのか把握するためには、自分に外見が似ている親やきょうだいを観察することが最も近道だから。

エ　重要なのは生物学上の親であるかどうかではなく、生物学上の親であれ育ての親であれ、長い時間を一緒に過ごし苦楽を共にすることだから。

オ　子どものアイデンティティは自分と類似した存在に直接触れ合い、それを鏡として自分自身を見つめることで構築されるため、情報だけでは不十分だから。

カ　子どもは実際に会えば生物学上の親を直観的に見分け、自分の血筋を意識することになり、それが子どものアイデンティティを安定させるから。

A　対ショウ

ア　鳩は平和のショウ徴です。
イ　ふたりの相ショウは最悪です。
ウ　こちらの資料を参ショウしました。
エ　自ショウ有名人の男。
オ　冬季オリンピックをショウ致する。

B　虐タイ

ア　代役が控え室でタイ機しています。
イ　重機を使って建物を解タイする。
ウ　だめだった場合の代タイ案も用意しています。
エ　賛成派と反対派のタイ立が激化している。
オ　すぐ投げ出してしまう忍タイ力のなさ。

C　アラガったり

ア　作戦がコウを奏した。
イ　紛争で町はコウ廃した。
ウ　他国が実コウ支配している地域。
エ　政府は徹底コウ戦を呼びかけた。
オ　長期戦ではコウ守のバランスが大切だ。

問三　本文には次の段落が抜けている。これを入れるのに最も適切な箇所を文中の空欄ア～カから一つ選び、符号で答えよ。

また、こうした考えに従うと、養子縁組の場合も、生みの親が誰かわかり、生みの親に会えることは子どもに必要であり、養親がそれを妨げることは道徳的に間違っているということになる。その場合、養子にとっては、生みの親との関係を断つことなく、養親や養子が生みの親と交流して養育がなされる「開かれた養子縁組」(open adoption)が望ましいということになるだろう。

（2）子どもは両親の性質を受け継いで生まれる
（3）両親は自然に愛情をもって子どもの世話をする
（4）子どもは生みの親に育てられることで自然に育つ

これらは「自然」なことでも「普通」なことでも全くなく、親子関係に関するある種の「神話」にすぎない。しかし、この図式は広く浸透しているため、養親や養子もそれにしばしば囚われてしまう。例えば、養親は「自分の生んでない子を本当に愛せるだろうか」とか「血でつながってないと駄目なのか」と悩んだり、養子は「実の子ではないから厳しく育てられている」と思ったりすることがある。

［カ］

確かに「自然な核家族」図式が支配的な社会では、生物学上の親を知らない子どもは、不利益を被りかねない。この図式にあてはまらないことで周囲から負の烙印を押されると、様々な差別を受けることがある。

こうした現状に対抗するためには二つの戦略が考えられる。一つは、子どもに出自を知る権利を保障することで、「自然な核家族」図式に自らをあてはめるための手段をすべての子どもに与えるというものだ。もう一つは、［④］

（小手川正二郎『現実を解きほぐすための哲学』による。ただし、一部変更した。）

問一　波線a～cの漢字の読みを**ひらがな**で書け。

問二　二重傍線A～Cのカタカナを漢字に直した場合と同じ漢字を用いるものを次の中からそれぞれ一つ選び、符号で答えよ。

似ていると人が思わないのは、彼が黒人であなたが白人だから。肌の色は、人が親子の類似性を探すときには問題になる。でも実際にアイザックの特徴に注意するなら、彼はとてもあなたに似ている。

親子の間のどのような類似性が浮かび上がるかは、その社会でどのような類似性が重視されているかに左右される。ハスランガーとアイザックには、身体面での類似性が見られないにしても、感情や気性の面での類似性が見られる。けれども、後者の類似性は、人種を重要視する社会においては、二人の人種の違いによって容易に覆い隠されてしまう。生物学的な親子間の類似性を自明視することは、こうした支配的な見方を強化し、より重要であるかもしれない他の類似性を見えづらくしてしまうのだ。

[オ]

(2) 自分の生を物語る観点や文脈としての出自という点については、どうだろうか。例えば、生まれたときに祖父母がすでに他界していたなどして、彼らを直接知ることができなくても、親や親戚からの伝聞[c]を通して、彼らから続く自分の物語を紡ぐのはそこまで困難ではない。

これと同様に、生物学上の親を直接知ることがなくても、匿名の第三者からの精子や卵子の提供によって生まれた子どもや養子は、生物学上の親について育ての親がもちうる情報や、育ての親が自分を育てるに至った経緯などから自分に通じる物語を描くことができる。

さらに重要なのは、往々にして、周囲の人々や自分によって語られる自己の物語が、親との関係や自分の過去との関係を特定の型にはめて理解させる文化的な図式に従っているということだ。北米でも日本でも支配的なのは、「自然な核家族」(natural nuclear family) 図式と呼ばれるものだ。それは以下のことを「自然」で「普通」なこととみなす。

(1) 男女が愛し合って結婚し子どもが生まれる

＊

ヴェレマンの議論は、血縁や生物学上の親子関係が重視される背景について、多くのことを教えてくれる。けれども、こうした見方は、生物学上の親子関係が子どものアイデンティティ形成にとって必要不可欠だとみなすことで、血縁を特権視する親子観を正当化したり、再生産したりすることにつながりかねない。

生物学上の親を知ることが、そこまで重要視される必要があるのだろうか。そして、子どもからその機会を奪うことが、道徳的に間違っているということになるのだろうか。哲学者のサリー・ハスランガーは、二人の黒人の養子を育てた白人女性として、ヴェレマンの二つの論点に反論し、血縁を特権視する親子観を批判する方途を探っている。

(1)類似性に基づいて自分について直観的に知る際に、子どもが依拠しているのは、生物学上の親きょうだいだけではない。通常は、それ以外にも、友達、絵本やアニメの登場人物、スポーツ選手や有名人といった数多くの手がかりがある。

重要なのは、子どもの周囲に、自分の個性や特徴を映し出してくれる親しい人がいるということであり、こうした人が生物学上の親である必要はなく、養親や里親やその家族でも構わないはずだ。

エ また、血縁を特権視する親子観が支配的な社会においては、親子間の外見上の類以性がもっぱら重視され、その他の類似性が見えなくなってしまっている可能性がある。ハスランガーは、彼女と黒人の養子アイザックが似ていると告げて、この可能性を教えてくれた女性の友人の例を挙げている。その友人は、人種の違いから息子と「似ている」と言われたことがなく驚いた彼女に、次のように述べたという。

私はいつも私の息子たちが私に似ていると言われる。私は彼らが私に似ているとは全然思わない。だって彼らは男の子だから。でもこのことは、人々が親子の類似性を探すときには、問題にならないみたい。アイザックがあなたに離せない。出自について知ることは、自分のライフ・ストーリーを一個人の人生を超えたより広い文脈――家族の歴史（ファミリー・ヒストリー）――のもとで理由づけ、人種や民族を自らのアイデンティティとして引き受け直すことを可能にする。

実際、自分のアイデンティティに疑問を抱いてきた人々が、自身の「ルーツ探し」によって、よりふさわしいアイデンティティを構築し直すことがある。例えば、日本軍政下のインドネシアで生まれたある日系オランダ人は、日本人の父親を突きとめ、自分が生まれた経緯を知ることで「日本人の子」としてのアイデンティティを再発見するに至る。中国残留邦人三世の人々は、一世や二世への聴き取りを通じて、「三世」としてのアイデンティティを再構築したりすることがある。

こうした人々は、祖先や生物学上の親との関係を知ることによって、自分のアイデンティティを物語る観点を得られたのだと言うことができる。自分の出自を知る可能性が閉ざされてしまうと、自分の生をより広い文脈のなかに位置づけ、自分が（意図することなく）置かれていた状況を再解釈して、自分一人の観点からは見えてこなかった意味を、自らの生に与え直すことが困難になってしまう。

確かに、自分の祖先や出自に関心をもたない人も少なくない。しかし、そうした人も「自分がどこから来たのか」を知っていることで、すでに何がしかの恩恵を得ている。また、自分の祖先や親のようにはなりたくないと思っている人も、まさに彼らを「［③］」にすることができるという点で、出自についての知識の重要性を示している。自分の出自を知らなければ、祖先の生き方や祖先から引き継ぐアイデンティティを価値あるものとみなすことと同様、そうした価値観を批判したり、それにアラガ（C）ったりすることもできなくなるのだ。

以上のように考えると、匿名の形で卵子や精子を提供することも、そうした提供を受けて子どもをつくることも、生まれてくる子どもが生物学上の親を知ることを不可能にし、子どものアイデンティティ形成にとって重要な生物学上の親子関係を断ち切ってしまうことになる。出自を知る権利をすべての子どもに認めることは、子どもがこうした不利益を被らないために必要だと考えられるだろう。

［ウ］

自分の出自を知る権利が子どもにあるという考えは、一見すると正しいように見える。しかし、生物学上の親について知ることは子どものアイデンティティの確立にとって、いかなる意味で重要なのだろうか。そして、出自を知りたいという子どもの欲求は、どこまでその子ども自身の欲求と言えるのだろうか。

［イ］

＊

なぜ、子どもがアイデンティティ――自分が何者であるかについての認識――を形成するために、生物学上の親を知る必要があるのか。

倫理学者のデイヴィッド・ヴェレマンは、（1）親との類似性に基づく自己知と（2）自分の生を物語る観点や文脈としての出自という二つの理由を挙げている。とりわけ、前者の論点は、[2]子どもがたんに生物学上の親の情報を得るだけでなく、生物学上の親に会って直接知ること（acquaintance）が必要だとしている。

（1）子どもが自分の能力や特徴を知るためには、たんに自分を観察するのではなく、自分に似ている人を通して自分を見ることが必要である。大抵の場合、人は身近にいる両親やきょうだいとの類似や相違を通じて、自分について直観的に知るようになる。そのため、「生物学上の親族を誰も知らないというのは、〔自分を映し出す〕反射面のない世界のうちで、つねに自分には盲目のまま、さまようようなことだ」。

（2）子どもは生物学上の親や祖先を知ることで、自らの行為や生を両親や祖先から続く物語のなかに位置づけ直し、この物語的な統一性のなかで自己のアイデンティティを形成することができるようになる。

ある人のアイデンティティは、［①］（学歴や職業）に限られないし、その人の一生だけに閉じているわけでもない。例えば、自らの人種的アイデンティティや民族的アイデンティティは、自分で選択したわけではなく、［②］と切りきる年齢になるまで、一般家庭で養育する里親制度も、厚生労働省が推進しているにもかかわらず、一般に浸透していない。親の病気、経済的な理由、虐タイなどによって親と一緒に暮らせない子どもたちは、日本に約４５０００人いると言われているが、そのうち、里親家庭で暮らしている子どもたちは約６０００人にとどまり、約３９０００人が児童養護施設や乳児院で暮らしている。

日本の里親委託率（12・0％）は、上位のオーストラリア（93・5％）や香港（79・8％）と開きがあるだけでなく、下位の韓国（43・6％）等と比べても低く、ＯＥＣＤ諸国のなかで最低の水準である。日本にはいまだに、子どもは生みの親のもとで育つべきという親子観が根強く、生まれてきた子どもを社会全体で育てる「社会的養護」という考えが受け入れられていない。

こうした支配的な親子観のもと、近年、生殖補助医療や養子縁組・里親双方に関して子どもの「出自を知る権利」が議論の俎上にあがっている。

生殖補助医療においては、これまで、カップルに精子提供や卵子提供をする第三者の匿名性が守られてきた。しかし、近年では「提供者の個人情報を知ることは精子・卵子・胚の提供により生まれた子のアイデンティティの確立などのために重要なもの」（厚生労働省）と主張され、提供者の匿名性を廃止する方向に傾きつつある。

また、「養子縁組や里親においては、かつては子どもに出自を隠し、生みの親との交流を断絶させることが子どもにとって良いとされてきたが、現在では反対に、子どもに生みの親の存在を明らかにするほうが子どもにとって良いという考え方が優勢になってきている」（野辺陽子『養子縁組の社会学』）。

子どもの「出自を知る権利」については、概して「生物学上の親について確認したい」という子どもの強い欲求が存在し、生物学上の親を知ることが子どものアイデンティティの確立に必要だという前提のもと、子どもの福祉を目的として主張される。「子どもはできる限りその父母を知り、かつその父母によって養育される権利を有する」とする「子どもの権利条約」第７条にその根拠が求められることもある。

イ　当時新しい枠組みの学問がいくつも出てきていて、それらに伍すためには、数学という厳密な学問によって基礎づけなければならなかったから。

ウ　もともと自然学は数学を応用していたが、この時代に数学が発展を遂げたため、自然学で応用する数学も最新のものに仕上げる必要があったから。

エ　優れた科学者は数学的才能に恵まれている場合が多く、自分が取り組む科学を数学の形式に従って展開しようとする意志が実現しやすいから。

オ　数学的に表現された事柄に対しては、どのような原因でもいいわけではなく、数学的に表現できる原因を明らかにしなければならないから。

二　次の文章を読み、後の設問に答えよ。

家族のあり方が多様化していると言われている現代ではあるが、1子どもとの間に「血」のつながり――遺伝的なつながり――を求める傾向はなお根強い。日本では2015年度に51001人が生殖補助医療技術によって生まれたが、その多くは配偶者の卵子と精子を受精させる人工授精であり、非配偶者間人工授精（AID）の割合は極めて少ない。

不妊治療の利用の増加とはA対ショウ的に、遺伝的なつながりのない子どもと養子縁組をするケースは減少傾向か横ばいの状態が続いている。いわゆる「実子」と「養子」をa峻別し、前者を特権視する風潮はなお根強く、養子縁組が増えない要因の一つとなっている。

［ア］様々な事情で生みの親と共に生活することができない子どもを、彼らと共に暮らせるようになるまで、あるいは自立で

イ　金貨を真理の喩え、賭け札を仮説の喩えと解している。
ウ　金貨を小石の喩え、賭け札をそら豆の喩えと解している。
エ　金貨を太陽の喩え、賭け札を惑星の喩えと解している。
オ　金貨を事実の喩え、賭け札を弁明の喩えと解している。

問十　傍線８「ケプラーはまさにその区別をうち砕き」とあるが、その少し前では、傍線※「「コペルニクスの企図は天文学にかかわっている」のにたいして「私は物理学者のような役割を担っている」とあるように、「天文学」と「物理学〔自然学〕」が対比され」と書かれていて、ケプラーが天文学と物理学を区別したと言われている。それでは、傍線※の箇所と傍線８の箇所はそれぞれどのようなことを言っているのか。その説明として最も適切なものを次の中から一つ選び、符号で答えよ。

ア　傍線※の箇所は、天文学と物理学の区別を理解し難いものとみなしつつ、ケプラーがその区別について語ってしまったということ、傍線８の箇所は、いっそのこと、明晰でない区別を否定して、ケプラーが新たな近代科学を確立したということ。
イ　傍線※の箇所は、コペルニクスとの対抗上、ケプラーが天文学と物理学の区別を利用して自らの立場を述べたということ、傍線８の箇所は、物理学への理解が進み、ケプラーがもはやその区別に拘泥しなくなったということ。
ウ　傍線※の箇所は、天文学と物理学の古代以来の区別をまだ受け入れていたとき、ケプラーがその区別に触れたということ、傍線８の箇所は、ケプラーが自身の方法論に自信を持つようになり、その区別を積極的に否定するようになったということ。
エ　傍線※の箇所は、天文学と物理学の従来の区別を前提するなら、自分は物理学のゆき方で探究するとケプラーが言ったということ、傍線８の箇所は、従来の区別を排して、ケプラーが物理学の一部として天文学の探究をしたということ。
オ　傍線※の箇所は、天文学よりも物理学に憧憬を抱いていたため、ケプラーが物理学への志向を語ったということ、傍線８の箇所は、ケプラーがこだわりを捨てて、物理学だけでなく、天文学の探究も行うようになったということ。

問十一　傍線９「それまでは定性的なものでしかなかった自然学を数学的な物理学に作り直す」とあるが、なぜ作り直さなければならなかったのか。その理由として最も適切なものを次の中から一つ選び、符号で答えよ。

ア　天文学も自然学も、ともに古代の想定に引きずられているところがあり、数学化によってそれらを改め、近代科学へと脱皮させる必要があったから。

イ　理論問題の解決にやりがいを感じていたから。
ウ　様々な方法を試すことに懐疑的だったから。
エ　それが天文学者の第一の責務と自認していたから。
オ　天体が円運動以外の運動をするとは考えられなかったから。

問七　傍線５「それは異なる天体間に働くものではない」とあるが、なぜか。その理由として最も適切なものを次の中から一つ選び、符号で答えよ。

ア　コペルニクスの重力の根拠は、古代から続く論理にまでさかのぼることができるから。
イ　コペルニクスの認める重力は、地球上の物体が地球から受ける力だけに限られるから。
ウ　コペルニクスの考える重力は、天体が天体ごとに一つになろうとする性質だから。
エ　コペルニクスの重力は、宇宙の建築者がそれぞれの天体に付属させたものだから。
オ　コペルニクスにとって、部分が全体に共感することは類似したもの同士が集まることに等しいから。

問八　傍線６「コペルニクスは、太陽の駆動力によって惑星が周回しているとも、あるいは太陽の引力によって惑星が太陽のまわりに繋ぎとめられているとも考えていない」とあるが、なぜか。その理由として最も適切なものを次の中から一つ選び、符号で答えよ。

ア　惑星はそれ自身で円運動するということを自明なことだと考えていたから。
イ　太陽が、離れた惑星に遠隔的な作用を及ぼすという考えをまだ知らなかったから。
ウ　諸惑星が太陽の周りを回転しているという理論を提唱したばかりだったから。
エ　見たり感じたりできるもののみを実在とみなし、そうでないものには懐疑的だったから。
オ　太陽と惑星の関係よりも、惑星と惑星の間の関係により一層注目していたから。

問九　傍線７「金貨のかわりに賭け札で」とあるが、本文の著者は、金貨と賭け札をそれぞれ何の喩えと解しているか。その説明として最も適切なものを次の中から一つ選び、符号で答えよ。

ア　金貨を客観の喩え、賭け札を主観の喩えと解している。

ア　観測される惑星の軌道の計算や予言をする人を助けること。
イ　惑星が示す運動を人間の感覚でも観測しやすくすること。
ウ　観測される惑星の位置や位置の変化を予測すること。
エ　惑星の本質と同じ程度に惑星の現れの価値を高めること。
オ　図形に関する学問が惑星に関する学問の進展を支えること。

問四　傍線２「自己限定」とはどのようなことか。その説明として最も適切なものを次の中から一つ選び、符号で答えよ。
ア　天文学者が、天文学の序列を規定したということ。
イ　天文学が、依拠する前提を明確にしたということ。
ウ　天文学者が、自らを数学者として定めたということ。
エ　天文学が、取り組む課題を限ったということ。
オ　天文学者が、数学の問いに限界を置いたということ。

問五　傍線３「事物の本性を探究する哲学者の共同体から天文学者が締め出されるべきではない」とあるが、どのようなことか。その説明として最も適切なものを次の中から一つ選び、符号で答えよ。
ア　天文学者は事物の本性を探究したとしても共同体から排除されないということ。
イ　天文学者も事物の本性の探究に携わってよいはずということ。
ウ　天文学者は哲学者との協同の機会を与えられるべきということ。
エ　哲学者が、事物の本性を探究する天文学者を敵対視するはずがないということ。
オ　天文学者が責務を果たしているなら哲学者の仲間に入れられるべきということ。

問六　傍線４「円軌道を組み合せることに終始していた」とあるが、なぜか。その理由として最も適切なものを次の中から一つ選び、符号で答えよ。
ア　他の天文学者との違いを出せると思ったから。

的に関連している状況から証明を引き出し、……原因を追究しようとはしない。

そしてはるかに時代がくだって一六世紀にイタリア人ベニート・ペレイラ（一四六〇頃―一五五三）は「自然学者と天文学者はおなじ天を扱うにしても、異なるやり方でおこなう。ゲミノスは自然学と天文学のこの違いを申し分なく明瞭に描き出している」と記している。この区別は、古代以来ケプラーの直前にいたるまで、ヨーロッパでは二千年間にわたって受け入れられていたのである。

8ケプラーはまさにその区別をうち砕き、さらには、シンプリキオスやゲミノスにおいては形而上学的なものを意味していた「原因」を自然学的なものと読みかえることにより、物理学としての天文学すなわち天体動力学・天界の物理学をはじめて提唱したのである。そのことは天文学に動力因と因果概念を導入したことにはとどまらない。逆に、9それまでは定性的なものでしかなかった自然学を数学的な物理学に作り直すことをも意味していた。これをもっておなじラテン語physicaにたいする訳語が「自然学」から「物理学」に変化するとしてよい。

（山本義隆『磁力と重力の発見　3　近代の始まり』による。ただし一部変更した。）

問一　波線a、c、eの漢字の読みをひらがなで書け。

問二　波線b、dの単語の意味は何か。それぞれ、その意味として最も適切なものを次の中から一つ選び、符号で答えよ。

b　畢生　ア　一生涯　イ　最終　ウ　心身の力の全て　エ　定評があること

d　径庭　ア　論点がかみ合わないこと　イ　優れていることと劣っていること　ウ　二つのものの間にある隔たり　エ　人の力量を計る基準となるもの

問三　傍線1「現象を救う」とはどのようなことか。その説明として最も適切なものを次の中から一つ選び、符号で答えよ。

これにたいしてケプラーの『宇宙の神秘（*Mysterium cosmographicum*）』（一五九六年、以下『神秘（*MC*）』）で特徴的なことは、※「コペルニクスの企図は天文学にかかわっている」のにたいして「私は物理学者のような役割を担っている」とあるように、「天文学」と「物理学〔自然学〕」が対比され、しかもその点がコペルニクスとおのれケプラーの径庭[d]として宣言されていることにある（*MC*, pp. 50, 59）。「読者への序文」では、太陽に見られる運動が地球の運動による見せかけであるということを「コペルニクスは数学的な根拠にもとづいて証明した」にすぎないが、ケプラー自身はそのことを「物理学的な根拠にもとづいて、あるいはそう言ってよければ形而上学的な根拠にもとづいて証明しようとした」とある。すでに処女作『神秘』の時点で、その後の自身による天文学の改革の第一歩が記されていたのである。

ケプラー以前の天文学と物理学のこの区別は現代の私たちには理解し難いところで、そのために、少し長いけれどもシンプリキオスが引いているゲミノス（紀元前一世紀のロードス島の数学者・天文学者）の説明を——ここでも孫引きではあるが——引用しておこう。

天および星辰[e]の本質や、その力や、その質や、その生成と消滅の研究は、自然学〔物理学〕の理論に属する。自然学はまた、これらの天体の大きさや形状や配置にかんする証明を与える能力も有している。他方で、天文学は、その前者については論じない。天文学者の論証は、天にはたしかに秩序があるということを前提として、その秩序にのみかかわる。天文学は地球や太陽や月の形状や大きさや相対的な距離を語る。それは諸天体の食や合や、それらの運動の定量的あるいは定性的な性質を語る。……しばしば天文学者と自然学者〔物理学者〕は同一のテーマを取り上げる。しかしそのような場合、彼らのゆき方は異なる。自然学者はそのすべての命題を、物体の本質や力やそのもっともよいあり方から、あるいはその生成や変化から証明しなければならない。これにたいして天文学者は、量と形に関連して、ないし、問題の運動の大きさとそれに要する時間から、命題を立てる。概して自然学者は、研究する効果の原因にこだわり、それを産み出す力にその注意を向ける。それにたいして天文学者は、その同一の効果にたいして外しかしコペルニクスの重力はあくまで天体上の物体――天体の破片――が母なるその天体にむかう傾向、それぞれの天体が球状に凝集しようとする性質であって、その根拠は全体にたいする部分の共感にあり、さかのぼれば類似のものはいっしょになろうとするという古代以来の論理に帰着する。5したがってそれは異なる天体間に働くものではない。6ましてやコペルニクスは、太陽の駆動力によって惑星が周回しているとも、あるいは太陽の引力によって惑星が太陽のまわりに繋ぎとめられているとも考えていない。

というのも、コペルニクスもまた「球のなしよい運動は回転であること」、そしてまた周期的な運動は「円運動でなければ不可能」という根拠にもとづいて惑星の運動は「円形であるか、または多くの円を組み合せたものであること」を当然の前提としているからである。したがってコペルニクス天文学は、なるほど太陽――正確には地球軌道の中心にある平均太陽――を中心とするものではあっても、やはり円運動のアプリオリズムに囚われた軌道の幾何学であった。つまりプトレマイオスのものにくらべて単純性がいくぶんか増しているという点では数学的に改善されているにしても、天体の運動にたいする物理学的・動力学的な理解は見られず、そこからは惑星を駆動し制御するのは何かという問題意識はやはり出てこない。その意味ではルター派の僧オジアンダーが『天球の回転について』に匿名で書き加えた「序」にある、太陽中心説は「観測に合う計算を与えるということだけで十分な仮説」であり、それ以上にその「仮説」が正しいかどうかは論ずるに及ばないし、それが事実であるとして押しつけるものでもないという但し書きは、ただたんに頑迷な保守派や教会権力にたいする卑屈な弁明であっただけではない。たとえそれがコペルニクスの主観的意図に反していたにせよ、コペルニクス理論の客観的限界を表明するものでもあったと言えよう。一六〇二年にイタリアのカンパネッラが書いた『太陽の都』には「コペルニクスは小石を並べて計算し、プトレマイオスはそら豆を並べて計算するようなもので、〔どちらも〕本当のもので計算しているのではなく、7いわば金貨のかわりに賭け札で支払いをしているようなものです」とあるが、これが当時の大方の理解であった。いずれの理論も自然学的・存在論的な真理を主張するものではないと見られていたのである。

かになる。

　アリストテレス[注]自然学にあっても、天上世界の物体は第五元素よりなる完全な物体でそのとりうる運動が等速円運動のみであることは、疑問の余地のない事実と考えられていた。したがってプトレマイオス[注]の天文学においてもまた、その理論的作業は、惑星の位置の観測値をよく再現するように4<u>円軌道を組み合せることに終始していた</u>。結局のところプラトンであれプトレマイオスであれ、太陽と惑星のあいだに力が働きその力で惑星の運動がコントロールされているといった視点はまったくない。そんなわけで、古代以来ケプラー以前まで、天文学とは運動の物理的原因を問わない軌道の幾何学であった。他方では、当時の自然学（物理学）は定性的なもので、数学的な天文学には本来的になじまないと見られていた。

　ところでコペルニクス地動説の基本的な主張は、惑星の運動に見られる留や逆行という不規則性がじつは地球の運動による見せかけであり、それゆえ地球が他の惑星と同様に静止太陽のまわりを回転しているとしたならばそれらの現象は無理なく説明されることにあった。もちろんコペルニクスは、単に太陽を静止させただけではなくその『天球の回転について』において「この光り輝くものを四方が照らせる場所以外のどこに置くことができようか。……太陽は王様の椅子に座ってとりまく天体の家来を支配している」と語り、太陽が特別な存在であることを認めている。そしてまた

　重力は自然のある欲求にほかならぬと思う。宇宙の建築者の高い配慮によって、その部分が球の形に結合して一にして全体であるように、与えられたものである。この性質は太陽にも月にも惑星にも同じように付属していると考えられる。

と語り、すべての天体に平等に重力を認めている。それゆえコペルニクスにとっては、地上での重量物体の落下は宇宙の中心にむかう自然運動ではもはやない。月下世界と天上世界という二元論を見捨てて地球を他の惑星と同レベルの存在と捉える立場からすれば、それは当然のことであろう。

（注）アリストテレス…紀元前四世紀の哲学者。宇宙を、月の天球の内側にある月下世界と、外側の天上世界に分け、月下世界の地球や地球上の事物は四つの元素の混合から成り、天上世界の天体は第五元素から構成されるとした。天動説を採る。

（注）プトレマイオス…二世紀頃の天文学者・地理学者。天動説を大成した。

必要と思われている。……しかし実際は、それはこの分野の哲学[注]にはもっとも関係が深く、天文学者には不可欠のものである」と記している（*EP*, pp. 23, 25）。このことは現代人にはあたりまえだが、ケプラー以前にはそうは考えられていなかった。

それまでの天文学の課題や目的は、ギリシャ天文学で使用されていた「現象を救う」[1]という言葉に端的に表現されている。六世紀の新プラトン主義者でアリストテレスの注釈書を書いたシンプリキオスは、プラトン[注]の天文学を次のように特徴づけている。

プラトンは、天の物体の運動は円形で一様でつねに規則的であるという原理を設けている。その上で彼が数学者たちに課した問題は、諸惑星が示す現象を救いうるためには、円形で一様で完全に規則的などのような運動が仮説として受け入れられるであろうか、というものである。

つまりひとつには、このように惑星の運動が等速円運動の組み合せであるということが、これまでアプリオリ[注]に前提とされていたことがある。しかしより本質的な点は、天文学は観測される惑星の運動をなんらかの数学的・幾何学的な仮説（モデル）によって計算でき、予測できればそれでよいのであり、そのかぎりで、惑星は現実にそのように動いているのか、またなぜそのように動くのかといった、存在論的ないし自然学的・因果的な問いを発するものではないという自己限定[2]にあった。

これにたいしてケプラーは、一六〇〇年の末頃に書いた小冊子『ウルサスにたいするチコの擁護（*Apologia pro Tychone contra Ursum*）』（以下『チコの擁護』）で次のように記している。なるほど「天体の位置や動きをできるかぎり正確に予言するものは、天文学者としての責務をよくはたしている」と言える。しかしそれだけでは足らない。「というのも、彼が語っているのは天文学者の第一の責務ではあるけれど、事物の本性を探究する哲学者の共同体から天文学者が締め出されるべきではないからである。」[3]その具体的なゆき方は、ケプラー天文学のコペルニクス天文学との対比で明ら

（注）哲学…ケプラーの時代、哲学は科学全般を含むものであった。

（注）プラトン…紀元前五～四世紀の哲学者。

（注）アプリオリ…経験に依存せず、それに先立っていること。

国語

（六〇分）

一

次の文章を読み、後の設問に答えよ。

通常の科学史では、コペルニクスによる地動説の提唱が近代天文学ひいては近代物理学の出発点であると語られている。

しかし物理学の観点からすると、近代科学をそれ以前のものと分つ真の転換点は、むしろケプラーと考えるべきである。というのも、なるほどコペルニクスは太陽の静止する太陽系を唱[a]えたけれども、天文学がいかなる科学であるのかという点では、古代以来の考え方から完全には脱皮していなかったからである。

それにたいしてケプラーによる天文学の改革は、たんに太陽を中心におき、また円軌道を楕円軌道ととり替えたことにはとどまらない。彼の改革の本質的な点は、惑星運動の動因として太陽が惑星に及ぼす力という観念を導入し、天文学を軌道の幾何学から天体動力学に、天空の地理学から天界の物理学に変換させたことにある。その根底には「天文学は何を課題とする学問であるのか」についての考え方の決定的転換があった。ケプラー自身、ずっと後に書いた畢生[b]の大作『コペルニクス天文学概要（*Epitome astronomiae Copernicanae*）』（一六一八年に第一—三巻、二〇年に第四巻、二一年に第五巻、以下『概要（*EP*）』）では、第一巻冒頭[c]の「天文学とは何か」という問いにたいして「それは地上にいるわれわれが天や星に着目するときに生じる事柄の原因（causa）」を提示する科学である。……それは事物や自然現象の原因を求めるがゆえに、物理学（physica〔自然学〕）の一部である」と答え、さらに「通常は物理学〔自然学〕は天文学には不

解答編

英語

リスニング **解答** **Part One:** **1**—ウ **2**—イ **3**—エ **4**—ア **5**—エ **6**—イ **7**—ウ

Part Two: **8**—エ **9**—イ **10**—イ **11**—ウ **12**—ア **13**—ア **14**—エ

Part Three: **15**—ウ **16**—ウ **17**—イ **18**—エ **19**—ウ **20**—ウ **21**—ア **22**—イ **23**—ア

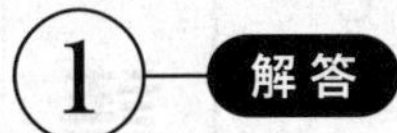

問1. **1**—D **2**—C **3**—B **4**—C **5**—A **6**—B **7**—D **8**—A **9**—C **10**—B

問2. **11**—B **12**—A **13**—D **14**—D

問3. **15**—B **16**—B **17**—A **18**—A

解説

《仕事の中で最小のものを我々が先延ばす理由》

問1. **1.**「procrastinationの定義は？」

第1段第2文（This is …）に「これはprocrastinationと呼ばれる」とあるので，thisの中身，つまり，同段第1文（Sometimes, we don't …）の内容がその定義になる。第1文には「我々はemailの返信や宿題をしたくなかったり，退屈な書類仕事をする気にならなかったりするので，ほとんど手遅れになるまでこれらの仕事を延期し，SNSやYouTubeで時間を浪費する」とあり，仕事の先延ばしについて述べられているので，Dの「仕事を遅らせること」が適切。

2.「どんなprocrastinationの影響が述べられているか？」

第2段第2文（People who regularly procrastinate …）に「普段から

先延ばしする人は高いレベルのストレスを持ち，よく眠れない傾向がある」とあり，続く第3文（In terms of mental health, …）には「先延ばしは大きな不安や鬱とも関係がある」とあるので，Cの「より多くの不安を持ち，熟睡できないこと」が適切。

3.「…から我々は小さな仕事を延期する」

第3段第5文（One reason …）に「小さな仕事が山積みになる1つの理由は，大きな仕事によく見られる厳しい締め切りや組織と同様のものが小さな仕事には欠けているということだ」とあるから，Bの「きつい締め切りがない」が適切。

4.「我々は主として…のために先延ばしする」

第4段第2～4文（Procrastination is not … don't really care.）に「先延ばしは必ずしも記憶力の欠如や時間管理の下手さのせいではない。代わりに，疑い，不安感，恐れや無能力感を悪化させるかもしれないものを先送りにする選択を我々は意図的にする。Sirois 教授は『先延ばしにする人というのはこのような本当に気にしない能天気で怠惰な人ではない』と説明する」と書かれており，「先延ばしをする主な要因の一つに挙げられているCの「無力感，焦燥感」を選ぶ。

5.「先延ばしにするのを避けるために，我々は…べきだ」

第5段第2・3文（One of them involves … towards them.）に「その1つは小さな仕事が我々の頭の中のどれほど多くのスペースを占めているのかを理解することを伴う。小さな仕事が大事になるのはまさに我々が小さな仕事に向けて強い感情的な見方をしているからである」とあるので，Aの「なぜ小さな仕事が私たちを悩ませるのかを理解する」が適切。

6.「小さな仕事を処理するよい方法は？」

第6段第4文（Even more effective …）に「さらにずっと効果的なのは，最初にやりたくない理由を考えずにすぐに何かしらとりかかることである」とあるので，Bが適切。

7.「…から2分ルールは効果的である」

第7段最終文（Once his university students …）に「彼の教え子の大学生がいったん実際に仕事を始めると，彼らは先延ばしにしていたときよりもずっと仕事が簡単でストレスがないと格付けをした」とあり，Dの「我々は小さな仕事がよりしやすいとわかる」が適切。

8.「小さな仕事を処理するのに与えられるもう1つのよいヒントは…だ」

第8段第1文（Another trick for …）に「小さな仕事に取り組むもう1つのコツはそれらを大きな仕事の中に含むことである」とあるので，Aの「それらをより大きなものと結びつけること」が適切。

9.「我々は小さな仕事をどのようにみなすべきか？」

第9段第1・2文（Professor Sirois suggests … a new skill.）に「Sirois教授は否定的な感情へ向かう傾向を回避することと前向きな感情を先延ばしにするのを避けるための別の効果的な方法として押し出すことを提案している。例えば，その仕事を面白いものや楽しめるものとしてみなしたり，新しいスキルを身につける機会とみなしたりすることができるかもしれない」とあり，Cの「新しいスキルを持つ機会として」が適切。

10.「先延ばしによって引き起こされるストレスを少なくするために与えられたアドバイスの最後の1つは何か？」

最終段第5・6文（More importantly, … associated with procrastination.）に「さらに重要なのは，先延ばしには感情的な理由がある。より効果的な気持ちのコントロールを通してこのような感情を処理することが先延ばしと関連するストレスを減らすのに特に有益だろう」とあるので，Bの「否定的な感情をコントロール下に持ってくる」が適切。

問2．11.「先延ばしにする人とは…人である」

第4段最終2文（Professor Sirois explains … about their procrastination."）に「Sirois教授は『先延ばしにする人というのはこのような本当に気にしない能天気で怠惰な人ではない。実際彼らは本当に自己批判的で先延ばしについてたくさん心配している』と説明する」とあるので，Bの「自身にとても批判的である」が適切。

12.「もう先延ばしをしたくなければ…であるべきだ」

第9段第1文（Professor Sirois suggests …）に「Sirois教授は否定的な感情へ向かう傾向を回避することと前向きな感情を先延ばしにするのを避けるための別の効果的な方法として押し出すことを提案している。例えば，その仕事を面白いものや楽しめるものとしてみなしたり，新しいスキルを身につける機会とみなしたりすることができるかもしれない」とあり，物事を前向きに考えることを述べているので，Aの「楽天的」が適切。

13.「仕事に直面したら，まず…すべきだ」

第6段第4文（Even more effective …）に「さらにずっと効果的なのは，最初にやりたくない理由を考えずにすぐに何かをやることである」とあり，また，同段第1文（Timothy Pychyl, …）に「モチベーションはしばしば行動の後に続く」とあるので，Dの「行動する，そして，その後モチベーションを感じるだろう」が適切。

14.「2分ルールは…ということを意味している」

第7段第2文（Stated simply, …）に「ある仕事が2分かからずに完了するなら，実際にすぐに仕事を完了させればその仕事を to-do リストに加える時間と大体同じ時間がかかるのでその時間を無駄にすべきではない」とあるので，Dの「素早く終えられる仕事を即座にするべきだ」が適切。

問3．15.「小さな仕事は不必要で簡単に避けることができるので我々はそれらを先延ばしにする」

第3段最終文（So, it's easier …）で「簡単に避けることができる」という記述はあるが，不必要だという記述はないのでFALSE，Bが正解。

16.「David Allen の研究は Timothy Pychyl の理論を支持した」

第7段第5文（Professor Pychyl conducted …）に「Pychyl 教授は彼の学生に Allen の理論を支持した研究を行った」とあり，逆のことを言っているのでFALSE，Bが正解。

17. 第8段最終文（You might think …）の but 以下の「この小さな仕事をより大きな仕事の重要な一部と解釈することがそれらの否定的な感情のいくらかを回避するのに役立つだろう」と一致するので TRUE，Aが正解。

18.「Timothy Pychyl と Fuschia Sirois の両方が先延ばしが効率よく仕事をするのに必要なときもあると論じている」

最終段第4文（Sometimes it's just …）に「ときに先延ばしは効率的に働くのにまさに我々がする必要のあることである」とあり一致するので TRUE，Aが正解。

2 解答

19－D　**20**－C　**21**－A　**22**－A　**23**－B　**24**－C　**25**－A　**26**－D

解説

19.「教授，レポートを書くにあたって何かアドバイスをいただけませんか？」というXの質問に対して，返答が「最も重要なことは，事実と意見が明確に…べきだ」なので，Dの distinguished「分ける，区別する」が適切。A．disappeared「消える」 B．disoriented「混乱させる」 C．disturbed「邪魔する」

20.「昨日のひどい雨がすべてに影響している」というXの発言に対して，返答が「その通りだね。私たちの野球の試合が金曜日まで…された」なので，C．postponed「延期する」が正解。A．delivered「配達する」 B．purchased「購入する」 D．acknowledged「認める」

21.「モニカは週2，3回映画を観に行く」に対して，返答が「信じられない！　彼女は映画に対して…情熱を持っているに違いない」なので，A．genuine「本物の」が正解。B．partial「部分的な」 C．half-hearted「中途半端な」 D．mechanical「機械的な」

22.「なんでそんなにいろんな種類の本を読むの？」に対して，返答が「単に…から読んでいて，読むジャンルを制限したくないんだ」なので，A．curiosity「好奇心」が適切。B．pity「哀れみ」 C．kindness「親切」 D．compassion「思いやり」

23.「札幌は大都市ですか？」に対して，返答が「だいたい200万人の…を持つ比較的大きい都市だけど，美しい自然に囲まれてもいる」なので，B．inhabitants「住民」が正解。A．entrepreneurs「起業家」 C．patients「患者」 D．merchants「商人」

24.「ここ寒いよね？」に対して，返答が「エアコンを調節することで温度を…できるよ」なので，C．regulate「調整する」が正解。A．accumulate「蓄積する」 B．stimulate「刺激する」 D．speculate「推測する」

25.「ベン，何か困ってるって言った？」に対して，返答が「そうなんだよペニー。我々の課の予算が来年…削減されるんだ」なので，A．drastically「急激に」が適切。B．narrowly「かろうじて」 C．negatively「否定的に」 D．respectively「それぞれ」

26.「昨年，会社での悲劇的な事故の後どうなったか知ってる？」に対して，返答が「ええ，新しい安全指針が…採用された」なので，D. subsequently「その後に」が適切。A. previously「前もって」 B. illegally「不法に」 C. incorrectly「間違って」

3　解答　27－A　28－A　29－B　30－B　31－B　32－C　33－D　34－D　35－B　36－A

解説

27. 形容詞の順番を問う問題。形容詞が複数並ぶ際には「意見→大きさ→新しさ→形→色→所属→素材」の順に並ぶので，beautiful（意見）→black（色）→leather（素材）の順になるAが正解。

28.「このラウンジは宿泊客だけのものですか？」に対して「はい」と答えているので，「申し訳ありませんが，ここに泊まっていない限り入れません」と言わなければならない。unless「～ない限り」なのでAが正解。

29.「メガネが見つからない」に対しての返答で，選択肢を見ると「最後にどこで見たか覚えてる？」と言いたいことがわかる。Do you remember の中に入っている間接疑問文なので語順は平叙文と同じにする。内容は過去のことなのでBが正解。

30. allow は後ろに目的語を挟んで to 不定詞をとる。また目的語の people が to 不定詞の行動をすることから，能動の意味でなくてはならないのでBが正解。

31. 空所後に by a loud noise があることから，「大きな音に起こされた」としたいので時制を合わせて過去の受動態のBが正解。

32. 空所後が Monday mornings となっている。mornings だけであれば in となるが，曜日や日付がつくと on を用いる。よってCが正解。

33. 適切な関係代名詞を選ぶ問題。先行詞が movies であることからAは不可。空所直後が動詞の have で主格の関係代名詞を用いることがわかるので，in を伴うBも関係副詞のC. where も不可。Dの that が正解。

34. 現在完了で質問されているが，Y の返答は最後に last year と言っていることから，完了形は過去を表す語句（この文では last year）とともに用いることができないのでAとBは不可。Cでは過去における予定になってしまうので実際に行ったかどうかは不明で Yes とは答えられない。

よってDが正解。

35. food for thought「思考の種」という慣用句なのでBの food が正解。

36. It was so quick「本当に速かった」とあり，in the blink of an eye で「一瞬で，瞬く間に」という意味になるのでAの blink が正解。

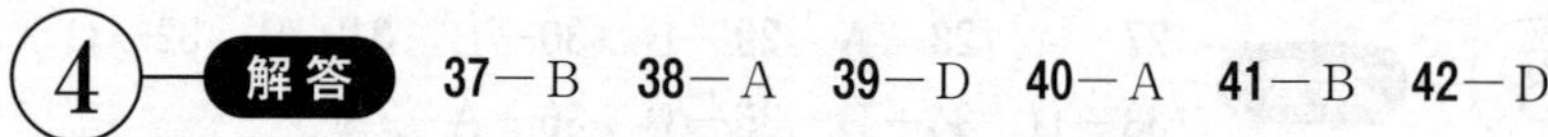

4 解答 **37**―B **38**―A **39**―D **40**―A **41**―B **42**―D

解説

37. 会話の最初に「数学のノートを貸してもらえないか」とリクが言っており，次のカナの発言で「喜んで貸してあげる」とある。空所後にリクが「もし大丈夫なら9時に図書館にいるよ」と言っていることから，明日カナが貸してくれると言ったことがわかるので，Bの「明日の朝持ってくるよ」が正解。

38. 空所直前にカナが「終わったら確実に返してね」と発言し，空所直後にリクは「金曜日までには確実に返すよ」と言っていることから，カナもノートが必要なことがわかるので，Aの「私も自分の勉強に必要なの」が正解。

39. 空所後にリクが I will「そうするよ」と答えていることから，Cの選択肢は合わないことがわかる。Dの「ノートについて何か質問があればメールして」が正解。

40. 従業員の最初の発言で「すみません。今朝少し配達があったけどすぐに売り切れたんです。この地域で鳥インフルエンザが発生して，それが卵不足の原因なんです」とあるので，ミクは空所で「卵があるかどうか」を尋ねたと推測できる。Aの「今日卵はありますか？」が正解。

41. 空所直後の従業員の発言で「明確な時間を伝えるのは難しい」と言っていることから，ミクが時間を聞いたことがわかるので，Bの「明日何時に卵は買えるようになりますか？」が正解。

42. 空所後の従業員の発言で「わかりません。すべてはどれだけ早くこの状況が元に戻るか次第です」と言っていることから，Cの「他に卵を見つけることができる場所はありますか？」では意味が通らないので，Dの「この卵不足がどれくらい続くかわかりますか？」が正解。

5 解答 43－B　44－C　45－A

解説

《犬の祖先であるオオカミと人間の関係》

43. 空所前の1文には「氷河期に人間は狩猟採集者であり，それは日常の食事はほぼ肉で構成されていたことを意味している」とあり，空所直後には「実際，人間の祖先は犬の祖先であるオオカミと余った肉を分け合っていたので，犬は人間の親友になった」とある。このことから狩猟採集者であった人間はオオカミだけは殺さずにいたことが読み取れるので，Bの「しかし，人間は自分たちに肉を与えてくれる動物すべてを殺していたわけではない」が正解。

44. 空所直後の文には「狩猟目的に犬を飼い慣らすことはオオカミが人間と生きることに慣れたずっと後であると論じる者もいる」とある。この文がOthersで始まっていることから，Cの「人間は元来狩猟の手伝いをさせるために犬を飼い慣らしていたと示唆する科学者がいる」を入れると犬を飼い慣らした時期について別の主張を並列することができる。また，そうすることでSome …. Others ～.「…がいれば～もいる」の形で意味的にも2文を呼応させることができる。

45. 空所直後にIn other words「つまり，言い換えれば」という表現があることから，空所には直後の文の内容の言い換えに相当する文がくると予想される。Aの「しかし，氷河期の人間は必要とするよりも多くの肉を実際に手に入れることができ，オオカミがその余った肉を単に食べていたと研究が証明している」を入れることで，直後の文の「つまり，人間とオオカミは決して本当の競争相手であったわけではない」がAの文の言い換えとして機能する。

6 解答 46－B　47－D　48－C　49－D　50－D　51－A　52－C

解説

《コンピュータの呼称とその補償についてのメール》

46.「アキオが彼のPCに抱えている問題は何か？」

アキオのメール本文第1段第3文（Whenever I press …）に「電源ボ

タンを押すと，一時的に電源が入るが，しばらくすると自動的にシャットダウンしてスクリーンがブラックアウトする」とあるのでBが正解。

47.「アキオはこの問題の原因は何だと考えているか？」

アキオのメール本文第1段最終文（I did not…）に「PC を落としていないけど，部屋内の最近の高温と湿度が影響を与えたのかもしれない」とあるので，Dが正解。

48.「アキオは…についてメールしている」

アキオのメール本文第2段第2文（Is there any compensation…）に「もしコンピュータが壊れたら何か利用できる補償はありますか？」とあるので，Cの「PC が壊れた場合の補償範囲」が正解。

49.「店が…をチェックしていたから返信がやや遅かった」

店からのメール本文第1段第2文（We also apologize…）に「返信の遅れについても謝罪します。あなたの情報を確認するのにいくらか時間がかかってしまいました」とあるのでDが正解。

50.「店からの1つ目のアドバイスは何か？」

店からのメール本文第2段第3・4文（They recommend… into a socket.）に「たくさんつながったアダプターに PC が接続されているかどうかチェックすることをお勧めします。もしそうならコンセントに PC だけを直接差し込むべきです」とあるので，Dの「ソケット1つだけを使うこと」が正解。

51.「店からの2つ目のアドバイスは何か？」

店からのメール本文第2段第5・6文（Secondly, … at a time.）に「第2にたくさんのアプリを同時に使いすぎているかもしれません。そのことが PC に影響を与えているかもしれません。電源を入れた後たくさんのアプリをすべて一度に開く代わりに，1つずつ聞くことをおすすめします」とあるのでAが正解。

52.「お店は補償について何と言っているか？」

店からのメール本文第2段最終文（Since you have…）に「あなたは補償パッケージを申し込んでいるので，あなたの PC は購入後1年間のトラブルに対して補償されます」とあるので，Cの「1年間有効である」が正解。

日本史

1　解答　《縄文時代～弥生時代の社会》

問1. 大森貝塚　**問2.** クリ　**問3.** 続縄文　**問4.** ア　**問5.** 石包丁
問6. 青銅　**問7.** 高床倉庫　**問8.** 環濠〔環壕〕　**問9.** クニ

2　解答　《中世の政治・経済史》

問1. ウ　**問2.** 後白河　**問3.** ウ　**問4.** オ　**問5.** イ
問6. 大犯三カ条　**問7.** 封建　**問8.** エ　**問9.** オ

3　解答　《明治時代～昭和戦前の政治史》

問1. エ　**問2.** ウ　**問3.** ア　**問4.** シーメンス
問5. (1)—イ　(2)大和〔武蔵〕　**問6.** イ
問7. **A.** 統帥権　**B.** 軍部大臣現役武官制

4　解答　《昭和戦後の政治史》

問1. 無条件　**問2.** ア　**問3.** イ　**問4.** 交戦　**問5.** 冷戦
問6. ア　**問7.** 保安隊　**問8.** MSA 協定　**問9.** 防衛庁

世界史

1 解答 《ローマ帝国時代のキリスト教》

問1．1． パリサイ　**2．** ピラト　**3．** パウロ　**4．** ネロ
5． ディオクレティアヌス　**6．** ミラノ勅令　**7．** ユリアヌス
8． テオドシウス　**9．** ニケーア　**10．** アタナシウス

2 解答 《明の歴史》

問1．1． 洪武　**2．** 建文　**3．** 永楽　**4．** 正統
問2．A． 鄭和　**B．** エセン＝ハン　**C．** アルタン＝ハン　**問3．** ウ
問4． エ　**問5．** 里甲制　**問6．** 賦役黄冊：エ　魚鱗図冊：カ
問7． 六諭　**問8．** 衛所制　**問9．** ウ

3 解答 《ラテンアメリカ史》

問1．1． ラス＝カサス　**2．** ポルトガル
3． トゥサン＝ルヴェルチュール　**4．** ハイチ　**5．** サン＝マルティン
問2． ウ　**問3．** エ　**問4．** ポトシ銀山　**問5．** ウ　**問6．** ボリビア

4 解答 《1900年前後の西欧》

問1．1． 産業革命　**2．** スエズ運河　**3．** ヴィクトリア女王
4． グラッドストン　**5．** 第2インターナショナル　**6．** フランス社会
7． フェビアン協会　**8．** 労働党
問2． 銀行　**問3．** エ　**問4．** 分割統治　**問5．** ジョゼフ＝チェンバレン
問6． ウ　**問7．** サンディカリズム　**問8．** シン＝フェイン党

地 理

1 解答 《青森県五所川原市付近の地形図読図》

問1． 3 **問2．** 3 **問3．** 2 **問4．** (1)自然災害伝承碑 (2)－1
問5． 3 **問6．** (1)**ア**－3 **イ**－5 (2)**ウ**－2 **エ**－4 (3)－2
(4)－2 (5)ラグーン (6)－4 (7)アイヌ

2 解答 《人 口》

問1． **ア．** 人口 **イ．** 社会 **ウ．** 年少 **エ．** 生産年齢 **オ．** 過密
カ． 限界集落
問2． **あ．** エクメーネ **い．** アネクメーネ
問3． **a．** インド **b．** インドネシア **問4．** 人口爆発
問5． インド：b スウェーデン：d **問6．** **A．** 7 **B．** 14 **C．** 21
問7． ワークライフバランス

3 解答 《世界の農産物と食料問題》

問1． **ア**－4 **イ**－2 **ウ**－5 **エ**－1 **問2．** 3
問3． **ア**－2 **イ**－3 **問4．** セラード **問5．** フードマイレージ
問6． バーチャルウォーター〔仮想水〕 **問7．** 1・3
問8． トレーサビリティ **問9．** **a**－5 **b**－6 **c**－1

4 解答 《南アメリカの地誌》

問1． ア **問2．** **カ．** セルバ **キ．** インディオ **ク．** エコ
ケ． プランテーション **コ．** アグロフォレストリー
問3． **J**－サ **K**－ス **L**－シ **問4．** 1
問5． ブラジル：6 アルゼンチン：3 ボリビア：1

問6. 記号：(あ)　国名：ペルー　記号：(え)　国名：ベネズエラ

政治・経済

1 解答 《税　制》

問1． **A．** 福祉　**B．** 硬直　**問2．** 直接　**問3．** 固定資産税
問4． 物価上昇〔インフレ〕　**問5．** (a)―オ　(b)市中消化　(c)―ウ
問6． 9　**問7．** (a)**ア．** 法人税　**イ．** 所得税　**ウ．** 消費税　(b)3
問8． **ア．** 32　**イ．** 66　**問9．** (a)益税　(b)インボイス

2 解答 《金　融》

問1． ウ　**問2．** ウ　**問3．** (a)植田和男　(b)―イ　**問4．** (a)―エ　(b)―イ
問5． **A**―オ　**B**―ク　**C**―シ
問6． (a)TOPIX　(b)―ウ　(c)アンビシャス　**問7．** イ・ウ　**問8．** ウ
問9． (a)―ア　(b)―イ　**問10．** ウ

3 解答 《公　害》

問1． **A．** 愛媛　**B．** 栃木　**C．** 阿賀野　**D．** 三重　**E．** 富山　**F．** 神通
問2． **i**―サ　**ii**―ア　**iii**―カ
問3． **あ．** 社会的　**い．** 濃度　**う．** 総量　**え．** 因果　**お．** 無過失
問4． 削減：リデュース　再利用：リユース　再資源化：リサイクル
問5． カーボン・ニュートラル

数　学

◀経済学部▶

1 解答 《小問3問》

(1) $\{x+(2y+3z)\}^2-\{-x+(2y+3z)\}^2+\{x-(2y-3z)\}^2-\{x+(2y-3z)\}^2$

$=x^2+2x(2y+3z)+(2y+3z)^2-\{x^2-2x(2y+3z)+(2y+3z)^2\}$
$\quad +x^2-2x(2y-3z)+(2y-3z)^2-\{x^2+2x(2y-3z)+(2y-3z)^2\}$

$=4x(2y+3z)-4x(2y-3z)=24xz$ ……(答)

(2) $pq+(5p+q)\sqrt{7}+35=27+6\sqrt{7}$

$(5p+q-6)\sqrt{7}=-pq-8$ ……①

$5p+q-6\neq 0$ と仮定すると，①より $\sqrt{7}=\dfrac{-pq-8}{5p+q-6}$ となり，p，q は有理数だから $\sqrt{7}$ も有理数となって，$\sqrt{7}$ が無理数であることと矛盾する。

よって，背理法より

$5p+q-6=0$ ……②

このとき①より

$-pq-8=0$ ……③

②より

$q=-5p+6$

③へ代入して

$-p(-5p+6)-8=0$

$5p^2-6p-8=0$

$(5p+4)(p-2)=0$

$\therefore \quad p=-\dfrac{4}{5},\ 2$

$p=-\dfrac{4}{5}$ のとき $q=10$，$p=2$ のとき $q=-4$ である。

$p<q$ より

$$p=-\frac{4}{5},\ q=10 \quad \cdots\cdots(\text{答})$$

(3)　$f(x)=(x-a)^2-a^2+8b$ よりグラフの軸は $x=a$ である。

$|a|\geqq 1$ より，$a\leqq -1$ または $1\leqq a$ である。

(i) $a\leqq -1$ のとき

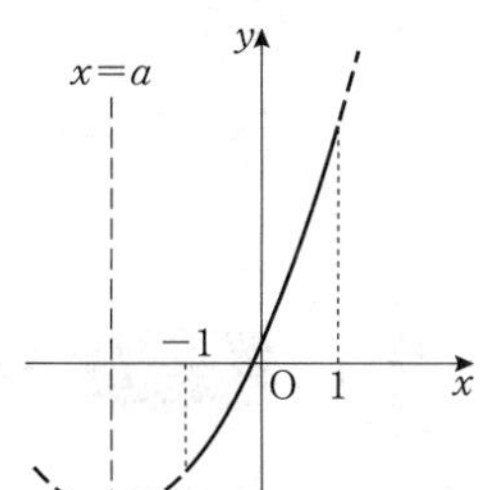

$y=f(x)$ のグラフは右図のようになり，$x=1$ のとき最大値 $1-2a+8b$，$x=-1$ のとき最小値 $1+2a+8b$ をとる。

$1-2a+8b=7$ より

$$a-4b=-3 \quad \cdots\cdots①$$

$1+2a+8b=-7$ より

$$a+4b=-4 \quad \cdots\cdots②$$

①＋② より

$$2a=-7 \qquad \therefore\ a=-\frac{7}{2}$$

これは $a\leqq -1$ を満たす。

②へ代入して

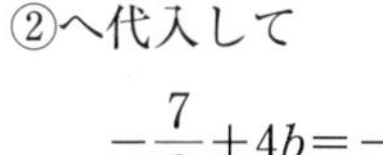

$$-\frac{7}{2}+4b=-4$$

$$4b=-\frac{1}{2} \qquad \therefore\ b=-\frac{1}{8}$$

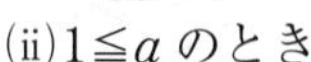

(ii) $1\leqq a$ のとき

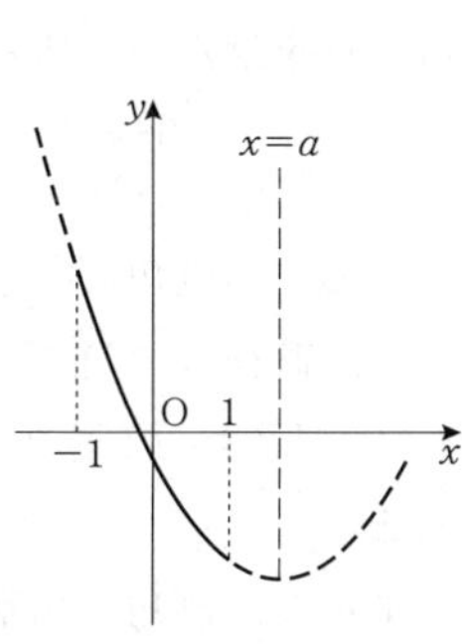

$y=f(x)$ のグラフは右図のようになり，$x=-1$ のとき最大値 $1+2a+8b$，$x=1$ のとき最小値 $1-2a+8b$ をとる。

$1+2a+8b=7$ より

$$a+4b=3 \quad \cdots\cdots③$$

$1-2a+8b=-7$ より

$$a-4b=4 \quad \cdots\cdots④$$

③＋④ より

$$2a=7 \qquad \therefore\ a=\frac{7}{2}$$

これは $1 \leqq a$ を満たす。

③へ代入して

$$\frac{7}{2}+4b=3$$

$$4b=-\frac{1}{2} \qquad \therefore \quad b=-\frac{1}{8}$$

(i), (ii)より

$$(a,\ b)=\left(-\frac{7}{2},\ -\frac{1}{8}\right),\ \left(\frac{7}{2},\ -\frac{1}{8}\right) \quad \cdots\cdots(答)$$

2 解答 《小問3問》

(1) x^3 の係数は $a+b+c+d$，定数項は $abcd$ であるから

$$a+b+c+d=2 \quad \cdots\cdots①$$

$$abcd=3003 \quad \cdots\cdots②$$

$$3003=3\times7\times11\times13$$

であり，①，②より

$$a<b<0<c<d$$

であるから

$$(a,\ b,\ c,\ d)=(-21,\ -1,\ 11,\ 13),\ (-13,\ -3,\ 7,\ 11)$$

……(答)

(2) 正六角形 ABCDEF の 6 個の頂点から異なる 3 点を選んでできる三角形は全部で

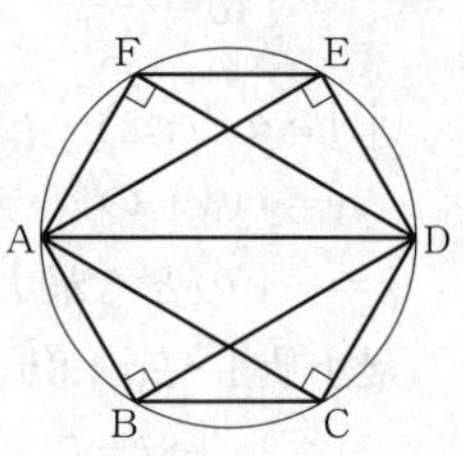

$${}_6\mathrm{C}_3=\frac{6\cdot5\cdot4}{3\cdot2\cdot1}=20 \text{ 通り}$$

このうち直角三角形は 1 つの直径に対して 4 個あり，直径は AD，BE，CF があるから

$$4\times3=12 \text{ 通り}$$

ある。

よって，直角三角形とならない頂点の選び方は

$$20-12=8 \text{ 通り} \quad \cdots\cdots(答)$$

(3) $221=13\times17$ だから，13 と 17 の倍数以外の自然数は 221 と互いに素

となる。

13 の倍数は 13×1, 13×2, 13×3, …, 13×17 の 17 個

17 の倍数は 17×1, 17×2, 17×3, …, 17×13 の 13 個

この中で 221 は重複しているので，221 と互いに素である自然数は

$221-(17+13-1)=192$ 個　……(答)

3　解答　《さいころの出た目の場合の数》

(1)　$(x,\ y,\ z)$ は全部で $6\times6\times6=216$ 通りである。

積 xyz が奇数となるのは x, y, z がすべて奇数のときだから

$3\times3\times3=27$ 通り

よって，積 xyz が偶数となる $(x,\ y,\ z)$ は

$216-27=189$ 通り　……(答)

(2)　$x+y+z$ が奇数となるのは x, y, z について

(i) 1 つが奇数，2 つが偶数

(ii) 3 つとも奇数

のいずれかであるから

$3\times(3\times3\times3)+3\times3\times3=81+27=108$ 通り　……(答)

(3)　$xy+yz+zx$ が奇数となるのは xy, yz, zx について

(i) 1 つが奇数，2 つが偶数

(ii) 3 つとも奇数

のいずれかである。

(i)について，xy が奇数，yz, zx が偶数のときは

$(3\times3)\times3=27$ 通り

であり，他の場合も同様であるから

$27\times3=81$ 通り

(ii)については，$(3\times3)\times3=27$ 通りである。

よって，$xy+yz+zx$ が奇数となる $(x,\ y,\ z)$ は

$81+27=108$ 通り　……(答)

4 解答 《接線，面積，最小値》

(1)　$y=6x^2$ より

$y'=12x$

$x=p$ のとき

$y'=12p$

l の方程式は

$y-6p^2=12p(x-p)$

$y=12px-6p^2$　……(答)

(2)　$S_1=\int_p^2 (6x^2-12px+6p^2)\,dx$

$=\Big[2x^3-6px^2+6p^2x\Big]_p^2$

$=16-24p+12p^2-(2p^3-6p^3+6p^3)$

$=-2p^3+12p^2-24p+16$　……(答)

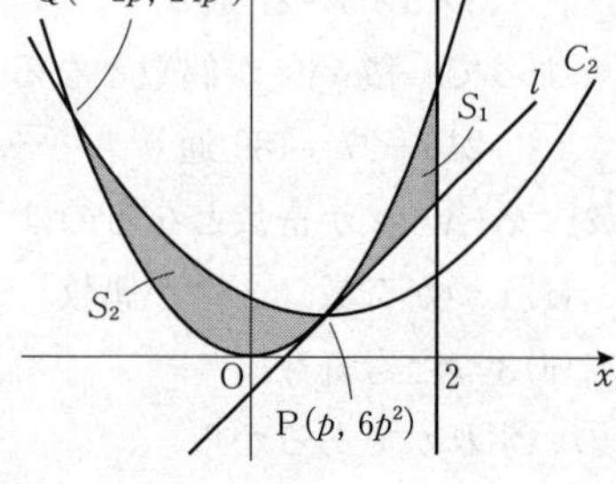

C_2 の方程式は $y=a(x-p)^2+6p^2$ とおける。

点 $\mathrm{Q}(-2p,\ 24p^2)$ を通るから

$24p^2=9ap^2+6p^2$

$9ap^2=18p^2$

$a=2$

よって

$y=2(x-p)^2+6p^2=2x^2-4px+8p^2$

$S_2=\int_{-2p}^{p}(2x^2-4px+8p^2-6x^2)\,dx$

$=\int_{-2p}^{p}(-4x^2-4px+8p^2)\,dx$

$=-4\int_{-2p}^{p}(x+2p)(x-p)\,dx$

$=-4\cdot\left(-\frac{1}{6}\right)(p+2p)^3$

$$=\frac{2}{3}\cdot 27p^3=18p^3 \quad \cdots\cdots(\text{答})$$

(3) $S=S_1+S_2$

$$=-2p^3+12p^2-24p+16+18p^3$$

$$=16p^3+12p^2-24p+16$$

$$\frac{dS}{dp}=48p^2+24p-24$$

$$=24(2p^2+p-1)$$

$$=24(2p-1)(p+1)$$

$\dfrac{dS}{dp}=0$ となる p の値は，$0<p<2$ より

$$p=\frac{1}{2}$$

増減表より，S を最小にする p の値は

$$p=\frac{1}{2} \quad \cdots\cdots(\text{答})$$

S の最小値は

$2+3-12+16=9$ ……(答)

p	0	…	$\frac{1}{2}$	…	2
$\frac{dS}{dp}$		−	0	+	
S		↘	極小	↗	

5 解答 《漸化式，一般項，いろいろな数列の和》

(1) $a_1>0$ であることと，与えられた漸化式より，帰納的に $a_n\neq 0$ ($n=1$, 2, …) が言えるから，両辺の逆数をとると

$$\frac{1}{a_{n+1}}=\frac{3}{2}(n+1)+\frac{1}{a_n}$$

これより

$$b_{n+1}=b_n+\frac{3}{2}(n+1) \quad \cdots\cdots(\text{答})$$

(2) (1)より

$$b_{n+1}-b_n=\frac{3}{2}(n+1) \quad (n=1,\ 2,\ \cdots)$$

であるから，$n\geqq 2$ のとき

$$b_n=b_1+\sum_{k=1}^{n-1}(b_{k+1}-b_k)=\frac{3}{2}+\frac{3}{2}\sum_{k=1}^{n-1}(k+1)$$

$$=\frac{3}{2}+\frac{3}{2}\left\{\frac{1}{2}(n-1)n+n-1\right\}$$

$$=\frac{3}{2}+\frac{3}{4}(n-1)n+\frac{3}{2}n-\frac{3}{2}$$

$$=\frac{3}{4}n(n-1+2)=\frac{3}{4}n(n+1)$$

$b_1=\frac{3}{2}$ はこれに含まれるので

$$b_n=\frac{3}{4}n(n+1)\quad(n\geqq 1)$$

よって

$$a_n=\frac{1}{b_n}=\frac{4}{3n(n+1)}\quad\cdots\cdots(\text{答})$$

(3)

$$\sum_{k=1}^{100}a_k=\frac{4}{3}\sum_{k=1}^{100}\frac{1}{k(k+1)}=\frac{4}{3}\sum_{k=1}^{100}\left(\frac{1}{k}-\frac{1}{k+1}\right)$$

$$=\frac{4}{3}\left\{\left(\frac{1}{1}-\frac{1}{2}\right)+\left(\frac{1}{2}-\frac{1}{3}\right)+\left(\frac{1}{3}-\frac{1}{4}\right)+\ \cdots\ +\left(\frac{1}{100}-\frac{1}{101}\right)\right\}$$

$$=\frac{4}{3}\left(1-\frac{1}{101}\right)$$

$$=\frac{4}{3}\cdot\frac{100}{101}=\frac{400}{303}\quad\cdots\cdots(\text{答})$$

◀工学部（建築）▶

① 解答 《小問3問》

(1)・(2) ◀経済学部▶〔1〕(1)・(2)に同じ。

(3) $f(x)=(x-a)^2-a^2+8b$ より，グラフの軸は $x=a$ である。

$a \leqq -1$ であるから，$y=f(x)$ のグラフは右図のようになり，$x=1$ で最大値 $1-2a+8b$，$x=-1$ で最小値 $1+2a+8b$ をとる。

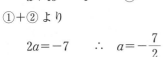

$1-2a+8b=7$ より

$$a-4b=-3 \quad \cdots\cdots ①$$

$1+2a+8b=-7$ より

$$a+4b=-4 \quad \cdots\cdots ②$$

①＋② より

$$2a=-7 \qquad \therefore \quad a=-\frac{7}{2}$$

②へ代入して

$$-\frac{7}{2}+4b=-4$$

$$4b=-\frac{1}{2}$$

$$b=-\frac{1}{8}$$

よって

$$(a,\ b)=\left(-\frac{7}{2},\ -\frac{1}{8}\right) \quad \cdots\cdots (答)$$

② ◀経済学部▶〔4〕に同じ。

3 解答 《さいころの出た目の場合の数》

(1) $(x,\ y,\ z)$ は全部で $6\times6\times6=216$ 通りである。

積 xyz が奇数となるのは $x,\ y,\ z$ がすべて奇数のときだから

$3\times3\times3=27$ 通り ……(答)

(2)・(3) ◀経済学部▶〔3〕(2)・(3)に同じ。

◀経済学部▶〔5〕に同じ。

物　理

1 解答 《剛体のつりあい》

Ⅰ．(1) $T_1L\cos\theta$　(2) $T_1L\cos\theta=Mg\dfrac{L}{2}\cos\theta$

(3) $\dfrac{1}{2}Mg$　(4) $\dfrac{1}{3}Mg$　(5) $\dfrac{2}{3}Mg$

Ⅱ．(6) $\beta-\alpha$　(7) $T_3L\sin(\beta-\alpha)$

(8) $Mg\dfrac{L}{2}\cos\alpha=T_3L\sin(\beta-\alpha)$

(9) $\dfrac{Mg\cos\alpha}{2\sin(\beta-\alpha)}$　(10) $\dfrac{1}{3\sqrt{3}}$

2 解答 《万有引力》

Ⅰ．(1) $G\dfrac{Mm}{R^2}$　(2) $\dfrac{gR^2}{M}$

Ⅱ．(3) $\sqrt{gR}$　(4) $2\pi\sqrt{\dfrac{R}{g}}$

Ⅲ．(5) $-m'gR$　(6) $\dfrac{1}{2}m'{v_2}^2-m'gR$

(7) $\dfrac{1}{2}m'{v_3}^2-\dfrac{1}{3}m'gR$　(8) $\sqrt{\dfrac{gR}{6}}$

Ⅳ．(9) $\sqrt{\dfrac{gR}{3}}$　(10) $6\pi\sqrt{\dfrac{3R}{g}}$

問七　全く根拠がないのに信じられている、といった語感が前後の文章とも矛盾しない。

問九　ア、これは従来の考え方で、今ではむしろ会ったほうがよいという考え方が多い。

イ、最後の二段落で、生物学上の親を知らない子どもが差別を受けることのある「自然な核家族」図式が支配的な社会に対抗するための「二つの戦略」を提示しているのは、それによって差別をなくしたり減らしたりできる可能性があるためである。

ウ、第四段落にあるように、日本の里親委託率が低いのは、子どもは生みの親のもとで育つべきという親子観が根強く、生まれてきた子どもを社会全体で育てる「社会的養護」という考えが受け入れられていないためである。

エ、ルーツ探しは、自己のアイデンティティ確立に役立つとされている。

オ、自分のみならず、生物学上の親をみると、自分のアイデンティティが確立しやすいとしている。

カ、ハスランガーと黒人の養子は似ていると評価されている。

キ、「自然な核家族」では血縁が重視されているが、大家族については特に言及されていない。

二

出典 小手川正二郎『現実を解きほぐすための哲学』（トランスビュー）

解答

問一 a、しゅんべつ　b、そじょう　c、でんぶん
問二 A―ウ　B―ア　C―エ
問三 ウ
問四 イ・エ
問五 オ
問六 ①―オ　②―カ　③―エ
問七 ア
問八 エ
問九 イ・オ

解説

問二 A、ここでは「対照」である。対象、対称などと間違えてしまわないようにしよう。

問三 養子縁組の子どもが生みの親を知る権利を持つという内容なので、それに類する表現が前後にあるものを選ぶ。

問四 血のつながりを考えない従来のものが、イのような匿名性を保つ考えである。エは、何らかの事情で親と一緒に暮らせない子どもの数が述べられているが、それは血のつながりがないことも多く、別に遺伝的つながりを求めている事例ではない。

問五 ヴェレマンいわく、子どもが自分の能力や特徴を知るために、自分の観察のみならず似ている人を通してみるとよく、そのような人物は家族のことが多いという。彼らとの類似や相違を通じて、自分について直観的に知ることになる鏡のようなものであるという。よって、オが正解で、ウのように外見が似ていなくてもよい。

問四　傍線2の「自己限定」とは、その前の「天文学は…予測できればそれでよいのであり、…存在論的ないし自然学的・因果的な問いを発するものではない」という「限定」である。よってエが適切。

問五　天文学者も事物の本性を探究する哲学者の仲間入りをしてよい、という意味となる。ここで、「共同体」は、哲学者の「研究内容」の比喩なので、アなど比喩とみなしていない選択肢は不正解となる。

問六　傍線の直前で、アリストテレス自然学において、天上世界の物体のとりうる運動は等速円運動のみとあり、それを前提としていると考えられる。

問七　傍線5の前に「コペルニクスの重力は…それぞれの天体が球状に凝集しようとする性質」とある。「それぞれの天体」の性質であるから、「異なる天体間」では働かないということである。したがって、「天体が天体ごとに…性質」とあるウが正解。

問八　傍線の次段落でコペルニクスは、「円運動のアプリオリズムに囚われた」とある。

問九　コペルニクスも、プトレマイオスの理論を数学的に改善しているにしても、いずれにせよ「仮説」でしかなく、事実ではないとしているので、真理と仮説のたとえがふさわしい。

問十　傍線※は、従来の天文学と物理学の捉え方を否定し、自らが考える物理学のあり方をいく、というケプラーの姿勢である。傍線8は、さらにそこからケプラーが積極的に行動したことを述べている。

問十一　ゲミノスの引用によれば、自然学者は「原因にこだわり」、天文学者は「原因を追究しようとはしない」。これがケプラー以前の区別であった。ケプラーはこの区別をうち砕いて、天文学に「動力因と因果概念を導入した」が、この「動力因と因果概念」はゲミノスのいう「原因」とは異なる。ゲミノスの「原因」は「形而上学的なもの」であったが、ケプラーの「動力因と因果概念」は「自然学的なもの」である。これが傍線9の「定性的なものでしかなかった自然学を数学的な物理学に作り直す」ということである。したがって、「どのような原因でもいいわけではなく、数学的に表現できる原因を明らかにしなければならない」とあるオが正解。

国語

一

出典 山本義隆『磁力と重力の発見――3 近代の始まり』(みすず書房)

解答

問一 a、とな c、ぼうとう e、せいしん

問二 b―ア d―ウ

問三 ウ

問四 エ

問五 イ

問六 オ

問七 ウ

問八 ア

問九 イ

問十 エ

問十一 オ

解説

問三 シンプリキオスの言葉をまとめた後で、「観測される惑星の運動をなんらかの数学的・幾何学的な仮説(モデル)によって計算でき、予測できればそれでよい」とあるので、その働きを述べたものが答えとなる。

一般選抜 2 月 10 日実施分：経済・経営（経営）・工（社会環境工〈社会環境コース〉・電子情報工）学部

問 題 編

▶試験科目・配点

学部		教科	科目	配点
経済・経営(経営)	1部	外国語	コミュニケーション英語Ⅰ・Ⅱ・Ⅲ，英語表現Ⅰ・Ⅱ	150 点
		選択	日本史B，世界史B，地理B，政治・経済，数学（「数学Ⅰ・A*」は2題必須。「数学Ⅰ・A*」「数学Ⅱ」「数学B*」から1題選択）の5科目から1科目選択	100 点
		国語	国語総合**・現代文B	100 点
	2部	選択	「コミュニケーション英語Ⅰ・Ⅱ・Ⅲ，英語表現Ⅰ・Ⅱ」，日本史B，世界史B，地理B，政治・経済，「数学Ⅰ・A*」の6科目から1科目選択	100 点
		国語	国語総合**・現代文B	100 点
工（社会環境工〈社会環境コース〉）		外国語	コミュニケーション英語Ⅰ・Ⅱ・Ⅲ，英語表現Ⅰ・Ⅱ	100 点
		数学	数学Ⅰ・Ⅱは必須。数学Ⅲ，数学A，数学Bから1題選択	150 点
		選択	物理基礎・物理，国語（国語総合**・現代文B）から1科目選択	100 点
工（電子情報工）		外国語	コミュニケーション英語Ⅰ・Ⅱ・Ⅲ，英語表現Ⅰ・Ⅱ	100 点
		数学	数学Ⅰ・Ⅱ・Ⅲは必須。数学A，数学Bから1題選択	150 点
		理科	物理基礎・物理	100 点

▶備　考

経済学部は試験日自由選択制。

＊経済・経営学部の数学Aは「場合の数と確率」「整数の性質」，数学Bは「数列」「ベクトル」を出題範囲とする。

＊＊「国語総合」は近代以降の文章に限定。

※　選択科目は試験場で選択する。

英語

(60分)

(注) 経済学部1部・経営学部1部(経営)・工学部(社会環境工〈社会環境コース〉・電子情報工)は1～6，経済学部2部・経営学部2部(経営)は1～5をそれぞれ解答すること。

1 次の英文を読み，設問に答えよ。

The Secret to Getting More out of Exercise

Thousands of us have started 2023 with new exercise programs promising to get us fit, muscle-bound, and slim. But the latest science of chrono-activity suggests that what really counts isn't what we do, or even how we do it, but when we do it. Of course, moving at any time of the day is good. But we now know that our bodies and brains change over the course of 24 hours, with chemicals, proteins, and hormones increasing and decreasing almost hour by hour. And that means faster results—and less time in the gym.

A new study published in the *European Journal of Preventive Cardiology* found that, for those of us wanting to prevent heart disease and stroke, the optimal time of day to move is between 8 am and 11 am. And preferably closer to 11 am: "The late morning seemed to be the most ideal timing," explained study author, Gali Albalak. Albalak and her colleagues monitored 86,657 participants (aged 42−76) over a period of six years, using heart-rate data collected from wrist trackers. The data showed the same results, irrespective of personal body clock. In other words, owls (night people) benefited as much as larks (morning people) from morning movement.

Women appeared to benefit the most, reflecting earlier studies that also found morning to be a particularly effective time for females. A report from Skidmore College in the US found that women who exercised in the morning shed more abdominal fat than women who exercised later in the day. The female morning movers were also more likely to lower their blood pressure. So, should we all, regardless of sex, be exercising in the morning and putting our feet up in the evening? Not so fast. When it comes to men, or those with type 2 diabetes, the data shows a different picture. The Skidmore College researchers found that men who exercised later in the day markedly reduced their blood pressure, cholesterol, body fat, and feelings of fatigue.

There's another reason women might not want to shake their booty in the morning and then lie about on the sofa. For both sexes, the optimal time for building and preserving muscle appears to be later in the day. From the age of 30, our muscles start to atrophy, decrease in size, a process that accelerates after the age of 60. All of us should be lifting some weight or doing some resistance work at least once a week. Multiple studies suggest that afternoons and evenings are the best time to do this: our muscles increase in strength during the day, so that by late afternoon, they are at peak fortitude, enabling us to lift more, for longer. This means that we build muscle more effectively and efficiently, and with less perceived effort, towards the end of the day. Again, studies indicate that the benefits of resistance and strength training, done in the evening, are more pronounced for women, although it's not clear why.

Thankfully, lengthy weight-training sessions are no longer necessary. The current trend for micro-dosing (10−15 minute sessions a few times a week) arose after studies showed short, frequent workouts to be as effective as hour-long sessions. Lifting hand weights or working with a resistance band during the first 10 minutes of your favorite TV program is enough to keep muscles from weakening. For extra efficiency, use heavier weights or movements that work multiple muscles in a single go. Sports scientists call these multi-joint exercises—squats, lunges, and push-ups, for example.

Again, anyone diabetic or pre-diabetic should consider some gentle movement after dinner, when our resistance to changes in blood sugar levels (glucose tolerance) is typically lower, and when large, starchy meals can trigger hefty blood sugar spikes. Incidentally, evidence suggests—for diabetic men—afternoon exercise is best for improving blood glucose levels, while mornings are the least effective.

There's just one period of time when physical exertion is consistently deemed detrimental to our health: between the hours of midnight and 6 am. Albalak's study found that moving during these hours was associated with a greater risk of heart disease and stroke. During the night, our bodies shift into rest-and-repair mode, and while a gentle walk won't hurt, your body won't thank you for doing jumping jacks at 3 am.

What about stretching? Again, studies indicate that evening may be the better time. Our joints and muscles increase in flexibility as the day goes by, peaking at 7 pm. Some researchers speculate that the greater flexibility accompanying dusk may be the result of certain hormones peaking at this time and rendering our bodies less stiff. This means we can stretch more deeply, with a greater range of motion, and with less chance of injury. As well as relaxing the body before bed, stretching at night reduces muscle tension and tightness the following morning,

If we want to shift our circadian clock—to wake up more easily early in the morning, or to overcome jetlag, for example—moving at specific times of the day can help. According to neuroscientist Jennifer Heisz, exercising at 7 am or between 1 pm and 4 pm will help shift our body clock back. If we need to adjust our bodies to a later wake-up time, she suggests working out between 7 pm and 10 pm.

So how might a chrono-inspired day look? A brisk walk or cycle (or house clean) between 8 am and 11 am, then an after-dinner stroll, followed by a few multi-joint strength exercises, and finally a spot of stretching before bed. But, as Albalak reminds me, the most important thing is to move regularly during daylight hours, at times that work for our individual schedules. She suggests that retired people, or those on more flexible schedules, experiment with chrono-activity, and that the office-bound try it at the weekend. Either way, understanding the chrono-tendencies of our own bodies might just mean we can achieve more by doing less. And who doesn't want that?

問1 *Choose the best answer based on the reading.*

1. What does the term 'chrono-activity' refer to?

   A. The fast activities we do in the gym.

   B. The increase in our body's rhythms throughout the day.

   C. The movement of our bodies that is linked to the time of day.

   D. The types of movement we do to suit our brains.

2. According to Albalak's research, what is helpful to reduce the risk of heart disease and strokes?

   A. Respecting your personal body clock.

   B. Exercising in the morning.

   C. Monitoring heart rate in the morning.

   D. Wearing wrist trackers to monitor heart rate.

3. A college report shows that . . .

   A. women can reduce their waistlines by exercising before midday.

   B. raising blood pressure results from early afternoon activity.

   C. owls benefit less than larks from exercise anytime in the morning.

   D. personal exercise routines should not be based on your chronobiology.

4. To reduce atrophy, the article recommends . . .

   A. shaking your boots off while sitting on the sofa.

   B. taking advantage of increased afternoon capability.

   C. using heavy weights avoiding multi-joint exercises.

   D. walking faster after the age of 60.

5. The current trend in weight training is . . .

   A. working out longer for better effects.

   B. training more often for shorter periods.

   C. watching 10 minutes of TV before training.

   D. avoiding heavy weights and multi-joint exercises.

6. What is good advice for (pre-)diabetic people?

   A. Eat starchy meals.

   B. Do hard exercises in the morning.

   C. Take a walk after dinner.

   D. Take a nap before dinner.

7. What happens when we exercise just after midnight?
   A. Our bodies thank us.
   B. Our health may be negatively impacted.
   C. The rest-and-repair mode continues unchanged.
   D. There is greater chance to reduce heart disease.

8. To get the most out of stretching, what do we need to do?
   A. Do it in the evening.
   B. Measure our hormone levels.
   C. Measure our sugar levels.
   D. Take more hormones in the evening.

9. To overcome jetlag when flying from Japan to Europe, you should . . .
   A. wake up later.
   B. work out at 7 am.
   C. study between 7 pm and 10 pm.
   D. move at any time of the day.

10. What is the key to a successful exercise schedule?
   A. Stretch in the morning and jog in the evening.
   B. Exercise only at the weekends if you are office-bound.
   C. Experiment with workout exercises and find what works for you.
   D. Fit daily activity into your schedule.

問2　*Complete the following table.*

Take-away advice from the article
Men and people with diabetes benefit by exercising (　11　).
Women tend to benefit more than men by (　12　) in the evening.
Stretching in the evening may be more beneficial due to (　13　).
According to Albalak, (　14　) should experiment with chrono-activity every day.

11. A. as early as women
   B. as late as women
   C. earlier than women
   D. later than women

12. A. walking and cycling
   B. weight training
   C. running
   D. stretching

13. A. hormone levels
    B. glucose levels
    C. stress levels
    D. blood pressure levels

14. A. men
    B. women
    C. those whose daily routines are more accommodating
    D. those who work at an office desk

問3　*Mark A for TRUE and B for FALSE for each of the following statements.*

15. Morning people tend to benefit more than night people by exercising in the morning.
16. The process of muscle atrophy starts to quicken after the age of 30.
17. Multi-joint exercises are movements that work multiple muscles.
18. Morning is the time when our joints and muscles increase in flexibility.

2　次の 19 ～ 26の 空所に入れる語句として最も適切なものを A ～ D の中から選べ。

19. X: How did the novel end? What happened to the characters?
    Y: They overcame a lot of (　　) and married each other.
    A. strategies　B. fortune　C. obstacles　D. encouragement

20. X: Your mother's operation has gone well.
    Y: Thank you, Doctor. I'm (　　) to hear that.
    A. relieved　B. relaxed　C. complicated　D. spontaneous

21. X: Why does Seth look so busy these days?
    Y: Well, he wants to go to Harvard University and he needs to finish the (　　) process by Monday.
    A. application　B. implication　C. regulation　D. completion

22. X: How do you like the dish?
    Y: I love it. It has (　　) hint of lemon.
    A. an enormous　B. an integrative　C. a subtle　D. an awkward

23. X: David has changed his hair color.
    Y: I didn't recognize him (　　) when he came into the classroom.
    A. gradually　B. instantly　C. considerably　D. exclusively

24. X: What message do you think the author is trying to communicate in her book?
    Y: I have no idea. It's always hard to know her (　　).
    A. evolution　B. infection　C. intention　D. medication

25. X: Professor, I know the assignment is due next week but I have three other assignments also due next week.

    Y: So, do you need a short (　　)?

    A. extension　　B. inclusion　　C. exception　　D. vacation

26. X: Can I play the trumpet in this room?

    Y: Oh, I'm afraid the sound will (　　) students studying in other rooms.

    A. consume　　B. infect　　C. distract　　D. convince

3　次の 27 ～ 36 の空所に入れる語句として最も適切なものを A ～ D の中から選べ。

27. X: What do you do to stay in good shape?

    Y: Regular exercise. I (　　).

    A. try to work every day out　　B. try to every day work out

    C. every day try to work out　　D. try to work out every day

28. X: I heard your sister is going to music school next year.

    Y: Yes, she's determined to be (　　) musician in the future.

    A. a professional　　B. professional

    C. the professional　　D. that professional

29. X: The movie starts at 10:30.

    Y: We should leave early (　　) there's traffic.

    A. though　　B. when　　C. in case　　D. while

30. X: I've been having trouble sleeping recently.

    Y: You (　　) want to consider adjusting your sleep schedule.

    A. might　　B. will　　C. should　　D. do

31. X: Why don't you have your group report with you?

    Y: My classmate (　　) to send me his part of the report yesterday, but he didn't.

    A. supposed　　B. is supposed

    C. was supposed　　D. had been supposed

32. X: Can I talk to you for a moment?

    Y: I'm actually busy right now. Can you come back (　　) half an hour?

    A. on　　B. in　　C. at　　D. from

33. X: You seemed unsure when he was explaining things.

    Y: I couldn't believe it at first, but everything (　　) said was true.

    A. what he　　B. about which he

    C. he　　D. that

34. X: I heard you cycled to Asahikawa last weekend. How was it?

Y: It was really tough. It (　　) me all day!

A. takes　B. has taken　C. took　D. had taken

35. As a rule of (　　), you need three grams of tea leaves per cup.

A. thumb　B. hand　C. foot　D. head

36. I didn't go to that concert because classical music isn't really my cup of (　　).

A. cocoa　B. coffee　C. tea　D. water

4 それぞれの会話の空所に入れる最も適切な選択肢をA～Dの中から選べ。ただし，同じ選択肢が2箇所に入ることはない。

Receptionist: Hokkai English School. How may I help you?

Mika: I'm calling to ask you about the English course timetables for beginners. (37)

Receptionist: Great. Which course are you interested in? We have both morning and evening courses designed for beginners.

Mika: I'd like to know how often the classes are held. (38)

Receptionist: Unfortunately, our classes are only offered once a week for 50-minute lessons. I should also mention that the morning courses won't start until August, while the evening courses will start next week.

Mika: (39) I'd really like to start as soon as possible.

A. I'd like to take classes twice a week.

B. Can I sign up for the morning courses?

C. In that case, the morning courses won't work for me.

D. A friend of mine gave me a brochure about your courses.

Taku: Excuse me, officer? (40) I think someone stole my bike from the parking lot at the mall.

Officer: I see. Before getting your personal information, I'd like to know more details about the incident. When did you notice the bike was missing?

Taku: It happened sometime between 2 and 3 pm today while I was inside the mall. (41) But when I returned it was gone.

Officer: Could you describe your bike?

Taku: It's a Yamaha electric bike, the BCD 500 model.

Officer: Really? That's quite a nice bike.

Taku: (42) I borrowed it because my own bike is being repaired.

A. Well, actually, it's my grandma's.

B. I asked the store manager about it.

C. I need to report a missing bicycle.

D. I had my bike securely locked up.

5 次の文章の空所に入れる文として最も適切なものをA～Dの中から選べ。ただし，同じ文が2箇所に入ることはない。

Urban agriculture mostly involves growing plants within a city or a town. It can be done by individual families and large companies. The most common approaches are through backyard and community gardens. These are highly beneficial to families and small communities from a social aspect. (43) Another common approach is through street landscaping, which also tends to be a community activity, and which makes streets look beautiful, purify the air, and reduce urban stormwater runoff. Also popular in larger cities are rooftop gardens. These make use of empty spaces on top of buildings, and are effective in lowering high urban temperatures and improving air quality. Less common, but extremely important to the environment as a whole, is urban beekeeping. (44) However, controlling bees requires expert knowledge, and obviously comes with a lot of restrictions and regulations from local governments. (45) In other words, it is a very effective way to counter global warming and protect our environment.

A. These valuable insects not only produce honey, but are essential to agriculture.

B. Urban agriculture has great potential to fulfill basic human needs, such as providing food and reducing transportation costs.

C. Neighbors, for example, can share each other's garden products and new farming methods.

D. Participants can earn a lot of money by selling their own produce online.

6 *Read the following information and answer the questions.*
（1部および工学部受験者のみ）

Autumn 2023

Celebrating Our Renovated Food Court's First Six Months

The University Food Court officially reopened its doors on April 1, 2023. In addition to our popular restaurants, the new facility now includes a café and a free access open area for all students. It is a spot where you can hang out with friends or work on assignments. The café is conveniently located next to large windows if you want to enjoy the stunning view of the campus.

The creation of this new food court was a project that began in April 2020. Our college initially lacked a communal area or café where students could gather. This project was initiated due to multiple requests from students and faculty members. At first, the plan was to simply create a café, but due to strong requests by students, an open area was added. Although there were some challenges along the way, since its opening six months ago, more people than expected have been visiting the food court daily, including neighborhood residents. User satisfaction has been extremely high, and we hope this facility will continue to be well-used. A 10% discount coupon will be distributed to current students and faculty throughout October 2023 to celebrate the food court's first six months. To receive a discount coupon, please check the university portal site for instructions. The coupon will be valid until October 31.

★This food court is open from 9:00 am to 9:00 pm every day except Sunday.
★The café operates from 9:00 am to 6:00 pm on weekdays.
★You are welcome to bring your food and drink, but please refrain from bringing any strong-smelling food.
★Playing music and videos is generally discouraged, although you may be granted special permission by contacting the university office.
★The space may also be used for events. Please contact the university office for information on how to obtain permission.
★If other users are frequently disturbed by your behavior, your access to this facility may be restricted.
★If you notice or witness anything out of the ordinary, please report the incident to the university office.

46. How long did the renovation project take?
   A. One year.
   B. Two years.
   C. Three years.
   D. Four years.

47. The original plan was to . . .
    A. create a café.
    B. create an open space.
    C. make music equipment available.
    D. give neighbors access to the university.

48. Since the opening of the new food court, users have . . .
    A. not been satisfied.
    B. been incredibly satisfied.
    C. not shown much interest.
    D. been largely unaware of it.

49. The coupon will be valid until . . .
    A. the beginning of April.
    B. the end of April.
    C. the beginning of October.
    D. the end of October.

50. On which of the following days is the food court closed?
    A. Monday.
    B. Wednesday.
    C. Saturday.
    D. Sunday.

51. What should people do to play music or show a movie in the space?
    A. They are free to do so whenever they want.
    B. No public screenings are allowed.
    C. They just have to be mindful of other people.
    D. They must ask for permission from the office.

52. Which of the following activities can students do in the food court?
    A. Hang out their laundry.
    B. Bring strong-smelling food.
    C. Do homework with friends.
    D. Visit the neighbors.

日本史

（60分）

1　次の文を読み，下記の問に答えなさい。なお，下線部と問の番号は対応している。

7世紀前半には，大王の王宮のあった飛鳥の地（現奈良県高市郡明日香村）を中心に，国内初の仏教文化である飛鳥文化が開花した。そこには，渡来人の関与もあり，中国の南北朝や百済，高句麗の文化の影響がみられる。

豪族たちはきそって$_1$寺院建築物を建てた。現存する世界最古の木造建築といわれる$_2$法隆寺は，厩戸王が百済の技術を流用して建立したとされる。彫刻分野では，$_3$法隆寺金堂釈迦三尊像に，きびしさを基調とする中国北朝系の特徴がみられる。一方，法隆寺百済観音像は，中国南朝系の柔和な表情をたたえている。工芸分野では，$_4$彩色・紙・墨の技法が伝えられ，法隆寺玉虫厨子の側面に須弥座絵が描かれている。また，中宮寺天寿国繡帳（断片）は，厩戸王をしのび，$_5$橘大郎女が刺繡させたと伝えられている。

$_6$薬師寺東塔は，頂部付近にある飛天と飛雲を配した水煙が特徴的で，飛鳥文化に続く白鳳文化の様式を今に伝えている。$_7$法隆寺金堂壁画や1972年に明日香村の$_8$古墳の石室内で発見された$_9$極彩色壁画もこの白鳳文化の特徴をとどめている。

問1　在来の建物が地面に穴を掘って柱を立てる掘立柱建築であるのに対し，これらの大陸風の建物はあるものの上に柱を立てる建築技法である。このあるものとは何か，2字で答えなさい。

問2　法隆寺式の伽藍配置の特徴として適切なものを下から選び，記号で答えなさい。

ア．塔が複数存在する。

イ．中門・塔・金堂・講堂が，南から北に向かって一直線上に並ぶ。

ウ．金堂が複数存在する。

エ．中門から見て，塔と金堂が左右に並ぶ。

問3　この仏像の作者を下から選び，記号で答えなさい。

ア．旻　イ．玄昉　ウ．恵慈　エ．鞍作鳥

問4　この技法を伝えた人物を下から選び，記号で答えなさい。

ア．鑑真　イ．曇徴　ウ．裴世清　エ．観勒

問5　この人物は厩戸王の何にあたるか下から選び，記号で答えなさい。

ア．子　イ．姉　ウ．妻　エ．母

問6　この塔の特徴として適切なものを下から選び，記号で答えなさい。

ア．光背　イ．裳階　ウ．翼廊　エ．檜皮葺

問7　この壁画が焼損したことがきっかけで制定された法令を，6字で答えなさい。

問8　この古墳の名称を答えなさい。　〔解答欄〕 ＿＿＿古墳

問9　この壁画に描かれていた東西南北の守護神「四神」の一つを下から選び，記号で答えなさい。

ア．金鶏　イ．神亀　ウ．白虎　エ．麒麟

2　次の史料を読み，以下の問に答えなさい。なお，問7～9を除き，下線部と問の番号は対応している。

A．正長元年九月　日，一天下の土民蜂起す。徳政と号し，酒屋，1（　　　），寺院等を破却せしめ，雑物等恣にこれを取り，借銭等悉これを破る。2管領これを成敗す。凡そ亡国の基，これに過ぐべからず。日本開白以来，土民蜂起是れ初めなり。

（『大乗院日記目録』，原漢文）

B．〔文明十七年十二月十一日〕 今日3（　　　）国人集会す。上は六十歳，下は十五六歳と云々。同じく一国中の土民等群衆す。今度4両陣の時宜を申し定めんがための故と云々。しかるべきか。但し又5（　　　）のいたりなり。

（『大乗院寺社雑事記』，原漢文，二行割りは一行にしている）

C．叔和西堂語りて云く。今月五日越前府中に行く。それ以前越前の合力勢賀州に赴く。しかりといえども，一揆衆二十万人，6（　　　）城を取り回く。故を以て，同九日城を攻め落さる。皆生害して，6（　　　）一家の者一人これを取り立つ。

（『蔭凉軒日録』，原漢文）

問1　空欄には，酒屋など富裕な商工業者の多くが兼業した高利貸業が入る。適する語を答えなさい。

問2　管領に関連する説明として誤っているものを下から選び，記号で答えなさい。

ア．三管領と呼ばれる足利一門の細川・斯波・畠山の3氏が交代で任命された。

イ．諸国の守護に対する命令権を有していたため，将軍の権威の失墜を招いた。

ウ．正長の土一揆は，畠山満家によって鎮圧された。

エ．応仁の乱では，細川勝元が東軍の総大将として山名持豊らの西軍と戦った。

オ．将軍を補佐する中心的な職で，侍所・政所などの中央諸機関を統轄した。

問3　空欄に適する国名を答えなさい。

問4　両陣とは，家督争いに端を発して争いを続けていた一族同士の陣をさす。その氏を下から選び，記号で答えなさい。

ア．富樫　イ．畠山　ウ．斯波　エ．朝倉　オ．一色

問5　空欄には，下の者の力が上の者にうちかつという意味で，この時代の社会風潮をさす語が入る。このような社会風潮を何というか，3字で答えなさい。

問6　空欄にふさわしい守護の氏を下から選び，記号で答えなさい。

ア．富樫　イ．畠山　ウ．斯波　エ．朝倉　オ．一色

問7　Aの一揆に関連し，土一揆（徳政一揆）の説明として誤っているものを下から選び，記号で答えなさい。

ア．中世には，支配者の交代によって貸借関係など社会のさまざまな関係が改まるという社会観念が存在していたため，大規模な一揆が将軍の代始めに起こることがあった。

イ．正長の土一揆は，高利貸資本が社会に深く浸透していたため，たちまち近畿地方とその周辺に広がり，各地で実力行使による債務破棄・売却地の取戻しが展開された。これを私徳政と呼ぶ。

ウ．正長の土一揆は，酒屋などを襲って質物や売買・貸借証文を奪い，中央政界に衝撃を与えた。

エ．嘉吉の土一揆では，幕府が徳政の要求を拒否した結果，数万人に一時大坂を占拠される事態に発展したため，その後徳政令が乱発されるようになった。

オ．土一揆とは，惣村の結合を基にした農民勢力が，一部の都市民や困窮した武士とともに，徳政などを求めて蜂起したものをいう。

問8　Bの一揆の説明として誤っているものを下から選び，記号で答えなさい。

ア．この一揆は，国人が住民の支持を得て，８年間にわたり一揆の自治的支配を実現させた。

イ．この一揆では，応仁の乱で戦闘中の東西両軍を国外に退去させることに成功した。

ウ．この一揆は，守護大名らの支配と争乱から在地領主権を守り，地域の秩序を維持するために，結ばれたものである。

エ．このような一揆としては，伊賀惣国一揆や近江の甲賀郡中惣が知られている。

オ．この一揆は，地域住民も広く組織に組み込んでいた点で，国人一揆と区別される。

問9　Cの一揆の説明として誤っているものを下から選び，記号で答えなさい。

ア．この一揆は，加賀の門徒が中心となって結成したものだった。

イ．この一揆は，百姓・国人・僧侶の連合体だった。

ウ．このような一揆は，のちに伊勢長島や越前，三河でもみられた。

エ．この一揆は，蓮如の布教によって近畿・東海・北陸に広まっていた浄土真宗本願寺派の勢力を背景としていた。

オ．この一揆の加賀の実質的な支配は，東本願寺が徳川家康に降伏するまで，約１世紀にわたって続いた。

3 次の文を読み，下記の問に答えなさい。なお，下線部と問の番号は対応している。

江戸時代の陸上交通は，江戸・大坂・京都を中心に各地の城下町を街道によってつないでいた。街道のうち五街道は幹線道路として幕府の直轄下に置かれた[1]。また，城下町をはじめとして街道には宿駅が整備された。また，街道には治安維持・警備および物資の流出阻止を目的として[2]（　　　）も設置され，通行には通行手形が必要であった。陸上交通では，幕府や大名・旗本などの御用通行が優先され，そこで利用される人と馬は無料あるいは一般の半額程度の賃銭で徴発された。これは，[3]宿駅の町人・百姓や近隣の村々の百姓が負担した。各地の街道の整備や宿駅の発達とともに，飛脚による通信制度も整備されるようになっていった。[4]全国の情報も飛脚によって，正確に届けられるようになっていた。

明治政府は，飛脚，宿駅，[2]（　　　）を含め，[5]江戸時代の封建的な制度を廃止して自由な経済活動の前提を整えた。陸上交通においては1872年に新橋・横浜間に初めて鉄道が敷設され，その後全国に鉄道網がひかれた。やがて重要な鉄道路線は[6]国による管轄になった。[7]一方，海運については土佐藩出身の政商が経営する国内企業に掌握させると共に有事の際の軍事輸送もおこなわせることとした。

飛脚に変わる通信制度として，[8]郵便制度が設けられた。さらに，1869年には東京・横浜間に[9]電信線が架線された。

問1　17世紀半ばには五街道を管理する役職が設けられた。この役職を答えなさい。

〔解答欄〕 ＿＿＿奉行

問2　この施設を答えなさい。

問3　この負担を下から選び記号で答えなさい。

ア．国役　イ．伝馬役　ウ．本途物成　エ．小物成　オ．高掛物

問4　このうち，幕府・諸藩が書面や口頭で交付した法令で，広く一般に通達したものを下から選び記号で答えなさい。

ア．御文　イ．落書　ウ．式目　エ．誓文　オ．御触書

問5　これについて，誤っている内容を下から選び記号で答えなさい。

ア．田畑勝手作りと田畑永代売買を禁止した。

イ．廃刀令を発して，軍人・警官以外の帯刀を禁止した。

ウ．1876年には秩禄を廃止した。

エ．版籍奉還によって藩主と藩士の主従関係が解消された。

問6　第二次世界大戦後にこれを引き継いで1949年に発足した公共企業体を答えなさい。

問7　この国内企業に当てはまるものを下から選び記号で答えなさい。

ア．古河　イ．住友　ウ．三井　エ．三菱

問8　この制度を建議した人物を下から選び，記号で答えなさい。

ア．大久保利通　イ．木戸孝充　ウ．渋沢栄一　エ．前島密

問9　これはどのような用途に使用されたか，下から選び記号で答えなさい。

ア．放送　イ．電気　ウ．電話　エ．電報

4　次の文を読み，下記の問に答えなさい。なお，下線部と問の番号は対応している。

1935年以降，関東軍による華北分離工作が進められ，1936年には日本政府もこれを国策として決定した。これに対して中国国民の間で抗日救国運動が高まり，西安事件[1]をきっかけに国民政府は日本に対する本格的な抗戦を決意した。

第１次（　Ａ　）内閣[2]成立直後の1937年７月，北京郊外で日中両国軍の衝突事件が発生した[3]。内閣は当初，不拡大方針を決定したが，軍部の圧力に屈し，兵力を増派して戦線を拡大した。これに対し，国民政府側も抗戦の姿勢をとった。この結果，この戦闘は日中戦争へと発展した。

日本軍が国民政府の首都[4]を占領した後も，国民政府は漢口，さらに重慶に退いて抗戦を続けた。この情勢のもと，（　Ａ　）首相は相次いで声明[5]を発するとともに，傀儡政権の樹立による中国支配を試みたが，失敗に終わった。

一方，日本の対中戦略を自身の東アジア政策への挑戦とみなしたアメリカは，日独間の軍事同盟締結の動きが伝えられると，1939年に日本に対して日米通商航海条約[6]の廃棄を通告した。これに対し，欧州で圧倒的に優勢となったドイツと結びつきを強め，米英との戦争を覚悟の上で積極的な南方進出を図るという主張が，日本陸軍を中心に高まった。

1940年に成立した第２次（　Ａ　）内閣以降，南進政策が進められ[7]，1940年９月，日本軍は北部仏印に進駐した。さらに，第３次（　Ａ　）内閣成立直後の1941年７月には，南部仏印進駐が実行された。一方，これらの動きに合わせてアメリカは対日経済制裁を強化していった。

1941年９月，日米交渉の期限を10月上旬と区切り，交渉が成立しなければ対米開戦に踏み切るとした帝国国策遂行要領が決定された。（　Ａ　）首相は日米交渉の妥結を強く希望したものの，アメリカとの交渉妥結に至らず，同年10月（　Ａ　）内閣は総辞職した。これを受け，（　Ｂ　）[8]が陸相，内相を兼任する形で組閣した。（　Ｂ　）内閣は，当面の間日米交渉を継続させる意向であった。しかし，11月に出されたアメリカ側の提案[9]が最後通告に等しいものであったため交渉成立は絶望的になった。12月の御前会議は対米交渉を不成功と判断し，アメリカ・イギリスへの開戦を最終的に決定した。同月，日本軍によるマレー半島，ハワイ真珠湾への奇襲攻撃が行われ，遅れて日本はアメリカ・イギリスに宣戦布告し，太平洋戦争が開始された。

問１　西安事件において蔣介石を監禁し，内戦の停止と一致抗日を要求した人物は誰か，答えなさい。なおこの人物は関東軍に父親を爆殺されている。

問２　（　Ａ　）に当てはまる人物は誰か，答えなさい。

問３　この軍事衝突事件を何というか，答えなさい。　〔解答欄〕＿＿＿事件

問４　この都市名を答えなさい。

問５　（　Ａ　）内閣が発した三つの声明の内容について述べた文のうち，誤っているものを一つ選び，記号で答えなさい。

ア．「国民政府を対手とせず」とし，交渉による和平の可能性を断ち切った。

イ．共産党政権が中国の唯一の合法政府であることを承認した。

ウ．戦争の目的が日満華３国連帯による東亜新秩序の建設にあると示した。

エ．善隣友好，共同防共，経済提携をうたった。

問６　1911年にこの条約が締結された際の外務大臣であり，関税自主権を回復した人物は誰か，答えなさい。

問７　南進政策について述べた文のうち，誤っているものを一つ選び，記号で答えなさい。

ア．第２次内閣組閣に先立ち，陸相・海相・外相予定者との会談で，積極的な南進の方針が定まった。

イ．インドネシア，ベトナムなどイギリスの植民地を日本の影響下に置くことを狙った。

ウ．援蔣ルートを遮断して戦局を打開する狙いがあった。

エ．石油・ゴム・ボーキサイトなどの資源を獲得する狙いがあった。

問８　（　Ｂ　）に当てはまる人物は誰か，答えなさい。

問９　このアメリカ側の提案を，アメリカの国務長官の名前をとって何というか，答えなさい。

世界史

（60分）

1　次の文章を読み，下の設問に答えよ。

⑴ 古代オリエント世界のメソポタミア南部では，（　1　）人がウル・ウルク・ラガシュなどに（　2　）(a)をつくったと考えられている。周囲を城壁に囲まれた（　2　）には神を祀(まつ)る壮大な神殿がたてられ，王を中心に神官・役人・戦士が人々を支配した。また（　A　）が（　1　）人によって考案され，粘土板に刻まれていた。

⑵ セム語系のアムル人によって（　3　）が建国された。前18世紀ころに全メソポタミアを支配した（　3　）の王は，それまでの法慣習を集成して，復讐法の原則にたった（　4　）を定めた。ただし被害者の身分によって異なる刑罰を科していたといわれている。

⑶ ヘブライ人（ユダヤ人）(b)は遊牧民であったが，パレスチナに定住し，（　5　）を唯一神としながら，みずからを神に選ばれた民とする信仰を形成した。ヘブライ人の統一王国は，ダヴィデ王とソロモン王のもとで最盛期を迎えたが，のちにその王国は南北に分かれ，北のイスラエル王国は（　6　）に，南のユダ王国は新バビロニアによってほろぼされてしまった。

問1　文中の空欄（　1　）～（　6　）にあてはまる語句を答えよ。

問2　下線部(a)に関連して，守護神を祀るために古代メソポタミアにたてられた煉瓦(れんが)づくりの聖塔を何というか，カタカナ5字で答えよ。

問3　文中の空欄（　A　）にあてはまる語句として適切なものを，次のア～エから1つ選び，記号で答えよ。

ア．神聖文字　　イ．民用文字　　ウ．楔形文字　　エ．神官文字

問4　下線部(b)に関連して，下の⑴・⑵の問いに答えよ。

⑴ ユダヤ教の教典であり，ヘブライ人の伝承や預言者の言葉がまとめられ，主にヘブライ語で書かれた文書を何というか，漢字4字で答えよ。

⑵ エジプトで奴隷状態に苦しんでいたヘブライ人とともに脱出し，シナイ山で神から十戒を授かったと考えられている人物の名を答えよ。

2　次の文章を読み，下の設問に答えよ。

オスマン帝国は，小アジアに残ったビザンツ帝国領を征服し，さらにバルカン半島に進出すると（　1　）を征服して首都とした。バヤジット１世は，1396年にハンガリーを中心に結成されたヨーロッパ諸国の連合軍（十字軍）を破り，バルカン半島の大部分を支配下に置いた。しかしその後，アンカラ(a)の戦いでティムール帝国の捕虜となって死去すると，オスマン帝国は内戦状態となった。再統一後に失地を回復すると，1453年に（　2　）がコンスタンティノープル(b)の占領に成功してビザンツ帝国を滅ぼし，この地を首都とした。

オスマン帝国軍の主体は，スルタン直属の常備歩兵軍であり俸給制によるイェニチェリ(c)と，（　3　）制によって土地の管理と徴税権を与えられたトルコ系騎兵であった。これらの軍によってオスマン帝国はさらなる拡大を続け，セリム１世は帝国東部では新興のサファヴィー朝を撃退し，1517年にはマムルーク朝(d)を滅ぼした。また（　4　）は，バルカン半島を北上してハンガリーの大部分を併合し，ハプスブルク家と対立した。1529年には第１次ウィーン包囲をおこなって，ヨーロッパ全土に脅威を与えた。

一方，かつてバヤジット１世を捕虜としたティムール帝国は，ティムールの死後分裂状態に陥った(e)。そのうち，ティムールの末裔（　5　）は北インドに侵入し，1526年にムガル帝国を建てた。この帝国の中央集権的機構を整えたのは，第３代皇帝（　6　）である。（　6　）はヒンドゥー勢力との融和のため，非ムスリムに対する人頭税である（　7　）を廃止した。しかし，第６代皇帝（　8　）は（　7　）を復活させるなどして，イスラームから逸脱した帝国運営を，イスラームによる国家統治に戻そうと試みた。また，一時的であれ南インドにまで領土を広げ最大領域を築いた(f)が，官僚の急増と給与地不足を招いて財政を悪化させたことで，イスラーム的政策はシク教徒(g)らの反乱を誘発した。これにより，有力官僚たちが自立化へと動きはじめ，（　8　）の没後，帝国は急速に解体へと向かった。

問１　文中の空欄（　1　）～（　8　）にあてはまる人名または語句を答えよ。なお，２・４・５・６・８には人名が入る。

問２　下線部(a)に関連して，アンカラがトルコ共和国の首都となった年と同じ年におこった出来事ではないものを，次のア～エから１つ選び，記号で答えよ。

ア．ラテラノ条約の締結

イ．フランスとベルギーによるルール地方占領

ウ．ヒトラーらによるミュンヘン一揆

エ．関東大震災の発生

問３　下線部(b)に関連して，この都市の現在の名称は何か，答えよ。

問４　下線部(c)に関連して，イェニチェリは，バルカン半島のキリスト教徒子弟を徴発し，ムスリムに改宗させたうえで入念な訓練を施す制度によって養成された。この制度名を次のア～エから１つ選び，記号で答えよ。

ア．ミッレト　　イ．デヴシルメ　　ウ．アシエンダ　　エ．スーフィー

問５　下線部(d)に関連して，この王朝についての記述として誤っているものを，次のア～エから１つ選び，記号で答えよ。

ア．首都のアレクサンドリアにあるアズハル学院は，現存するイスラーム最古の大学・教育機関である

イ．バイバルスは，フラグが率いたモンゴル軍をシリア地方で破ったのち，第５代スルタンに即位した

ウ．アイユーブ朝の奴隷身分出身の軍人らによって建てられた

エ．おもにエジプトとシリアを領有した

問６　下線部(e)に関連して，ティムール帝国分裂ののち，トルコ系遊牧民の間にサファヴィー教団によって神秘主義思想が広まった。この教団を率い，のちにサファヴィー朝を創設した人物は誰か，答えよ。

問７　下線部(f)に関連して，南インドでチョーラ朝の滅亡後，14世紀に成立しインド洋交易で繁栄したヒンドゥー王朝は何か。次の ア ～ エ から１つ選び，記号で答えよ。

ア．クシャーナ朝　　イ．サータヴァーハナ朝

ウ．ヴィジャヤナガル王国　　エ．シンハラ王国

問８　下線部(g)に関連して，この宗教を創始した人物は誰か，答えよ。

3　次の文章を読み、下の設問に答えよ。

18世紀後半，国家財政が行き詰まりをみせたフランス(a)では，国王ルイ16世のもと特権身分への課税による財政改革が試みられた。しかし特権身分が抵抗し，1615年以来開かれていなかった身分代表からなる（　１　）が招集されることになった。1789年５月に（　１　）が開会されると，議決方法をめぐって特権身分と第三身分(b)が対立し，第三身分は自分たちが真に国民を代表する国民議会であると宣言し，憲法制定まで解散しないことを誓った(c)。７月14日にはパリの民衆が圧制の象徴とされた（　２　）牢獄を攻撃し，フランス革命が始まる。８月には国民議会で封建的諸特権の廃止が決定され，人権宣言が採択された。1791年９月には、選挙権を有産市民に限定した立憲君主制の憲法が発布された。

しかし国王は王妃マリ=アントワネット(d)の故国オーストリアへの逃亡を企てた（　３　）逃亡事件により国民の信頼を失う。また1792年にオーストリア・プロイセン連合軍との戦争が始まり，外国軍がフランス国内へと侵入すると，国王は外国勢力との内通の疑いにより逮捕され，王権は停止された。フランス各地からは義勇軍(e)が集まり，ヴァルミーの戦い(f)でフランス軍は初めて勝利を収めた。王権停止後、フランスでは男性普通選挙による国民公会が成立し，王政の廃止と共和政の樹立が宣言された。国民公会では急進的な（　４　）派が台頭し，ルイ16世は1793年１月に処刑された。権力を握った（　４　）派は，指導者のロベスピエールを中心に強大な権限を握る（　５　）委員会による支配を行い，反対派を多数処刑するなどいわゆる恐怖政治を展開した。しかし次第に独裁への不満が高まり，1794年７月ロベスピエールは（　６　）９日のクーデターで失脚，処刑された。

（　４　）派の没落後もフランス国内では政権が安定せず，社会不安が続いた(g)。安定を求める人々の期待を背景に台頭したのが，対外戦争(h)で活躍した軍人のナポレオン=ボナパルトである。ナポレオンは1799年11月、（　７　）18日のクーデターにより，事実上の独裁権を握った。その後1804年５月には国民投票で圧倒的支持を受けて皇帝に即位し，ナポレオン１世と称した。革命の混乱はナポレオンの権力掌握により終結した。

問１　文中の空欄（　１　）～（　７　）にあてはまる語句を答えよ。

問２　下線部(a)に関連して、フランスの財政悪化の原因の一つとなった，ルイ16世の治世下でフランスが参戦した戦争を次の ア ～ エ から１つ選び，記号で答えよ。

ア．スペイン継承戦争　イ．七年戦争　ウ．クリミア戦争　エ．アメリカ独立戦争

問３　下線部(b)に関連して，『第三身分とは何か』を著し，フランス革命に大きな影響を与えた人物の名前を答えよ。

問４　下線部(c)に関連して，この誓いを何というか答えよ。

問５　下線部(d)に関連して，マリ=アントワネットの兄で，啓蒙専制君主としても知られる人物の名前を答えよ。

問６　下線部(e)に関連して，この時の義勇軍の軍歌で，のちにフランス国歌となった歌を何というか，カタカナで答えよ。

問７　下線部(f)に関連して，ヴァルミーの戦いにプロイセン側で従軍していた，『ファウスト』などで知られる文豪の名を答えよ。

問８　下線部(g)に関連して，私有財産の廃止を唱え政府の転覆を計画して1796年に逮捕され，のちに処刑された人物の名を答えよ。

問９　下線部(h)に関連して，権力掌握前のナポレオンが軍事遠征した土地にあてはまるものを次の ア ～ エ から１つ選び，記号で答えよ。

ア．ロシア　イ．スウェーデン　ウ．エジプト　エ．モロッコ

4　次の文章を読み，下の設問に答えよ。

1919年の（　1　）会議において，中国は21カ条の取り消しや山東利権の返還(a)を提訴したが，列国によって退けられた。これを知った北京の学生たちは，(b)日本に抗議する運動を起こし，その運動は全国に拡大する。このような運動の趨勢を見た孫文(c)は，自ら率いる中華革命党の秘密結社的な性格を変えようと考え，同じ1919年，大衆の支持を求めて中国国民党として再生させた。

一方，中国ではロシア革命に対する関心が高まり，（　2　）は中国共産党を結成した。さらに孫文も，ソ連と接触し，1924年に国民党は「連ソ・容共・（　3　）」を唱え，共産党員が個人の資格で入党することも認めた。翌1925年，孫文が病死するとまもなく，(d)上海での労働争議をきっかけに大規模な反帝国主義運動が起こった。孫文の遺志を受けた国民党は広州に国民政府を成立させ，（　4　）の率いる国民革命軍が，大衆運動の高揚を利用しながら，軍閥をしりぞけ，中国統一を進める（　5　）を開始した。しかし，国民党内での左派・右派の主導権争いが激化し，1927年，（　4　）は(e)クーデターを起こして共産党を弾圧，南京国民政府を成立させた。

問１　文中の空欄（　1　）～（　5　）にあてはまる人名または語句を答えよ。

問２　下線部(a)に関連して，山東半島南部の青島を1898年以降，第一次世界大戦中に日本に占領されるまで租借していた国を，次の ア ～ エ から１つ選び、記号で答えよ。

ア．フランス　イ．ロシア　ウ．ベルギー　エ．ドイツ

問3　下線部(b)に関連して，この運動を何と呼ぶか，答えよ。

問4　下線部(c)に関連して，この人物が提唱した中国革命の理論と綱領の名称を漢字4字で答えよ。

問5　下線部(d)に関連して，この反帝国主義運動を何と呼ぶか，答えよ。

問6　下線部(e)に関連して，この反共クーデターが起こった都市名を答えよ。

地　理

（60 分）

1　次の図１は昭和59年発行の５万分の１地形図（「阿寒湖」の一部，原寸，一部改変）である。図１とそれに関する文章を読み，下記の設問に答えよ。

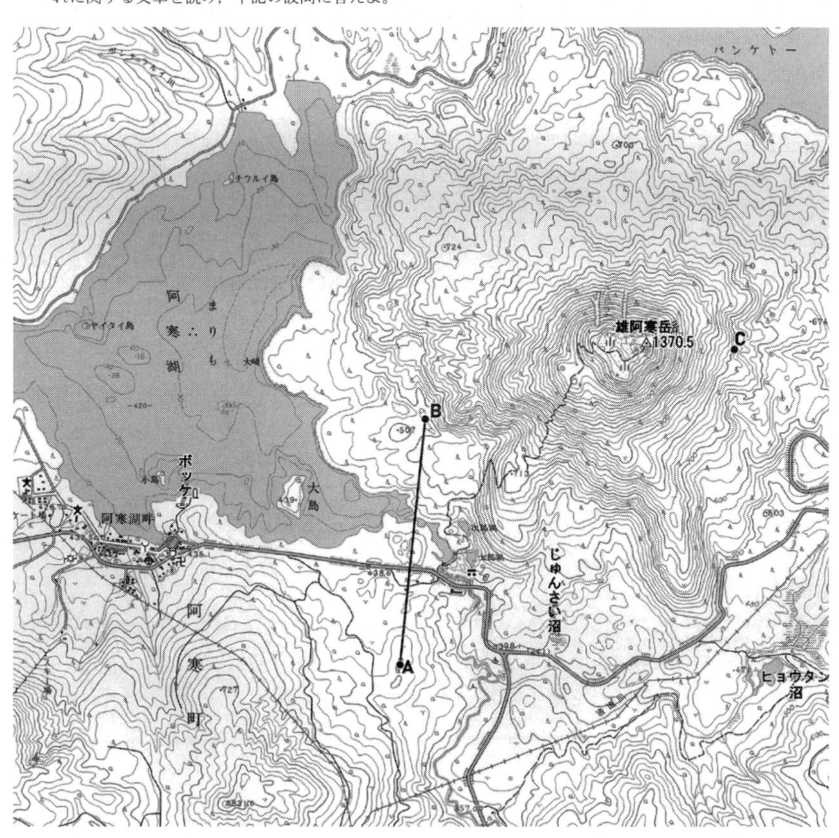

図１

編集部注：編集の都合上，60%に縮小

阿寒湖は火山性陥没によって生じた（　ア　）湖を起源としており，図１中にもあるように，阿寒湖に群生するまりもは（　イ　）に指定されている。湖の周囲は標高700mを超える山稜に囲まれている。周辺にはパンケトー，ヒョウタン沼など大小の湖沼があり，もとは一つの湖であったのが雄阿寒岳からの火山噴出物によってせきとめられ，分断されたと言われている。図１をみると，じゅんさい沼とヒョウタン沼の周辺には（　ウ　）が広がっていることがわかる。これらの（　ウ　）は，主に泥土と，植物などが十分に分解されずに炭化・堆積した（　エ　）からなっている。

湖畔の集落には火山に由来する（　オ　）が湧出しており，観光客向けのホテルや土産物店が密集している。集落の北はずれには「ボッケ」と書かれた場所があるが，地図記号からここは（　カ　）であることがわかる。ボッケや雄阿寒岳のふもとの湖岸には，湖水面の変化に伴ってつくられた階段状の地形である（　キ　）が発達している。火山の恵みは（　オ　）だけでなく，（　ク　）という天然資源ももたらした。（　ク　）は主に火薬や合成ゴムの生産などに用いられる，化学工業にとって重要な原料である。阿寒湖付近では，1950年代から1960年代初頭にかけて雌阿寒岳で採掘がおこなわれていた。

今でこそ①火山，湖，そして豊かな森林を活かした観光地となっているが，阿寒湖の開発は製紙用の（　ケ　）（植物原料や古紙から抽出した繊維）を生産するための木材の切り出しからはじまった。しかし，森林の所有者であった前田正名の意志により，無計画な伐採を止め，自然を護りながら観光地として開発することをめざすようになった。現在は，前田家が所有していた森林を含む阿寒湖・摩周湖一帯は②国が指定する保護区になっている。2023年にはアドベンチャートラベル・ワールドサミットが北海道で開催され，自然を活かした観光地としての阿寒湖への世界の関心がさらに高まっている。

問１　文章中の（　ア　）～（　ケ　）にあてはまる語句を答えよ。なお，同じ記号には同じ語句が入る。

問２　図１中の地点Ａから地点Ｂを結ぶ直線に沿った地形断面図として，最も適切なものを下の図２のア～エから一つ選び，記号で答えよ。ただし，地点Ｂはおう地である。なお，地形断面図の高さは強調して表現してある。

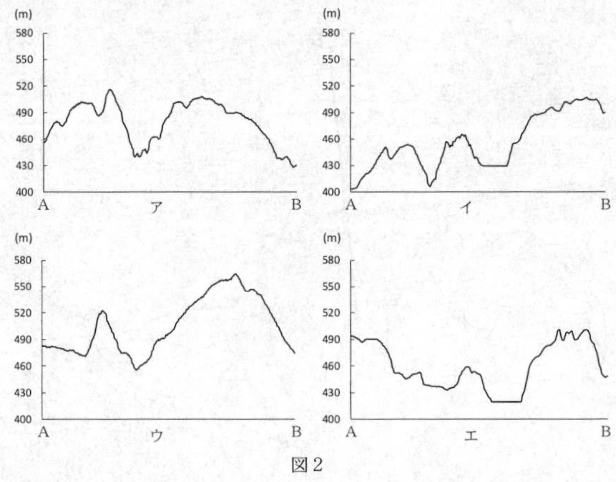

図２

問３　図１中の雄阿寒岳山頂から地点Ｃの長さは地図上で20㎜であった。雄阿寒岳山頂から地点Ｃまでの地表面上の距離として最も近いものを下の１～４から一つ選び，番号で答えよ。

１．1000m　　２．1150m　　３．1300m　　４．1450m

問4　図1から読み取れる情報として**誤っている文**を下の1～4から一つ選び，番号で答えよ。

1．阿寒湖畔に高校はない

2．ボッケから北東方向に向かって歩き，湖岸に着くと記念碑がある

3．雄阿寒岳山頂は植生に乏しい荒れ地となっている

4．阿寒湖の南東に位置する太郎湖の南側には砂防ダムがある

問5　下線部①に関して，環境を損なうことなく持続的に保全しながら，地域の歴史・文化・自然環境を学び・体験することに主眼を置いた観光を何というか。カタカナ7文字で答えよ。

問6　下線部②に関して，下の1～3は国や国際機関による自然環境や人工物の保護・保存制度に関する文章である。1～3の文章が説明している制度の名称をそれぞれ答えよ。

1．人類が共有すべき普遍的な価値をもつ自然環境や建造物などを保護・保全することを目的としたユネスコの事業。1978年にエクアドルのガラパゴス諸島やエチオピアのラリベラの岩窟教会群など12件が初めて登録された。

2．地球科学的に重要な地形や地質を保全し，それらが生み出した環境や地域文化を含めて研究・教育や観光のために活用することによって，持続可能な開発を実現することをめざした事業。事業は2004年から始まっていたが，2015年にユネスコの正式なプログラムとなった。日本では，洞爺湖有珠山やアポイ岳，糸魚川など10カ所が認定されている（2023年5月末時点）。

3．国が景勝地や貴重な自然景観が残る地域を指定し，それを保護・管理する制度。1872年に指定されたアメリカ合衆国のイエローストーンがそのはじまりである。日本では1931年からこの制度に関する法律が施行された。指定地域内では，木竹の伐採や動植物の捕獲・採集などに環境省の許可が必要となる。

2　自然災害に関する次の文章を読み，下記の設問に答えよ。

過去数十万年間に繰り返し活動してきた断層は（　ア　）と呼ばれ，将来も活動する可能性が高い。地球の表層は複数のプレートで覆われており，日本列島もプレート運動の影響を受けている。プレートは地殻とその下の（　イ　）の最上部数十kmの部分からなる。これらプレートのうち，海洋プレートは大陸プレートよりもかたく高密度で大陸プレートの下へ沈み込む。このプレートの運動などに伴い，大山脈や弧状列島などができる運動を（　ウ　）運動といい，日本列島は（　エ　）造山帯に含まれ地震が多い場所である。

2011年3月11日に（　オ　）海溝で発生した<u>東北地方太平洋沖地震</u>①は，マグニチュード9.0を記録した。この地震は，東日本の広範囲に大きな被害をもたらし，その被害のひとつである福島第一原子力発電所の（　カ　）汚染は、チェルノブイリ発電所の事故と並び深刻な被害をもたらした。今後の巨大地震としては，フィリピン海プレートがユーラシアプレートに沈み込む（　キ　）トラフにおいて，海溝型の巨大地震が発生する可能性が高いとされている。これらの巨大地震による被害を軽減するためには，建物の耐震性の向上や什器の転倒防止，緊急避難経路の確認など，巨大地震への備えを進める必要がある。また，個人や家族でできる準備や対応である自助や，地域で協力して行う準備や対応である（　ク　）および国や都道府県，市町村などが行う公助が重要である。

また<u>地震被害</u>②にとどまらず，開発に伴う災害もある。産業革命を経て，人類は，これまでの自然環境に適応する生活から自然環境を改変することで急速に居住域を拡大してきた。都市化が進み，都市へと人口が流

入し，そのような地域では，埋立地などの軟弱地盤上に高層ビルや地下街などが建設されている。現代社会に生きる私たちは，毎日の生活のなかで自然環境との結びつきを意識しづらい人工的に整備された環境で暮らしている。このような都市化により，排水処理能力を上まわる局地的な大雨が発生した場合には，雨水が下水道や排水用の河川からあふれ出すなどの都市型水害を引き起こす。被害を軽減するためには，日常的に緊急避難経路を確認すること③や災害を教訓とした都市整備④を行うこと，地域のコミュニティやボランティアを含めた減災への取り組みが不可欠である。

問１　（　ア　）～（　ク　）にあてはまる語句を答えよ。

問２　文章中の下線部 ① に関して，東北地方太平洋沖地震は，２つのプレートの影響を受けて発生した地震である。この２つのプレート名を答えよ。ただし順番は問わない。

問３　地震には，東北地方太平洋沖地震のような海溝型地震と兵庫県南部地震のような内陸型の（　a　）型地震がある。（　a　）に当てはまる語句を漢字２文字で答えよ。

問４　文章中の下線部 ② に関して，地下水を含んだ砂質な地層が地震の揺れにより流動化する現象がある。この現象が起こると建物や道路，配管などに傾きが生じるおそれがある。この現象名を漢字３文字で答えよ。

問５　文章中の下線部 ③ に関して，災害時における緊急避難経路や避難場所などの情報が示され，地震や火山活動，水害などの各種の災害の被害予測により，その被害範囲や状況を地図化したものを何というか，カタカナで答えよ。

問６　文章中の下線部④に関して，都市には，道路や鉄道などの交通施設，上下水道や電気・ガスなどの生活施設，電話やインターネットなどの情報・通信施設といった社会や産業の基盤がある。これらの社会基盤を整備することで都市を強靭化できる。これら社会基盤のことを何というか，カタカナ11文字で答えよ。

3 次の文章は日本と世界の森林に関する生徒と先生の会話である。この会話文を読み，下記の設問に答えよ。

生徒「私は勉強に疲れると，森林浴をするため北海学園大学の近くにある豊平(とよひら)公園に行くのが大好きです。森林といえば，日本の森林面積は2017年３月末で約2,505万 ha（ヘクタール）あり，①国土面積約3,780万haのうち約３分の２が森林なのですね。林野庁のデータによると2017年末現在，森林面積がもっとも大きい都道府県は（　ア　）で，もっとも小さいのが大阪府だと聞きました」

先生「日本の森林の約４割は，人の力で苗木などを定着させたり，天然に散布された種子などの再生を図って育てた（　イ　）林です。終戦直後や高度経済成長期に造林されたものが多く，その半数が50年を超えて本格的な利用期を迎えています」

生徒「日本の木材自給率はどの程度なのですか」

先生「1955年に96％だった日本の木材自給率は，②1964年から海外の安い木材が増えたために，低下の一途(いっと)をたどりました。2002年には18.8％まで低下しました。③その後は，（　イ　）林資源の充実や技術革新等によって国産材利用の増加等を背景に上昇傾向で推移してきました」

生徒「日本は世界からどの程度木材を輸入しているのでしょうか」

先生「④2020年の木材貿易の資料をみますと，日本は製材輸入量が世界５位です。中国では，天然林保護政策や経済発展によって輸入量がのびています。⑤コロナ禍以降，世界的に建築需要が増加する一方で，人材不足やコンテナ不足による海上輸送の停滞などで木材の供給が減少し，2021年以降木材価格が高騰しました」

生徒「木材の生産が多いのは，主として面積が広く，人口の多い国々ですね」

先生「木材の供給基盤となる森林には，おもに広葉樹からなる（　ウ　）帯林，低緯度側では常緑広葉樹，高緯度側では落葉広葉樹と針葉樹の混合林となる（　エ　）帯林，樹種のそろった針葉樹からなる（　オ　）帯林などがあります」

生徒「木材の用途には，建築材料や製紙原料となる（　カ　）材と，燃料用の（　キ　）材とがあるのですよね」

先生「（　カ　）材としての木材生産は，欧米など先進国では，重要な国際商品となっています。一方，（　キ　）材としての木材利用は燃料用として発展途上国が中心で，ほとんどが自給用です」

生徒「環境保護という観点からも森林資源の役割は重要ですよね。⑥日本や中国からの需要が増えたロシアでは，伐採の進展によって，土壌の流出などが深刻になっているとニュースで見ました」

先生「森林の消失や荒廃は河川を通じて海の環境にも影響を与えます。沖縄では森林伐採の結果，雨によって土砂が流れ込み，浅い海底にすむ生物によりつくられた石灰質の地形である（　ク　）が衰退していますね」

生徒「⑦日本は人口減少や高齢化が急速に進んでいるので，将来にわたり森林を適切に整備・保全していくために，林業に携わる担い手の確保が課題ですね」

問１　文章中の（　ア　）～（　ク　）に入るもっとも適当な語句を答えよ。（　カ　）は漢字１文字，（　キ　）は漢字２文字で答えよ。なお，同じ記号には，同じ語句が入る。

問２　下線部①に関して，3,780万haは何 km^2 か，数字で答えよ。　〔解答欄〕 ＿＿＿ km^2

問３　下線部②に関して，日本の木材自給率が減少するきっかけになった出来事は何か，下記の１～４から一つ選び，番号で答えよ。

1．森林環境税の導入による増税が行われた。

2．土壌の塩類化の影響で国内の木材がまったく伐採できなくなった。

3．木材輸入の全面自由化が行われた。

4．森林環境譲与税の導入による増税が行われた。

問4　下線部③に関して，2021年現在の日本の木材自給率（国内生産量÷総需要量×100）はおおよそどの程度の割合を維持しているか，下記の1～4からもっとも近い値を一つ選び，番号で答えよ。

1．8割　　2．6割　　3．4割　　4．2割

問5　下線部④に関して，次の表1は2020年の国別の製材輸出量・輸入量とその全体に占める割合を示したものである。表1中の（　A　）～（　C　）はアメリカ合衆国，カナダ，ドイツのいずれかである。（　A　）～（　C　）の組み合わせとして正しいものを，下記の1～6から一つ選び，番号で答えよ。

表1

製材輸出国	千 m³	%	製材輸入国	千 m³	%
ロシア	31,377	20.5	中国	33,840	23.4
（　A　）	26,738	17.5	（　C　）	26,260	18.2
スウェーデン	14,013	9.2	イギリス	7,218	5.0
（　B　）	10,306	6.7	（　B　）	5,345	3.7
フィンランド	8,218	5.4	日本	5,041	3.5
オーストリア	6,079	4.0	エジプト	4,178	2.9
（　C　）	5,470	3.6	イタリア	4,051	2.8
ベラルーシ	4,096	2.7	ベルギー	3,684	2.5
チェコ	3,623	2.4	オランダ	3,446	2.4
タイ	3,580	2.3	フランス	2,988	2.1
ラトビア	3,500	2.3	デンマーク	2,978	2.1
ブラジル	3,419	2.2	ウズベキスタン	2,684	1.9
ウクライナ	3,297	2.2	ベトナム	2,611	1.8
チリ	3,267	2.1	韓国	2,182	1.5
ルーマニア	1,926	1.3	メキシコ	2,129	1.5
ニュージーランド	1,720	1.1	サウジアラビア	2,109	1.5
フランス	1,576	1.0	オーストリア	1,942	1.3
ベルギー	1,300	0.9	エストニア	1,509	1.0
クロアチア	1,220	0.8	（　A　）	1,383	1.0
リトアニア	1,212	0.8	リトアニア	1,337	0.9
世界計（その他共）	152,834	100.0	世界計（その他共）	144,680	100.0

出典：『世界国勢図会　2022/23』

	1	2	3	4	5	6
A	アメリカ合衆国	アメリカ合衆国	カナダ	カナダ	ドイツ	ドイツ
B	カナダ	ドイツ	アメリカ合衆国	ドイツ	アメリカ合衆国	カナダ
C	ドイツ	カナダ	ドイツ	アメリカ合衆国	カナダ	アメリカ合衆国

問6　下線部⑤に関して，この社会的な混乱状況を何というか，下記の1～4から一つ選び，番号で答えよ。

1．ウッドショック

2．ドバイショック

3．トランプショック

4．リーマンショック

問7　下線部⑥に関して，カナダやシベリアなどのツンドラやタイガの地下には，一年中凍ったままの地盤が広がっている。この地盤のことを何というか，漢字4文字で答えよ。

問8　下線部⑦に関して，日本の林業に関する説明として適切なものを，下記の1～4から一つ選び，番号で答えよ。

1．林業従事者を増やすため，都道府県は林業大学校を開設していたが，志願者減少の理由で2022年3月現在，すべてが閉校された。

2．ロシアなどの世界有数の木材輸出国と比較すると，日本は山地が多く伐出（きりだし）・運搬等のコストが高い。

3．日本の森林の所有形態は，国有林が占める割合がもっとも高く，次に多いのが公有林，もっとも少ないのが私有林である。

4．九州から本州南部にかけては落葉広葉樹が，本州中部から北海道西部にかけてはブナなどの常緑広葉樹が，北海道東部ではエゾマツなどの常緑針葉樹が主な森林資源となっている。

4　世界の地域経済統合に関する次の図1と，図1についての文章を読み，下記の設問に答えよ。

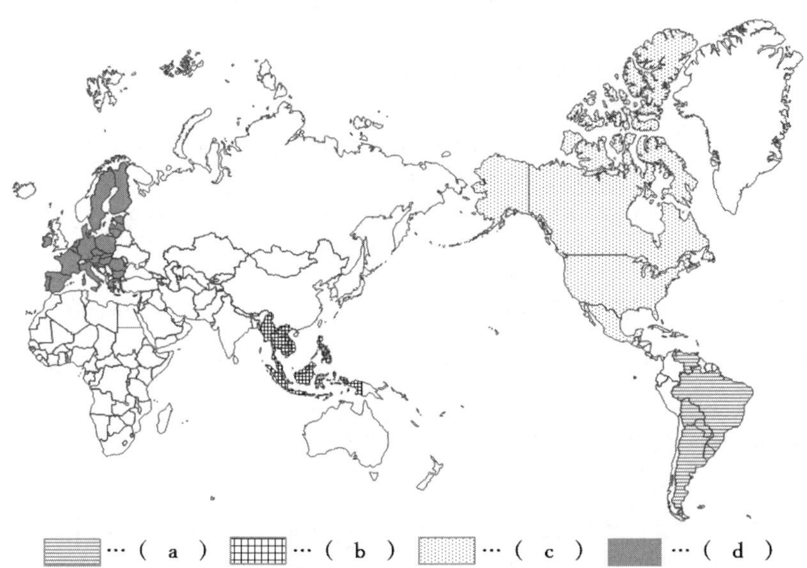

注）ボリビアは加盟国議会での批准待ち。ベネズエラは加盟資格停止中。

図1　世界の地域経済統合と加盟国の分布（2022年末時点）

（ a ）は，1995年に発足した南米諸国の経済同盟である。対外共通関税を導入するほか，域内での貿易自由化をめざしており，域外に対して一次産品を輸出する[①]一方で，工業製品などの市場を域内統合によって拡大しようとしている点に特徴がある。

（　b　）は，東南アジア諸国の経済を開発し，域内の平和・安定をめざす地域連合である。1967年に（　ア　），（　イ　），マレーシア，シンガポール，フィリピンの5ヶ国によって結成された。その後加盟国を増やし，現在は（　ウ　）ヶ国が加盟している。加盟国の総人口は2021年時点で約（　あ　）人にのぼり，②人口規模では（　a　），（　c　），（　d　）を凌駕する巨大市場となっている。

（　c　）は，1994年に設立された北米自由貿易協定（NAFTA）に代わって，2020年に発効された経済協定である。NAFTA締結以降，域内関税が撤廃されたことにより3ヶ国間の貿易が急増し，経済面での一体化が進んだ。加盟国の中では経済規模が最も小さい（　エ　）では，安価な労働力を利用したアメリカ合衆国向けの製品工場が増加した。

（　d　）は1967年に結成されたヨーロッパ共同体（略称：（　オ　））を改組する形で1993年に誕生した地域連合である。（　c　）とは異なり，（　d　）は③市場の統合や物の移動の自由化だけでなく，人の移動の自由化も積極的に進めてきた。その結果，加盟国住民は国境に縛られることなく買い物や通勤，通学，医療機関などを自身の希望に応じて選べるようになった。その一方で，不法移民労働者の問題や，中東・アフリカの国々からの難民受け入れをめぐる問題など，新たな問題も生まれている。

問1　図1の（　a　）～（　d　）にあてはまる地域経済統合の略称を，それぞれアルファベットかカタカナで答えよ。

問2　（　ア　）～（　オ　）にあてはまる語句や数字を答えよ。なお，同じ記号には同じ語句や数字が入る。（　ア　），（　イ　）については順番は問わない。

問3　下線部①に関して，次の表1は，世界貿易において南米諸国の割合が大きい農畜産物の輸出国上位5ヶ国の輸出量と世界貿易に占める割合（2020年）を示したものである。表1中の（　A　）～（　D　）にあてはまる農畜産物を下の1～10からそれぞれ一つずつ選び，番号で答えよ。

表1

（　A　）

国名	輸出量（単位：千t）	世界貿易に占める割合
エクアドル	7040	29％
コスタリカ	2624	11％
グアテマラ	2514	10％
コロンビア	2034	8％
フィリピン	1866	8％

（　B　）

国名	輸出量（単位：千t）	世界貿易に占める割合
ブラジル	1724	19％
オーストラリア	1104	12％
アメリカ合衆国	943	10％
アルゼンチン	616	7％
ニュージーランド	472	5％

（　C　）

国名	輸出量（単位：千t）	世界貿易に占める割合
ブラジル	2373	31％
ベトナム	1231	16％
コロンビア	695	9％
インドネシア	376	5％
ホンジュラス	363	5％

（　D　）

国名	輸出量（単位：千t）	世界貿易に占める割合
ブラジル	82973	48％
アメリカ合衆国	64571	37％
パラグアイ	6619	4％
アルゼンチン	6360	4％
カナダ	4434	3％

出典：『世界国勢図会2022／23』

1．牛肉　　2．豚肉　　3．羊肉　　4．茶　　5．コーヒー豆

6．カカオ豆　　7．大豆　　8．オレンジ　　9．ぶどう　　10．バナナ

問４　下線部②について，（　あ　）にあてはまる数値として最も適当なものを下の１～４から一つ選び，番号で答えよ。

１．2.3億　　２．4.5億　　３．6.7億　　４．8.9億

問５　下線部③について，下の１～３の文章が説明している協定や政策の名称をそれぞれ答えよ。

１．1985年に締結され，1995年に発効した協定である。これにより，協定国間の国境における出入国審査が廃止され，パスポートや身分証を提示することなく，人々が国境を越えて移動できるようになった。

２．1993年に発効した（　d　）の設立と発展に関する条約である。これにより，非関税障壁の撤廃や通貨統合のほか，加盟国の市民に居住地での地方参政権が与えられるなど，経済・政治面での統合が一段と進んだ。

３．（　d　）の農業市場を統一するために実施されている政策である。この政策の下，域外の安い農産物には輸入課徴金を課して流入を抑える一方で，域内では農産物の価格を統一することになった。

政治・経済

（60分）

1 次の文章を読み，下記の設問に答えよ。

完全競争市場(1)では，個々の経済主体は市場で決まった価格を目安にして行動する。家計は，財やサービスを消費することで得られる満足感である効用をできるだけ大きくするように，財やサービスの価格に応じて需要量(2)を変化させる。企業は，利潤をできるだけ大きくするように，財やサービスの価格に応じて供給量(3)を変化させる。そして，ある価格の下で需要量と供給量が一致する(4)。価格の変化を通じて需要量と供給量を一致させる働きが，価格の［ A ］機能(作用)である。

問1　本文中の空欄［ A ］に当てはまる最も適切な語句を，漢字４字で答えよ。

問2　下線部(1)に関連して，完全競争が成立するための条件として不適切な選択肢を選択肢 ア ～ オ の中から２つ選び，記号で答えよ。

ア．市場を通じて取引される財やサービスが同質である。

イ．市場に売り手と買い手が多数存在する。

ウ．市場への参入，退出に制約が課される。

エ．売り手と買い手が取引される財やサービスについてのあらゆる情報を完全に有している。

オ．外部経済，外部不経済が存在する。

問3　下線部(2)に関連して，次の問いに答えよ。

(a)　需要の価格弾力性とは，価格が１％変化したときに需要量が何％変化するかを示す指標であり，需要の価格弾力性＝需要量の変化率÷価格の変化率，と定義される。ある財の価格が300から270に下落したところ，需要量は200から235に増加したとする。このときの需要の価格弾力性の数値として最も適切な選択肢を，選択肢 ア ～ キ の中から１つ選び，記号で答えよ。なお，需要の価格弾力性は，正の値で示されることとする。

ア．0.5　　イ．0.75　　ウ．1.25　　エ．1.5　　オ．1.75　　カ．2.25　　キ．2.5

(b)　図１には，財Ｘと財Ｙという２財の需要曲線が描かれている。財Ｘと財Ｙの需要曲線は，Ａ点で交わっている。Ａ点における需要の価格弾力性が小さいのは，財Ｘか財Ｙのどちらかを答えよ。

〔解答欄〕 財＿＿＿

図1

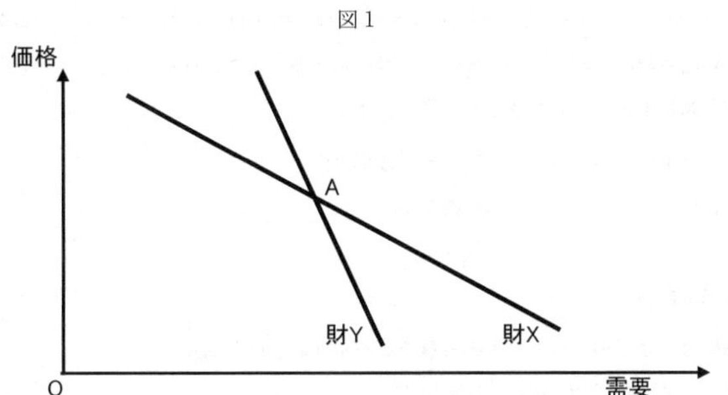

(c)　図2には，うどんの需要曲線が描かれている。うどんは，所得が増加するとともに需要量が増加するような性質を持っているとする。この条件下で，次の(1)～(3)のような変化が生じたとき，需要曲線は一般的にどちらの方向へ移動する，または移動しないか。選択肢 ア ～ ウ の中から最も適切な選択肢をそれぞれ選び，記号で答えよ。

(1)　うどんの価格は不変だが，うどんの代替品である，そばの価格が下落した。

ア．需要曲線が右方向(①の方向)へ移動する。

イ．需要曲線が左方向(②の方向)へ移動する。

ウ．需要曲線は移動しない。

(2)　うどんの価格は不変だが，消費者の所得が増大した。

ア．需要曲線が右方向(①の方向)へ移動する。

イ．需要曲線が左方向(②の方向)へ移動する。

ウ．需要曲線は移動しない。

(3)　うどんの価格が上昇し，うどんの需要量が減少した。

ア．需要曲線が右方向(①の方向)へ移動する。

イ．需要曲線が左方向(②の方向)へ移動する。

ウ．需要曲線は移動しない。

図2

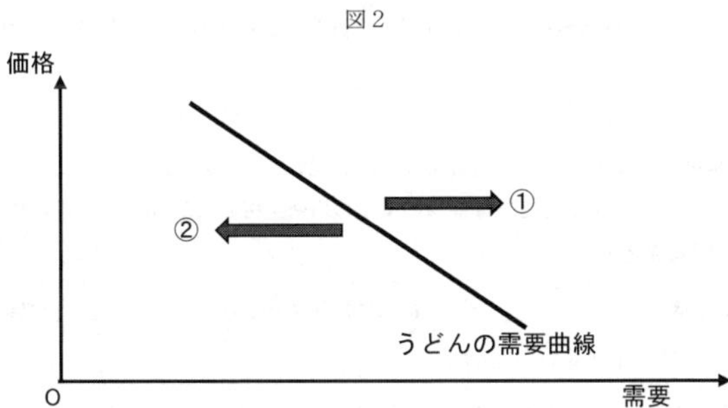

問4　下線部(3)に関連して，図3には，バターの供給曲線が描かれている。次の(1)～(3)のような変化が生じたとき，供給曲線は一般的にどちらの方向へ移動する，または移動しないか。選択肢 ア ～ ウ の中から最も適切な選択肢をそれぞれ選び，記号で答えよ。

(1)　バターの価格は不変だが，バターを製造する技術が向上した。

ア．供給曲線が右方向(①の方向)へ移動する。

イ．供給曲線が左方向(②の方向)へ移動する。

ウ．供給曲線は移動しない。

(2)　バターの価格は不変だが，バターの原材料である牛乳の価格が高くなった。

ア．供給曲線が右方向(①の方向)へ移動する。

イ．供給曲線が左方向(②の方向)へ移動する。

ウ．供給曲線は移動しない。

(3)　バターの価格が上昇し，供給量が増大した。

ア．供給曲線が右方向(①の方向)へ移動する。

イ．供給曲線が左方向(②の方向)へ移動する。

ウ．供給曲線は移動しない。

図3

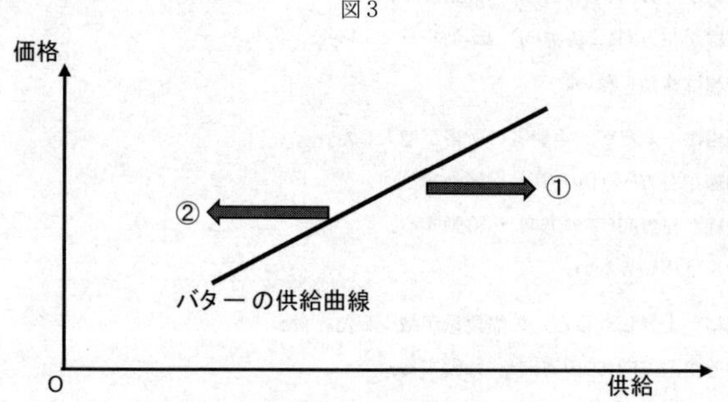

問5　下線部(4)に関連して，次の問いに答えよ。

(a)　ある財の需要量をD，供給量をS，価格をP，で表すこととする。需要曲線と供給曲線が，それぞれ，

需要曲線 $D = -0.5P + 150$

供給曲線 $S = 0.25P - 15$

で示されるとする。この需要曲線と供給曲線の下での均衡価格および均衡需給量(需要量と供給量が一致する数量のこと)を答えよ。

(b)　下記の文章の空欄 [あ] ～ [え] に当てはまる最も適切な語句もしくは数値を選択肢 ア ～ ト の中から選び，記号で答えよ。

(a)で用いた需要曲線 $D = -0.5P + 150$ と供給曲線 $S = 0.25P - 15$ の下では，価格が240の時，需要量は [あ]，供給量は [い] となり，超過 [う] が [え] 発生する。

ア．5　イ．10　ウ．15　エ．20　オ．25　カ．27.5　キ．30
ク．35　ケ．40　コ．45　サ．50　シ．55　ス．60　セ．65
ソ．70　タ．需要　チ．供給　ツ．負担　テ．価格　ト．労働

2　次の文章を読み，下記の設問に答えよ。

日本の外務省のホームページには，日本の領土をめぐる情勢(1)という記載がある。その中で，日本政府は，我が国「［ A ］の領土」として，北方領土(2)，竹島(3)，［ B ］を挙げる。［ A ］とは，そのものだけに備わっていることを指す。日本政府は，上記３つの島が，日本が排他的に占有する土地であると主張している。

もっとも，三者の実質的な取り扱いには違いがある。北方領土と竹島は，解決しなければならない領土問題として位置付けている。他方で，［ B ］は，日本が有効に支配している領土であるとして，領土問題は存在しないというのが日本政府の公式の立場である。

領土問題は経済的な利害のみならず，双方の国民意識を高揚させることがある。主観と客観，事実と解釈の境界線が曖昧になり，ケースによっては武力紛争にも転化し得る。その際に，第三者機関として，国際連合の主要な司法機関＝［ C ］を介入させることで解決を図る場合がある。しかし，［ C ］への付託は，当事国双方の合意なくして行えない。竹島は，合意が取れず，裁判を始められない事例の一つである。

2007年，日本はこうした領土をめぐる情勢等をふまえ，日本周辺の海洋環境の平和かつ積極的な開発利用と保全(4)を目指して，［ D ］法を制定した。2023年には第４期［ D ］計画を決定し，総合的な海洋の安全保障と持続可能な海洋の構築(5)が目指されている。

問１　下線部(1)について，以下の文章を読み，空欄［ あ ］に当てはまる最も適切な語句を漢字で，空欄［ い ］と［ う ］に当てはまる最も適切な語句を数字で，それぞれ答えよ。

海の領有権問題を考えるに際して，1982年採択，1994年発効の，国家の主権および管轄権の範囲を定めた［ あ ］条約は重要である。ここでは，領海を［ い ］海里まで、排他的経済水域を領海基線から［ う ］海里まで設けることができるとした。

問２　空欄［ A ］～［ D ］に当てはまる最も適切な語句を漢字で答えよ。

問３　下線部(2)について，日本政府が返還を主張する島を選択肢 ア ～ ソ の中からすべて選び，アイウエオ順に記号で答えよ。

ア．沖ノ鳥島　イ．歯舞群島　ウ．占守島　エ．カムチャツカ半島　オ．千島列島
カ．武魯頓島　キ．松輪島　ク．色丹島　ケ．得撫島　コ．新知島
サ．宇志知島　シ．国後島　ス．南鳥島　セ．樺太（サハリン）　ソ．択捉島

問４　下線部(3)について，以下の文章を読み，空欄［ え ］と［ お ］に当てはまる最も適切な語句を漢字で，空欄［ か ］に当てはまる最も適切な氏名を選択肢 ア ～ カ の中から１つ選び記号で，それぞれ答えよ。

1905年に明治政府は，日本人が近代以前から漁労のために竹島周辺を利用してきた歴史をふまえつつ，竹島の島根県編入と領有意思の再確認を趣旨とする閣議決定を行った。その際に根拠にしたのが

「 え の先占」だった。 え は，どこの領土でもない土地のことを指し，国際慣習法によって，領有の意思をもって先に実効的に支配すれば取得を主張できることになっている。これに対して韓国は，1952年，韓国初代大統領が海洋主権宣言を発出し，竹島（韓国名： お ）を含む海域全体に「 か ライン」と呼ばれる漁業水域を設定した。

ア．金大中　イ．尹潽善　ウ．崔圭夏　エ．盧泰愚　オ．李承晩　カ．朴正熙

問５　空欄 B に関連して，以下の問いに答えよ。

(a) 日本の き 内閣は， B をめぐる相手国の く 政権との間で，1978年に平和友好条約を締結した。空欄 き と く に当てはまる最も適切な氏名の組み合わせを選択肢 ア ～ カ の中から１つ選び，記号で答えよ。

ア． き 三木武夫 ― く 毛沢東
イ． き 鈴木善幸 ― く 鄧小平
ウ． き 福田赳夫 ― く 華国鋒
エ． き 佐藤栄作 ― く 毛沢東
オ． き 田中角栄 ― く 鄧小平
カ． き 大平正芳 ― く 華国鋒

(b) 日本は，1951年のサンフランシスコ平和条約で主権を回復して以降，外交三原則と呼ばれる平和外交を展開してきた。外交三原則の組み合わせを選択肢 ア ～ カ の中から１つ選び記号で答えよ。

ア．世界中心主義 ― 自由主義諸国との協調 ― アジアの一員としての立場の堅持
イ．世界中心主義 ― 民主主義諸国との協調 ― 地球の一員としての立場の堅持
ウ．自国中心主義 ― 自由主義諸国との協調 ― アジアの一員としての立場の堅持
エ．自国中心主義 ― 民主主義諸国との協調 ― 地球の一員としての立場の堅持
オ．国連中心主義 ― 自由主義諸国との協調 ― アジアの一員としての立場の堅持
カ．国連中心主義 ― 民主主義諸国との協調 ― 地球の一員としての立場の堅持

(c) 空欄 B が領土問題化した背景には， B 周辺域で海底油田が発見されたことに一因があった。他方，同時期には，石油危機を契機に複数の発電方法を効果的に組み合わせていくエネルギー け という考えが登場した。空欄 け に入る最も適切な語句をカタカナ４文字で答えよ。

問６　下線部(4)に関連して，以下の文章を読み，空欄 こ に当てはまる最も適切な語句をカタカナ７文字で，空欄 さ に当てはまる最も適切な語句をカタカナ６文字で，それぞれ答えよ。

世界経済フォーラムの第53回年次総会において，ウルズラ・ゲルトルート・フォン・デア・ライエン欧州委員会委員長は，近年の新興国の急速な経済成長やそれがグローバル経済に組み込まれている現状をふまえて，そうした主体に非市場的な経済慣行が確認されたとしても，関係を切り離すことを指す「 こ 」ではなく，公平なアプローチと競争条件に基づきながら，リスク低減をはかりつつ協力できるところは協力する，「 さ 」と呼ばれる行動が必要だと主張した。

問７　下線部(5)に関連して，海洋の安全保障の強化や海洋資源開発等新たな産業の育成といった，海洋政策の大きな変革のことをオーシャン し （略称：OX）という。空欄 し に当てはまる最も適切な語句をカタカナで答えよ。

3　次の文章を読み，下記の設問に答えよ。

［　A　］格を持つ企業のうち，会社は，現在では［　B　］法に基づいて設立される。会社は，株式会社と［　C　］会社という二つの類型に分けられるが，株式会社は，もっとも代表的な会社の形態である。

株式会社の出資者である株主の地位は，株式を取得することにより得られる。株主は，［　D　］での会社の［　E　］について，原則として所有する株式の数に応じた議決権を持ち，また会社がその事業または他の活動により得た利益の［　F　］を受ける権利を有する。

株主の責任は，取得した株式の価額を限度とする有限責任である。株主は，株式を他人に譲渡することにより，その地位から退くことができる。取得時よりも価格が上昇した株式を売却すれば，<u>利益</u>(1)が得られることになる。また，ある会社の支配権の獲得等を目的とする者が，(2)<u>買付の価格・数量・買付期間などを公開し，証券市場の外で不特定多数の株主から，その会社の株式を買い入れる</u>場合もある。

株式会社に限らず，企業は，一定期間毎に，営業活動とその他の事項について報告する財務諸表を作成するのが普通である。主要な財務諸表として，企業の一定期間の経営成績を示す［　あ　］と，その期間末時点での財政状態を示す［　い　］とがある。［　あ　］では，図１のように，売上などの収益から，収益を獲得するために発生した［　う　］が差し引かれ，利益（または損失）が計算される。また，図２のように，左右に分かれた形式の［　い　］では，その片側（通常は右側）に，資本金などの純資産と，借入金などの［　え　］とにより，その企業の資金の調達の形態が示される。［　い　］のもう片側（通常は左側）には，現金や預貯金，建物など，企業が調達した資金の運用の形態が資産として示される。

単純な例として，株主からの出資である資本金500円と，銀行からの借入金100円とを，すべて現金で受け取り，令和６年４月１日に商品売買業を始めたとき，資産は現金［　i　］円だけある。翌年の３月31日までに，商品400円分を現金で仕入れ，このうち300円分を750円で販売し，代金はすべて現金で受け取り，また賃借した店舗の家賃50円と借入金に対する利息３円を現金で支払った。令和７年３月31日に財務諸表を作成すれば，［　あ　］において，収益である売上750円から，［　う　］である売上原価300円，支払家賃50円，および支払利息３円の合計［　ii　］円が差し引かれて，［　iii　］円の利益が計算される。過去１年間に資本金と借入金の額に変化がなかったとすれば，［　い　］の右側の［　え　］と純資産の合計は，借入金100円，令和６年４月１日における資本金500円，および過去１年間の利益［　iii　］円の合計である［　iv　］円と表示される。またこの金額は，［　い　］の左側の資産の合計額，すなわち令和７年３月31日における現金と商品の有高の合計と一致することになる。

［　あ　］

［　う　］		**収　益**	
売上原価	XXX	売　上	XXX
減価償却費	XXX	受取利息	XXX
・・・		・・・	
支払利息	XXX		
当期純利益	XXX		
・・・			

図１

［　い　］

資　産		［　え　］	
現　金	XXX	買 掛 金	XXX
普通預金	XXX	借 入 金	XXX
商　品	XXX	・・・	
・・・		**純 資 産**	
建　物	XXX	資 本 金	XXX
・・・		繰越利益剰余金	XXX
		・・・	

図２

問１　空欄 [A] ～ [F] に当てはまる最も適切な語句を以下の選択肢 ア ～ ツ の中から一つ選び，記号で答えよ。

ア．意思決定　イ．会計監査実施　ウ．会社　エ．株主総会　オ．監査役会
カ．企業　キ．業務執行　ク．合同　ケ．財団法人　コ．商
サ．特殊法人　シ．取締役会　ス．配当　セ．払戻　ソ．分割
タ．法人　チ．持株　ツ．持分

問２　下線部(1)のように，保有する資産の価格の上昇により得られる利得を，英語で何と呼ぶか，カタカナで答えよ。

問３　下線部(2)のような買付を表す英語の略語を，アルファベットの大文字３文字で答えよ。

問４　空欄 [あ] ～ [え] に当てはまる最も適切な語句を以下の選択肢 ア ～ ク の中から一つ選び，記号で答えよ。

ア．株主資本等変動計算書　イ．キャッシュ・フロー計算書
ウ．資金計算書　エ．自己資本
オ．損益計算書　カ．貸借対照表（バランス・シート）
キ．費用　ク．負債（他人資本）

問５　空欄 [i] ～ [iv] に当てはまる適切な数字を，アラビア数字で答えよ。

数　学

◀経済学部・経営学部（経営）▶

（60分）

（注）解答用紙には答えだけでなく，導出の過程も記入すること。

1部受験者は1 2が必須。3 4 5については，これらの中から1題を選択すること。

2部受験者は1 2 3の全問が必須。

1 （経済学部1部・経営学部1部　必須 / 経済学部2部・経営学部2部　必須）

次の各問いに答えよ。

(1) $x^2-6x-9y^2+9$ を因数分解せよ。

(2) 5個の値からなるデータ 14，22，18，36，$5n$ の標準偏差が8のとき，このデータの平均値を求めよ。ただし，n は定数とする。

(3) 座標平面上の放物線 $y=x^2-2ax-4$ を C とする。C を原点に関して対称移動して得られる放物線が C の頂点を通るとき，定数 a の値を求めよ。

2 (経済学部１部・経営学部１部　必須 / 経済学部２部・経営学部２部　必須)

次の各問いに答えよ。

(1) 三角形 ABC の 3 つの内角 ∠A，∠B，∠C の大きさを，それぞれ A，B，C とする。$\tan\dfrac{A}{2}=\dfrac{1}{2+\sqrt{3}}$ のとき，$\tan\dfrac{B+C}{2}$ の値を求めよ。

(2) 次の 10 進法で表された数の計算の結果を，2 進法で表せ。また，8 進法で表せ。

$$2^{11}-(2^4+2^3)$$

(3) 所持金 8500 円で 1 個 400 円のミニカーと 1 個 900 円のぬいぐるみをそれぞれ 1 個以上買う。消費税は考えないものとして所持金をちょうど使い切るとき，買うことのできるミニカーとぬいぐるみの個数の組合せは何通りあるか求めよ。また，その個数の組合せを求めよ。

3 (経済学部１部・経営学部１部　<u>選択</u> / 経済学部２部・経営学部２部　<u>必須</u>)

1 個のさいころを 3 回投げて出た目を順に n_1，n_2，n_3 とし，それらの積 $n_1n_2n_3$ を n とする。このとき，次の問いに答えよ。

(1) n の正の約数の個数が 3 個以上となる確率を求めよ。

(2) n の正の約数の個数が 7 個となる確率を求めよ。

(3) n の正の約数の個数が 9 個となる確率を求めよ。

※経済学部２部・経営学部２部の受験者は，このページの問題を解答してはいけません。

4 (経済学部１部・経営学部１部　選択)

関数 $f(t)=\displaystyle\int_0^1 x|x-t|\,dx$ について，次の問いに答えよ。ただし，t は実数とする。

(1) $t<0$ のとき，定積分 $\displaystyle\int_0^1 x|x-t|\,dx$ を求めよ。

(2) $f(t)$ の最小値，およびそのときの t の値を求めよ。

(3) 定積分 $\displaystyle\int_{-1}^2 f(t)\,dt$ を求めよ。

※経済学部２部・経営学部２部の受験者は，このページの問題を解答してはいけません。

5 （経済学部１部・経営学部１部　選択）

次の条件によって定められる数列 $\{a_n\}$ がある。

$$a_1 = a, \quad a_{n+1} = b\sum_{k=1}^{n} a_k \quad (n = 1,\ 2,\ 3,\ \cdots)$$

このとき，次の問いに答えよ。ただし，a, b は正の実数とする。

(1) $a_4 - a_3$ と $\dfrac{a_4}{a_3}$ を求めよ。

(2) $n \geqq 2$ のとき，a_n を求めよ。

(3) $\displaystyle\sum_{k=1}^{n} a_k$ を求めよ。

◀工学部（社会環境工〈社会環境コース〉・電子情報工）▶

（60分）

（注）　解答用紙には答えだけでなく，導出の過程も記入すること。

社会環境工〈社会環境コース〉：1 2は必須。3 4 5については，これらの中から1題を選択すること。

電子情報工：1 3は必須。4 5については，これらの中から1題を選択すること。

1（社会環境工学科　必須／電子情報工学科　必須）

次の各問いに答えよ。

(1)　$x^2-6x+9-9y^2$ を因数分解せよ。

(2)　5個の値からなるデータ 14，22，18，36，$5n$ の分散が 64 のとき，定数 n の値を求めよ。

(3)　3次方程式 $x^3+ax^2+b=0$ が $1-i$ を解にもつとき，実数の定数 a, b の値を求めよ。また，他の解を求めよ。ただし，i は虚数単位とする。

2（社会環境工学科　必須）

$\frac{\pi}{3} \leqq x \leqq \frac{\pi}{2}$ のとき，関数 $y=3\sin 4x+a(\sin 2x+\cos 2x)+1$ について，次の問いに答えよ。ただし，a は $0<a<6$ を満たす定数とする。

(1)　$t=\sin 2x+\cos 2x$ とおくとき，t のとりうる値の範囲を求めよ。

(2)　$t=\sin 2x+\cos 2x$ とおくとき，$\sin 4x$ を t で表せ。また，y を t の関数で表せ。

(3)　y の最小値を求めよ。

3 （社会環境工学科　選択／電子情報工学科　必須）

次の各問いに答えよ。

(1) 関数 $f(x)=(x^2-5)^3$ の導関数を $f'(x)$ とする。$f'(x)=0$ となる x の値を求めよ。

(2) a を正の実数とする。このとき，

$$\lim_{y\to 0}\left\{\frac{1}{y}\int_a^{a+y}\left(x^2+\frac{1}{x^2}\right)dx\right\}$$

を求めよ。

(3) i を虚数単位とし，$\alpha=-\frac{1}{\sqrt{2}}(1-\sqrt{3}i)$，$\beta=\frac{1}{\sqrt{2}}(1+i)$ とする。また，正の整数 n に対し，複素数平面上で α^n を表す点を A，β^n を表す点を B，原点を O とする。このとき，3 点 O，A，B が一直線上にあるような最小の n に対する A，B 間の距離 d を求めよ。

4 （社会環境工学科　選択／電子情報工学科　選択）

1 個のさいころを 3 回投げて出た目を順に n_1，n_2，n_3 とし，それらの積 $n_1n_2n_3$ を n とする。このとき，次の問いに答えよ。

(1) n の正の約数の個数が 1 個となる確率を求めよ。

(2) n の正の約数の個数が 3 個以上となる確率を求めよ。

(3) n の正の約数の個数が 5 個となる確率を求めよ。

5 （社会環境工学科　選択／電子情報工学科　選択）

$\vec{e}=(1,\ 0)$ とする。また，実数 x, y に対して，$\vec{a}=(x,\ y)$，$\vec{b}=\vec{a}+\vec{e}$，$\vec{c}=(1-t)\vec{a}+t\vec{b}$ $(0\leqq t\leqq 1)$ とする。このとき，次の問いに答えよ。ただし，$y\neq 0$ とする。

(1) $\vec{a}\cdot\vec{e}$ と $|\vec{a}|^2-(\vec{a}\cdot\vec{e})^2$ を x, y を用いて表せ。

(2) $\vec{b}-\vec{a}$ と垂直になるような $\vec{c}$ が存在するとき，x の値の範囲を求めよ。また，そのときの $\vec{c}$ を成分表示せよ。

(3) t が $0\leqq t\leqq 1$ の範囲を動くとき，$|\vec{c}|$ の最小値を x, y を用いて表せ。

物　理

（60分）

1　図1のように，水平と45°の角度をなす固定された斜面上の点Oから質量mの小球を速さv_0で鉛直上方に投射した。その後，小球は最高点Aに達してから落下し，点Oで斜面に衝突してはね返された。この衝突後，小球は放物運動をして再び点Pで斜面に衝突してはね返され，続いて点Qで斜面に衝突してはね返された。その後も斜面との衝突とはね返りを繰り返し，全部で5回以上衝突した。点Oを原点として，斜面に沿って下方にx軸正方向，斜面に垂直で上方にy軸正方向を定める。重力加速度の大きさをg，小球と斜面の間の反発係数を$\frac{1}{2}$とし，この小球の運動についての以下の問いに答えよ。ただし，小球と斜面の間の摩擦，空気抵抗はないものとする。

(1)　点Oから点Aに達するまでの時間を求めよ。

(2)　線分OAの長さを求めよ。

(3)　点Oに衝突する直前の速度のx成分とy成分を求めよ。

(4)　点Oに衝突した<u>直後</u>の速度のx成分とy成分を求めよ。

(5)　点Oに衝突した直後の運動エネルギーは，点Oに衝突する直前の運動エネルギーの何倍か求めよ。

(6)　点Oに衝突してから点Pに衝突するまでの時間を求めよ。

(7)　線分PQの長さを求めよ。

(8)　点Oでの衝突を1回目の衝突として，5回目の衝突直後の速度のy成分を求めよ。

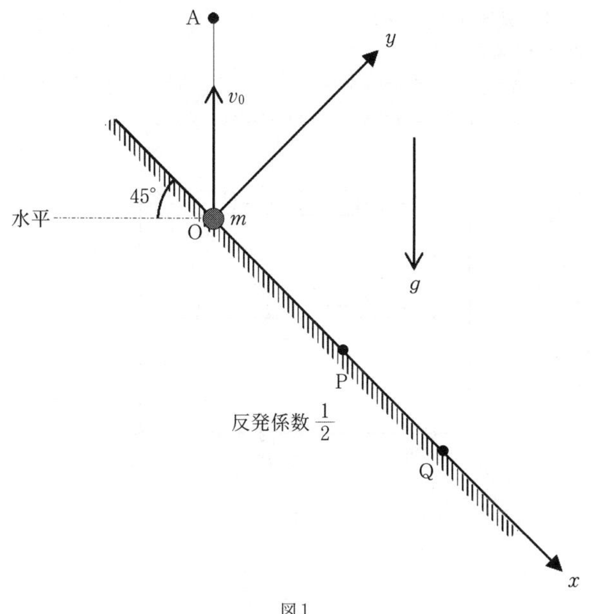

図1

2 図2のように，抵抗値が R_1，R_2，R_3 の3つの抵抗器，電気容量 C のコンデンサー，スイッチ S_1，S_2，S_3，起電力 E の電池を接続し，点Aを接地する。$R_1 = R_2 = 6.0\ \Omega$，$R_3 = 3.0\ \Omega$，$C = 2.0\ \mathrm{F}$，$E = 12\ \mathrm{V}$ とし，電池の内部抵抗と，スイッチと導線の抵抗はないものとする。初め，スイッチ S_1，S_2，S_3 は開いており，コンデンサーに電荷は蓄えられていない。

まず，スイッチ S_1 だけを閉じた。

(1) 抵抗値 R_1 の抵抗器を流れる電流を求めよ。
(2) 抵抗値 R_1 の抵抗器が消費する電力を求めよ。
(3) 抵抗値 R_1 の抵抗器が5.0秒間に消費する電力量を求めよ。
(4) 点Bの電位を求めよ。

次に，スイッチ S_1 を閉じたまま，スイッチ S_2 も閉じて十分に時間が経過した。

(5) コンデンサーに蓄えられている電気量を求めよ。
(6) 抵抗値 R_3 の抵抗器を流れる電流を求めよ。

最後に，スイッチ S_1 と S_2 を閉じたまま，スイッチ S_3 も閉じて十分に時間が経過した。

（7）　抵抗値 R_2 の抵抗器を流れる電流を求めよ。

（8）　点Bの電位を求めよ。

（9）　コンデンサーに蓄えられている電気量を求めよ。

（10）　コンデンサーに蓄えられている静電エネルギーを求めよ。

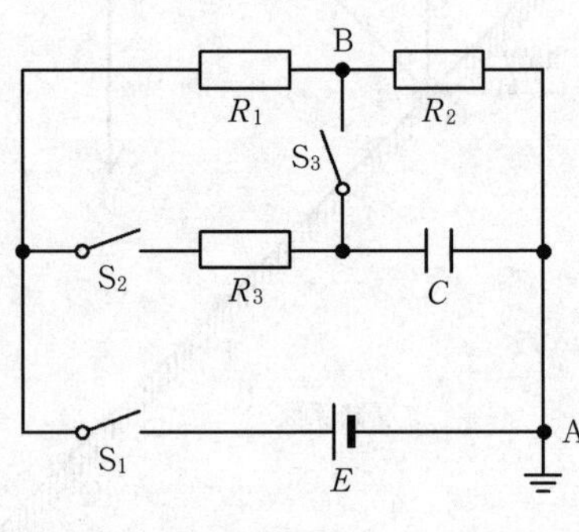

図2

ア　内界とは自分なりに作り出した考えがある自分の内側の世界のことで、目に見えない観念があるところ。
イ　内界とは日頃意識をしない自分の身の回りの世界のことで、目に見えない観念があるところ。
ウ　外界とは戦争などが起こっている国外のことで、目に見える映像はここからもたらされる。
エ　外界とは自分にもたらされる情報の出どころとしての自分の外側の世界のことで、本当の情報はここからはもたらされない。

問八　本文には次の段落が抜けている。これを入れるのに最も適切な箇所を本文中の空欄ア～エの中から一つ選び、符号で答えよ。

これは本当に大事なことを言っているんだよ。君は、言葉なんて誰でもしゃべれるし、新聞もネットも世の中は言葉だらけだし、そんなものがどうして大事なのかと思うだろう。だからこそ、なんだ。

問九　本文では「知識」とはどのようなものだと説明されているか。その説明として本文の内容に**合致するものには1を、合致しないものには2を答えよ。**

ア　外から与えられて知るものではないもの。
イ　時代や状況によって変化していくもの。
ウ　生きるために今や絶対に必要なもので、常に追いかけていなければならない。
エ　自分で考えることによって得られるもの。

問十　著者が主張していることについて、本文の内容に**合致するものには1を、合致しないものには2を**答えよ。

ア　新聞のようなメディアは、自分で判断しなければいけないところはあるものの、正しい知識を与えてくれる。
イ　古典の中には、移り変わる時代を経て変わらなかった事実が記されていて、それだけで価値のある情報を私たちに提供してくれる。
ウ　古典は本物の人が書いた本物の本であり、そこにはいにしえのケン人たちによる知識が書かれている。
エ　情報を追いかけて遠い場所で起こっていることを知ることは、大事なことについて考えるきっかけにしかならない。

C

ア　やはり
イ　そもそも
ウ　なるほど
エ　ところが
オ　そういうわけで

D

ア　けれど
イ　だから
ウ　それでも
エ　そのくせ
オ　しかし

問六　傍線４「言葉は大事にしなければならない」について、なぜそう言えるのか。その理由として本文の内容に**合致するものには１を、合致しないものには２を答えよ。**

ア　言葉それ自体には価値はないが、言葉を大事に生きることが人生を大事に生きるということになるから。
イ　言葉は身近でありふれた存在ではあるものの、それはその人そのものだと言えるものだから。
ウ　言葉の一言一句が自分自身の品格や価値であり、くだらない言葉を書きちらせば、その分自分の人生は価値のないものになるから。
エ　下品で厚かましい言葉を話すことは、人生を大事に生きていることになるとは思えないから。

問七　本文中の「内界」または「外界」という表現について説明しているものとして、本文の内容に即して最も適切なものを次の中から一つ選び、符号で答えよ。

エ　地球上のいかなる戦争も自分とは無縁ではないわけだから、戦争の悲惨を知るために、戦争のことを知る必要がある。

問四　傍線3「あの問い」に含まれる内容とはどのようなものか。最も適切なものを次の中から一つ選び、符号で答えよ。

ア　自分はいかに正しく生きるか、「正しい」とはどういうことかという問い。
イ　戦争している国のどっちが正しいかをどう判断するかという問い。
ウ　現代生活のすべてがメディアによって成り立っているということについてどう考えるかという問い。
エ　現代では当たり前になっているメディアの存在と意味とは何かという問い。

問五　空欄A～Dに入る言葉として最も適切なものを次の中から一つ選び、符号で答えよ。

A

ア　つまり
イ　それゆえ
ウ　とりもなおさず
エ　それにもかかわらず
オ　いずれにせよ

B

ア　だから
イ　けれど
ウ　そして
エ　けだし
オ　例えば

e　イク干
ア　人材をイク成する。
イ　全員がイク同音に彼を褒める。
ウ　あいつはイク地なしだ。
エ　イク重にも重なった布。
オ　話を聞いて得心がイク。

f　ケン人
ア　ケン当違いの方向。
イ　その件については明日ケン討します。
ウ　彼はいつもケン遜している。
エ　ケン著な特性を見つける。
オ　それはケン明な方法だ。

問二　傍線１「とんでもないこと」について、なぜそう言えるのか。その理由について述べられている一文を本文中から見つけ出し、その始めと終わりの五文字（句読点を含む）を抜き出して答えよ。

問三　傍線２「君が知るべきことは、どちらが正しいか、ということではなく、その中で自分はいかに正しく生きるのかということ」とあるが、ここで著者が主張していることとして最も適切なものを次の中から一つ選び、符号で答えよ。

ア　ある新聞は戦争している国の一方が正しいと言い、別の新聞では他方が正しいと言うことがあるので、新聞の言うことをうのみにせず自分で判断することが大切だ。
イ　どちらの国が正しいか情報に基づいて判断するということではなく、「正しい」ということがどういうことかを自力で考えることが大切だ。
ウ　情報に踊らされないために、自分で正しい情報が何かを判断できるようになることが大切だ。

b　ホン走

ア　人のホン性を見抜く。
イ　謀ホンを企てる。
ウ　ライバルをホン弄する。
エ　自由ホン放な性格。
オ　戸籍謄ホンをもらう。

c　悪ギョウ

ア　ギョウ天するようなニュース。
イ　冬空のギョウ星を仰ぎ見る。
ウ　ギョウ儀の良い子ども。
エ　ものすごいギョウ相で睨む。
オ　相手をギョウ視する。

d　サク略

ア　一サク日のできごと。
イ　情報がサク綜する。
ウ　その方法は得サクではないと思う。
エ　爆弾がサク裂する。
オ　余計な文字をサク除する。

言葉がなければ、何を言うこともできないんだ。言葉と人間とがいかに分けられないものであるか、よくわかるだろう。

[エ]

しっかり考えて、かしこい人間になりたいのなら、やっぱり本を読むのがいい。むろん、どんな本でもいいというわけじゃない。本物の人が書いた本物の本だ。メディアのサク略(d)で流行になっているような本は、まず偽物だ。だまされないように、見る目を鍛えて。

絶対に間違いがないのは、だからこそ、古典なんだ。古典は、考える人類が、長い時間をかけて見抜いた本物、本物の言葉なんだ。消えていったイク千(e)の偽物、人の心に正しく届かなかった偽の言葉の群の中で、なぜその言葉だけは残ってきたのか、はっきりとわかる時、君は、いにしえのケン人(f)たちに等しい知識を所有するんだ。これは、ネットでおしゃべりするなんかより、はるかに素晴らしいことじゃないか。

（池田晶子『14歳からの哲学—考えるための教科書—』トランスビュー所収「メディアと書物」による。ただし一部変更した。）

問一　二重傍線a～fのカタカナを漢字に直した場合と同じ漢字を含むものを、次の各群の中からそれぞれ一つ選び、符号で答えよ。

a　見スえる
- ア　向こう側がスけて見える。
- イ　版画をスる。
- ウ　後続の車をやりスごす。
- エ　腹のスわった人。
- オ　用事をスます。

ローバルだの現代世界も、人が生まれて、生きて、そして死ぬという事実については、まったく同じなんだ。何ひとつ変わっていないんだ。生まれて死ぬ限り、必ず人は問うはずだ、「何のために生きるのだろう」。数千年前から人類は、人生にとって最も大事なこの問いについて、考えてきた。考え抜いてきたんだ。かしこい人々が考え抜いてきたその知識は、新聞にもネットにも書いてない。さあ、それはどこに書いてあると思う？

古典だ。古典という書物だ。いにしえの人々が書き記した言葉の中だ。何千年移り変わってきた時代を通して、まったく変わることなく残ってきたその言葉は、そのことだけで、人生にとって最も大事なことは決して変わるものではないということを告げている。それらの言葉は宝石のように輝く。言葉は、それ自体が、価値なんだ。だから、言葉を大事に生きることが、人生を大事に生きるということに他ならないんだ。

［　　ウ　　］

お笑い番組でタレントが下品なギャグをしゃべりちらしているのを聞いて、君は、大事なことを聞いた、と思うかい？だらしのない大人たちが自分の悪<u>ギョウ</u>[c]を厚かましく言い訳してるのを聞いて、なんて美しい言葉なんだ、と思うかい？ああいう人々が下品であり厚かましくもあるのは、彼ら自身が話している言葉通りじゃないか。言葉がその人そのものじゃないか。下品で厚かましい人生を生きることが、どうして人生を大事に生きていることになるだろう。

［D］<u>言葉は大事にしなければならないんだ</u>[4]。語る言葉の一言一句が、君という人間の品格、君の価値なんだ。ネットでおしゃべりする時には、うんと気をつけてするがいい。くだらない言葉を書きちらすほどに、君はくだらない人間になる。君の人生は価値のないものになる。それは、せっかく持っている宝石の数々を、それと知らずにドブに流しているようなものなんだ。

そんなふうに、言葉の価値を知らずにいるから、最近は人々が本を読まない。マンガはよく読まれているようだけれども、でも、たとえば、マンガにセリフというあの言葉がなかったらと想像してごらん。君の大好きな、大事なことを学んだそのマンガでも、その大事なことは、やっぱりそのセリフという言葉によって学んだことのはずだ。マンガですらも、のは、外から与えられて知るものではなく、自ら考えて知るものだからだ。自ら考えて知るより、知りようがないものだからだ。

［　ア　］自ら考えて知ることだけが、「知る」ということの本当の意味だ。情報を受け取って持っているだけの状態を、「知る」とは言わない。正しく生きるとはどういうことか、生きているとはどういうことかという、人生にとって最も大事なことについての知識は、新聞にもネットにも書いてない。書いてあることもあるけれども、それを受け取って持っているだけで、自ら考えているのでなければ、あくまでもただの情報だ。情報は知識ではない。ただの情報を自分の血肉の知識とするためには、人は自分で考えなければならないんだ。

［　C　］、地球の裏側の戦争の情報を知ることは、人生の大事なことを考えるためのきっかけにはなるだろう。でも、その前にはやはり、考えるとはどういうことなのかを理解していなければならないはずだ。そうでなければ、何のための情報だろう。メディアが手段だというのは、その意味では正確だ。しかし、今や世の人は、何を何のために知りたいのかを考えもせず、とにかく知りたいのだと、情報を追いかけてホン走(b)している。手段の目的化という完全な本末顛倒だ。

生きるためには、今や情報は絶対に必要なんだという人が大半だ。実社会で仕事をしている人たちは、毎日毎瞬目まぐるしく変化する株式情報などを追いかけていないと、仕事にならないんだ。でも、だからと言って、仕事をするために生きているのか、生きるために仕事をするのか、何のために生きているのかという、人生にとって最も大事なあの問い(3)と、問いの答えとしてのその知識とは、少しも変化していない。ここではっきりとわかるだろう。情報は変化するものだけれども、知識というのは決して変化しないもの、大事なことについての知識というのは、時代や状況によっても絶対に変わらないものだということだ。

［　イ　］考えてごらん。電話もテレビもなかった百年前も、何もなくて自然とともにあった五千年前も、そして、ネットだグ

かしら。人が死んだりビルが倒れたりしている映像を見ることは、君にとってどんな意味があるかしら。

衝撃的、刺激的、つまり見たいから見ているということだね。これは、テレビがなかった時代に、人がよその火事を見に走る心理と同じ、つまり野次馬根性だ。でも、他人の不幸を刺激にするのはあまりいい趣味じゃない。その証拠に、次に始まる下品なお笑い番組なんかを見て、平気で人は笑ってるだろ。戦争からお笑いまで、全部が一律に電波で流されるから、人は、大事なことと大事でないことの区別がつかなくなっちゃうんだ。

私は戦争のことは大事なことだとわかります、地球上のいかなる戦争も私とは無縁ではないから、戦争の悲惨を知るために、それを知る必要があるのです。真面目な君なら言うかもしれない。頼もしいね。でも、だとしたら、なぜ戦争というものが起こるのかということを、自分で考えなければならないということもわかるよね。目に見える映像を追うのではなくて、目に見えない観念の動きを捉えることだ。外界を疑って、内界を見スえることだ。でも、今や世のほとんどの人は、外界から与えられる大量の映像情報をただ受け取るばかりで、見えない内界を自力で考えるなんてことは忘れ果てているんだ。

ちまたにあふれる情報には、本当のものとウソのものがある。だから、情報に踊らされないためには自分で判断できるようにならなければならないと言う人もいる。つまり、ある新聞では戦争している国の一方が正しいと言い、別の新聞では他方が正しいと言っている、新聞の言うことをうのみにしないで、自分で判断しようと。

［B］、戦争している国のどっちが正しいかなんてことを、そもそも判断することができるものだろうか。しょせん人間のすることだ。どちらにも言い分はあるというそれだけのことだ。もしも日本に戦争が起こったとしたら、君が知るべきことは、どちらが正しいか、ということではなく、その中で自分はいかに正しく生きるのかということではないだろうか。つまり、「正しい」とは、そもそもどういうことなのか。それ以外に人間が人生で知るべきことなどあるだろうか。

情報はしょせん情報だ。情報には本当もウソもある。事実か事実でないかということもある。本当のこと、真実という

二　次の文章を読み、後の設問に答えよ。

新聞を毎日読みますか、テレビでニュースを見てますか。社会的な出来事に関心があるかないかが分かれ目だ。まあ、新聞やニュースは見ないけれども、ファッション誌やマンガ雑誌なら欠かさず買って読むってところが、大方だろうな。

[A]、これらはすべて、人々に何がしかの情報を提供するメディアだ。「メディア」とは、「媒体・手段」の意味で、情報の媒体、情報提供の手段ということだ。だから、新聞から雑誌、テレビ、インターネットまでの全部がメディア、だとすると、現代生活のすべてがメディアによって成り立っているということになる。このことについて、君はどう考える？

たぶん、もうそんなことは当たり前のことになっているのだろう。テレビを見るのもマンガを読むのも、ものごころついて以来やっていることだものね。加えて、この頃はケータイやパソコンでメールのやり取りだ。当たり前になっているメディアの存在と意味について、一度考えておく必要があるんじゃないだろうか。今考えておかないと、ひょっとしたら一生考える機会はないかもしれない。だとしたら、君は、取り返しのつかないお馬鹿さんになっちゃうかもしれないよ。

よくも悪くも現代は情報の時代だ。君は当たり前に思っているだろうけれども、地球の裏側で戦争をやっている映像を生放送で見るなんてことは、[1]とんでもないことなんだ。百年前を思ってごらん。電話もテレビもなかった時代には、国内どころか隣り村で起こっていることすら、そうすぐには知られなかったんだから。たったの百年でこの変化だ。この変化のことを「進歩」だと、君は思うだろうか。

もしも進歩だと思うのなら、地球の裏側の戦争のことを知ることが、君にとって意味のあることでなければならないね。地球の裏側の戦争は、君にどんな関係があるかしら。

身内や知り合いがそこにいるとでもいうのでなければ、まあまず関係ないよね。関係ないのになぜ君はその映像を見る

ウ　被差別者の友達がいれば差別者にはならないと主張する人は、本当の友情を育めていないから。
エ　被差別者についての知識の妥当性を差別者が判断しているから。
オ　差別を乗り越えるためには知識が必要だという基本的な認識を共有しているから。

問九　本文には次の一文が抜けている。この文を入れるのに最も適切な箇所を（　ア　）〜（　キ　）の中から一つ選び、符号で答えよ。

言い換えれば、多様な性に関して、「世の中をよくすることやそれぞれの人々の生を支えることは、知識という基盤がなければ不十分である」と主張できなければなりません。

問十　次の文のうち、本文の内容と合致するものを**二つ**選び、符号（ア〜カの順）で答えよ。

ア　メディアが「オネエ」タレントを多く取り上げ、セクシュアルマイノリティの存在を可視化することは、偏見を強化する可能性も持つ。
イ　自認する性に身体を合致させようとする者、男性同性愛者、女性装の男性や言葉遣いが女性的な異性愛男性の間の差異を捨象して名指すことができる言葉は、セクシュアルマイノリティへの理解を促進するために積極的に使っていくべきだ。
ウ　差別をなくすために学問が大切なのは、道徳や良心を強化するためである。
エ　マイノリティに対する差別の解消のためには、道徳や良心に頼るだけでは不十分であり、親交を通してマイノリティを知ることが何よりも重要だ。
オ　マイノリティについての正しい知識がなければ、マジョリティは何が「普通」かを決めることはできない。
カ　たとえよいイメージであっても勝手なイメージをマイノリティに押しつけることが批判されるべきなのは、無知を放置し、マイノリティを理解しないままでいたいという欲望に支えられているからである。

イ　相手が「オネエ」であろうとなかろうと、人が好意を抱く理由は才能やセンス以外の場合もあるから。
ウ　「オネエ」に才能やセンスがあるというのは単なるイメージであって、実際は才能やセンスのある「オネエ」はいないから。
エ　「オネエ」に才能やセンスがあると特別視することは、「普通」でない者としてからかうのと同様に、マジョリティが定めた規範から外れた者として扱うことだから。
オ　才能やセンスがある「オネエ」に対する表向きの好感は、背後にある偏見を意図的に隠すための理由づけだから。

問五　空欄Cに入る最も適切な語を次の中から一つ選び、符号で答えよ。

ア　戦利品　イ　サラリー　ウ　名誉　エ　レッテル　オ　昇格

問六　空欄①～④に入る語の組み合わせとして最も適切なものを次の中から一つ選び、符号で答えよ。

ア　①　そのため　②　もちろん　③　ところが　④　ゆえに
イ　①　現に　②　とはいえ　③　したがって　④　ゆえに
ウ　①　実際　②　ただし　③　むしろ　④　さらに
エ　①　そのため　②　とはいえ　③　ところが　④　さらに
オ　①　現に　②　ただし　③　むしろ　④　当然
カ　①　実際　②　もちろん　③　したがって　④　当然

問七　傍線２「このような一方的な意味づけ」によって生じる問題を、著者はどのように表現しているか。本文中の傍線２より前の箇所からその表現を探し、九字（記号は一字と数える）で抜き出して答えよ。

問八　傍線３「結局のところこの論法は差別の言い訳にしかなりません」とあるが、なぜか。理由として最も適切なものを次の中から一つ選び、符号で答えよ。

ア　黒人の友達を通して被差別者についての知識を得られたとしても、黒人差別以外の差別についての知識を得られないのは問題だから。
イ　被差別者の友達がいれば被差別者について知っていることになるが、それを活かすことができなければ意味がないから。

c　リョウギ
ア　これより、婚礼のギを執り行います。
イ　出口調査によれば、与党はギセキを減らす模様。
ウ　バレンタインに会社でギリチョコを配ることは禁止されている。
エ　災害のギセイ者に黙祷を捧げる。

d　ジマン
ア　夏休みの自由研究でマンゲキョウを自作した。
イ　彼女の母はマンセイ疾患を患っている。
ウ　手厚いもてなしを受けて彼らはごマンエツだ。
エ　疲れると注意力がサンマンになるので、休息は重要だ。

e　ギマン
ア　裁判で嘘をつくとギショウ罪に問われることになる。
イ　不安のあまり人を信じられなくなり、ギシン暗鬼になった。
ウ　SNSを悪用した結婚サギが増加している。
エ　利用者のベンギを図るため、手続きを簡素化した。

問二　空欄Aに入る最も適切な語を次の中から一つ選び、符号で答えよ。

ア　専門性　イ　権力性　ウ　独創性　エ　閉鎖性　オ　信憑性

問三　空欄B（三箇所）に入る最も適切な語を次の中から一つ選び、符号で答えよ。

ア　理論　イ　技法　ウ　経験　エ　手段　オ　構造

問四　傍線1「これはかなりの問題です。」とあるが、なぜか。理由として最も適切なものを次の中から一つ選び、符号で答えよ。

ア　「オネエ」に才能やセンスがあるのは「普通」だが、そうした「普通」の基準から外れる「オネエ」にもっと同情することによって自己卑下から救うべきだから。

「知っている」ことになるのかの基準を、「知っている」側が一方的に決めているので、実際には単に勝手なイメージが投影されるだけなのです。それゆえ、[3]結局のところこの論法は差別の言い訳にしかなりません。（ カ ）

裏を返せば、独りよがりで知ったかぶりの「いい人」アピールよりも、正確な知識を持っていることの方が、他者を差別しないためには重要なのです。じっくりと冷静に知識を得ることで、自称「いい人」から多くの人が脱皮することが、差別のない世の中を作る一番の近道だと、私は考えています。（ キ ）

（森山至貴『ＬＧＢＴを読みとく――クィア・スタディーズ入門』による。ただし、一部変更した。）

問一　二重傍線ａ～ｅのカタカナを漢字に直した場合と同じ漢字を含むものを、次の各群の中からそれぞれ一つ選び、符号で答えよ。

ａ　ハイジョ

ア　経済の悪化により、移民ハイセキ運動が激化する恐れがある。
イ　主演映画がヒットして、彼女は人気ハイユウになった。
ウ　産業ハイキ物の不法投棄が問題になっている。
エ　彼は師匠を尊敬するだけでなく、スウハイしている。

ｂ　イゼン

ア　明日十四時から広報イインカイが開催される。
イ　クーデター後、軍事政権はジイ運動を行う人々を弾圧している。
ウ　彼とは長い付き合いだから、イシン伝心でお互いの考えがわかる。
エ　先週イライされた仕事がまだ終わらず、あせっている。

です。

セクシュアルマイノリティに対する無知が許されてしまっている状況は、「オネエ」という言葉一つとっても明らかです。私の授業ではかなり詳しくその違いを説明するので、先に話題にした学期末試験では「オネエキャラ」ブームの「罪」として「セクシュアルマイノリティの間の違いを暴力的に無視している」と指摘する答案にも多く出会いました。しかし他方では、まさにそのセクシュアルマイノリティの間の違いを全く把握していない答案も、残念ながら若干数存在していました。

セクシュアルマイノリティに対する無知に基づく一方的な（仮に肯定的なものであるにせよ）意味づけが批判されるべきなのは、単に知らないだけでなく、積極的に知らないままにしておこう、多様な性の正確な把握に踏み込まないようにしようという欲望に裏打ちされているからです。表向きの好感の背後で「自分とは関係のない、よくわからない人たち」という感覚を手放そうとしないギマン（e）、とも言えるかもしれません。

（中略）

投影されるイメージを正確な知識で置き換えねばならないのは、このイメージが「知識」の名を騙る、言い換えれば差別が知ったかぶりの形をとって現れるからでもあります。（　オ　）

セクシュアルマイノリティに関するものに限らず、差別を批判された人が「私には〇〇の友達がいて〇〇について知っているから〇〇を差別するはずがない」というよくわからない独りよがりな言い訳をすることがあります。このような語り口は、黒人差別に関する議論の中で、“I have black friends”論法と呼ばれ批判されてきました。この論法は、「これは差別ではない」と主張するために被差別者について何かを「知っていること」を持ち出します。そのため、差別を知識によって乗り越えることができるという基本的な認識を共有しているともいえます。しかし、どんなことが分かっていれば多く存在します。例えば、「オネエはセンスがあるのでそういう友達がほしい」という理由で誰かが近づいてきたら、「私を利用する気満々のあなたに差し出してやるセンスなどない」と拒絶したくなるものです。実は「オネエ（あるいはセクシュアルマイノリティ）はセンスがあるので、そういう人と友達になるため」という理由で私の授業を受講する学生も稀にいるのです。そういう人には「授業にそんなことを期待すべきではなく、またそもそもマイノリティはあなたの人生を豊かに彩るアクセサリーではない」ときつく諭すことにしています。「アクセサリー」扱いはそもそも相手を対等な人間として見ていない差別的なふるまいだからです。男性が妻の魅力を自らの高いステイタスゆえの「［C］」だとみなしモノのようにジマンすること（「トロフィーワイフ」と呼ばれます）に、私たちはもう十分辟易しているはずです。それと同型の「モノ」扱いをセクシュアルマイノリティに対しておこなうことも、また許されるはずがありません。

［②］、ここで私は、「オネエ」あるいはセクシュアルマイノリティは、マジョリティと同じ「普通」の人々である、と指摘したいわけではありません。マイノリティもマジョリティと同じく「普通」の人々であるから差別してはいけない、という論理は、「普通」でないなら差別をしてもよい、の言い換えに過ぎないからです。

［③］重要なのは、「普通であるか否か」を判断し、そこに意味づけをするのがマジョリティの側、という事態そのものが不当なのだという認識です。「普通じゃないから好感が持てる」も「普通だから好感が持てる」も、意味づけが一方的である点で「普通じゃないから見下してもよい」「普通に過ぎないから見下してもよい」と大差ないのです。

［④］付け加えなければならないのは、このような一方的な意味づけは、そもそもセクシュアルマイノリティについて知ることなしにおこなわれるということです。ここまで私がずっと意図的に曖昧なままにしてきた「オネエ」という言葉の用いられ方がまさにそのことを示しています。「オネエ」という言葉はそもそもどんな人を指すのでしょう。自身の望む性別である女性に身体が合致するようになんらかの医療的処置を受けている人、恋愛の対象が同性の男性、女性の恰好をすることによって安心感を得る男性、それとも言葉遣いが「女らしい」異性愛男性でしょうか。実際はいずれでもありえますし、いずれであるかの違いはかなり大きいのですが、残念ながらその違いを理解している人は少ないのが現状

ほとんどが好意的に捉えています（私の授業を消極的にであれ「好んで」履修している学生が多いので、当然といえば当然ですが）。「オネエキャラ」の存在感がセクシュアルマイノリティへの差別を減らすと期待している学生も多くいます。もちろん多くの学生は、そのような「キャラクター」がメディアの中でからかいの対象となっていることにも気づいており、視聴者の差別意識を助長しかねないことも危惧しています。期末試験で「オネエキャラ」ブームの「功罪」について出題した際も、多くの学生は差別に関するリョウギ[c]的な側面を上手く指摘していました。

一方で、自分の持つ好意に対して「「オネエ」は才能やセンスがあるから好感が持てる」という理由づけをしている学生が多くいました。[1]これはかなりの問題です。たしかに、メディアに現れる「オネエキャラ」は、ファッションやメイク、フラワーアレンジメントやダンス、あるいは話術などの一芸に秀でた人々が多いのは事実ですし、その才能やセンスの素晴らしさは、視聴するセクシュアルマイノリティ当事者（とくに若者など、アイデンティティの自己肯定の機会が奪われやすい人々）を自己卑下から救うことができるかもしれません。しかし、あれほどまでに才能に秀でていないと「受け入れられず」、さらにそれでもからかいの対象になってしまうとすれば、高水準の才能やセンスを持たない大多数のセクシュアルマイノリティは、むしろ自らがただ全面的にからかわれ差別される対象でしかない、と確信してしまうこともありえます。

当たり前のことですが、「オネエ」だから高水準の才能やセンスがあるのではありません。ですから、「「オネエ」は才能やセンスがあるから好感が持てる」は、才能やセンスのない「オネエ」には好感が持てません、と宣言しているにすぎません。セクシュアルマイノリティに対する差別の根強い社会においては、表向きの好感とその背後の偏見の落差は、具体的なセクシュアルマイノリティの当事者に対する差別の解消に役立つことはほとんどなく、場合によってはさらに傷つけかねません。なぜなら、このような人々は「オネエ」を褒めているようで結局「オネエ」は「普通」ではない、ということを繰り返し述べているにすぎないからです。「普通」という暴力は少しも解除されていません。

［①］、セクシュアルマイノリティ当事者の中には、このような才能とセンスの押しつけに嫌気がさしている人も

ティについてのアプローチとしては不適格、ということになります。（ア　）

ところが、「普通」という暴力の問題を取り扱うにあたって、学問というアプローチは一見それほど有効ではありません。政治や社会運動と比べて、「象牙の塔」という比喩でその A を揶揄されることもある学問の領域が、直接「世の中をよくする」介入を不得意とすることは事実です。また、医療従事者や心理カウンセラーのように困っているセクシュアルマイノリティ当事者を直接支えるといったこともできません。学問は、介入や援助の B ではなく、知識を扱う領域だからです（各種の B もまた実践に関する知識と言えなくもないのですが、ここでは単純に B と知識を対比させておきます）。

したがって、「普通」という暴力に対するアプローチとして学問が意義を持つと主張するためには、学問が扱うことを得意とする知識こそが「普通」という暴力を解除する鍵になると指摘する必要があります。（イ　）

しかし、多くの人は、暴力や差別は知識ではなく「良心」や「道徳」で防ぐものだ、というイメージを持っています。暴力や差別は他者への悪意を持つ人がおこなうものなので、悪意を持たないようにする・させることが重要だと考えているのです。もっと簡単な表現を用いれば、暴力や差別は「悪い人」がすることなので、みんなが「よい人」になればよい、と思っているわけです。たしかに、小学校や中学校で「差別をなくすために、他者に対する思いやりのある人になりましょう」と教育されることはあっても、「差別をなくすために、賢い人間になりましょう」とはほとんど言われません。ということはやはり暴力や差別の解消に必要なのは、「良心」や「道徳」であって、知識ではないのでしょうか？（ウ　）

この問いに答えるために、「オネエキャラ」をめぐる私の授業の受講生の反応をとりあげます。「良心」や「道徳」を育むことに依存して「普通」という暴力を解決しようとすることは、不十分であったり意味がなかったりするだけではなく、時に逆効果でもあることが明らかになるはずです。（エ　）

二〇一七年現在、テレビを中心としたメディアの中で「オネエキャラ」が一定の存在感を放っていることを、受講生の

2024年度　2月10日　一般選抜　国語

国語

（六〇分）

一

次の文章を読み、後の設問に答えよ。

セクシュアルマイノリティとは、社会の想定する「普通」からはじき出されてしまう性のあり方を生きる人々のことです。少し硬い表現ですが、研究者は「非規範的」な性を生きる人々、という表現を使ったりもします。「規範（norm）」から派生した言葉が「普通（normal）」ですから、確かに「非規範的」＝「普通でない（とされる）」と言い換えられます（筆者の私が普通でないと考えているのではなく、社会が普通でないと考えていることがわかるよう、「普通」と鍵括弧つきで表記しています）。

したがって、セクシュアルマイノリティとは「普通」の性を生きろという圧力によって傷つく人々、と言い換えることができます。「普通」であることを押しつけられ望まぬ生き方を強いられたり、あるいは「普通」でないことをもってからかいやハイジョ[a]の対象となる人々と言ってもよいでしょう。このような「普通」という暴力を、差別と言い換えることもできます。

そして残念なことに、二〇一七年現在、日本（あるいは世界）におけるセクシュアルマイノリティに対する差別はイゼン[b]として根強いと言わざるを得ません。「普通」の性を生きろという圧力は、今も多くのセクシュアルマイノリティを傷つけ続けているのです。したがって、「普通」という暴力を解除できないアプローチは、そもそもセクシュアルマイノリ

解答編

英語

1 解答 **問1．1**－C　**2**－B　**3**－A　**4**－B　**5**－B
6－C　**7**－B　**8**－A　**9**－B　**10**－D

問2．11－D　**12**－B　**13**－A　**14**－C

問3．15－B　**16**－B　**17**－A　**18**－B

解説

《運動からより多くのものを得る秘訣》

問1．1．「chrono-activity という言葉は何を指すのか？」

第1段第2文（But the latest science …）に「しかし，chrono-activity という最新の科学は，本当に大事なのは何をするかとかどうやるかでさえなく，いつやるかだと示唆している」とある。また，同段第4文（But we now know …）に「しかし，24時間の間に化学物質，タンパク質，ホルモンがほぼ常に増加したり減少したりして我々の体や脳は刻々と変化するということを我々は今では知っている」とあるので，Cの「1日の時間とリンクした我々の体の動き」が適切。

2．「Albalak の研究によると心臓病や脳卒中のリスクを減らすのに何が役に立つのか？」

第2段第1文後半（for those of us …）に「心臓病や脳卒中を防ぎたい人にとって，1日のうち動くのに最適な時間は午前8時から午前11時の間である」とあるのでBが適切。

3．「大学の報告は…を示している」

第3段第2文（A report from Skidmore College …）に「アメリカの Skidmore 大学の報告で，午前中に運動した女性はその日の遅くに運動した女性よりも腹部の脂肪が落ちたとわかった」とあるので，Aの「女性は正午前に運動することでウエストラインを細くすることができること」が適切。

4.「やせ衰えを減らすのに，記事は…を勧めている」

第４段第５文（Multiple studies suggest …）に「午後や夜がこれをする最適な時間だ：我々の筋肉は１日のうちで力が増大し，その結果，午後遅くまでにそれはより多く長く持ち上げることができる強さがピークにある」とあるので，Ｂの「増加する午後の能力を活用すること」が適切。take advantage of ～「～を活用する」

5.「最近のウエートトレーニングの流行は…である」

第５段第２文（The current trend …）に「マイクロドージング（週に数回の 10 － 15 分のセッション）の最近の流行は短く頻繁なトレーニングが１時間の長さのセッションと同じくらいの効果があると研究が示した後に起こった」とあるので，Ｂの「短い時間でより頻繁なトレーニング」が適切。

6.「糖尿病（予備軍）の人にとってよいアドバイスは何か？」

第６段第１文（Again, anyone …）に「糖尿病やその予備軍の人たちは夕食後の穏やかな運動を考えるべきである」とあるので，Ｃの「夕食後の散歩」が適切。

7.「真夜中を過ぎたときに運動すると何が起こるか？」

第７段第１文（There's just one period …）に「肉体的な行使が一貫して健康に有害だと思われる時間帯がたった１つある：深夜から午前６時までの時間」とあるので，Ｂの「私たちの健康が悪い方向に影響を受けるかもしれない」が適切。

8.「ストレッチから最大のものを得るためには何をする必要があるか？」

第８段第２文（Again, studies indicate …）に「再び研究によると夕方がよい時間だろう」とあるので，Ａの「夕方にそれをする」が適切。

9.「日本からヨーロッパへのフライトで時差ボケを克服するために，あなたは…すべきだ」

第９段第２文（According to …）に「神経学者の Jennifer Heisz によると，午前７時もしくは午後１時から午後４時の間に運動することが我々の体内時計を戻すのに役立つ」とあり，ヨーロッパへ移動すると時間が戻ることになるのでＢが適切。

10.「うまくいく運動計画の鍵は何か？」

最終段第3文（But, as Albalak reminds me, …）に「しかしAlbalakが私に思い出させているように，最も大事なことは日中に個人のスケジュールに合わせた時間に定期的に運動することだ」とあるので，Dの「日常の運動をスケジュールに組み込む」が適切。

問2．11.「男性と糖尿病の人は…運動することで効果がある」

第3段第1文（Women appeared to …）に「朝が女性にとって特に効果的な時間である」とあり，同段最終2文（When it comes to men, … feelings of fatigue.）に「男性もしくは2型糖尿病の人に関しては異なる結果をデータは示している。Skidmore大学の研究者は遅い時間に運動した男性は血圧，コレステロール，体脂肪，倦怠感を著しく減らすことを発見した」とあるので，Dの「女性より遅い時間に」が適切。

12.「女性は夕方に…することで男性よりも多く効果をあげる傾向にある」

第4段最終文（Again, studies indicate …）に「理由ははっきりしないが，夕方行われるレジスタンス筋力トレーニングの効果は女性にとってより著しい」とあるのでBが適切。

13.「夕方のストレッチは…のためより効果的だろう」

第8段第3・4文（Our joints and muscles … bodies less stiff.）に「我々の関節や筋肉は時間が進むにつれて柔軟性が増し，午後7時にピークを迎える。夕暮れ後のより大きな柔軟性はこの時間にピークを迎え，体のコリを減らすホルモンの結果だろうと考える研究者もいる」とあるのでAが適切。

14.「Albalakによると…は毎日chrono-activityを試みるべきだ」

最終段第3・4文（But, as Albalak reminds me, … at the weekend.）に「しかし，Albalakが私に思い出させているように，最も大事なことは日中に個人のスケジュールに合わせた時間に定期的に運動することだ。退職した人やスケジュールが柔軟な人はchrono-activityを試みるよう提案している」とあるので，Cの「日常の仕事により融通がきく人」が適切。

問3．15.「朝型の人は夜型の人よりも朝の運動による効果が大きい傾向がある」

第2段最終文（In other words, …）の「つまりフクロウ（夜型の人）はヒバリ（朝型の人）と同じくらいの効果を得た」という内容と不一致なのでFALSE，Bが正解。

16.「筋力の衰えは30歳後に早くなり始める」

第4段第3文（From the age of 30, …）の「30歳から筋肉は衰え，大きさが減り始め，60歳を超えると加速する」の内容と不一致なのでFALSE，Bが正解。

17.「Multi-joint exercisesは複数の筋肉を動かす運動である」

第5段最終2文（For extra efficiency, … push-ups, for example.）の「さらなる効果に，1つの動きで複数の筋肉を動かす，より重いウエートや負荷を使う。スポーツ科学者はこれらをmulti-joint exercisesと呼んでいる」と一致するのでTRUE，Aが正解。

18.「朝が関節や筋肉の柔軟性が増す時間である」

第8段第3文（Our joints and muscles …）の「我々の関節や筋肉は時間が進むにつれて柔軟性が増し，午後7時にピークを迎える」の内容と不一致なのでFALSE，Bが正解。

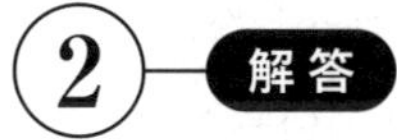

19—C　**20**—A　**21**—A　**22**—C　**23**—B　**24**—C
25—A　**26**—C

解説

19.「その小説の最後はどうだったの？　登場人物たちには何が起きたの？」というXの質問に対して，返答が「彼らはたくさんの…を乗り越えて結婚したよ」なので，Cのobstacles「障害」が適切。A．strategies「戦略」　B．fortune「幸運，財産」　D．encouragement「激励」

20.「お母さんの手術はうまくいきました」というXの発言に対して，返答が「ありがとうございます，先生。それを聞いて…しています」なので，A．relieved「ほっとする」が正解。B．relaxed「リラックスする」　C．complicated「複雑な」　D．spontaneous「自発的な」

21.「セスは何で最近そんなに忙しそうなの？」に対して，返答が「彼はハーバード大学に行きたいんだ。そして月曜までに…手順を終える必要があるんだ」なので，A．application「（大学願書の）申込」が正解。B．implication「暗示」　C．regulation「規制」　D．completion「完了」

22.「料理はいかがでしたか？」に対して，返答が「気に入りました。…なレモンの味がしますね」なので，C．a subtle「かすかな，わずかに」

が適切。A．an enormous「莫大な」 B．an integrative「統合的な」 D．an awkward「ぎこちない」

23.「デイビッドは髪の色を変えたね」に対して，返答が「教室に入ってきたとき，彼だと…わからなかった」なので，B．instantly「すぐに」が正解。A．gradually「しだいに」 C．considerably「かなり」 D．exclusively「もっぱら」

24.「著者はどんなメッセージを彼女の本の中で伝えようとしていると思いますか？」に対して，返答が「まったくわからない。彼女の…を知るのはいつも難しい」なので，C．intention「意図」が正解。A．evolution「進化」 B．infection「感染」 D．medication「薬剤」

25.「教授，課題は来週が締め切りなのはわかっているのですが，来週締め切りの課題が他に3つもあるんです」に対して，返答が「つまり，少し…が必要なのかい？」なので，A．extension「延期」が適切。B．inclusion「含有物」 C．exception「例外」 D．vacation「休暇」

26.「この部屋でトランペットを吹いてもいい？」に対して，返答が「残念だけど，音が他の部屋で勉強している生徒を…すると思う」なので，C．distract「邪魔する，気を散らす」が適切。A．consume「消費する」 B．infect「感染させる」 D．convince「確信させる」

3 解答

27－D　**28**－A　**29**－C　**30**－A　**31**－C　**32**－B
33－C　**34**－C　**35**－A　**36**－C

解説

27. 語順を問う問題。空所前は主語なので次は動詞がくるのが自然。そして，to 不定詞の to と原形を切り離して間に every day を挟むことはできない。また，work out「トレーニングする」の間に every day を挟むこともできない。Dが正解。

28. 冠詞に関する問題。プロのミュージシャンは大勢いるが，その中の1人ということになるのでAが正解。

29.「映画は 10：30 に始まる」に対して，「道が混んでいる…早く出たほうがいいね」と言っているのでCが正解。in case SV「SがVする場合に備えて」

30.「最近眠れなくて困っているんだ」に対するアドバイスなので，Aが正解。might want to *do*「〜したらどうでしょうか」

31.「グループのレポートを持ってきたら？」に対して「昨日クラスメイトが彼のレポートのパートを私に送ってくる…けど，彼はそうしなかったんだ」と言っていて，さらに時制は過去なのでCが正解。be supposed to *do*「〜することになっている」

32.「ちょっと話せるかな？」に対して「実は今忙しいんだ。30分…に戻ってきてくれる？」と言っているので30分後と言いたい。Bが正解。in half an hour「30分後」

33.「彼が説明しているとき，君は確信が持てないようだったね」に対して「最初は信じられなかったけど，彼の言ったことはすべて本当だった」と言いたいことがわかるのでCが正解。目的格の関係代名詞の省略。その他の選択肢は，Aではeverythingが先行詞として存在するのでwhatは使えない。Bはaboutが必要ないので不可。Dは空所後の主語がないので不可。that heであれば可。

34.「先週末，旭川まで自転車で行ったそうだね。どうだった？」に対して，選択肢の単語からも「本当に大変だったよ。丸1日かかった」と言いたいことがわかる。文の内容の時制は過去なのでCが正解。It takes *A*＋時間＋to *do*「Aが〜するのに…かかる」

35. as a rule of thumb「経験から言って」という慣用句なのでAが正解。

36. my cup of tea「私の好み」という慣用句なのでCが正解。

4 解答 **37**－D **38**－A **39**－C **40**－C **41**－D **42**－A

解説

37. Aは「週に2回授業を受けたい」なので，空所38の前文「どのくらいの頻度で授業は行われるか知りたい」の後に入れるべきで不可。Bは「午前中のコースに申し込めますか？」で空所37の後の受付の発言「どのコースに興味がありますか？」と合わないので不可。Cは「もしそうなら，午前中のコースは私に合わない」なので，これも空所37の後の受付の発言と合わない。Dが正解。

38. 空所前に授業の頻度についての発言があり，空所後で「残念ですが，私たちの授業は週1回50分しかやっていない」と言っているので，頻度についての発言であるA.「週に2回授業を受けたい」が正解。

39. 空所前の受付の発言で午前中のコースは8月まで開講されないことと，夜のコースは来週から始まることを説明している。そして空所後に「できる限り早く始めたいんだ」と言っていることから，Cの「もしそうなら，午前中のコースは私に合わない」が正解。

40. 空所前の発言で「すみません，お巡りさん」と言っており，空所後では「モールの駐輪場から私の自転車が盗まれたと思います」とあることから，Cの「自転車の盗難届を出す必要がある」が正解。

41. 空所後に「でも戻ったときにはなくなっていた」と言っていることから，「しっかりカギをかけたがなくなっていた」が文意として自然なので，D.「自転車にはしっかりカギをかけておきました」が正解。

42. 空所後に「自分の自転車は修理中だったのでそれを借りた」と言っていることから，盗まれた自転車は本人のものではないことがわかる。よってA.「ええっと，実際には祖母のものなんです」が正解。

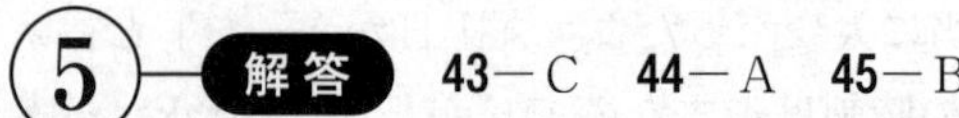

5 解答 **43**－C **44**－A **45**－B

解説

《都市型農業と都市養蜂と環境》

43. 空所前の1文に「これら（裏庭やコミュニティガーデンでの農業）は，社会的観点から家庭や小さなコミュニティにとって非常に有益である」とあり，空所には社会的観点の話が入るべきであることから，Cの「例えば，近所の人同士で互いの庭の作物を分け合ったり，新たな農法を共有したりできる」が正解。

44. 空所直前の文に「あまり見かけないが，全体として非常に環境にとって重要なのが都市養蜂である」とあり，空所後も蜂の話が続いていることから，Aの「この貴重な昆虫ははちみつを作るだけでなく，農業にとって必要不可欠である」が正解。

45. 空所直後に In other words「つまり，言い換えれば」という表現があることから，空所には直後の文の内容の言い換えに相当する文がくると予想される。残ったBとDのうち，Bの「都市農業は食糧を供給し，そして，輸送コストを減らすというような基本的に人間に必要なことを満たす大いなる可能性がある」が言い換えとして機能する。

6 解答 **46**—C **47**—A **48**—B **49**—D **50**—D **51**—D **52**—C

解説

《大学フードコートリノベ半年記念》

46.「リノベーション計画はどのくらいかかったか？」

本文第2段第1文（The creation of …）に「この新しいフードコートの建設は2020年4月に始まった計画だった」とあり，また第1段第1文（The University Food Court …）で「大学フードコートは2023年4月1日に再オープンした」とあるので，C.「3年」が正解。

47.「もともとの計画は…することだった」

本文第2段第4文（At first, …）に「最初は，その計画は単にカフェを作ることだった」とあるので，Aが正解。

48.「新しいフードコートのオープン以来，利用者は…」

本文第2段第6文（User satisfaction …）に「利用者の満足度は非常に高い」とあるので，Bの「信じられないほど満足している」が正解。

49.「クーポンは…まで有効である」

本文第2段最終文（The coupon will …）に「クーポンは10月31日まで有効」とあるので，Dの「10月末」が正解。

50.「次の日のうち，どの日にフードコートが閉まっているか？」

星印の1つ目（This food court is open …）に「このフードコートは日曜日以外毎日午前9時から午後9時までオープンしている」とあるのでDが正解。

51.「そのスペースで音楽を演奏したり映画を上映したりするには何をすべきか？」

星印の4つ目（Playing music and videos …）に「大学の事務室と連絡することで特別な許可が認められるかもしれないが，音楽やビデオを流すことは普通は認められていない」とあるので，Dの「事務室からの許可を頼まなければならない」が正解。

52.「学生は次の活動のうち，どれをフードコートでできますか？」

Aの「洗濯物を干す」は記述がない。Bの「においの強い食べ物を持ち込む」は星印の３つ目（You are welcome to…）で「飲食物の持ち込みは歓迎するが，においの強い食べ物は控えること」とあるので不可。Cの「友人と宿題をする」は本文第１段第３文（It is a spot…）に「友人とぶらぶらしたり，課題に取り組んだりする場所」とあるのでCが正解。Dの「近所の人を訪ねる」は本文第２段第５文（Although there were…）に「近所の住人を含む予想以上の人が毎日フードコートを訪れ続けている」とはあるが，近所の人を訪ねるという記述はない。

日本史

1 解答 《飛鳥時代～白鳳時代の文化史》

問1. 礎石　**問2.** エ　**問3.** エ　**問4.** イ　**問5.** ウ　**問6.** イ
問7. 文化財保護法　**問8.** 高松塚　**問9.** ウ

2 解答 《室町時代の一揆》

問1. 土倉　**問2.** イ　**問3.** 山城　**問4.** イ　**問5.** 下剋上
問6. ア　**問7.** エ　**問8.** イ　**問9.** オ

3 解答 《江戸時代～明治時代の交通史》

問1. 道中　**問2.** 関所　**問3.** イ　**問4.** オ　**問5.** ア
問6. 日本国有鉄道　**問7.** エ　**問8.** エ　**問9.** エ

4 解答 《昭和戦前の政治史》

問1. 張学良　**問2.** 近衛文麿　**問3.** 盧溝橋　**問4.** 南京　**問5.** イ
問6. 小村寿太郎　**問7.** イ　**問8.** 東条英機　**問9.** ハル＝ノート

世界史

1 解答 《古代オリエント史》

問1． **1．** シュメール　**2．** 都市国家
3． 古バビロニア王国〔バビロン第1王朝〕　**4．** ハンムラビ法典
5． ヤハウェ〔ヤーヴェ〕　**6．** アッシリア
問2． ジッグラト　**問3．** ウ　**問4．** (1)旧約聖書　(2)モーセ

2 解答 《近世イスラーム国家》

問1． **1．** アドリアノープル〔エディルネ〕　**2．** メフメト2世
3． ティマール　**4．** スレイマン1世　**5．** バーブル　**6．** アクバル
7． ジズヤ　**8．** アウラングゼーブ
問2． ア　**問3．** イスタンブル　**問4．** イ　**問5．** ア
問6． イスマーイール1世　**問7．** ウ　**問8．** ナーナク

3 解答 《フランス革命》

問1． **1．** 三部会　**2．** バスティーユ　**3．** ヴァレンヌ　**4．** ジャコバン
5． 公安　**6．** テルミドール　**7．** ブリュメール
問2． エ　**問3．** シェイエス　**問4．** 球戯場の誓い〔テニスコートの誓い〕
問5． ヨーゼフ2世　**問6．** ラ＝マルセイエーズ　**問7．** ゲーテ
問8． バブーフ　**問9．** ウ

4 解答 《中華民国史》

問1． **1．** パリ講和　**2．** 陳独秀　**3．** 扶助工農　**4．** 蔣介石　**5．** 北伐
問2． エ　**問3．** 五・四運動　**問4．** 三民主義　**問5．** 五・三〇運動
問6． 上海

地　理

① 解答 《北海道釧路市付近の地形図読図》

問1．ア．カルデラ　**イ．**特別天然記念物〔天然記念物〕
ウ．湿地（湿原も可）　**エ．**泥炭〔ピート〕　**オ．**温泉
カ．噴火口〔噴気口〕　**キ．**湖岸段丘〔段丘〕　**ク．**硫黄　**ケ．**パルプ
問2．エ　**問3．**2　**問4．**4　**問5．**エコツーリズム
問6．1．世界遺産　**2．**ユネスコ世界ジオパーク〔世界ジオパーク〕
3．国立公園

② 解答 《自然災害》

問1．ア．活断層　**イ．**マントル　**ウ．**造山　**エ．**環太平洋（新期も可）
オ．日本　**カ．**放射能〔放射性物質〕　**キ．**南海（駿河も可）
ク．共助
問2．太平洋プレート・北アメリカプレート　**問3．**直下　**問4．**液状化
問5．ハザードマップ　**問6．**インフラストラクチャー

③ 解答 《日本と世界の林業》

問1．ア．北海道　**イ．**人工　**ウ．**熱　**エ．**温　**オ．**亜寒（冷も可）
カ．用　**キ．**薪炭　**ク．**サンゴ礁
問2．378,000　**問3．**3　**問4．**3　**問5．**4　**問6．**1
問7．永久凍土　**問8．**2

④ 解答 《地域経済統合》

問1．a．MERCOSUR〔メルコスール〕　**b．**ASEAN〔アセアン〕
c．USMCA　**d．**EU

問2．ア・イ． インドネシア・タイ（順不同）　**ウ．** 10

エ． メキシコ〔メキシコ合衆国〕　**オ．** EC

問3．A－10　**B**－1　**C**－5　**D**－7　**問4．** 3

問5．1． シェンゲン協定　**2．** マーストリヒト条約

3． 共通農業政策〔CAP〕

政治・経済

1 解答 《需要・供給曲線》

問1. 自動調節〔自動調整〕 **問2.** ウ・オ

問3. (a)―オ　(b) Y　(c)(1)―イ　(2)―ア　(3)―ウ

問4. (1)―ア　(2)―イ　(3)―ウ

問5. (a)均衡価格：220　均衡需給量：40

(b)**あ**―キ　**い**―コ　**う**―チ　**え**―ウ

2 解答 《日本の領土問題》

問1. **あ.** 国連海洋法　**い.** 12　**う.** 200

問2. **A.** 固有　**B.** 尖閣諸島　**C.** 国際司法裁判所　**D.** 海洋基本

問3. イ・ク・シ・ソ　**問4.** **え.** 無主地　**お.** 独島　**か**―オ

問5. (a)―ウ　(b)―オ　(c)ミックス

問6. **こ.** デカップリング　**さ.** デリスキング

問7. トランスフォーメーション

3 解答 《企業と財務諸表》

問1. **A**―タ　**B**―ウ　**C**―ツ　**D**―エ　**E**―ア　**F**―ス

問2. キャピタルゲイン　**問3.** TOB

問4. **あ**―オ　**い**―カ　**う**―キ　**え**―ク

問5. **i.** 600　**ii.** 353　**iii.** 397　**iv.** 997

数　学

◀経済学部・経営学部（経営）▶

1 **解答** 《小問3問》

(1)

$$(x^2-6x+9)-9y^2=(x-3)^2-(3y)^2$$
$$=(x-3+3y)(x-3-3y)$$
$$=(x+3y-3)(x-3y-3) \quad \cdots\cdots(答)$$

別解

$$x^2-6x-9(y^2-1)=x^2-6x-3(y+1)\cdot 3(y-1)$$
$$=\{x+3(y-1)\}\{x-3(y+1)\}$$
$$=(x+3y-3)(x-3y-3)$$

(2) 平均値を m，標準偏差を s とすると

$$m=\frac{1}{5}(14+22+18+36+5n)=n+18$$

$$s^2=\frac{1}{5}\{(14-m)^2+(22-m)^2+(18-m)^2+(36-m)^2+(5n-m)^2\}$$
$$=\frac{1}{5}\{(-n-4)^2+(-n+4)^2+n^2+(-n+18)^2+(4n-18)^2\}$$
$$=\frac{1}{5}(20n^2-180n+680)$$
$$=4n^2-36n+136$$

$s=8$ より

$$4n^2-36n+136=64$$
$$4n^2-36n+72=0$$
$$n^2-9n+18=0$$
$$(n-3)(n-6)=0$$
$$n=3,\ 6$$

よって

$$m=21,\ 24 \quad \cdots\cdots(答)$$

(3) $y=(x-a)^2-a^2-4$ より，C の頂点の座標は $(a,\ -a^2-4)$ である。

C を原点に関して対称移動して得られる放物線の方程式は

$$-y=(-x-a)^2-a^2-4$$
$$y=-(x+a)^2+a^2+4$$

これが $(a,\ -a^2-4)$ を通るから

$$-a^2-4=-(a+a)^2+a^2+4$$
$$-a^2-4=-4a^2+a^2+4$$
$$2a^2=8$$
$$a^2=4 \qquad \therefore\ a=\pm 2 \quad \cdots\cdots(答)$$

2 解答 《小問3問》

(1) 三角形の内角の和は π だから

$$A+B+C=\pi$$

これより

$$B+C=\pi-A$$
$$\tan\frac{B+C}{2}=\tan\left(\frac{\pi}{2}-\frac{A}{2}\right)=\frac{1}{\tan\frac{A}{2}}=2+\sqrt{3} \quad \cdots\cdots(答)$$

(2) $2^{11}-(2^4+2^3)=2048-(16+8)=2024$

2	2024		8	2024	
2	1012	…0 ↑	8	253	…0 ↑
2	506	…0	8	31	…5
2	253	…0	8	3	…7
2	126	…1		0	…3
2	63	…0			
2	31	…1			
2	15	…1			
2	7	…1			
2	3	…1			
2	1	…1			
	0	…1			

$2024=11111101000_{(2)}=3750_{(8)}$ ……(答)

(3) ミニカーを x 個，ぬいぐるみを y 個買うとすると

$400x+900y=8500$ （x，y は自然数）

$4x+9y=85$

$4x=85-9y$

$x \geqq 1$ より，$4x \geqq 4$ だから

$85-9y \geqq 4$

$9y \leqq 81$

$y \leqq 9$

y は自然数だから

$1 \leqq y \leqq 9$

$y=1$ のとき　$4x=76$　$\therefore$　$x=19$

$y=2$ のとき　$4x=67$　$\therefore$　$x=\dfrac{67}{4}$

$y=3$ のとき　$4x=58$　$\therefore$　$x=\dfrac{29}{2}$

$y=4$ のとき　$4x=49$　$\therefore$　$x=\dfrac{49}{4}$

$y=5$ のとき　$4x=40$　$\therefore$　$x=10$

$y=6$ のとき　$4x=31$　$\therefore$　$x=\dfrac{31}{4}$

$y=7$ のとき　$4x=22$　$\therefore$　$x=\dfrac{11}{2}$

$y=8$ のとき　$4x=13$　$\therefore$　$x=\dfrac{13}{4}$

$y=9$ のとき　$4x=4$　$\therefore$　$x=1$

x，y がともに自然数であるものは

$(x,\ y)=(1,\ 9),\ (10,\ 5),\ (19,\ 1)$ の3通り　……(答)

3 解答 《正の約数の個数に関する確率》

(1) 起こりうるすべての場合は $6\times6\times6$ 通りある。

n の正の約数の個数が2個以下となるのは，$n=1$，2，3，5 のときで

$n=1$ のときは　$(n_1,\ n_2,\ n_3)=(1,\ 1,\ 1)$

$n=2$ のときは　$(n_1,\ n_2,\ n_3)=(1,\ 1,\ 2),\ (1,\ 2,\ 1),\ (2,\ 1,\ 1)$

$n=3$, $n=5$ のときも3通りずつあるので，n の正の約数の個数が2個以下となる場合は

$$1+3\times3=10 \text{ 通り}$$

その確率は

$$\frac{10}{6\times6\times6}=\frac{5}{108}$$

よって，n の正の約数の個数が3個以上となる確率は，余事象を考えて

$$1-\frac{5}{108}=\frac{103}{108} \quad \cdots\cdots(\text{答})$$

(2)　n の正の約数の個数が7個となるのは，$n=2^6$ のときで

$$(n_1,\ n_2,\ n_3)=(4,\ 4,\ 4)$$

の1通りである。

n の正の約数の個数が7個となる確率は

$$\frac{1}{6\times6\times6}=\frac{1}{216} \quad \cdots\cdots(\text{答})$$

(3)　n の正の約数の個数が9個となるのは，$n=2^2\cdot3^2$, $2^2\cdot5^2$ のときで

$n=2^2\cdot3^2$ のとき，n_1, n_2, n_3 の組合せは $\{1,\ 6,\ 6\}$, $\{2,\ 3,\ 6\}$, $\{3,\ 3,\ 4\}$ であり，それぞれ $(n_1,\ n_2,\ n_3)$ は3通り，$3!$ 通り，3通りであるから

$$3+3!+3=12 \text{ 通り}$$

$n=2^2\cdot5^2$ のとき，n_1, n_2, n_3 の組合せは $\{4,\ 5,\ 5\}$ であり，$(n_1,\ n_2,\ n_3)$ は3通り。

n の正の約数の個数が9個である場合は

$$12+3=15 \text{ 通り}$$

よって，求める確率は

$$\frac{15}{6\times6\times6}=\frac{5}{72} \quad \cdots\cdots(\text{答})$$

4 解答《絶対値を含む定積分，最小値，定積分》

(1) $t<0$ のとき，$0\leqq x\leqq 1$ の範囲で

$$|x-t|=x-t$$

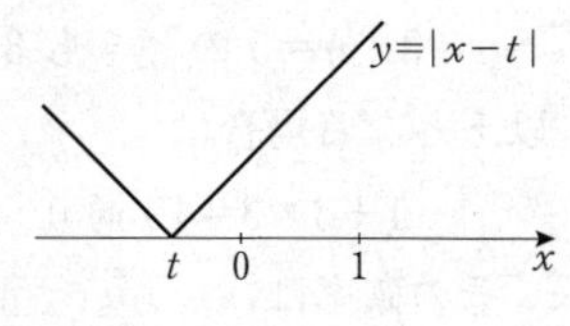

だから

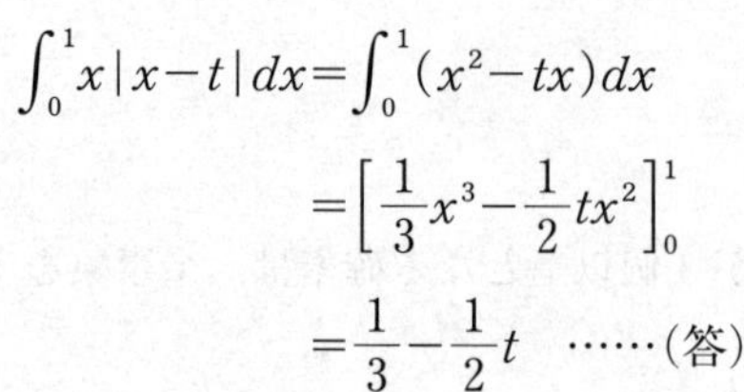

$$\int_0^1 x|x-t|\,dx=\int_0^1 (x^2-tx)\,dx$$

$$=\left[\frac{1}{3}x^3-\frac{1}{2}tx^2\right]_0^1$$

$$=\frac{1}{3}-\frac{1}{2}t \quad \cdots\cdots(\text{答})$$

(2) $0\leqq t\leqq 1$ のとき，$0\leqq x\leqq t$ の範囲で

$$|x-t|=-x+t$$

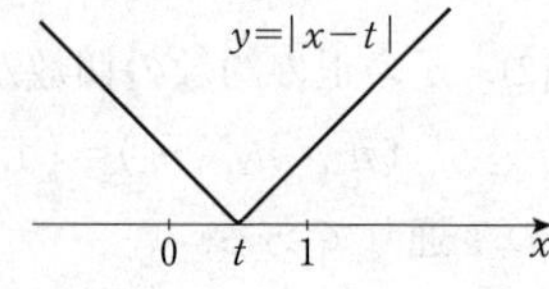

$t\leqq x\leqq 1$ の範囲で

$$|x-t|=x-t$$

だから

$$\int_0^1 x|x-t|\,dx=\int_0^t (-x^2+tx)\,dx+\int_t^1 (x^2-tx)\,dx$$

$$=\left[-\frac{1}{3}x^3+\frac{1}{2}tx^2\right]_0^t+\left[\frac{1}{3}x^3-\frac{1}{2}tx^2\right]_t^1$$

$$=-\frac{1}{3}t^3+\frac{1}{2}t^3+\frac{1}{3}-\frac{1}{2}t-\left(\frac{1}{3}t^3-\frac{1}{2}t^3\right)$$

$$=\frac{1}{3}t^3-\frac{1}{2}t+\frac{1}{3}$$

$1<t$ のとき，$0\leqq x\leqq 1$ の範囲で

$$|x-t|=-x+t$$

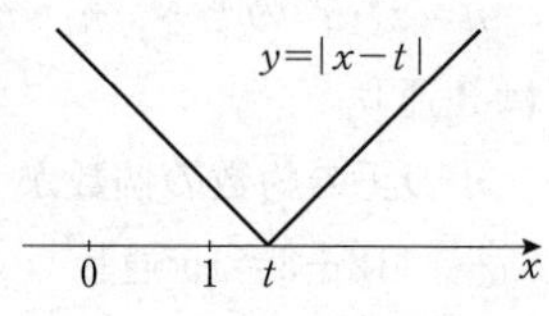

だから

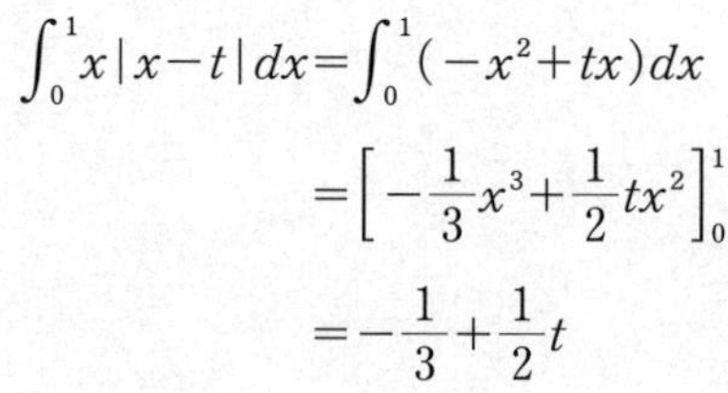

$$\int_0^1 x|x-t|\,dx=\int_0^1 (-x^2+tx)\,dx$$

$$=\left[-\frac{1}{3}x^3+\frac{1}{2}tx^2\right]_0^1$$

$$=-\frac{1}{3}+\frac{1}{2}t$$

よって

$$f(t)=\begin{cases}\dfrac{1}{3}-\dfrac{1}{2}t & (t<0\text{ のとき})\\ \dfrac{1}{3}t^3-\dfrac{1}{2}t+\dfrac{1}{3} & (0\leqq t\leqq 1\text{ のとき})\\ -\dfrac{1}{3}+\dfrac{1}{2}t & (1<t\text{ のとき})\end{cases}$$

$0\leqq t\leqq 1$ のとき

$$f'(t)=t^2-\frac{1}{2}=\left(t+\frac{\sqrt{2}}{2}\right)\left(t-\frac{\sqrt{2}}{2}\right)$$

$f'(t)=0$ となる t の値は，$0\leqq t\leqq 1$ より

$$t=\frac{\sqrt{2}}{2}$$

$f(t)$ は $t<0$ のとき単調減少，$1<t$ のとき単調増加であるから，$t=\dfrac{\sqrt{2}}{2}$ のとき $f(t)$ は最小値 $\dfrac{2-\sqrt{2}}{6}$ をとる。……(答)

t	0	$\cdots$	$\frac{\sqrt{2}}{2}$	$\cdots$	1
$f'(t)$		$-$	0	$+$	
$f(t)$	$\frac{1}{3}$	↘	極小	↗	$\frac{1}{6}$

(3)
$$\int_{-1}^{2}f(t)dt=\int_{-1}^{0}\left(\frac{1}{3}-\frac{1}{2}t\right)dt+\int_{0}^{1}\left(\frac{1}{3}t^3-\frac{1}{2}t+\frac{1}{3}\right)dt+\int_{1}^{2}\left(-\frac{1}{3}+\frac{1}{2}t\right)dt$$

$$=\left[\frac{1}{3}t-\frac{1}{4}t^2\right]_{-1}^{0}+\left[\frac{1}{12}t^4-\frac{1}{4}t^2+\frac{1}{3}t\right]_{0}^{1}+\left[-\frac{1}{3}t+\frac{1}{4}t^2\right]_{1}^{2}$$

$$=-\left(-\frac{1}{3}-\frac{1}{4}\right)+\frac{1}{12}-\frac{1}{4}+\frac{1}{3}-\frac{2}{3}+1-\left(-\frac{1}{3}+\frac{1}{4}\right)$$

$$=\frac{7}{6}\quad\text{……(答)}$$

5 解答 《漸化式，数列の和》

(1) $a_2=ba_1=ab$

$a_3=b(a_1+a_2)=b(a+ab)=ab+ab^2$

$a_4=b(a_1+a_2+a_3)=b(a+ab+ab+ab^2)=ab+2ab^2+ab^3$

よって

$a_4-a_3=ab^2+ab^3=ab^2(b+1)$ ……(答)

$\dfrac{a_4}{a_3}=\dfrac{ab(b^2+2b+1)}{ab(b+1)}=\dfrac{ab(b+1)^2}{ab(b+1)}=b+1$ ……(答)

(2) $n\geqq 2$ のとき

$$a_{n+1}-a_n=b\sum_{k=1}^{n}a_k-b\sum_{k=1}^{n-1}a_k=ba_n$$

より

$$a_{n+1}=(b+1)a_n$$

$\{a_n\}$ は第2項から公比 $b+1$ の等比数列となるので

$a_n=a_2(b+1)^{n-2}=ab(b+1)^{n-2}$　$(n\geqq 2)$ ……(答)

(3) $\displaystyle\sum_{k=1}^{n}a_k=a_1+\sum_{k=2}^{n}a_k=a+ab\sum_{k=2}^{n}(b+1)^{k-2}$

$=a+ab\cdot\dfrac{(b+1)^{n-1}-1}{b+1-1}$

$=a+a\{(b+1)^{n-1}-1\}$

$=a(b+1)^{n-1}$ ……(答)

◀工学部（社会環境工〈社会環境コース〉・電子情報工）▶

1 解答 《小問3問》

(1)
$$x^2-6x+9-9y^2=(x-3)^2-(3y)^2$$
$$=(x-3+3y)(x-3-3y)$$
$$=(x+3y-3)(x-3y-3) \quad \cdots\cdots(\text{答})$$

(2) 平均値を m，分散を s^2 とすると

$$m=\frac{1}{5}(14+22+18+36+5n)=n+18$$

$$s^2=\frac{1}{5}\{(14-m)^2+(22-m)^2+(18-m)^2+(36-m)^2+(5n-m)^2\}$$
$$=\frac{1}{5}\{(-n-4)^2+(-n+4)^2+n^2+(-n+18)^2+(4n-18)^2\}$$
$$=\frac{1}{5}(20n^2-180n+680)$$
$$=4n^2-36n+136$$

$s^2=64$ より

$$4n^2-36n+136=64$$
$$4n^2-36n+72=0$$
$$n^2-9n+18=0$$
$$(n-3)(n-6)=0$$

$\therefore \quad n=3,\ 6 \quad \cdots\cdots(\text{答})$

(3) $1-i$ が解だから

$$(1-i)^3+a(1-i)^2+b=0$$
$$1-3i+3i^2-i^3+a(1-2i+i^2)+b=0$$
$$(b-2)+(-2a-2)i=0$$

a，b は実数だから

$$b-2=0,\ -2a-2=0$$

よって

$$a=-1,\ b=2 \quad \cdots\cdots(\text{答})$$

このとき

$$x^3-x^2+2=0$$

$$(x+1)(x^2-2x+2)=0$$

他の解は

$$x=-1,\ 1+i \quad \cdots\cdots(\text{答})$$

別解　実数係数の3次方程式より，$1-i$ が解だから，共役複素数 $1+i$ も解となる。

$$(1-i)+(1+i)=2,\ (1-i)(1+i)=1-i^2=2$$

より，解と係数の関係より x^2-2x+2 が左辺の因数になる。

$$x^3+ax^2+b=(x^2-2x+2)\left(x+\frac{b}{2}\right)$$

$$=x^3+\left(\frac{b}{2}-2\right)x^2+(-b+2)x+b$$

x についての恒等式だから

$$a=\frac{b}{2}-2,\ -b+2=0$$

これより　$a=-1,\ b=2$

残りの解は　$x=-1,\ 1+i$

2 解答 《三角関数の合成，2倍角の公式，最小値》

(1)　$t=\sin 2x+\cos 2x$

$$=\sqrt{2}\left(\sin 2x\cdot\frac{1}{\sqrt{2}}+\cos 2x\cdot\frac{1}{\sqrt{2}}\right)$$

$$=\sqrt{2}\left(\sin 2x\cos\frac{\pi}{4}+\cos 2x\sin\frac{\pi}{4}\right)$$

$$=\sqrt{2}\sin\left(2x+\frac{\pi}{4}\right)$$

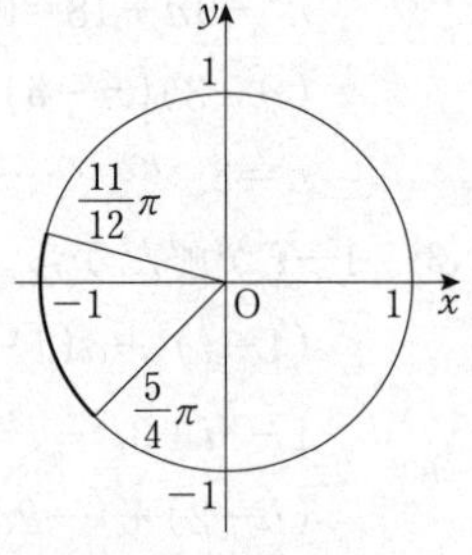

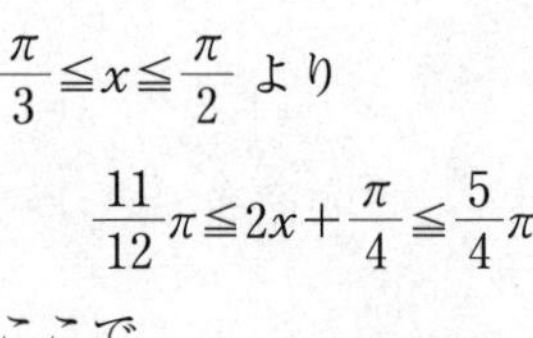

$\dfrac{\pi}{3}\leqq x\leqq\dfrac{\pi}{2}$ より

$$\frac{11}{12}\pi\leqq 2x+\frac{\pi}{4}\leqq\frac{5}{4}\pi$$

ここで

$$\sin\frac{11}{12}\pi=\sin\left(\frac{2}{3}\pi+\frac{\pi}{4}\right)$$
$$=\sin\frac{2}{3}\pi\cos\frac{\pi}{4}+\cos\frac{2}{3}\pi\sin\frac{\pi}{4}$$
$$=\frac{\sqrt{3}}{2}\times\frac{\sqrt{2}}{2}-\frac{1}{2}\times\frac{\sqrt{2}}{2}$$
$$=\frac{\sqrt{6}-\sqrt{2}}{4}$$

だから

$$-\frac{1}{\sqrt{2}}\leqq\sin\left(2x+\frac{\pi}{4}\right)\leqq\frac{\sqrt{6}-\sqrt{2}}{4}$$

となるので

$$-1\leqq t\leqq\frac{\sqrt{3}-1}{2}\quad\cdots\cdots(\text{答})$$

(2)　$t^2=(\sin 2x+\cos 2x)^2$

$$=\sin^2 2x+2\sin 2x\cos 2x+\cos^2 2x$$
$$=1+\sin 4x$$

より

$$\sin 4x=t^2-1\quad\cdots\cdots(\text{答})$$
$$y=3(t^2-1)+at+1=3t^2+at-2\quad\cdots\cdots(\text{答})$$

(3)　$y=3\left(t^2+\dfrac{a}{3}t\right)-2=3\left(t+\dfrac{a}{6}\right)^2-\dfrac{a^2}{12}-2$

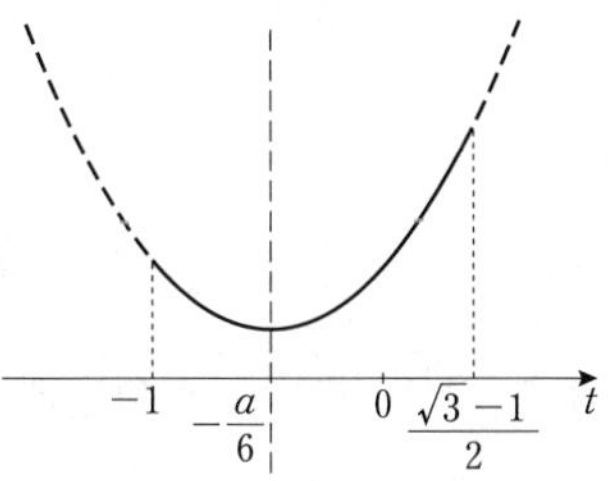

グラフの軸は $t=-\dfrac{a}{6}$ であり，$0<a<6$ より $-1<-\dfrac{a}{6}<0$ であるから，

$-1\leqq t\leqq\dfrac{\sqrt{3}-1}{2}$ の範囲で $t=-\dfrac{a}{6}$ のとき最小となる。

最小値は　$-\dfrac{a^2}{12}-2$　……(答)

3 解答 《小問3問》

(1)　$f(x)=(x^2-5)^3$ より

$$f'(x)=3(x^2-5)^2(x^2-5)'=6x(x^2-5)^2$$

$f'(x)=0$ となる x の値は

$x=0,\ \pm\sqrt{5}$　……(答)

(2)

$$\int_a^{a+y}\left(x^2+\frac{1}{x^2}\right)dx=\left[\frac{1}{3}x^3-\frac{1}{x}\right]_a^{a+y}$$

$$=\frac{1}{3}(a+y)^3-\frac{1}{a+y}-\left(\frac{1}{3}a^3-\frac{1}{a}\right)$$

$$=\frac{1}{3}(a^3+3a^2y+3ay^2+y^3)-\frac{1}{a+y}-\frac{1}{3}a^3+\frac{1}{a}$$

$$=\frac{1}{3}y(3a^2+3ay+y^2)+\frac{y}{a(a+y)}$$

であるから

$$\lim_{y\to 0}\left\{\frac{1}{y}\int_a^{a+y}\left(x^2+\frac{1}{x^2}\right)dx\right\}=\lim_{y\to 0}\left\{\frac{1}{3}(3a^2+3ay+y^2)+\frac{1}{a(a+y)}\right\}$$

$$=a^2+\frac{1}{a^2}\quad\text{……(答)}$$

別解　$f(x)=x^2+\dfrac{1}{x^2}$ とおき，$f(x)$ の不定積分の1つを $F(x)$ とすると

$$\lim_{y\to 0}\left\{\frac{1}{y}\int_a^{a+y}f(x)dx\right\}=\lim_{y\to 0}\left\{\frac{1}{y}\Big[F(x)\Big]_a^{a+y}\right\}=\lim_{y\to 0}\frac{F(a+y)-F(a)}{y}$$

$$=F'(a)=f(a)=a^2+\frac{1}{a^2}$$

(3)

$$\alpha=\frac{1}{\sqrt{2}}(-1+\sqrt{3}i)=\sqrt{2}\left(-\frac{1}{2}+\frac{\sqrt{3}}{2}i\right)=\sqrt{2}\left(\cos\frac{2}{3}\pi+i\sin\frac{2}{3}\pi\right)$$

より，ド・モアブルの定理から

$$\alpha^n=\sqrt{2}^n\left(\cos\frac{2}{3}\pi+i\sin\frac{2}{3}\pi\right)^n=\sqrt{2}^n\left(\cos\frac{2n}{3}\pi+i\sin\frac{2n}{3}\pi\right)$$

$$\beta=\frac{1}{\sqrt{2}}+\frac{1}{\sqrt{2}}i=\cos\frac{\pi}{4}+i\sin\frac{\pi}{4}$$

より，ド・モアブルの定理から

$$\beta^n=\left(\cos\frac{\pi}{4}+i\sin\frac{\pi}{4}\right)^n=\cos\frac{n}{4}\pi+i\sin\frac{n}{4}\pi$$

3点O，A，Bが一直線上にあるような最小のnは3と4の最小公倍数の$n=12$であり，このとき$A(2^6)$，$B(-1)$であるから

$d=2^6+1=65$ ……(答)

4 解答 《正の約数の個数に関する確率》

(1) 起こりうるすべての場合は$6\times6\times6$通りある。

nの正の約数の個数が1個になるのは$n=1$のときで，このとき

$(n_1,\ n_2,\ n_3)=(1,\ 1,\ 1)$

の1通り。

よって，求める確率は

$$\frac{1}{6\times6\times6}=\frac{1}{216}\quad\text{……(答)}$$

(2) nの正の約数の個数が2個となるのは$n=2,\ 3,\ 5$のときであり

$n=2$のとき，$(n_1,\ n_2,\ n_3)=(1,\ 1,\ 2)$，$(1,\ 2,\ 1)$，$(2,\ 1,\ 1)$の3通り。

$n=3,\ 5$のときもそれぞれ3通りずつある。

よって，nの正の約数の個数が2個となる確率は

$$\frac{9}{6\times6\times6}=\frac{9}{216}$$

(1)の結果も合わせてnの正の約数の個数が3個以上となる確率は

$$1-\frac{1}{216}-\frac{9}{216}=\frac{206}{216}=\frac{103}{108}\quad\text{……(答)}$$

(3) nの正の約数の個数が5個となるのは$n=2^4$のときで，このとき

$(n_1,\ n_2,\ n_3)=(1,\ 2^2,\ 2^2)$，$(2^2,\ 1,\ 2^2)$，$(2^2,\ 2^2,\ 1)$，

$(2,\ 2,\ 2^2)$，$(2,\ 2^2,\ 2)$，$(2^2,\ 2,\ 2)$

の6通りであるから求める確率は

$$\frac{6}{6\times6\times6}=\frac{1}{36}\quad\text{……(答)}$$

5 解答 《ベクトルの内積，垂直条件，最小値》

(1)　$\vec{a}\cdot\vec{e}=x\times1+y\times0=x$　……(答)

$|\vec{a}|^2-(\vec{a}\cdot\vec{e})^2=x^2+y^2-x^2=y^2$　……(答)

(2)　$\vec{b}-\vec{a}=\vec{e}$ より

$$(\vec{b}-\vec{a})\cdot\{(1-t)\vec{a}+t\vec{b}\}=\vec{e}\cdot\{(1-t)\vec{a}+t\vec{b}\}$$
$$=(1-t)\vec{a}\cdot\vec{e}+t\vec{b}\cdot\vec{e}$$
$$=(1-t)\vec{a}\cdot\vec{e}+t(\vec{a}+\vec{e})\cdot\vec{e}$$
$$=\vec{a}\cdot\vec{e}+t|\vec{e}|^2=x+t=0$$

より　$x=-t$

$0\leqq t\leqq1$ より

$-1\leqq x\leqq0$　……(答)

このとき

$$\vec{c}=(1-t)\vec{a}+t\vec{b}$$
$$=(1-t)\vec{a}+t(\vec{a}+\vec{e})$$
$$=\vec{a}+t\vec{e}$$
$$=(x+t,\ y)=(0,\ y)\quad\text{……(答)}$$

(3)　$\vec{c}=(1-t)\vec{a}+t\vec{b}=(1-t)\vec{a}+t(\vec{a}+\vec{e})=\vec{a}+t\vec{e}=(x+t,\ y)$

より

$$|\vec{c}|^2=(x+t)^2+y^2=(t+x)^2+y^2=f(t)$$

とおく。

グラフの軸は $t=-x$ であるから

(i) $-x<0$ すなわち $0<x$ のとき

$f(t)$ は $t=0$ のとき最小，このとき $|\vec{c}|$ の最小値は

$\sqrt{x^2+y^2}$　……(答)

(ii) $0\leqq -x\leqq1$ すなわち $-1\leqq x\leqq0$ のとき $f(t)$ は $t=-x$ のとき最小，

このとき $|\vec{c}|$ の最小値は

$\sqrt{y^2}=|y|$　……(答)

(iii) $1<-x$ すなわち $x<-1$ のとき $f(t)$ は $t=1$ のとき最小，このとき $|\vec{c}|$ の最小値は

$$\sqrt{(x+1)^2+y^2} \quad \cdots\cdots(答)$$

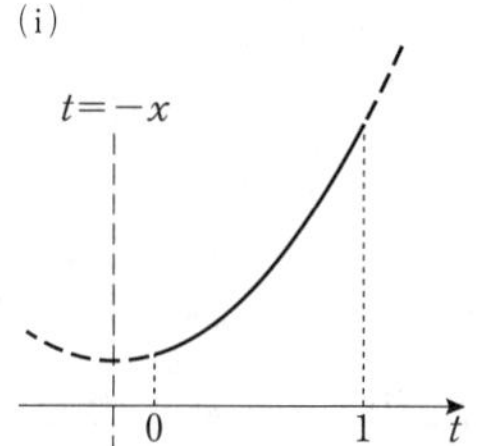

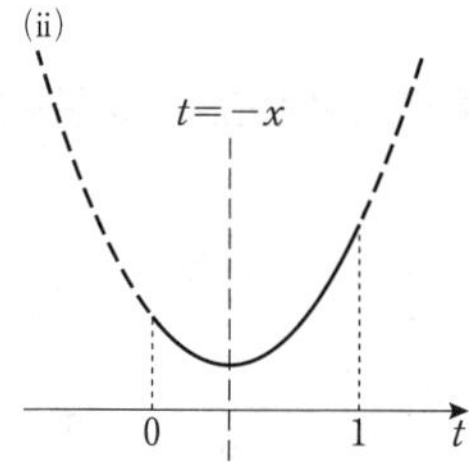

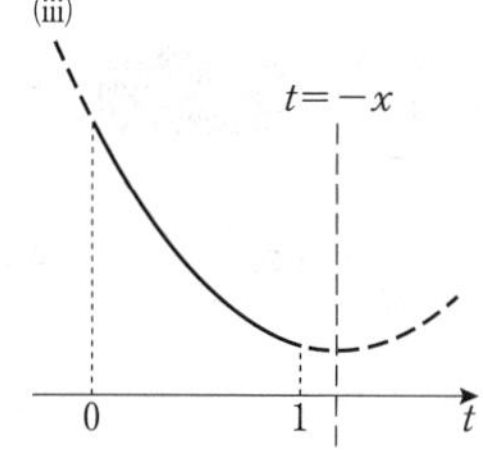

物 理

1 解答 《斜め衝突，運動エネルギー》

(1) $\dfrac{v_0}{g}$ (2) $\dfrac{{v_0}^2}{2g}$ (3) x 成分：$\dfrac{v_0}{\sqrt{2}}$ y 成分：$\dfrac{-v_0}{\sqrt{2}}$

(4) x 成分：$\dfrac{v_0}{\sqrt{2}}$ y 成分：$\dfrac{v_0}{2\sqrt{2}}$ (5) $\dfrac{5}{8}$ 倍 (6) $\dfrac{v_0}{g}$ (7) $\dfrac{9{v_0}^2}{8\sqrt{2}\,g}$ (8) $\dfrac{v_0}{32\sqrt{2}}$

2 解答 《コンデンサーを含む回路》

(1) 1.0 A (2) 6.0 W (3) 30 J (4) 6.0 V (5) 24 C (6) 0 A (7) 1.5 A
(8) 9.0 V (9) 18 C (10) 81 J

の主張なので合致する。

問四　傍線の直前に「人生にとって最も大事な」とあるが、筆者は、空欄Bのある段落で「『正しい』とは、そもそもどういうことなのか。それ以外に人間が人生で知るべきことなどあるだろうか」としているので、「正しい」とはどういうことなのかが最も大事な問いとなる。

問六　**ア、**　筆者は、言葉はそれ自体が価値だとしている。

イ、　傍線直後の「語る言葉の一言一句が、君という人間の品格、君の価値なんだ」と合致する。

ウ、　言葉には価値があり、だからこそくだらない言葉を吐いてはならぬとしている。

エ、　言葉がその人そのものという事例で挙げられている。

問七　外界は目に見える映像情報などで、内界は目に見えない観念で、自力で考えなければいけないものである。その説明としてはアが妥当。

問八　「言葉を大事に生きる」と直前で述べている空欄ウがふさわしい。

問九　**ア、**　空欄アの直前の段落に合致する。

イ、　古典など賢人の言葉は、時代によって変化するものではない。

ウ、　空欄Cの段落で「情報を追いかけて奔走」することについて「本末顛倒だ」としている。よって「常に追いかけていなければならない」は本文と合致しない。

エ、　空欄アの直後の段落に合致する。

問十　**ア、**　メディアによる情報は正しいものばかりとは限らないというのが筆者の主張である。

イ、　古典は、価値のある「知識」を提供してくれるとしているが、筆者は「知識」と「情報」は別物だとしているから合致しない。

ウ、　古典は、古の賢人が価値のある言葉で、知識を書いたものであるので合致する。

エ、　情報を追って知ることは、大事なことを考えるきっかけにはなるだろうがそれだけでしかない、というのが筆者いわけではない。

カ、（中略）の前段落で、セクシャルマイノリティに対する無知に基づく一方的な意味づけが批判されるべきなのは、無知であるだけではなく、無知のままであろうとする欲望があるからだとしている。

二

出典　池田晶子『14歳からの哲学――考えるための教科書』〈メディアと書物〉（トランスビュー）

解答

問一　**a**―エ　**b**―エ　**c**―ウ　**d**―ウ　**e**―エ　**f**―オ

問二　電話もテレ〜んだから。

問三　イ

問四　ア

問五　**A**―オ　**B**―イ　**C**―ウ　**D**―イ

問六　**ア**―2　**イ**―1　**ウ**―1　**エ**―1

問七　ア

問八　ウ

問九　**ア**―1　**イ**―2　**ウ**―2　**エ**―1

問十　**ア**―2　**イ**―2　**ウ**―1　**エ**―1

解説

問二　傍線の後に理由を示す「から」で終わる文章がある。

問三　傍線の前に戦争している国のどちらが正しいかではないとある。さらに傍線の次の文に「つまり、『正しい』とは、そもそもどういうことなのか」とあるので、「正しい」とは何かを考えなくてはいけないとなる。

って正解はエ。

問五　空欄Cの直後に「だとみなしモノのように自慢する」とあることから、アが適切。

問七　傍線の直前で、「普通に過ぎないから見下してもよい」との文言があるので、「普通」を押しつけられることが一方的な意味づけとなる。それを端的にまとめているのは、第二段落での「『普通』という暴力」である。

問八　差別を知識によって乗り越えるとしても、その「知っている」とする知識が、「知っている」側が一方的に決めているとあるので、差別者が勝手に決めているといえる。

問九　「言い換えれば」とあるので、「知識」という基盤がなければならないとする主張と同じことを述べているところに入れればよい。そうなると、空欄イはその前で、知識こそが鍵になると指摘する必要があると述べているので、ここが妥当である。

問十　ア、傍線1の次の段落で、マイノリティに対する差別の強い社会では、差別の解消に役立つことはほとんどなく、場合によってはさらに傷つけかねないとある。

イ、「オネエ」という言葉も曖昧であり、さらに差別の解消になるとはいえないとされている。

ウ、良心や道徳だけでは不十分や無意味であるのみならず、逆効果となることもあるので知識が必要だ、というのが筆者の意見である。

エ、筆者は、良心や道徳ではなく、正確な知識が必要であると主張している。その正確な知識で、知ったかぶりの知識、すなわち、知り合いがいるなどについては、勝手なイメージが投影されているだけで、真の知識ではないと断罪している。

オ、空欄③の後で、「重要なのは、『普通であるか否か』を判断し、そこに意味づけをするのがマジョリティの側、という事態そのものが不当なのだという認識です」とされている。マジョリティが「何が『普通』かを決めること」そのものが不当なのであって、「マイノリティについての正しい知識」があればマジョリティが「普通」を決めてもよ

国語

一

出典　森山至貴『ＬＧＢＴを読みとく――クィア・スタディーズ入門』（ちくま新書）

解答

問一　a―ア　b―エ　c―ウ　d―イ　e―ウ
問二　エ
問三　イ
問四　エ
問五　ア
問六　ウ
問七　「普通」という暴力
問八　エ
問九　イ
問十　ア・カ

解説

問四　傍線以降で丁寧に順を追って何が「問題」かを説明している。まとめとして、空欄②の後で「…と指摘したいわけではありません」としたうえで、空欄③の後で「重要なのは」として、「『普通であるか否か』を判断し、そこに意味づけをするのがマジョリティの側、という事態そのものが不当なのだ…大差ないのです」と述べられている。したが

一般選抜2月11日実施分：法・経営（経営情報）・工（社会環境工〈環境情報コース〉・生命工）学部

問　題　編

▶試験科目・配点

学部		教　科	科　　目	配点
法	1部	外国語	コミュニケーション英語Ⅰ・Ⅱ・Ⅲ，英語表現Ⅰ・Ⅱ	100点
		選　択	日本史B，世界史B，地理B，政治・経済，数学（「数学Ⅰ・A*」は2題必須。「数学Ⅰ・A*」「数学Ⅱ」「数学B*」から1題選択）の5科目から1科目選択	100点
		国　語	国語総合**・現代文B	100点
	2部	選　択	「コミュニケーション英語Ⅰ・Ⅱ・Ⅲ，英語表現Ⅰ・Ⅱ」，日本史B，世界史B，地理B，政治・経済，数学（「数学Ⅰ・A*」は2題必須。「数学Ⅰ・A*」「数学Ⅱ」「数学B*」から1題選択）の6科目から1科目選択	100点
		国　語	国語総合**・現代文B	100点
経営（経営情報）		外国語	コミュニケーション英語Ⅰ・Ⅱ・Ⅲ，英語表現Ⅰ・Ⅱ	100点
		選　択	日本史B，世界史B，地理B，政治・経済，数学（「数学Ⅰ・A*」は2題必須。「数学Ⅰ・A*」「数学Ⅱ」「数学B*」から1題選択）の5科目から1科目選択	150点
		国　語	国語総合**・現代文B	100点
工（社会環境工〈環境情報コース〉）		外国語	コミュニケーション英語Ⅰ・Ⅱ・Ⅲ，英語表現Ⅰ・Ⅱ	100点
		数　学	数学Ⅰ・Ⅱは必須。数学Ⅲ，数学A，数学Bから1題選択	100点
		選　択	理科（「物理基礎・物理」「化学基礎・化学」「生物基礎・生物」より各2題の計6題から2題を選択），国語（国語総合**・現代文B）から1科目選択	100点
工（生命工）		外国語	コミュニケーション英語Ⅰ・Ⅱ・Ⅲ，英語表現Ⅰ・Ⅱ	100点
		数　学	数学Ⅰ・Ⅱは必須。数学Ⅲ，数学A，数学Bから1題選択	100点
		理　科	「物理基礎・物理」「化学基礎・化学」「生物基礎・生物」より各2題の計6題から2題を選択	100点

▶備　考

法学部は試験日自由選択制。

＊法・経営学部の数学Ａは「場合の数と確率」「整数の性質」，数学Ｂは「数列」「ベクトル」を出題範囲とする。

＊＊「国語総合」は近代以降の文章に限定。

※　選択科目は試験場で選択する。

英　語

（60分）

（注）経営学部1部（経営情報）・法学部1部・工学部（社会環境工〈環境情報コース〉・生命工）は1～6，法学部2部は1～5をそれぞれ解答すること。

1 次の英文を読み，設問に答えよ。

The Remarkable Development of Denim

Denim is a fabric used in a variety of clothing items including shirts, jackets, and jeans. It is made from cotton, a plant-based substance made from the fibers that grow on cotton seeds. After being separated from the cotton seeds, the fibers are combed to untangle them, which results in long strands of fiber. These strands are then spun into yarn. After it is dyed and woven, denim is in a form called "raw denim." In some cases, raw denim may be sold as is, but this fabric is usually subjected to a process called stone washing to make it easier to wear. After the fabric is washed, it is cut and sewn into jeans and other pieces of clothing.

The denim products, such as jeans, have now spread worldwide, and in 2020 the industry was valued at 56 billion dollars and is now estimated to reach 88 billion dollars in yearly earnings by 2030. You may imagine the U.S. leads the industry, but in 2022, China led the world in denim export followed by India and Turkey. People sometimes use denim and jeans interchangeably, but do they have the same origin?

The word *jean* comes from the Italian city of Genoa. In the fifteenth century, it was intended to be a long-lasting and robust fabric. However, attempts to produce durable jean ended in failure. The word *denim* has its origins in fifteenth-century France, referring to a fabric known as *Serge de Nîmes,* or 'fabric from Nîmes.' It was mainly a mix of wool and silk, unlike the cotton-based denim of today. Later in the seventeenth century when French textile manufacturers took over from Italian manufacturers, jean was gradually improved by using cotton, and it eventually became the denim that we know today.

Despite its European origins, however, denim clothing has indeed become one of America's most iconic fashion products. In 1851, a German immigrant and dry goods merchant named Levi Strauss arrived in New York. Two years later, he moved to San Francisco to work with his brother and expand his family's dry goods and clothing business there. In addition to his dry goods, Strauss also sold a cotton fabric known as denim, which was picked up by a man called Jacob W. Davis. Davis was a tailor, and he started using the fabric Strauss sold to make things like wagon covers, tents, and blankets.

One day the wife of a local laborer asked Davis to create something new: a pair of trousers explicitly designed for hard work, so that her husband's work trousers would not fall apart anymore. Using Strauss's denim and copper rivets to reinforce key stress areas, Davis made the very first pair of jeans in 1873. The original design had four pockets, and later a fifth smaller pocket was added. Until the 1960's, jeans were called 'waist overalls,' but now they are known as the famous *Signature 501* jeans. Together, Strauss and Davis went on to create one of the most important clothing companies in the world which still produces denim clothing to this day.

Long before blue jeans became an everyday casual fashion item, denim trousers were used as workwear. During the nineteenth-century Gold Rush in California, a greater need arose for durable men's workwear to clothe gold miners. While denim is highly breathable, the thick fabric is resistant to scratches and tears. Denim is also easy to wash and patch, and its blue color makes it easily identifiable as workwear. Mainly for these reasons, denim jeans weren't highly popular until World War II, because of their association with hard work and a rough lifestyle.

World War II was an important time for jeans, as American soldiers posted around the world helped increase the popularity of jeans outside of America. While off-duty, these soldiers preferred to wear jeans, partly because they had a rough and rebellious look. Jeans then became popular among British soldiers and other Allied troops who served with the Americans. After the war, it became fashionable for Americans to go to the western states on vacation, in part to experience the life of the working cowboy. For people in the eastern states, this brought a whole new way of life, and blue jeans became an important symbol of this experience.

Elvis Presley was one of the first American celebrities to popularize denim jeans. This rock-and-roll icon frequently wore denim shirts and jackets, and movie star James Dean quickly followed suit. The actors Steve McQueen and Marilyn Monroe also helped popularize denim jeans throughout the late 1950s and early 1960s, and pop icons like Madonna and Michael Jackson kept the popularity of denim alive throughout the 1980s. During the 1990s, celebrity icons like Brad Pitt and Johnny Depp continued to popularize denim, and many celebrities continue to wear this fabric to this day.

Throughout its history, denim has gone through many evolutions, and its status as a counter-cultural fabric encouraged many youth style trends that continue to shape the fashion industry today. Denim remains an iconic image of Western clothing, and the adoption of jeans by Western women has also made denim a symbol of women's liberation. Now, jeans are popular among people of all ages and economic classes: they are equally enjoyed by the rich and the poor as well as the old and the young. It's possible to buy a pair of denim jeans for less than 25 dollars, just as it is possible to buy a pair of designer jeans for hundreds of dollars. In other words, denim clothing has become a status indicator for all consumer classes.

These days, you'll see jeans in most places you go to. They are symbols of comfort, and they also have the potential to be somewhat professional in the right situation. Generally speaking, they are symbols of flexibility, which is largely why they appeal to all kinds of people. What began life as a failed Italian fabric in the fifteenth century grew into a firmly established part of modern world fashion. The durability of denim coupled with all the colors it can be dyed with means that there are styles and choices for almost everyone. The fact that just about everyone has a pair of jeans or two in their wardrobe clearly shows that jeans have had a profound impact not only on world fashion but also on our everyday lives.

問1 *Choose the best answer based on the reading.*

1. What is the main idea of the first paragraph?
   - A. The different types of denim jeans.
   - B. The process of manufacturing denim.
   - C. The origin of shirts, jackets, and jeans.
   - D. The separation of seeds from cotton fibers.

2. Which of the following countries is not listed among the top 3 denim exporters?
   - A. China.
   - B. The U.S.
   - C. India.
   - D. Turkey.

3. Jean was developed in Italy, but . . .
   - A. it did not result in a durable product.
   - B. wool and silk were eventually unavailable.
   - C. French manufacturers slowed further development.
   - D. production fell behind in the 16th century.

4. What did Levi Strauss do?
   - A. He sold denim to a tailor named Jacob W. Davis.
   - B. He supported his family as a tailor with his sister.
   - C. He expanded his family in San Francisco.
   - D. He immigrated to Germany, where he started a new business.

5. What was the significance of the partnership between Levi Strauss and Jacob W. Davis?
   - A. With the help of Davis's wife, they created a new pair of trousers.
   - B. They provided employment in manufacturing for local laborers.
   - C. They invented a blanket for copper work.
   - D. They established a globally renowned clothing company.

6. Denim trousers were originally preferred as workwear because . . .
   - A. they were indigo blue.
   - B. they were fashionable in California.
   - C. they were resistant to damage.
   - D. they were associated with a rough lifestyle.

7. What was one of the contributions American soldiers made?
   - A. The development of jeans in the Western United States.

出典追記 : The Remarkable History Of Denim (How It Became an Icon in Fashion) , Sewport by Boris Hodakel

B. The growing popularity of jeans around the world.

C. Greater collaboration between the Allied troops.

D. The spread of the cowboy-look around the world.

8. Various American celebrities played an important role in…

A. increasing the range of denim products.

B. varying the uses of denim products.

C. improving the quality of denim jeans.

D. spreading the popularity of denim jeans.

9. Jeans have become…

A. indispensable for people from higher economic classes.

B. popular among people of different backgrounds.

C. more popular among the poor than the rich.

D. less common among non-Western women.

10. What is so unique about jeans?

A. They represent comfort and flexibility.

B. They are appropriate clothes only in some situations.

C. They are made with an Italian fabric.

D. Their social impact has only been felt recently.

問2 *Complete the following table.*

Century	Brief History of Denim
15th Century	・(11). ・Wool and silk were used to make *Serge de Nîmes* in France.
17th Century	・French textile manufacturers used cotton to improve the quality of jean.
19th Century	・(12). ・Gold Rush began. Gold miners wanted durable clothes.
20th Century	・After World War II, jeans went global. ・The image of cowboys wearing jeans became popular. ・Pop music and movie stars like (13) in the 1980s helped popularize jeans.
21st Century	・In 2020, the global denim industry had a worth of (14) billion dollars.

11. A. Producing durable jean was highly successful in Italy.

B. Genoa was famous for its wool and silk textile industry.

C. The fabric called jean was developed in Genoa.

D. The first usages of denim began in the Italian city of Genoa.

12. A. In 1853, Levi Strauss moved to San Francisco to expand the family business.

B. In 1873, Jacob W. Davis made the first pair of jeans in Europe.

C. In 1851, Levi Strauss made trousers designed for immigrants in New York.

D. Jeans called *Signature 501* were popular in California until the 1860s.

13. A. Madonna
    B. James Dean
    C. Johnny Depp
    D. Brad Pitt

14. A. 25
    B. 56
    C. 85
    D. 88

問3 *Mark A for TRUE and B for FALSE for each of the following statements.*

15. Very few jeans are stone-washed, but instead are sold in their original condition.
16. Jeans originated in Europe and are still one of the most iconic garments in Europe today.
17. Before jeans became a popular fashion item, men used to wear them for hard work.
18. Its durability and variety of colors have helped denim become part of our daily wear.

2 次の 19 ～ 26 の空所に入れる語句として最も適切なものを A ～ D の中から選べ。

19. X: I'd like to go to university, but tuition fees will be a problem for me.
    Y: Then why don't you apply for a (　　　)?
    A. censorship　B. scholarship　C. license　D. program

20. X: This cookbook seems to be your favorite one.
    Y: I really like it. It contains many simple yet highly (　　　) meals.
    A. hybrid　B. nutritious　C. prominent　D. durable

21. X: How come you were late submitting your essay?
    Y: I'm afraid I (　　　) managed my schedule.
    A. unfortunately　B. hopefully　C. decidedly　D. poorly

22. X: Did you know that Sara got the first prize?
    Y: Yeah, but it's no surprise. She always showed great (　　　) to win the contest.
    A. determination　B. evolution　C. implication　D. prediction

23. X: Hi. I saw an advertisement for the research study and I'd like to participate in it.
    Y: Oh, thank you. First, please fill in this (　　　).
    A. essay　B. qualification　C. questionnaire　D. publication

24. X: What do you think about the candidates for the next election?
Y: I don't know. In addition to how they are ( ) in the media, we need more information.
A. cooperated B. confused C. portrayed D. scrambled

25. X: What's the problem with this ad?
Y: Well, I think it ( ) the message that you have to be thin to be attractive.
A. accuses B. conveys C. exhausts D. stimulates

26. X: Our new teacher never laughs.
Y: Yes, he obviously has no ( ) for jokes or nonsense.
A. rules B. tolerance C. discipline D. order

3 次の 27 ～ 36 の空所に入れる語句として最も適切なものを A ～ D の中から選べ。

27. X: Hi, can I borrow your book?
Y: It's not mine. It's ( ).
A. my boyfriend B. my boyfriend's
C. of my boyfriend D. at my boyfriend

28. X: Have you tried all the yoga classes?
Y: Yes, they were all fun, but the evening class was ( ).
A. rewarding B. more rewarding
C. the more rewarding D. the most rewarding

29. X: I really can't stand this cold weather.
Y: You can stay indoors today ( ) you need to go shopping or do anything.
A. because B. as C. while D. unless

30. X: Come on, you can stay a bit longer.
Y: Sorry. I promised ( ) late for the dinner.
A. not B. not being C. not to be D. to be not

31. X: Oh, you're back to riding your bike to school again.
Y: Yes. I've ( ).
A. it fixed B. been fixed C. had fixed it D. had it fixed

32. X: I have received the reports only from two students.
Y: ( ) students thought it was due next week.
A. Almost B. Most C. A few D. Few

33. X: You look surprised to see me.
Y: I am! Peter said you ( ) in Hawaii. When did you come back?
A. are B. were C. have been D. will be

34. X: Did you get my email? I sent it to you last night.
Y: No. You might ( ) it to the wrong address.
A. send B. be sending C. have sent D. have been sending

35. Professor Clark told a funny joke to break the (　　) at the start of his lecture.
    A. glass　　B. wood　　C. lamp　　D. ice

36. After hours of trying to fix the problem, Claire finally threw in the (　　) and asked for help.
    A. ball　　B. towel　　C. cash　　D. phone

4 それぞれの会話の空所に入れる最も適切な選択肢をA～Dの中から選べ。ただし，同じ選択肢が2箇所に入ることはない。

Taro: I'd like to order a large seafood pizza, please.

Employee: I'm sorry, but our seafood pizza is currently unavailable. (37)

Taro: I'm afraid my wife doesn't like the combination of salty bacon and sweet fruit. I think I'll pass on that option. (38)

Employee: Absolutely, not a problem. By the way, we have some exciting Christmas specials going on.

Taro: Oh, really! What are they?

Employee: We have a holiday combo that includes a large pizza of your choice, together with French fries and salad.

Taro: Sounds great. (39)

Employee: Sure. It'll be ready soon.

A. Could I have a BBQ chicken pizza instead?
B. Would you like additional toppings on your pizza?
C. But I think I'll stick with just the BBQ chicken pizza this time.
D. How about our Hawaiian pizza with fresh pineapple instead?

Taku: Have you decided what you're going to write your report about?

Sue: The topic is "How to maintain good health," isn't it? I'll probably write something about a balanced diet. (40)

Taku: Honestly, I have no idea. Could you help me out?

Sue: (41) How about considering what actions people can take to improve their health?

Taku: You're absolutely right. Let me think. How about giving up smoking? I've noticed that many people around me are smokers.

Sue: (42) The problems with smoking are quite obvious.

Taku: Yes! That's what I'm going to write about.

A. What are you thinking of writing about?
B. Of course, with pleasure.
C. That could be a good topic.
D. No, I can't decide.

5 次の文章の空所に入れる文として最も適切なものをＡ～Ｄの中から選べ。ただし，同じ文が２箇所に入ることはない。

Drinking contaminated water, or using it for cooking, washing food, preparing drinks, making ice, and brushing teeth, can make you very sick. Young children, pregnant women, older adults and people with weakened immune systems are more likely to become infected if using contaminated water. When you head to a remote location to camp or hike, or when you travel to a new place, it may be necessary to disinfect the water before using it. (43) However, when traveling to a remote location for some time, bringing all the water you need can be very difficult. Instead, there are many ways you can treat or purify contaminated water while outdoors or when traveling. Boiling water for one or two minutes, then allowing it to cool down, is the surest method to purify water. (44) Disinfectants can kill most harmful viruses and bacteria. Unfortunately, these chemicals do not kill stronger organisms. (45) A much safer option is to use a portable water filter, although most filters do not remove bacteria or viruses.

A. Of course, bottled water is the best option.

B. This means you may need specialized equipment.

C. Moreover, using chemicals is dangerous if instructions are not followed carefully.

D. If this is not possible, you can also use a chemical disinfectant such as chlorine bleach.

6 *Read the following information and answer the questions.*
（1部および工学部受験者のみ）

HGU Study Abroad Feedback Session
Summer 2023

Come join us at Hokkai-Gakuen University for a Study Abroad Feedback Session!

Twenty students will be sharing their study abroad experiences: insight into their classes, the unique atmosphere in foreign cities, and the costs associated with studying abroad. You will hear valuable information and fascinating stories that can help you decide which study abroad program best suits you. This event is open to all Hokkai-Gakuen University students who are interested in studying abroad. Parents are also welcome to attend. We are looking forward to seeing you there!

Participants must reserve a seat in advance. Reservation forms must be filled out in person, and are available at the International Exchange Desk, on the first floor of Building 1.

Date	Location	Participation Fee	Participants
July 11, 2023	Room B41, Bldg. 8	Free of charge	Hokkai-Gakuen University students and parents

Event Agenda
Once the speakers have concluded their presentations, we will proceed to group activities. Each speaker will be assigned to a group to engage in a casual discussion with the participants about their personal experiences.

Preparation
Kindly prepare a list of questions to ask during the feedback session. The questions can be on any topic. Please submit your questions beforehand via email (see the bottom of this poster).

A few words from Shohei Yoshida, one of last year's participants

"Before the session, I had never considered studying abroad as an option. However, listening to the firsthand experiences of those who had previously studied abroad completely changed my mind. Hearing about their homestay experiences convinced me that studying abroad is the right thing for me to do at this point in my academic life. Next year, I'll be going to Portland, Oregon, for three months. I can't wait! I am also eager to attend this year's feedback session and hear more from the participants."

Please contact for more information:
Tel: 011-000-1234
Email: hokkai.international@hgu.jp

46. Which of the following will be talked about at the feedback session?
    A. The necessary application forms.
    B. The overall costs involved.
    C. The required language skills.
    D. The required activities.

47. Who is invited to the feedback session?

A. High school students and parents.

B. Past Hokkai-Gakuen University students.

C. Hokkai-Gakuen University faculty and staff.

D. Hokkai-Gakuen University students and parents.

48. How can participants reserve a place at the feedback session?

A. Via the university's SNS contact.

B. By filling out a form.

C. By emailing the International Office.

D. By calling the university directly.

49. How much does it cost to participate?

A. 0 yen.

B. 100 yen.

C. 1,000 yen.

D. 10,000 yen.

50. What will participants do during the feedback session?

A. Discuss with presenters in small groups.

B. Consult with International Exchange officers.

C. Select their host families.

D. Consult study abroad program pamphlets.

51. What are participants asked to do before the event?

A. Prepare for their presentation.

B. Email questions to ask.

C. Decide whether to study abroad.

D. Think of a good group activity.

52. What made Shohei decide to study abroad?

A. The content of the Summer 2023 feedback session.

B. Stories about past host family experiences.

C. A good presentation about group activities.

D. His planning of insightful group activities.

日本史

（60分）

1　次の文を読み，下記の問に答えなさい。なお，下線部と問の番号は対応している。

父である後三条天皇(1)にならって天皇親政をおこなっていた白河天皇は，1086年に，突如として幼少の堀河天皇に譲位し，上皇（院）となった。これは，皇位を確実に自らの子に継承させる意図があったためとされる。

譲位の後，幼い天皇を後見するという形で，白河上皇(2)は院政(3)の道を開いた。院政においても，国政は依然として朝廷でおこなわれてはいたが，人事をはじめ重要事項の決定は院を中心におこなわれ，院庁からくだされる院庁下文や（　A　）(4)が，国政一般に効力をもつようになった。

また，院は法や慣例にこだわらない専制的な政治をおこなった(5)ため，政治的な権力の集中と同時に，院やその周辺への富の集中もまねいた。鳥羽上皇(6)の頃になると，院や院の周辺への荘園の寄進のみならず，有力貴族や大寺院(7)への荘園の寄進も増加し，この頃に広まった知行国の制度もあり，土地の私的支配が拡大していった。

問1　これに関連する次の問いに答えなさい。

⑴　後三条天皇によって1072年に制定された公定枡を何というか，３字で答えなさい。

⑵　荘園整理の徹底を目的として，後三条天皇が太政官に設けた役所を何というか，答えなさい。

問2　これに関連する次の問いに答えなさい。

⑴　白河上皇が，院御所の警護などのために創設した武力組織を何というか，答えなさい。

⑵　白河上皇が天皇だった時に造営した法勝寺や堀河天皇の造営した尊勝寺など，院政期に天皇家の手で造営された６寺を総称して何というか，答えなさい。

問3　最後に院政をおこなったのは，江戸時代の光格天皇とされる。寛政期，この光格天皇とその実父である閑院宮典仁親王をめぐって，朝廷と幕府との協調関係が崩れる契機となる事件がおこった。この事件を何というか，答えなさい。

問4　（　A　）に入る語句を２字で答えなさい。なお，これは，院司が上皇（あるいは法皇）の命令を奉じて発給した文書のことである。

問5　このような様は，藤原宗忠の日記である『（　B　）』にも「意に任せ，法に拘らず，除目・叙位を行ひ給ふ。古今未だあらず」と記されている。（　B　）に入る語句を下から選び，記号で答えなさい。

ア．愚管抄　　イ．平家物語　　ウ．台記　　エ．中右記　　オ．大鏡

問6　鳥羽上皇が皇女暲子内親王に伝えた荘園群で，後に大覚寺統の経済的基盤となったものを何というか，答えなさい。

問7　この頃の大寺院のなかには，下級僧侶を僧兵として組織し，神木や神輿を奉じて朝廷に対して要求を通そうとする行動がみられた。これを何というか，２字で答えなさい。

2 次の文を読み，下記の問に答えなさい。なお，問８を除き，下線部と問の番号は対応している。

（　Ａ　）は，江戸幕府８代将軍（　Ｂ　）の子田安宗武の７男として生まれ，のちに白河藩主となった。1782年の東北地方の冷害に始まり，その翌年の浅間山大噴火によって深刻化した大飢饉[1]は，各地で百姓一揆や打ちこわしを引き起こし，老中田沼意次[2]の失脚につながった。この事態をうけて老中となった（　Ａ　）は，11代将軍徳川家斉を補佐し，幕政の改革[3]に着手した。

（　Ａ　）は，飢饉で荒廃した農村を復興させるために，出稼ぎなどの目的で江戸に流入していた百姓の帰村を奨励する法令[4]を出し，荒廃した耕地を復旧するための資金を貸した。一方，都市では，物価を調整するとともに，旗本・御家人の救済にも乗り出した。彼らが６年以上前にした借金を帳消しにする命令[5]を出し，金融業者たちに貸金を放棄させた。また，軽罪の無宿人たちに職業技術を授ける施設[6]を江戸隅田川の石川島に設け，治安の維持に努めた。湯島聖堂の幕府学問所で講義・研究が許される学派[7]を１つに限るなど，思想・風俗も厳しく統制した。

この改革には，幕府政治を引き締めるなど一定の成果があった。しかし，厳しい統制への反発や家斉との対立などにより，（　Ａ　）は在職６年余りで老中を退いた。

問１　この飢饉を何というか，答えなさい。

問２　田沼意次が行なった政策として誤っているものを下から選び，記号で答えなさい。

ア．計数銀貨である南鐐二朱銀を鋳造させた。

イ．印旛沼・手賀沼の大規模な干拓工事を始めた。

ウ．商工業者の同業組織を営業の独占権を有する株仲間として広く公認した。

エ．角倉了以に鴨川・富士川を整備させ，高瀬川などを開削して水路を開かせた。

オ．最上徳内らを蝦夷地に派遣してロシア人との交易の可能性を調査させた。

問３　この改革を何というか，答えなさい。

問４　1790年に出された，この法令を何というか，答えなさい。

問５　1789年に出された，この法令を何というか，答えなさい。

問６　この施設を何というか，答えなさい。

問７　この学派は何か，答えなさい。

問８

⑴（　Ａ　）に当てはまる人物名を答えなさい。

⑵（　Ｂ　）に当てはまる人物名を答えなさい。

3 次の年表を読み，下記の問に答えなさい。なお，下線部と問の番号は対応している。

1873 征韓論争 (1)
1876 日朝修好条規の締結 (2)
1882 壬午軍乱（壬午事変）(3)
1884 甲申事変
1897 朝鮮，国名を大韓帝国と改める
1910 韓国併合 (4)
1919 三・一独立運動 (5)
1941 太平洋戦争の開始 (6)
1945 日本の敗戦 (7)
1948 大韓民国（韓国）・朝鮮民主主義人民共和国（北朝鮮）建国
1950 朝鮮戦争の開始 (8)
1952 日韓両国，国交正常化を目指して第一次会談を開催 (9)

問1　征韓派の政府指導者は使節を派遣し，朝鮮側がどのような対応をした場合に武力行使も辞さない強硬策をとるべきだと唱えていたか。最も適切なものを下から選び，記号で答えなさい。

ア．日本人居留民の殺害

イ．日本海への侵入

ウ．開国の拒否

エ．対馬の占領

問2　この1年前に起こり，条約の締結を日本が朝鮮に迫るきっかけとなった，日本の軍艦の挑発から両国間の戦闘に発展した事件とは何か，答えなさい。　〔解答欄〕＿＿＿事件

問3　壬午軍乱の結果，日本から距離をとった閔氏政権が依存するようになった国はどこか，答えなさい。

問4　韓国併合の過程でおこなわれたことを，時系列順に並び替えなさい。

ア．ハーグ密使事件

イ．伊藤博文前韓国統監の暗殺

ウ．韓国軍の解散

エ．韓国の外交権の剥奪

問5　三・一独立運動の約2ヶ月後，民族自決の理念に触発されて，旧ドイツ権益の返還などを日本に求めて中国の学生・商人・労働者らが起こした運動の名を答えなさい。　〔解答欄〕＿＿＿運動

問6　太平洋戦争中，日本が占領地のフィリピンで実施しなかったことを下から選び，記号で答えなさい。

ア．徴兵制

イ．軍政

ウ．日本軍向け慰安婦の募集

エ．日本語学習の推奨や強要

問7　第二次世界大戦後から大韓民国・朝鮮民主主義人民共和国が建国されるまでのあいだ，朝鮮半島はいかなる状況にあったか。下から選び，記号で答えなさい。

ア．日本の敗戦をもって独立し，国際社会に復帰した。

イ．中華人民共和国が支援する勢力とアメリカが支援する勢力による大規模な内戦によって国土が荒廃した。

ウ．アメリカ・ソ連両軍が分割占領していた。

エ．国際連合が信託統治をおこなっていた。

問8　日本は，朝鮮戦争にともなう「特需」によって不況から脱した。この「特需景気」に関連して，適切ではないものを下から選び，記号で答えなさい。

ア．戦争に従事するアメリカ軍に対して，膨大な物資・サービスが国内から供給された。

イ．戦争の後方支援をおこなった保安隊への食糧・装備の供給も，「特需」の一部を占めた。

ウ．「特需」の対象となった主要物資には，武器や弾薬もふくまれていた。

エ．日本の工業生産や実質国民総生産は，1950年代前半には1930年代中盤の水準を回復した。

問9　日韓両国の国交が正常化した時の日本の首相を下から選び，記号で答えなさい。

ア．鳩山一郎　　イ．佐藤栄作　　ウ．田中角栄　　エ．福田赳夫

4　次の文を読み，下記の問に答えなさい。なお，下線部と問の番号は対応している。

1970年代の日本では，政治，外交，経済など様々な場面で，大きな出来事が生じた。

政治面では，長期政権となった佐藤栄作政権[1]が終了し，田中角栄が「日本列島改造論」[2]を掲げ政権についた。しかし，田中内閣は金脈問題が明るみに出たことで総辞職した。後継の（　A　）内閣[3]は「クリーン政治」を掲げ党勢の回復を図った。しかし，収賄容疑で田中元首相が逮捕された[4]こともあり，自民党は総選挙で大敗し，結党以来初めて衆議院の過半数を割り込むこととなった。

外交面では中国との関係が大きく変化した。1972年に日中共同声明が発表され，1978年には平和友好条約[5]が締結された。

経済面ではアメリカによる大幅な為替レートの切り上げ要求[6]をきっかけとして変動相場制へ移行したこともあり，急激な円高が進行した。先進国間では一時的に固定相場制の復活が図られたが，最終的に現在のような変動相場制が定着した。

国内では，日本列島改造論や第一次石油危機[7]を背景に激しいインフレが発生した。これに対し日本政府は物価抑制を図った。しかし，その影響もあり，1974年に日本は戦後初のマイナス成長に陥り，高度経済成長は終焉を迎えた。

日本は他の西側先進各国と同様に不況とインフレが併存する状況[8]に苦しんだが，企業の減量経営[9]や，企業・家計の省エネの追求により，1970年代後半には，西側先進各国と比較して高い経済成長率を維持し続けた。

問1　佐藤栄作内閣時に起きた出来事を下から選び，記号で答えなさい。

ア．IMF 加盟

イ．農業基本法制定

ウ．奄美大島返還

エ．公害対策基本法制定

オ．アイヌ文化振興法成立

問2　日本列島改造論の説明として正しいものを下から選び，記号で答えなさい。

ア．工業の都市集中を図った。

イ．東名高速道路の建設を計画した。

ウ．新産業都市建設促進法の成立をうながした。

エ．土地や株式への投機を引き起こした。

問3　A に当てはまる人物名を答えなさい。

問4　航空機売込みをめぐって生じた，この贈収賄事件を何というか，答えなさい。

〔解答欄〕　＿＿＿事件

問5　日中平和友好条約に関する事柄として正しいものを下から選び，記号で答えなさい。

ア．福田赳夫内閣時に締結された。

イ．この条約により，日中の国交が回復した。

ウ．以後，国交を断絶した中華民国を相手に LT 貿易を進めた。

エ．この条約により，日本は国際連合への加盟を果たした。

問6　この要求を行ったアメリカ大統領は誰か，答えなさい。

問7　第一次石油危機の直接のきっかけとなった戦争の名を下から選び，記号で答えなさい。

ア．スエズ戦争

イ．イラン・イラク戦争

ウ．第四次中東戦争

エ．パレスチナ戦争

オ．湾岸戦争

問8　このような経済現象を表す語を下から選び，記号で答えなさい。

ア．インフレーション

イ．デフレーション

ウ．スタグネーション

エ．スタグフレーション

問9　この時期の「減量経営」に関連した事柄について，誤っているものを下から選び，記号で答えなさい。

ア．ME 技術を駆使し，工場やオフィスの自動化を進めた。

イ．人員削減やパート労働への切りかえを進めた。

ウ．ハイテク産業が輸出を中心に生産を伸ばした。

エ．「軽薄短小産業」から「重厚長大産業」へ産業構造が転換した。

世界史

(60分)

1 次の文章を読み，下の設問に答えよ。

5世紀後半，メロヴィング家の（ 1 ）がフランク人全体の王となり，正統派である（ 2 ）派のキリスト教に改宗した。これによってフランク王国は，ローマ人支配層の支持をとりつけ，同時に他の部族との争いを正当化し，ガリアの支配に成功した。しかし，8世紀にはメロヴィング朝の権力は衰え，かわりに宮廷の長官(a)が王国の実権を握るようになった。

732年，カール=マルテルはピレネー山脈を越えて北上するイスラーム勢力(b)を（ 3 ）の戦いで撃退し，西方キリスト教世界を守った。751年，その子である（ 4 ）はローマ教会の支持のもと，メロヴィング朝を廃してみずから王位について，カロリング朝をひらいた。

（ 4 ）の子（ 5 ）は外部勢力を撃退し，西ヨーロッパの広大な地域を征服してフランク王国の領土とし(c)，住民をローマ=カトリックに改宗させた。ここにローマ教会は，ビザンツ皇帝に匹敵する政治的保護者を（ 5 ）に見出した。ローマ教皇（ 6 ）は，800年のクリスマスの日に，（ 5 ）にローマ皇帝の帝冠を与え，「西ローマ帝国」の復活を宣言した。この出来事は，西ヨーロッパ世界が政治的・文化的(d)・宗教的に独立したという重要な歴史的意義をもつと考えられている。

問1 文中の空欄（ 1 ）～（ 6 ）にあてはまる人名または語句を答えよ。

問2 下線部(a)に関連して，もともとは王家の家政の管理者を意味したが，やがて国王の代理的存在として実権を握ることになった，カール=マルテルが務めていた職を何というか，漢字2字で答えよ。

問3 下線部(b)に関連して，（ 3 ）の戦いで敗れたイスラームの王朝を，次の ア ～ エ から1つ選び，記号で答えよ。

ア．アッバース朝　イ．ウマイヤ朝　ウ．イドリース朝　エ．ブワイフ朝

問4 下線部(c)に関連して，（ 5 ）は広大になった領域を州（伯管区）にわけ，地方の有力豪族をその長官である伯に任命した。伯を監督した職を何というか，漢字3字で答えよ。

問5 下線部(d)に関連して，西ヨーロッパの中世文化の記述として誤っているものを，次の ア ～ エ から1つ選び，記号で答えよ。

ア．カール大帝の宮廷にはアルクインなどの多数の学者が招かれ，ラテン語による文芸復興がおこなわれた。これをカロリング=ルネサンスという。

イ．フランチェスコ修道会やドミニコ修道会は，民衆の中に入って教化したので，托鉢修道会とも呼ばれる。

ウ．大学が誕生したのは12世紀頃からであり，最古の大学はオクスフォード大学と考えられている。

エ．教会建築は中世ヨーロッパの美術を代表するものであり，尖頭アーチと空高くそびえる塔を特徴とするゴシック様式が有名である。

2　次の文章を読み，下の設問に答えよ。

地理的な概念としての「スーダン」は，サハラ砂漠南縁部に広がる地域の総称であり，大まかにニジェール川流域の西スーダンとナイル川流域の東スーダンに分けることができる。

西スーダンにおいては，８世紀から11世紀にかけてガーナ王国が栄えた。ガーナ王国は金を豊富に産したので，ムスリム商人が岩塩を持って訪れ，金と交換した(a)。11世紀にモロッコのベルベル人の王朝である（　1　）朝の攻撃によってガーナ王国は衰退したが，これによってこの地域のイスラーム化がうながされ，その後興ったマリ王国(b)やソンガイ王国の支配階級はムスリムであった。ソンガイ王国は北アフリカとの交易で栄え，交易都市（　2　）は内陸アフリカにおけるイスラームの学問の中心地として発展した。ソンガイ王国崩壊後は小王国乱立の時代に入ったが，19世紀末からはこの地域を含む西アフリカは20世紀半ばまで（　3　）の植民地となった。（　3　）領スーダンと呼ばれた地域は（　3　）領セネガルとともにマリ連邦として1960年に独立を果たしたが，連邦からセネガルが離脱したため，マリ共和国と国名を改め現在にいたっている。

一方，東スーダンでは，キリスト教を受容した王国がいくつか存在していたが，16世紀頃にはイスラーム化されていった。19世紀前半にはエジプトの（　4　）朝がこの地域に進出したものの，次第にイギリスの介入を受けるようになった。イギリスは，19世紀後半に発生した（　5　）運動を武力で制圧してエジプトを事実上保護下に置き，これと並行して，宗教運動および反英武力闘争であるマフディー運動(c)をエジプト・イギリス連合軍(d)により1898年に鎮圧し，両国の共同統治下に置いた。その後この地域は，1956年に独立しスーダン共和国となったが，北部のアラブ人・ムスリム地域と南部の黒人・キリスト教徒地域の対立が激しく，２度の内戦を経て，2011年に南部は南スーダン共和国(e)として独立した。

問１　文中の空欄（　1　）～（　5　）にあてはまる語句を答えよ。

問２　下線部(a)に関連して，サハラ交易で紀元前後に輸送のため導入された，乾燥地帯に適した動物は何か，答えよ。

問３　下線部(b)に関連して，この王国の最盛期の王で，大量の金と多くの従者をともなってメッカ巡礼をおこなったことで知られる人物は誰か，答えよ。

問４　下線部(c)に関連して，マフディー（救世主）を名乗りこの運動を率いた指導者は誰か。次のア～エから１つ選び，記号で答えよ。

ア．サラディン　　イ．ナセル　　ウ．ムスタファ=ケマル　　エ．ムハンマド=アフマド

問５　下線部(d)に関連して，マフディー軍と戦ったイギリスのスーダン総督のゴードンが，それ以前に軍を率いて戦ったことのある戦いは何か。次のア～エから１つ選び，記号で答えよ。

ア．太平天国の乱　　イ．日清戦争　　ウ．アメリカ=メキシコ戦争　　エ．南北戦争

問６　下線部(e)に関連して，この国も加盟した，アフリカ統一機構が発展・改組し2002年に発足した地域機構は何か，答えよ。

3 次の文章を読み，下の設問に答えよ。

フランス革命の影響を受け，バルカン半島では1821年，オスマン帝国下のギリシア独立を目指す秘密組織が蜂起し，1826年にロシア・イギリス・フランスはギリシアを支援して介入した。ロシア軍はオスマン帝国軍を撃破して首都（　1　）に迫り，1829年にギリシア自治をオスマン帝国に承認させ，1830年の（　2　）によってギリシア独立は国際的にも承認された。このようにオスマン帝国の衰退が明らかになると，(a)バルカン半島のスラヴ系民族が団結し，オスマン帝国からの独立を目指す運動が盛んとなり，ロシアはこれを利用して勢力拡大をはかった。

(b)1853年，ロシア帝国はオスマン帝国内の（　3　）の信徒の保護を口実にモルダヴィア・ワラキアへ進軍し，オスマン帝国軍を撃破して南下した。これに呼応してギリシア義勇兵も北上し，オスマン帝国軍はバルカン半島で挟撃された。これに対しイギリス・フランス・サルデーニャはオスマン帝国を支援し，ロシアは敗れ1856年（　A　）条約が結ばれた。

1873年，ドイツ・オーストリア・ロシアは（　B　）同盟を結んだが，ロシアはバルカン半島での勢力拡大をはかりオーストリアと対立するようになった。

1875年，オスマン帝国下の（　4　）で農民反乱が発生し，翌年には（　5　）でも独立を求める蜂起が起こった。ロシアは蜂起側との協議を求めたが，オスマン帝国は武力で蜂起を鎮圧した。(c)ロシアは1877年にオスマン帝国に開戦して勝利し，1878年の（　C　）条約によって（　5　）を保護下におくことを認めさせた。これにオーストリア・イギリスが反対し，ドイツ首相ビスマルクが調停した結果，（　C　）条約は破棄され新たに（　D　）条約が結ばれ，ルーマニア・セルビア・モンテネグロは独立が承認され，（　5　）はオスマン帝国内の自治国にとどまり，イギリスはキプロス島の，オーストリアは（　4　）の占領と行政権を認められた。これにより，18世紀以来，黒海から地中海への進出をはかったロシアの（　6　）政策は挫折し，（　B　）同盟も事実上解消された。（　B　）同盟は1881年に復活したが，オーストリアとロシアの対立が激化して1887年に消滅すると，同年ドイツはロシアの（　7　）への接近を阻止するため，ロシアとの間で（　E　）条約を締結した。

問1　文中の空欄（　1　）にあてはまる都市名を答えよ。

問2　文中の空欄（　2　）にあてはまる会議名を答えよ。　〔解答欄〕＿＿会議

問3　文中の空欄（　3　）にあてはまるキリスト教の教派名を答えよ。

問4　文中の空欄（　4　）（　5　）にあてはまる地域名を答えよ。

問5　文中の空欄（　6　）にあてはまる語句を漢字2字で答えよ。

問6　文中の空欄（　7　）にあてはまる国名として適切なものを，次のア～エから1つ選び，記号で答えよ。

ア．フランス　　イ．イタリア　　ウ．イギリス　　エ．オスマン帝国

問7　文中の空欄（　A　）～（　E　）にあてはまる条約ないし同盟の名称を答えよ。

問8　下線部(a)の思想運動を何と呼ぶか，カタカナで答えよ。　〔解答欄〕＿＿主義

問9　下線部(b)(c)の戦争の名称を答えよ。　〔各解答欄〕＿＿戦争

4　次の文章を読み，下の設問に答えよ。

第一次世界大戦後のヨーロッパではファシズムと呼ばれる新しいタイプの政治運動・体制が広がった。それは社会主義・共産主義を攻撃すると同時に議会制民主主義をも否定し，極端な国粋主義のもとで暴力的な独裁を行った。その先駆けとなったのは（　1　）がイタリアで結成したファシスト党である。（　1　）は1922年に(a)権力獲得を目指した示威行動を行って政府に圧力をかけ，国王により首相に任命された。その後のイタリアではファシスト党以外のすべての政党が禁止され，一党独裁制が確立した。

ドイツの政治家ヒトラーとナチ党はイタリアの事例に学び，(b)1923年にクーデターを試みたが失敗に終わった。しかしその後(c)世界恐慌の影響でドイツ経済が深刻な不況に陥り国民の不満が増す中で，ヒトラーとナチ党は勢力を伸ばしていった。1932年にはナチ党は選挙で第一党となり，翌1933年1月ヒトラーは(d)ヒンデンブルク大統領により首相に任命された。首相に就任したヒトラーは国会議事堂放火事件を利用して左派勢力を弾圧し，3月には（　2　）法を制定し政府が立法権を握った。さらにナチ党以外の政党を解散させて一党独裁を実現した。

ファシズムの対外政策の特徴は侵略主義にあった。イタリアは1935年に（　3　）に侵攻し，翌年全土を征服した。(e)国際連盟はイタリアを侵略国と認め経済制裁を実行したが十分な効果を上げられなかった。1936年に(f)スペイン内戦が始まると，ドイツとイタリアは反乱軍側の（　4　）将軍を公然と支援した。こうした両国の関係の深まりはベルリン=ローマ枢軸と呼ばれた。その後ドイツは1938年3月に（　5　）を併合し，9月にはチェコスロヴァキアにズデーテン地方の割譲を要求した。同月行われた(g)ミュンヘン会談で割譲は認められたものの，ドイツは翌1939年3月チェコスロヴァキアを解体した。さらにヒトラーはポーランドにも領土要求を突きつけ，8月にソ連と（　6　）条約を結んだうえで，9月にポーランド侵攻を開始した。(h)イギリス・フランスはドイツに宣戦し，こうして(i)第二次世界大戦が始まった。

問1　文中の空欄（　1　）～（　6　）にあてはまる人名または語句を答えよ。

問2　下線部(a)に関連して，これを何と呼ぶか答えよ。

問3　下線部(b)に関連して，同年にドイツ首相に就任しその後外相も長く務め，ヨーロッパの協調外交に貢献してノーベル平和賞も受賞した政治家の名前を答えよ。

問4　下線部(c)に関連して，世界恐慌に対処するためにアメリカ大統領フランクリン=ローズヴェルトが実施した政策を何と呼ぶか答えよ。　〔解答欄〕　＿＿＿政策

問5　下線部(d)に関連して，ヒンデンブルクは第一次世界大戦初頭に東部戦線でロシア軍を打ち破った戦いを指揮した将軍として知られている。この戦いの名前を答えよ。

問6　下線部(e)に関連して，国際連盟理事会の常任理事国ではない国を，次のア～エから1つ選び，記号で答えよ

ア．アメリカ　　イ．イギリス　　ウ．日本　　エ．フランス

問7　下線部(f)に関連して，画家のピカソはドイツ・イタリア空軍により破壊された町の絵を描き攻撃に抗議した。この町の名前を答えよ。

問8　下線部(g)に関連して，この会談に参加していない国を以下のア～エから1つ選び，記号で答えよ。

ア．イギリス　　イ．フランス　　ウ．イタリア　　エ．ソ連

問９　下線部(h)に関連して，第二次世界大戦勃発時のイギリス首相の名前を答えよ。

問10　下線部(i)に関連して，第二次世界大戦中にドイツ軍が侵攻した国にあたらないものを次のア～エから１つ選び，記号で答えよ。

ア．ノルウェー　　イ．ユーゴスラヴィア　　ウ．ギリシア　　エ．トルコ

地　理

（60分）

1　次の文章を読み，設問に答えよ。

地図は特定の目的をもって作成される（　ア　）と，地表の事象を出来るだけ網羅的に取り上げた（　イ　）に大別できる。わが国で広範に用いられてきた（　イ　）には，地形図がある。政府機関である（　ウ　）が発行する地形図のうち，日本全土をカバーするものとして，25,000分の１，50,000分の１の２種類がある。25,000分の１地形図では，主曲線が（　エ　）mの間隔で描かれる。

図１・図２は神奈川県の海沿いに位置する逗子市・鎌倉市付近の地形図（２万５千分の１地形図「鎌倉」（平成28年）「江の島」（平成30年）の一部，原寸，一部改変）であり，①丘陵地や河川が入り組んだ複雑な地形であることがわかる。②眺望が良い場所からは，この地形の特徴を把握することが出来る。

図１中のＡ地点「逗子駅」を通る③鉄道を利用して現地に降り立ってみよう。この逗子駅のホームから跨線橋に上ると，駅北側の標高約（　オ　）mのＢ丘陵が見える。南側出口から，Ｃ地点に位置する地図記号 ◎ で示される（　カ　）方向に向かう。（　カ　）の東側には標高3.2mを示す（　キ　）点がある。Ｃ地点から南西方向に向かい，さらにサーフィンスポットとして知られている逗子海岸を南下するとＤ地点に出るが，ここには④自然災害伝承碑がある。これは1923年の⑤関東大震災で被災した葉山港の復興を記念して建立されたものである。ここから北側に戻り，Ｅ地点に出ると，眼前には波の侵食作用による岩石の崩壊によって切り立った地形となった（　ク　）が広がる。この付近からトンネルなどを経て北方に向かうとＦ地点の鎌倉駅に至る。

鎌倉駅からは南西方向に延びる⑥鉄道に乗車しよう。この鉄道は図２のエリアに向かう。途中には，あるアニメで有名な「鎌倉高校前駅」（Ｇ地点）があり，海岸と駅のホームとの距離は国内有数の近さである。ここで下車すると，観光地として知られる江の島が間近に見える。江の島は陸地と砂州によってつながれた島である（　ケ　）の典型事例であるなど，地形的にも興味深い場所である。

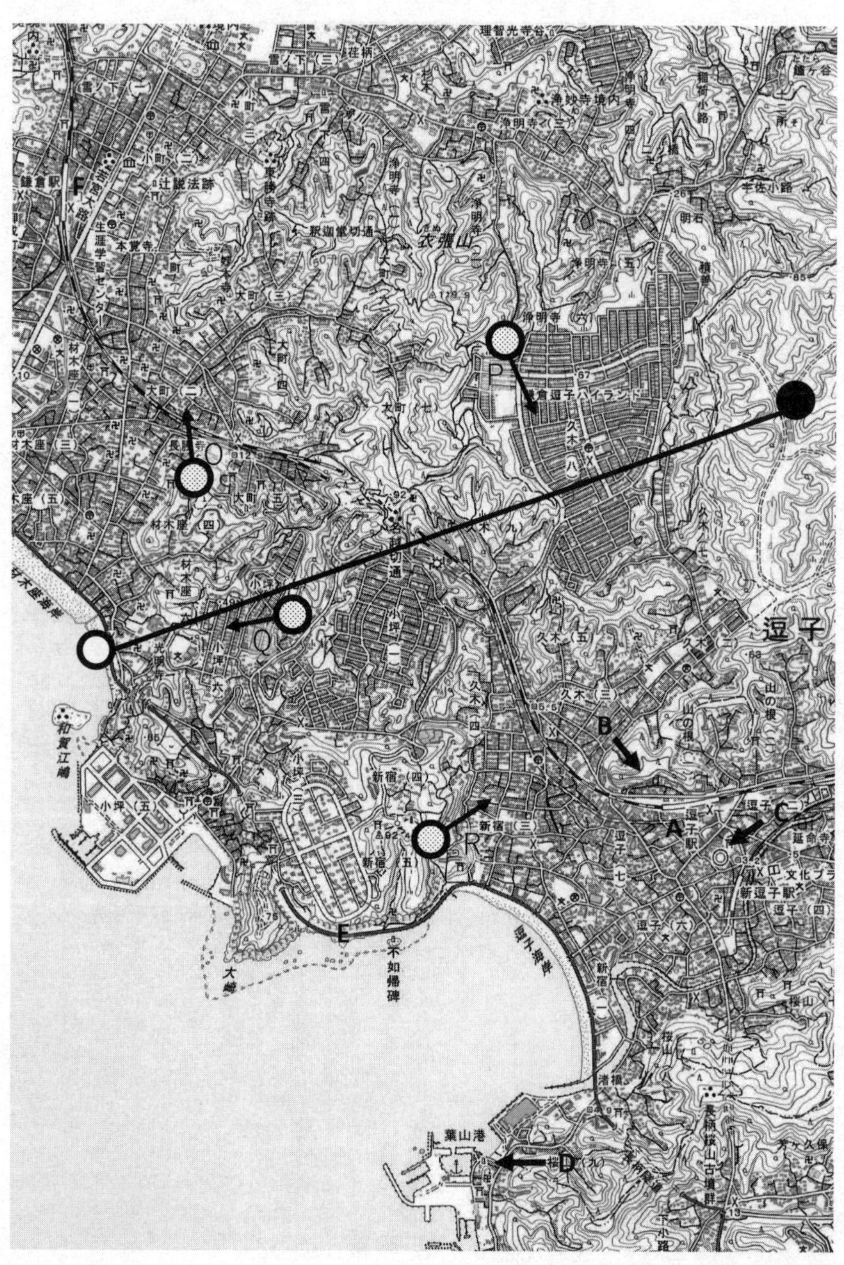

図1

編集部注：編集の都合上，80%に縮小

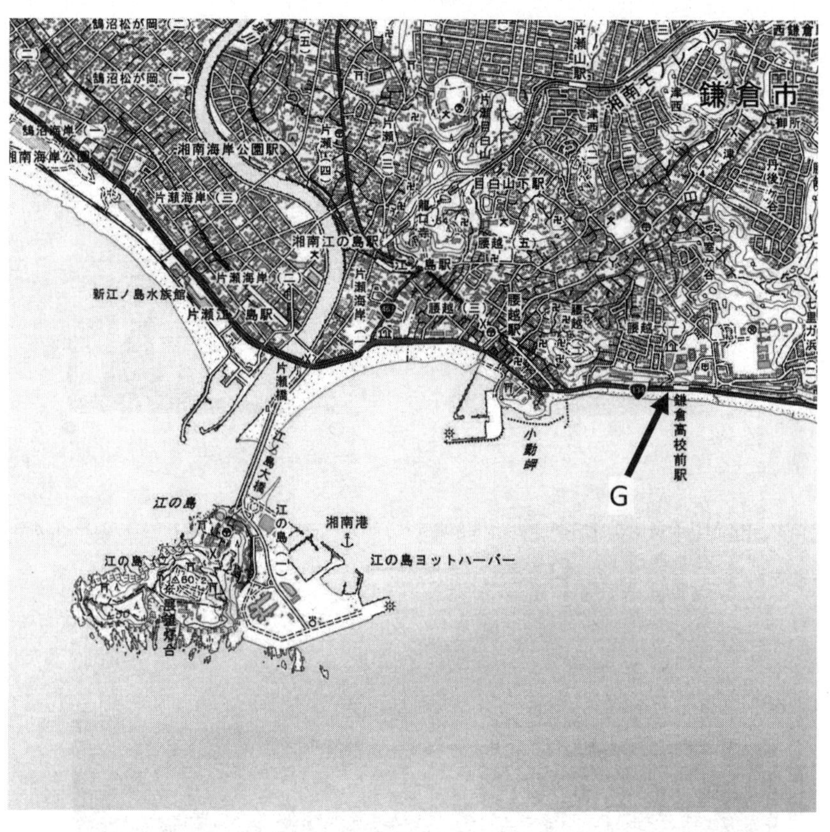

図２

編集部注：編集の都合上，90%に縮小

問１　文章中の（　ア　）～（　ケ　）にあてはまる語句や数字を答えよ。ただし，同じ記号には同じ語句が入る。

問２　下線部①に関して，図１中の○と●を結ぶ直線沿いの断面図として最も適当なものを下の図３中の（A）～（D）から一つ選び，記号で答えよ。ただし標高は強調して表現してある。

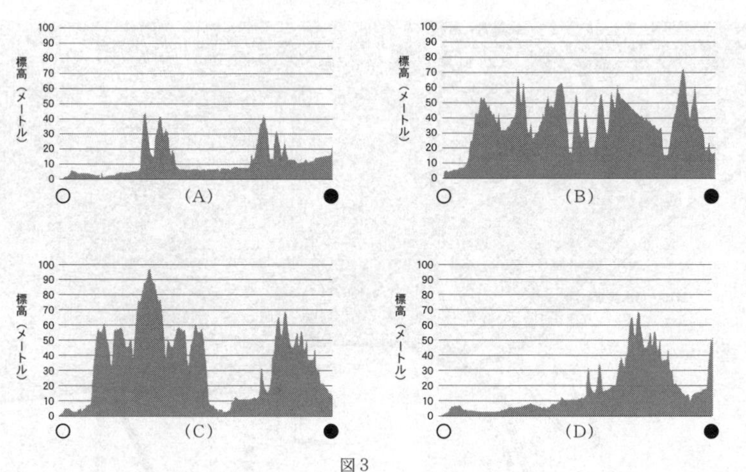

図3

問3　下線部②に関して，以下の写真1の撮影場所・方角として適当なものを，図1中の矢印O～Rから一つ選び，記号で答えよ。◎が撮影場所，➡が方角を示す。

写真1

問4　下線部③および⑥に関して，図1，図2から判断できるこれらの鉄道の説明として適当なものを以下の1～6からそれぞれ一つ選び，番号で答えよ。なお，下線部③は ━━━，下線部⑥は ┼┼┼ で示される鉄道である。

1．複線のJR線　　2．単線のJR線　　3．複線の鉄道（JR以外）
4．単線の鉄道（JR以外）　　5．地下鉄　　6．路面電車

問5　下線部④に関し，これを現在の地図記号で示すものとして正しいものを，次の（A）～（D）から一つ選び，記号で答えよ。

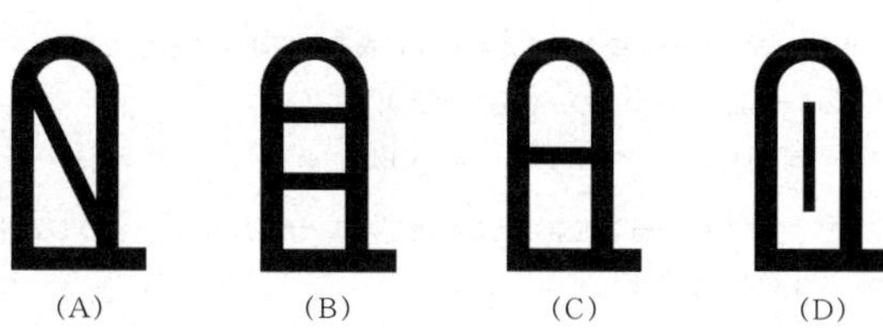

問６　下線部⑤に関し，この地震の震源域に含まれる相模トラフ近辺では，４つのプレートが複雑に関係しあっている。東側に位置する太平洋プレート，西側に位置するユーラシアプレート以外に，北側に位置するプレート，南側に位置するプレートの名称をそれぞれ答えよ。

2　以下は東京と大阪に旅行に行ったミズホさんと，友人のミドリさんの会話である。この会話文を読み，下記の設問に答えよ。

ミズホ：前の冬休みに東京と大阪に行ってきたんだけど，凄く楽しかった！

ミドリ：いいなぁ。どうやって行ったの？

ミズホ：新千歳空港から成田空港まで飛行機に乗って，東京を観光してから①新幹線で大阪に行ったよ。

ミドリ：羽田空港じゃなかったんだ。

ミズホ：②成田空港に飛ぶ飛行機が安かったんだよね。安いしはやいし良かったなぁ。昔は北海道から関東に行こうとしたら船と鉄道を乗り継いだって聞いたけど，それだととても時間がかかったみたいだね・・・。

ミドリ：飛行機だと所要時間は２時間切るくらいだよね。前に地理の授業でやってた，（　ア　）が縮小したってことかな。東京では何したの？

ミズホ：③アニメ関係の商品と，④ファッション関係の商品をいっぱい買っちゃった！荷物も多いし，動き回ったから，大阪に向かう新幹線ではほとんど寝てたよ。

ミドリ：凄いタイトなスケジュールだね！

ミズホ：（　あ　）駅を出発してしばらくしたら，⑤大きな川を立て続けに３回渡ったのは覚えてるけど・・・。でもその日は疲れてたけど，次の日に行ったUSJは凄く楽しかった！

ミドリ：いいなぁ・・・。受験が終わったら一緒に旅行したいね！

ミズホ：そうだね！どこがいいかな・・・。

ミドリ：それじゃあ，⑥ソウルに行こう！

問１　下線部①について，ミズホさんが乗った新幹線として適切なものを下の１～８から一つ選び，番号で答えよ。

１．北海道新幹線　２．東北新幹線　３．北陸新幹線　４．上越新幹線
５．東海道新幹線　６．山陽新幹線　７．九州新幹線　８．西九州新幹線

問２　文章中の（　ア　）には，「２地点間を移動するために要する時間によって測られる距離」を意味する語句が入る。適切な語句を漢字で答えよ。

問3　東京―名古屋―大阪間には，（　ア　）を短縮させるための交通機関が誕生する予定である。この交通機関として適切なものを下の1～4から一つ選び，番号で答えよ。

1．リニアモーターカー　2．TGV　3．LRT　4．CBD

問4　文章中の下線部②より，ミズホさんは安価な航空会社を利用したことが分かるが，こうした格安航空会社のことをアルファベット3文字で答えよ。

問5　問4のような格安航空会社の特徴について述べた下の1～4の文章のうち，**誤っているもの**を一つ選び，番号で答えよ。

1．日本において，2010年以降に誕生した国内線の格安航空会社の発着便数が最も多い空港は羽田空港である。

2．欧米諸国と比べて，日本は格安航空会社の導入が遅れた地域である。

3．1980年代にアメリカでは規制緩和が進み，格安航空会社が登場した。

4．格安航空会社は東南アジアでもみられる。

問6　文章中の下線部③について，アニメのみならず，ゲーム，映画などの制作･流通を担う産業の総称を，何産業と呼ぶか。カタカナ5文字で答えよ。　〔解答欄〕□□□□□産業

問7　文章中の下線部④について，ファッションのみならず，問6の産業やデザインに関わる産業をまとめて，何産業と呼ぶか。漢字2文字で答えよ。　〔解答欄〕□□産業

問8　文章中の下線部⑤について，これらの川は木曽三川と呼ばれる川である。3つの川のそれぞれの名称をミズホさんの乗った新幹線が渡った順番に漢字で答えよ。

問9　文章中の（　あ　）には，ミズホさんの乗った新幹線が木曽三川の一つ目の川を渡る前に停車した駅名が入る。適切な駅名を下の1～6から一つ選び，番号で答えよ。

1．東京　2．新横浜　3．静岡　4．名古屋　5．岐阜羽島　6．京都

問10　ミズホさんの乗った新幹線が木曽三川の一つ目の川を渡った後，二つ目の川を渡るまでに通った駅がある。その駅名を問9の選択肢の1～6から一つ選び，番号で答えよ。

問11　木曽三川の流れる濃尾平野には，洪水を防ぐために堤防で囲まれた集落が見受けられる。この集落の名称を漢字で答えよ。

問12　文章中の下線部⑥について，ソウルが首都である国の正式名称を漢字で答えよ。

問13　文章中の下線部⑥について，ソウルが首都である国には仁川（インチョン）国際空港があるが，この空港は様々な地域から航空路線が集まる大規模な拠点空港として位置づけられている。このような特性を持つ空港を，何空港と呼ぶか。　〔解答欄〕＿＿＿空港

3 以下は地理のナガヤマ先生と生徒のチトセさんの会話である。この会話文を読み，下記の設問に答えよ。

チトセ：　先生の地元は確か東京でしたよね。

ナガヤマ：そうだよ。東京の多摩というところなんだけど，知ってる？

チトセ：　もちろんです！前に授業でやりましたよね。多摩（　ア　）は覚えています。

ナガヤマ：そうそう。その多摩（　ア　）が私の地元なんだ。「大ロンドン計画」では，「(　イ　）近接」の理念の下で（　ア　）の開発が進められたけれど，日本の（　ア　）は①大都市周辺につくられていて，大都市へ通勤する人々が住む住宅都市としての機能が中心。多摩の他には大阪府にある千里（　ア　）や泉北（　ア　）があるよ。

チトセ：　②昼間人口と夜間人口の差に特徴があるのも覚えています！

ナガヤマ：よく覚えているね！実際に僕の親も新宿まで通勤していたよ。電車は混んでいたし，通勤はしんどそうだったなぁ・・・。

チトセ：　新宿とか渋谷，池袋っていう響きはなんだかオシャレな感じがしますけど・・・。

ナガヤマ：その３つの場所は交通機関の結節点になっていて，商業施設や娯楽施設が集中したり，③中枢管理機能の一部を分担している地域だね。

チトセ：　（　ウ　）ですね！

ナガヤマ：やっぱりよく勉強できているね。渋谷・新宿・池袋を結んでいる地下鉄に（　ウ　）線という名称がつけられていることからも，東京は多くの（　ウ　）があることが分かる。

チトセ：　これだと東京に人が多い理由も分かりますね。むしろ多すぎる気もします・・・。

ナガヤマ：東京（　エ　）と言われるくらいだからね。もっとも，これは東京だけではなくて高次の消費機能が立地している地方中枢都市でも見られているよ。実際に札幌の（　エ　）も進んでいるし。

チトセ：　でも都市の郊外にも大きなショッピングセンターが作られたりしていますよね。

ナガヤマ：確かに，④都市機能の一部が郊外に無秩序に広がっていく様子も見られているね。これは特に自動車交通の発達が原因の一つと考えられているんだ。

チトセ：　自動車は便利だけど，都市の在り方には大きな影響を与えているんですね。

ナガヤマ：⑤郊外の駅やバスターミナル等に隣接された駐車場に自動車をとめて，そこから公共交通機関を利用して都心部に向かう仕組みが構築されていたりもするし，自動車と公共交通をうまく使い分けることが大事かもしれないね。でも最近は⑥都心部に住宅地などが作られて，住民が都心に戻るという現象も見られているよ。

チトセ：　⑦いろんな都市問題があるんですね・・・。小論文ではこれについて書きます！

ナガヤマ：それはいいね！頑張ってね！！そういえば，チトセさんの地元って北海道じゃなかったよね？

チトセ：　そうです！愛知県の（　A　）市ってところです。なんでも昔は「コロモ」っていう市名だったとか・・・。

ナガヤマ：日本でも有数の工業都市だね。元々は挙母（コロモ）市だったんだけど，⑧日本を代表する企業名が市の名前になったところなんだ。

チトセ：　私より詳しい・・・！

問１　文章中の（　ア　）～（　エ　）にあてはまる適切な語句をそれぞれ答えよ。ただし，（　ア　）はカタカナ，（　イ　）～（　エ　）は漢字で答えること。なお，同じ記号には同じ語句が入る。

問2　文章中の（　エ　）とは反対に，ドイツのように中枢管理機能が多くの都市に分散している都市システムの名称を何型というか。漢字4文字で答えよ。〔解答欄〕□□□□型

問3　文章中の下線部①について，大都市周辺に立地し大都市の機能の一部を分担している都市のことを何というか。漢字4文字で答えよ。

問4　文章中の下線部②について，次の表1は，令和2年国勢調査における，ある4つの区町村の「夜間人口」「昼間人口」「昼夜間人口比率」のデータについて，昼夜間人口比率を降順にまとめたものである。下の1～8の組み合わせのうち，表1中のａ～ｄにあてはまる区町村の組み合わせとして最も適切なものを一つ選び，番号で答えよ。

表1

区町村名	夜間人口（人）	昼間人口（人）	昼夜間人口比率（%）
a	66,680	903,780	1355.4
b	103,726	449,202	433.1
c	4,575	12,923	282.5
d	752,608	601,359	79.9

出典：『令和2年国勢調査』

1．ａ：東京都千代田区　ｂ：東京都練馬区　ｃ：大阪市中央区　ｄ：愛知県飛島村
2．ａ：東京都千代田区　ｂ：東京都練馬区　ｃ：愛知県飛島村　ｄ：大阪市中央区
3．ａ：東京都千代田区　ｂ：大阪市中央区　ｃ：東京都練馬区　ｄ：愛知県飛島村
4．ａ：東京都千代田区　ｂ：大阪市中央区　ｃ：愛知県飛島村　ｄ：東京都練馬区
5．ａ：大阪市中央区　ｂ：東京都千代田区　ｃ：東京都練馬区　ｄ：愛知県飛島村
6．ａ：大阪市中央区　ｂ：東京都練馬区　ｃ：東京都千代田区　ｄ：愛知県飛島村
7．ａ：愛知県飛島村　ｂ：東京都練馬区　ｃ：大阪市中央区　ｄ：東京都千代田区
8．ａ：愛知県飛島村　ｂ：大阪市中央区　ｃ：東京都練馬区　ｄ：東京都千代田区

問5　文章中の下線部②について，令和2年国勢調査における市区町村別の昼夜間人口比率の上位20位のうち，2位・11位・12位・14位には，ある共通の都道府県の市区町村が入っている。表2は当該市区町村の「夜間人口」「昼間人口」「昼夜間人口比率」をまとめたもので，表2の最下段に※で付記しているように，この都道府県には，昼間人口が997人いるものの，夜間人口が0人のために昼夜間人口比率が算出できない市区町村も見られる。これらの市区町村が属している都道府県名を漢字で答えよ。

表2

	夜間人口（人）	昼間人口（人）	昼夜間人口比率（%）
2位	847	4,985	588.5
11位	2,128	4,334	203.7
12位	1,923	3,894	202.5
14位	420	810	192.9
※	0	997	

出典：『令和2年国勢調査』

問6　文章中の下線部③について，中枢管理機能の説明として最も適切なものを下の1～5から一つ選び，番号で答えよ。

1．地方中枢都市（札幌市・仙台市・広島市・福岡市）に立地する企業が有している機能の総称
2．首都圏・関西圏・中京圏以外の地域に立地する企業が有している機能の総称
3．首都圏以外の地域に立地する企業が有している機能の総称
4．様々なデータを収集し，経営方針等の方策を決定して連絡する機能
5．本社からの経営方針等の方策を受け，指示通りに業務を遂行する機能

問7　文章中の下線部④のことを何というか。適切なものを下の1～5から一つ選び，番号で答えよ。

1．ドーナツ化現象
2．スプロール現象
3．ジェントリフィケーション
4．インナーシティ問題
5．オフショアリング

問8　文章中の下線部⑤の仕組みを何というか。カタカナで答えよ。

問9　文章中の下線部⑥の現象のことを何というか。漢字4文字で答えよ。

問10　文章中の下線部⑦について，チトセさんは数ある都市問題の中で，「大都市内部のインナーシティと呼ばれる停滞した地域が再開発され，高所得者層が流入して高級住宅地化する現象」をテーマに小論文を書くことにした。この現象のことを何というか。問7の選択肢1～5から一つ選び，番号で答えよ。

問11　文章中の（　A　）には，下線部⑧で説明している市の名前が入る。（　A　）にあてはまる適切な市名を下の1～5から一つ選び，番号で答えよ。

1．豊田
2．本田
3．川崎
4．松田
5．日産

4　次の図１を見て，ヨーロッパに関する下記の設問に答えよ。

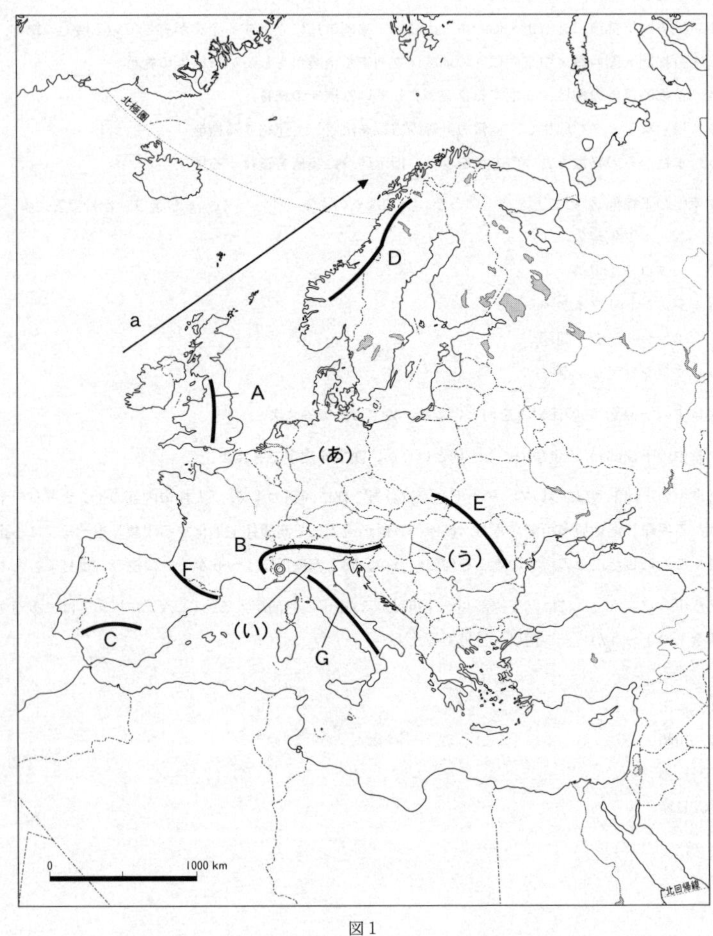

図１

問１　下記の⑴～⑶の設問に答えよ。

⑴　図１中のＡ～Ｇは山脈を示している。

①これらの山脈のうちアルプス山脈，ピレネー山脈，カルパティア山脈にあてはまるものを記号で答えよ。また，これらの山脈がどのような造山帯に属するか漢字で答えよ。②スカンディナヴィア山脈にあてはまるものを記号で答えよ。また，この山脈がどのような造山帯に属するか漢字で答えよ。

⑵　図１中のａに該当する暖流名を漢字６文字で答えよ。

⑶　図１中の◎印はイタリア・トリノである。この付近の緯度を５の倍数で答えよ。また，この付近の緯度のもっとも近くに位置する日本の市町村を下記の１～５から一つ選び，番号で答えよ。

1．福井県鯖江市
2．熊本県天草市
3．北海道天塩郡幌延町
4．宮城県仙台市
5．福岡県北九州市

〔解答欄〕 北緯＿＿度　日本の市町村＿＿

問2　下記の文章を読んで，(1)～(3)の設問に答えよ。

①図1中の中央部の北ドイツ平原やフランス平原には，楯状地や卓状地が広がり，全体的にほぼ水平な地層からなる広い（　ア　）平野が横たわり，地震はほとんど発生しない。また，ドナウ川やライン川など，いくつもの国をまたぐ（　イ　）河川が流れ，流域には運河も多く内陸水路交通が発達した。ドナウ川はドイツ南部から東へ流れ，（　ウ　）海に注ぐ。一方，ライン川はアルプスに源を発して（　エ　）海に注いでいる。

(1)　文章中の（　ア　）～（　エ　）に入るもっとも適当な語句を答えよ。

(2)　下線部①に関して，先カンブリア時代の造山運動によってつくられた陸地のことを何というか，漢字4文字で答えよ。

(3)　図1中の（　あ　）～（　う　）にはドナウ川，ライン川，ポー川のいずれかが入る。（　あ　）～（　う　）の組み合わせとして正しいものを，下記の1～6から一つ選び，番号で答えよ。

	1	2	3	4	5	6
(あ)	ドナウ川	ドナウ川	ライン川	ライン川	ポー川	ポー川
(い)	ライン川	ポー川	ドナウ川	ポー川	ドナウ川	ライン川
(う)	ポー川	ライン川	ポー川	ドナウ川	ライン川	ドナウ川

問3　下記の文章を読んで，(1)～(3)の設問に答えよ。

ヨーロッパの国々の多くは，キリスト教を共通の精神的支柱とし，科学技術の進歩を通じて近代化を推し進め，経済発展を遂げてきた。ヨーロッパの民族は，大きく三つに分けられる。南西部や地中海沿岸の国々では，主としてラテン語派の人々が暮らしており，（　Ⅰ　）が多い。東部の国々では，スラブ語派の人々が大半を占め，多くの人々が（　Ⅱ　）を信仰している。北西部の国々の大半は，ゲルマン語派の人々を中心とし，宗教では（　Ⅲ　）が多い。

①戦後に欧州で形成された経済連携（現在のEU）は域内の農業の保護と食料の安定供給を目的として，安い輸入農産物に課徴金を設け，域外への輸出には補助金を支給する政策を実施した。EUはまた，②シャンパンやバルサミコ酢などでみるような特定の地域で受け継がれた方法にしたがって生産・加工・製造された商品であることを保証するための制度を設けている。地域性を重視した農業政策を実施することで，域内の農業を均一化するのではなく，個性を維持させることで活性化させようとしている。

(1)　民族・言語・宗教に関する文章中の（　Ⅰ　）～（　Ⅲ　）は正教，カトリック，プロテスタントの宗教名のいずれかが入る。（　Ⅰ　）～（　Ⅲ　）の組み合わせとして正しいものを，下記の1～6から一つ選び，番号で答えよ。

	1	2	3	4	5	6
（Ⅰ）	正教	正教	カトリック	カトリック	プロテスタント	プロテスタント
（Ⅱ）	カトリック	プロテスタント	正教	プロテスタント	正教	カトリック
（Ⅲ）	プロテスタント	カトリック	プロテスタント	正教	カトリック	正教

(2)　下線部①に関して，この政策を何というか，漢字４文字で答えよ。　〔解答欄〕□□□□政策

(3)　下線部②に関して，このルールを何というか，下記の１～４から一つ選び，番号で答えよ。

1．インフォーマルセクター

2．シェンゲン協定

3．原産地呼称

4．集約的畑作農業

政治・経済

（60分）

1 次の文章を読み，下記の設問に答えよ。

1999年アメリカ合衆国・シアトルで開催された第3回WTO（世界貿易機関）閣僚会議は，前身である［あ］の最後のラウンド（多角的貿易交渉）であった［A］・ラウンドに代わる，新ラウンド立ち上げに合意できないまま閉会した。2001年に［B］・ラウンドの交渉が開始されたが，その後も難航している。［あ］から一貫してきた，無差別主義・多角主義の原則に基づく世界的な多角的貿易体制の整備は，現在まで大きな成果が得られていない。

しかし，自由貿易体制は多角主義だけでなく，「地域統合」という形でも進展してきた。冷戦期には，1949年に社会主義圏内での国際分業を促進するための経済協力機構［い］が設立された。ヨーロッパでは1952年に，石炭と鉄鋼の単一の市場を目指す［う］が発足し，その加盟6か国によりEEC（欧州経済共同体）とEURATOM（欧州原子力共同体）が組織された。さらにこの3つの組織を統合してEC（欧州共同体）が作られた。アジアでもASEAN（東南アジア諸国連合）が1967年に設立されたが，他の地域統合の動きと同様に，冷戦期はまだ政治的連携の傾向が色濃かった。

地域統合が地域経済統合として大きな転機を迎えるのは，1989年12月の［C］会談で発表された冷戦終結宣言前後であった。1989年11月にASEANを含むアジア太平洋地域で結成された［え］は，「開かれた地域協力」を目指して設置された。$\underset{(1)}{\underline{\text{1993年には，経済成長著しいASEAN諸国}}}$の域内における経済協定である［お］がスタートした。同じ年，ヨーロッパにおいても［D］条約が発効し，ECはEU（欧州連合）となった。1994年には，北米大陸で域内関税撤廃などを軸とした$\underset{(2)}{\underline{\text{NAFTA（北米自由貿易協定）が発効}}}$し，1995年には南米大陸でも［か］が発足した。冷戦後に地域経済統合が次つぎと展開されていく一方で，市場原理を重視する$\underset{(3)}{\underline{\text{新自由主義的政策}}}$が多く採用されるようになった。それにより，各地で貧困，格差及び環境破壊が生み出されたとされ，「倫理なき資本主義」などと批判されるようになってきた。そんな中，冒頭のシアトルWTO閣僚会議は開催されたのである。いくつかの国際NGOが上げた，新自由主義的政策に批判的な声が議場に届いたことにより，新ラウンド交渉に向けた合意が不成立となった，ともいわれている。

日本としては［え］に加盟しているものの，そこでの経済的統合の動きはゆっくりとしており，具体的に大きな進展はなかった。そのため，日本の経済的統合の本格的な動きは，2002年の［E］とのEPA（経済連携協定）締結からであったとされる。他国と比べて慎重に経済的統合を開始したことにより，先例を踏まえ，貿易に限定されがちなFTA（自由貿易協定）ではなく，むしろサービス分野・ヒトの移動などの自由化を含むEPAに積極的であるという日本的特徴を持つ。これまでに，二国間EPAをおよそ20か国と発効，協議しており，そして多国間EPAをASEAN，EUとの間で発効させ，$\underset{(4)}{\underline{\text{TPP（環太平洋パートナーシップ協定）}}}$およびRCEP（東アジア地域包括的経済連携）の協定に参加している。さらに2023年には，［F］がTPPへ正式加盟することが決定され，地域経済統合の新たな広がりを見せている。

問1 空欄 あ ～ か それぞれに入る，最も適切なアルファベットの略称を選択肢 ア ～ ソ からそれぞれ1つ選び，記号で答えよ。

ア．AFTA イ．APEC ウ．ASEM エ．COMECON オ．CSCE
カ．EABY キ．ECON ク．ECSC ケ．FAO コ．GATT
サ．IFC シ．MERCOSUR ス．OAPEC セ．OSCE ソ．WFTU

問2 空欄 A ～ F それぞれに入る最も適切な都市名・国名を，選択肢 ア ～ タ からそれぞれ1つ選び，記号で答えよ。

ア．東京 イ．韓国 ウ．マーストリヒト エ．バンドン
オ．ボゴタ カ．ノルウェー キ．シンガポール ク．イギリス
ケ．エジンバラ コ．ニュージーランド サ．ウルグアイ シ．ヤルタ
ス．マルタ セ．キングストン ソ．ダボス タ．ドーハ

問3 下線部(1)に関連して，この時のASEAN加盟国は6か国であった。この中で，1967年の原加盟国インドネシア・フィリピン・マレーシア・シンガポール・タイの5か国以外の加盟国はどこか。最も適切な国名を選択肢 ア ～ オ から1つ選び，記号で答えよ。

ア．ブルネイ イ．ベトナム ウ．ラオス エ．ミャンマー オ．カンボジア

問4 下線部(2)に関連して，その後NAFTAは解散して，2020年に新たな協定が発効した。その協定の通称として，最も適当な語句をアルファベット5文字で答えよ。

問5 下線部(3)に関連して，1980年代にイギリス，アメリカそれぞれで採用された新自由主義的政策は，政治家の名前にちなんだ通称で呼ばれる。その名称として，最も適当な語句をそれぞれカタカナで答えよ。

問6 下線部(4)に関連して，TPPについての記述として最も適切なものを，選択肢 ア ～ オ の中から1つ選び，記号で答えよ。

ア．日米の共同提案によって，経済同盟の議論が始まった。

イ．関税同盟であるので，域外に対して共通関税を設定できる。

ウ．労働者の移動が自由化され，加盟国では労働ビザなしで働くことができる。

エ．アメリカ合衆国は大筋合意後，発効の前に離脱した。

オ．中南米の加盟国には，特恵関税が認められている。

2 次の文章を読み，下記の設問に答えよ。

第二次世界大戦後に新たに形成された国際経済・金融秩序の枠組みのもと，日本は戦後復興から飛躍的な経済成長を遂げた(1)。しかし，成長の恩恵が世界各国で平等に行きわたったわけでなかった。一部の発展途上国の経済状況はむしろ悪化し，先進国と発展途上国との経済格差が問題視されるようになった(2)。

1960年代以降，この問題を是正するために，国際社会ではさまざまな開発援助政策が講じられてきた(3)。その中核的政策の一つが，政府開発援助（ODA）である(4)。ODA とは先進国が発展途上国の経済発展や福祉改善のために実施する支援のことで，発展途上国を直接支援する二国間援助と国際機関への拠出を行う多国間援助に大別される。このうち二国間援助は，さらに贈与（［A］と［B］）および借款（［C］）に分けられる。

ODA を活用した開発援助プロジェクトの実施は多くの発展途上国の貧困問題の改善に寄与してきたが，ODA をめぐる課題も少なくない。その最たる例が，1970年代に，国際連合（以下，国連）で定められた ODA 拠出額目標である GNI（国民総所得）比［D］%を，日本を含めた多くの先進諸国が達成していないことである。［E］年に国連で採択された「持続可能な開発目標（SDGs）」でもこの重要性が再確認されており，先進諸国の ODA 目標へのコミットメントが注視されている。

そのようななか，2023年6月，日本政府は新たな［F］を閣議決定した。［F］とは日本の開発協力政策の基本方針(5)を定める政策文書で，これは2015年以来8年ぶりに改定の運びとなった。今般の［F］は，ODA の GNI 比［D］%の目標に言及しつつも，日本の厳しい財政状況をふまえ，柔軟かつ多様な資金協力(6)を展開して ODA の拡充に努めていく方針が示された。

問1　下線部(1)に関連して，下記の設問に答えよ。

(a)　戦後国際経済・金融秩序の復興と安定化を目的に，国際復興開発銀行（IBRD）や国際通貨基金（IMF）を設立する協定が結ばれた。この取り決めは，その国際会議が開催された地名からとって［あ］協定と呼ばれる。

空欄［あ］に当てはまる最も適切な語句を，カタカナで答えよ。

(b)　日本の高度経済成長を可能にした要因の一つに，当時採用されていた固定相場制が日本の輸出を増大させるよう作用したことがあげられる。固定相場制では，金1オンスを［い］ドルの比率（1949～1971年）での交換を保証するとともに，日本円などほかの国の通貨とドルとの交換比率を固定化していた。

空欄［い］に当てはまる最も適切な数値を答えよ。

問2　下線部(2)に関連する次の文章を読み，空欄［う］と［え］に入る最も適当な語句を，それぞれ漢字2文字で答えよ。

地球規模の格差・貧困問題は,人類史上新しいものではなかった。にもかかわらず，これが問題視されるようになったのは，当時の国際政治で主要な問題とされていた自由主義勢力と共産主義勢力との冷戦状態を，その地理的構造から［う］対立と呼ぶことに対し，先進国と発展途上国との経済格差についても［え］問題として目を向けなければならない，と提起されたためであった。

問3　下線部(3)について，国連およびOECD（経済協力開発機構）による開発協力について最も適切に説明しているものを，以下の選択肢 ア ～ エ の中から1つ選び，記号で答えよ。

ア．国連は，その下部組織として新国際経済秩序（NIEO）を立ち上げ，戦後の経済復興と開発のための資金融資を通じて発展途上国の経済成長のための融資を行ってきた。

イ．OECDは，その下部組織として新国際経済秩序（NIEO）を立ち上げ，戦後の経済復興と開発のための資金融資を通じて発展途上国の経済成長のための融資を行ってきた。

ウ．国連は，その下部組織として開発援助委員会（DAC）を創設し，先進諸国間の政策調整を通じて発展途上国への援助の拡大を図っている。

エ．OECDは，その下部組織として開発援助委員会（DAC）を創設し，先進諸国間の政策調整を通じて発展途上国への援助の拡大を図っている。

問4　下線部(4)に関連して，次の文章を読み，空欄［お］に当てはまる最も適切な語句を，カタカナで答えよ。

開発援助政策はODAだけに限られず，たとえば世界銀行などによる公的融資のほか，民間機関による投融資もある。なかでも，ムハマド・ユヌスが創設したバングラデシュの［お］銀行は，貧困層や弱者の生活を支えるために低金利・無担保のマイクロファイナンスを実施していることで有名である。

問5　空欄［A］・［B］・［C］にそれぞれ当てはまる語句の組み合わせとして最も適当なものを，以下の選択肢ア～エの中から1つ選び，記号で答えよ。

ア．［A］財政協力・［B］技術協力・［C］無償資金協力

イ．［A］財政協力・［B］無償技術協力・［C］有償資金協力

ウ．［A］無償資金協力・［B］技術協力・［C］有償資金協力

エ．［A］無償資金協力・［B］財政協力・［C］技術協力

問6　空欄［D］～［F］について，下記の設問に答えよ。

(a)　空欄［D］に入る最も適切な数値を，以下の選択肢ア～エの中から1つ選び，記号で答えよ。

ア．0.05　　イ．0.7　　ウ．1.9　　エ．2.15

(b)　空欄［E］に入る最も適切な数値を，西暦年数で答えよ。

(c)　空欄［F］に入る最も適切な語句を，漢字で答えよ。

問7　下線部(5)に関連して，下記の設問に答えよ。

(a)　次の文章を読み，空欄［か］・［き］に当てはまる最も適切な語句を，それぞれ漢字2文字で答えよ。

日本の開発協力政策の基本理念の一つに「人間の安全保障」がある。今般改定された［F］でも，「一人ひとりが［か］と［き］から免れ，尊厳を持って幸福に生きることができるよう，国・社会づくりを進めるという人間の安全保障の考え方は，人間の持つ崇高な理想・理念を体現する我が国の在り方の基本であって，自由，民主主義，基本的人権の尊重，法の支配といった価値に通じるものでもある」と述べられている。この文章の特に前半部分は，日本国憲法前文のうち「われらは，全世界の国民が，ひとしく［か］と［き］から免かれ，平和のうちに生存する権利を有することを確認する」という部分と同じ表現になっている。ここから，人間の安全保障の考え方がまさに「我が国の在り方の基本」と通底することがわかる。

(b)　「人間の安全保障」概念を初めて公的に取り上げたのは，国際機関［く］が［け］年に公刊した『人間開発報告書』であった。

空欄 [く]・[け] に入る語句や数値の組み合わせとして最も適切なものを，以下の選択肢 ア ～エ の中から１つ選び，記号で答えよ。

ア．[く] UNICEF・[け] 1989　イ．[く] UNDP・[け] 1989

ウ．[く] UNICEF・[け] 1994　エ．[く] UNDP・[け] 1994

(c) 日本のODAの特徴を述べたものとして最も適切な文章を，以下の選択肢 ア ～ エ の中から１つ選び，記号で答えよ。

ア．日本のODAは，かつては世界１位の援助額をほこったが，2001年以降はアメリカに抜かれ，近年はさらに順位を下げている。

イ．日本のODAは，その開始当初から今に至るまで，最も貧困率の高いサブサハラ地域のアフリカ諸国を中心的な対象として援助が実施されてきた。

ウ．日本では，2008年以降，JBIC（国際協力銀行）がODAの贈与・借款の一元的な実施主体となっている。

エ．日本のODAは，贈与と借款のうち贈与の比率が高く，ゆえにグラント・エレメントの比率が先進諸国間でも突出して高い。

問８　下線部(6)に関連する次の(a)～(c)の文章を読み，各設問に答えよ。

(a) [F] では，開発途上国のニーズの多様化，新興ドナー国の台頭，一部の開発途上国での債務問題の発生といった最近の状況を背景に，「相手国からの要請を待つだけでなく，共創の中で生み出された新たな社会的な価値や解決策も活用しつつ，ODAとOOF（※）等様々なスキームを有機的に組み合わせて相乗効果を高め，日本の強みを活かした魅力的なメニューを作り，積極的に提案していく [こ] 型協力を強化する」ことが規定された。（※OOFとはother official flowsの略で，ODA以外のその他政府資金を指す。）

空欄 [こ] に入る最も適切な語句を，カタカナで答えよ。

(b) SDGsのターゲット17.1に「課税及び徴税能力の向上のため，開発途上国への国際的な支援なども通じて，国内資源の動員を強化する」と規定されているように，開発資金調達においては，発展途上国自身の能力強化も重要である。近年，富裕層や多国籍企業が税率の極めて低い [さ]（租税回避地）に資金を逃避して納税から逃れる問題が注目を集めているが，国家財源を流出させる租税回避の悪影響は，先進国よりも途上国の方が大きいためである。

空欄 [さ] に入る最も適切な語句を，カタカナで答えよ。

(c) 気候変動問題に対処するための資金としては，2022年に開催された国連気候変動枠組条約第27回締約国会議 (COP27) において，気候災害の「[し]」へ対応するための基金を創設することが合意された。

空欄 [し] に入る最も適切な語句を，解答欄に合うように，漢字で答えよ。

〔解答欄〕 ＿＿＿と＿＿＿

3　次の文章を読み，下記の設問に答えよ。

日本国憲法(1)は，1946年11月3日に公布され，翌年5月3日に施行された。その内容は，国民主権，基本的人権の尊重，平和主義を内容とする等，1889年に発布された大日本帝国憲法の内容を大きく変更するものであった(2)。その後，今日に至るまで，日本国憲法それ自体の改正(3)はなされていない。

もっとも，日本国憲法それ自体の改正はなかったものの，日本という国の統治に関する現在の仕組みは，1947年5月3日のそれとは大きく異なるものとなっている。現在の統治に関する仕組みは，「平成」という時代の中(4)で形成されていったものといえるが，そこでの変化の程度は，そういった変化を語る際に「改革」という表現が用いられるほどのものでもある。

それでは，平成という時代になされた諸改革は，どのようなものであったのか。まず，平成が始まってすぐになされた改革として，選挙制度改革を挙げることができよう。この改革は，いわゆる政治改革関連法（政治改革4法）の成立により，実現したものであるが，これにより衆議院選挙には小選挙区比例代表並立制等が導入されることになった(5)。その後，中央省庁等改革基本法等（中央省庁等改革関連法）や国会審議活性化法が制定されるなど，政治主導の実現を目指した改革も進められた(6)。こういった制度の中には内閣総理大臣の権限強化を進めたものもあり，それがいわゆる「官邸主導」(7)を可能にしたともいえる。

上記の改革は，三権分立でいうところの立法権や行政権に関わることであるが，それらと同様に司法権に関しても改革は行われた。これを「司法制度改革」とも呼ぶが，この改革は，司法制度改革審議会が2001年に公表した「司法制度改革審議会意見書－21世紀の日本を支える司法制度」の内容に沿って進められたものである。同意見書は，司法制度改革を「政治改革，行政改革，地方分権推進，規制緩和等の経済構造改革等の諸々の改革」を「憲法のよって立つ基本理念の一つである『法の支配』の下に有機的に結び合わせようとするものであり，まさに『この国のかたち』の再構築に関わる一連の諸改革の『最後のかなめ』として位置付けられるべきもの」という。そのうえで，3つの基本方針として「国民の期待に応える司法制度の構築（制度的基盤の整備）」「司法制度を支える法曹の在り方（人的基盤の拡充）」「国民的基盤の確立（国民の司法参加）」を挙げていた。上記3つの基本方針の中で示されていた施策は進められ，日本の司法制度も変化した(8)。

「憲法」という言葉の意味は，憲法典という法典を指して用いられる場合もあれば，形式に限らず，国家のあり方に関するルールを指して用いられる場合もある。後者の意味で憲法という語の意味を理解するならば，「憲法改正」という語の意味も，それに即して理解することができる。つまり，日本国憲法それ自体の改正に限らず，日本国という国家のあり方に関するルールの変更を広く意味すると理解することができる。そして，このような意味で憲法改正という語を理解するとき，平成という時代になされた諸改革は，まさに，憲法改正に匹敵すると言っても過言ではない出来事だったといえるのかもしれない。そして，近時の安全保障分野の変化(9)にもみられるように，今なおその改正は継続しているといえるのかもしれない。

問1　下記の文章は，下線部(1)の前文であるが，空欄［　あ　］～［　お　］に当てはまる最も適切な語句を答えよ。

「日本国民は，正当に選挙された国会における代表者を通じて行動し，われらとわれらの子孫のために，諸国民との協和による成果と，わが国全土にわたつて自由のもたらす恵沢を確保し，政府の行為によつて再び［　あ　］の惨禍が起ることのないやうにすることを決意し，ここに［　い　］が国民に存することを宣言し，この憲法を確定する。そもそも国政は，国民の厳粛な［　う　］によるものであつて，その権威は国民に由来し，その権力は国民の代表者がこれを行使し，その福利は国民がこれを享受する。これは人類普遍の原理であり，この憲法は，かかる原理に基くものである。われらは，これに反する一切の憲法，法令及び詔勅を排除する。

日本国民は，恒久の平和を念願し，人間相互の関係を支配する崇高な理想を深く自覚するのであつて，平和を愛する諸国民の公正と信義に信頼して，われらの安全と生存を保持しようと決意した。われらは，平和を維持し，専制と隷従，圧迫と偏狭を地上から永遠に除去しようと努めてゐる［え］において，名誉ある地位を占めたいと思ふ。われらは，全世界の国民が，〔大問２に関わるため省略〕，平和のうちに生存する権利を有することを確認する。

われらは，いづれの国家も，自国のことのみに専念して他国を無視してはならないのであつて，政治道徳の法則は，普遍的なものであり，この法則に従ふことは，自国の主権を維持し，他国と［お］関係に立たうとする各国の責務であると信ずる。

日本国民は，国家の名誉にかけ，全力をあげてこの崇高な理想と目的を達成することを誓ふ。」

問２　下線部(2)に関連して，大日本帝国憲法と日本国憲法の違いを説明する文章として適切といえるものを，以下の選択肢ア〜ウの中から全て選び，記号で答えよ。ただし，選択肢の中に適切といえる内容のものがない場合は解答欄に×と記載すること。

ア．内閣に関して，大日本帝国憲法では，各国務大臣が内閣を構成し，その内閣が天皇を輔弼する旨の規定が明示的に定められていたのに対して，日本国憲法では，行政権が内閣にあることが規定されている。

イ．大日本帝国憲法では，国民の権利・自由を臣民の権利として保障していたのに対して，日本国憲法では，国民は全ての基本的人権の享有を妨げられないことと，そして，日本国憲法が国民に保障する基本的人権は侵すことのできない永久の権利であることが規定されている。

ウ．国会に関して，大日本帝国憲法では，帝国議会は枢密院，貴族院，衆議院で構成すると規定されていたのに対して，日本国憲法では，衆議院と参議院で構成されると規定されている。

問３　下線部(3)に関連して，次の(a)(b)について答えよ

(a)　日本国憲法の改正に関連する説明として，適切といえる内容のものを，以下の選択肢ア〜ウの中から全て選び，記号で答えよ。ただし，選択肢の中に適切といえる内容のものがない場合は解答欄に×と記載すること。

ア．憲法改正に関する具体的な手続を定めているのは国民投票法であるが，それによれば，投票権を有するのは20歳以上の日本国民である。

イ．衆議院で可決された憲法改正原案を参議院が否決した場合，両院協議会が開催されることとなるが，同協議会開催後，衆議院が，再度それを審議し，３分の２以上の多数で可決させた場合は，国民投票が実施される。

ウ．憲法が改正された場合，それは，内閣総理大臣によって，国民の名で公布される。

(b)　以下の文章は，2023年３月２日に開催された衆議院憲法審査会の会議録の一部抜粋である。空欄［Ａ］に当てはまる最も適切な語句を漢字４字で答えよ。

「……これまで議論が進展したのは［Ａ］条項についてであります。

〔中略〕

対象とする［Ａ］の範囲は，大規模自然災害，テロ・内乱，感染症蔓延，そして国家有事・安全保障の四つの事態と，その他これらに匹敵する事態とすることについて，おおむねの意見の集約がなされたと考えております。

その上で，事態認定については内閣が行うこととし，民主的統制の観点から国会の事前承認を要すること，事態認定に対する裁判所によるチェックについては引き続き議論が必要であること，任期延長の上限や解散後の前衆議院議員の身分復活についても議論が必要であること，議員任期延長とセットで，国会の閉会禁止，即時召集，衆議院解散の禁止，内閣不信任議決の禁止といった措置について手当てが必要であることといった点についても，共通の理解が得られたと考えております。」

（自由民主党　新藤義孝発言）

問4　下線部(4)に関連して，元号が平成の間に成立した法律として適切なものを，以下の選択肢 ア ～ オ の中から2つ選べ（順不同）。

ア．男女雇用機会均等法（雇用の分野における男女の均等な機会及び待遇の確保等に関する法律）

イ．個人番号法（行政手続における特定の個人を識別するための番号の利用等に関する法律）

ウ．障害者雇用促進法（障害者の雇用の促進等に関する法律）

エ．介護保険法

オ．プラスチック資源循環促進法（プラスチックに係る資源循環の促進等に関する法律）

問5　下線部(5)に関連して，以下の選択肢 ア ～ ウ の中から適切といえる説明を全て選び，記号で答えよ。ただし，選択肢の中に適切といえる内容のものがない場合は解答欄に×と記載すること。

ア．政治資金規正法によれば，企業が，政党・政治資金団体以外の政治団体または政治家個人に対して，政治献金をすることは禁止されている。

イ．政党助成法による政党交付金の対象となるのは，国会議員が5名以上いるか，または，国会議員が1名以上でかつ直近の国政選挙で2％以上の得票率を得た政治団体である。

ウ．衆議院選挙における比例代表制度においては，非拘束名簿式比例代表制が採用され，当選者はドント方式によって決まる。

問6　下線部(6)に関連して，以下の選択肢 ア ～ エ の中から適切ではない説明を1つ選び、記号で答えよ。

ア．2001年に日本の行政機構は，1府22省庁から1府12省庁へと再編された。

イ．官僚が閣僚に代わって国会で答弁する政府委員制度は廃止された。

ウ．大臣政務官・副大臣制度が廃止され，政務次官制度が導入された。

エ．衆参両院に国家基本政策委員会が設置された。

問7　下線部(7)に関連して，2014年に国家公務員の人事管理に関する戦略的中枢機能を担う組織が内閣官房に設置されたが，この組織の名称を漢字5文字で答えよ。

問8　下線部(8)に関連して，次の問いに答えよ。

(a)　司法制度改革審議会は，「司法制度改革審議会意見書－21世紀の日本を支える司法制度」の中で，「国民の期待に応える司法制度の構築（制度的基盤の整備）」の一内容として，ニーズに応じた多様な紛争解決手段を選択できるようにするために，裁判外の紛争解決手段についての拡充・活性化を図ることを挙げていた。実際に，こういった裁判外の紛争解決手続(き)は制度化されており，具体例として仲裁や調停等がある。このような制度は，一般に裁判外紛争解決手続(き)と呼ばれているが，この裁判外紛争解決手続(き)の略称を，アルファベット3文字で答えよ。

(b)　司法制度改革の結果，刑事裁判に関して国民の司法参加が認められることとなったが，国民の司法参加に関する説明として，最も適切なものを以下の選択肢 ア ～ エ の中から1つ選び，記号で答えよ。

ア．いわゆる裁判員裁判において評議で意見が一致しない場合，評決は，裁判官と裁判員の合議体による多数決によってなされるが，合議体の過半数が有罪意見を支持しているならば，その意見に裁判官が1人も賛成していなくても，その意見が合議体の意見となる。

イ．裁判員は，守秘義務を負っており，その対象は法廷で見聞きした事項についても及ぶ。

ウ．検察審査会は，不起訴となった事件に関して被害者等からの申立てを受けて，検察官の不起訴処分の妥当性について審査するが，検察審査会が，同一の事件に対して２度起訴すべき（起訴相当）との議決（構成員11人中８人の賛成が必要）をした場合，被疑者は，検察官によって起訴されることとなる。

エ．いわゆる裁判員裁判の裁判手続のうち裁判員が参加するのは，法廷での審理や，評議・評決，判決の宣告といった公判期日以降の手続であり，公判前整理手続に裁判員は参加しない。

問９　下線部(9)に関連して，下記の２つの文章は，憲法第９条の解釈との関連で述べられた帝国議会・国会における内閣総理大臣の発言である。それらの発言者として，最も適切な人物を以下の選択肢ア～コの中から１つずつ選べ。

A「……戰爭抛棄に關する本案の規定は，直接には自衞權を否定はして居りませぬが，第九條第二項に於て一切の軍備と國の交戰權を認めない結果，自衞權の發動としての戰爭も，又交戰權も抛棄したものであります，從來近年の戰爭は多く自衞權の名に於て戰はれたのであります，滿洲事變然り，大東亜戰爭亦然りであります，今日我が國に對する疑惑は，日本は好戰國である，何時再軍備をなして復讐戰をして世界の平和を脅かさないとも分らないと云ふことが，日本に對する大なる疑惑であり，又誤解であります……」

B「今回の閣議決定により憲法上許容されると判断するに至ったものは，新三要件を満たす場合に限定されており，あくまでも，我が国の存立を全うし，国民を守るためのやむを得ない自衛の措置に限られているわけであります。

新三要件とは，我が国に対する武力攻撃が発生したこと，または我が国と密接な関係にある他国に対する武力攻撃が発生し，これにより我が国の存立が脅かされ，国民の生命，自由及び幸福追求の権利が根底から覆される明白な危険があること，これを排除し，我が国の存立を全うし，国民を守るために他に適当な手段がないこと，そして必要最小限度の実力行使にとどまるべきこととあります。

新三要件に照らせば，今私が挙げました新三要件を聞いていただいた方には御理解いただけると思いますが，我が国がとり得る措置には当然おのずから限界があり，国連憲章において各国に行使が認められているのと同様の集団的自衛権の行使が憲法上許容されるわけではありません。」

ア．吉田茂　イ．芦田均　ウ．鳩山一郎　エ．田中角栄　オ．佐藤栄作
カ．村山富市　キ．小泉純一郎　ク．野田佳彦　ケ．安倍晋三　コ．岸田文雄

数 学

◀法学部１部・２部，経営学部１部（経営情報）▶

（60 分）

（注） 解答用紙には答えだけでなく，導出の過程も記入すること。

1 2は必須。3 4 5については，これらの中から１題を選択すること。

1 （必須）

次の各問いに答えよ。

(1) $2x^3+7x^2+(2a+5)x+5a$ を因数分解せよ。

(2) k を定数とするとき，方程式 $\left|x\left(x-\dfrac{3}{2}\right)\right|=k$ の実数解の個数を求めよ。

(3) 2次関数 $y=-x^2+6ax+3\ (0\leqq x\leqq 1)$ の最大値と最小値の差が $\dfrac{1}{3}$ であるとき，a の値を求めよ。ただし，a は $\dfrac{1}{6}<a<\dfrac{1}{3}$ を満たす実数とする。

2 （必須）

次の各問いに答えよ。

(1) 赤色のペン４本と黒色のペン10本を，A，B，Cの３人に分配する。このとき，黒色のペンは３人それぞれが少なくとも１本もらうものとすると，ペンの分け方は全部で何通りあるか求めよ。ただし，同じ色のペンは区別しないものとし，赤色のペンは１本ももらわない人がいてもよいものとする。

(2) a，b は整数とする。座標平面上で放物線 $y=x^2-2(a+1)x+a^2+ab-3b$ が x 軸と接するとき，整数の組（a，b）をすべて求めよ。

(3) 10進法で表された数2024の正の約数の総和 S を求め，S を5進法で表せ。

3 (選択)

ある試行Tに対し，事象A，Bが

$$P(A)=\frac{1}{3},\quad P(A\cap B)=\frac{1}{6},\quad P(\overline{A}\cap\overline{B})=\frac{1}{4}$$

を満たすとき，次の問いに答えよ。ただし，試行Sの事象X，Yに対して，$\overline{X}$をXの余事象，$P(X)$をXの確率，$P_Y(X)$をYが起こったときにXが起こる条件付き確率とする。

(1) $P(\overline{A})$と$P_A(B)$を求めよ。

(2) $P(B)$を求めよ。

(3) $P_B(A)$と$\dfrac{P_A(B)P(A)}{P_A(B)P(A)+P_{\overline{A}}(B)P(\overline{A})}$を求めよ。

4 (選択)

関数$f(x)$は，$f'(x)=3x^2-3$かつ$f(2)=4$を満たす。$f(x)$が$x=\alpha$で極大になり，$x=\beta$で極小になるとき，次の問いに答えよ。ただし，αとβは定数とする。

(1) αとβを求めよ。

(2) 関数$f(x)$を求めよ。

(3) 放物線$y=x^2+bx+c$が2点$(\alpha,\ f(\alpha))$，$(\beta,\ f(\beta))$を通るとき，曲線$y=f(x)$と放物線$y=x^2+bx+c$で囲まれた図形の面積Sを求めよ。ただし，bとcは定数とする。

5 (選択)

一般項が$a_n=3n-1$である数列を$\{a_n\}$とし，初項2，公差5の等差数列を$\{b_n\}$とする。また，これら2つの数列に共通して含まれる数を小さい方から順に並べてできる数列を$\{c_n\}$とする。このとき，次の問いに答えよ。ただし，$n=1,\ 2,\ 3,\ \cdots$とする。

(1) 数列$\{b_n\}$の一般項，およびc_2を求めよ。

(2) 数列$\{c_n\}$の一般項を求めよ。

(3) 数列$\{a_n\}$の100以下となる項のうち，数列$\{b_n\}$に含まれない項の和Sを求めよ。

◀工学部（社会環境工〈環境情報コース〉・生命工）▶

（60分）

（注）　解答用紙には答えだけでなく，導出の過程も記入すること。

1 2 は必須。3 4 5 については，これらの中から1題を選択すること。

1 （必須）

次の各問いに答えよ。

(1)　$2x^3+7x^2+(2a+5)x+5a$ を因数分解せよ。

(2)　k を定数とするとき，方程式 $\left|x\left(x-\frac{3}{2}\right)\right|=k$ の実数解の個数を求めよ。

(3)　2次関数 $y=-x^2+6ax+3$ $(0\leqq x\leqq 1)$ の最大値と最小値の差が $\frac{1}{3}$ であるとき，a の値を求めよ。ただし，a は $\frac{1}{6}<a<\frac{1}{3}$ を満たす実数とする。

2 （必須）

次の各問いに答えよ。

(1)　$(\log_9\sqrt{256}+\log_3\sqrt{\sqrt[4]{256}})(\log_8\sqrt[4]{81}+3\log_2\sqrt[3]{27})$ を簡単にせよ。

(2)　2次方程式 $3x^2-3(2a-1)x-2a=0$ が $\sin\theta$ と $\cos\theta$ を解にもつとき，定数 a の値と，$\sin\theta$，$\cos\theta$ の値をそれぞれ求めよ。ただし，$a>0$，$0\leqq\theta\leqq\pi$ とする。

(3)　4次方程式 $x^4-4x^3+ax^2+4x-5=0$ が1と -1 を解にもつとき，実数の定数 a の値と，他の解を求めよ。

3（選択）

2つの定積分 $I_1=\int_0^{\frac{1}{\sqrt{2}}} x\,e^{\sqrt{2}x}\,dx$, $I_2=\int_0^3 \frac{1}{\sqrt{8x+3}}\,dx$ について，次の問いに答えよ。

(1) I_1 を求めよ。

(2) I_2 を求めよ。

(3) i を虚数単位とし，$I=I_1+iI_2$ とするとき，$(\bar{I})^{2024}$ の値を求めよ。ただし，$\bar{I}$ は I と共役な複素数とする。

4（選択）

ある試行Tに対し，事象 A, B が

$$P(A)=\frac{1}{3},\quad P(A\cap B)=\frac{1}{6},\quad P(\overline{A}\cap\overline{B})=\frac{1}{4}$$

を満たすとき，次の問いに答えよ。ただし，試行Sの事象 X, Y に対して，$\overline{X}$ を X の余事象，$P(X)$ を X の確率，$P_Y(X)$ を Y が起こったときに X が起こる条件付き確率とする。

(1) $P(\overline{A})$ と $P_A(B)$ を求めよ。

(2) $P(B)$ を求めよ。

(3) $P_B(A)$ と $\dfrac{P_A(B)P(A)}{P_A(B)P(A)+P_{\overline{A}}(B)P(\overline{A})}$ を求めよ。

5（選択）

一般項が $a_n=3n-1$ である数列を $\{a_n\}$ とし，初項2，公差5の等差数列を $\{b_n\}$ とする。また，これら2つの数列に共通して含まれる数を小さい方から順に並べてできる数列を $\{c_n\}$ とする。このとき，次の問いに答えよ。ただし，$n=1, 2, 3, \cdots$ とする。

(1) 数列 $\{b_n\}$ の一般項，および c_2 を求めよ。

(2) 数列 $\{c_n\}$ の一般項を求めよ。

(3) 数列 $\{a_n\}$ の100以下となる項のうち，数列 $\{b_n\}$ に含まれない項の和 S を求めよ。

理 科

（60 分）

（注） 物理（1 2），化学（3 4），生物（5 6）の6題から任意の2題を選んで解答すること。

1 （物理基礎）

Ⅰ．図1－aのように，水平な地面上の点から時刻 $t=0$ に速さ v_0 で鉛直上向きに小球Aを投げ上げた。小球Aは地面から高さ L の最高点に達し，その後，落下してきた。重力加速度の大きさを g とし，空気抵抗は無視するものとして，以下の問いに答えよ。

（1） 小球Aが最高点に到達する時刻を v_0，g で表せ。

（2） v_0 を L，g で表せ。

（3） 小球Aを投げ上げるのと同じ時刻 $t=0$ に，小球Aと同じ質量の小球Bを地面から高さ $2L$ の点より初速度0で自由落下させた。ただし，2つの小球の水平方向の位置は離れており衝突はしないものとする。小球AとBが地面に到着する時刻をそれぞれ t_A，t_B とすると，それらの間の関係として正しいものを次のうちから選び，記号で答えよ。

{イ．$t_A < t_B$，ロ．$t_A = t_B$，ハ．$t_A > t_B$}

（4） 小球Aと小球Bの少なくとも一方が地面に到着するまでの間に，小球Aの力学的エネルギーと小球Bの力学的エネルギーが等しくなる瞬間は存在するか，次のうちから選び，記号で答えよ。ただし，位置エネルギーの基準は地面とする。

{イ．存在する，ロ．存在しない}

Ⅱ．図1－bのように，水平な床の上にある質量 m の物体にばね定数 k の軽いばねをつけ，ばねの他端を鉛直上向きに引き，ばねが自然の長さから d だけ伸びた状態で静止させた。このとき物体は床から離れていなかった。重力加速度の大きさを g として，以下の問いに答えよ。

（5） 物体がばねから受ける力の大きさを求めよ。

（6） 物体が床から受ける垂直抗力の大きさを求めよ。

Ⅲ．摩擦のない水平な床の上に，質量 M の物体Cと質量 m の物体Dが接して置いてある。図1－cのように物体Cに大きさ F の力を水平方向に加えたところ，2つの物体は接したまま動き出した。

（7） 物体CとDの加速度の大きさを a，物体Dが物体Cに及ぼす力の大きさを T として，物体Cの水平方向の運動方程式を書け。

（8） a を F，M，m で表せ。

（9） 物体Cが物体Dに及ぼす力の大きさを F，M，m で表せ。

(10)　加える力の大きさ F を変えずに，物体CとDの加速度の大きさを2倍にするには，2つの物体の質量をともに何倍にすればよいか。

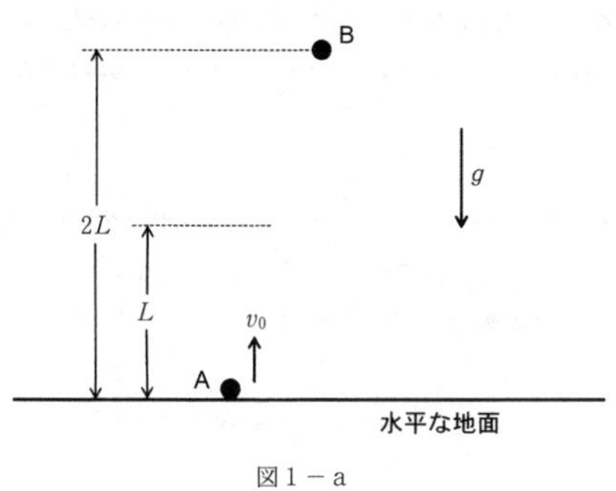

図1－a

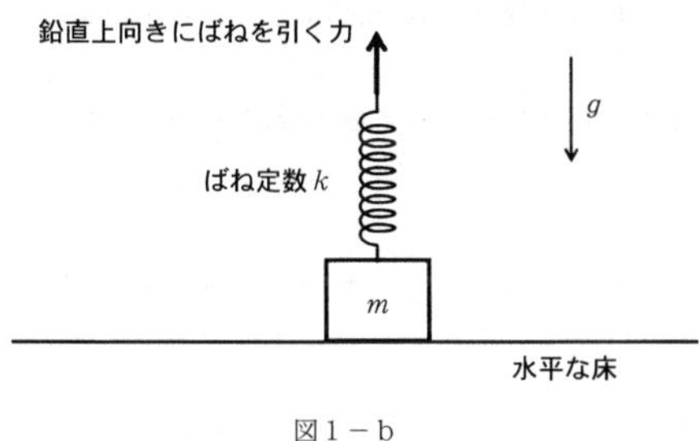

図1－b

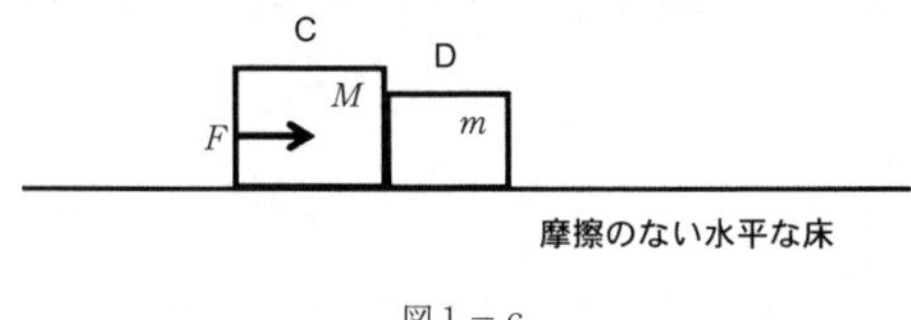

図1－c

2 （物理）

図2のように，スイッチ，起電力Eの電池，抵抗値Rの抵抗1～3および自己インダクタンスLのコイルを接続した回路を考える。初めにスイッチは開いており，回路を流れる電流はゼロである。この状態からスイッチを閉じた。以下の問いに答えよ。ただし，スイッチ，導線およびコイルの抵抗と電池の内部抵抗をゼロとする。

(1) コイルを流れる電流を変化させると，そのコイルには，電流の変化を妨げる向きに起電力（逆起電力）が発生する。この現象を何と呼ぶか。次の中から選び記号で答えよ。

{イ．自己誘導，ロ．相互誘導，ハ．ホール効果}

(2) スイッチを閉じた直後の抵抗2と抵抗3を流れる電流の大きさをそれぞれ求めよ。

(3) スイッチを閉じた直後の抵抗2と抵抗3の両端の電圧の大きさをそれぞれ求めよ。

(4) スイッチを閉じてから十分に時間が経過した後でのコイルの両端の電圧の大きさを求めよ。

(5) スイッチを閉じてから十分に時間が経過した後での抵抗2と抵抗3を流れる電流の大きさをそれぞれ求めよ。

(6) スイッチを閉じてから十分に時間が経過した後でのコイルに蓄えられるエネルギーを求めよ。

スイッチを閉じてから十分に時間が経過した後にスイッチを<u>開いた</u>。

(7) スイッチを開いた直後のコイルを流れる電流の大きさを求めよ。

(8) スイッチを開いてから十分に時間が経過した後でのコイルを流れる電流の大きさを求めよ。

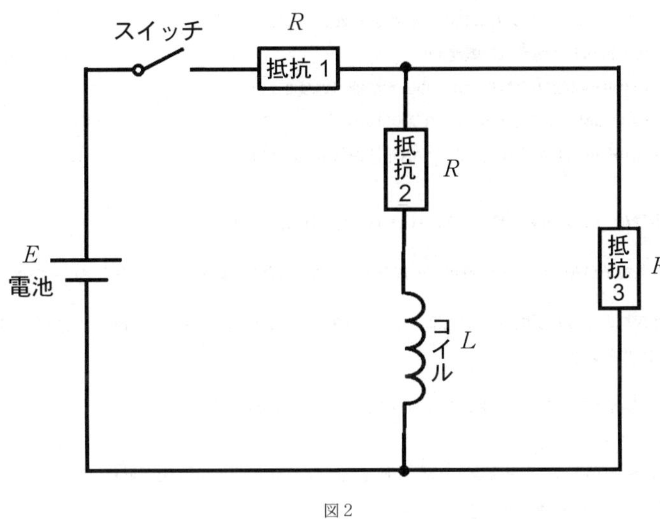

図 2

3 （化学基礎）

次の各設問に答えよ。

1．次の(1)～(4)の各設問に記号で答えよ。

(1) 次の a ～ e の分子のうち，単結合のみからなるものを記号で答えよ。

a．N_2　b．O_2　c．Cl_2　d．CO_2　e．C_2H_4

(2) 次の a ～ e の結晶のうち，**イオン結晶でないもの**を記号で答えよ。

a．炭酸ナトリウム　b．硫酸カルシウム　c．炭酸水素ナトリウム
d．酸化カルシウム　e．二酸化ケイ素

(3) 次の a ～ e の結晶のうち，分子結晶のものを記号で答えよ。

a．黒鉛　b．ヨウ素　c．金　d．ケイ素　e．二酸化ケイ素

(4) 水溶液の25℃における pH（水素イオン指数）と水素イオンのモル濃度 $[H^+]$（mol/L）と水酸化物イオンのモル濃度 $[OH^-]$（mol/L）の関係は表 1 のようになる。次の a ～ e の水溶液のうち，25℃で pH が最も大きいものを記号で答えよ。

表 1　水溶液の pH, $[H^+]$, $[OH^-]$ の関係（25℃）

pH	0	1	2	3	4	5	6	7	8	9	10	11	12	13	14
$[H^+]$ (mol/L)	1	10^{-1}	10^{-2}	10^{-3}	10^{-4}	10^{-5}	10^{-6}	10^{-7}	10^{-8}	10^{-9}	10^{-10}	10^{-11}	10^{-12}	10^{-13}	10^{-14}
$[OH^-]$ (mol/L)	10^{-14}	10^{-13}	10^{-12}	10^{-11}	10^{-10}	10^{-9}	10^{-8}	10^{-7}	10^{-6}	10^{-5}	10^{-4}	10^{-3}	10^{-2}	10^{-1}	1

a．0.050 mol/L のアンモニア水（電離度 0.020）

b．0.10 mol/L の塩酸（電離度 1.0）

c．0.0050 mol/L の水酸化カルシウム水溶液（電離度 1.0）

d．0.040 mol/L の酢酸水溶液（電離度 0.025）

e．0.0010 mol/L の水酸化ナトリウム水溶液（電離度 1.0）

2．原子番号が1～20の元素に関し，次の(1)～(3)の各設問に答えよ。

(1) 最外殻電子が M 殻にあり，価電子の数が 4 個のものはどれか。元素記号で答えよ。

(2) 第 3 周期の元素のうち，イオン化エネルギー（第一イオン化エネルギー）が最も大きいものはどれか。元素記号で答えよ。

(3) 2 価の陽イオンになったとき，アルゴンと同じ電子配置をもつものはどれか。元素記号で答えよ。

3．次の(1)～(4)の各設問に答えよ。ただし，原子量は N = 14.0，O = 16.0，標準状態（0 ℃，1.01×10^5 Pa）における気体 1 mol の体積を 22.4 L とする。

(1) 窒素 N_2 と酸素 O_2 が 4 : 1 の物質量（分子の数）の割合で含まれる混合気体がある。標準状態でこの混合気体 22.4 L の質量は何 g か。有効数字 3 桁で答えよ。

(2) 標準状態で気体の体積が 0.84 L の塩化水素をすべて水に吸収させて 250 mL の水溶液にした。この塩化水素の水溶液のモル濃度は何 mol/L か。有効数字 2 桁で答えよ。

(3) 原子番号が a，質量数が b である原子の陰イオンがある。この陰イオンの価数を c とするとき，この陰イオン 1 個に含まれる陽子，中性子，電子の数を a，b，c を使ってそれぞれ答えよ。

(4) 分子量が M の物質を溶質とする密度 d (g/cm^3)，モル濃度 C (mol/L) の水溶液の質量パーセント濃度（%）はいくらか。M，d，C を含む式で答えよ。

4．次の(1)～(5)の物質を例にならってそれぞれ電子式で答えよ。

例）水素 H_2　　　　窒素 N_2

H:H　　　　**:N⋮⋮N:**

(1) 二酸化炭素 CO_2

(2) シアン化水素 HCN

(3) 過酸化水素 H_2O_2

(4) アンモニア NH_3

(5) 酸素 O_2

4 （化学）

次の各設問に答えよ。

1．次の(1)～(7)の各設問に記号で答えよ。

(1) 次の a ～ e の気体のうち，淡青色で特異臭があり，湿ったヨウ化カリウムデンプン紙を青色（青紫色）に変化させるものを記号で答えよ。

a．NO_2　b．CO_2　c．O_3　d．NH_3　e．H_2S

(2) 次の a ～ e の金属イオンを含む塩基性の水溶液のうち，硫化水素を通じると，白色沈殿が生じるものを記号で答えよ。

a．Na^+　b．Pb^{2+}　c．Zn^{2+}　d．Cu^{2+}　e．Ag^+

(3) 次の a ～ e の塩を溶かした水溶液のうち，水溶液の色が淡緑色のものを記号で答えよ。

a．$CaCl_2$　b．$Pb(NO_3)_2$　c．$CuSO_4$　d．$FeSO_4$　e．$FeCl_3$

(4) 次の a ～ e の銀の化合物のうち，化合物の色が赤褐色（暗赤色）であるものを記号で答えよ。

a．Ag_2S　b．Ag_2CrO_4　c．$AgCl$　d．$AgBr$　e．AgI

(5) 次の a ～ e の反応のうち，反応液が血赤色の水溶液になるものを記号で答えよ。

a．Fe^{2+} を含む塩基性の水溶液に硫化水素を通じる。
b．Fe^{2+} を含む水溶液にヘキサシアニド鉄(III)酸カリウム水溶液を加える。
c．Fe^{3+} を含む水溶液にアンモニア水を加える。
d．Fe^{3+} を含む水溶液にヘキサシアニド鉄(II)酸カリウム水溶液を加える。
e．Fe^{3+} を含む水溶液にチオシアン酸カリウム水溶液を加える。

(6) 次の a ～ e の反応のうち，付加反応が進行するものを記号で答えよ。

a．ベンゼンに光（紫外線）を当てながら塩素を反応させる。
b．ベンゼンに濃硝酸と濃硫酸の混合物（混酸）を加えて加熱する。
c．ベンゼンに濃硫酸を加えて加熱する。
d．フェノールの水溶液に臭素水を加える。
e．フェノールに無水酢酸を加える。

(7) アニリン 9.30 g と無水酢酸 15.3 g からアセトアニリドを合成したい。アセトアニリドは最大で何g合成できるか。最も適当な質量を，次の a ～ e のうちから記号で答えよ。ただし，原子量は H ＝ 1.01，C ＝ 12.0，N ＝ 14.0，O ＝ 16.0とする。

a．10.2 g　b．13.5 g　c．15.3 g　d．19.5 g　e．24.6 g

2．水素 H_2 1.00 mol とヨウ素 I_2 1.00 mol を体積 1.00 L の密閉真空容器に入れ，427 ℃まで加熱し，温度を保ち続けたところ，$H_2 + I_2 \rightleftarrows 2HI$ の反応が平衡状態となり，容器内にヨウ素が 0.213 mol 存在していることがわかった。これに関し，次の(1)～(5)の各設問に答えよ。ただし，気体定数は $R = 8.3 \times 10^3$ Pa・L/(mol・K) とし，平衡時におけるすべての物質は理想気体として振る舞うものとする。

(1)　この反応の平衡状態におけるヨウ化水素の物質量（mol）を有効数字3桁で答えよ。

(2)　この反応の平衡状態における混合気体の全物質量（mol）を有効数字3桁で答えよ。

(3)　427℃におけるヨウ化水素の生成反応の濃度平衡定数 K_c を有効数字2桁で答えよ。

(4)　この反応の平衡状態におけるヨウ化水素の分圧（Pa）を有効数字2桁で答えよ。

(5)　この反応の平衡状態における混合気体の全圧（Pa）を有効数字2桁で答えよ。

3．次の(1)～(3)の分子式で表される化合物には，ベンゼン環をもつ構造異性体がそれぞれ何種類存在するか答えよ。

(1)　C_8H_{10}　　(2)　C_7H_9N　　(3)　C_7H_8O

5　（生物基礎）

次の文章を読み，下記の設問（問1～8）に答えよ。

生物は有機物を分解することでエネルギーを得ている。中でも酸素を用いて有機物を分解する過程のことを呼吸という。この呼吸で重要な役割を果たすのが細胞小器官のミトコンドリアである。呼吸で用いられる代表的な有機物の一つであるグルコースは，細胞質基質でおこる解糖系によってピルビン酸に分解され，この過程で放出されるエネルギーを用いて，ATPが合成される。得られたピルビン酸はミトコンドリア内に輸送される。[1]ミトコンドリアは内膜と外膜の2枚の膜構造からなっており，内膜の一部はひだ状の突起となって（　ア　）を形づくっている。内膜の内側の液体部分である（　イ　）と呼ばれる部分では，ピルビン酸が（　ウ　）という反応系に入り，電子と水素イオンが取り出される。取り出された電子と水素イオンは内膜上の（　エ　）に入り，ここで多数の[2]ATPが合成される。

一方，光合成では光のエネルギーを利用して，二酸化炭素と水から有機物と酸素が合成される。呼吸のように有機物を分解してエネルギーを取り出す過程を（　オ　）というのに対し，このようにエネルギーを利用して有機物など複雑な物質を合成する過程を（　カ　）という。[3]ある陽性植物と陰性植物に対して，光強度と葉面積100cm²あたりの1時間での二酸化炭素吸収速度を測定した。その結果を簡略化したものを右図に示す。

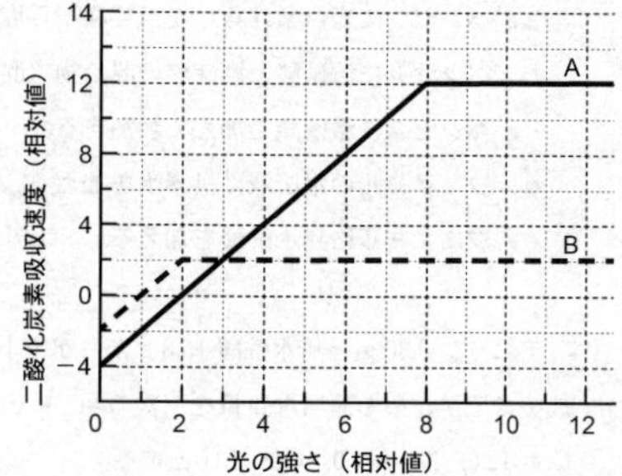

問1　（設問省略）

問２　下線部１に関して，ミトコンドリアは進化の過程で，ほかの生物が共生したと考えられている。これに関連した下記の設問(1)および(2)に答えよ。

(1)　ミトコンドリアには２枚の膜構造以外にも，他の細胞小器官では見られない特徴がいくつかある。２枚の膜構造以外の特徴のうち，ミトコンドリアが共生したと考えられる根拠になる特徴を２つ，簡潔に答えよ。

(2)　ミトコンドリアと同様に，ほかの生物が共生した結果生じたと考えられる細胞小器官の名称を答えよ。

問３　下線部２について下記の設問(1)および(2)に答えよ。

(1)　ATPはリボースとアデニン，リン酸からなるエネルギーを保持した物質である。ATPの構造を表した模式図として最も適切なものを次の①～⑨から１つ選び，番号で答えよ。

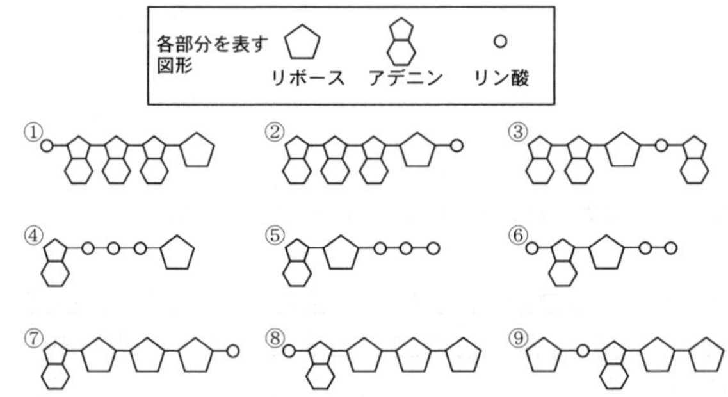

(2)　生命活動のエネルギーは，ATPが２つの物質に分解されるときに，高エネルギーリン酸結合が切れることで放出される。この２つの物質の名称を答えよ。

問４　光補償点について，最も適切な説明を次の①～⑤から１つ選び，番号で答えよ。

①　光合成による二酸化炭素の吸収が起こる最低限の光の強さ。

②　光合成による二酸化炭素吸収速度が最大となる光の強さ。

③　呼吸による二酸化炭素放出速度が，光合成による二酸化炭素吸収速度を上回る光の強さ。

④　呼吸による二酸化炭素放出速度と光合成による二酸化炭素吸収速度が等しくなる光の強さ。

⑤　光合成による二酸化炭素吸収速度が，呼吸による二酸化炭素放出速度を上回る光の強さ。

問５　図の二酸化炭素吸収速度と同様に，植物において一般的に，光の強さに応じて増大し，ある一定以上の光の強さでは，一定になるのはどれか。最も適切なものを次の①～③から１つ選び，番号で答えよ。

①　水の蒸散速度　　②　有機物の消費速度　　③　酸素の放出速度

問６　図中の植物Ａ，Ｂそれぞれの光飽和点の光の強さはいくらか，図中の相対値で答えよ。

問７　図の植物ＡとＢの二酸化炭素吸収速度は光合成速度を反映している。植物ＡとＢの同じ葉面積あたりの光合成速度に関する記述として，最も適切なものを次の①～④から１つ選び，番号で答えよ。なお，ここでの光合成速度は，見かけの光合成速度ではなく，見かけの光合成速度に呼吸速度を加えたものを指し，光の強さは図中の相対値を指すものとする。また，呼吸速度は光の強さによらず一定であるものとする。

① 光の強さ６の時の植物Ａの光合成速度は，光の強さ４の時の植物Ａの光合成速度の２倍である。
② 光の強さ８の時の植物Ａの光合成速度は，光の強さ４の時の植物Ａの光合成速度の２倍である。
③ 光の強さ６の時の植物Ａの光合成速度は，同じ光の強さの時の植物Ｂの光合成速度の２倍である。
④ 光の強さ８の時の植物Ａの光合成速度は，同じ光の強さの時の植物Ｂの光合成速度の２倍である。

問８　下線部３について，下記の設問(1)および(2)に答えよ。

(1) 図のＡ，Ｂのうち，陰生植物はどちらであるか，記号で答えよ。

(2) 陽生植物が生育できないような弱い光でも，陰生植物が生存できる理由を句読点を含めて25字以内で説明せよ。

6 （生物）

酵素について述べた次の文章を読み，下記の設問（問１～４）に答えよ。

酵素とよばれるタンパク質は，1生物の外部から取り込んだ薬や毒などの分解や，2生物の内部で発生した有害物質の分解，3内部に存在する物質を用いた必要な物質の合成，といった多様な過程において，化学反応を触媒する重要な役割を果たしている。

酵素が作用する物質を基質とよび，反応によって作られた物質を生成物とよぶ。また，酵素にはそれぞれの特有の立体構造をもつ（　ア　）とよばれる部分がある。酵素が触媒として反応を促進させるときには，まず酵素の（　ア　）に基質が結合し，（　イ　）を形成する。次に，（　ア　）に結合していた基質が生成物に変化して酵素から離れる。酵素反応が起こるときには，鍵と鍵穴のように酵素と基質の組み合わせが決まっており，この性質を酵素の（　ウ　）という。

酵素には，酵素の（　ア　）以外の部分に基質以外の特定の物質と結合することで，はたらきが変わるものがある。このような酵素を（　エ　）酵素とよび，基質以外の特定の物質と結合する部位を（　エ　）部位とよぶ。4ある種類の（　エ　）酵素では，基質以外の特定の物質が（　エ　）部位に結合することにより，酵素活性が抑制される。これを非競争的阻害とよぶ。

問１　文章中の空欄（　ア　）～（　エ　）に適切な語句を記入せよ。

問２　下線部１と４に関して，外部からの薬や毒の分解を促進させるある薬物代謝酵素には，（　エ　）部位が存在し，その個所に結合する物質によって非競争的阻害を受けることが知られている。この酵素について，基質濃度を増加させた時の反応速度の変化を，非競争的阻害する物質を添加した場合（阻害剤あり）と添加しない場合（阻害剤なし）の条件下でそれぞれ調べた。反応速度を縦軸に基質濃度を横軸にとったグラフの組み合わせとして最も適切なものを以下の①～④から１つ選択し，番号で答えよ。ただし，酵素の量は等量かつ一定とする。

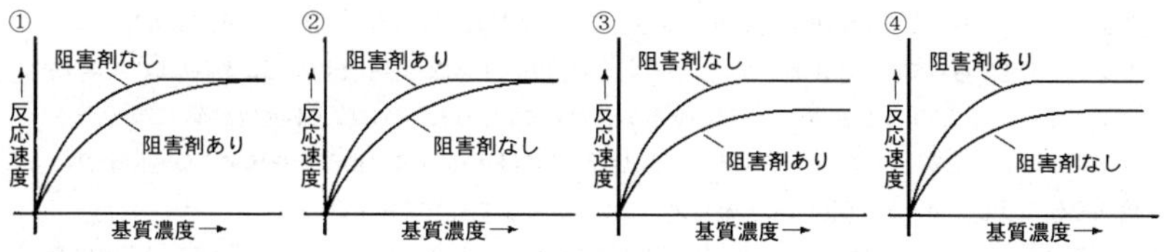

問3　下線部2に関して，カタラーゼとよばれる酵素は，生物内で発生する有害な過酸化水素（H_2O_2）の分解に関わっている。カタラーゼは肝臓に多く含まれるため，ブタの肝臓片を用いて，カタラーゼがはたらく条件を調べる以下の実験を行った。各実験についての文章を読んだ上で，下記の設問(1)および(2)に答えよ。

※以下で登場する濃度の単位%は，全て質量パーセント濃度である。

<実験1>

37℃の温度条件下で3本の試験管A～Cを用意し，Aの底に肝臓片1.0g，Bの底に酸化マンガン(IV)1.0gをそれぞれ加え，Cには何も加えなかった。その後，試験管A～Cに37℃の4%過酸化水素水5mLをそれぞれ加えた。

<実験1の結果>

AとBでは気泡が発生し，Cでは気泡の発生は観察されなかった。AとBで発生した気泡に火が付いた線香を近づけた所，線香はより激しく燃焼していた。

<実験2>

肝臓片1.0gを底に加えた試験管3本（D～F）と，酸化マンガン(IV)1.0gを底に加えた試験管3本（G～I）を用意した。DとGは0℃，EとHは37℃，FとIは85℃にそれぞれ保ったビーカーに5分間浸した。その後，DとGには0℃，EとHには37℃，FとIには85℃の4%過酸化水素水5mLをそれぞれ加え，G～I間ならびにD～F間で気泡の出方を比較した。

更に，FとIを37℃に保ったビーカーに5分間浸した。それぞれに対して，改めて37℃の4%過酸化水素水5mLをそれぞれ加え，気泡の出方を観察した。

<実験2の結果>

酸化マンガン(IV)を加えた試験管G～Iでの気泡の出方を比較したところ，温度が高いほど気泡が多く発生していた。その一方で，肝臓片を加えた試験管D～Fでの気泡の出方を比較したところ，Eで最も気泡が発生していた。

また，37℃に移してから過酸化水素水を改めて加えたFとIでの気泡の発生を観察したところ，Fではほとんど気泡は発生しなかったが，Iでは気泡が発生した。

(1)　実験1より，この化学反応で主に発生した気体は何か。物質名もしくは化学式で1つ答えよ。

(2)　実験2に関して，試験管G～IにおいてIで最も気泡が発生した理由は温度の上昇に伴って分子の運動が活発になり反応が促進されたためである。その一方で，試験管EとFを比較した場合にFで気泡の発生量が減少したのはなぜか。その理由を句読点を含めて25字～40字の間で説明せよ。

問4　下線部3に関する以下の文を読み，下記の設問(1)～(4)に答えよ。

体内に存在するアミノ酸を別の種類のアミノ酸に変化させる反応を触媒する酵素が存在する。例えば，ある酵素（酵素Pとする）は，食物からの代謝物の一種であるフェニルアラニンが生じた際，フェニルアラニンからチロシンへの化学反応を促進させる。この酵素Pが正常に働かないと，本来ならばチロシンへと変換されるフェニルアラニンが余る。その結果，正常な場合はそれほど使われない反応経路によって，フェニルアラニンからフェニルケトンが大量につくられ，体に障害が発生する。この病気をフェニルケトン尿症という。フェニルケトン尿症は，酵素Pの全アミノ酸配列を指定する遺伝子Pの塩基配列のうち，幾つかの個所での変異によっても発症することが知られている。

(1) 以下の文では，ゲノムDNAからタンパク質がつくられる過程の一部と，フェニルケトン尿症の患者における遺伝子異常の一例との関係性を説明している。下の文章の空欄（　オ　）～（　ク　）に該当する語句として最も適切なものを以下の語群から１つずつ選択し，答えよ。

ヒトなどの真核生物のDNAの塩基配列には，最終的にタンパク質に翻訳される領域の（　オ　）と，翻訳されない領域の（　カ　）がある。DNAから転写されたmRNA前駆体からmRNAがつくられる過程を（　キ　）とよぶ。この過程は細胞内の（　ク　）で行われる。

フェニルアラニンをチロシンに代謝する酵素Pの遺伝子Pが変化することによって，フェニルケトン尿症を発症することが知られている。この遺伝子の変化の一例が（　キ　）の異常である。遺伝子Pは13個の（　オ　）と12個の（　カ　）からなるが，12番目の（　カ　）のはじめにある塩基配列GTがATに変化すると，（　キ　）の際に12番目の（　オ　）が除かれてしまい，その分のアミノ酸が失われて正常な酵素Pが合成されない。その結果，フェニルアラニンはチロシンに代謝されなくなり，血液中に蓄積したフェニルアラニンはフェニルケトンに変化して尿中に排出される。

<語群>

エキソン	イントロン	テロメア	転写	翻訳
増幅	オペレーター	ポリメラーゼ	スプライシング	プロモーター
ヘリカーゼ	核	細胞質	リボソーム	ミトコンドリア

(2) 前述(1)のように酵素Pに対応するmRNAの配列が大きく変化してフェニルケトン尿症となる場合もあるが，酵素Pに翻訳される領域内のDNAの一塩基変異でもこの病気の原因となることが知られている。図1は，酵素PのDNAの塩基配列のうち，タンパク質に翻訳される領域の一部を表している。健常者の塩基配列に対して，患者の塩基配列では突然変異が起こっており，その該当箇所を下線で示している。該当箇所における健常者のアミノ酸はアルギニンである。遺伝暗号表を参考にして，突然変異が起こっているアミノ酸の２つ前(5' 末端側に数塩基分移動した個所)のアミノ酸の名称を答えよ。

健常者のDNAの配列　　5'　CTCGGCCCTTCTCAGTTC<u>G</u>CTACGACCCATACACCC　3'

患者のDNAの配列　　5'　CTCGGCCCTTCTCAGTTC<u>C</u>CTACGACCCATACACCC　3'

図１　フェニルケトン尿症患者の遺伝子の変化の例

(3) 健常者でのこの酵素PのmRNAの配列を調べたところ，開始コドンから終止コドンを含む塩基の数は1359であった。この酵素Pは何個のアミノ酸から成るか。最も適切なものを以下の①～⑥から１つ選択し，番号で答えよ。

①　451　　②　452　　③　453　　④　454　　⑤　1358　　⑥　1359

(4) 図１に示されている健常者の塩基配列の範囲の中で１塩基の欠失が起きた際に，この範囲の中で終止コドンが出現し，酵素Pのポリペプチド鎖の長さが短くなる可能性がある。そのような塩基は全部で何か所存在するか。数字で答えよ。

遺伝暗号表（コドン表）

一番目の塩基	二番目の塩基							
	U		C		A		G	
U	UUU	フェニルアラニン	UCU	セリン	UAU	チロシン	UGU	システイン
	UUC		UCC		UAC		UGC	
	UUA	ロイシン	UCA		UAA	（終止）	UGA	（終止）
	UUG		UCG		UAG		UGG	トリプトファン
C	CUU	ロイシン	CCU	プロリン	CAU	ヒスチジン	CGU	アルギニン
	CUC		CCC		CAC		CGC	
	CUA		CCA		CAA	グルタミン	CGA	
	CUG		CCG		CAG		CGG	
A	AUU	イソロイシン	ACU	トレオニン	AAU	アスパラギン	AGU	セリン
	AUC		ACC		AAC		AGC	
	AUA		ACA		AAA	リシン	AGA	アルギニン
	AUG	メチオニン	ACG		AAG		AGG	
G	GUU	バリン	GCU	アラニン	GAU	アスパラギン酸	GGU	グリシン
	GUC		GCC		GAC		GGC	
	GUA		GCA		GAA	グルタミン酸	GGA	
	GUG		GCG		GAG		GGG	

問十一　傍線10「月給制の方が無駄遣いをしないで済みそうである」と著者が述べている根拠として最も適切なものを次の中から一つ選び、符号で答えよ。

ア　月給制の方が給与をもらう間隔が長いので、自分の豊かさを低く評価しがちだから。
イ　月給制の方が一度に手に入る金額が多いので、貯蓄に回す金額が多くなりがちだから。
ウ　月給制の方が収入の喜びを経験する回数が少ないので、主観的豊かさが低下しがちだから。
エ　月給制の方が一回の収入に対する支出の回数が多いので、支出を抑制しがちだから。
オ　月給制の方が収入を得る確率が低いので、収入を得られない期間が長くなりがちだから。

問十二　傍線11「幸せを感じるとき」について本文中で述べられていることとして最も適切なものを次の中から一つ選び、符号で答えよ。

ア　日常的な経験にも非日常的な経験にも価値があり、幸せを感じられることは素晴らしいことだ。
イ　若者は非日常的な経験に幸せを感じるが、老人は日常的な経験に、より大きな幸せを感じるようになる。
ウ　人々が感じる価値は人生の持ち時間に従って変化し、日常的な出来事にも幸せを感じるようになる。
エ　非日常的な出来事に感じる幸せが日常的な出来事のそれと同じではないのは、その内容に由来する。
オ　老人が日常的な経験にも価値を感じるのは、再びその経験をすることはできないと思うからだ。

問十三　本文中、(ア)～(オ)の中で、左の文が入る最も適切な箇所はどこか。(ア)～(オ)の中から一つ選び、符号で答えよ。

いずれも私が個人的に「面白いなぁ」と感じたものである。

オ　不健康だと認識される食品のカロリーに対する認識がカロリー情報に接することで下方修正されるから。

問八　傍線7「可愛らしく（pretty）見える食品」について本文中で述べられている内容として最も適切なものを次の中から一つ選び、符号で答えよ。

ア　自然由来の健康的な食品だと捉えられがちだが、実際には不健康な食品であることが多いと考えられる。
イ　人々は可愛らしく感じる食品を健康的だと感じるが、その理由は伝統的な食習慣に従っているからである。
ウ　好ましい食品という印象を与えるが、それは食品の内実を反映しないので人々の健康を損なうこともある。
エ　豊富な栄養を備えたバランスのとれた食品だが、そればかり食べることは不健康な状態に繋がりかねない。
オ　そのような食品に対して人々が感じる健康的だという認識は正確な判断を求める働き掛けにより修正できる。

問九　傍線8「私たちには見た目の悪い食べ物を避ける傾向がある」理由として最も適切なものを次の中から一つ選び、符号で答えよ。

ア　行動観察により自己理解をおこなうが、人々にとって食事が最も重要な行動だから。
イ　自己評価の低さが食品の見た目の悪さを通じて表面化すると人々は考えるから。
ウ　人々にとって見た目の悪い食品を食べる行為は、周囲からの評判を下げるから。
エ　自分が食べる食品の魅力の程度をもとにして、人々は自分自身を評価するから。
オ　安全な食べ物だと言われても、人々は外観と品質は一致すると感じてしまうから。

問十　傍線9「不確実性の感覚」は何から生じるのか。その説明として最も適切なものを次の中から一つ選び、符号で答えよ。

ア　利用可能な金銭的資源が主観的な豊かさに依存する不安定さ。
イ　自分自身の支出と金銭的資源との関係を見通すことの困難さ。
ウ　金銭的資源の大きさが給与の支払い頻度によって変化する複雑さ。
エ　支出額が必要性ではなく金銭的資源の制約で決まる不可解さ。
オ　支出可能な金銭的資源の大きさが明らかではないという曖昧さ。

オ　消費者のニーズは合理性に合致するものだと見なした過去の考えであり、現代の消費者には受け入れられない。

問五　傍線４「消費について考えた研究」がおこなっているのはどのようなことか。その説明として最も適切なものを次の中から一つ選び、符号で答えよ。

ア　日常生活の中で見られる消費者の行動はつじつまが合わないことを明らかにしている。
イ　企業が提供する価値ではなく、消費者が自分の意志を優先することを示唆している。
ウ　消費者のニーズが客観的なものから主観的なものへと推移していく過程を検証している。
エ　日常生活の中での消費活動を重視し、新しい価値が創造する商品の開発を目指している。
オ　消費が対象に対する消費者自身の捉え方によってどのように変化するのかを調べている。

問六　傍線５「『アメリカの肥満パラドックス』ともいわれている」理由として最も適切なものを次の中から一つ選び、符号で答えよ。

ア　脂肪分の少ない食品の普及と同時に肥満率が上昇することは、アメリカでは珍しくないことだから。
イ　健康的な食品の選択は摂取カロリーの減少に繋がるはずにもかかわらず、肥満率が高まっているから。
ウ　カロリーの低い食品を摂取することが人々の体重の減少に繋がらないことは予想できたことだから。
エ　飲食店にとって健康的な食品の提供は集客面で有利だとされるが、そのような事例は起きていないから。
オ　低カロリー食品の提供が高カロリー食品の消費を促進する原因は、マーケティングでは未解明だから。

問七　傍線６「不思議な現象」とあるが、傍線６のある段落に含まれる「不思議な現象」が起こる原因だと著者が指摘する事柄として最も適切なものを次の中から一つ選び、符号で答えよ。

ア　体重管理に熱心に励む消費者であるほど、食品のカロリー情報に対して過度に反応する可能性が高いから。
イ　カロリー情報の提示の有無にかかわらず、食品に対する健康または不健康の認識が変化しないから。
ウ　健康的なスナック菓子よりも不健康なスナック菓子の方が、カロリー情報が提供される傾向があるから。
エ　カロリー情報が提示されると、健康的な食品より不健康な食品のカロリーの方が低いと誤認されるから。

ウ　すべての人々が消費活動をおこなっているから。
エ　人々は消費を中心とした生活を送っているから。
オ　多くの時間を人々は消費に費やしているから。

問二　傍線２「社会科学の研究」に対する本文中の説明として**適切ではないもの**を次の中から一つ選び、符号で答えよ。

ア　マーケティングは消費者を自分の目的に対して合理的に行動する存在として仮定した。
イ　経済学は人々の心理に注目し、消費は文化だという見方が主流になってきた。
ウ　社会学は好ましい感情に繋がる消費にも関心をもつようになっている。
エ　経済学は当初、人々の生存にとっての必要性の観点から消費を検討した。
オ　社会学は、人々が他者に対して自分自身を表現する手段として消費を捉えた。

問三　空欄Ａ～Ｅに当てはまる最も適切なものを次の中から一つ選び、符号で答えよ。

空欄Ａ　ア　標準化　イ　符号化　ウ　抽象化　エ　理論化　オ　細分化
空欄Ｂ　ア　金銭的　イ　古典的　ウ　対称的　エ　実用的　オ　快楽的
空欄Ｃ　ア　しかも　イ　しかし　ウ　むしろ　エ　つまり　オ　こういうわけで
空欄Ｄ　ア　拡大　イ　緩和　ウ　認識　エ　解除　オ　修復
空欄Ｅ　ア　同様に　イ　たとえば　ウ　結果として　エ　それにもかかわらず　オ　なぜなら

問四　傍線３「企業の視点」に対する著者の考えとして、最も適切なものを次の中から一つ選び、符号で答えよ。

ア　消費者が望む実用性を充足させることを重要視する従来の考え方に立つものであり、それは現在でも有効である。
イ　消費者に機能的に優れた製品を提供することが企業の利潤に繋がるという信念であり、広く受け入れられている。
ウ　消費者が求める新しい価値の創造や提供には適さないものであり、昨今、その観点を変えることが求められている。
エ　消費者の利益よりも企業の論理を優先するという思想に立ったものであり、今日では認められないものである。

彼女らは給与の支払い頻度が、この不確実性の感覚に対して影響すると考えた。たとえば月給制の人は月に一度しか収入がないが、その間にさまざまな支出をする。このため自らの金銭的資源が十分であるかの予測が不確実となる。これに対して日給制の場合、支出を相殺する収入が毎日得られるので、不確実性の感覚が低くなる。［E］日給制の人の方が自分の豊かさを高く評価することになり、支出も多くなる。どうやら月給制と日給制を選べるならば、月給制の方が無駄遣いをしないで済みそうである。

（3）幸せを感じるとき

最後に幸せを感じるときについて考えてみよう。最近のマーケティングでは、人々の幸せについての研究も多い。たとえばバタチャリーとモギルナー（二〇一四）は、私たちが日常的な経験（ordinary experience）と非日常的な経験（extraordinary experience）のどちらに幸せを感じるかを検討している。日常的な経験とは日々の生活の中で生じるありふれた経験のことであり、非日常的な経験とは日常生活の範囲を超えたところで生じるめったにない経験のことである。研究の結果、若い人は非日常的な経験をしたときに幸せを感じるが、年齢をかさね、人生に残された時間が少なく感じるようになるにつれて、日常的な経験が非日常的な経験と同じように幸せをもたらすことが明らかになった。歳をとると、娘の卒業式に参加することだけでなく、日曜日の夜に娘と一緒に食事をすることにも幸せを感じるようになる、といった具合である。私たちが大切に感じる場面は、自分の持ち時間と共に変わるのだろう。（オ）

（久保田進彦「消費と私　第1回　消費をめぐる研究」（『書斎の窓』二〇二三・三）による。ただし、一部変更した。）

問一　傍線1「大切な位置を占めている」と著者が述べている理由として最も適切なものを次の中から一つ選び、符号で答えよ。

ア　消費によって人々は自分の個性を表現しているから。

イ　人々は自分の好きなように消費をしているから。

バランスがとれているといった古典的な美しさのことである。こうした美しさは自然を連想させ、健康的だと認識されることで、栄養が豊かで脂肪分が少ないという知覚をもたらす。この効果は、実験参加者に正確に判断するよう金銭的なインセンティブを与えた場合にも発生したことから、彼女は「金銭的な報酬がかかっているときでさえ、人は可愛らしさを無視できない」（一三八頁）と指摘するとともに、「食品の見た目の良さは不健康な食品に対する健康的な判断を誤らせることで、消費者に害を与える可能性がある」（一二九頁）と主張している。

見た目の美しさとは反対に、[8]私たちには見た目の悪い食べ物を避ける傾向がある。グレワルら（二〇一九）は、安全であり、食べることができるにもかかわらず、美しくない野菜や果物を避ける理由について検討した。彼女らによると、社会心理学では人は自分自身の行動を観察することで自分について推論をすることが知られているが、こうした現象が食品の選択にもあてはまるという。つまり魅力的でない農産物を食べることを想像するだけで、自分自身をどう見るかにマイナスの影響が生じ、否定的な自己認識が高まるため、魅力的ではない農産物を購入する気持ちが低下するのである。ただしこうした現象は自尊心を高めることで［D］されるので、「あなたは素敵だ！　見た目が悪い農産物を選ぼう！」といった店内メッセージを掲げることで対策が可能である。ちょっとした工夫でフード・ロスを減らすことができそうである。

（2）　月給制か日給制か

つづいて、もう少し違う角度から消費について検討した研究を紹介しよう。make or buy という言葉があるように、何かを手に入れるには自分で作る方法と、お金を払って購入する方法がある。しかし現実には、私たちはほとんどの消費を購入によってまかなっている。消費にはお金がかかるわけだが、無駄遣いを避けるにはどうしたらよいだろうか。

支出の額が、給与の支払い頻度によって変わることを明らかにした研究がある。デ・ラ・ロサとタリー（二〇二二）によれば、私たちは、自分の金銭的資源が必要となる支出と比べて十分であるかを予測することで、自らの主観的な豊かさを評価している。そして多くの場合、この予測に対して不確実性を感じ、それが主観的な豊かさの認識における重要な要素となる。具体的には、自らの金銭的資源が十分であることに確信を持てないほど、主観的な豊かさは低くなる。

たちの日常生活と関連するものも多く、興味深いものばかりである。以下では、そうした研究をいくつか紹介しよう。（エ）

（1）食品の消費

はじめに食品の消費の研究を紹介しよう。「食べる」ことは生活の基礎であり、誰もが行うもっとも一般的な消費活動である。このためマーケティング領域でも、食に関する研究がいくつも存在する。

アメリカでは健康的なメニューの人気が高まるにもかかわらず、人々の体重が増加しているという。脂肪分の少ない健康的な食品の普及と、肥満率の上昇が並行して生じることから5「アメリカの肥満パラドックス」ともいわれている。そこでシャンドンとワンシンク（二〇〇七）は、なぜこうした現象が生じるのかに取り組んだ。驚くべきことに飲食店が「健康的」とうたっている場合、そうでない場合と比べて、主菜のカロリーを過小評価してしまい、知らず知らずのうちに、より高カロリーの副菜、飲料、デザートを注文してしまう。そしてその結果、健康的とうたっている店での食事の方が、より多くのカロリーを摂取してしまう。私たちは「野菜をふんだんに使ったヘルシーなレストラン」と掲げられていると、つい余計なものを食べてしまうようである。

こうした6不思議な現象は他にもある。たとえばタンガリーら（二〇一九）によれば、健康的だと認識されているスナック菓子では、カロリー情報の表示の有無によって実際の消費量に違いが生じることはないが、不健康だと認識されているスナック菓子の場合、カロリー情報が表示されることで消費量が増える傾向にある。不健康だと認識している食品の場合、カロリー情報を見たときに「思ったよりも少ない」と感じることが多く、これが消費量を増大させるためである。

［C］この現象は、カロリー情報をより重視する消費者（体重管理に積極的な消費者）ほど顕著だという。彼女らによれば、アメリカでは「一食あたり〇〇カロリー」と表示されていても、実際の一食よりも少ない分量で計算されていることが多い。やはり自分が食べる一食分のカロリーをきちんと把握することが大切なのだろう。

見た目の良し悪しも、食品の消費に影響を与える。ハーゲン（二〇二一）は、7可愛らしく（pretty）見える食品ほど健康的だと判断される傾向があることを明らかにしている。ここでいう食品の可愛らしさとは、秩序だっていて、対称的で、にも注目が集まってきているという。

マーケティングでは、消費をなんらかの目的を合理的に達成するための手段と捉えることが多かった。そこでは消費者が「基本的に実用的な価値、つまり機能的価値を実現するために、合理的に情報処理をするものと想定され」（間々田 二〇一六、一五九頁）、研究が進んできた。しかし一九八〇年代に入ると「［　B　］消費」という概念が提示され、音楽、グルメ、スポーツ、ショッピングのような、消費それ自体が目的となる消費にも注目があつまってきた。今日ではこうした流れはCCT（consumer culture theory：消費文化理論）といわれ、消費の社会的、文化的、象徴的側面に注目した議論が展開されている。

三　消費をめぐるいくつかの研究

ここまで間々田（二〇一六、二〇一九）の研究を参考に、経済学、社会学、マーケティングにおける消費の扱われ方について整理してきた。私はマーケティング領域の研究者だが、彼の主張には「なるほど」と思わされるものがある。（ウ）マーケティングの教科書では「消費者のニーズを満たす」ことが大切だと指摘され続けてきた。しかしそこで論じられる内容は、過去と現在でかなり違う。かつては、汚れ落ちの良い洗剤や、より安全性の高い自動車など、消費者の目的を合理的に満たす製品を開発し、提供することの重要性が主として述べられてきた。そして提供された製品やサービスの品質の高さによって顧客を満足させることの大切さが指摘されてきた。もちろんこうした内容は間違っていないし、いまでも十分に通用する。しかし現代のマーケティングでは「価値を創造し提供する」ことに、よりいっそう焦点が合わせられている。顧客は実用的あるいは機能的な目的を達成するために合理的な意思決定をするばかりではないし、製品やサービスの仕様や特徴だけを客観的に評価しているのでもないと考えられるようになったからである。

こうした流れを受けてマーケティングでは、消費について、3企業の視点にとらわれず、より自由に検討されるようになった。ある意味で、それらは私たち消費者の視点から、4消費について考えた研究といえるだろう。実際こうした研究は、私

二

次の文章を読み、後の設問に答えよ。

一　はじめに

消費は私たちの生活の中で大切な位置を占めている。[1] スポーツをしない人、料理をしない人、仕事に就いていない人はいても、消費をしない人は稀だろう。消費は誰もが当事者である。そこでこの連載では、私たちが日ごろ経験する消費や、消費に関連する事柄に焦点を合わせて、あれこれと考えていこうと思う。（ア）

この連載のねらいは単純である。主としてマーケティング領域の研究を紹介しながら、私たちの身近にある消費について、少しばかり考えるきっかけを提供することである。読者の皆さまには「へぇ、なるほど」と楽しみながら読んでいただきたいし、「マーケティングって、そんなことも研究しているんだなぁ」と知ってもらえれば、なおのこと嬉しい。

二　消費の研究

はじめに、社会科学の研究[2]において、消費はどのように扱われてきたのかを調べてみよう。間々田（二〇一六、二〇一九）は消費を扱う学術領域として、経済学、社会学、マーケティングをあげている。（イ）

彼によると、消費について最初に明確な［　A　］を試みたのは経済学だという。経済学では消費がもたらす価値や意味を「効用」という概念によって扱ったが、議論の対象は私たちが生活をするうえで必要となる食糧や道具などの消費が中心だった。また当初は消費の内面的意味や主観的側面に強い関心が向けられることが少なかったが、一九六〇年代から文化経済学が登場し、文化を経済学の対象とする動きもみられるようになった。

社会学ではヴェブレンによる顕示的消費論や、ボードリヤールによる記号的消費論が、消費を分析するための標準的な枠組みとなり、消費を「地位誇示のため、より高い階層への仲間入りの証としてなど、顕示的／記号的なもの」（間々田二〇一九、六頁）と考えることが多かった。しかし最近では、文化的消費（充実感、心地よさ、楽しさなどをもたらす消費）

エ　意味を気にせず声を出して暗記することで、文字を絵画のように楽しみ、音を音楽のように楽しむことだけはできるという娯楽的価値。

オ　理解していなくても、暗記した情報が脳内で無意識のうちに「整理」され、のちの理解の助けになることがあるという価値。

問九　傍線5「いずれ倫理的な懸念も克服されて、脳に情報チップを埋めこむ時代がやってくるかもしれない」とあるが、それは多くの人にとってどのような時代だと著者は考えているか。最も適切なものを次の中から一つ選び、符号で答えよ。

ア　脳に情報チップを埋めこむと脳を損傷するかもしれないという問題は解決されるが、暗記することの喜びが奪われてしまう寂しい時代。

イ　脳に情報チップを埋めこむという技術的に困難な課題は解決されるが、暗記することの喜びが奪われてしまう寂しい時代。

ウ　脳に情報チップを埋めこんで適合するかという心理的な心配はなくなるが、暗記することの喜びが奪われてしまう寂しい時代。

エ　脳に情報チップを埋めこむと脳を損傷するかもしれないという問題も解決されることで、暗記をする必要がなくなる夢のような時代。

オ　脳に情報チップを埋めこむという技術的に困難な課題も解決されることで、暗記する必要のなくなる夢のような時代。

カ　脳に情報チップを埋めこんで適合するかという心理的な心配もなくなることで、暗記する必要のなくなる夢のような時代。

問十　本文で述べられている内容と**合致するものには「ア」を、合致しないものには「イ」を**答えよ。

A　ただ暗記することは情報を脳に貯めこんでいるだけであるから、理解を伴わない暗記は無意味である。

B　いまの時代は、ネットで検索すれば必要な情報は入手可能であり、暗記の価値が昔より下がっているのは事実である。

C　今後、脳を直接ネットに接続することができるようになれば便利だが、それだけでは情報は蓄えられるだけで「整理」はされない。

D　情報を蓄えたチップを脳内に埋めこめば、チップ内の情報は「整理」されるので、記憶障害患者への治療法として有効活用すべきだ。

E　将来、情報チップの埋めこみが可能になるまで暗記は不可欠だが、暗記自体に喜びを見つけることもできる。

問五　傍線２「読書百遍意自ずから通ず」の意味として、最も適切なものを次の中から一つ選び、符号で答えよ。

ア　何度も繰り返して同じ書物を熟読すれば、わからなかった意味も自然とわかってくる。
イ　たくさんの書物を乱読すれば、わからなかった意味も自然とわかってくる。
ウ　何度も繰り返して同じ書物を熟読すれば、自分なりに意味が通ったものとして理解できる。
エ　たくさんの書物を乱読すれば、自分なりに意味が通ったものとして理解できる。
オ　たくさんの書物を何度も通読することは、それ自体が意味のある行為である。

問六　傍線３「要諦」とはどのような意味か。最も適切なものを次の中から一つ選び、符号で答えよ。

ア　概要となるところ　　イ　肝心かなめのところ　　ウ　諦めてはいけないところ
エ　コツとなるところ　　オ　切り札となるところ

問七　空欄Ａに入る最も適切なものを次の中から一つ選び、符号で答えよ。

ア　意味もわからずに全体を暗記する前に、各部分を順番に理解する
イ　意味もわからずに全体を暗記するくらい、何度も全体に接する
ウ　意味もわからずに全体を暗記する必要はなく、ひとつずつ理解を積み上げていく
エ　意味もわからずに全体を暗記するような無駄なことはせず、まず何度も文字や音として楽しむ
オ　意味もわからずに全体を暗記するだけでなく、各部分の意味を常に理解しようとする

問八　傍線４「暗記にはまだまだ重要な価値が残されている」とあるが、重要なのはどのような価値であると著者は考えているか。最も適切なものを次の中から一つ選び、符号で答えよ。

ア　たとえば、中国の王朝名や円周率などを頭の中で一挙に思い浮かべると、ただ爽快感だけは感じることができるという価値。
イ　無意味な綴りでも、繰り返し接することで好感度が増してきて、安心感を得られるという精神衛生上の価値。
ウ　自分の頭で暗記していれば、倫理的に問題のある情報チップを脳内に埋めこまれることを今後とも避けられるという価値。

④　全セイ

ア　台風はセイ力を強めながら近づいている。
イ　チームには選りすぐりのセイ鋭たちが集まった。
ウ　テストの成績で目覚ましいセイ果を挙げた。
エ　あの一族は、昔、隆セイを誇っていた。
オ　これはセイ紀の大発見だ。

⑤　カイさず

ア　緊急のカイ議が開かれた。
イ　自分の車でも勝手にカイ造してはいけません。
ウ　事故で負傷した人をカイ抱する。
エ　彼は境カイ線を越えてやってきた。
オ　パソコンを分カイして修理する。

問三　空欄Ⅰ〜Ⅴに入る最も適切なものを次の中から一つ選び、符号で答えよ。

Ⅰ　ア　それでも　イ　それゆえ　ウ　それこそ　エ　それとなく　オ　それまで
Ⅱ　ア　それにもかかわらず　イ　それにたいして　ウ　それゆえ　エ　それだけに　オ　それから
Ⅲ　ア　とはいえ　イ　ただし　ウ　たしかに　エ　ところで　オ　意外にも
Ⅳ　ア　もちろん　イ　だから　ウ　しかし　エ　しかも　オ　それでも
Ⅴ　ア　ただし　イ　それどころか　ウ　だから　エ　それにもかかわらず　オ　さらに

問四　傍線1「なまじ」はどのような意味か。最も適切なものを次の中から一つ選び、符号で答えよ。

ア　生意気にも背伸びをして　イ　目標に向かって生き生きと　ウ　できそうもないのに無理やりに
エ　大人ぶっているが幼稚に　オ　望みがないのに一生懸命に

問二 二重傍線①～⑤のカタカナが表す漢字を含むものを次の中から一つ選び、符号で答えよ。

① 一ボウ
- ア これはきっと敵の陰ボウに違いない。
- イ 彼らは目の前で起きた事故を、ただボウ観していた。
- ウ つまらないことで、一生をボウに振るな。
- エ 一部の群衆はボウ徒と化してしまった。
- オ 私には夢も希ボウもある。

② テイ抗
- ア 川に沿って防波テイを作る。
- イ 彼の努力は並大テイのものではない。
- ウ 私の実力では、あの人には到テイかなわない。
- エ 双方の対立が激化したので、第三者が調テイに入った。
- オ 両国の間で講和条約がテイ結された。

③ ヨウ易
- ア 英語の様々な慣ヨウ句を覚える。
- イ 負担の重い仕事を任され、動ヨウしている。
- ウ 我々は少し休ヨウしたほうがよい。
- エ 彼らの行為をヨウ認することはできない。
- オ 彼は何をするにしてもヨウ領がいい。

報チップを埋めこむ時代がやってくるかもしれない。そうなれば、ようやく私たちは暗記の苦役(e)から解放されることになろう。『ドラえもん』に「アンキパン」が出てくるが、これはノートや本のページに食パンを押しつけて、その内容を写しとり、それを食べると、書かれた内容を暗記できるという便利な小道具だ。この小道具のように、情報チップを脳に埋めこめば、その情報を覚えられるという夢のような時代がやってくるかもしれない。もっとも、暗記が趣味の人にとっては、暗記の価値がほとんどなくなって、いささか寂しい時代になるかもしれないが。

このような夢の時代がやってくるのは、まだもっと先のことである。技術の進歩が著しい昨今にあっては、何百年も先のことではないかもしれないが、少なくとも数十年は先であろう。それまでは、やはり暗記をせざるをえない。電卓が普及するまえは、筆算やそろばんで計算をせざるをえなかったが、それと同じように、情報チップの埋めこみが可能になるまでは、暗記は不可欠であろう。暗記の苦役は続くが、暗記の喜びを見つけることも可能だ。円周率の小数展開を何万ケタまで覚えている人がいるが、膨大な数の並びを一挙に脳裏に思い浮かべることができるのは、さぞ爽快なことであろう。嬉々として暗記できるようになれば、それは人生の潤いのひとつとなる。

（信原幸弘『「覚える」と「わかる」　知の仕組みとその可能性』による。ただし、一部変更した。）

問一　波線ａ～ｅの漢字の読みとして最も適切なものを次の中から一つ選び、符号で答えよ。

		ア	イ	ウ	エ	オ
ａ	明瞭	めいかい	めいせき	めいりょう	みょうせき	みょうぎょう
ｂ	必須	ひっし	ひつじょう	ひつじゅ	ひっす	ひっけい
ｃ	閲覧	てんらん	かんらん	えつらん	じゅんらん	かいらん
ｄ	膨大	そんだい	そうだい	じんだい	ぼうだい	せいだい
ｅ	苦役	くじゅう	くもん	くせつ	くやく	くえき

［Ⅳ］、ネット検索では、理解に至る助けにならない。情報がネットやパソコンにあるだけでは、たとえそれがすぐ引き出せるとしても、情報はただそのまま蓄えられているだけで、何の変容も生じない。しかし、暗記していれば、理解していなくても、情報は無意識のうちにいわば「整理」されていく。具体的にどのようなことが起こっているかはまだよくわからないが、暗記した情報のあいだに何らかのつながりが生まれてくる。たとえば、同じ言葉が異なる情報に含まれていれば、それによってその異なる情報のあいだにつながりができてくる。このように情報が「整理」されると、それがのちの理解の助けになるのである。

かりに脳を直接、ネットに接続できるようになれば、キーボードを操作したりすることなく、瞬時に検索できるようになろう。中国の歴代王朝は何だったかと思っただけで、歴代王朝が頭に浮かぶ。それは暗記した歴代王朝を思い出すのと何ら変わらない。脳科学と人工知能研究では、キーボードを⑤カイさずに脳とコンピュータを直接つなぐ研究がじっさいに進められている。これをＢＭＩ（ブレイン・マシン・インターフェース）とよぶ。この研究が進展すれば、いずれ暗記したことを思い出すのと同じような仕方で、コンピュータのメモリに蓄えられた情報をすぐ取り出せるようになるだろう。しかし、そうなっても、コンピュータのなかの情報はただ蓄えられているだけで、暗記した情報のように、時とともに「整理」されはしない。「整理」されるためには、情報を蓄えたチップを脳内に埋めこまなければならないだろう。そうすれば、チップ内の情報どうしや、チップ内の情報と脳内の情報とのあいだに何らかのつながりが生まれてくるだろう。そうなれば、チップ内の情報は「整理」され、暗記した情報と同じように、理解に至る助けとなろう。

［Ⅴ］、脳内に情報チップを埋めこむことには、倫理的な懸念がある。d膨大な情報をいわば暗記できるからといって、健常者に情報チップを埋めこんでもよいのだろうか。それは脳（それゆえ心）に取り返しのつかない損傷を与えることになるかもしれない。深刻な記憶障害のある患者にたいしてなら、ひとつの治療法として情報チップを埋めこむことも許されるかもしれないが、健常者にそのような危険なことを行うのはいかがなものであろうか。

このような倫理的懸念はあるものの、情報チップの研究は進められており、5いずれ倫理的な懸念も克服されて、脳に情なくなると、挫折する。最初から理解を求めなければ、最後まで読みきることができる。意味がわからなくても、文字面だけでも結構楽しいものがある。それを頼りにとにかく読む。そして繰り返し読む。もちろん、そうしたところで、わからない箇所が多すぎるから、「読書百遍意自ずから通ず」というわけにはいかない。それでも暗記するくらい繰り返し読んでおけば、そのあと必死の理解を試みることで、何とか理解できるようになってくる。理解できないまま全文を読みきることが理解に至る必須の条件なのである。

Ⅱ、数学はひとつずつ順に理解していける。いやむしろ、そうやって理解を積み上げていかないと、全体が理解できない。このような場合には、意味もわからずに全体を暗記する必要はない。しかし、哲学のように、順に理解していくことができないものもある。各部分がわかって全体がわかるのではなく、全体がわかってはじめて各部分がわかる。このような場合は、　A　必要がある。それが理解に向けての出発点なのだ。意味を気にせず、とにかく声を出して読む。文字を絵画のように楽しみ、音を音楽のように楽しむ。これが理解へと至る要諦なのである。

しかし、いまの時代、そう頑張って暗記しなくても、ネットで検索すれば、必要な情報はすぐ手に入る。中国の歴代王朝も、漢文や経典のテキストも、哲学の古典も、検索すれば、直ちに閲覧できる。わざわざ図書館に行く必要はないし、本屋を探し回る必要もない。情報がすぐ手に入るのであれば、それはいわば暗記しているのと同じではないか。理解を伴わない暗記は、情報をただ脳のなかに貯めこんでいるだけだ。脳のなかでなくても、すぐ取り出せるなら、ネットやパソコンのなかでもよいのではないか。こういった意見もよく耳にする。

Ⅲ、いまのネット全セイの時代になって、暗記の価値は下がった。このことは認めざるをえないだろう。文字が発明されて、情報が文書として記録できるようになると、暗記の価値は大きく下がったが、ネットですぐ検索できるようになると、暗記の価値はさらに下がったと言わざるをえない。しかし、それでも、暗記にはまだ重要な価値が残されている。ネット検索ですぐ情報が手に入るといっても、暗記した情報を思い出すのに比べれば、かなり時間がかかる。瞬時に思い出せる心地よさに比べて、ネット検索はまどろっこしい。余計な広告が表示されるから、なおさらだ。

漢文の素読とは、意味がわからないまま、ただ漢文を声に出して読むことである。たとえば、「北の冥に魚あり。其の名を鯤と為う。鯤の大いさ、その幾千里なるを知らず。化して鳥と為るとき、其の名を鵬と為う。……」（『荘子』）と声に出して読む。意味もわからずに、ただただ読む。それは湯川少年にとってなかなかつらいことであったようだが、その後、大人の書物を読み始めるときに、おおいに役に立ったそうだ。漢字への慣れにより、文字への②テイ抗がまったくなかったのである。

このことに関連して、「単純提示効果」という面白い現象がある。同じものに何度も接していると、それを好ましく感じるようになるという現象だ。意味のわからないもの、たとえば無意味な綴り（kmwjtxのようなもの）でさえ、とにかく何度も接していると、好感度が増してくる。人間は馴染みのないものには不安を抱き、慣れ親しんだものには安心感を抱く傾向がある。広告を繰り返すのも、この人間の心理を利用している。

お坊さんになる人はよく経典の暗誦を行なう。「……色即是空　空即是色　受想行識　亦復如是……」（『般若心経』）。漢文を書き下すこともなく、じかに音読みする。もちろん、意味はわからない。それでも、ひたすら繰り返し読み、おのずと暗誦していく。このような一見、無意味にみえることが、あとで経典の内容を学ぶうえで、すこぶる役に立つ。全文が頭に入っていることで、各部分の理解が③ヨウ易になるのだ。

これと似たようなことは、私の専門の哲学でも起こる。哲学を勉強しはじめたころ、哲学の本は難解なので、なかなか最初から順に理解していくことができなかった。理解しがたい箇所にぶつかると、とりあえずそれを読み飛ばしてつぎへ進んでいくしかない。そうすると、そのつぎの部分の理解が十分でなくなる。［　Ｉ　］、仕方ないから不十分な理解のまま、さらにさきへ読み進めていく。すると、またしても理解しがたい箇所にぶつかる。このようなことを繰り返していると、そのうちほとんど意味がわからなくなり、もう読み進めることができなくなる。こうして途中で挫折する。しかし、挫折したままでは、哲学書全体の理解は叶わぬ夢になってしまう。

大事なことは、理解しようなどと思わずに、とにかく全文を読みきることだ。1なまじ理解しようと思うから、理解でき

国語

（六〇分）

一

次の文章を読み、後の設問に答えよ。

中学や高校の勉強では、ずいぶん暗記をさせられた。歴史の年代や英単語、化学の元素記号など、暗記しなければならないものは、山ほどあった。正直言って、暗記は好きではなかった。数学の問題を解くほうが、よほど楽しかった。暗記は、さして意味もわからずに、ただ繰り返し覚えるだけだから、そう楽しいものであるはずがない。どうしてこんなにもたくさん暗記しなければならないのか。そう思うことがたびたびあった。

意味もわからずに、ただ暗記しても、しようがないだろうと思われがちだが、じっさいは、結構、暗記は役に立つ。中学のときの世界史で、中国の歴史を習うとき、まず、最初に歴代王朝の名称を丸暗記させられた。殷（いん）、周、秦、漢、隋、唐、……。それぞれの王朝がいつごろなのか、どんな時代だったのか、いっさい知らずに、ただただ覚えた。そんなことをして何になるのだろうと思ったが、王朝の名称と時代順が頭に入っていると、そのあと学んだ具体的な事象を整理し、一①ボウするのにすごく役に立った。中国の壮大な歴史の全貌を頭のなかで一挙に思い浮かべてみるのは、なかなか爽快なものである。何十年もまえのことなので、もうはっきりとは王朝名を思い出せないが、あのときの爽快感だけは、いまもa明瞭に残っている。

日本人初のノーベル賞（物理学賞）の受賞者の湯川秀樹（ゆかわひでき）も、幼いころから漢文の素読を祖父にやらされたそうである。

解答編

英語

1 **解答** **問1．1**－B **2**－B **3**－A **4**－A **5**－D
6－C **7**－B **8**－D **9**－B **10**－A
問2．11－C **12**－A **13**－A **14**－B
問3．15－B **16**－B **17**－A **18**－A

解説

《驚くべきデニムの発展》

問1．1．「第1段の主要な考えは何か？」

第1段は終始デニムがどうやって作られるかについて述べられているので，Bの「デニムの製造過程」が適切。

2．「デニム輸出国トップ3に挙げられていないのは次の国のうちどれか？」

第2段第2文（You may imagine…）に「アメリカがこの産業を引っ張っていると想像するかもしれないが，2022年は中国がデニムの世界を引っ張り，それにインドとトルコが続いている」とあるのでBが適切。

3．「ジーンはイタリアで生まれたが，…」

第3段第3文（However, attempts to…）に「しかし，耐久性のあるジーンを作る試みは失敗に終わった」とあるので，Aの「耐久性のある商品にはならなかった」が適切。

4．「Levi Strauss は何をしたか？」

第4段第4文（In addition to…）に「乾物に加え，Strauss はデニムとして知られるコットン生地も売り，そしてそれが Jacob W. Davis という男に買われていった」とあるので，Aの「彼は Jacob W. Davis という名の仕立て屋にデニムを売った」が適切。

5.「Levi Strauss と Jacob W. Davis のパートナーシップの重要性は何だったか？」

第5段最終文（Together, Strauss and …）に「Strauss と Davis は次に今日でもデニム衣料を作り出している世界で最も重要な衣料会社の一つを創り出した」とあるので，Dの「世界的に有名な衣料会社を設立した」が適切。

6.「…のでデニムのズボンはもともと作業着として好まれていた」

第6段第3文（While denim is …）に「デニムは高い通気性がある一方で，厚い生地が擦り切れや破れに抵抗力があった」とあるので，Cの「ダメージに抵抗力があった」が適切。

7.「アメリカ人兵士がした貢献の一つは何だったか？」

第7段第1文後半（as American soldiers …）に「アメリカ人兵士が世界中に見せたことがアメリカの外でジーンズの人気を増加させるのに役立った」とあるので，Bの「世界中で増大するジーンズ人気」が適切。

8.「様々なアメリカ人セレブが…のに重要な役割を果たした」

第8段に出てくる様々な有名人の名前が入っている文章すべてに，「popularize denim」や「the popularity of denim」と入っているので，Dの「デニムジーンズの人気を広める」が適切。

9.「ジーンズは…になった」

第9段第3文（Now, jeans are …）に「現在ジーンズはすべての年代と経済階級の人の間で人気がある：年配の人や若者と同様に富裕層や貧困層にも等しく楽しまれている」とあるので，Bの「様々な背景の人の間で人気」が適切。

10.「ジーンズは何が独特か？」

最終段第2文（They are symbols of …）の前半に「ジーンズは快適さの象徴だ」とあり，また続く第3文（Generally speaking, …）の前半にも「ジーンズは柔軟さの象徴である」とあるので，Aの「ジーンズは快適さと柔軟性を象徴している」が適切。

問2．**11**．第3段第1文（The word *jean* …）に「ジーンという言葉はジェノアというイタリアの都市からきている」とあるので，Cの「ジーンと呼ばれる生地はジェノアで開発された」が適切。

12．Aの「1853 年，Levi Strauss はファミリービジネスを拡張するためにサンフランシスコに引っ越した」が正解。第4段第2・3文（In 1851, … clothing business there.）の「1851年，Levi Straussというドイツ移民の乾物商人はニューヨークに到着した。2年後，彼は兄と働き乾物と衣料のファミリービジネスを拡張するためサンフランシスコに引っ越した」と一致する。Bはin Europeが間違い。CはLevi Straussはニューヨークでズボンを作ったという記述はない。Dは第5段第4文後半（but now they are …）に「それらは現在有名な501ジーンズとして知られている」とあるので間違い。

13.「1980年代の…のようなポップスや映画のスターがジーンズを人気にする手助けをした」

第8段第3文後半（and pop icons …）に「マドンナやマイケル＝ジャクソンが1980年代中デニム人気を生かし続けた」とあるのでAが適切。

14.「2020年，世界のデニム産業は … billionドルの価値があった」

第2段第1文後半（and in 2020 …）に「2020年にはその産業は56 billionドルの価値があった」とあるのでBが適切。

問3．15.「ストーンウォッシュのジーンズは非常に少ないが，そのかわりにオリジナルの状態で売られている」

第1段第6文後半（but this fabric …）の「この生地はたいてい着やすくするためのストーンウォッシングという工程を受けている」という内容と不一致なのでFALSE，Bが正解。

16.「ジーンズはヨーロッパで生まれ，いまだに今日でもヨーロッパの最もアイコニックな衣服の一つである」

第4段第1文（Despite its European …）に「ヨーロッパが起源にもかかわらず，デニムはアメリカの最もアイコニックな流行商品の一つとなった」とあるのでFALSE，Bが正解。

17.「ジーンズが人気の流行アイテムになる前，男性は大変な仕事のためにジーンズをよく履いていた」

第6段第1文（Long before blue …）に「ブルージーンズが日常のカジュアルファッションアイテムになるずっと前はデニムのズボンは仕事着として使われていた」とあり，第6段最終文後半（because of …）に「辛い仕事と粗い生活スタイルが連想されたため」とあるのでTRUE，Aが正解。

18.「その耐久性と色のバリエーションがデニムが普段着の一部になる手助けをしている」

最終段第5文（The durability of…）の「すべての色に染めることができるのに加えて，デニムの耐久性がほとんどすべての人にとってのスタイルや選択があることを意味している」と一致するのでTRUE，Aが正解。

② 解答

19－B　**20**－B　**21**－D　**22**－A　**23**－C　**24**－C　**25**－B　**26**－B

解説

19.「大学に行きたいけど，授業料が僕にとっては問題だ」というXの発言に対して，返答が「…に申し込んでみたら？」なので，Bのscholarship「奨学金」が適切。A．censorship「検閲」 C．license「免許」 D．program「番組」

20.「この料理本あなたのお気に入りのようね」というXの発言に対して，返答が「本当に好きなんだ。たくさんのシンプルでとても…な食事を載せているんだ」なので，B．nutritious「栄養のある」が正解。A．hybrid「ハイブリッドな」 C．prominent「卓越した」 D．durable「耐久性のある」

21.「何でレポートの提出に遅れたの？」に対して，返答が「…なスケジュール管理だと思う」なので，D．poorly「下手な」が正解。A．unfortunately「不運にも」 B．hopefuly「うまくいけば」 C．decidedly「確実に」

22.「サラが1位なの知ってた？」に対して，返答が「ええ。でも驚きはない。彼女はいつもコンテストで勝つというすごい…を見せていた」なので，A．determination「決意」が適切。B．evolution「進化」 C．implication「含み」 D．prediction「予想」

23.「こんにちは。リサーチ研究の広告を見て，参加したいと思っています」に対して，返答が「あら，ありがとう。まずこの…を記入して」なので，C．questionnaire「アンケート」が正解。A．essay「随筆，小論」 B．qualification「資格」 D．publication「出版」

24.「次の選挙の候補者についてどう思う？」に対して，返答が「わからない。メディアでどう…されるかに加えて，もっと情報が必要だ」なので，

C．portrayed「描写される」が正解。A．cooperated「協力される」 B．confused「混乱する」 D．scrambled「奪い合われる」

25.「この広告の問題点は何？」に対して，返答が「うーん，魅力的になるには細くなければならないというメッセージをそれは…していると思う」なので，B．conveys「伝える」が適切。A．accuses「告訴する」 C．exhausts「使い果たす」 D．stimulates「刺激する」

26.「新しい先生は決して笑わない」に対して，「うん。彼は明らかにジョークやたわごとに…がないね」なので，B．tolerance「寛容さ」が適切。A．rules「ルール」 C．discipline「規律」 D．order「秩序」

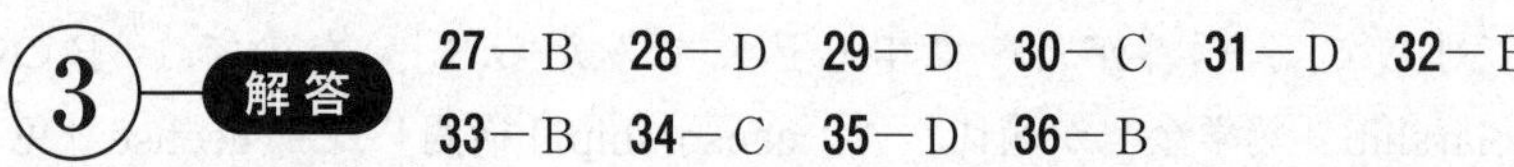

3 解答　**27**－B　**28**－D　**29**－D　**30**－C　**31**－D　**32**－B　**33**－B　**34**－C　**35**－D　**36**－B

解説

27. 空所には「ボーイフレンドのもの」と入れなければならないので，Bの所有格が正解。

28. all the yoga classes と言っていることから，3つ以上のことを比べていることがわかるので，Dが正解。

29.「この寒い天候に本当に我慢できない」に対して，「買い物に行ったり何かしたりする必要が…，今日は中にいていいよ」と言っているので，Dの「～ない限り」が正解。

30. 準動詞の否定の語順の問題。promise は to 不定詞をとる。また不定詞否定は to の前に否定語が原則なのでCが正解。

31. 空所直前に I've とあるので現在完了を用いることがわかる。また，have *A*＋過去分詞「*A* を～してもらう」とすると，「自転車を直してもらった」と言えることからDが正解。

32. 空所は students を修飾する形容詞の場所なのでAは不可。また，X の発言で「たった2人の生徒からしかレポートを受けとっていない」と言っていることから，ほとんどが提出していないことがわかるのでBが正解。

33. 時制の一致の問題。X が「私を見て驚いているみたいだね」と言っているのに対して，「そうだよ！　ピーターが君はハワイにいると言っていた」と言いたいことがわかる。言っていた時間とハワイにいる時間は同じ時間であることからBが正解。

34. Xの「メール届いた？　昨夜あなたに送ったんだ」に対して，「いいや。間違ったアドレスに送ったのかもしれない」と言うのが自然である。助動詞をつける内容が過去なので，助動詞の後ろに完了形を用いるべき。したがってCが正解。

35. break the ice を直訳すると「氷を壊す」という表現。スピーチなどの冒頭でジョークなどを用いて聞き手との間にある冷たい空気を壊して聞き手をスピーチに引き込むという意味の慣用句なので，Dが正解。

36. throw in the towel「負けを認める」という慣用句なのでBが正解。ボクシングなどでリング内にタオルを投げることからきている。

4　解答　**37**－D　**38**－A　**39**－C　**40**－A　**41**－B　**42**－C

解説

37. 空所後に「妻はしょっぱいベーコンと甘いフルーツの組み合わせが好きではないと思うので，その選択肢は止めようと思います」とあるので，Dの「代わりに新鮮なパイナップルの乗ったハワイアンピザはどうでしょうか？」が正解。

38. 空所後で「間違いなく問題ありません」と言っているので，代わりの注文を提案したと考えられるので，Aの「代わりにBBQチキンピザをもらえますか？」が正解。

39. 残ったBとCの選択肢でBの「ピザに追加のトッピングはしますか？」は店員の発言であるべきなので不可。Cの「でも今回は単純にBBQチキンピザにこだわろうと思います」が正解。

40. 空所後に「正直言ってまったくわからないんだ。手伝ってくれる？」と言っていることからAの「何について書こうと考えているの？」が正解。

41. 空所前の発言に「手伝ってくれる？」とあり，さらに空所後にアドバイスをしていることから，Bの「もちろん，喜んで」が正解。

42. 空所前の発言に「禁煙についてはどうかな？　僕の周りにはたくさんの喫煙者がいることに気づいたんだ」とあり，また空所後に「喫煙の問題はかなり明らかだ」と賛成するような発言をしていることから，Cの「それはいいトピックになりそうだ」が正解。

5 解答　43―A　44―D　45―C

解説

《安全な水を手に入れるには》

43. 空所後の１文には「離れた場所へ旅行に行く際に，必要とするすべての水を持っていくことは非常に難しい」とあり，選択肢に持っていく水の話として選べるものはＡしかないとわかるので，Ａの「もちろんボトルの水がベストな選択肢だ」が正解。

44. 空所前の文には湯冷ましの話があり，空所後は消毒剤の話で別の話に代わっていることから，消毒剤の話を出しているＤの「もしこれが不可能なら，塩素系漂白剤のような化学的な消毒剤を使うこともできる」が正解。

45. 空所直後に A much safer option「ずっと安全な選択肢は」と続いていることから，空所には危険性についての話が入ると考えられる。Ｃの「さらに，化学物質を使うことは指示が注意深く守られないと危険である」が正解。

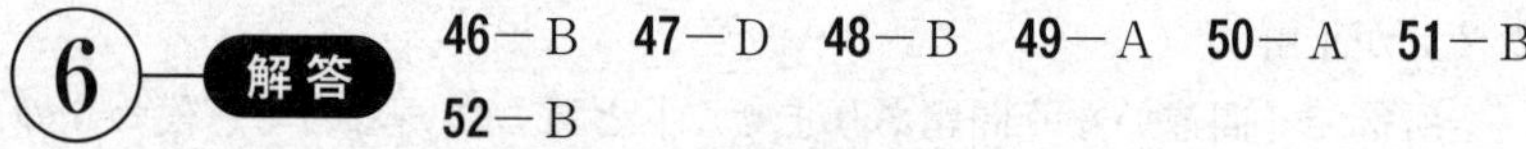

6 解答　46―B　47―D　48―B　49―A　50―A　51―B　52―B

解説

《北海学園大学留学報告会についてのポスター》

46.「次のうち，報告会で話されるのはどれか？」

本文第１段第１文（Twenty students will …）に「20 人の学生が留学経験を共有します：授業の見通し，海外の都市の独特の雰囲気，留学に関する費用」とあるのでＢが正解。

47.「報告会には誰が招待されているか？」

本文第１段第３・４文（This event is open … welcome to attend.）に「このイベントは留学に興味のある北海学園大学のすべての学生に開かれています。両親も参加を歓迎します」とあるので，Ｄが正解。

48.「どうやって参加者は報告会の場所を予約できるか？」

本文第２段第２文（Reservation forms …）に「予約用紙は個人で記入しなければなりません」とあるので，Ｂの「用紙に記入することで」が正解。

49.「参加するのにいくらかかるか？」

本文中の表の右から２枠目に「参加費：無料」とあるのでＡが正解。

50.「報告会の間，参加者は何をするか？」

Event Agenda の項目に「話し手がプレゼンを終えるとグループ活動へ移行します。それぞれの話し手が１つのグループに割り当てられ，参加者と個人の経験についてカジュアルなディスカッションをします」とあるのでＡが正解。

51.「参加者がイベント前にするように頼まれていることは何か？」

Preparation の項目に「報告会中にする質問のリストを準備してください。質問は何のトピックでもかまいません。email（このポスターの１番下を見てください）で事前に質問を提出してください」とあるので，Ｂが正解。

52.「なぜショウヘイは留学することを決めたのか？」

A few words…の項目第３文（Hearing about…）に「彼らのホームステイ経験を聞いたことが，留学こそ私が学生生活のこの時点ですることだと私に確信させました」とあるので，Ｂが正解。

日本史

1 解答 《院政期の政治・文化史》

問1． ⑴宣旨枡 ⑵記録荘園券契所 **問2．** ⑴北面の武士 ⑵六勝寺
問3． 尊号一件 **問4．** 院宣 **問5．** エ **問6．** 八条院領 **問7．** 強訴

2 解答 《寛政の改革》

問1． 天明の飢饉 **問2．** エ **問3．** 寛政の改革 **問4．** 旧里帰農令
問5． 棄捐令 **問6．** 人足寄場 **問7．** 朱子学
問8． ⑴松平定信 ⑵徳川吉宗

3 解答 《近代の朝鮮半島史》

問1． ウ **問2．** 江華島 **問3．** 清 **問4．** エ→ア→ウ→イ
問5． 五・四 **問6．** ア **問7．** ウ **問8．** イ **問9．** イ

4 解答 《昭和戦後の政治・経済史》

問1． エ **問2．** エ **問3．** 三木武夫 **問4．** ロッキード
問5． ア **問6．** ニクソン大統領 **問7．** ウ **問8．** エ **問9．** エ

世界史

1 解答 《フランク王国史》

問1． **1．** クローヴィス　**2．** アタナシウス
3． トゥール・ポワティエ間　**4．** ピピン
5． カール1世〔カール大帝，シャルル＝マーニュ〕
6． レオ3世
問2． 宮宰　**問3．** イ　**問4．** 巡察使　**問5．** ウ

2 解答 《スーダンの歴史》

問1． **1．** ムラービト　**2．** トンブクトゥ　**3．** フランス
4． ムハンマド＝アリー　**5．** ウラービー
問2． ラクダ（ヒトコブラクダも可）
問3． マンサ＝ムーサ〔カンカン＝ムーサ〕　**問4．** エ　**問5．** ア
問6． アフリカ連合〔AU〕

3 解答 《19世紀のバルカン半島》

問1． イスタンブル　**問2．** ロンドン　**問3．** ギリシア正教
問4． **4．** ボスニア・ヘルツェゴヴィナ　**5．** ブルガリア
問5． 南下　**問6．** ア
問7． **A．** パリ　**B．** 三帝　**C．** サン＝ステファノ　**D．** ベルリン
E． 再保障
問8． パン＝スラヴ　**問9．** (b)クリミア　(c)露土

4 解答 《ファシズム国家》

問1． **1．** ムッソリーニ **2．** 全権委任 **3．** エチオピア〔アビシニア〕
4． フランコ **5．** オーストリア **6．** 独ソ不可侵

問2． ローマ進軍 **問3．** シュトレーゼマン **問4．** ニューディール

問5． タンネンベルクの戦い **問6．** ア **問7．** ゲルニカ **問8．** エ

問9． ネヴィル＝チェンバレン **問10．** エ

地理

1 解答 《神奈川県逗子市・鎌倉市付近の地形図読図》

問1．ア． 主題図 **イ．** 一般図 **ウ．** 国土地理院 **エ．** 10 **オ．** 50
カ． 市役所 **キ．** 水準 **ク．** 海食崖 **ケ．** 陸繋島
問2． (B) **問3．** R **問4．** ③−1 ⑥−4 **問5．** (D)
問6． 北側に位置するプレート：北アメリカプレート
南側に位置するプレート：フィリピン海プレート

2 解答 《交通と第3次産業》

問1． 5 **問2．** 時間距離 **問3．** 1 **問4．** LCC **問5．** 1
問6． コンテンツ **問7．** 文化（創造，知識も可）
問8． 木曽川→長良川→揖斐川 **問9．** 4 **問10．** 5
問11． 輪中〔輪中集落〕 **問12．** 大韓民国 **問13．** ハブ

3 解答 《都市と人口》

問1．ア． ニュータウン **イ．** 職住 **ウ．** 副都心 **エ．** 一極集中
問2． 多極分散 **問3．** 衛星都市 **問4．** 4 **問5．** 福島県 **問6．** 4
問7． 2 **問8．** パークアンドライド **問9．** 都心回帰 **問10．** 3
問11． 1

4 解答 《ヨーロッパの地誌》

問1． (1)①アルプス山脈：B ピレネー山脈：F
カルパティア山脈：E 造山帯：新期造山帯
②スカンディナヴィア山脈：D 造山帯：古期造山帯
(2)北大西洋海流 (3)緯度：北緯45度 日本の市町村：3

問2. (1)**ア.** 構造（侵食も可） **イ.** 国際 **ウ.** 黒 **エ.** 北
(2)安定陸塊 (3)―4
問3. (1)―3 (2)共通農業 (3)―3

政治・経済

1 解答 《地域的経済統合》

問1． **あ**―コ　**い**―エ　**う**―ク　**え**―イ　**お**―ア　**か**―シ

問2． **A**―サ　**B**―タ　**C**―ス　**D**―ウ　**E**―キ　**F**―ク

問3． ア　**問4．** USMCA

問5． イギリス：サッチャリズム　アメリカ：レーガノミクス　**問6．** エ

2 解答 《開発協力》

問1． (a)ブレトン＝ウッズ　(b)35　**問2．** **う．** 東西　**え．** 南北　**問3．** エ

問4． グラミン　**問5．** ウ　**問6．** (a)―イ　(b)2015　(c)開発協力大綱

問7． (a)**か．** 恐怖　**き．** 欠乏　(b)―エ　(c)―ア

問8． (a)オファー　(b)タックス＝ヘイブン　(c)損失（と）損害

3 解答 《日本国憲法と平成期の諸改革》

問1． **あ．** 戦争　**い．** 主権　**う．** 信託　**え．** 国際社会　**お．** 対等

問2． イ　**問3．** (a)―×　(b)緊急事態　**問4．** イ・エ　**問5．** ア・イ

問6． ウ　**問7．** 内閣人事局　**問8．** (a) ADR　(b)―エ

問9． **A**―ア　**B**―ケ

数　学

◀法学部1部・2部，経営学部1部（経営情報）▶

1　解答　《小問3問》

(1)　$2x^3+7x^2+(2a+5)x+5a=(2x+5)a+2x^3+7x^2+5x$

$=(2x+5)a+x(2x^2+7x+5)$

$=(2x+5)a+x(2x+5)(x+1)$

$=(2x+5)(a+x^2+x)$

$=(2x+5)(x^2+x+a)$　……(答)

(2)　曲線 $y=\left|x\left(x-\frac{3}{2}\right)\right|$ と直線 $y=k$ の共有点の個数を調べればよい。

$$y=\left|x\left(x-\frac{3}{2}\right)\right|=\begin{cases} x\left(x-\frac{3}{2}\right) & \left(x\leqq 0,\ \frac{3}{2}\leqq x\right) \\ -x\left(x-\frac{3}{2}\right) & \left(0<x<\frac{3}{2}\right) \end{cases}$$

より，グラフは右図のようになるので，実数解の個数は

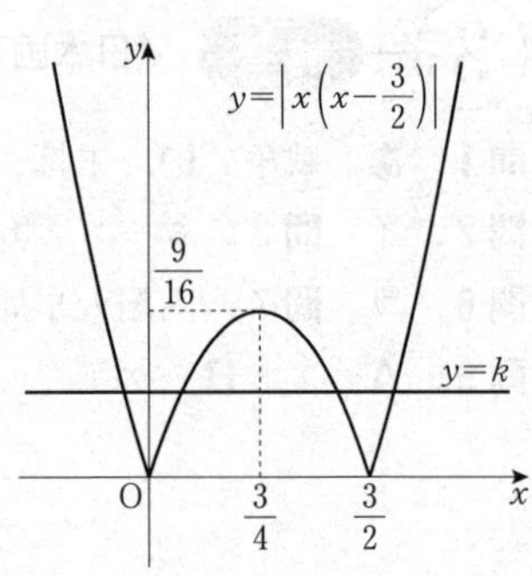

$k<0$ のとき　0個

$k=0,\ \frac{9}{16}<k$ のとき　2個

$k=\frac{9}{16}$ のとき　3個

$0<k<\frac{9}{16}$ のとき　4個

……(答)

(3)　$y=-(x^2-6ax)+3=-(x-3a)^2+9a^2+3$

グラフの軸は $x=3a$，$\frac{1}{6}<a<\frac{1}{3}$ より $\frac{1}{2}<3a<1$ であるから，$0\leqq x\leqq 1$ の範囲でグラフは次図のようになるので

$x=3a$ のとき最大値 $9a^2+3$

$x=0$ のとき最小値 3

をとる。

$9a^2+3-3=\dfrac{1}{3}$ より

$$a^2=\frac{1}{27}$$

$\dfrac{1}{6}<a<\dfrac{1}{3}$ だから

$$a=\frac{1}{3\sqrt{3}}=\frac{\sqrt{3}}{9}\quad \cdots\cdots(答)$$

2 解答 《小問3問》

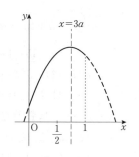

(1)　例えば 6 本のペンを A，B，C の 3 人に分配するとき

A に 3 本，B に 2 本，C に 1 本分配することを ○○○|○○|○

A に 2 本，B に 0 本，C に 4 本分配することを ○○||○○○○

のように表す。

あらかじめ，A，B，C に黒ペンを 1 本ずつ配布し，赤ペン 4 本と黒ペンの残り 7 本を A，B，C の 3 人に分配する方法を考える。

赤ペンは ○○○○|| の順列だけ分配方法があるから

$${}_6C_2=\frac{6\cdot5}{2\cdot1}=15 通り$$

黒ペンは ○○○○○○○|| の順列だけ分配方法があるから

$${}_9C_2=\frac{9\cdot8}{2\cdot1}=36 通り$$

よって

$$15\times36=540 通り\quad \cdots\cdots(答)$$

(2)
$$\begin{cases} y=x^2-2(a+1)x+a^2+ab-3b \\ y=0 \end{cases}$$

より

$$x^2-2(a+1)x+a^2+ab-3b=0$$

放物線と x 軸が接するから，判別式を D とすると $D=0$ となるので

$\frac{D}{4}=(a+1)^2-a^2-ab+3b=-ab+2a+3b+1=0$

$ab-2a-3b-1=0$

$a(b-2)-3(b-2)-6-1=0$

$(a-3)(b-2)=7$

$a-3$, $b-2$ は整数だから

$(a-3,\ b-2)=(1,\ 7),\ (7,\ 1),\ (-1,\ -7),\ (-7,\ -1)$

$(a,\ b)=(4,\ 9),\ (10,\ 3),\ (2,\ -5),\ (-4,\ 1)$ ……(答)

(3)　$2024=2^3\times 11\times 23$ だから，2024 の正の約数は

$2^x\times 11^y\times 23^z$　(x, y, z は整数，$0\leqq x\leqq 3$, $0\leqq y\leqq 1$, $0\leqq z\leqq 1$)

で表される数である。総和 S は

$S=(1+2+2^2+2^3)(1+11)(1+23)$

$=15\times 12\times 24=4320$ ……(答)

5 進法では

$S=114240_{(5)}$ ……(答)

5)	4320	
5)	864	…0
5)	172	…4
5)	34	…2
5)	6	…4
5)	1	…1
	0	…1

3 解答 《余事象の確率，条件付き確率》

(1)　$P(\overline{A})=1-P(A)=1-\frac{1}{3}$

$=\frac{2}{3}$ ……(答)

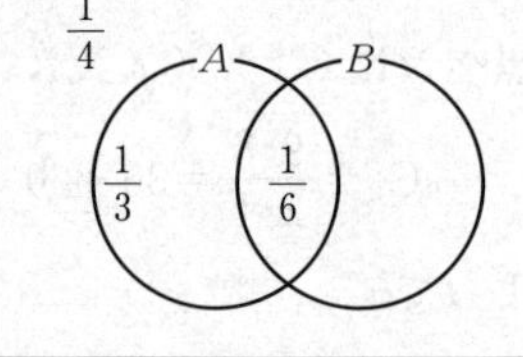

$P_A(B)=\frac{P(A\cap B)}{P(A)}=\frac{1}{6}\times 3$

$=\frac{1}{2}$ ……(答)

(2)　$P(B)=1-\{P(\overline{A}\cap\overline{B})+P(A)-P(A\cap B)\}$

$=1-\left(\frac{1}{4}+\frac{1}{3}-\frac{1}{6}\right)=1-\frac{3+4-2}{12}$

$=1-\frac{5}{12}=\frac{7}{12}$ ……(答)

(3) $P_B(A)=\dfrac{P(B\cap A)}{P(B)}=\dfrac{1}{6}\times\dfrac{12}{7}=\dfrac{2}{7}$ ……(答)

$$P_{\overline{A}}(B)=\frac{P(\overline{A}\cap B)}{P(\overline{A})}=\frac{P(B)-P(A\cap B)}{P(\overline{A})}=\left(\frac{7}{12}-\frac{1}{6}\right)\times\frac{3}{2}=\frac{5}{8}$$

だから

$$\frac{P_A(B)P(A)}{P_A(B)P(A)+P_{\overline{A}}(B)P(\overline{A})}=\frac{\frac{1}{2}\times\frac{1}{3}}{\frac{1}{2}\times\frac{1}{3}+\frac{5}{8}\times\frac{2}{3}}=\frac{\frac{1}{6}}{\frac{7}{12}}$$

$$=\frac{1}{6}\times\frac{12}{7}=\frac{2}{7}$$ ……(答)

別解 $P_A(B)=\dfrac{P(A\cap B)}{P(A)}$ より

$$P_A(B)P(A)=P(A\cap B)$$

$P_{\overline{A}}(B)=\dfrac{P(\overline{A}\cap B)}{P(\overline{A})}$ より

$$P_{\overline{A}}(B)P(\overline{A})=P(\overline{A}\cap B)$$

であるから

$$\frac{P_A(B)P(A)}{P_A(B)P(A)+P_{\overline{A}}(B)P(\overline{A})}=\frac{P(A\cap B)}{P(A\cap B)+P(\overline{A}\cap B)}$$

$$=\frac{\frac{1}{6}}{\frac{1}{6}+\frac{5}{12}}=\frac{1}{6}\times\frac{12}{7}=\frac{2}{7}$$

4 解答 《関数の極値，不定積分，面積》

(1) $f'(x)=3(x^2-1)=3(x+1)(x-1)$

$f'(x)=0$ となる x の値は

$x=-1,\ 1$

増減表より，$x=-1$ で極大，$x=1$ で極小となるから

$\alpha=-1,\ \beta=1$ ……(答)

x	$\cdots$	-1	$\cdots$	1	$\cdots$
$f'(x)$	$+$	0	$-$	0	$+$
$f(x)$	↗	極大	↘	極小	↗

(2)　$f'(x)=3x^2-3$ より

$$f(x)=\int(3x^2-3)dx=x^3-3x+C \quad (C\text{ は積分定数})$$

$f(2)=4$ より

$$8-6+C=4$$

$$C=2$$

よって

$$f(x)=x^3-3x+2 \quad \cdots\cdots(\text{答})$$

(3)　$f(-1)=-1+3+2=4,\ f(1)=1-3+2=0$

放物線 $y=x^2+bx+c$ が 2 点 $(-1,\ 4)$, $(1,\ 0)$ を通るから

$$4=1-b+c$$

$$b-c=-3 \quad \cdots\cdots①$$

$$0=1+b+c$$

$$b+c=-1 \quad \cdots\cdots②$$

①＋② より

$$2b=-4 \qquad \therefore \quad b=-2$$

②へ代入して

$$-2+c=-1 \qquad \therefore \quad c=1$$

$$S=\int_{-1}^{1}(x^3-3x+2-x^2+2x-1)dx$$

$$=\int_{-1}^{1}(x^3-x^2-x+1)dx$$

$$=2\int_{0}^{1}(-x^2+1)dx$$

$$=2\left[-\frac{1}{3}x^3+x\right]_0^1$$

$$=2\left(-\frac{1}{3}+1\right)$$

$$=\frac{4}{3} \quad \cdots\cdots(\text{答})$$

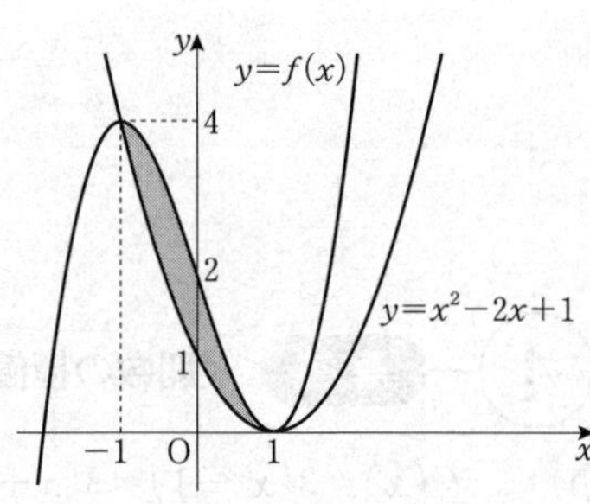

5　解答　《等差数列，2つの等差数列の共通項》

(1)　$b_n=2+(n-1)\cdot 5=5n-3 \quad \cdots\cdots(\text{答})$

$\{a_n\}$：②，5，8，11，14，⑰，20，…

$\{b_n\}$：②，7，12，⑰，22，…

$c_2=17$　……(答)

(2)　$\{c_n\}$ は初項 2，公差 15（3 と 5 の最小公倍数）の等差数列であるから

$$c_n=2+(n-1)\cdot 15=15n-13 \quad \cdots\cdots(答)$$

(3)　$a_n \leqq 100$ より

$$3n-1 \leqq 100$$

$$3n \leqq 101 \qquad \therefore \quad n \leqq \frac{101}{3}=33.6\cdots$$

$c_n \leqq 100$ より

$$15n-13 \leqq 100$$

$$15n \leqq 113 \qquad \therefore \quad n \leqq \frac{113}{15}=7.53\cdots$$

であるから

$$S=\sum_{k=1}^{33} a_k-\sum_{k=1}^{7} c_k=\sum_{k=1}^{33}(3k-1)-\sum_{k=1}^{7}(15k-13)$$

$$=3\times\frac{1}{2}\times 33\times 34-33-\left(15\times\frac{1}{2}\times 7\times 8-13\times 7\right)$$

$$=1683-33-(420-91)$$

$$=1321 \quad \cdots\cdots(答)$$

◀工学部（社会環境工〈環境情報コース〉・生命工）▶

1

◀法学部１部・２部，経営学部１部（経営情報）▶〔１〕に同じ。

2　解答　《小問３問》

(1)
$$\log_9\sqrt{256}=\frac{\log_2\sqrt{256}}{\log_2 9}=\frac{\log_2 16}{2\log_2 3}=\frac{4}{2\log_2 3}=\frac{2}{\log_2 3}$$

$$\log_3\sqrt{\sqrt[4]{256}}=\frac{\log_2\sqrt{\sqrt[4]{256}}}{\log_2 3}=\frac{\log_2 2}{\log_2 3}=\frac{1}{\log_2 3}$$

$$\log_8\sqrt[4]{81}=\frac{\log_2\sqrt[4]{81}}{\log_2 8}=\frac{\log_2 3}{3}$$

$$3\log_2\sqrt[3]{27}=3\log_2 3$$

であるから

$$(与式)=\left(\frac{2}{\log_2 3}+\frac{1}{\log_2 3}\right)\left(\frac{\log_2 3}{3}+3\log_2 3\right)$$

$$=\frac{3}{\log_2 3}\times\frac{10}{3}\log_2 3=10 \quad\cdots\cdots(答)$$

(2)　解と係数の関係より

$$\begin{cases}\sin\theta+\cos\theta=2a-1\\ \sin\theta\cos\theta=-\dfrac{2}{3}a\end{cases}$$

$\sin^2\theta+\cos^2\theta=1$ より

$$(\sin\theta+\cos\theta)^2-2\sin\theta\cos\theta=1$$

$$(2a-1)^2+\frac{4}{3}a=1$$

$$4a^2-4a+1+\frac{4}{3}a=1$$

$$12a^2-12a+3+4a=3$$

$$12a^2-8a=0$$

$$4a(3a-2)=0$$

$a>0$ より

$$a=\frac{2}{3} \quad \cdots\cdots(\text{答})$$

このとき

$$3x^2-x-\frac{4}{3}=0$$

$$9x^2-3x-4=0$$

$$x=\frac{3\pm\sqrt{9+144}}{18}=\frac{3\pm\sqrt{153}}{18}=\frac{3\pm3\sqrt{17}}{18}=\frac{1\pm\sqrt{17}}{6}$$

$0\leqq\theta\leqq\pi$ より，$\sin\theta\geqq0$ なので

$$\sin\theta=\frac{1+\sqrt{17}}{6},\ \cos\theta=\frac{1-\sqrt{17}}{6} \quad \cdots\cdots(\text{答})$$

(3)　$x=1$ が解だから

$$1-4+a+4-5=0$$

$$\therefore\ a=4 \quad \cdots\cdots(\text{答})$$

$$x^4-4x^3+4x^2+4x-5=0$$

$$(x-1)(x+1)(x^2-4x+5)=0$$

他の解は

$$x=2\pm i \quad \cdots\cdots(\text{答})$$

3　解答　《定積分，ド・モアブルの定理》

(1)

$$I_1=\int_0^{\frac{1}{\sqrt{2}}}xe^{\sqrt{2}x}dx=\left[x\cdot\frac{1}{\sqrt{2}}e^{\sqrt{2}x}\right]_0^{\frac{1}{\sqrt{2}}}-\int_0^{\frac{1}{\sqrt{2}}}\frac{1}{\sqrt{2}}e^{\sqrt{2}x}dx$$

$$=\frac{1}{2}e-\left[\frac{1}{2}e^{\sqrt{2}x}\right]_0^{\frac{1}{\sqrt{2}}}=\frac{1}{2}e-\left(\frac{1}{2}e-\frac{1}{2}\right)=\frac{1}{2} \quad \cdots\cdots(\text{答})$$

(2)

$$I_2=\int_0^3\frac{1}{\sqrt{8x+3}}dx=\left[\frac{1}{8}\cdot2\sqrt{8x+3}\right]_0^3=\frac{3\sqrt{3}}{4}-\frac{\sqrt{3}}{4}=\frac{\sqrt{3}}{2} \quad \cdots\cdots(\text{答})$$

(3)　$I=I_1+iI_2=\dfrac{1}{2}+\dfrac{\sqrt{3}}{2}i$ より

$$\overline{I}=\frac{1}{2}-\frac{\sqrt{3}}{2}i=\cos\left(-\frac{\pi}{3}\right)+i\sin\left(-\frac{\pi}{3}\right)$$

$$(\bar{I})^{2024}=\left\{\cos\left(-\frac{\pi}{3}\right)+i\sin\left(-\frac{\pi}{3}\right)\right\}^{2024}$$

$$=\cos\left(-\frac{2024}{3}\pi\right)+i\sin\left(-\frac{2024}{3}\pi\right)$$

（∵ド・モアブルの定理）

$$=\cos\frac{2024}{3}\pi-i\sin\frac{2024}{3}\pi$$

$$=\cos\left(674\pi+\frac{2}{3}\pi\right)-i\sin\left(674\pi+\frac{2}{3}\pi\right)$$

$$=\cos\frac{2}{3}\pi-i\sin\frac{2}{3}\pi$$

$$=-\frac{1}{2}-\frac{\sqrt{3}}{2}i$$ ……（答）

4

◀法学部１部・２部，経営学部１部（経営情報）▶〔３〕に同じ。

5

◀法学部１部・２部，経営学部１部（経営情報）▶〔５〕に同じ。

理　科

① 解答 《鉛直投げ上げと自由落下，運動方程式》

Ⅰ．(1) $\dfrac{v_0}{g}$　(2) $\sqrt{2gL}$　(3)—ハ　(4)—ロ

Ⅱ．(5) kd　(6) $mg-kd$

Ⅲ．(7) $Ma=F-T$　(8) $\dfrac{F}{M+m}$　(9) $\dfrac{mF}{M+m}$　(10) 0.5 倍 $\left(\dfrac{1}{2}倍\right)$

② 解答 《コイルを含む回路》

(1)—イ

(2)抵抗 2 を流れる電流：0　抵抗 3 を流れる電流：$\dfrac{E}{2R}$

(3)抵抗 2 の両端電圧：0　抵抗 3 の両端電圧：$\dfrac{E}{2}$

(4) 0

(5)抵抗 2 を流れる電流：$\dfrac{E}{3R}$　抵抗 3 を流れる電流：$\dfrac{E}{3R}$

(6) $\dfrac{LE^2}{18R^2}$　(7) $\dfrac{E}{3R}$　(8) 0

③ 解答 《化学結合，結晶の分類，pH，原子の構成，物質量と濃度，電子式》

1．(1)— c　(2)— e　(3)— b　(4)— c　**2．**(1) Si　(2) Ar　(3) Ca

3．(1) 28.8 g　(2) 0.15 mol/L

(3)陽子の数：a 個　中性子の数：$b-a$ 個　電子の数：$a+c$ 個

(4) $\dfrac{CM}{10d}$〔%〕

4．(1) $:\ddot{\mathrm{O}}::\mathrm{C}::\ddot{\mathrm{O}}:$　(2) $\mathrm{H}:\mathrm{C}\vdots\vdots\mathrm{N}:$　(3) $\mathrm{H}:\underset{\cdot\cdot}{\ddot{\mathrm{O}}}:\underset{\cdot\cdot}{\ddot{\mathrm{O}}}:\mathrm{H}$

(4) H : N̈ : H (with lone pair dots on N, and H below N)　(5) :Ö : : Ö:

4 解答 《気体の色・臭い，金属イオン，沈殿生成，芳香族化合物の反応，化学平衡，構造異性体》

1. (1)― c　(2)― c　(3)― d　(4)― b　(5)― e　(6)― a　(7)― b

2. (1) 1.57 mol　(2) 2.00 mol　(3) 55　(4) 9.1×10^{6} Pa　(5) 1.2×10^{7} Pa

3. (1) 4 種類　(2) 5 種類　(3) 5 種類

5 解答 《光合成と光の強さ，光補償点と光飽和点》

問1．ア～カ．（設問省略）

問2．(1)根拠１：ミトコンドリア独自の DNA をもっている。

根拠２：細胞とは別個に独自の分裂で増殖する。

(2)葉緑体

問3．(1)―⑤　(2) ADP（アデノシン二リン酸），リン酸

問4．④　**問5．**③　**問6．A．** 8　**B．** 2　**問7．**②

問8．(1)― B

(2)陰生植物は光補償点が低く，呼吸速度も小さいため。(25 字以内)

6 解答 《酵素の反応と条件，遺伝情報と翻訳，突然変異》

問1．ア． 活性部位　**イ．** 酵素－基質複合体　**ウ．** 基質特異性

エ． アロステリック

問2．③

問3．(1)酸素（O_2）

(2) 85°C の熱処理でタンパク質であるカタラーゼが変性して機能を失ったため。(25～40 字)

問4．(1)**オ．** エキソン　**カ．** イントロン　**キ．** スプライシング　**ク．** 核

(2)セリン　(3)―②　(4) 3

せを感じる」とされているので、「より」とは言い難い。

問十三　「いずれも」とあるので、複数の例について言及している箇所を選ぶ必要がある。空欄（エ）の前には「興味深いものばかり」「いくつか」とあり、ここが正解となる。

問五　傍線の「研究」とは、次の行で「そうした研究をいくつか紹介しよう」とあることから、傍線以降の（1）〜（3）で具体的に説明されていることがわかる。三つの内容に共通する説明としては、オの「対象に対する消費者自身の捉え方によって…変化するのかを調べている」が適切。

問六　傍線の前に、健康的メニューの人気が高まっているにもかかわらず肥満が増えているとある。脂肪分が少ない健康的な食品の普及と肥満率の上昇が並行して生じているのがパラドックスだとしている。それは、健康食品と肥満率の反比例を述べていると考えられるので、イが正解となる。

問七　「思ったよりも少ない」とあるので、想定していたものよりも下方修正していると考えられる。

問八　「可愛らしく見える」は、秩序だっているなど古典的な美しさを指す。それにより健康的だとみなされてしまう。しかし、そのような見た目のよさは、不健康な食品に対する健康的な判断を誤らせるとあるので、ウが正解となる。

問九　グレワルらの研究によれば、社会心理学で人は自分自身の行動を観察することで自分について推論をすることが知られているが、食べ物も同様で、魅力的でない食べ物を食べると、自分もマイナスに評価されると考えてしまうとある。すなわち、食べ物と自分の魅力を比例させてしまうとしている。よって、ここはエが正解となる。

問十　「不確実性の感覚」については傍線の前の段落で述べられている。直接的には「自らの金銭的資源が十分であることに確信が持てない」を指すが、「必要となる支出と比べて十分であるかを予測する」とあることから、支出と金銭的資源の「関係」について言及したイが正解となる。

問十一　月給制のほうが日給制に比べて、給与をもらう間隔が長いので、金銭的資源が十分であるか不確実に感じ、その結果、自らの主観的な豊かさが低くなる。いわば、財布のひもがかたくなる。よって、アが正解となる。

問十二　若者が非日常的な経験に幸せを感じ、高齢者が日常的な経験にも幸せを感じるようになるのは、自分の持ち時間によって判断するからだと傍線のある段落の最終文に述べられている。よって、ウが正解となる。イは、高齢者が日常的な経験を、「より大きな幸せ」と述べているが、本文では「…一緒に食事をすること（＝日常的な経験）にも幸

問五　オ
問六　イ
問七　オ
問八　ウ
問九　エ
問十　イ
問十一　ア
問十二　ウ
問十三　エ

解説

問一　消費をしない人は稀なので、多くの人は消費活動を行うことになる。

問二　ア、「マーケティングでは、消費をなんらかの目的を合理的に達成するための手段と捉えることが多かった」ので、消費者が合理的な行動をとると想定されていた、とあるから正しい。
イ、文化的消費にも注目が集まっているだけで、主流とはいえない。
ウ、文化的消費として捉えられているのは好ましい感情である。
エ、経済学では、当初、食糧や道具が中心とあるから、生存の必要性といえる。
オ、社会学では、顕示的／記号的なものに目を向けているので、これは自分自身の表現といえる。
以上より、イが適切ではない。

問四　前の段落に「いつまでも十分に通用する」とあるのでウ～オではない。また、利潤にまでは言及されておらず、企業は、消費者が望む実用性を提供しようとしているので、アが正解となる。

理解していなくても、情報が無意識のうちに「整理」されるので理解されると述べている。精神衛生上の楽しさなども述べてはいるが、最も重要なのは、情報の「整理」であるからオが正解となる。

問九 倫理的な懸念とは、健常者の脳・心に取り返しのつかない損傷を与えないかということである。その懸念を除去すればどうなるかであるが、この問いでは、多くの人にとっての受け止め方が問われているので、暗記から解放される夢のような時代となる。中には、暗記が楽しい人もいるのだろうが、多くの人にとっては苦役であるから、ここは肯定的な評価を述べている選択肢が正解となる。

問十 **A**、理解を伴っていない暗記でもいつか理解できるようになり、理解の出発点であるので無意味ではない。

B、ネット検索で必要な情報は入手可能であるが、それでも暗記の価値はあるというのがこの文章の趣旨である。ここは事実を述べているので正しい。

C、脳とネットを直接接続すれば便利ではあっても、それは単に情報を蓄積しただけで「整理」したわけではない。

D、情報は「整理」されないし、「ひとつの治療法」としか述べておらず、有効活用すべきだとまでは述べていない。

E、情報チップの倫理的な懸念などが払拭されれば、暗記の苦役からは解放されるが、そもそも暗記自体に喜びを感じる場合もある、と述べているのでこれは合致する。

二

出典　久保田進彦「消費と私　第1回　消費をめぐる研究」（『書斎の窓』二〇二三年三月号　有斐閣）

解答

問一　ウ

問二　イ

問三　**A**―エ　**B**―オ　**C**―ア　**D**―イ　**E**―ウ

問四　ア

国語

一

出典　信原幸弘『「覚える」と「わかる」――知の仕組みとその可能性』（ちくまプリマー新書）

解答

問一　a―ウ　b―エ　c―ウ　d―エ　e―オ
問二　①―オ　②―イ　③―エ　④―エ　⑤―ウ
問三　Ⅰ―ア　Ⅱ―イ　Ⅲ―ウ　Ⅳ―エ　Ⅴ―ア
問四　ウ
問五　ア
問六　イ
問七　イ
問八　オ
問九　エ
問十　A―イ　B―ア　C―ア　D―イ　E―ア

解説

問七　数学と違って、哲学の場合は意味がわからないまま暗記していくと、全体がわかって部分もわかるようになるという趣旨に合う文章を入れればよい。

問八　傍線の後で、ネット検索などではまだまだ時間がかかることと理解の助けにはならないと述べている。暗記の場合、

一般選抜 2 月 12 日実施分：法・人文（日本文化）学部

問 題 編

▶試験科目・配点

学部		教　科	科　　目	配点
法	1部	外国語	コミュニケーション英語Ⅰ・Ⅱ・Ⅲ，英語表現Ⅰ・Ⅱ	100 点
		選　択	日本史Ｂ，世界史Ｂ，地理Ｂ，政治・経済の 4 科目から 1 科目選択	100 点
		国　語	国語総合（近代以降の文章に限定）・現代文Ｂ	100 点
	2部	選　択	「コミュニケーション英語Ⅰ・Ⅱ・Ⅲ，英語表現Ⅰ・Ⅱ」，日本史Ｂ，世界史Ｂ，地理Ｂ，政治・経済の 5 科目から 1 科目選択	100 点
		国　語	国語総合（近代以降の文章に限定）・現代文Ｂ	100 点
人文（日本文化）	1部	外国語	コミュニケーション英語Ⅰ・Ⅱ・Ⅲ，英語表現Ⅰ・Ⅱ	100 点
		選　択	日本史Ｂ，世界史Ｂ，地理Ｂ，政治・経済の 4 科目から 1 科目選択	100 点
		国　語	国語総合（漢文を除く）・現代文Ｂ	150 点
	2部	選　択	「コミュニケーション英語Ⅰ・Ⅱ・Ⅲ，英語表現Ⅰ・Ⅱ」，日本史Ｂ，世界史Ｂ，地理Ｂ，政治・経済の 5 科目から 1 科目選択	100 点
		国　語	国語総合（近代以降の文章に限定）・現代文Ｂ	100 点

▶備　考

法学部は試験日自由選択制。

※　選択科目は試験場で選択する。

英　語

（60分）

（注）法学部１部・人文学部１部（日本文化）は1～6，法学部２部・人文学部２部（日本文化）は1～5をそれぞれ解答すること。

1 次の英文を読み，設問に答えよ。

Maintaining a Balance in Our U.S. National Parks

As visitation numbers spike, the National Park Service is trying to balance recreation and conservation. As restaurants, bars, and international travel remained limited during the COVID-19 pandemic, many Americans turned to the country's national parks to satisfy their cravings for relief and adventure. However, some of these protected areas now feel the pressure of increased demand for outdoor recreation.

In the past few years, the National Park Service (NPS) has taken stricter measures against recreational activities of all sorts in an effort to manage human impact on natural environments. Most recently, the agency denied a request by the South Dakota governor's office to allow the Fourth of July fireworks at Mount Rushmore, citing tribal opposition and wildfire risk as reasons for its decision. This judgement is in line with others the NPS has made lately that aim to regulate recreational activities, including hiking, biking, and scenic air tours. Such restrictions will likely continue to increase as public lands face more stressors, both from human use and the changing climate, says Robert Manning, an expert in parks and outdoor recreation at the University of Vermont. "It's disappointing anytime the National Park Service has to restrict access to the parks," Manning says. "But unfortunately, it seems to be needed more and more today."

Overcrowding has been a significant issue, especially for some of the most popular protected areas. In 2021, the national park system received nearly 300 million recreational visits, nearly half of which occurred in just 25 of the country's 423 units. Forty-four parks set visitation records in 2021, including the Great Smoky Mountains and Yellowstone National Park. Visitation density has harmful impacts not only on the environment but also on visitor experience. An excess of cars creates issues of congestion, pollution, and collisions with wildlife. Overcrowding on trails can lead to a higher risk of hiking accidents and illegal off-roading.

Although the popularity of national parks has been rising over several decades, soaring demand during the pandemic has exacerbated overcrowding issues. To limit unsustainable visitation numbers, two Utah national parks announced last year that they would start requiring reservations. At Zion National Park, people will now need a permit to hike the famous Angels Landing route. Meanwhile, those who hope to visit any part of Arches National Park will have to book timed entry tickets during its high season. These reservation systems have become more common in recent years, Manning says. Besides the two Utah sites, the NPS has implemented similar systems at Rocky Mountain and Glacier National Parks, as well as Cadillac Summit Road in Acadia National Park, the Kalalau Trail in Kauai, and Muir Woods in Marin County.

"The national parks are supposed to be preserved and protected, but the legislation that created the National Park Service also says that the parks are supposed to be used for people's enjoyment," Manning says. "Balancing these two objectives has always been difficult, but it's become much more so over the last several years." Old Faithful in Yellowstone National Park in Wyoming drew record crowds during the pandemic.

The NPS has also been taking a stricter stance on specific recreational activities. In 2021, the agency gave park superintendents the authority to ban electric bikes if they adversely impact natural resources or other visitors. The same year, the agency proposed stricter rules for scenic air tours, prohibiting these flights from taking place at dawn or dusk or within a half-mile of the ground. "Sunrise and sunset are important times of the day for wildlife and visitor use and experience," the draft plan states. "Biologically important behaviors for many species occur during this time, such as prime foraging, mating, and communication. The hours of operation provide quiet periods of the day during which visitors can enjoy natural sounds and preserve opportunities for solitude in designated wilderness areas."

Many national parks issue annual rock-climbing route closures to further protect vulnerable species and animals' breeding grounds. Acadia and Zion announced the temporary closure of some popular climbing sites starting this month to ensure that peregrine falcons can nest without disturbance. These falcons—known to be the world's fastest animal for their ability to dive at more than 240 miles per hour—build nests in spots along the park's iconic cliff faces, which also happen to be locations where humans like to rock climb. Although the species is no longer federally listed as endangered, they are sensitive to disturbances during nesting season. So, protecting their native habitats remains necessary. In Canada, Jasper National Park extended its seasonal closures to protect caribou herds and banned backcountry travel in areas considered critical habitats for the species.

Balancing environmental protection and outdoor recreation is not an easy task. As climate change introduces additional stressors to the environment, the NPS will have to consider how it deals with the risks of wildfires and extreme weather events as well. The agency's decision to deny fireworks at Mount Rushmore this year follows a March 2021 wildfire that was the largest in the memorial's history and forced a three-day site closure. Public land closures due to wildfires have become common occurrences, especially in the West. Last year, the US Forest Service took the drastic step of temporarily closing all of California's national forests, responding to the more than 6,800 wildfires that burned through 1.7 million acres of the state.

The burden should not fall entirely on visitors, however. If the NPS wants to manage future risks competently, it will need significantly more support for staffing and funding, Manning says. The agency's permanent workforce is made up of around 20,000—fewer than those employed by the Disneyland Resort in Anaheim—and its annual budget accounts for less than 0.05 percent of total federal spending for the year. "There's a big gap that needs to be bridged," Manning says. "The national parks are enormously important, and they need more help."

Manning notes that national parks could benefit from solutions such as Zion's low-emission shuttle bus system, which has been successful in reducing the impacts of personal vehicles and is set to be replaced with new electric transit buses. However, the lack of financial resources remains a significant barrier for the NPS. In the meantime, it seems like restricting access is the most realistic way to preserve the precious spaces where humans can coexist with the wilderness.

問1 *Choose the best answer based on the reading.*

1. What was one of the effects of the pandemic?

A. There was an increased desire to travel internationally.

B. Bars and restaurants became safer.

C. There was an increased interest in outdoor activities.

D. People felt less adventurous.

2. How is the NPS managing human impact on the parks?

A. By restricting hiking and biking activities.

B. By implementing rules to hold fireworks events.

C. By creating more stressors from both human use and the changing climate.

D. By consulting with Robert Manning, an expert in parks and outdoor recreation.

3. The increasing number of visitors in the national parks is . . .

A. decreasing visitation density.

B. creating a larger variety of travelers' experiences.

C. promoting a greater environmental awareness.

D. causing problems for the environment and wildlife.

4. How has the NPS reacted to overcrowding issues?

A. They have implemented reservation systems in some parks.

B. They have increased the length of the tourism season.

C. They are decreasing the requirements needed to enter the national parks.

D. They are issuing tickets to people who enter the parks without permission.

5. What is the NPS trying to achieve?

A. Increased opportunities or new businesses.

B. More development of tourist destinations.

C. Harmony between preservation and peoples' enjoyment.

D. More options for governments to deal with the pandemic.

6. The NPS proposes stricter rules for air tours because they want . . .

A. to regulate the number of scenic attractions in the parks.

B. to have less impact on the biological behavior of the animals.

C. to give park superintendents more authority.

D. visitors to enjoy the natural sounds during important times for wildlife.

7. Why do many national parks temporarily close some popular climbing routes?

A. To decrease the risk of injuries during cold seasons.

B. To protect climbers from the dangers of encountering wildlife.

C. To provide falcons areas to hunt for their food.

D. To allow vulnerable species and animals a better opportunity to breed.

8. Climate change is . . .

A. increasing pressure on the environment.

B. putting stress on the wildlife to deal with the cold weather.

C. creating extreme weather problems in the winter season.

D. forcing the NPS to schedule special events when the weather is mild.

9. What does the NPS need to better manage the national parks?

A. Less political involvement.

B. More volunteer involvement by visitors.

C. More support from the federal government.

D. Support and funding from the Disneyland Resort.

10. What is the most realistic approach to preserving our national parks?

A. Limiting the number of visitors.

B. Introducing Zion's low-emission shuttle bus system in all parks.

C. Only allowing electric vehicles within the national parks.

D. Forbidding the use of private vehicles in national park townsites.

問2 *Complete the following table.*

Parks	Restrictions	Reasons
Mount Rushmore	A request for the Fourth of July fireworks was denied.	● (11) ● Wildfire risk
Zion National Park	(12)	● To curb unsustainable visitation
(13)	Seasonal closures were extended.	● To protect caribou herds
California's national forests	The US Forest Service temporarily closed all of them.	● (14)

11. A. The pandemic
    B. Increased demand
    C. Tribal opposition
    D. Outdoor recreation

12. A. Electric bikes are banned.
    B. A permit is required for hiking.
    C. Scenic air tours are prohibited.
    D. Timed entry tickets are required.

13. A. Jasper National Park
    B. Arches National Park
    C. Rocky Mountain Park
    D. Yellowstone National Park

14. A. To respond to the wildfires
    B. To protect native habitats of falcons
    C. To increase the budget for hiring new staff
    D. To balance environmental protection and recreation

問3 *Mark A for TRUE and B for FALSE for each of the following statements.*

15. In 2021, twenty-five national parks received record numbers of recreational visits.
16. Reservation systems have been implemented in parks like the Kalalau Trail in Kauai.
17. Peregrine falcons are listed as endangered species by the federal government.
18. The Disneyland Resort has more permanent staff than the National Park Service.

2 次の 19 ～ 26 の空所に入れる語句として最も適切なものを A ～ D の中から選べ。

19. X: Are there any job openings at your company now?
Y: Yeah, we're looking for someone with experience in (　　).
A. administration　B. integration　C. nomination　D. moderation

20. X: What do you see as the most important thing for your family?
Y: Well, our children's (　　) is our top priority.
A. assembly　B. psychology　C. resistance　D. welfare

21. X: Coach, do I need anything to take part in the karate competition?
Y: Well, all you have to do is to pay the 2,000 yen (　　) fee on their website.
A. appreciation　B. circulation　C. recipient　D. registration

22. X: John is doing well in his new job.
Y: He has the (　　) to adapt quickly to a new environment.
A. reliability　B. availability　C. stability　D. flexibility

23. X: My sister often says that I'm quite like my father.
Y: We (　　) some character from our parents.
A. inhibit　B. inherit　C. describe　D. deliver

24. X: Claire damaged Ben's bike when she borrowed it.
Y: Then she'll have to (　　) him for the damages.
A. remedy　B. accuse　C. comply　D. compensate

25. X: What are you checking on your smartphone?
Y: I'm checking when the (　　) ice hockey game will take place.
A. preceding　B. upcoming　C. current　D. ongoing

26. X: Why is Jessica in such a hurry to get a new job?
Y: It is (　　) that her company is in financial difficulties.
A. evident　B. indefinite　C. adequate　D. ambiguous

3 次の27～36の空所に入れる語句として最も適切なものをA～Dの中から選べ。

27. X: I'm really sorry about the damage.
Y: No, it wasn't your fault. It was ( ).
A. an accident B. the accident C. accident D. one accident

28. X: I had to pay a lot for the hotel in New York.
Y: You ( ) with Steve. He lives in a spacious apartment in the center of the city.
A. stayed B. can stay C. could stay D. could have stayed

29. X: What were you doing at the security gate?
Y: The security guard stopped me and asked where ( ). He didn't know I worked here.
A. I was going B. was I going
C. I am going D. am I going

30. X: What are you going to do with your first salary?
Y: I'm thinking ( ) a new smartphone, but I haven't decided which model.
A. for buying B. to buying C. buying D. of buying

31. X: Isn't it rather hot?
Y: I agree. ( ) I open the window?
A. Shall B. Will C. Would D. Ought

32. X: Why are you doing the laundry again? I thought you did it in the morning.
Y: Well, it started raining ( ) we were shopping.
A. while B. during C. for D. at

33. X: What would you like to eat?
Y: I'm happy with ( )—whatever you're having.
A. a thing B. something C. nothing D. anything

34. X: You and Hiroshi were good friends, right?
Y: Yes, we were. ( ) each other for years. I can't believe I'll never see him again.
A. We know B. We've known
C. We'd known D. We'll know

35. I ran into my old school friend on an airplane! It's a small ( ).
A. town B. city C. world D. universe

36. I was over the ( ) when I got the news about my promotion.
A. cloud B. sky C. sun D. moon

4 それぞれの会話の空所に入れる最も適切な選択肢をＡ～Ｄの中から選べ。ただし，同じ選択肢が2箇所に入ることはない。

Riku: Is something wrong with your smartphone?
Grandma: Yes, it's been running so slowly lately. It drives me crazy.
Riku: (37) Having too many can slow your phone down.
Grandma: Now that you mention it, I've downloaded quite a few apps over the last few weeks.
Riku: (38) Let me have a look at your phone and see if there are any unnecessary apps that you can remove.
Grandma: Thanks a lot for doing that. How do I remove the ones I don't need?
Riku: (39) Let me show you.

A. It's pretty simple.
B. That might be the reason.
C. The use of this app is strongly discouraged.
D. Have you installed a lot of new apps recently?

Tim: Hello. I would like to book a tour this summer. We are a family of three.
Employee: Of course. (40) Hokkaido could be a great option.
Tim: You're right. A friend of mine mentioned a port city in Hokkaido where you can enjoy great seafood. Ah. . . I can't remember the name of the city.
Employee: (41) We have a great tour package for you. The total cost is only 80,000 yen.
Tim: Does that price cover all transportation?
Employee: Absolutely. (42)
Tim: That sounds excellent.

A. It's likely you're thinking of Hakodate.
B. Do you have a specific destination in mind?
C. It's a little bit far from the airport.
D. And it includes breakfast.

5　次の文章の空所に入れる文として最も適切なものをA～Dの中から選べ。ただし，同じ文が2箇所に入ることはない。

The internet began in the United States more than 50 years ago as a government weapon. On October 4, 1957, in the midst of the Cold War, the Soviet Union launched Sputnik, the world's first manmade satellite, into orbit. (43) They were especially concerned about what might happen if the nation's system was attacked by the Soviet Union. Just one missile, they feared, could destroy the whole network of lines and wires that made efficient long-distance communication possible. In 1962, a scientist named J.C.R. Licklider proposed a solution: a network of computers that could talk to each other. (44) In 1965, another scientist developed a way of sending information from one computer to another called "packet switching." This invention led to the creation of a government computer network known as the ARPAnet, which delivered its first message— "LOGIN"—on October 29, 1969. Many different inventions were produced after that. (45) The World Wide Web, created by Tim Berners-Lee, became more than a communication tool. It became a "web" of information that anyone on the Internet could retrieve.

A. The two most powerful countries at that time were the Soviet Union and the United States.

B. That way, government leaders could communicate even if their telephone system was destroyed.

C. After this event, many Americans began to think more seriously about science and technology.

D. It was in 1991, however, that the Internet that we know today was first created.

6 *Read the following information and answer the questions.*
（1部受験者のみ）

From:	carsalescom@ocn.com
To:	kwatanabe@hgu.com
Date:	September 1, 2023, 1:05 pm
Subject:	Test drive

Dear Mr. Watanabe,

Thank you for choosing our company. We would like to apologize for any inconvenience you may have experienced during your recent visit to our store. Unfortunately, last week all of our test drive vehicles were unavailable due to annual maintenance and repairs.

We are pleased to inform you that all car maintenance will be completed by the end of this week, which means that our cars will be available for test drive at your convenience from the beginning of next week. Please refer to the attached schedule for further information.

Because we are currently receiving a high volume of test drive requests, we kindly ask that you make a reservation at least three days in advance. Please note the number of vehicles available for test drive at any one time is two.

We appreciate your understanding.

Best regards,

Josh Watson
Sales Manager, Carsales Cleveland

(Attached Schedule)

Schedule for Test Drive
Carsales Cleveland

Here at Carsales Cleveland, we have vehicles for everyone: both new and pre-owned cars & SUVs to suit everyone's needs and passions. If you are in the area and are looking for that next car or SUV, e-mail us or give us a call. We have the vehicle for you today!

Monday	Tuesday	Wednesday	Thursday	Friday	Saturday	Sunday
Toyota Prius	Honda Civic	Subaru Forester	Closed	Nissan Rogue	Suzuki Swift	Mazda CX-5

Notes:

1. One of our staff members will accompany you for the test drive.
2. If you are under 18, a parent or guardian must accompany you during the test drive.
3. To test drive on expressways, you must pay the required expressway fees.
4. To test drive a different model other than those listed above, kindly wait until next month.

46. Why was Mr. Watanabe unable to test drive a car?

A. Because the test drive schedule hadn't been decided.

B. Because his preferred model wasn't in the store.

C. Because his test drive vehicle had already been sold.

D. Because all the test drive vehicles were being checked.

47. When will test drives resume?

A. At the end of the week.

B. Next week.

C. In two weeks.

D. Next month.

48. What is the maximum number of cars that can be test driven at a time?

A. One.

B. Two.

C. Three.

D. Four.

49. When can Mr. Watanabe test drive the Mazda CX-5?

A. Thursday.

B. Friday.

C. Saturday.

D. Sunday.

50. If a test driver is under 18 years old, what is the minimum number of people who must be in the car?

A. One.

B. Two.

C. Three.

D. Four.

51. What should Mr. Watanabe do to test drive on expressways?

A. Cover the cost of gasoline.

B. Pay the necessary expressway fees.

C. Pay an extra fee to the car dealer.

D. Ask a staff member to accompany him.

52. To test drive a car not on the current schedule, Mr. Watanabe must . . .

A. wait until next month.

B. email Josh Watson.

C. call the car dealer directly.

D. consult a different car dealer.

日本史

（60分）

1 次の文を読み，下記の問に答えなさい。なお，下線部と問の番号は対応している。

10世紀後半から11世紀の政治は[1]摂関政治とよばれる。これは，摂政・関白が国政を主導した政治のことであり，その中心となったのは藤原氏の北家であった。

北家は，[2]藤原四子の一人，藤原房前を祖とする家である。房前から数えて四代目の藤原良房は，[3]嵯峨上皇没後に伴健岑・橘逸勢らが謀反を企てたとして排斥し，ついで866年におこった応天門の変の事後処理を通して伴・紀両氏を没落させ，他氏族の勢力を退けるとともに，藤原氏の中における北家の優位を確立していった。良房の死後，その地位を引き継いだのは，良房の甥から養子となった藤原基経である。基経は陽成天皇を譲位させて光孝天皇を即位させたり，[4]宇多天皇が即位に当たって出した勅書に抗議して，これを撤回させたりすることにより，北家の勢力拡大を実現した。

この頃の北家は，天皇家と[5]姻戚関係を結ぶことによって優位を確立していった側面がある。しかし，宇多天皇は藤原氏を外戚としていなかった。このこともあり，宇多天皇は，基経の死後は摂政・関白をおかず，[6]政治の刷新につとめた。続く[7]醍醐天皇および村上天皇も，藤原氏を外戚とはしていたものの，摂政・関白をおかず，天皇による親政をおこなった。しかし，親政の合間には藤原忠平が摂政・関白をつとめるなど，親政がおこなわれている間にも北家の影響力が消失することはなかった。そして，村上天皇の死後，むしろ[8]北家の勢力は不動のものとなり，いよいよ[9]摂関政治が本格化していくこととなった。

問1 はじめて関白となった人物を下から選び，記号で答えなさい。

ア．藤原不比等 イ．藤原武智麻呂 ウ．藤原房前 エ．藤原基経 オ．藤原兼家

問2 藤原四子とは，藤原不比等の子の武智麻呂・房前・宇合・麻呂の4兄弟のことである。これら4兄弟および4兄弟がおこした家（藤原四家）に関連する説明文として，誤っているものを下から選び，記号で答えなさい。

ア．武智麻呂の子である仲麻呂は，淳仁天皇を擁立して即位させ，恵美押勝の名を賜った。

イ．北家の藤原冬嗣は，平城太上天皇により蔵人頭に任命され，宮廷で重要な役割を果たした。

ウ．宇合の子である藤原広嗣は，橘諸兄政権において権勢を強めた吉備真備・玄昉の排除を目論み，九州で大規模な反乱をおこしたが鎮圧された。

エ．麻呂のおこした家は，麻呂が左京大夫であったことにちなみ，京家と呼ばれる。

問3 842年におこったこの政変は何とよばれるか，答えなさい。 〔解答欄〕 ＿＿＿の変

問4 この出来事は何とよばれるか，最も適切なものを下から選び，記号で答えなさい。

ア．安和の変 イ．宇佐八幡神託事件 ウ．徳政相論 エ．阿衡の紛議 オ．橘奈良麻呂の変

問５　平安前期までの結婚形態は，夫婦は別居し，男性が女性の家に通うものが一般的であった。このような結婚形態を何というか，３字で答えなさい。

問６　宇多天皇が，藤原氏を抑えるべく重用した学者で，後に藤原時平の策謀により大宰権帥に左遷された人物は誰か，答えなさい。

問７　醍醐天皇の時代の902年に出された，違法な土地所有を禁止する法令を何というか，答えなさい。

問８　藤原氏の栄華は，藤原道長・頼通父子の頃に頂点に達したとされる。この道長・頼通時代の摂関政治の様相や社会状況を詳細に記し，道長の歌である「此の世をば我が世とぞ思ふ望月の かけたることも無しと思へば」を記載している藤原実資の著作を下から選び，記号で答えなさい。

ア．更級日記　イ．栄華物語　ウ．小右記　エ．御堂関白記　オ．落窪物語

問９　10世紀後半から11世紀の摂関政治に関連する説明として，誤っているものを下から選び，記号で答えなさい。

ア．政治の運営は，天皇が太政官を通じて中央・地方の官吏を指揮して全国を統一的に支配する形でおこなわれた。

イ．おもな政務は太政官で公卿によって審議され，政策の命令・伝達は，太政官符・宣旨などの文書によっておこなわれた。

ウ．外交や財政などといった国政に関わる重要な問題については，内裏の近衛の陣でおこなわれる陣定において，公卿各自の意見が求められ，天皇の決裁の参考にされた。

エ．官吏の人事権は摂政・関白が掌握しており，やがて昇進の順序や限度は，家柄や外戚関係で決まるのではなく，摂政・関白による官吏各自の能力や働きぶりの評価によって決まるものとなった。

オ．中・下級貴族は，摂関家などに取り入って，その家の家司となり，経済的に有利な地位となっていた国司になることを求めた。

2　次の文を読み，下記の問に答えなさい。なお，問7を除き，下線部と問の番号は対応している。

（　A　）は，1305年に生まれた。1333年，畿内で反鎌倉幕府の気運が高まり，$_1$2年前の倒幕計画の失敗によって配流されていた$_2$後醍醐天皇が配流先の隠岐を脱出すると，（　A　）は，その鎮圧のために京に向かった。しかし，気運の高まりを実感した（　A　）は，一転して後醍醐天皇の呼びかけに応じ，$_3$六波羅探題を攻め滅ぼした。

この功績により建武政権での地位を確立した（　A　）であったが，次第に後醍醐天皇との関係は悪化していった。1335年，$_4$北条時行が反乱を起こして鎌倉を占領すると，（　A　）は下向し，鎌倉を奪還した。しかし，その後も京に戻らず，新田義貞討伐の檄文を諸将に送るなど，政権に反旗を翻した。

その後，（　A　）は，$_5$北畠顕家に破れて九州に下る時期があったものの，楠木正成を湊川で撃破し，京の制圧に成功する。（　B　）天皇を立て，建武式目を発表した（　A　）は，1338年に征夷大将軍に任じられた。

（　A　）は，弟である直義に政務を任せ，両頭政治を敷いた。しかし，（　A　）の執事（　C　）と直義が衝突し，事態は$_6$（　A　）派と直義派の争乱へと発展した。1351年に（　C　）は敗死し，その後直義も毒殺されたものの，（　A　）派，旧直義派，そして南朝勢力が入り乱れた離合集散は，しばらく続いた。

そのような中，九州の菊池氏が擁する懐良親王の討伐を企てた（　A　）は，1358年に病死した。

問1　この事件を何というか，答えなさい。

問2　この人物は，亀山天皇から発した皇統に属していた。その皇統を何というか，答えなさい。

問3　六波羅探題の設置と同じ年の出来事を下から選び，記号で答えなさい。

ア．比企氏の乱
イ．源実朝将軍就任
ウ．評定衆の設置
エ．承久の乱
オ．引付衆の設置

問4　この事件を下から選び，記号で答えなさい。

ア．応永の乱
イ．明徳の乱
ウ．中先代の乱
エ．寧波の乱
オ．結城合戦

問5　北畠顕家の父である北畠親房の著作を下から選び，記号で答えなさい。

ア．梅松論
イ．建武年中行事
ウ．難太平記
エ．正平版論語
オ．神皇正統記

問6　この争いを何というか，答えなさい。

問７

(1)（　Ａ　）に当てはまる人物名を答えなさい。

(2)（　Ｂ　）に当てはまる語句を下から選び，記号で答えなさい。

ア．光明　イ．花園　ウ．伏見　エ．崇光　オ．長慶

(3)（　Ｃ　）に当てはまる人物名を答えなさい。

3　次の文を読み，下記の問に答えなさい。なお，下線部と問の番号は対応している。

政治と税は，近代日本でも密接に関係してきた。明治政府は，財源の安定化を図るため，地租改正[1]をおこなって土地制度・税制を大幅に変革した。地租改正によって財政の基礎は固まったが，負担の軽減を求める一部の農民は地租改正反対の一揆[2]をあいついで起こし，地租の税率は３％から2.5％へと引き下げられた。帝国議会が開設されたときも，衆議院の有権者[3]には地租を納める中農以上の農民が多くふくまれており，民党は地租の軽減を求めて藩閥政府と対立した[4]。

しかし1890年代終盤，好況や米価の上昇によって，農民の有権者は痛税感を低下させるとともに，産業インフラの整備に対する欲求を高めた。こうしたなか，民党のうち憲政党[5]（旧自由党系）は，インフラ整備の加速を唱えつつ第２次山県内閣が提出した地租増徴案の支持に踏み切ることとなる。当時はまた，商工業者への課税が本格化し，それに対する反発が強まっていく時期でもあった。商工業者は，政府が戦時[6]の非常特別税を継続させたことも批判しつつ，営業税の廃税運動などを長期にわたって繰り広げた。

戦後の日本では，占領の終了後ほどなく高度経済成長期に入ったこともあり，1970年代前半まで減税の要求や増税への反対は大きな政治争点とならなかった。しかしその後，占領期に導入された所得税中心の税制[7]の変革も目指して，大型間接税の導入論が勢いを増すと，その是非をめぐる議論がしだいに過熱していく。大型間接税は曲折を経て1989年に実施された[8]が，有権者の反発も一因となって，与党は同年の参議院議員選挙で敗北を喫した[9]。

問１　地租の課税基準として最も適切なものを下から選び，記号で答えなさい。

ア．地価　イ．米価　ウ．石高　エ．土地面積

問２　地租改正反対一揆が頻発した年代として最も適切なものを下から選び，記号で答えなさい。

ア．1860年代

イ．1870年代

ウ．1880年代

エ．1890年代

問３　開設当初の衆議院議員の選挙権は，15円以上の（　　）を納める満25歳以上の男性に与えられた。（　　）に当てはまる語を，４字で答えなさい。

問４　初期議会期における民党と藩閥政府の対立に関連する説明として，適切ではないものを下から選び，記号で答えなさい。

ア．民党とは反政府野党の総称で，帝国議会開設当初の主な民党は立憲自由党（後の自由党）や立憲改進党であった。

イ．藩閥政府の中心には，薩摩藩や長州藩出身者がいた。

ウ．民党は衆議院と元老院，藩閥政府は貴族院と枢密院を拠点として対立を繰り返した。

エ．藩閥政府は民党に対抗するため，議会解散と選挙干渉を試みたが，民党の優勢を覆すことはできなかった。

問５　憲政党は1900年に解党し，伊藤博文を初代総裁とする新党に加わった。この新党の名を答えなさい。

問６　1904年に始まり，莫大な戦費をともなったこの戦争の名を答えなさい。

問７　占領期の税制改革に大きな影響を与えた財政学者の名を下から選び，記号で答えなさい。

ア．大内兵衛　　イ．石橋湛山　　ウ．ダレス　　エ．ドッジ　　オ．シャウプ

問８　このとき実施された大型間接税の名を答えなさい。

問９　当時はいわゆる55年体制の末期にあたっていた。この体制についての適切な説明を下から選び，記号で答えなさい。

ア．55年体制は，左右社会党の統一と自由民主党の結成をもって成立した。

イ．55年体制下では，自由民主党・公明党の連立政権のもとで保守・革新勢力が対立した。

ウ．55年体制下では，憲法改正をめぐる国民投票が１度おこなわれたが，改正案は否決された。

エ．55年体制は，民主党政権の成立によって崩壊した。

4

次の文を読み，下記の問に答えなさい。なお，下線部と問の番号は対応している。

海軍軍縮条約(1)の締結，昭和恐慌，満州事変などをきっかけに軍人や右翼による急進的な国家改造運動が活発化し，テロ事件，クーデタが相次いで生じた。

1930年11月，野党，海軍軍令部等の反対を押し切って軍縮条約の批准に成功した首相(2)が東京駅で右翼青年に狙撃された。

1931年には，陸軍の青年将校の秘密結社である桜会が，民間の右翼活動家(3)とともに軍部政権樹立を目指し，２度のクーデタを企てた。これらはクーデタを予定した月にちなんで，三月事件，十月事件とよばれている。このうち，十月事件は，前月に起こった満州事変(4)に呼応して，国内改革を断行する企てであったが，未然に発覚して失敗に終わった。

翌1932年２月から３月にかけて，井上準之助や団琢磨らの暗殺を含む一連の要人暗殺計画が実行され(5)，５月には，五・一五事件(6)が生じた。この事件に関与した青年将校や右翼運動家たちの行動の背景の一つに，政界や財界など支配層への不信感(7)があった。彼らは日本の行き詰まりの要因を支配層の無能や腐敗にあると考え，暴力による国家改造を目指した。政界・財界への不信感を高めていた世間は実行犯に対して同情的であり，助命嘆願運動が起こった。この動きに流されたこともあり，テロ事件にも関わらず，首謀者への処罰は軽くなった。これら一連の影響もあり，この事件は軍部が台頭する契機となった。

1936年２月には，天皇親政の実現を目指した陸軍派閥の一部青年将校がクーデタを実行した(8)。このクーデタは，天皇が厳罰を指示したこともあり，反乱軍として鎮圧された。これ以降，陸軍内の別派閥(9)が軍の主導権を握るとともに，政治に対する発言力も増していった。

問１　英・米・日の補助艦保有比率を定めたこの条約が締結された都市はどこか，答えなさい。

問２　この人物は誰か，答えなさい。

問3　後の極東国際軍事裁判においてA級戦犯容疑で起訴されるも訴追免除となった，この右翼活動家を下から選び，記号で答えなさい。

ア．井上日召　イ．頭山満　ウ．大川周明　エ．北一輝　オ．西田税

問4　満州事変及びそれに関連する事柄について誤っているものを下から選び，記号で答えなさい。

ア．中国軍が柳条湖で南満州鉄道を爆破したことに乗じて関東軍は軍事行動を開始した。

イ．当初，立憲民政党の第二次若槻礼次郎内閣は不拡大方針を声明した。

ウ．関東軍参謀石原莞爾は日米間の戦争を予測し，満州の占領によってこれに備えるよう主張していた。

エ．1932年3月，関東軍は清朝最後の皇帝溥儀を執政として，満州国の建国を宣言させた。

問5　この事件を何というか，答えなさい。

問6　この事件によって殺害された首相は誰か，答えなさい。

問7　これに関連した当時の状況について誤っているものを下から選び，記号で答えなさい。

ア．旧平価による金解禁を行い恐慌を深刻化させた高橋是清蔵相に対する批判が高まった。

イ．金輸出再禁止を予期した三井銀行による円売り・ドル買い行動は財閥に対する反感を強めた。

ウ．三菱と憲政会（立憲民政党），三井と立憲政友会といった財閥と政党とのつながりは，政党に対する不信感を強める要因となった。

エ．農業恐慌下の東北地方を中心に農家の窮乏は著しく，欠食児童や女子の身売りが続出していた。

問8　このクーデタを起こした青年将校が所属していた陸軍内の派閥を何というか，答えなさい。

問9　この派閥に関する説明として正しいものを下から選び，記号で答えなさい。

ア．派閥の中心人物として永田鉄山，真崎甚三郎があげられる。

イ．『日本改造法案大綱』を論じた右翼活動家の影響を受けた青年将校が中心であった。

ウ．相沢三郎が対立派閥の荒木貞夫を斬殺する事件を起こした。

エ．革新官僚や財閥と結んで軍部の強力な統制のなかで総力戦体制樹立を目指した。

世界史

（60分）

1 次の文章を読み，下の設問に答えよ。

（ 1 ）に生まれたムハンマドは，610年頃唯一神アッラーのことばを授けられた預言者であると自覚し，厳格な一神教であるイスラーム教をとなえたが，富の独占を批判して大商人による迫害をうけ，622年に少数の信者を率いて（ 2 ）に移住し，ここに(a)イスラーム教徒の共同体を建設した。

630年，ムハンマドは無血のうちに（ 1 ）を征服した。アラブの諸部族は次々とムハンマドの支配下にはいり，その権威のもとにアラビア半島のゆるやかな統一が実現された。

(b)イスラーム教の聖典『コーラン（クルアーン）』は，ムハンマドにくだされた神のことばの集成である。その教義の中心はアッラーへの絶対的服従であるが，(c)そのおきては信仰生活だけではなく，政治的・社会的・文化的活動のすべてにおよんでいる。

ムハンマドの死後，イスラーム教徒は共同体の指導者として（ A ）を(d)カリフに選出した。アラブ人はカリフの指導のもとに大規模な征服活動を開始した。しかし，カリフ権をめぐってイスラーム教徒間に対立が起こり，第４代カリフの（ B ）が暗殺されると，彼と敵対していたシリア総督の（ C ）は661年（ 3 ）にウマイヤ朝を開いた。

問１　文中の空欄（ 1 ）～（ 3 ）にあてはまる都市名を答えよ。

問２　文中の空欄（ A ）～（ C ）にあてはまる人物名を答えよ。

問３　下線部(a)をカタカナ３字で何というか答えよ。

問４　下線部(b)に関連して，『コーラン』が書かれた言語名を答えよ。　〔解答欄〕＿＿語

問５　下線部(c)に関連して，後世の学者たちが，ムスリムの信仰と実行すべき義務を簡潔にまとめたものを，漢字４字で何というか答えよ。

問６　下線部(d)に関連して，カリフの意味として最も適切なものを，次のア～エから１つ選び，記号で答えよ。

ア．使徒　　イ．預言者　　ウ．後継者　　エ．知識人

2　次の文章を読み，下の設問に答えよ。

イングランドではヘンリ7世によって（　1　）が開かれ，貴族の力を抑えた，絶対王政的な主権国家が目指された。（　2　）は王妃との離婚を認めようとしないローマ教皇と対立して，ローマ教皇ではなく，みずからを教会の最高権威にする国王至上法（首長法）を1534年に制定し，カトリック世界(a)から離脱した。

1553年に即位した（　3　）は，のちのスペイン王（　4　）と結婚してカトリックを復活させようとくわだてたが，1558年に（　5　）の治世になると，その翌年，ふたたび国王至上法が制定され，イングランド独自の教会体制が再建された。しかし，この国教会はカトリック勢力と対立すると同時に，教義や儀礼の改革が不十分であるとして，ピューリタン（清教徒）と呼ばれた人々から批判され，不安定な状況が続いた。

1603年，スコットランド王がイングランド王（　6　）として即位し，（　7　）を開いた。彼は王権神授説(b)をとなえたが，国民のあいだでは，国王が議会を無視して重税を課したり，商工業者の活動を妨げたりすることへの批判が高まった。その子である（　8　）はさらに専制を強めたことで，1628年，議会は国王の専制政治を国民の歴史的な権利に基づいて批判した権利の請願を提出した。

このような状況に不満をもった（　8　）は，1629年，議会を解散し，以後11年間，議会を開かなかった。しかし，同君連合の関係にあったスコットランドで反乱が起こったことで，戦費調達のために，1640年，国王は議会を招集した。国王は議会と対立するとすぐに議会を解散したが，財政上の必要からふたたび議会を招集した。この議会でも国王は厳しく批判され，1642年には王党派と議会派の対立が深刻になった。国王はついに，軍隊での鎮圧をはかり，ピューリタン革命(c)と呼ばれる内戦が勃発することになったのである。

問1　文中の空欄（　1　）～（　8　）にあてはまる人名または語句を，次のア～トからそれぞれ1つ選び，記号で答えよ。

ア．カール5世　イ．カルロス1世　ウ．フリードリヒ2世
エ．テューダー朝　オ．ルイ16世　カ．ヘンリ8世
キ．マリア=テレジア　ク．サファヴィー朝　ケ．チャールズ1世
コ．ロマノフ朝　サ．オラニエ公ウィレム　シ．ステュアート朝
ス．メアリ1世　セ．フランソワ1世　ソ．エリザベス1世
タ．メフメト2世　チ．ジェームズ1世　ツ．ルイ14世
テ．ブルボン朝　ト．フェリペ2世

問2　下線部(a)に関連して，下の(1)・(2)の問いに答えよ。

(1)　以下の文を読み，文中の空欄（　A　）・（　B　）にあてはまる人名または語句を答えよ。

カトリック教会への批判が強まるなか，1517年，（　A　）は『95カ条の論題』を公表して，教皇庁を厳しく批判した。このような（　A　）による宗教改革の進展を前にして，カトリックの側も，腐敗を改め，勢力を盛り返そうとつとめた。とりわけ1545年から断続的に開かれた（　B　）では，教義の確認と教会の改革がはかられ，その後のカトリック教会の重要な指針がつくられた。

(2)　（　A　）の説に刺激された農民が起こしたドイツ農民戦争において，チューリンゲンでこの反乱を指導し，農奴制の廃止や共有社会の実現などを求め，のちに処刑された人物は誰か，次のア～エから1つ選び，記号で答えよ。

ア．カルヴァン　イ．ミュンツァー　ウ．ツヴィングリ　エ．ノックス

問3　下線部(b)に関連して，『統治二論（市民政府二論）』などの著者で，不法な統治への人民の抵抗の権利を擁護した人物は誰か，次のア～エから1つ選び，記号で答えよ。

ア．グロティウス　イ．ホッブズ　ウ．ロック　エ．カント

問4　下線部(c)に関連して，以下の文を読み，文中の空欄（　A　）～（　C　）にあてはまる語句を，それぞれ漢字で答えよ。

内戦は，当初は王党派が優勢であったが，議会派の主力となった（　A　）派のクロムウェルが，よく統率された鉄騎隊を編成し，議会派を勝利に導いた。（　A　）派は急進的な主張を掲げた（　B　）派と組んで，スコットランドやロンドン商人に支持者が多かった穏健な（　C　）派を議会から追放した。1649年，クロムウェルは国王を処刑して，共和政をうちたてた。

3　次の文章を読み，下の設問に答えよ。

ロシアは19世紀半ば，東シベリア総督（　A　）のもとで中国への圧力を強化し，1858年に清とアイグン条約を結んで（　1　）以北を領有した。ついで1860年には（　2　）戦争の調停の見返りとして北京条約を結んで沿海州を獲得し，（　3　）港を開いて太平洋進出の根拠地とした。

1862年，清の陝西省と甘粛省で西北ムスリム大反乱が発生し，1864年には新疆(a)のカシュガルでもムスリム蜂起が起こった。フェルガナ盆地の（　ア　）国はムスリムを支援すべく将軍（　B　）を派遣したが，（　B　）は自立して独立政権を建設し新疆を支配した。これに乗じ，ロシアは1864年に（　ア　）国，1868年にブハラ・ハン国，1873年にホラズム地方の（　イ　）国に侵攻してそれぞれ保護国とし，1876年には（　ア　）国を併合した。また，清に対しても，1871年に居住民保護の名目で新疆北部に進軍しイリを占領した。

1876年，清の陝甘総督（　C　）が新疆奪還に動き，（　B　）は敗れて1877年に死亡した。その後，イリの帰属が問題となり，（　C　）はロシアとの武力対決を主張したが，外交交渉が進められ，1881年にイリ条約(b)が締結されて決着した。

問1　文中の空欄（　1　）にあてはまる河川名を答えよ。

問2　文中の空欄（　2　）にあてはまる戦争名を答えよ。

問3　文中の空欄（　3　）にあてはまる都市名を答えよ。

問4　文中の空欄（　A　）～（　C　）にあてはまる人物名を答えよ。

問5　文中の空欄（　ア　）（　イ　）にあてはまる国名を答えよ。

問6　下線部(a)に関連して，新疆の2023年現在の状況の説明として最も適切なものを，次のア～エから1つ選び，記号で答えよ。

ア．東トルキスタン一帯の地域で，中国の自治区である

イ．西トルキスタン一帯の地域で，中央アジア5カ国とアフガニスタン北部に当たる

ウ．ゴビ砂漠北側一帯の地域で，独立国である

エ．ゴビ砂漠南側一帯の地域で，中国の自治区である

問7　下線部(b)に関連して，イリ条約を締結したときの清の皇帝は光緒帝であるが，当時清の政治の実権を握っており，1875年に4歳の光緒帝を擁立して即位させた，光緒帝の母の姉の名を答えよ。

4 次の文章を読み，下の設問に答えよ。

19世紀の後半までモンロー主義に則って，国内の経済建設に専心してきたアメリカ合衆国であったが，1898年に（　1　）と戦ってこれを破り，フィリピンや(a)カリブ海域の島々を獲得した。翌年の1899年には国務長官の（　2　）が門戸開放宣言を発して，列強による分割が進む中国への経済進出を図った。そして，1913年にアメリカ大統領になったウィルソンも，中米への影響力拡大に努め，内戦状態にあった（　3　）に介入したり，1914年に(b)パナマ運河が完成すると，その管理権を握るなど，中米やカリブ海地域での覇権を確立した。

1914年に第一次世界大戦が勃発すると，アメリカは中立の立場を保っていたが，1917年2月に始まったドイツの（　4　）作戦を契機に同国と断交した後，3月にロシアで発生した(c)二月革命を経て，4月に協商国側（連合国側）に立って参戦した。さらに11月の十月革命で権力を掌握した共産主義者のレーニンが，無併合・無賠償・民族自決に基づく即時講和を求める（　5　）を発表した。これに対して，ウィルソンは(d)十四カ条の原則を表明し，ロシアの革命政権の動きに対抗しつつ，戦後の国際秩序の方向性を提示した。ウィルソンの構想の中心にあったのは，新たな国際的な平和機構である(e)国際連盟であったが，国際的負担に反対する議会上院が（　6　）条約批准を拒否したため，アメリカは連盟に参加しなかった。

第二次世界大戦下では，ローズヴェルト大統領は1941年8月，イギリスのチャーチル首相と共に（　7　）を発表して，戦後の世界平和の構想を明らかにした。アメリカ・イギリス・ソ連の三か国首脳は，1943年11～12月のテヘラン会談で(f)第二戦線の形成に合意，1945年2月にはクリミア半島の（　8　）で会談し，ドイツ処理の大綱，秘密条項としてドイツ降伏後3か月以内のソ連の対日参戦を決めた。第二次大戦後の世界では，大戦を通じて一層経済力を高めた(g)アメリカ中心の資本主義陣営と，ソ連中心の社会主義陣営の対立がグローバルに展開される状況が現出する。

問1　文中の空欄（　1　）～（　8　）にあてはまる人名または語句を答えよ。

問2　下線部(a)に関連して，これら地域に対して19世紀末以降に展開された軍事力を背景にした外交政策を何と呼ぶか，漢字4字で答えよ。

問3　下線部(b)に関連して，1977年にパナマ運河をパナマに返還する条約を成立させたアメリカ大統領の名を，次のア～エから1つ選び，記号で答えよ。

ア．フォード　　イ．ニクソン　　ウ．レーガン　　エ．カーター

問4　下線部(c)に関連して，この革命で退位を余儀なくされたロマノフ王朝最後の皇帝の名を答えよ。

問5　下線部(d)に関連して，この原則として誤っているものを，次のア～エから1つ選び，記号で答えよ。

ア．秘密外交の廃止　　イ．労働・生活環境改善　　ウ．軍備の縮小　　エ．海洋の自由

問6　下線部(e)に関連して，国際連盟の付属機関として適切なものを，次のア～エから1つ選び，記号で答えよ。

ア．国際労働機関　　イ．世界保健機関　　ウ．国際通貨基金　　エ．ユネスコ

問7　下線部(f)に関連して，1944年6月に米英連合軍による北フランス上陸作戦が敢行され，西方からのドイツへの反攻が開始されるが，この作戦を何と呼ぶか，答えよ。　〔解答欄〕＿＿＿作戦

問8　下線部(g)に関連して，米ソの直接的な戦争に至らない形で1980年代末まで続いたこの対立を何と呼ぶか，漢字2字で答えよ。

地　理

（60 分）

1 次の図１を見て，世界の自然環境に関する下記の設問に答えよ。

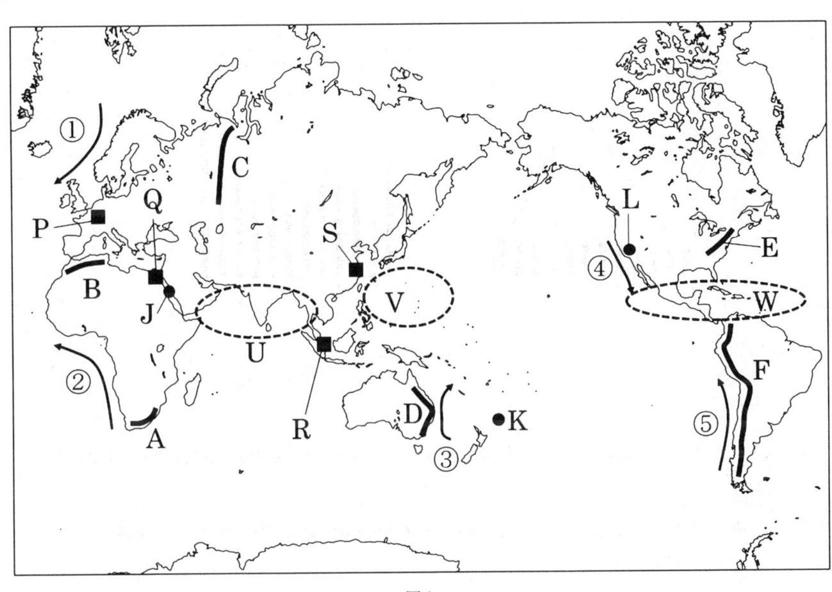

図１

問１　図１中のＡ～Ｆに示した６つの山脈のうち，新期造山帯に含まれるものを２つ選び，記号で答えよ。ただし，順番は問わない。

問２　図１中のＪ～Ｌは，いずれもプレートの境界部に位置する地点である。これらの地点のうち「ひろがる境界」,「せばまる境界」,「ずれる境界」に該当するものを，Ｊ～Ｌの中からそれぞれ一つずつ選び，記号で答えよ。

問３　図１中のＰ～Ｓは，シンガポール，オルリー（パリ近郊），ヘルワン（カイロ近郊），シャンハイのいずれかの位置を示しており，次の図２中のア～エは，これら４地点のいずれかにおける雨温図（月平均気温，月降水量）を示したものである。これら４地点の雨温図として適当なものを，ア～エの中からそれぞれ一つずつ選び，記号で答えよ。

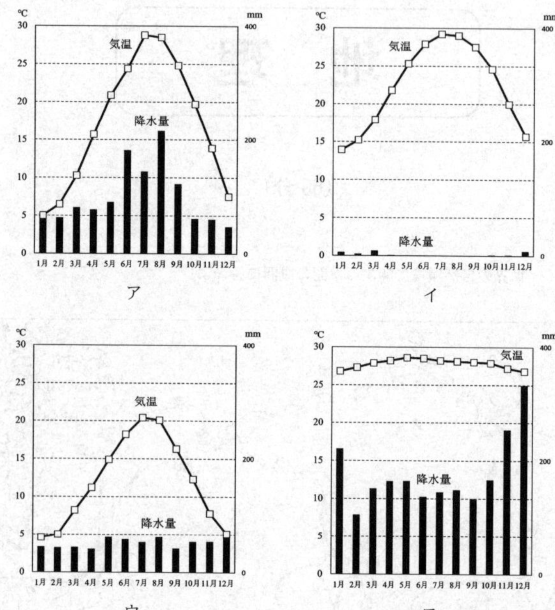

図2

出典：『理科年表　2023』

問4　図1中のU～Wの領域で発生する熱帯低気圧のうち，発達して一定の風速を超えたものの名称をそれぞれ答えよ。

問5　図1中に矢印で示した①～⑤の海流のうち，その流動方向が**適当でないもの**を2つ選び，番号で答えよ。ただし，順番は問わない。

2 次の文章は時差に関する生徒と先生の会話である。この会話文を読んで下記の設問に答えよ。

生徒「先日，SNS を通じてアニメ好きのアメリカ人の友人ができました。友人はニューヨークに住んでいて，SPY×FAMILY が特にお気に入りとのことです」

先生「アーニャの顔芸が可愛いですよね。とはいえ，①日本とニューヨークでは時差があるため，リアルタイムで連絡を取り合うのが大変そうですね」

生徒「そうなんです。なぜ時差ってあるのでしょうか」

先生「時差は，②地球の自転が大きな影響を与えています。地球は24時間で１回転するので，世界各地の時刻は経度（　ア　）度ごとに１時間ずつずれるのです」

生徒「なぜイギリス・ロンドン郊外のグリニッジを通る子午線を（　イ　）子午線としたのですか」

先生「大航海時代以降，オランダやスペインなどが世界に勢力を広げていましたが，当時は航海図や時刻はそれぞれの国を中心としたものを使っていました。しかし，19世紀になり世界的に交易がさかんになると，国によって時刻が異なることが大きな障害となりました。そこで，1884年に25か国の代表を集めて，アメリカ合衆国の（　ウ　）という場所で国際会議を開き，どの国の時刻を基準にするかを話し合いました。その結果，当時もっとも勢力があり発言力が強かったイギリスに合わせることになりました」

生徒「世界の国々は自国の標準時子午線を決めて，国内の標準時を定めているのですよね。日本では，東経（　エ　）度を日本標準時子午線として定め，グリニッジ標準時（GMT）よりも（　オ　）時間早い時刻を標準時としているのですよね」

先生「そのとおりです。しかし，グリニッジ標準時（GMT）よりも精度の高い原子時計の時刻にもとづいて（　カ　）が1972年に定められました。現在はこれを基準に各地域の標準時が設定されています」

生徒「日付のずれはどのように解消しているのですか」

先生「日付のずれを解消するためには，③（　イ　）子午線の180度反対側の太平洋に（　キ　）線を設けて調整しています」

生徒「わざわざそんなところにしなくても，（　イ　）子午線はロンドンにあるのだから，ロンドンにすればわかりやすくていいのではないでしょうか」

先生「そうすると不便なことがおきてしまうのです。ロンドンは陸地のため，（　キ　）線を引いてしまうと国内で日付を統一できなくなるのです」

生徒「確かに日常生活に支障をきたしてしまいますね」

先生「このため，（　キ　）線が赤道付近の④緯度０度で大きく東側に曲がっているのは，南太平洋ポリネシアの島国である（　ク　）の領域が経度180度をまたいで東西に広がっており，同国の国内で日付を統一するためです。この結果，（　ク　）のもっとも東にあるライン諸島が，世界で一番早く１日が始まる場所になったのです」

生徒「ところで，アメリカ合衆国などの国々では，昼が長い夏季のおよそ半年間に限り，時間を１時間進める（　ケ　）制度を実施しているのですよね」

先生「（　ケ　）制度の採用は，季節による日照時間の差が大きくなる高緯度の国々に多くみられます。日照を効率的に利用することで消費電力が節約されるとする一方で，日中の活動時間が増えることで全体の消費電力が増えるとの指摘もあります。実は日本も第二次世界大戦後，1948年から４年間実施していました」

生徒　「時差を活かして24時間体制でソフトウェアの開発が行われているというニュースを見たことがあります」

先生　「昼夜が逆のアメリカ合衆国のシリコンヴァレーとインドのデリー・ムンバイ・バンガロールなどでは，時差を活かしたICT（情報通信技術）関連のビジネスが行われています。企業が自社の業務を他社に委託・移管することをアウトソーシングと言います⑤」

問１　文章中の空欄（　ア　）～（　ケ　）にあてはまる語句・数字を答えよ。（　ア　）・（　エ　）・（　オ　）にはアラビア数字が入り，（　ウ　）・（　ク　）には都市名や国名が入る。なお，同じ記号には同じ語句・数字が入る。

問２　文章中の空欄（　キ　）線に関して，（　キ　）線をこえて西に行くときは（　A　）の日付とし，東に行くときには（　B　）の日付とする。（　A　）と（　B　）にあてはまる組み合わせとして適当なものを下記の１～４から一つ選び，番号で答えよ。

1．A：9時間後，B：9時間前
2．A：次の日，B：1日前
3．A：9時間前，B：9時間後
4．A：1日前，B：次の日

問３　下線部①に関して，東京が7月20日午前10時のとき，ニューヨーク（西経75度）の日付と時刻を求めなさい。ただし，ニューヨークは問１の（　ケ　）制度の期間である。

〔解答欄〕＿＿＿月＿＿＿日＿＿＿＿＿時

問４　（設問省略）

問５　下線部③に関して，地球上で正反対の位置にある地点のことを何と呼ぶか，漢字３文字で答えよ。

問６　下線部④に関して，緯度０度では，経度１度分に対する緯線の長さは，約111.319kmである。南緯90度では，経度１度分に対する緯線の長さは何kmか，下記の１～４からもっとも適当なものを一つ選び，番号で答えよ。

1．55.800 km　　2．19.393 km　　3．111.319km　　4．0.000 km

問７　下線部⑤に関して，企業が自社の業務を外国企業や外国の現地法人に委託・移管することを何というか，カタカナ８文字で答えよ。

3　都市構造および都市と居住問題に関する次の文章を読み，下記の設問に答えよ。

大都市では都市機能が地域的に分かれている。大都市の中心部は（　ア　）とよばれ，交通機関や情報通信網が集中し，大都市の中枢を担っている。このような中心部には，官公庁街やビジネス街，商業・娯楽街が形成されており，（　ア　）のなかでも，特に官公庁や大企業の本社等の集積が著しい一帯は（　イ　）とよばれ，このような地域は，①昼間の就業人口は多いが夜間人口が少ない。中心部への通勤者は，（　ウ　）の高騰や環境悪化などにより，大都市周辺の（　エ　）などを生活の拠点とし，鉄道などの公共交通機関を利用して通勤している。このように，生活の拠点である住居と職場が離れていることを（　オ　）という。一方で②ロンドンのニュータウン建設などでは，職場と住宅の両機能を同一都市内に設け，効果的に機能を配置したまちづくりを行っている。このようなタイプの再開発は，（　カ　）化などの郊外への無秩序な拡大を抑制し，③低炭素社会の実現に向けた都市機能の効率的な配置や，快適な環境づくりに貢献している。日本では，富山市のように次世代型路面電車システムである（　キ　）を活用したまちづくりが行われ，個人が所有する自動車の利用を減らし，公共交通機関の利用を核とした④中心市街地の活性化が図られている。また，フランスのストラスブールのような都市では，自宅から自動車やバイクで郊外にある公共交通機関の駅近くまで行き，鉄道やバスに乗り換えて目的地に向かう（　ク　）が取り入れられ，交通渋滞や（　ケ　）の緩和が図られている。また，自然災害の多い日本においては，⑤防災を意識した都市の強靱化も課題となっている。

問1　（　ア　）～（　ケ　）にあてはまるもっとも適切な語句を，a ～ w からそれぞれ一つずつ選び，記号で答えよ。

a．インフォーマルセクター	b．プライメートシティ	c．C.B.D.（中心業務地区）
d．SDGs	e．首都	f．LRT（ライトレール交通）
g．スラム	h．職住分離	i．大気汚染
j．人口減少	k．ベッドタウン	l．メガロポリス
m．都心	n．地域主義	o．パークアンドライド
p．地価	q．スプロール	r．野菜
s．商圏	t．ソーホー	u．ロードプライシング
v．自動車	w．自然災害	

問2　文章中の下線部①に関して，都市の発展に伴って，都市の中心部では居住者の人口が減少し，周辺部では居住者の人口が増加する。この現象を何というか，答えよ。

問3　文章中の下線部②に関して，このような再開発では，工場や事務所などの職場と住居の両機能を同一都市内に確保し距離が近い。これを何というか，漢字4文字で答えよ。

問4　大都市の中心部では，夜間人口が減少し近隣関係が薄れ，行政区の存立が危うい地域がある。このような地域は治安や衛生環境が悪化することが多く，再開発や活性化の課題となっている。この問題を何というか，カタカナ7文字で答えよ。

〔解答欄〕□□□□□□□問題

問5　文章中の下線部③に関して，エコシティやサスティナブルシティ（持続可能な都市）を実現するためには，自然との共生を図り，公共交通機関の整備を行い，かつ都市機能を効率的に配置し都市環境の改善を目指す必要がある。このような集約的な都市構想を何というか。カタカナ8文字で答えよ。

〔解答欄〕□□□□□□□□構想

問6　文章中の下線部④に関して，いくつかの都市では，老朽化した建物などを取り壊し，買い物に便利な商業施設や高級な高層住宅を建設している。このような高層住宅には比較的裕福な人々が移り住んでいる。この現象を何というか，カタカナ12文字で答えよ。

問7　都市の再開発の種類には大きく2つある。1つは一掃型（クリアランス型）であり，もう1つは修復・保全型である。次のａ～ｅに示した都市と地区の組み合わせのうち，一掃型（クリアランス型）にあてはまるものを一つ選び，記号で答えよ。

ａ．シンガポール／チャイナタウン　　ｂ．横浜／馬車道通り周辺
ｃ．シドニー／港湾貨物ヤード　　ｄ．京都／三条通り周辺
ｅ．パリ／マレ地区

問8　文章中の下線部⑤に関して，防災を意識した都市の強靭化の観点から，建物の耐震性の向上やライフラインの拡充など災害に備えた都市施設の拡充が図られている。また都市部の地表は，アスファルトやコンクリートに覆われており都市型水害が起こりやすい。このような水害を軽減することを目的に，洪水を地下に貯留する貯水施設がつくられている。この施設を何というか，漢字10文字で答えよ。

4　以下は地理の先生であるイトイ先生と，生徒のアオバさんの会話である。この会話文を読み，図1と図2を見て，下記の設問に答えよ。

アオバ：イトイ先生！今度の春休みに旅行で熊本県①に行くんですが，おすすめの地域はありますか？せっかくだから自然の中で過ごしたいんですけど。

イトイ：それだと，人吉・球磨地域とか良さそうだね。人吉・球磨地域で代表的な市町村は人吉市。農家民宿に泊まれば体験型で自然に触れあうことができる②し，球磨川では舟下りやラフティングもできるよ！温泉もあるし，私の好きな焼酎や鮎も特産品なんだ。

アオバ：凄く行ってみたいです！ラフティングができるってことは，かなり急な川なんですか？

イトイ：そうだよ。球磨川は日本三大急流③の1つだよ。日本三大急流には数えられていないけれど，富山県④を流れる（　ア　）は川の延長が56kmと短いのに，一気に約3000mの標高差を流れていくほど日本屈指の急流なんだ。もっとも，日本の河川は距離が短くて勾配が急なのが特徴だけどね。

アオバ：だから，日本の平野の多くは，河口の近くまで土砂が運ばれて形成された（　あ　）なんですよね！

イトイ：正解！

アオバ：なんか話が逸れちゃいましたけど，そういえば，人吉・球磨地域はどんな地形なんですか？

イトイ：お！勉強熱心だね。人吉・球磨地域は（　Ａ　）山地に囲まれていて，この地域の中にある「あさぎり町」という町名が示す通り，朝霧がよく発生する地域なんだ。

アオバ：ということは（　い　）ですか？

イトイ：正解！（　い　）の特性から低温での発酵や貯蔵できる環境があって，加えて，球磨川水系が軟水で焼酎に適していたということもあり，焼酎が特産品なんだよ。

アオバ：人吉・球磨地域は自然の恵みを上手く観光産業に活かしているんですね！

イトイ：でも，この球磨川は時に大きな被害をもたらすんだ。さっき，日本三大急流の1つって言ったでしょ？実際に令和2年には豪雨災害があって，球磨川流域は甚大な被害に遭い，今もなお，「くま

川鉄道」と「JR肥薩線（ひさつせん）」の一部の区間が運休しているんだ。

アオバ：そうなんですね・・・。

イトイ：災害以外の面では，他の地域と同様の問題だけど，⑤最近の人吉・球磨地域の人口推移を示した図1と図2からも分かるように（　B　）も進んでいて，「くま川鉄道」の沿線にある多良木町という町には以前高校があったんだけど，統廃合で無くなってしまったんだ。だから「くま川鉄道」では，それによって人吉方面へ通学する高校生が増えて，朝の混雑が激しくなったのも記憶に新しいね。

アオバ：地方が抱えている課題ってどこも似ていますね・・・。でも，とても魅力的な地域だと思うので，絶対行ってきます！先生は春休みにどこか行くんですか？

イトイ：1泊で⑥洞爺湖に行ってくるよ！でも本当は⑦長期休暇を取って余暇の時間を過ごしたいなぁ。

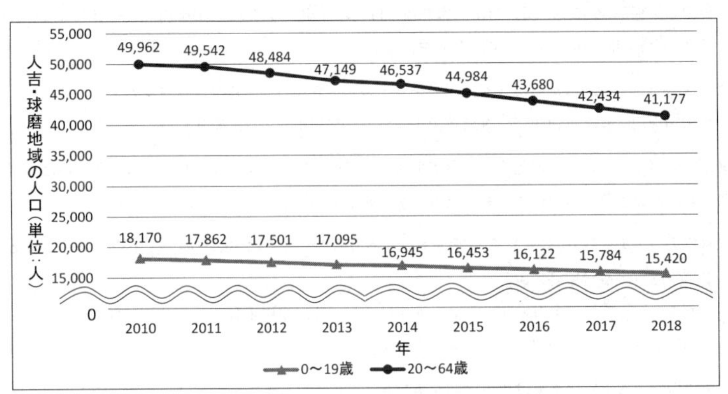

図1　人吉・球磨地域（人吉市・球磨郡）における0～19歳人口および20～64歳人口の推移

出典：『住民基本台帳に基づく人口，人口動態及び世帯数調査』

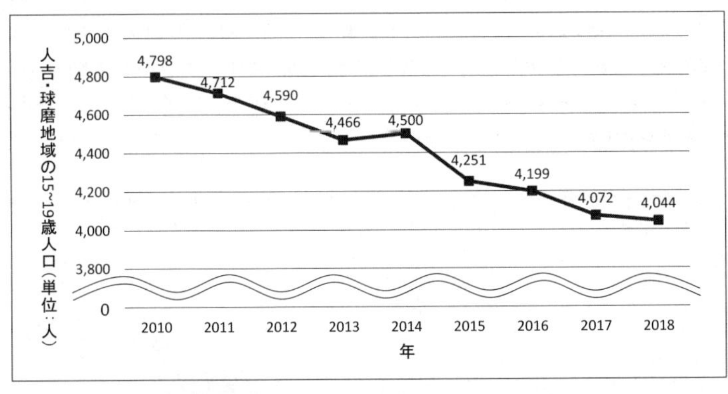

図2　人吉・球磨地域（人吉市・球磨郡）における15～19歳人口の推移

出典：『住民基本台帳に基づく人口，人口動態及び世帯数調査』

問1　下線部①について，下の1～5のうち，熊本県に構成資産が存在する世界遺産をすべて選び，番号で答えよ。ただし，順番は問わない。また，誤ったものを含まないこと。

1．長崎と天草地方の潜伏キリシタン関連遺産

2．明治日本の産業革命遺産

3．「神宿る島」宗像・沖ノ島と関連遺産群

4．屋久島

5．琉球王国のグスク及び関連遺産群

問2　文章中の下線部②について，農山漁村に滞在し自然に触れ，人々と交流する体験型観光の形態の名称をカタカナ9文字で答えよ。

問3　文章中の下線部③について，日本三大急流には「球磨川」のほか，「最上川」「富士川」が該当する。このうち，「最上川」が流れる都道府県名を答えよ。

問4　文章中の（　ア　）にあてはまる河川名を，下の1～6から一つ選び，番号で答えよ。

1．常願寺川　2．白川　3．信濃川　4．利根川　5．草津川　6．真室川

問5　文章中の（　ア　）は，河道内に土砂が堆積し，河床が周囲の平野面より高くなった河川としても知られるが，このような河川のことを何というか。漢字で答えよ。

問6　文章中の（　あ　）（　い　）にあてはまる地形の名称として適切なものを，下の1～8からそれぞれ一つずつ選び，番号で答えよ。

1．盆地　2．ドリーネ　3．河岸段丘　4．海岸平野　5．トンボロ
6．沖積平野　7．ラグーン　8．構造平野

問7　文章中の（　A　）にあてはまる適切な語句を，下の1～5から一つ選び，番号で答えよ。

1．白神　2．九州　3．奥羽　4．日南　5．枕崎

問8　文章中の（　B　）には，「出生率の低下により，年少人口が減少すること」を意味する語句が入る。この語句を漢字で答えよ。

問9　文章中の下線部⑤について，次の図3は「くま川鉄道」の年間輸送人員（延べ利用者数）の推移を表したものであり，図中のa～cの3本のグラフは，2010年度～2018年度の年間の「通学定期輸送人員」「定期外輸送人員（通勤定期・通学定期以外での延べ利用者数）」「総輸送人員」の推移のいずれかを示したものである。会話文および図1，図2を参考に，各項目にあてはまるグラフとして適当なものをa～cからそれぞれ一つずつ選び，記号で答えよ。

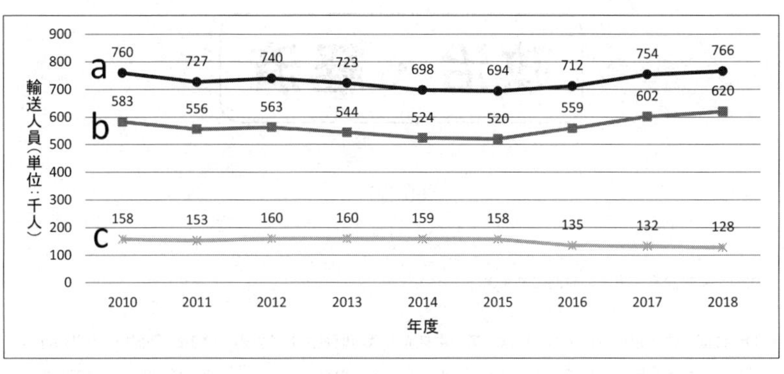

図３　くま川鉄道における年間輸送人員（延べ利用者数）の推移

出典：『鉄道統計年報』

問10　文章中の下線部⑥について，洞爺湖は火山の噴火に伴って形成された凹地の中に作られた湖であるが，この「火山の噴火に伴って形成された凹地」の名称をカタカナで答えよ。

問11　下の１～５は問10の地形が見られる地域である。アオバさんが行こうとしている熊本県に存在するものをすべて選び，番号で答えよ。ただし，順番は問わない。また，誤ったものを含まないこと。

１．阿蘇

２．立山

３．十和田

４．箱根

５．榛名

問12　文章中の下線部④について，富山県でも問10の地形が見られる地域がある。その地域を問11の選択肢１～５からすべて選び，番号で答えよ。ただし，順番は問わない。また，誤ったものを含まないこと。

問13　文章中の下線部⑦について，「長期休暇を取って余暇の時間を過ごすこと」を意味するフランス語由来の語句をカタカナ４文字で答えよ。

政治・経済

（60分）

1　次の文章を読み，下記の設問に答えよ。

1930年に国際決済銀行（以下BIS）は，第一次世界大戦の敗戦国ドイツの賠償金を債権国の中央銀行へ円滑に送付するための機関として，スイスのバーゼルに設立された。しかし，世界恐慌の混乱の中で誕生した［(1)］政権に賠償金支払いを拒否されたため，BISは当初予定していた賠償金取扱機関としての役割を果たせず，代わりに中央銀行間の協力を推進する組織となり，現在では(2)「中央銀行の中央銀行」とも呼ばれる。

そんなBISも，第二次世界大戦終結前後には存亡の危機に陥った。ドイツ，日本の枢軸国側の敗戦が濃厚になってくると，連合国側の諸国はBISの管理する両国の金やBIS株を「略奪金」「敵性資産」とみなし，1944年のブレトンウッズ会議では，戦後の金・ドル本位制を議論するだけではなく，BIS保有金塊の被害国への返還，およびBISの解散が求められた。マクロ経済理論を打ち出した(3)ケインズによるBIS存続案や，欧州各国の働き掛けもあり，(4)戦後の欧州復興の動きとともにBISは存続することとなった。

日本は敗戦後，1951年に開催された(5)サンフランシスコ講和会議において，保有していたBIS株式を放棄した。そののち，日本は経済復興と高度成長期の中，国際経済の舞台への復帰を働きかけ，(6)1964年からBISで開催される中央銀行会合への定期的参加が認められることとなった。日本でBISが注目されるようになったきっかけの一つは，国際的に活動する銀行の保有すべき自己資本の量に関する国際統一基準である「BIS規制（あるいはバーゼル規制・合意）」が注目を集めたことによる。国際的な銀行システムの健全化のために，銀行のリスクを加味した自己資本比率の測定方法が設定され，(7)その達成すべき最低基準が定められた（バーゼルⅠ）。日本では1992年度末に本格的な適用が開始されたが，バブル経済崩壊と時期を同じくしたため，各銀行が経済不安定化の中で自己資本比率を維持できるか否か，が注目されたのである。

世界経済はその後，さらにグローバル資本主義が拡大するとともに，(8)アジア通貨危機などにみられるように金融的なリスクが多様化・広域化していった。それに合わせてBIS規制は，リスク計測の精緻化や情報公開などを軸に2004年に改訂された（バーゼルⅡ）。くしくも日本がバーゼルⅡに移行した(9)2007年から，国際的な金融危機が連鎖的に発生し，銀行におけるリスク管理の一層の強化が求められた。BISではバーゼルⅢへの改訂作業が進められ，2013年から各国中央銀行により段階的に実施されている。

このように，世界経済の変化の中で，BISは中央銀行間の協力の場として，「中央銀行の中央銀行」という役割を果たし続けている。

問1　空欄［(1)］に入る，最も適切な政党名を答えよ。

問2　下線部(2)に関連して，日本の中央銀行である日本銀行の主な三つの役割を表す用語について，解答欄に合わせて最も適当な語句を答えよ。

〔解答欄〕　＿＿＿銀行　＿＿＿銀行　＿＿＿銀行

問3 下線部(3)に関連して，ケインズの著作として最も適当な名称を，選択肢 ア ～ オ の中から1つ選び，記号で答えよ。

ア．『資本主義と自由』

イ．『プロテスタンティズムの倫理と資本主義の精神』

ウ．『雇用・利子および貨幣の一般理論』

エ．『経済学及び課税の原理』

オ．『イノベーションと企業家精神』

問4 下線部(4)に関連して，被災したヨーロッパ諸国のためにアメリカ合衆国が推進した復興援助計画は何と呼ばれるか，最も適切な語句をカタカナで答えよ。

問5 下線部(5)に関連して，この会議で締結されたサンフランシスコ平和条約について，以下の設問に答えよ。

(a) この平和条約と同じ日に，アメリカ軍の日本駐留や基地（施設および区域）の提供などを定めた条約が調印された。この条約名として，最も適切な語句を解答欄に合わせて漢字6字で答えよ。

〔解答欄〕 ＿＿＿＿＿＿条約

(b) この平和条約およびその後の国交正常化の過程において，日本は賠償請求のあったアジア諸国に賠償を実施し，いくつかの国は賠償請求権を放棄した。賠償請求権を放棄した国名を，以下の選択肢 ア ～ オ の中から1つ選び記号で答えよ。

ア．中国　　イ．ビルマ（現ミャンマー）　　ウ．フィリピン

エ．インドネシア　　オ．旧南ベトナム

問6 下線部(6)に関連して，同じ年に起きた日本の戦後復興および国際社会復帰を象徴する出来事として明らかに誤っている説明を，選択肢 ア ～ オ の中から1つ選び記号で答えよ。

ア．日本のOECD加盟が認められた。

イ．国際収支の理由で，外国為替取引の制限ができないIMF8条国に移行した。

ウ．東京オリンピックでは大会後，パラリンピックも開催された。

エ．IBRDから融資を受けた東海道新幹線が開業した。

オ．円はドルに対して75円32銭をつけ，戦後最高値を記録した。

問7 下線部(7)に関連して，バーゼルⅠで設定された国際業務を行う銀行の自己資本比率は何パーセントか，選択肢 ア ～ オ の中から最も適切なものを1つ選び，記号で答えよ。

ア．0.5％　　イ．8％　　ウ．17％　　エ．25％　　オ．40％

問8 下線部(8)に関連して，以下の文章を読み，空欄 [A] ～ [D] に入る語句を，選択肢 ア ～ タ の中から最も適切なものをそれぞれ1つ選び，記号で答えよ。

1997年7月にアジア通貨危機の震源地となった [A] の通貨 [B] は，限られた少数の大口投資家から資金を集め，投機的性格の強い [C] と呼ばれる投資信託などの機関投資家により，混乱に陥った。当時 [A] では，自国通貨の為替レートを米国通貨と連動させる [D] 制を採用していた。[A] 中央銀行は，[C] によって大量に売られ，下落する [B] の価値を維持するため，外貨準備を為替市場に投入するが，対応できずに変動相場へと移行せざるを得ず，経済が混乱していった。このような通貨危機はアジア諸国に伝播していったが，それらの国々の多くが同様の [D] 制を採用していたことも要因の一つと考えられる。

ア．タイ　イ．キーカレンシー　ウ．オイル・マネー　エ．ガリオア・エロア
オ．ペイ・オフ　カ．ウォン　キ．ドン　ク．バーツ
ケ．インドネシア　コ．ヘッジ・ファンド　サ．BOP ビジネス　シ．シンガポール
ス．ペソ　セ．ドル・ペッグ　ソ．デポジット　タ．韓国

問9　下線部(9)に関連して，以下の文章を読み，空欄［ E ］～［ G ］に入る最も適切な語句を，Eはカタカナで，FとGは漢字3文字で答えよ。

一連の国際的な金融危機の発端は，低所得者向けの住宅ローンである［ E ］などのハイリスク債権を材料とした［ F ］商品を米国の投資銀行などが世界中に大量に販売したことにあった。2006年には米国の住宅価格が下落し，2007年には一国の不動産バブル崩壊の枠を超えて，世界的な金融問題にまで発展し，［ E ］問題と呼ばれるようになった。2008年7月に［ G ］町にて開催されたG8主要国首脳会議では［ E ］問題も話題には上がったが，具体的な対策は打ち出せず，9月にはついに米国の大手投資銀行が経営破綻し，リーマン・ショックと呼ばれる世界金融危機となった。国際的な金融リスク問題の議論の舞台は，G8から同年11月に開催されたG20首脳会議へと移っていった。

2　次の文章を読み，下記の設問に答えよ。

国際連合広報センターの報告によれば，今日，世界にはおよそ，5,000の先住民集団（3億7,000万人）が存在しているという。

多くの先住民は，近代以降，植民地主義(1)の下に，国家による包摂と排除(2)の対象になってきた。一般に，植民地支配は，搾取・抑制・圧政・強制などの特徴をもって説明される。たとえば，歴史学者のダンバー＝オルティスは，アメリカ史における植民地支配の実質を，殺戮(3)や土地収奪をはじめとする排除の論理に基づくものだったと説明した。

「先住民は歴史の盲点から姿を現した」という一文から始まるクリフォードの『リターンズ』は，そうした国史（公定史観）の力学に埋没してきた先住民の，1980年代以降の「現前」(4)を主題とする。国連の人権小委員会に「先住民に関する作業部会」が設置されたのは1982年である。その後，1989年には，［ A ］(ILO）で先住民・種族民の権利保護を謳う「独立国における原住民及び種族民に関する条約」が採択された。1993年は，「世界の先住民の国際年」とされグローバルな先住民の権利獲得運動が加速度的に進展した。2007年に国連で採択された「先住民族の権利に関する宣言」(5)も，80年代にその議論の端緒が開かれていた。

もっとも，こうした先住民運動のグローバルな展開は，マイノリティの人権に注目が集まった1950年代以降のアメリカにおける公民権運動(6)と合流した結果でもあった。特に，国際平和の維持とともに，国際協力による人権の尊重を目的として，1948年に採択された世界人権宣言に明記された原則が，1966年採択の国際人権規約(7)を構成する2つの規約，すなわち［ B ］を保障する「経済的，社会的及び文化的権利に関する国際規約」（A規約）と，主として［ C ］を保障する「市民的及び政治的権利に関する国際規約」（B規約）（ともに1976年発効）で具体化されたことは，その後の「和解」と呼ばれる国家と先住民との対称性を取り戻す動きの礎石となった。

オーストラリアでは，白人入植者によるアボリジニに対する侮辱の歴史(8)をふまえ，和解に向けた意思表示として，2008年にはラッド首相による公式謝罪も行われた。しかし，一部には謝罪に対する抵抗を示す者も出ており，アボリジニと非アボリジニとの「亀裂」は深淵だが，その後も謝罪がなされ，格差是正策(9)も講じられている。

ここ日本では，アイヌに対する同化政策が，明治以降顕著になった。その根拠となったのが，1899年の「北海道 D 保護法」だった。 D という差別(10)的な呼称が用いられ，アイヌが行う儀礼や祭儀等も排除の対象になった。戦後も上記保護法は存続し，土地の売買をはじめ，さまざまな差別の根源となったが，1997年に廃止，同年には，通称「アイヌ文化振興法」(11)が施行された。この年，札幌地裁は，司法の場で初めてアイヌを先住民族と認定した。しかし，アイヌ文化振興法も文化の振興が中心で，アイヌの先住権については盛り込まれなかった。アイヌが先住民族であると法律に明示されるのは，2019年に施行された「アイヌ施策推進法」まで待たなければならなかった。

問1 下線部(1)に関連して，植民地主義は，形態如何にかかわらず，急速かつ無条件に終結させる必要があることを謳い，1960年の国連総会にて採択された決議を何というか。選択肢 ア ～ カ の中から1つ選び記号で答えよ。

ア．植民地自治付与宣言　イ．植民地信託統治宣言　ウ．植民地終結宣言
エ．植民地安全保障宣言　オ．植民地独立付与宣言　カ．植民地自決宣言

問2 下線部(2)に関連して，フランス革命期に誕生し，国民国家の統一・独立・発展を推進することを強調する政治思想を何と言うか，カタカナ7文字で答えよ。なお，この思想は，特定の民族の一体性を強調することで，民族的多数派が少数派を迫害し，やがては暴動や紛争に発展する場合がある。

問3 下線部(3)に関連して，以下の文章を読み， あ と い に当てはまる最も適切な語句を漢字で答えよ。

国家に対する内政 あ の原則を前提とする国際社会において，国内での民族迫害や虐殺に対して他国や国際機構が対処することは難しい。しかし，1999年，北大西洋条約機構（NATO）は，ユーゴスラビア解体の過程で生起したコソボ紛争において，内政 あ の原則に反し，「 い 介入」を理由に空爆を行った。

問4 下線部(4)に関連して，国家と先住民との間で合意を取り付ける際には，国家が独善的に物事を決定するのではなく，事前に十分な情報に基づき，先住民自身が議論に参加し，同意したり拒否したりする環境が整備されなければならない。この「十分な情報に基づく同意」は，よく知られているところでは，延命治療等に対する自己決定権の文脈で用いられるものだが，先住民の自己決定権の実質を説明する用語としても定着している。このことを何と言うか，カタカナで答えよ。

問5 空欄 A ～ D に入る最も適切な語句を漢字で答えよ。

問6 下線部(5)の「先住民族の権利に関する宣言」に4か国が反対したが，この4か国を選択肢 ア ～ オ の中から1つ選び記号で答えよ。なお，この4か国は，国内に多くの先住民族を擁し，過去には土地収奪をはじめとする排除の論理に基づく政策がとられていたが，今日では彼らの財産権の保障等，立法措置がなされていることでも知られている。

ア．フランス ― イギリス ― ポルトガル ― スペイン
イ．アゼルバイジャン ― コロンビア ― ナイジェリア ― サモア
ウ．ベルギー ― ドイツ ― イタリア ― オランダ
エ．オーストラリア ― カナダ ― ニュージーランド ― アメリカ
オ．ブラジル ― ロシア ― インド ― 中国

問7　下線部(6)に関連して，1991年に廃止が宣言されるまで長く続いていた，南アフリカ共和国における人種隔離政策を何と言うか。最も適切な語句をカタカナで答えよ。

問8　下線部(7)について説明する最も適切な文章を選択肢ア～エの中から1つ選び，記号で答えよ。

ア．日本は，1979年，公務員のストライキ権，中等・高等教育の漸進的無償化（2022年に留保撤回），公休日の給与支払いの3点を留保して，これを批准した。

イ．日本は，1989年，労働者のストライキ権，中等・高等教育の漸進的無償化（2012年に留保撤回），公休日の給与支払いの3点を留保して，これを批准した。

ウ．日本は，1979年，公務員のストライキ権，中等・高等教育の漸進的無償化（2012年に留保撤回），公休日の給与支払いの3点を留保して，これを批准した。

エ．日本は，1989年，労働者のストライキ権，中等・高等教育の漸進的無償化（2022年に留保撤回），公休日の給与支払いの3点を留保して，これを批准した。

問9　下線部(8)に関連して，オーストラリアにおける白人優位の政策――白人以外の人種を排斥する政策――を，［う］主義という。空欄に当てはまる最も適切な語句を漢字2文字で答えよ。

問10　下線部(9)に関連して，以下の文章を読み，空欄［え］に当てはまる最も適切な語句を選択肢ア～オの中から1つ選び，記号で答えよ。

平等原則を具体化する際に採用される考え方として，機会の平等を重視する考え方と，結果の平等を確保しなければ機会の平等は実現されないとする考え方がある。後者の考え方に基づく施策として，1961年にアメリカで発出された大統領令以降，［え］が採用されてきた。これはたとえば大学の入学選考にも導入された。しかし，2023年6月，アメリカ連邦最高裁判所は，入学者選考においてこの施策に基づく優遇措置を講じてはならないとの判断を示した。アメリカで長年採用されてきた［え］を覆す，大きな影響を招くことが予想される判断となった。

ア．アサーティブ・アクション　　イ．アファーマティブ・アクション

ウ．ノーブル・アクション　　エ．メンタル・アクション

オ．ボランタリー・アクション

問11　下線部(10)に関連して，特定の民族や国籍の人に対する差別的言動を規制するため，日本では，2016年に「本邦外出身者に対する不当な差別的言動の解消に向けた取組の推進に関する法律」（通称：［お］対策法／解消法など）が制定された。空欄［お］に当てはまる最も適切な語句をカタカナで答えよ。

問12　下線部(11)について，以下の問いに答えよ。

(a)　当該期にアイヌ初の国会議員となり，アイヌ文化振興法の成立に尽力した人物の氏名を，下記の選択肢ア～カの中から1つ選び記号で答えよ。

ア．萱野茂　　イ．金田一京助　　ウ．知里真志保

エ．宇梶静江　　オ．貝澤正　　カ．金成マツ

(b)　アイヌ文化振興法の施行を契機として，アイヌ文化伝承活動の裾野が拡大した一方で，文化伝承者の減少やアイヌの歴史や文化等に対する国民の十分な理解が得られていないなどの基本的な課題に直面していることから，アイヌ政策の要として，アイヌ文化復興と発展を含むナショナルセンターの整備が進められ，2020年に開業した民族共生象徴空間の愛称を何というか。最も適切な語句をカタカナ4文字で答えよ。

3 次の文章を読み，下記の設問に答えよ。

元来，国際社会の主たる構成員は主権国家(1)であるが，現代では国家以外の主体が国際社会にさまざまな影響を与えている。その一つに，NGO（非政府組織）がある。NGOは，平和，人権，環境，福祉など様々な分野で(2)，現地での人道支援から各国政府への働きかけまで，幅広い活動を展開している。

NGOによる働きかけが奏功した例に，核兵器禁止条約がある。2017年に採択された本条約は，核兵器の保有・使用のみならず，その開発，実験，製造，使用の威嚇までも全面的に禁止する。核兵器の廃絶を求める運動は第二次世界大戦後から行われてきたが(3)，国際法によって核兵器を違法化する試みであることに，この条約の画期性がある。この条約の採択に貢献した国際NGOは，「核兵器廃絶国際キャンペーン（以下，ICAN)」であった。ICANとは，100を超える世界各国の市民団体が参画する国際NGOネットワークである。ICANに参加する各国のNGOは，自らの政府に働きかけ，この条約の制定に尽力した。この「核兵器のない世界」(4)の実現に向けた画期的な努力が讃えられ，条約採択と同じ年，ICANはノーベル平和賞を受賞した。グローバルなNGOネットワークの運動が国家を動かし，国際条約へと結実した例は，他にもある。1997年採択の［A］禁止条約，ならびに，2008年採択の［B］禁止条約である。

［A］や［B］は，「［C］」と呼ばれる兵器の一種である。［C］とは，いわゆる「［D］」以外の兵器を指す。［D］には，核兵器のほかに［E］や［F］があり，これらについては1975年に［E］禁止条約，1997年に［F］禁止条約がそれぞれ発効している（表1）。

表1：兵器区分［C］／［D］ごとに各条約対象兵器を整理したもの

区分	
C	D
A	核兵器
B	E
	F

核兵器は第二次世界大戦以降使用されていない一方で，［C］は戦後も世界各地の紛争・内戦で多数の犠牲者を出してきた。小型武器は「事実上の［D］」とも呼ばれる。そのなかでも［A］や［B］は，戦闘が終わってもその地に残り続けることで，子どもを含む多くの民間人の死傷者を出してきた。NGOは，このような兵器の「非人道性」を問題提起し，広く社会および政府に訴えかけることで，条約制定の機運を高め，それぞれの採択に至った。

ICANは，これらの先例に倣ったと言われる。すなわち，「非人道性」の問題を核兵器について再提起し，国際的なネットワークを通じて国際社会を動かすことで，「人道」や「人権」(5)の観点から核兵器禁止条約を結実させたのである。

問1　下線部(1)に関連して，下記の設問に答えよ。

(a)　今日まで続く主権国家体制の始まりは，ウェストファリア条約であったと言われる。この条約により，西暦［あ］年から始まったヨーロッパ諸国間の三十年戦争が講和された。
空欄［あ］に入る最も適当な数値を答えよ。

(b)　三十年戦争の惨状を目の当たりにしたことで戦争の法的根拠を検討したオランダの法学者［い］は，国際法理論の基礎を構築したことで「国際法の父」と呼ばれる。

空欄 い に入る人名とその代表的著作名の組み合わせとして最も適切なものを，以下の選択肢 ア 〜 カ の中から1つ選び，記号で答えよ。

ア．モンテスキュー ―『法の精神』　イ．カント ―『法の精神』

ウ．モンテスキュー ―『永久平和のために』　エ．グロティウス ―『永久平和のために』

オ．カント ―『戦争と平和の法』　カ．グロティウス ―『戦争と平和の法』

(c) 主権国家を構成員とする国際連合（以下，国連）の事務局の最高責任者である事務総長は，国連憲章の定めのもと，う の勧告に基づいて え が任命する。

空欄 う・え に入る語句の組み合わせとして最も適切なものを，以下の選択肢 ア 〜 カ の中から1つ選び，記号で答えよ。

ア．う 安全保障理事会・え 事務局

イ．う 安全保障理事会・え 総会

ウ．う 総会・え 安全保障理事会

エ．う 総会・え 事務局

オ．う 事務局・え 総会

カ．う 事務局・え 安全保障理事会

問2 下線部(2)に関連する次の文章を読み，空欄 お に入る最も適当な語句を，カタカナで答えよ。

世界最大のNGOの一つである お は，不当に逮捕された「良心の囚人」の救済や死刑廃止，さらには難民・移民，子ども，労働者などの人権擁護活動に世界各国で取り組んでいる。1977年にノーベル平和賞を受賞した。

問3 下線部(3)に関連して，下記の設問に答えよ。

(a) 1954年，アメリカによる水爆実験により日本の漁船員が被ばく，死亡する事件が起き，当時の反核運動の高まりの一つのきっかけとなった。この事件は，その被害にあった漁船から名をとって か 事件と呼ばれる。

空欄 か に入る最も適当な語句を，漢字で答えよ。

(b) バートランド・ラッセルおよびアルバート・アインシュタインによる宣言を受け，1957年，核廃絶を目指す世界の科学者が集う第1回 き 会議が開催された。

空欄 き に入る最も適当な語句を，カタカナで答えよ。

問4 下線部(4)に関連して，下記の設問に答えよ。

(a) 核軍縮について説明する最も適切な文章を，以下の選択肢 ア 〜 エ の中から1つ選び，記号で答えよ。

ア．1968年に採択された核兵器不拡散条約（NPT）は，核保有国以外の国々が核兵器を保有すること，核保有国が非核保有国に核兵器を供与すること，などを禁じている。

イ．核兵器不拡散条約（NPT）の採択後，核保有国は部分的核実験禁止条約（PTBT）の締結を通じて軍備管理体制を強化した。

ウ．核兵器不拡散条約（NPT）で認められた核保有国は，アメリカ，ソ連（ロシア），イギリス，ドイツ，中国である。

エ．すべての核爆発実験を禁止する包括的核実験禁止条約（CTBT）は，1996年に採択，翌年に発効したが，この条約に参加しないインドとパキスタンが1998年に核実験を行った。

(b)「核兵器のない世界」について説明する最も適切な文章を，以下の選択肢 ア ～ エ の中から１つ選び，記号で答えよ。

ア．ラテンアメリカや東南アジアなどの一部諸国間では，核兵器のない地域，すなわち，その地域における核兵器の実験や製造などを禁止する「非核地帯」を設定している。

イ．2009年，ストックホルムにて，アメリカ大統領オバマ（当時）は，核保有国であるアメリカが先導して「核兵器のない世界」を追求すると演説した。これを「ストックホルム・アピール」と呼ぶ。

ウ．2016年，現職大統領として初めて広島を訪問したアメリカ大統領トランプ（当時）は，「核兵器なき世界を追求する勇気をもたなければならない」と述べた。

エ．日本は唯一の戦争被爆国であることから，「核兵器のない世界」の実現を目指す核兵器禁止条約の理念に共感し，この条約にいち早く署名・批准した。

問５　空欄 [A] ～ [F] に当てはまる最も適切な語句を，以下の選択肢 ア ～ コ の中からそれぞれ１つ選び，記号で答えよ。

ア．戦略兵器　　イ．化学兵器　　ウ．生物兵器　　エ．クラスター爆弾
オ．対人地雷　　カ．銃器　　キ．通常兵器　　ク．自律型致死兵器
ケ．大量破壊兵器　　コ．弾道弾迎撃ミサイル

問６　下線部(5)に関連して，下記の設問に答えよ。

(a)　国際社会における人道上の問題の一つに，難民問題がある。難民問題について説明する文章として最も適切なものを，以下の選択肢 ア ～ エ の中から１つ選び，記号で答えよ。

ア．国際連合において難民問題に取り組む主要機関に，国連人道問題調整事務所（OCHA）がある。1991年から2000年までの間，同機関の最高役職である高等弁務官には，日本人の緒方貞子が就いていた。

イ．日本は難民条約を批准していない。これが日本の難民受け入れ数が先進国内でも極めて少ないことの一因となっている。

ウ．難民条約では，自国に戻れば迫害の恐れがある難民を送還することを禁じている。難民の人権保護を規定するこの規範を，ノン・ルフールマン原則という。

エ．2011年にシリアのアフマディネジャド政権と反政府勢力との間で勃発した内戦により大量に発生したシリア難民は，ドイツなどEU諸国へも押し寄せ，ヨーロッパで「難民危機」が生じた。

(b)　次の①～④は，人権概念の形成・発展に大きな影響を与えた歴史的な文書や演説である。これら４つを年代順に並べたものとして正しいものを，以下の選択肢 ア ～ カ の中から１つ選び，記号で答えよ。

①バージニア権利章典　　②ワイマール憲法
③フランス人権宣言　　④ローズヴェルト大統領による「４つの自由」

ア．③ － ② － ① － ④　　イ．② － ① － ③ － ④
ウ．① － ② － ③ － ④　　エ．③ － ① － ② － ④
オ．① － ③ － ② － ④　　カ．① － ③ － ④ － ②

オ　少将の公は、その美貌と舞の素晴らしさから、醍醐の桜会に参加していた人々から大いに注目されていた。

カ　歌のやり取りを聞いた中院の僧正は、少将の公の返歌が時宜にかなった風雅な対応であったことに感心していた。

キ　中院の僧正は、少将の公への愛慕の念を歌にして少将の公に伝えたが、やんわりと断られた。

かりません。

イ　あなたは菅田の池の影のように美しくいらっしゃる。そんなあなたに感動して涙を流さずにいられる人は誰かいらっしゃるのでしょうか、よくわかりません。

ウ　あなたは数多くの仕事をこなしてきました。あの菅田の池に映った影はたくさんありますので、あなたが誰のために汗をぬぐい働いていたのか、よくわかりません。

エ　あなたは美しい人の姿を大勢見ていらっしゃる。あの菅田の池に映った影を見てそうおっしゃるのでしょうから、誰のことで袂を絞っていらっしゃるのか、よくわかりません。

オ　あなたは美しい舞踊をたくさん見ていらっしゃる。あの菅田の池ごしに映った舞を見てそうおっしゃるのでしょうから、誰の舞が一番よかったとお考えなのか、よくわかりません。

問六　二重傍線Ⅱ「堪へがたくをかしくおぼしけれど」とある理由として最も適切なものを、次の中から一つ選び、符号で答えよ。

ア　どうしても少将の公に会うことができず、一人でいることが寂しくて堪えきれなくなってしまったから。

イ　中院の僧正はわかったような口をきいていたのに、実際には歌の内容もろくに覚えていなかったから。

ウ　中院の僧正の風流さを感じて、入道殿もうれしくなって歌を詠みたくなったから。

エ　歌の素晴らしさに感動している自分とは異なり、入道殿がそれを馬鹿にして笑うような態度をとったから。

オ　少将の公が下品な返歌をしたことはとても無粋だったが、歌の内容は気が利いていたから。

問七　次のうち、本文の内容と**合致するものを二つ**選び、符号（ア〜キの順）で答えよ。

ア　醍醐の桜会で舞を披露するような子供たちは、舞の技術だけではなく、当意即妙に歌を詠む教養も求められた。

イ　生仏と呼ばれるほど仏法を良く理解している人であっても、和歌の道に通じているとは限らない。

ウ　宗順と少将の公は、菅田の池を掛詞として歌をやり取りしたが、互いの意図が上手く伝わらなかった。

エ　入道殿は、中院の僧正とともに二人のやりとりを聞いていたが、中院の僧正と自分の歌の記憶が全く異なることに驚いた。

ア　少将の公（源運）
イ　右府（入道殿）
ウ　中院の僧正
エ　遍昭
オ　宗順阿闍梨

問四　本文中の和歌「昨日みしすがたの池に袖ぬれてしぼりかねぬといかでしらせん」の解釈として最も適切なものを、次の中から一つ選び、符号で答えよ。

ア　昨日見たあなたの美しい姿に心を奪われました。あの菅田の池で袖が濡れたように、涙に濡れた袖を絞りかねていることを何とかしてお知らせしたい。
イ　昨日見た菅田の池に落ちこんで濡れてしまった袖の水気が今も絞りきれません。同様にあなたの姿に魅了された私の心も絞りかねていることを何とかしてお知らせしたい。
ウ　昨日見た菅田の池に落ちこんで袖が濡れてしまいましたが、今もなかなか水気を絞りとることができません。菅田の池に近づいてはいけないことを何とかしてお知らせしたい。
エ　昨日見たあなたの涙は、菅田の池で濡れた袖のように拭いきることはできません。そんなあなたを心配する私の思いも止めかねていることを何とかしてお知らせしたい。
オ　昨日見たあなたの美しい姿は、菅田の池のように深く優雅で感動しました。その時の感動の余韻がいまも心の中で止めかねていることを何とかしてお知らせしたい。

問五　本文中の和歌「あまた見しすがたの池の影なればたれゆゑしぼる袂なるらん」の解釈として最も適切なものを、次の中から一つ選び、符号で答えよ。

ア　あなたは美しい池の水面をたくさん見ていらっしゃる。感動して袖を濡らした涙は一体どれほどのものでいらっしゃるのか、誰にもわ傍線②「ねんごろに」

ア　近年
イ　わかりやすく
ウ　事細かく
エ　自分勝手に
オ　熱心に

傍線③「ずちなく」

ア　数珠をなくして
イ　気分が悪く
ウ　何ともつらく
エ　がっかりして
オ　良いこともなく

問二　二重傍線Ⅰ「に」と文法的説明が同じになるものを、次の中から一つ選び、符号で答えよ。

ア　わがうしろよりみそかに見よ。
イ　かたへはなくなりにけり。
ウ　いたう闇きに松どもともして、
エ　男、狩りにいにけり。
オ　おのが身はこの国の人にもあらず。

問三　波線A「思ひしめて」、波線B「おぼえさせ給はじ」、波線C「しのび給ひけるなん」の主語として最も適切なものを、次の中からそれぞれ一つ選び、符号で答えよ。その際、必要ならば同じ符号を何度使ってもよい。

といへりける、時にとりてやさしかりけり。中院の僧正見物し給ひけるが、これを聞きていみじと思ひしめて、同じ入道の右府(注)に対面し給ひけるついでに、この事をかたりいで給ひて、「やさしくこそおぼえ侍りしか」とありけれど、入道殿、「歌はおぼえさせ給はじ」とのたまひけるを、「それぱかりは、などか」とて、「少将の公がもとへ宗順阿闍梨つかはし侍りし、きのふ見しにこそ袖はぬれしか、とよめるに、少将の公、荒涼にこそぬれけれ、とぞ返して侍りし」と語り給ひけるに、堪へがたくをかしくおぼしけれど、さばかりの生仏(注)(いきぼとけ)のねんごろにいひいで給ひけることなれば、しのび給ひけるなん、ずちなくおはしけり。和歌の道は顕密知法(注)にもよらざりけりと、なかなかいとたふとし。昔の遍昭、いまの覚忠・慈円(注)などには似給はざりけるにや。

(『古今著聞集』による。ただし一部変更した。)

(注) 右府…中院右大臣雅定のこと。
(注) 生仏…生身の仏のように高い徳や学識をもった僧侶のこと。
(注) 顕密知法…仏法に深く通じていること。
(注) 昔の遍昭、いまの覚忠・慈円…いずれも和歌に堪能な僧侶だった。

問一　傍線①「おぼえ侍りしか」、傍線②「ねんごろに」、傍線③「ずちなく」の意味として最も適切なものを次の中からそれぞれ一つ選び、符号で答えよ。

傍線①「おぼえ侍りしか」

ア　思いました
イ　覚えましたか
ウ　思いましたか
エ　思われました
オ　思われましたか

2024年度　2月12日　一般選抜　国語

①　目上の人への手紙を〈です・ます体〉で書くのは、丁寧さを表現するためではない。
②　話し言葉の〈です・ます口調〉と書き言葉の〈です・ます体〉は、相手への意識・顧慮を持つという点で共通している。
③　「純粋待遇性」という呼称からは代表的な待遇表現である敬語が思い起こされるが、「純粋待遇性」を持つ〈です・ます体〉は敬語と異なり、具体的な相手との上下関係を伴っては用いられない。
④　〈です・ます体〉は待遇性を有するために、これまでは有徴だと認識されてきたと著者は考えている。
⑤　〈である／だ体〉は有徴性の高い文体なので、論文には本来用いるべきではないと著者は考えている。

三

次の文章を読み、後の設問に答えよ。

醍醐の桜会(注)に、童舞おもしろき年ありけり。源運といふ僧、その時少将の公とて見目もすぐれて、舞もかたへにまさりて見えけるを宇治の宗順阿闍梨みて、思ひあまりけるにや、あくる日、少将の公のもとへいひやりける、(I)

昨日みしすがたの池(注)に袖ぬれてしぼりかねぬといかでしらせん

少将の公、返事、

あまた見しすがたの池の影なればたれゆゑしぼる袂なるらん

(注) 醍醐の桜会…毎年三月に京都・醍醐寺で行われる法会。法会の後に桜の花見がある。
(注) すがたの池…菅田の池。奈良県大和郡山市筒井町にあった池のこと。

こと。

ウ　対話での〈普通口調〉と書き言葉の〈である／だ体〉は相手を顧慮・意識していないという点で共通しているが、〈普通口調〉は聞き手に対する関係の近さを表すのに対し、〈である／だ体〉は相手の存在しない状況でも用いられる点でより純化された形式であるということ。

エ　対話での〈普通口調〉と書き言葉の〈である／だ体〉は相手を顧慮・意識していないという点で共通しているが、〈普通口調〉は相手とごく近い距離であることを演出しており、〈である／だ体〉のほうが他者との距離が想定されていない点でより純化された形式であるということ。

問八　空欄Ｘに入るものとして最も適切なものを次の中から一つ選び、符号で答えよ。

ア　自分自身に宛てた手紙である

イ　他者の存在する世界の否定である

ウ　手紙であることそのものへの拒否である

エ　宛先の記載をもとから拒んでいる手紙である

問九　傍線４「我々は〈です・ます体〉を有徴とする議論を取り除いてきた」とあるが、〈です・ます体〉の有徴性を否定する根拠として、適切なものを次の中から**三つ**選び、ア〜オの順に符号で答えよ。

ア　〈です・ます体〉が待遇性を持つこと。

イ　〈です・ます体〉が「特別な待遇」とは無関係であること。

ウ　〈です・ます体〉が待遇表現の典型である敬語の効果を持つこと。

エ　〈です・ます体〉が話し言葉的な機能を持つこと。

オ　〈です・ます〉が話し言葉にも書き言葉にも用いることができること。

問十　次の文が本文の内容と**合致していればア**、**合致していなければイ**をそれぞれ答えよ。

ウ　抽象的な存在と無縁であること。

エ　具体的な他者に対する志向性がないこと。

問五　傍線１「それはもう丁寧さのためではない。」とあるが、どういうことか。その説明として最も適切なものを次の中から一つ選び、符号で答えよ。

ア　我々が手紙を書くときに〈です・ます体〉を用いるのは、読み手が特定の相手であることを示すためではない。

イ　我々が手紙を〈です・ます体〉で書くのは、〈です・ます体〉で論文を書くことと構造的に類似させるためである。

ウ　我々が知らない人や目下の人に〈です・ます体〉で手紙を書くのは、読み手を具体的に特定するためではない。

エ　我々が知らない人や目下の人に手紙を書く時も〈です・ます体〉を使うのは、読み手との適切な距離のためではない。

問六　傍線２「ああ、それはうれしい。」は〈普通口調〉だが、ここで〈普通口調〉が用いられることの説明として、最も適切なものを次の中から一つ選び、符号で答えよ。

ア　相手の私的な領域に踏み込んでいるので、敬語性や丁寧さを示す必要がない。

イ　相手を自分の私的領域に引き込むことで、聞き手に対する関係の近さを表している。

ウ　聞き手が存在していないかのようにふるまうことで、私的な領域に留まっている。

エ　聞き手との私的領域の近さを表すことで、逆説的に聞き手との距離を強調している。

問七　傍線３「〈である／だ体〉は対話での〈普通口調〉を純化した形式」とあるが、これはどういうことか。最も適切なものを次の中から一つ選び、符号で答えよ。

ア　書き言葉の〈である／だ体〉は読み手を想定していないが、対話の〈普通口調〉は聞き手である目の前の相手が存在しないかのようにふるまっているにすぎないため、〈である／だ体〉のほうが徹底的に他者を排除できる点でより純化された形式であるということ。

イ　対話の〈普通口調〉は聞き手をまるで存在しないかのように扱ってはいるものの実際は相手が存在するが、書き言葉の〈である／だ体〉は実際的には読み手という存在がはじめから抹消されているため、他者が存在しないという点でより純化された形式であるという

d 書カン
ア カン慢な動作で立ち上がる。
イ カン寂で清涼な神社の境内。
ウ もっとカン便な方法を探す。
エ その新聞は一年で廃カンになった。

e 不分メイ
ア 政党に加メイする。
イ 天メイを全うする。
ウ 深い感メイを与える。
エ 東の空に黎メイの光が見え始めた。

f ヨソオう
ア 外形だけ模ホウする。
イ パスポートをギ造する。
ウ 登山のソウ備を整える。
エ 壊れたところを修ゼンする。

問三 空欄A～Eに入る語として最も適切なものを次の中からそれぞれ一つ選び、符号で答えよ。ただし、同じ語は入らない。

ア だが　イ または　ウ すなわち　エ というのは　オ もっとも　カ では

問四 二重傍線Ⅰ・Ⅱに「ニュートラル」という同じ語が出てくるが、それぞれどのようなことを指しているか。最も適切なものを次の中から一つずつ選び、符号で答えよ。

ア 待遇的であるということ。
イ 待遇性をともなわないこと。

問一　波線ⅰ～ⅳの漢字と波線部が同じ読み方をするものを次の中からそれぞれ一つ選び、符号で答えよ。

ⅰ　顧慮　ア　猶予　イ　垂涎　ウ　含意　エ　跨線橋

ⅱ　帰す　ア　期す　イ　返す　ウ　崩す　エ　逃す

ⅲ　急先鋒　ア　励行　イ　銅戈　ウ　槍術　エ　割烹

ⅳ　汎用性　ア　梵鐘　イ　頒布　ウ　背信　エ　貨幣

問二　波線a～fのカタカナを漢字に直した場合と同じ漢字を用いるものを次の中からそれぞれ一つ選び、符号で答えよ。

a　スイ論
- ア　酒にヨう。
- イ　優良図書にオす。
- ウ　非業の死をトげる。
- エ　大軍勢をヒキいる。

b　シ弁的
- ア　金一封をタマワる。
- イ　オモわぬ幸運に恵まれる。
- ウ　腕をタメすために旅に出た。
- エ　時計の針が八時をサしている。

c　ガイ念
- ア　先駆者の気ガイを示す。
- イ　天ガイ孤独の身である。
- ウ　客は憤ガイして帰ってしまった。
- エ　ガイ当する項目に丸印をつける。

4 我々は〈です・ます体〉を有徴とする議論を取り除いてきたが、事態は一般に予想されていたのと全く逆であった。人びとは「〈です・ます体〉は有徴だからそれで論文に書いてはならない」、だから、「論文は〈である／だ体〉で書かねばならない」と考えている。［E］、実は「〈である／だ体〉は有徴なので、論文はそれで書かねばならない」というのが、人びとの自覚せざる意識の実相なのではないか。〈です・ます体〉排撃の急先鋒[iii]であった山本正秀も、実は「である」を「演説や文章上にだけ用いられて、通常実際の談話には用いられない、極めて特殊な性格をもつ」と特徴付けているほどなのである。

〈である／だ体〉のこうした有徴性の表れの一つが、書き言葉専用性である。

〈です・ます〉は書き言葉にも話し言葉にも使われ、その分だけ汎用性[iv]が高い。そのため、外国人向けの日本語教育も、動詞は最初から「ます」つきの動詞句で教えるのが一般的になっているようである。日本語教育に携わる水谷信子はこれを、「『ます形』の一般性」と定式化している。

宮地裕も敬語史を考える中で、〈です・ます〉が敬譲表現というより「もっとも普通の社交のことば」となっていることを指摘し、その汎用性から〈です・ます〉の方こそ「常体」的であると見ている。つまり、宮地は〈です・ます〉の敬語性と見られてきたものを、社交性と解するわけである。その延長上で、〈です・ます体〉についても、「わかりやすさをもとめる印刷文化の大衆化にともない、『です・ます』体による論著もすくなくないことは注意すべきことであろう」としている。

こうして改めて〈です・ます〉の一般性ないし汎用性が取り出せる。有徴どころではない。だが、これも先に指摘したように、書き言葉の場合、それだけに〈である／だ体〉では書き言葉性が際立ち、その分だけ〈です・ます体〉では話し言葉性を帯びて感じられるということであろう。

（平尾昌宏『日本語からの哲学　なぜ〈です・ます〉で論文を書いてはならないのか？』晶文社による。
ただし一部変更した。）

て、純粋な待遇性のみを持つ。

我々のこの結論は理論的には次のような利点を持っている。我々は〈です・ます体〉が、その機能においては話し言葉でも敬語でもないとし、それとともに、〈です・ます体〉が話し言葉、敬語であるかのような印象を与える効果を持つとした。ただその理由として歴史的な由来の名残りが指摘されただけに留まったが、今や我々は、その効果を〈です・ます体〉の本質的な機能から導くことができるからである。

［D］、第一に、〈です・ます体〉の純粋待遇性が向かう先の読者が、具体的に、あるいはありありと表象されるとき、それは話し言葉的に響くと考えられる。また第二に、同じ純粋待遇性が、その具体的な他者との上下関係、権力関係を伴って表象されるとき、それは敬語的に見えると考えることができる。つまり、〈です・ます体〉の純粋待遇性という本質的な機能に一定の条件が加わることで、話し言葉性や敬語性といった印象をもたらす効果が生まれることが分かる。

こうして我々は、〈です・ます体〉について指摘されていた複数の効果を、唯一の機能から説明できたことになるわけである。

では、一方の〈である／だ体〉について、我々はどのような理解を得ただろうか。

我々は、ほとんど論じられてこなかった〈である／だ体〉について一歩踏み込んで考えることができた。〈です・ます体〉が純粋な待遇性を持つのに対して、〈である／だ体〉の方はそうした志向性を持たない。従来は、この欠如が〈である／だ体〉の無徴性だと見られてきたのだろうが、これは実は非常な特徴である。国語学者の磯貝英夫はその啓発的な論文で、「だいたい、われわれの話しことばに、Ⅱニュートラルなことばというものはない。それは、かならず、何らかの待遇性をともなっているのである」と言っているが、これは話し言葉に限るものではあるまい。だとすれば、言葉はそもそもが待遇的なものであるが、〈である／だ体〉だけは例外であることになる。つまり、有徴なのはまさしく〈である／だ体〉の方だということになる。

に、〈である／だ体〉についても、話し言葉の〈普通口調〉と類比的に考えることができるだろう。すなわち、〈である／だ体〉とは、相手を意識・顧慮しないことを本質とするものである、と。

この点、『現代日本語文法』[注]は「普通体は聞き手に対する関係の近さを表すスタイルであると同時に、聞き手の存在しない状況でも用いられる基本的なスタイルである」としているが、これでは、「聞き手に対する関係の近さを表す」ことと「聞き手の存在しない状況でも用いられる」こととの関係が不分メイ[e]なままである。しかし、我々の観点からすれば、これは同じこととして説明できる。なぜなら、いずれの場合も、他者との距離がゼロにされている点で同じと考えられるからである。すなわち、「聞き手の存在しない状況」においてはもちろん、「聞き手に対する関係の近さを表す」場合も、自分とは異なる他者がそこにいることを意識しないか、［　B　］それを意識していないことをヨソオ[f]うことで、つまりは距離をゼロにすることによって、結果として「近さ」という距離を演出するのである。

だが、対話の場合、現実に他者（この場合は聞き手）が存在する。その他者を、あたかも存在しないかのように語るのが〈普通口調〉の特徴となる。［　C　］、〈である／だ体〉はどうか。こちらは、目の前には聞き手は存在しない。しかし、読者という形で他者は存在すると想定される。ところが、他者をあたかも存在しないかのように語る〈普通口調〉の特徴を引き受けた〈である／だ体〉では、その読者への顧慮もない。つまり、〈普通口調〉が他者との距離をゼロにすることによって他者との距離を演出するものであるとすれば、〈である／だ体〉は、他者それ自体を抹消するものであると考えることができる。この意味で、3〈である／だ体〉は対話での〈普通口調〉を純化した形式であると考えることができる。先に見たように〈です・ます体〉が名宛て人の定かでない手紙であるとすれば、〈である／だ体〉の論文は、いわば［　X　］。『現代日本語文法』では、普通体ないし〈である／だ体〉は「特定の読み手を想定しない」とされていたが、実はこれは、そもそも「読み手を想定しない」と言うべきである。

〈です・ます体〉は確かに待遇的である。だが、それは敬語に代表されるような特別な待遇形式を持つ表現とは違っ

（注）『現代日本語文法』…日本語の文法について書かれた書籍。

なるほど書き言葉でも、例えば目上の者への書カン[d]などでは、その読者が具体性をもって立ち現れる。この場合には丁寧さのために〈です・ます体〉が使用されていることになる。もちろん私はこれを認める。しかし、それ以外の場合、未知の人であれ目下の者であれ、我々は手紙であれば多くを〈です・ます体〉で書く。[1]それはもう丁寧さのためではない。もちろん、手紙は書き言葉の一種だが、かなりの場合に特定の読者が想定されるだろうから、これだけを〈です・ます体〉の典型とすることはできない。ただ手紙をモデルとして考えるなら、例えば論文の〈です・ます体〉は、あくまで構造的にではあるが、いわば名宛て人が定かでない手紙であると考えることができる。

我々は、〈です・ます体〉に誤って帰[ii]せられてきた様々な有徴性[注]を取り除くという作業にかなりの手間を費やしてきた。だが、その裏の作業もなければならない。一般に「普通体」もしくは「常体」と呼ばれ、無徴と思われてきた〈である／だ体〉が本当に全くフラットであるのかどうかを考える作業である。

しかし、今までの、回りくどい（？）作業のおかげで、〈である／だ体〉については、かなりスムーズに考えを進められる。談話分析における〈です・ます口調〉の延長で〈です・ます体〉の本質を見定めたように、〈普通口調〉の延長で〈である／だ体〉を捉えることができるからである。

振り返ってみよう。会話における〈普通口調〉は、私的な領域を描くように見えた。以前にも用いた文例で考えてみよう。

「私の論文を読んでくださったのですか。[2]ああ、それはうれしい。」

〈普通口調〉による第二文「ああ、それはうれしい」は、相手を意識した〈です・ます口調〉の第一文との対比において、私的領域に留まることによって相手に対する心理的な距離を作っている。だから〈普通口調〉は私的な領域に、いわば引きこもるように見えるのである。

ここからすれば、書き言葉の〈です・ます体〉の特性を話し言葉の〈です・ます口調〉の性質から導いたのと同じよう

（注）有徴性…特徴的であるという性質。

二　次の文章に先立って著者は、なぜ「論文を書く際に『です・ます』を用いてはならない」という規範が存在するのかを考えるために、「話し言葉」「敬語」などの「です・ます」の性質とされてきた事項を再検討したうえで、それらが「です・ます」の機能であることを否定している。以下は、その議論を踏まえて〈です・ます体〉と〈である／だ体〉の本質や機能について考究しようとするものである。これを読み、後の設問に答えよ。

話し言葉の〈です・ます口調〉(注)と〈普通口調〉が距離感を共同で演出することができたのも、前者が相手への意識・[i]顧慮を持ち、後者は相手を意識・顧慮しないからであった。だとすれば、ここから、書き言葉の〈です・ます体〉も、話し言葉の場合と同様、相手への意識・顧慮を本質とするのだと考えることは、ごく自然な[a]スイ論だろう。しかし、会話の場合とは違い、書き言葉においては距離は生まれないのだから、丁寧さは問題にはならない。したがって、〈です・ます体〉はただただ純粋に読み手に対するものとなる。これが私の言う「純粋待遇性(注)」である。

書き言葉の〈です・ます体〉は、敬語でもなく、丁寧語でなく、しかし純粋に待遇性だけを持つ。その内実は、ただ相手を意識・顧慮するという点にある。私の考えでは、従来、明確な形で名指しされてこなかったこの点にこそ、〈です・ます体〉の本質的機能がある。そうした、丁寧さを脱色した純粋な形式での相手への顧慮は、その純粋さゆえに抽象的ないし[b]シ弁的に見出すしかないものであり、その困難さのために見逃されてきた。確かに微細な点に見えるかも知れないが、[c]ガイ念的に見れば、これは非常にくっきりと捉えることができる。

しかし、「純粋待遇性」という呼び方に問題がないわけではない。［A］、「待遇表現」からは、その最も典型的なあり方である敬語が想起され、そこに他者との具体的な関係がイメージされてしまうだろうが、〈です・ます体〉において待遇されるのは、不特定多数の読者という抽象的な存在であるため、純粋待遇性は、そうした意味での「特別な待遇」とは無縁な、いわば[I]ニュートラルな、あるいはドライなガイ念だからである。

(注)〈です・ます口調〉と〈普通口調〉…〈です・ます口調〉は文末に「〜です」「〜ます」等がつく話し方で、〈普通口調〉はそうでない話し方。なお、この文章においては〈です・ます体〉と〈である／だ体〉は書き言葉のみに用いられている。

(注)待遇性…ここでは、ある言葉遣いや言語表現が有する、会話の相手や書き言葉の読み手を意識し気遣うという性質を指す。

ア　過去の体験は、私が言語で表現するという行為をするかどうかに関係なく、独立に存在することが当然であるから、私は過去の体験をそのようなものとして語るということ。

イ　過去の体験は、私がそれにフィクションを加えて語ったとしても、それとは独立に、客観的な真実として存在するということ。

ウ　過去の体験は、私がそれを言語で表現することによって、はじめて捉えることが可能となるが、私はその体験を、言語による表現の有無に関係なくすでに存在したものとして語るということ。

エ　過去の体験は、客観的な真実としてすでに独立して存在しているのが当然であるが、私はあくまでも、その体験は私がそれに言語による表現を与えることによってはじめて捉えることができるものとして語るということ。

オ　過去の体験には、私がそのように物語った主観的な体験と、どのように物語るかに関係なくすでに存在する客観的な体験があるということ。

問十　次の文のうち、本文の内容に**合致するものには「ア」を、合致しないものには「イ」を**答えよ。

A　著者は本文中で、大森荘蔵や野家啓一の議論を批判し、想起は非言語的なものであると主張している。

B　著者によれば、想起された過去の思い出の真偽を決定するためには、その思い出が過去のものである以上、現在のさまざまなことがらを用いることはそもそも不可能である。

C　著者は、想起とそれを取り巻くもろもろのことがらとの整合性のチェックの役割を過大に評価すべきではないと考えているため、「制度的真理概念」という考え方に反対している。

D　著者は、過去世界は言語的に表現された過去物語によって作られるが、過去物語とは別のものとして存在すると主張する。

E　著者によれば、過去を想起する際には、言語的な表現のみならず、非言語的な要因も重要な役割を果たす。

F　著者によれば、過去自体に触発された身体反応は、日本語の文により、日本語によって開かれる論理空間内にある事態を指定するものであるため、日本語以外の言語でそのような反応が触発されることはあり得ない。

G　著者によれば、過去物語という形で言語的な表現を与えられなかった過去は、存在しなくなるというわけではない。

つ選び、符号で答えよ。

ア　想起は、過去に関するものであるのに対し、身体的記憶は、過去とは関係なく、現在生じているものであるということ。

イ　想起は、過去に関する表現形式で示されるのに対して、身体的記憶は、過去にのみ生じる非言語的なものであるということ。

ウ　想起は、過去に関する言語で示されるのに対して、身体的記憶は、身体表現のみで示されるものであるということ。

エ　想起は、過去に関する表現形式によって示されるのに対し、身体的記憶は、過去によって引き起こされたものであるとはいえ、現在生じているものであるということ。

オ　想起は、過去に関する言語を思い出すことであるのに対し、身体的記憶は、過去に身体を使って行ったことを思い出すことであるということ。

問八　傍線８「「蟬が鳴いていた」という過去物語によって、非言語的であった過去自体が、蟬が鳴いていたというできごととして形を与えられる」とあるが、どういうことか。最も適切なものを次の中から一つ選び、符号で答えよ。

ア　ある体験を「蟬が鳴いていた」と言語で表現することによって、はじめて、できごとが構成されるということ。

イ　「蟬が鳴いていた」ことについてのフィクションを過去形で語ることによって、はじめて、蟬が鳴いていたことに関する体験やイメージからできごとが構成されるということ。

ウ　ある体験を「蟬が鳴いていた」と言語で表現することによって、蟬が鳴いていたというできごとを、その体験自体の非言語性を維持したまま構成するということ。

エ　ある体験を「蟬が鳴いていた」と言語で表現することによって、そこで形作られる過去物語を構成要素とする過去世界が作られるということ。

オ　「蟬が鳴いていた」ということを非言語的に物語ることによって、蟬が鳴いていたという過去世界を形作るということ。

問九　傍線９「私は過去のその体験を、あくまでも私がそのように物語ることとは独立に存在するものとして、語り出す」とあるが、どういうことか。最も適切なものを次の中から一つ選び、符号で答えよ。

ア 過去世界は過去物語を素材として作られるが、素材とそれをもととして作られたものが異なるように、過去世界と過去物語とは異なるから。

イ 過去を物語ることによって過去の世界が作られるということ自体が、そもそもあり得ないから。

ウ 過去世界は過去物語を手段として作られるが、手段とそれを用いて作られたものが異なるように、過去世界と過去物語とは異なるから。

エ 過去世界は過去物語が主体となって作るのであり、作る主体と作られるものが等しいということはあり得ないから。

オ 過去世界は過去物語によって作られるといっても、作る方法によっては、過去世界と過去物語とが等しいとは断定できないから。

問五 傍線5「できごととして分節化されていない」とあるが、どういうことか。最も適切なものを次の中から一つ選び、符号で答えよ。

ア 非言語的な体験の場は、非言語的であるため、それ以上分割することができないということ。

イ 非言語的な体験が言葉によって切り分けられていないということ。

ウ 非言語的な体験は、あまりにも豊かなものであるため、それをさらに分割することがためらわれるということ。

エ 一連のできごとが個別の構成要素に分解されていないということ。

オ 非言語的な体験をできごととして認識することができないということ。

問六 傍線6「身体的記憶」とあるが、これに**該当しない**ものはどれか。次の中から一つ選び、符号で答えよ。

ア 小学校一年生の時に運動会の徒競走で一等になったことを話すこと。

イ 教えられたフォームで野球のボールを投げること。

ウ ある料理を作る際に目分量で適切な味付けをすること。

エ 小学校の校歌をそらで間違えずに歌うこと。

オ 自動車を運転してカーブを曲がる際にいつものように適切にハンドルを操作すること。

問七 傍線7「想起と身体的記憶の違いは、過去への志向性をもつかどうかにある。」とあるが、どういうことか。最も適切なものを次の中から一

ア　過去を想起することには言語が不可欠であるため、過去に関するイメージそれ自体は存在しないと考えなければならないということ。

イ　過去に関するイメージそれ自体には、そのイメージを過去のものであるとするような何かが備わっているわけではないということ。

ウ　ラッセルの言う「なじみの感じ」とか「過ぎ去った感じ」には、過去を表すいかなるものも備わっていないということ。

エ　過去のことに関するイメージ自体がすでに過去を表しているから、過去性のしるしというものをさらに問題にする必要がそもそもないということ。

オ　唯一の過去というものが存在しないため、過去のイメージについて過去性のしるしを想定すること自体が問題として誤っているということ。

問三　傍線３「ある一つの想起は、それを取り巻くこうしたもろもろのことがらとの整合性によって、真偽が決定される」とあるが、どういうことか。最も適切なものを次の中から一つ選び、符号で答えよ。

ア　過去に関する想起が正しいか誤っているかを決定するために、それに関する自分の記憶を用いることは絶対に不可能であるということ。

イ　過去に関する想起が正しいか誤っているかを決定するためには、現在われわれが客観的なものとして認めている正しい知識や自然法則とのつじつまが合うかどうかを確かめる必要があるということ。

ウ　過去に関する自らの想起によって、それに関する他人の記憶や記録、物的な証拠、および、現在のわれわれの知識や自然法則が正しいか誤っているかが決められるということ。

エ　過去に関する想起が正しいか誤っているかを決定する際には、それを取り巻く全ての事柄を用いることができるということ。

オ　過去に関する想起は、現在存在する様々な手がかりや、一般的に通用している様々な知見や法則とのつじつまが合うかどうかを確かめることによって、正しいか誤っているかが判定されるということ。

問四　傍線４「過去世界は過去物語によって作られるとしても、過去世界すなわち過去物語とは言えない」とあるが、それはなぜか。最も適切なものを次の中から一つ選び、符号で答えよ。

過去自体を、「物語としての過去」に対して「語らせる過去」と呼ぼう。過去自体が私を触発して、私に過去を物語らせる。ここでも私は、語らせる過去が、語られた過去よりもはるかに豊かなものであるという思いを抑えることができない。語らせる力をもちながら、しかし語られなかった過去。それを、「語られないがゆえに存在しない」と、私は言う気にはならない。

（野矢茂樹『語りえぬものを語る』による。ただし一部変更した。）

問一　傍線1「そこから記憶違いを正すべき唯一無二の「過去自体」がどこかに存在すると考えれば、大きな哲学的誤りを犯すことになります」とあるが、どういうことか。最も適切なものを次の中から一つ選び、符号で答えよ。

ア　そもそも人間には、自らの記憶が正しいか間違っているかを客観的に認識できる能力は備わっていないので、記憶違いを正すべきなんらかの基準があると考えること自体が、誤っているということ。

イ　ある事柄に関する記憶は人それぞれで様々な形を取り得る以上、その事柄に関する唯一無二の正しい記憶があると考えること自体が、意味がないということ。

ウ　そもそも、過去の真実に関する唯一無二の記憶というものを想定すること自体、考えられないということ。

エ　自らの記憶をそれと照らし合わせて正しいか誤っているかを判定することができるような、客観的な基準となり得る過去そのものは存在しないということ。

オ　人の記憶は、時とともにそれぞれで異なるものとなり得るような曖昧なものであり、そのため、ただ一つの正しい過去というものを想定すること自体が誤っているということ。

問二　傍線2「そうしたイメージそれ自身にはいかなる過去性のしるしもない」とあるが、どういうことか。最も適切なものを次の中から一つ選び、符号で答えよ。

過去について語ることは、そうした物語が私の口をついて出てくるという点では、コンサートで聴いた曲が口をついて出てくるのと同様、過去に触発された私の身体反応にほかならない。その意味では、言語的な想起は身体的記憶の一種だと言えるだろう。私は、非言語的に、夏の照りつける日差しの強さを思い出し、蟬たちの声を思い出し、それと同時に、言語的に「境内には誰もいなかった」と語る。それらはすべて、過去自体に触発された私の身体反応である。

だが、言語的な身体反応は事態を決定的に変化させる。「蟬が鳴いていた」と言語的に思い出すとしよう。それは私の〈言語習得によって身についた〉自然な身体反応であるが、同時に日本語の文でもある。それゆえ、「蟬が鳴いていた」という私の言語的な身体反応は日本語によって開かれる論理空間内に〈蟬が鳴いていた〉という事態を指定することになる。かくして、8「蟬が鳴いていた」という過去物語によって、非言語的であった過去自体が、蟬が鳴いていたというできごととして形を与えられる。非言語的な体験の場としての過去自体は、過去物語によって言語的に分節化された過去世界になるのである。その意味で、確かに、分節化された過去世界は現在の過去物語によって作られていると言えるだろう。

だが、そうだとしても、過去世界すなわち過去物語ではない。私は、過去世界をあくまでも過去物語の原因として作る。過去物語が過去自体からできごとを分節化すると、われわれはそのできごとを原因として捉えることができるようになる。触発は、ここにおいて因果として捉えられる。いま私が「蟬が鳴いていた」と物語ることは、蟬が鳴いていたというできごとに因果的に引き起こされたものとされるのである。つまり、過去物語によって作られた過去世界は、その過去物語を引き起こした原因にほかならない。

そして原因と結果は、言うまでもなく、同じできごとではない。また、原因と結果の関係はけっして必然的なものではなく、かりに桶屋がもうかるという結果にならなかったとしても、風が吹いたという事実は変わらない。同様に、かりに過去物語という結果に結びつかなかったとしても、その原因となった過去世界は存在する。なるほど、「蟬が鳴いていた」と語るからこそ、私はその原因となった体験をまさにその語りを用いて「蟬の鳴き声を聞いていた体験」として捉える。9だが私は過去のその体験を、あくまでも私がそのように物語ることとは独立に存在するものとして、語り出すのである。

は大森や野家とは異なっている。彼らが批判する過去自体は言語的に分節化された過去世界であり、それに対して私が過去自体と呼ぶものは非言語的である。しかし、カントの物自体も非言語的なものであった。それゆえ、紛らわしいのは確かだが、大森や野家には失礼して、私は「過去自体」という用語をよりカントに近い意味で使うことにしたい。)

例えば、私は寺の境内に立ち、多くのことを言語的に分節化して捉えるが(緑青をふいた屋根、鐘楼、蟬の声)、同時にそれらを取り巻く圧倒的に豊かな非言語的体験に晒されてもいる。そしてそれはさまざまな形で私に影響を与える。私はそれをカントにならって「触発」と呼んだ。非言語的な体験の場は、5できごととして分節化されていないために、それを原因として特定することができない。それゆえ、「因果」ではなく「触発」と呼んだのである。

私は、過去の非言語的な場——過去自体——からも触発される。例えば、蟬たちのにぎやかな声の調子を思い出す。コンサートで聴いた曲でも、食べた料理の味でもよい。そこには言語化しきれないさまざまなイメージが伴っている。そして私はそれらの非言語的イメージを過去の体験に由来するものとして捉えている。過去自体が現在の私を触発して、非言語的イメージが私に現われるのである。

一般に、自転車の乗り方を覚えていたり文章を暗唱したりするタイプの記憶は想起とは区別される。それを野家の言い方を借りて「6身体的記憶」と呼ぶことにしよう。コンサートで聴いた曲を思い出して口ずさむこともまた、身体的記憶である。別に口ずさまなくともよい、聴いた曲を頭の中で思い浮かべることや、あるいは料理の味を非言語的に思い出したりすることも、身体的記憶となる。7想起と身体的記憶の違いは、過去への志向性をもつかどうかにある。想起は過去形の言語的内容をもち、それによって過去についてのものとなる、つまり過去への志向性をもつ。他方、身体的記憶は過去自体によって触発された私の身体反応であり、過去に起因するものではあっても、過去についてのものではない。

哲学が記憶を論じるとき、例えばベルクソンやラッセルにおいて、身体的記憶は軽視ないし無視されてきた。大森と野家の議論もその伝統にのったものと見ることができるだろう。だが、私はその伝統に異を唱えたいと考えている。非言語的な身体的記憶なしには言語的な想起も成り立たないと思うのである。

私は、こうした議論のほとんどに賛成したい。想起の真偽を過去の事実との比較によって決定することはあからさまに不可能である。それゆえ、整合性のチェックは想起の真偽にとって決定的に重要となるだろう。私自身は整合性のチェックの役割を過大に評価すべきではないと考えているが、それは大森や野家の議論の大枠を崩すものではなく、「制度的真理概念」と呼ばれるものをさらに実情に即した形で仕上げていく必要があるというにすぎない。

問題は、「過去世界は想起と独立ではない」と彼らが言うときの、その意味にある。大森の議論はこうであった。過去世界は過去物語によって作られる、それゆえ、過去世界とは過去物語なのである。だが、過去世界が過去物語によって作られることを認めたとしても、そこから過去世界が過去物語に等しいことは出てこない。大森はなるほど過去世界の作り方を述べはした。しかし、そのことと、作られたものが何であるのかは別の話である。

ここで「過去物語によって作られる」という言い方に注意しなければいけない。われわれは「その家はレンガによって作られている」という言い方もするし、「その家は伝統的工法によって作られている」という言い方もする。前者は構成要素を意味し、後者は作り方を意味する。「によって」にはいくつかの意味があり、それを混同してはならない。（「そのシチューは太郎によって作られた」から太郎がそのシチューの構成要素であることは導けない。）それゆえ、4過去世界は過去物語によって作られるとしても、過去世界すなわち過去物語とは言えないのである。

むしろ平凡な実感に従うならば、過去はわれわれがいまそれをどう思い出そうとも、あるいは思い出さなくとも、それとは独立に存在する。私はこの実感を保持したい。同時に、大森や野家が言うような、過去世界は過去物語によって作られるという論点も掬いとりたいと考えている。ひとことで言えば、過去世界は過去物語によって過去物語とは独立なものとして作られると言いたい。だが、その主張の内実を明確にするのは、それほど簡単ではない。

前回私は、言語的に分節化された世界は非言語的な体験の海に浮かぶちっぽけな島にすぎないと述べた。この主張を、ここでも繰り返したい。そして、過去における非言語的体験を「過去自体」と呼びたい。（ただし、その意味するところる。偽な想起は訂正されるか撤回されねばならない。

では、例えば「S君がぼくのプリンをとった」といった思い出の真偽はどのようにして決められるのだろうか。似顔絵であれば、実物と比較して似ているか似ていないかが言える。同様に、想起を過去の事実の写しのように考えるのであれば、そのとき、想起の真偽は想起と過去の事実との比較によって決定されることになる。だが、似顔絵の場合には絵と別に本人に会うことができるが、想起の場合にはそうはいかない。こちらに想起をおき、横にその想起のもととなった体験をおいて比較してみるなどということは不可能である。われわれは、もはや過去に戻ることはできない。

実際にどのようにして想起の真偽が決定されうるのかを考えよう。われわれに与えられているものは、現在のさまざまなことがらでしかない。他人の記憶、日記や手帳といった記録、物的な証拠、あるいは現在われわれが正しい知識として認めている無数のこと（世界のあり方、自然法則等）。そして、[3]ある一つの想起は、それを取り巻くこうしたもろもろのことがらとの整合性によって、真偽が決定される。もちろん単純に不整合なら偽、整合的なら真とは言えないだろうが、こうした現在のことがらとの整合性をもとにして真偽を考えるしかない。そして確かに、多くの想起はこのようなやり方で実際に真とされているのである。大森は、こうした整合性のチェックをわれわれの社会的制度と考え、それによって確立される真理性を「制度的真理概念」と呼ぶ。

> この真理概念によって真とされる過去命題を系統的に接続すれば一つの物語りができあがる。この物語りこそ、われわれが想起による過去と呼ぶものにほかならない。過去とは過去物語りなのである。（「物語りとしての過去」『大森荘蔵著作集』第九巻『時は流れず』、岩波書店、一五ページ）

大森もまた、野家と同様、過去物語と独立な過去世界を「過去自体」と呼び、その想定を拒否する。過去世界は過去物語と独立なものではありえず、われわれの社会的制度を背景とした過去物語によって構成されるというのである。

岩波書店、一三五ページ）

きっぱり「大きな哲学的誤り」と言われてしまうと、いささか気遅れするのだが、私は、過去自体は存在すると言いたい。ただし、「過去自体」ということの意味が私と野家でおそらく同じではないため、実質的な違いがどこにあるかは、慎重に検討しなければいけない。

野家の議論は大森荘蔵の議論を引き継いだものである。二人の違いは強調点の置き方にあると言えるだろう。野家は歴史を物語ることへと視線を向け、それに対して大森は想起という体験のあり方を捉えようとする。私の関心もさしあたり想起にある。しばらく大森の議論を追っていこう。

過去のことを思い出すとはどういうことだろうか。例えば数ヵ月前に立ち寄ったお寺を思い出す。深い緑に包まれた境内。蟬（せみ）しぐれ。それはたんなる想像ではない。では、それらのイメージの中に、たんなる想像には見出せず、想起に特有な特徴が何かあるだろうか。ラッセルならば、「なじみの感じ」とか「過ぎ去った感じ」があると言うだろう。だが、なじみの感じをもった想像だってあるだろうし、過ぎ去った感じと言われても、よく分からない。

それに対して大森は、2そうしたイメージそれ自身にはいかなる過去性のしるしもないと指摘する。分かりやすく絵で考えてみよう。過去形の絵。お寺の境内の絵を描き、さらにそこに過去時制を描きこむ。できはしないだろう。その絵を、そのイメージを、過去のものとするのは、ただそれについて「境内には誰もいなかった」とか「蟬の声がうるさかった」と過去形で語るからである。かくして、大森は想起を言語的なものと捉える。想起の本質はイメージを思い描くようなことではなく、過去を語ることにあるというのである。

想起と想像を区別するのは、想像の語りが偽でもかまわないのに対して、想起の語りは真であるべきとされる点にあ

2024年度　2月12日　一般選抜

国語

国語

（法学部1部・2部、人文学部2部（日本文化）：六〇分
人文学部1部（日本文化）：七〇分）

（注）三は人文学部1部（日本文化）のみ解答すること。

一　次の文章を読み、後の設問に答えよ。

小学生の頃のことを、同級生だった人と話しているとしよう。あるとき二人はけんかをした。そのきっかけは君がぼくの給食のプリンをとって食べちゃったからだ。それはおまえがぼくのプリンになめたスプーンをつっこんだからじゃないか。そんなことしていない。いや、した。と、五十半ばの男が情けない会話をしている。こうした記憶の食い違いに対して、野家啓一は次のように主張する。

そのような場合、われわれは「過去の真実は一つしかない」のだから、どちらかが記憶違いをしているはずだという強烈な思いにとらわれます。それは別に間違いではありません。しかし、[1]そこから記憶違いを正すべき唯一無二の「過去自体」がどこかに存在すると考えれば、大きな哲学的誤りを犯すことになります。それはカントの「物自体」と同様に、少なくとも認識論的にはいかなる理解可能な意味も持つことはできないからです。（『歴史を哲学する』、

解答編

英語

1 解答 **問1．1**－C **2**－A **3**－D **4**－A **5**－C
6－B **7**－D **8**－A **9**－C **10**－A

問2．11－C **12**－B **13**－A **14**－A

問3．15－B **16**－A **17**－B **18**－A

解説

《アメリカの国立公園のバランスを維持すること》

問1．1．「パンデミックの影響の一つは何だったか？」

第1段第2文後半（many Americans turned…）で「多くのアメリカ人が安堵と冒険への切望を満足させるために国の国立公園に向かった」とあるので，Cの「屋外活動への興味が増加した」が適切。

2．「NPSはどうやって公園に対する人間の影響を処理しているのか？」

第2段第3文（This judgement is in line…）に「この判断はハイキング，自転車，飛行遊覧を含むレクリエーション活動を制限する狙いで最近NPSが下した他のものに即している」とあるので，Aの「ハイキングや自転車の活動を制限することで」が適切。

3．「国立公園の増加する来訪者数は…」

第3段第4・5文（Visitation density…collisions with wildlife.）に「来訪密度は環境だけでなく来訪者の経験にも悪い影響を与える。車の過多は渋滞，公害，野生生物との衝突の問題を作り出す」とあるので，Dの「環境や野生生物にとって問題を引き起こしている」が適切。

4．「NPSは過剰混雑の問題に対してどう反応してきたか？」

第4段第2文（To limit unsustainable…）に「支えられない訪問者の数を制限するために，ユタ州にある2つの国立公園は予約が必要になることを昨年発表した」とあり，また同段第6文前半で（Besides the two Utah…）に「ユタ州の2つの場所の他に，ロッキー山脈や Gracier 国立公園でも NPS は同様のシステムを実施した」とあるので，Aの「彼らはいくつかの公園で予約システムを実施した」が適切。

5.「NPS は何を達成しようとしているか？」

第5段第1文（“The national parks are…）に「国立公園は保存され守られることになっているが，NPS を作った法令では公園は人々の楽しみのために使われることにもなっているとも言っている」とあるので，Cの「保護と人の楽しみの調和」が適切。

6.「…ので NPS は飛行遊覧に対してより厳しいルールを提案している」

第6段第3文後半～第4文（prohibiting these flights…draft plan states.）に「これらのフライトが夜明け，夕暮れ，地上から半マイル以内で行われるのを禁止した。日の出と日没は野生生物と来訪者の使用と経験にとって1日の中で重要な時間である」と計画案の中にあり，同段第5文（“Biologically important behaviors for…）にも「この時間帯には，主要な採餌，交尾，コミュニケーションなど，多くの種にとって生物学的に重要な行動が起こる」とあるので，Bの「動物たちの生物学的な行動に与える影響を少なくしたい」が適切。

7.「なぜ多くの国立公園は一時的に人気のクライミングルートを閉鎖しているのか？」

第7段第1文（Many national parks…）に「多くの国立公園が危急種とその繁殖地をより一層保護するために，例年，ロッククライミングルートの閉鎖を発している」とあるので，Dの「危急種や動物によりよい繁殖の機会を与えるため」が適切。

8.「気候変動は…」

第8段第2文前半（As climate change…）に「気候変動が環境に追加のストレス要因をもたらしているので」とあるので，Aの「環境にプレッシャーを増加させている」が適切。

9.「NPS がよりよく国立公園を運営するために何が必要か？」

第9段第2文後半～第3文（it will need significantly…for the year.）に「NPS は人員と予算にかなり多くのサポートを必要としていると Manning は言う。エージェンシーの常置従業員は約2万人――アナハイムのディズニーリゾートの従業員より少ない──からなっており，その単年予算は連邦総支出の0.05％以下である」とあるので，Cの「連邦政府からより多くの支援」が適切。

10.「国立公園を保護するために最も現実的なアプローチは何か？」

最終段最終文（In the meantime, …）に「アクセスを制限することが人と原生自然が共存できる貴重な場所を保護する最も現実的な方法だ」とあるので，Aの「来訪者の数を制限する」が適切。

問2．11. 第2段第2文（Most recently, …）に「最近では，エージェンシーはサウスダコタ州庁から出されたMount Rushmoreでの7月4日の花火を認める要求を否認した。決断の理由として部族の反対と山火事の危険性を引き合いに出している」とあるので，Cの「部族の反対」が適切。

12. 第4段第3文（At Zion National Park, …）に「Zion国立公園では，有名なAngels Landing routeをハイキングするのには許可が必要である」とあるので，Bの「ハイキングするのに許可が求められる」が正解。

13. 第7段最終文前半（In Canada, …）に「カナダではJasper国立公園がカリブーの群れを保護するために季節閉鎖を延長した」とあるので，Aが適切。

14. 第8段最終文（Last year, …）に「昨年州内の170万エーカーを焼いた6800以上の山火事に対応して，アメリカ森林サービスはカリフォルニア州の国立森林のすべてを一時的に閉鎖するという思い切った手段をとった」とあるので，Aが適切。

問3．15.「2021年に25の国立公園で来訪者の記録を受けとった」

第3段第3文前半（Forty-four parks …）の「44の公園が2021年に来訪者記録を打ち立てた」という内容と不一致なのでFALSE，Bが正解。

16.「予約システムはカウアイのカララウトレイルのような公園で実施されている」

第4段最終文（Besides the two Utah sites, …）に同様のシステムを実施した場所が羅列してあり，その中にあるのでTRUE，Aが正解。

17.「ハヤブサは連邦政府によって絶滅危惧種にリストされている」

第7段第4文前半（Although the species …）に「この種はもう絶滅危惧種として連邦政府にはリストされていないけれども」とあるのでFALSE，Bが正解。

18.「ディズニーリゾートは国立公園サービスよりも従業員が多い」

第９段第３文（The agency's permanent workforce…）の「エージェンシーの常置従業員は約２万人――アナハイムのディズニーリゾートの従業員より少ない――からなっており，その単年予算は連邦総支出の 0.05％以下である」と一致するので TRUE，Ａが正解。

② 解答

19－Ａ　**20**－Ｄ　**21**－Ｄ　**22**－Ｄ　**23**－Ｂ　**24**－Ｄ　**25**－Ｂ　**26**－Ａ

解説

19.「君の会社に今求人ある？」というＸの発言に対して，返答が「ええ，…の経験がある人を探しているよ」なので，Ａの administration「管理，経営」が適切。job openings「求人」 Ｂ．integration「統合」 Ｃ．nomination「指名」 Ｄ．moderation「節度」

20.「あなたの家族にとって最も大切なものとみなしているのは何？」というＸの発言に対して，返答が「うーん，うちの子供の…が最優先事項ね」なので，Ｄ．welfare「幸福」が正解。Ａ．assembly「集まり」 Ｂ．psychology「心理学」 Ｃ．resistance「反抗」

21.「コーチ，空手の大会に参加するのに何が必要ですか？」に対して，返答が「2000 円の…料をウェブサイトで払いさえすればいい」なので，Ｄ．registration「登録」が正解。Ａ．appreciation「評価，感謝」 Ｂ．circulation「循環」 Ｃ．recipient「受取人」

22.「ジョンは新しい仕事でうまくやっているね」に対して，返答が「彼は新しい環境にすぐに適応する…を持っている」なので，Ｄの flexibility「柔軟性」が適切。Ａ．reliability「信頼度」 Ｂ．availability「利用できること」 Ｃ．stability「安定性」

23.「姉はよく私が父に似ていると言う」に対して，返答が「私たちは親から何かしらの特徴を…している」なので，Ｂ．inherit「受け継ぐ」が正解。Ａ．inhibit「抑制する」 Ｃ．describe「描写する」 Ｄ．deliver「配達する」

24.「クレアがベンの自転車を借りているときに壊した」に対して，返答が「じゃあ彼女は壊した部分を彼に…しなければいけない」なので，Ｄ．compensate「補償する」が正解。Ａ．remedy「治療する」 Ｂ．accuse

「訴える」 C．comply「応じる」

25.「スマホで何を調べてるの？」に対して，返答が「…アイスホッケーの試合がいつ行われるのかを調べている」であり，when 節の動詞に will がついているので試合がまだ行われていないことがわかる。 B．upcoming「今度の」が適切。A．preceding「先行する」 C．current「今の」 D．ongoing「進行中の」

26.「なぜジェシカは新しい仕事に就くのにそんなに急いでいるの？」に対して，「彼女の会社が財政的に難しいというのは…」なので，A．evident「明らかだ」が適切。B．indefinite「不明確な」 C．adequate「十分な」 D．ambiguous「あいまいな」

3 解答

27－A　**28**－D　**29**－A　**30**－D　**31**－A　**32**－A
33－D　**34**－C　**35**－C　**36**－D

解説

27.「壊してしまって本当にすみません」に対して，「君のせいではないよ」と答えており，空所には「事故だった（わざとではなかった)」と入れたいので，Aが正解。

28. X の発言が過去形であることから，空所には過去の内容で「泊まれたのに」という仮定法の内容を入れなければならない。よってDが正解。

29. 選択肢を見ると語順と時制の問題であることがわかる。空所は間接疑問文の一部であり，さらに時制の一致をさせるのでAが正解。

30. 空所を含む文は「新しいスマホを買うことを考えている」となると考えられるので，Dが正解。think of～「～のことを考える」

31. BとCでは意味をなさない。Dを使うなら to open でなければならない。Aが正解。Shall I～？「～しましょうか？」

32. 空所後に SV という文がきていることから，接続詞を使わなくてはならないのでAが正解。B～Dはすべて前置詞。Cは接続詞で使うこともできるが，意味が通らない。

33. 何を食べたいかの質問に対して，ハイフン以降は「あなたが食べるものなら何でも」と言っていることから，空所を含む文は何でもうれしいということなのでDが正解。

34. 文法の時制の問題で，空所の前の文が，Yes, we were. と過去形になっているので，「友人だった」という過去の時点より以前にすでに友人であったことを表しており，大過去の形で We had known の形のＣが正しい。

35.「飛行機で昔の級友にばったり会ったんだ！」の後の発言なので，Ｃを入れれば「世間は狭い」という表現として文意が通る。

36. over the moon「大喜びで」という慣用句なのでＤが正解。文意は「昇進の知らせを受けとったとき大喜びした」となる。

4 解答 **37**－Ｄ **38**－Ｂ **39**－Ａ **40**－Ｂ **41**－Ａ **42**－Ｄ

解説

37. 空所の次の祖母の発言で「あなたが今言ったようにこの数週間でかなりのアプリをダウンロードした」と言っていることから，空所には同じ内容が入るので，Ｄの「最近たくさん新しいアプリをインストールした？」が正解。

38. 空所前の祖母の発言がリクの思った通りだったことから，Ｂの「それが原因だろう」が正解。

39. 残ったＡとＣの選択肢でＣの「このアプリの使用はすごく落胆する」は意味がわからないし，会話の内容も合わない。Ａの「結構簡単だよ」が正解。

40. 空所後に「北海道は素晴らしい選択肢だと思います」と提案していることから，目的地を聞こうとしているＢの「どこか特定の目的地は考えていますか？」が正解。

41. 空所直前の発言で「都市の名前が思い出せません」とあるので，Ａの「函館について考えていそうですね」が正解。

42. 空所前の Tim の発言で「すべての交通費がその値段に入っていますか？」とあり，空所後には「素晴らしいです」と続いている。空所に入れる発言として残ったＣとＤから考えれば，Ｄの「それに朝食も含まれています」が正解。

5 解答 43－C 44－B 45－D

解説

《インターネットの歴史》

43. 空所後の１文に「彼らはソ連が国のシステムを攻撃したらどうなってしまうのかについて特に心配した」とあるので，空所にはソ連の人工衛星打ち上げに心配する内容がくることがわかる。よって，Ｃの「この出来事の後，多くのアメリカ人が科学と科学技術についてより真剣に考え始めた」が正解。

44. 空所前の文に「互いに話すことができるコンピュータのネットワーク」と記述があるので，空所にはＢの「電話システムが破壊されても，この方法で政府首脳たちはコミュニケーションをとれる」を入れると前文から話が通る。

45. 残りのＡとＤの選択肢を見ると，Ａは「その当時の２大強国はソ連とアメリカだった」という本文前半部分に入れないとおかしな内容になっている。Ｄは「しかし，今日我々が知っているインターネットが最初に作られたのは 1991 年だった」で，空所後の World Wide Web の話とも通じるので，Ｄが正解。

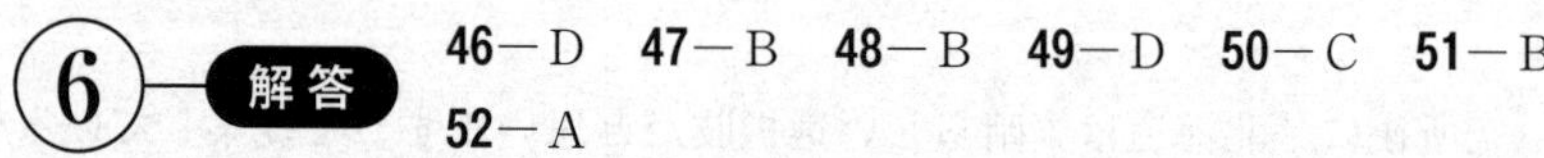

6 解答 46－D 47－B 48－B 49－D 50－C 51－B 52－A

解説

《車の試乗についてのお知らせメール》

46.「なぜワタナベさんは車の試乗ができなかったのか？」

メール本文第１段最終文（Unfortunately, …）に「先週はすべての試乗車が年次点検と修理のため利用できませんでした」とあるので，Ｄの「すべての試乗車が点検中だったから」が正解。

47.「試乗はいつ再開する？」

メール本文第２段第１文（We are pleased …）に「すべての車のメンテナンスが今週末までに完了することをお知らせできてうれしいです。つまり来週頭からご都合のいいときに私たちの車を試乗していただけます」とあるので，Ｂが正解。

48.「一度に試乗できる車の最大数は？」

メール本文第3段最終文（Please note the number …）に「1回の試乗に利用できる車は2台ですのでご注意ください」とあるので，Bが正解。

49.「ワタナベさんがマツダのCX-5を試乗できるのはいつか？」

メール添付文の表の1番右に「日曜：マツダ CX-5」とあるのでDが正解。

50.「試乗者が18歳未満なら，車に乗らなければならない最少人数は？」

メール添付文1番下のNotesの1に「試乗にはスタッフの1人が同乗します」とあり，2には「18歳未満なら，親もしくは保護者が試乗に同乗しなければならない」とあるのでCが正解。

51.「ワタナベさんは高速道路で試乗するために何をしなければならないか？」

メール添付文1番下のNotesの3に「高速道路を試乗するためには要求される高速料金を払わなければならない」とあるのでBが正解。

52.「現在のスケジュールにない車を試乗するために，ワタナベさんは…しなければならない」

メール添付文1番下のNotesの4に「上記の車以外の他のモデルを試乗するには，翌月までお待ちください」とあるのでAが正解。

日本史

1 解答 《摂関政治》

問1． エ **問2．** イ **問3．** 承和 **問4．** エ **問5．** 妻問婚
問6． 菅原道真 **問7．** 延喜の荘園整理令 **問8．** ウ **問9．** エ

2 解答 《足利尊氏に関連する政治史》

問1． 元弘の変 **問2．** 大覚寺統 **問3．** エ **問4．** ウ **問5．** オ
問6． 観応の擾乱 **問7．** (1)足利尊氏 (2)―ア (3)高師直

3 解答 《明治時代～昭和戦後までの税制度・政治史》

問1． ア **問2．** イ **問3．** 直接国税 **問4．** ウ **問5．** 立憲政友会
問6． 日露戦争 **問7．** オ **問8．** 消費税 **問9．** ア

4 解答 《昭和戦前の政治・経済史》

問1． ロンドン **問2．** 浜口雄幸 **問3．** ウ **問4．** ア
問5． 血盟団事件 **問6．** 犬養毅 **問7．** ア **問8．** 皇道派 **問9．** エ

世界史

1 解答 《イスラームの成立》

問1． **1．** メッカ　**2．** メディナ　**3．** ダマスクス
問2． **A．** アブー＝バクル　**B．** アリー　**C．** ムアーウィヤ
問3． ウンマ　**問4．** アラビア　**問5．** 六信五行　**問6．** ウ

2 解答 《イギリス中近世史》

問1． **1**―エ　**2**―カ　**3**―ス　**4**―ト　**5**―ソ　**6**―チ　**7**―シ
8―ケ
問2． ⑴**A．** ルター　**B．** トリエント公会議　⑵―イ
問3． ウ　**問4．** **A．** 独立　**B．** 水平〔平等〕　**C．** 長老

3 解答 《ロシアのアジア進出》

問1． アムール川〔黒竜江〕　**問2．** アロー　**問3．** ウラジヴォストーク
問4． **A．** ムラヴィヨフ　**B．** ヤクブ＝ベク　**C．** 左宗棠
問5． **ア．** コーカンド＝ハン　**イ．** ヒヴァ＝ハン　**問6．** ア
問7． 西太后

4 解答 《20世紀前半のアメリカ合衆国》

問1． **1．** スペイン　**2．** ジョン＝ヘイ　**3．** メキシコ
4． 無制限潜水艦　**5．** 平和に関する布告　**6．** ヴェルサイユ
7． 大西洋憲章　**8．** ヤルタ
問2． 棍棒外交　**問3．** エ　**問4．** ニコライ2世　**問5．** イ　**問6．** ア
問7． ノルマンディー上陸　**問8．** 冷戦

地理

1 解答 《世界の自然環境》

問1． B・F
問2． ひろがる境界：J　せばまる境界：K　ずれる境界：L
問3． **P**―ウ　**Q**―イ　**R**―エ　**S**―ア
問4． **U.** サイクロン　**V.** 台風〔タイフーン〕 **W.** ハリケーン
問5． ①・③

2 解答 《時　差》

問1． **ア.** 15　**イ.** 本初　**ウ.** ワシントンD.C.　**エ.** 135　**オ.** 9
カ. 協定世界時〔UTC〕 **キ.** 日付変更　**ク.** キリバス〔キリバス共和国〕
ケ. サマータイム〔夏時間〕
問2． 2　**問3．** 7（月）19（日）午後9（時）
問4．（設問省略）　**問5．** 対蹠点　**問6．** 4　**問7．** オフショアリング

3 解答 《都市と居住問題》

問1． **ア**―m　**イ**―c　**ウ**―p　**エ**―k　**オ**―h　**カ**―q　**キ**―f
ク―o　**ケ**―i
問2． ドーナツ化現象　**問3．** 職住近接　**問4．** インナーシティ
問5． コンパクトシティ　**問6．** ジェントリフィケーション　**問7．** c
問8． 洪水対策用地下調整池〔洪水対策用地下調節池〕

4 解答 《熊本県人吉市周辺の地域調査》

問1． 1・2　**問2．** グリーンツーリズム　**問3．** 山形県　**問4．** 1
問5． 天井川　**問6．** **あ**―6　**い**―1　**問7．** 2　**問8．** 少子化

問9. 通学定期輸送人員：b　定期外輸送人員：c　総輸送人員：a
問10. カルデラ　**問11.** 1　**問12.** 2　**問13.** バカンス

政治・経済

1 解答 《国際決済銀行（BIS）》

問1. ナチス（党）〔ナチ党，国家社会主義ドイツ労働者党〕
問2. 発券・銀行の・政府の
問3. ウ **問4.** マーシャル＝プラン
問5. (a)日米安全保障 (b)―ア **問6.** オ **問7.** イ
問8. A―ア B―ク C―コ D―セ
問9. E. サブプライムローン F. 証券化〔投機的〕 G. 洞爺湖

2 解答 《先住民とその問題》

問1. オ **問2.** ナショナリズム **問3.** あ. 不干渉 い. 人道的
問4. インフォームド＝コンセント
問5. A. 国際労働機関 B. 社会権〔社会権的人権〕
C. 自由権〔自由権的人権〕 D. 旧土人
問6. エ **問7.** アパルトヘイト **問8.** ウ **問9.** 白豪 **問10.** イ
問11. ヘイトスピーチ **問12.** (a)―ア (b)ウポポイ

3 解答 《核兵器とNGO》

問1. (a)1618 (b)―カ (c)―イ
問2. アムネスティ＝インターナショナル
問3. (a)第五福竜丸 (b)パグウォッシュ **問4.** (a)―ア (b)―ア
問5. A―オ B―エ C―キ D―ケ E―ウ F―イ
問6. (a)―ウ (b)―オ

キ、少将の公に恋心を訴えたのは、宇治の宗順阿闍梨である。

の助動詞。

問三　**A**、中院の僧正は、二人の和歌のやり取りを素晴らしいとお思いになった。

B、入道殿の発言部分。中院の僧正に和歌を記憶なさっているのかと尋ねた。

C、中院の僧正のとんでもない記憶の間違いに入道殿は耐えられそうもないほどおかしく思われたのである。

問四　「すがた」が、「(あなたの美しい)姿」と、「菅田の池」の掛詞になっている。「しぼりかねぬ」の「ぬ」は完了。「いかで」は、下に意志の「ん」があるので、〝何とかして〜たい〟と訳す。以上を踏まえると、〝昨日見たあなたの美しい姿にすっかり心を奪われました。あの菅田の池で袖が濡れたように、あなたを思って涙に濡れた袖を絞りかねていることを何とかしてお伝えしたいのです〟といった意味になる。

問五　「菅田の池」と「姿」が掛詞であるのは変わらないが、その「姿」が「あまた」あるので、「誰故」に濡れたのでしょう、とうまくかわした返歌である。それを踏まえると、〝あなたは美しい人の姿をたくさん見ていらっしゃる。ですから、菅田の池に映った影を見てそうおっしゃるのでしょうから、どなたのことで涙に濡れる袂を絞っていらっしゃるのかよくわかりません〟といった意味になる。

問六　中院の僧正が、二人の和歌のやり取りを、時宜にかなった素晴らしいものと絶賛したくせに、その和歌の記憶が全くできておらず、和歌の意味も大きく変わってしまっていた。それを入道殿はおかしく思われた。

問七　ア、本文には示されていない。

イ、最後から二文目に明記してある。

ウ、宗順が恋心を訴えたのを少将の公はわざとはぐらかしたのである。

エ、入道殿は、中院の僧正と一緒にいたわけではなく、後から聞かされた。

オ、本文からは読み取れない。

カ、「時にとりて」とあり、時宜にかなったものとしている。

⑤空欄Eの直後に「『〈である／だ体〉は有徴なので、論文はそれで書かねばならない』というのが、人びとの自覚せざる意識の実相」とある。

三

出典　橘成季『古今著聞集』

解答

問一　①―エ　②―オ　③―ウ
問二　オ
問三　A―ウ　B―ウ　C―イ
問四　ア
問五　エ
問六　イ
問七　イ・カ

解説

問一　①「しか」は過去の助動詞「き」の已然形。「こそ」の係り結びである。
②中院の僧正の様子。「ねんごろなり」は心のこもったさまをいう。
③「術無く」と書き、どうしようもないことを意味する。右府は、中院の僧正が感動していたくせに肝心の和歌の記憶が間違っていたので、笑いをこらえている。

問二　Iは、「けるにや（あらむ）」と、下に補助動詞の「あり」が省略されているので、断定の助動詞「なり」の連用形。アは形容動詞「みそかなり」の活用語尾。イは「なり・ぬ」で完了の助動詞「ぬ」の連用形。ウの「聞きに」は、形容詞の連体形と接続助詞。エはナ変動詞「いぬ」の活用語尾。オは「人にもあらず」で下に補助動詞がくるので断定

解説

問四　Ⅰ、他者との具体的関係性がなく、不特定多数の読者という抽象的存在について述べている。
Ⅱ、直後から考えて、待遇性を持たないとなる。

問五　一番初めの段落で述べているように、書き手と読み手との距離は生まれないので、丁寧さが問題にならないのである。

問六　傍線2の後に、「第二文『ああ、それはうれしい』」が相手を意識している第一文に対し、「私的領域に留まることによって…」とあり、次の段落に「〈である／だ体〉とは、相手を意識・顧慮しない」とあることから、ウが適切。

問七　傍線直前の説明からアかイに絞られる。イは「読み手という存在がはじめから抹消されている」が傍線直前の「他者をあたかも存在しないかのように語る…〈である／だ体〉では、その読者への顧慮もない」と合致しないため、アが正解。

問八　手紙を目指す二項対立であるから、空欄直前との対比で考える。

問九　ウ、敬語の要素は持つが、不特定多数の読者など、ニュートラルな存在にも使える表現なので有徴性を否定する根拠にはならない。
エ、空欄Dの前段落に「〈です・ます体〉が、その機能においては話し言葉でも敬語でもない」とある。

問十　①目上の人に「です・ます」を用いるのは、読者が具体性を持っているので、丁寧さを表現している事例である。
②話し言葉でも書き言葉でも、「です・ます」は相手への意識・顧慮はある。ただ、書き言葉では純粋待遇性があるという違いはある。
③空欄Dのある段落で、「〈です・ます体〉の純粋待遇性が向かう先の読者が、具体的に…表象される」とあるので、合致しない。
④今まで有徴性があると考えられてきたのを筆者は取り除こうとしていたのである。

C、「制度的真理概念」を過大評価すべきではないと述べているが、さらに実情に即した形で仕上げていく必要があると述べているので、考え方自体に反対しているわけではない。
D、文中で繰り返し述べられている。
E、身体的記憶など、非言語的な要因も想起に関わるとある。
F、この文章では、日本語について述べられており、他の言語については述べられていないので、ここだけで判断はできない。
G、たとえ、言語表現が与えられなかったとしても、過去が存在しなくなるわけではないとある。

二

出典　平尾昌宏『日本語からの哲学――なぜ〈です・ます〉で論文を書いてはならないのか？』（晶文社）

解答

問一　i―エ　ii―ア　iii―エ　iv―イ
問二　a―イ　b―イ　c―ア　d―ウ　e―エ　f―ウ
問三　A―エ　B―イ　C―カ　D―ウ　E―ア
問四　Ⅰ―エ　Ⅱ―イ
問五　エ
問六　ウ
問七　ア
問八　ウ
問九　ア・イ・オ
問十　①―イ　②―ア　③―イ　④―ア　⑤―イ

問三　過去に関する想起の真偽は、想起と過去の事実の比較によって決定される。アのように自分の記憶を用いるのは不適当であるが、傍線の説明にはなっていない。イのように客観的な知識だけではなく、他人の記憶を用いることもある。ウのように、他人の記憶などは、その過去の想起の真偽を確かめる手段であって、それ自体の真偽を確かめているわけではない。エのように、全ての事柄を用いることができるとは言い切れない。

問四　傍線直前の「それゆえ」より、その前に理由があると判断できる。「によって」という言葉が示す内容として「構成要素」「作り方」が挙げられており、〈AがBによって作られる〉としても〈A＝Bとは限らない〉と述べられている。以上に合致するのはウである。

問五　傍線を含む段落で「私は寺の境内に立ち、多くのことを言語的に分節化して捉える」と述べているので、「非言語的な体験」では、言語がないために「分節化して捉える」ことが行われないということになる。よって、イが適切。

問六　アは、身体的記憶に基づく体験談を話すことであって、身体的記憶の事例ではない。

問七　想起は、過去形の言語的内容であり、過去についてのものである。身体的記憶は、過去によって触発されたもので過去そのものではない。それを踏まえると、想起についての説明がアとオでは不足し、身体的記憶についての説明がア〜ウでは不足する。よって、エが正解となる。

問八　傍線は、非言語的な過去が変容することを述べている。「できごととして形を与えられる」の説明としては、アの「できごとが構成される」が適切。

問九　「物語ることとは独立に存在するものとして」という表現から、アかウに絞られる。アは「独立に存在することが当然である」が不適切であり、ウが正解。

問十　**A**、筆者は本文中で、大森と野家の意見におおむね賛成しているが、想起の考え方だけが異なる。それは想起が過去形の言語形式を持つとしていることである。

B、現在、われわれが正しい知識としてみなしているものを整合性チェックに使うと述べている。

国語

一

出典　野矢茂樹『語りえぬものを語る』（講談社学術文庫）

解答

問一　エ
問二　イ
問三　オ
問四　ウ
問五　イ
問六　ア
問七　エ
問八　ア
問九　ウ
問十　A—イ　B—イ　C—イ　D—ア　E—ア　F—イ　G—ア

解説

問一　記憶を正すような客観的な事実がないとするのが野家の立場である。

問二　傍線直後に、過去のイメージを絵で描いても表せず、言葉による介在がなければ表すことができないとあることに着目する。傍線の「過去性」を「そのイメージを過去のものであるとするような何か」と適切に説明したイが正解。

//////////////////// · memo · ////////////////////

2023年度

問題と解答

■一般選抜２月９日実施分：経済・人文（英米文化）・工（建築）学部

問題編

▶試験科目・配点

学部		教　科	科　目	配点
経済	1部	外国語	コミュニケーション英語Ⅰ・Ⅱ・Ⅲ，英語表現Ⅰ・Ⅱ	150 点
		選　択	日本史Ｂ，世界史Ｂ，地理Ｂ，政治・経済，数学（「数学Ⅰ・Ａ*」は２題必須。「数学Ⅰ・Ａ*」「数学Ⅱ」「数学Ｂ*」から１題選択）の５科目から１科目選択	100 点
		国　語	国語総合**・現代文Ｂ	100 点
	2部	選　択	「コミュニケーション英語Ⅰ・Ⅱ・Ⅲ，英語表現Ⅰ・Ⅱ」，日本史Ｂ，世界史Ｂ，地理Ｂ，政治・経済，「数学Ⅰ・Ａ*」の６科目から１科目選択	100 点
		国　語	国語総合**・現代文Ｂ	100 点
人文（英米文化）	1部	外国語***	コミュニケーション英語Ⅰ・Ⅱ・Ⅲ，英語表現Ⅰ・Ⅱ	150 点
		選　択	日本史Ｂ，世界史Ｂ，地理Ｂ，政治・経済の４科目から１科目選択	100 点
		国　語	国語総合**・現代文Ｂ	100 点
	2部	外国語	コミュニケーション英語Ⅰ・Ⅱ・Ⅲ，英語表現Ⅰ・Ⅱ	100 点
		選　択	日本史Ｂ，世界史Ｂ，地理Ｂ，政治・経済，国語（国語総合**・現代文Ｂ）の５科目から１科目選択	100 点
工（建築）		外国語	コミュニケーション英語Ⅰ・Ⅱ・Ⅲ，英語表現Ⅰ・Ⅱ	100 点
		数　学	数学Ⅰは必須。数学Ⅱ，数学Ａ，数学Ｂから２題選択	100 点
		選　択	物理基礎・物理，国語（国語総合**・現代文Ｂ）から１科目選択	100 点

▶備　考

経済学部は試験日自由選択制。

＊経済学部の数学Ａは「場合の数と確率」「整数の性質」，数学Ｂは「数列」「ベクトル」を出題範囲とする。

**「国語総合」は近代以降の文章に限定。

***人文学部英米文化学科は，1部のみ試験前半20分程度で，リスニングテスト（配点は30点）を行う。

※　選択科目は試験場で選択する。

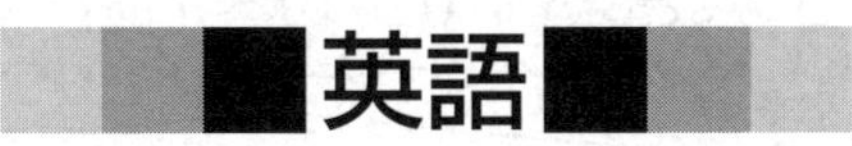

英語

（経済学部１部・２部，人文学部２部（英米文化），工学部（建築）：60 分）
（人文学部１部（英米文化）：80 分）

（注）経済学部１部・工学部（建築）は1～6，人文学部１部（英米文化）はリスニングおよび1～6，経済学部２部・人文学部２部（英米文化）は1～5をそれぞれ解答すること。

リスニング　（１部英米文化学科受験者のみ）

編集部注：リスニング音源は，大学公式のウェブサイトで公表されています。
https://www.hgu.jp/examination/listening.html

なお，上記のリンクは 2024 年５月時点のものであり，掲載元の都合によってはアクセスできなくなる場合もございます。あらかじめご了承ください。

放送の指示を注意深く聴いて解答せよ。

Part One

Patty's Podcast
For intermediate English language learners
Episode for Feb. 9, 2023: A Living Museum

Weald and Downland Living Museum

Chichester, West Sussex, U.K.

Over 50 historic buildings, period gardens, traditional farm animals, and walking trails!

Immerse yourself in the past and experience over 1000 years of history!

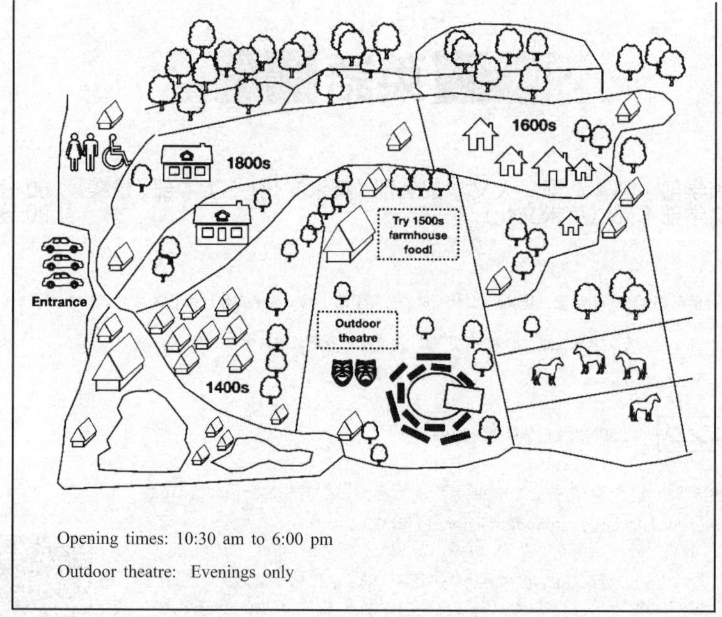

L-1.　ア．A tour guide.
　　　イ．A podcaster.
　　　ウ．A museum worker.
　　　エ．An English professor.

L-2.　ア．The daily life of people long ago.
　　　イ．The history of Chichester Church.
　　　ウ．South-east England in the 1100s.
　　　エ．The powerful people who built churches.

L-3.　ア．About 15 buildings from nearby areas.
　　　イ．About 17 buildings originally used for work.
　　　ウ．Over 50 buildings that have been restored.
　　　エ．About 70 buildings in new condition.

L-4.　ア．From about 1000 to 1100.
　　　イ．From about 1200 to 1300.
　　　ウ．From about 1400 to 1600.
　　　エ．From about 1800 to 1900.

L-5. ア. They are sewn by hand.
イ. They are historically accurate.
ウ. They are colored with natural dyes.
エ. They use fabric made from chemicals.

L-6. ア. It is fresh and delicious.
イ. People in those days ate mostly meat.
ウ. The soup is not so different from today's.
エ. Some flavor combinations are quite unusual.

L-7. ア. All year round.
イ. In spring.
ウ. During summer.
エ. In autumn.

Part Two

L-8. ア. Outside.
イ. In the library.
ウ. In the cafeteria.
エ. In an apartment hallway.

L-9. ア. To study.
イ. To work as a carpenter.
ウ. To find a job.
エ. To do sightseeing.

< < < *The conversation continues.* > > >

L-10. ア. About several days.
イ. About a month.
ウ. About six months.
エ. About a year.

L-11. ア. A cook.
イ. A server.
ウ. A social worker.
エ. A carpenter.

L-12. ア. Working in a restaurant.
イ. Working in a store.
ウ. Working as a social worker.
エ. Working as a construction worker.

< < < *The conversation continues.* > > >

L-13. ア. Every two or three minutes.
イ. Every five to ten minutes.
ウ. Every fifteen minutes.
エ. Every thirty minutes.

L-14. ア. 10 dollars.
イ. 50 dollars.
ウ. 110 dollars.
エ. 220 dollars.

Part Three

L-15. ア. No more medicine.
イ. The same medicine as before.
ウ. A different medicine.
エ. Another doctor.

L-16. ア. He doesn't like studying.
イ. The father isn't coming home tonight.
ウ. The light in his room isn't working.
エ. The light in the living room isn't working.

L-17. ア. It's the man's first time to break a glass.
イ. It's the man's third time this month to break a glass.
ウ. The man won't talk about the incident.
エ. The man lied about the incident.

L-18. ア. Studying together.
イ. Asking their teacher some questions.
ウ. Meeting their friends.
エ. Talking to the new student.

L-19. ア. She's angry at the man.
イ. She's angry at the woman.
ウ. She's having a bad time at work.
エ. She's pretending to feel bad.

L-20. ア. Planting roses in her garden.
イ. Starting her garden in August.
ウ. Planting roses too late.
エ. Cutting back her roses too early.

L-21. ア. He should stop eating bread.
イ. He has to make more effort to diet.
ウ. He is making a good effort to diet.
エ. He doesn't need to lose weight.

L-22. ア. Practice reading the sentences.
イ. Put on her glasses.
ウ. Get new contact lenses.
エ. Buy new glasses.

L-23. ア. She wants to walk to the bank.
イ. She wants to find a parking place around here.
ウ. She wants the man to park closer to the bank.
エ. She wants to check the weather forecast.

(放送内容)

Narrator:　Part 1.

これから放送される英文を、メモを取りながら聴いてください。続いて、7つ質問があります。答えをそれぞれ選択肢の中から選び、解答欄にマークしてください。英文も質問文も1回しか読みませんから、よく注意して聴いてください。Part　1は、L-1からL-7までです。では、始めます。

Woman:

Welcome to "Patty's Podcast", the most popular podcast for intermediate English language learners. On today's podcast, we are going to introduce you to a museum in the United Kingdom.　This museum is not inside a building.　It is an outdoor museum that shows you how people used to live. The name of it is the Weald and Downland Living Museum.　Before listening to the podcast, please download the accompanying file at www.pattyspodcast/museum.

Man:

The Weald and Downland Living Museum is located in Chichester, in South-East England.　The city of Chichester has a long history, and it is famous for its cathedral, or church, which was built in the 1100s.　The Museum, however, focuses not on the history of the powerful people who built the church, but on everyday people.　The workers at the Living Museum play the parts of people who lived at that time.　In this way, you can experience the daily lives of people long ago.

This living museum has traditional gardens, traditional farm animals, and walking trails.　It also includes over 50 historic buildings.　These have been gathered from the surrounding countryside and have been restored.　When a building is restored, it is brought back to its original condition. Some are houses, and some are working buildings, such as a bakery and a dairy.　Most of the 50 buildings date from about the 1400s to the 1600's.

You can see how people's way of living changed by comparing the features of the houses.　For example, there are wooden farmhouses that were built around 1400.　The central halls were heated by an open fire.　However, there are other houses, built in the early 1600's.　The houses were built from stones and bricks, and they have chimneys to let the smoke out.　So, you can see that people's way of living changed greatly during these 200 years from 1400 to 1600.

As you visit the various buildings, you will see people, dressed in traditional clothing.　These clothes are part of our Historic Clothing Project which was started in 2007.　To make the clothes, first the Museum buys good quality linen, wool and cotton fabric.　Then they use techniques to make the clothes in ways that are as historically accurate as possible.　So, if you visit one of the buildings from the 1500's, you will see actors wearing costumes that have been dyed using natural dyes and that have been sewn completely by hand. In contrast, if you visit one of the buildings from the 1800's, the actors will wear clothes that are chemically dyed and sewn by machine. So, the actors' clothes are accurate for that historical period.

At one farmhouse, visitors can also experience the type of food that would have been eaten by the people that lived there in the 1500s. You can taste hand-made butter and cheese, as well as flat bread that is cooked over an open fire. The farmhouse also serves a thick soup called *pottage* made by boiling vegetables, beans, and herbs. You may be surprised to find combinations of ingredients that are strange to us today. For example, special pottage for a holiday might contain beef, prunes, and walnuts. Delicious? Maybe! Unusual? Definitely!

After exploring the collection of buildings, you can try hands-on activities and traditional games, and wander through the woodland. In the evening, you can relax in the hazy evening light and enjoy a variety of summer theater. You can watch plays such as Shakespeare's Romeo and Juliet. On some evenings there are theater productions for children. The plays are about familiar characters such as Robin Hood and Peter Rabbit. The summer program of outdoor theater runs from June to September each year.

So, I hope that you enjoyed hearing about the Weald and Downland Living Museum. Please follow me by downloading any podcast app and searching for this show, Patty's Podcast, released every Wednesday. Thanks for listening.

***Narrator*:** L-1. Who is giving this talk?

<< *Pause: 10 seconds* >>

***Narrator*:** L-2. What is the focus of the museum?

<< *Pause: 10 seconds* >>

***Narrator*:** L-3. What can visitors see at the museum?

<< *Pause: 10 seconds* >>

***Narrator*:** L-4. When did people's way of living greatly change?

<< *Pause: 10 seconds* >>

***Narrator*:** L-5. What can be said about all of the clothes produced by the museum?

<< *Pause: 10 seconds* >>

***Narrator*:** L-6. What does the speaker say about food in the 1500s?

<< *Pause: 10 seconds* >>

***Narrator*:** L-7. When can visitors see open-air theater at the museum?

<< *Pause: 10 seconds* >>

***Narrator*:** Part Two.

これから長い会話文が流れます。会話の途中に英語で質問があります。会話文も質問文も１回しか読みませんから、よく注意して聴いてください。 Part Two は、L−8 から L−14 までです。

***Woman*:** Hello, I don't think we've met. I'm Sora, the new tenant. I'll be staying in the room down the hall.

***Man*:** Hi Sora, I'm José. I live down the hall on the left. I guess we're neighbors.

***Woman*:** Nice to meet you, José. So where are you from?

***Man*:** I'm from Brazil. And I just arrived here in Canada a month ago.

***Woman*:** Are you working or just sightseeing?

***Man*:** I came to study English. But I was a carpenter back in Brazil, so I also do a little part-time construction work.

***Woman*:** Ah. I see. So, you can work as a carpenter on your student visa?

***Man*:** Yes, but only for 20 hours a week.

***Narrator*:** L-8. Where does this conversation take place?

<< *Pause: 10 seconds* >>

***Narrator*:** L-9. Why is the man in Canada?

<< *Pause: 10 seconds* >>

Man: How long have you been here in Canada?

Woman: I just arrived in Canada several days ago. I was lucky to find this apartment. I'm hoping to stay here for about six months.

Man: I see. And what brought you to Canada?

Woman: I'm from Japan and I'm on a working holiday visa. I'm studying English until I find a job for about half a year. But I would also like to do some sightseeing, too, of course.

Man: What kind of job are you looking for?

Woman: In Japan, I was a social worker, but I can only do part-time work here. So maybe I will look for work in a restaurant as a cook or server, or something in retail as a salesperson.

Man: Wow, a social worker! Hey, I have a friend who is a cook at a restaurant nearby. Maybe we could call her and see if they are hiring anyone currently.

Woman: That would be great. I hope they need someone.

Narrator: L-10. How long does the woman plan to work?

<< *Pause: 10 seconds* >>

Narrator: L-11. What was the woman's job in Japan?

<< *Pause: 10 seconds* >>

Narrator: L-12. What kind of part-time job does the man suggest?

<< *Pause: 10 seconds* >>

Woman: By the way, how is the public transport in Calgary? What's the cheapest way to get around?

Man: Well, we have a light rail transit. It runs very frequently— the trains come around about every five or ten minutes. So that is a good way to get around. And you never have to wait more than 10 minutes.

Woman: That sounds convenient. But this apartment is pretty far from the station.

Man: Then, you can use the buses, but they don't run as often.

Woman: Do you know about how much a transit pass costs?

Man: I believe it is 110 dollars a month.

Woman: Okay, that's not so bad. I was considering getting a bicycle, but I think a transit pass will be more reasonable if it's just over 100 dollars.

Man: Oh, you know, I also have a car, so I can also show you around if you like.

Woman: Oh, that would be great!

Narrator: L-13. How often does the light rail transit run?

<< *Pause: 10 seconds* >>

Narrator: L-14. How much is a transit pass a month?

<< *Pause: 10 seconds* >>

Narrator: Part Three.

これから短い会話文が流れます。それぞれの会話文について英語で質問があります。会話文も質問文も 1 回しか流れません。よく注意して聴いてください。Part Three は、L-15 から L-23 までです。では、始めます。

Narrator:	L-15
Man:	Here's a prescription. Take this medicine for a week, and you'll start to feel better.
Woman:	Thank you, doctor, but I've used this pill before, and it didn't help at all.
Man:	Are you sure? For your condition, it's the best on the market.
Woman:	Maybe it is, but can you please recommend a different one?
Narrator:	What does the woman want?

<< *Pause: 10 seconds* >>

Narrator:	L-16
Woman:	Why are you studying in the living room?
Man:	The light bulb in my room is burned out.
Woman:	Really? I'll ask your father to get a new one on his way home.
Man:	That would be great because I can't concentrate on my books in the living room.
Narrator:	What is the man's problem?

<< Pause: 10 seconds >>

Narrator:	L-17
Woman:	What? You broke another glass?
Man:	But it wasn't my fault. You've got to believe me.
Woman:	I'm sure it wasn't. But this is the third glass you've broken this month.
Man:	Oh, you're very angry now.
Narrator:	What is the woman angry about?

<< Pause: 10 seconds >>

Narrator:	L-18
Man:	Don't you think the new student is a little shy?
Woman:	I'm not sure. Why do you think he is?
Man:	He doesn't even say a word unless he's asked a question.
Woman:	It's probably because he doesn't have any friends yet. Let's go over and talk to him. We should introduce ourselves.
Narrator:	What does the woman suggest?

<< *Pause: 10 seconds* >>

Narrator:	L-19
Man:	It seems that Martha is angry with me.
Woman:	Why do you think so?
Man:	Whenever we meet, she pretends not to see me.
Woman:	I'm pretty sure she isn't angry at you. She's having a bad time at work nowadays.
Narrator:	What is Martha's problem?

<< Pause: 10 seconds >>

Narrator: L-20
Woman: Can you help me cut back the roses in the garden this weekend?
Man: Are you kidding? It's still August.
Woman: So what? What's wrong with August?
Man: The right time to trim roses is the beginning of winter.
Narrator: What is the woman doing wrong?

<< Pause: 10 seconds >>

Narrator: L-21
Man: I've stopped eating bread.
Woman: But that's not enough if you want to lose weight.
Man: I know, but it's a beginning.
Woman: But you should at least start exercising.
Narrator: What does the woman think about the man's diet?

<< Pause: 10 seconds >>

Narrator: L-22
Woman: I can't see the sentences on the board.
Man: Then you should start wearing glasses.
Woman: I already have contact lenses, but I still can't see clearly.
Man: It's time you got a new prescription and new lenses, then.
Narrator: What does the man recommend the woman to do?

<< Pause: 10 seconds >>

Narrator: L-23
Man: Shall we leave the car here and walk?
Woman: I don't think we should, because the bank is almost one kilometer from here.
Man: But it's very difficult to find a parking place near the bank.
Woman: I don't care. It's too far to walk to the bank in this hot weather.
Narrator: What does the woman want?

<< Pause: 10 seconds >>

Narrator:
これでリスニング試験を終了します。

1 次の英文を読み，設問に答えよ。

In early March 2020, Sheridan Block, 30, had just finished a year abroad in Marseilles, France, as a volunteer English teacher to refugees. She flew home to Jacksonville, Florida, to spend time with her maternal grandparents. Her plan was to stay a few months to help care for them while also saving money, and paying off some student debt and credit card bills before returning abroad. Then, the pandemic hit. "It was kind of a spiral," says Block. In exchange for living rent-free, she helped drive her grandparents to appointments, ran errands, cooked, and did chores around the house. She ended up staying for nearly two years. "I was able to save enough money to pay off all those debts that I had, to finance a car, and then ultimately to move out," she explains. It was beneficial financially, she says, and good to be close to family, but it required her to adjust her ideas of what adulthood should look like.

Block is among a growing group of so-called boomerang kids—adult children who return to their parents' or grandparents' homes after moving out. This group of adults is on the rise, and not just because of the pandemic. According to a Pew Research Center analysis in July 2020, 52% of young adults in the U.S. resided with one or both of their parents, the highest percentage the United States has seen since the end of the Great Depression in 1940. In the U.K., the proportion of single, child-free 20-to-34-year-olds living with their parents went up 55% between 2008 to 2017, according to research from Loughborough University.

In Western cultures particularly, moving away from home has traditionally been considered a crucial step in becoming an independent adult. But as the number of boomerang kids continues to rise in countries such as the U.S., the U.K., and Canada, this may be set to change, and with it, our notion of what the stages of adult independence look like. When she moved in with her grandparents, Block noticed she was far from alone among her peers. "I found that a lot of friends were kind of in the same boat," she says. "I had met one guy on a date who moved from San Francisco back in with his mom in Jacksonville. That's just a reality now, to do whatever you've got to do to save money."

There are many reasons for young people to move back home, says Joanne Hipplewith, family psychologist and clinical supervisor at the Institute for Family Therapy in London. The primary reason is the high cost of living in major cities, though university tuition is another factor in the U.S. and U.K. "There is a trend of staying at home longer, because everything is so expensive," says Hipplewith. Staying home, for many, means financial support from family as they prepare for advanced degrees or starting a career. And it's becoming increasingly normal: "Young people are prepared to go back home," says Hipplewith.

Though the boomerang stage has been on the rise for at least the last decade, the pandemic has added a few new contributing factors. Many who planned to go away for college could not because university campuses closed across the world, and others who might have otherwise moved for a job after college delayed leaving home because in-office work has not been available.

For many, the boomerang phase is temporary. But it still may last many months or even years, like it did for Block, to enable boomerangers to pay off student debt, save money for the future, or establish themselves in a career without worrying about high rents, tuition, and student debt. "It's usually a one-year, two-year, or five-year plan," says Jenna Abetz, associate professor of communication at the College of Charleston, U.S. "This is just a transition chapter." However, for many, a return home after living away or directly after university can feel like a regression and loss of recently won independence. "You learn to become an adult in university," says Hipplewith. "So, it can be quite devastating because you're coming back under someone else's rules."

Boomeranging forces adults in their 20s and 30s to reconsider assumptions about independence, and this can come with anxiety. Beyond feeling they have regressed by moving home, many adult children feel they have regressed regarding other life events. Abetz says that 20- and 30-somethings living with their parents are getting married later and also delaying having children, which can leave them feeling even more behind. "I expected something very different from adulthood," agrees Block. By her 30s, she says, she had once thought she'd have a successful career, own a home, be married, and have a family, along with a solid savings and retirement plan. "Unfortunately, that didn't happen," she says. At times, living with her grandparents made her feel "like a failure not having those adulthood dreams checked off."

Still, there are benefits to boomeranging, say experts. Many of these adults are developing an ability to do work they find meaningful, rather than take a job that simply pays the bills, says Abetz. During the COVID-19 pandemic, this has also meant some boomerangers have been able to choose jobs with lower risk factors, though this is largely dependent on their socioeconomic situation. Socially, boomerang kids also have an opportunity to strengthen relationships with their parents at a time when they typically would have been establishing ties with new friends. It's an unexpected "opportunity for mutual support and closeness with families," says Abetz. "Parents sometimes like to have kids back home for a little while," says Abetz. "They view that as a special time they wouldn't necessarily have gotten."

Abetz and Hipplewith both believe this is not just a pandemic-induced trend, and foresee an increasing number of adults staying with parents as costs of living continue to rise. In the future, after moving away for university or college, says Abetz, life paths may be a little less linear. Hipplewith hopes that as boomerang stages become more common in Western cultures, young adults will feel less pressure to conform to societal expectations of going to university, moving out, and finding a job. Hipplewith encourages young people to view a return to home, or remaining home, as informed decision-making. She says, "Let's unlink becoming an adult with the act of moving away."

Moreover, some research indicates perceptions have already begun to change. "When I was traveling, my friends from other countries, especially those where family is super close, like in Asia, would say how funny it was that Americans are so obsessed with moving out at 18. Even my grandma, who is from the Philippines, would make comments about how strange this American custom is," Block says. "I think my generation is learning to be OK with the idea that not everyone's path is meant to look the same, and success is all about perception," continues Block. "Adulthood is really just being old enough to have responsibilities and pay bills; that doesn't go away if you move in with parents again."

問1 *Choose the best answer based on the reading.*

1. During the pandemic, how did Sheridan Block help her grandparents?

A. She paid rent while she lived in their home.

B. She saved enough money to pay off their debts.

C. She helped them with health issues for a few months.

D. She helped them around the house in exchange for free rent.

2. What does the term "boomerang kids" refer to?

A. Children who live with one or both of their parents.

B. Young adults who move back to the family home.

C. Young adults who have recently moved away from home.

D. 20-to-34-year-olds who are unmarried and have no children.

3. Traditionally in Western societies, moving away from home has...

A. been an important way for young people to save money.

B. been an important step in becoming an independent adult.

C. contradicted the notion that adulthood occurs in stages.

D. continued to rise, especially in the U.S., U.K., and Canada.

4. According to Hipplewith, what is the main reason why young people move back home?

A. It is easy for them to attend a nearby university.

B. They need time to prepare for a new career.

C. It is extremely expensive to live in major cities.

D. They no longer feel a sense of shame in doing so.

5. How has the pandemic led to an increase in the number of boomerang kids?

A. More had to leave home to find job opportunities.

B. More went away to college earlier than they had planned.

C. More stayed at home because university campuses closed.

D. More planned new careers that required going away to school.

6. How long do most boomerang kids stay with their parents?

A. For five years or more.

B. Until they become adults.

C. Most never leave their parents' home again.

D. It's generally a temporary phase in their lives.

7. What do boomerang kids in their 20s and 30s tend to do?

A. Put off marriage and having children.

B. Use their savings to buy a home.

C. Give up their dreams of adulthood.

出典追記：The adult 'boomerang kids' moving home to their parents, BBC Worklife on February 11, 2022 by Andrea Yu

D. Avoid thinking about their independence.

8. According to experts, what is a benefit of moving back home?

A. Having the opportunity to establish new friendships.

B. Being able to strengthen the parent-child relationship.

C. Finding a job that pays reasonably well.

D. Choosing a job with health insurance.

9. The boomerang trend is predicted to grow in the West because ...

A. the cost of living will continue to rise.

B. young people will be able to make better decisions.

C. young adults are feeling pressure to follow this trend.

D. most people's life paths will continue to follow traditional stages.

10. For young Americans, what is the new perception of adulthood?

A. Moving back home means you don't need to pay bills.

B. Young people don't have to take the same path to adulthood.

C. Following similar life paths creates the perception of success.

D. Moving away from home at age 18 is a clear sign of being an adult.

問2 *Complete the following table.*

Researcher/Research Group	Opinions/Findings
Pew Research Center	The proportion of young adults in the U.S. who lived with their parents reached (11) in 2020.
Loughborough University	In the U.K., the proportion of single people aged 20 to 34 without children who lived with their parents (12) from 2008 to 2017.
Joanne Hipplewith	Young people today tend to stay with their parents or grandparents longer for (13) reasons.
Jenna Abetz	(14)

11. A. 20%

B. 34%

C. 52%

D. 55%

12. A. greatly decreased

B. slightly decreased

C. slightly increased

D. greatly increased

13. A. psychological

B. health

C. educational

D. financial

14. A. Young people who return home may find it difficult to regain their independence.
 B. Many boomerang kids increase their ability to do work that is meaningful to them.
 C. Young people should think of staying at home as an informed decision.
 D. Americans feel pressured to live by themselves after they graduate from high school.

問3 *Mark A for TRUE and B for FALSE for each of the following statements.*

15. During her stay with her grandparents, Sheridan Block was able to pay off her debts.
16. Block found many of her friends were staying with their parents or grandparents.
17. Block achieved a successful career by living with her grandparents.
18. Block's grandmother considers it unacceptable to stay at home even after 18.

2 次の 19 ～ 26 の空所に入れる語句として最も適切なものを A ～ D の中から選べ。

19. X: What is the manager's purpose with this project?
 Y: He just wants something to create ( ).
 A. deduction B. finance C. revenue D. voucher

20. X: What do you think of the government's new policy?
 Y: It's totally different from the current policy. It's going to be ( ) reform.
 A. an initial B. an identical C. a radical D. an ordinary

21. X: Do you really want to leave the company?
 Y: Yeah, I see no ( ) of things improving here.
 A. aspect B. instinct C. respect D. prospect

22. X: I'm not confident about my essay this time. What do you think of it, Professor?
 Y: I'm really impressed. Your writing has improved ( ).
 A. considerably B. hardly C. scarcely D. barely

23. X: I heard Amy is leaving the company. What should we do?
 Y: It's going to be a big loss for us. We need to ( ) a list of candidates to succeed her.
 A. assemble B. combine C. integrate D. demolish

24. X: So, did you quit your job?
 Y: No, no, no. I said I felt like quitting, but I didn't mean it ( ).
 A. partially B. literally C. typically D. virtually

25. X: Don't worry, Jess. You made just one careless mistake. It's nothing.
 Y: No, Andy. My boss doesn't ( ) mistakes.
 A. dedicate B. frustrate C. tolerate D. violate

26. X: Why hasn't our boss approved the project yet?
    Y: Maybe she needs more (　　) before making her decision.
    A. regime　B. revival　C. reflection　D. representation

3 次の27～36の空所に入れる語句として最も適切なものをA～Dの中から選べ。

27. X: I have no idea how to use this machine.
    Y: If you (　　), I'm sure you can make it work.
    A. careful read the manual　B. read carefully the manual
    C. read the manual carefully　D. read the careful manual

28. X: So, which one's Paula?
    Y: Paula? Yes, she's the one sitting on (　　) closest to the door.
    A. chair　B. a chair　C. the chair　D. chairs

29. X: I really love this hotel.
    Y: Me, too. This is one of (　　) in this city.
    A. best hotel　B. best hotels
    C. the best hotel　D. the best hotels

30. X: How was the driving test?
    Y: Please don't ask. I suddenly felt sick (　　) I was taking it.
    A. during　B. while　C. before　D. after

31. X: Sorry I'm late. Did you wait long?
    Y: Not really. And I don't mind (　　) waiting.
    A. to keep　B. keeping　C. to be kept　D. being kept

32. X: Why do you like soccer more than baseball?
    Y: You know, soccer (　　) in a lot more countries.
    A. plays　B. played　C. is played　D. is playing

33. X: Professor Greene spoke rather fast today.
    Y: Yeah. I think I understood most of the lecture, but not (　　) word.
    A. a single　B. the　C. a　D. every

34. X: You don't look happy. Is anything wrong?
    Y: Well, unfortunately I didn't get the job (　　).
    A. I applied　B. I applied for　C. applied　D. applied for

35. You should have known (　　) than to drink that milk. It wasn't even in the fridge.
    A. more　B. less　C. better　D. worse

36. Everything is expensive today, and with our current salary, it's difficult to make ends (　　).

A. match　　B. stay　　C. reach　　D. meet

4　それぞれの会話の空所に入れる最も適切な選択肢をA～Dの中から選べ。ただし，同じ選択肢が2箇所に入ることはない。

Mr. Sato: Hello, Ms. Holmes? This is Mr. Sato from ABC Marketing.

Ms. Holmes: Hi, Mr. Sato.

Mr. Sato: Oh, I'm sorry. Could you speak a little louder, please? (37)

Ms. Holmes: I'm terribly sorry, but I'm just getting on a plane now. (38)

Mr. Sato: Okay. What time would you like me to call you? (39)

Ms. Holmes: How about 4 pm?

Mr. Sato: Okay, 4 o'clock works for me. Good-bye.

Ms. Holmes: Bye.

A. I can hardly hear you.
B. I'm sorry I cannot make it.
C. Please call me back this afternoon.
D. I want to clarify some important matters.

Todd: Do you like to read?

Kerri: Yes, I do!

Todd: (40)

Kerri: I enjoy both fiction and non-fiction.

Todd: Nice. What are you reading now?

Kerri: I'm reading two books now. *The Ethics of Star Trek* and I just started *A Spy in the Start-up*.

Todd: Oh, *A Spy in the Start-up*, that sounds like an interesting book. (41)

Kerri: Basically, a college dropout who starts an IT company with his close friend.

Todd: I see. (42)

Kerri: I read on the train while I'm commuting to work. I also read at night on weekends.

A. What's it about?
B. What do you usually read?
C. Where do you buy your books?
D. When do you find time to read?

5 次の文章の空所に入れる文として最も適切なものをＡ～Ｄの中から選べ。ただし，同じ文が２箇所に入ることはない。

A geyser is a rare kind of hot spring that is under pressure and erupts, sending jets of water and steam into the air. Geysers are made from a hole in the Earth's surface that is like a tube that runs deep into the crust. (43) Near the bottom of the tube is hot molten rock called magma, which heats the water in the tube. Water in the lower part of the tube, close to the magma, becomes superhot. Gradually, it begins to boil, and some of the water is forced upward. (44) The steam rushes toward the surface, pushing the column of water above it into the air. The eruption continues until all the water is forced out of the tube, or until the temperature inside the geyser drops below boiling. After the eruption, water slowly flows back into the tube, and the process begins again. In some small geysers, the eruption process can take just a few minutes. (45) Because geysers are rare, tourists often visit them to see the water spray high into the air.

A. The tube is filled with water.
B. However, in larger geysers, it can take days.
C. Then the boiling water begins to turn into steam.
D. There are a number of reasons why a geyser will form.

6 *Read the following information and answer the questions.*
（１部および工学部受験者のみ）

From:	Ted.MacDonald@crta.com
To:	Satoshi.Ueda@hgu.com
Date:	August 1, 2022－3:30 pm
Subject:	CN Rail Boarding Pass

Dear Dr. Satoshi Ueda,

How are you? You must be busy preparing for your business trip to Canada. Your Tokyo-to-Montreal plane ticket for August 15 has been sent to you.

Now, I am writing about your flight from Montreal to Toronto on August 31. Unfortunately, this flight has been cancelled because of schedule changes. The airline company cannot afford another aircraft, so your original booking must be changed. Instead, I have booked a CN Rail ticket for you. Even though the trip will take longer, it will be comfortable. I am attaching the CN Rail eTicket with this email. Please print it out and show it when you board the train. You can get on the CN Rail train at Central Station in Montreal.

Warm regards,

Ted MacDonald
Canada Royal Travel Agency

出典追記：Kim Rutledge, Melissa McDaniel, Santani Teng, Hilary Hall, Tara Ramroop, Erin Sprout, Jeff Hunt, Diane Boudreau, Hilary Costa, Geyser, National Geographic

(Attached eTicket)

eTicket

Please present this document for boarding

PASSENGER: SATOSHI UEDA

MONTREAL
Date: Wed. Aug. 31, 2022
Departure: 10:50

TORONTO UNION STATION
Date: Wed. Aug. 31, 2022
Arrival: 15:20

Train #	Carrier	Class	Car	Seat
63	**CN Rail Canada**	**Economy**	**1**	**7 Window Rear facing**

Refund/Exchange Conditions
Before departure: Exchangeable and refundable.
After departure: Non-exchangeable and non-refundable.

Please note that a lunch meal is offered on this train in Business class.

COVID-19 Infection Control
In line with federal directives and recommendations from public health, we remind you that current COVID-19 protective measures remain in place, including the obligation to wear a mask or face covering aboard all CN Rail trains and in stations except when eating or drinking.

46. Who is Ted MacDonald?

A. A travel agent.

B. A medical doctor.

C. A flight attendant.

D. CN Rail staff.

47. What did Ted do for Dr. Ueda?

A. He introduced a business partner.

B. He booked a CN Rail ticket.

C. He arranged a flight cancellation refund.

D. He met Dr. Ueda at Central Station.

48. Why will Dr. Ueda take a train to Toronto?

A. Because his flight to Toronto was cancelled.

B. Because it's cheaper than an airplane.

C. Because he prefers trains to airplanes.

D. Because it's the fastest way to travel to Toronto.

49. Before boarding CN Rail, Dr. Ueda must...

A. buy his eTicket.

B. print his train ticket.

C. meet Ted.

D. go to Union Station.

50. What time is Dr. Ueda arriving at Toronto?

A. At 6:30.

B. At 10:50.

C. At 13:30.

D. At 15:20.

51. Which letter in the picture shows Dr. Ueda's seat?

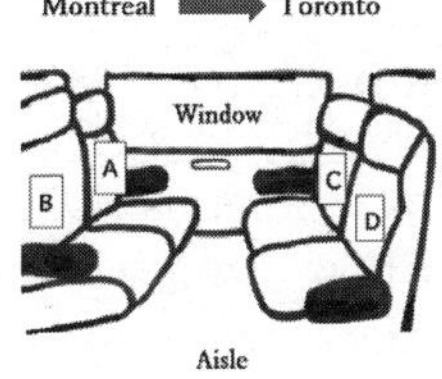

52. All train passengers must . . .

A. get tested for COVID-19.

B. remain in place at all times.

C. bring their own lunch.

D. wear a mask or face covering.

日本史

（60分）

1 次の文を読み，下記の問に答えなさい。なお，下線部と問の番号は対応している。

6世紀末頃になると，[1]飛鳥地方に大王の王宮が次々に営まれるようになった。この時期の大王宮は，有力王族や[2]中央豪族の宮や邸宅の集住を伴わないものが多く，その意味において，藤原京以降の中国的な宮都と大きく異なっていた。これは，その頃，いまだ[3]大王が隔絶された地位を確立しておらず，わが国において中央集権国家体制が完成してはいなかったことを示している。しかし，[4]宮都が飛鳥周辺を中心に連続的に営まれるにつれ，徐々にその都市的空間が整備されていくこととなった。

[5]694年に都が遷された藤原京は，わが国で初めて本格的に[6]［　　　］を採用した宮都とされる。藤原京の造営・遷都は，[7]天武天皇のやり残した律令国家建設の課題の一つであったが，それら課題の多くが[8]持統天皇によって達成され，[9]律令国家が確立していくこととなった。

問1　いわゆる「飛鳥の地」は，現在の［　　　］高市郡明日香村だとされる。［　　　］に当てはまる府県として最も適切なものを下から選び，記号で答えなさい。

ア．大阪府　　イ．京都府　　ウ．兵庫県　　エ．奈良県　　オ．和歌山県

問2　6～7世紀頃の豪族に関する説明文として適切なものを下から選び，記号で答えなさい。

ア．加耶西部地域の支配権を高句麗に奪われたことを責められ，大伴義鎮は失脚した。

イ．仏教受容に積極的な物部氏は，伝統や在来信仰を重んじる中臣氏と，その価値観の違いによって激しく争った。

ウ．蘇我氏は，渡来人との関係が強く，朝廷の財政権を握った。

エ．三蔵といわれる斎蔵，内蔵，大蔵は，物部氏，中臣氏，蘇我氏がそれぞれ一蔵ずつ管理したとされる。

問3　甥の厩戸王や中央豪族とともに政治を行ない，飛鳥時代の最盛期を現出したとされる女性天皇は誰か，答えなさい。

〔解答欄〕＿＿＿＿天皇

問4　この時期，飛鳥地方の外に宮都が営まれたことも数度あった。これに関連して，この時期の出来事（ア～エ）を古いものから順に並べた場合，3番目にくるものとして最も適切なものを下から選び，記号で答えなさい。

ア．孝徳天皇による難波への遷都。

イ．中大兄皇子による近江大津宮への遷都。

ウ．白村江の戦いで唐・新羅連合軍に大敗。

エ．第一回遣唐使として犬上御田鍬らを派遣。

問５　藤原京の前の宮都の呼称を６字で答えなさい。

問６　[　　　　] に入る，中国の都城制にならった，宮都内において碁盤目状に土地を区画する制度を何というか，３字で答えなさい。なお，都城制は不正解とする。

問７　672年に，大海人皇子（のちの天武天皇）と大友皇子との間でおきた皇位継承をめぐる戦いを何というか答えなさい。

問８　持統天皇が690年に作成した戸籍を何というか，４字で答えなさい。

問９　律令および８世紀後半までの律令国家体制に関連する説明文として適切なものを下から選び，記号で答えなさい。

ア．718年に，藤原不比等らにより，近江令がまとめられた。

イ．律は行政組織や官吏の勤務などに関する規定，令は人民の租税・労役などに関する規定である。

ウ．中央行政組織は二官八省に分けられ，神祇官と太政官の二官がそれぞれ四省ずつを管轄し，政務を分担した。

エ．民衆は戸籍・計帳に登録され，50戸で１里が構成されるように里が編成された。

オ．税負担に関しては位階が五位以上の貴族は手厚く優遇され，五位以上の貴族のみ調・庸・雑徭などの負担が免除された。

2　次の文を読み，下記の問に答えなさい。なお，下線部と問の番号は対応している。

応仁の乱(1)に始まった戦国の争乱のもとで，各地域に根をおろした実力者が台頭した。彼らは自身の力で領国をつくりあげ，地方権力者として独自の支配をおこなった。

これら戦国大名は，家臣に組み入れた国人や地侍の収入額を銭に換算した基準で統一的に把握し，その地位・収入を保障する一方で，その基準にみあった軍役を負担させた(2)。そして，家臣団に組み入れた多数の地侍を有力家臣に預ける形で組織化(3)し，これにより新しい武器を使った集団戦を可能にした。

また，戦国大名は，領国支配のため，基本法の制定，新たに征服した土地の検地(4)，有力商工業者の取り立てと領国内の商工業者の統制，鉱山(5)開発，大河川の治水(6)・灌漑などを進めた。

さらに戦国大名は，城下町(7)を中心にして領国を一つのまとまった経済圏とするため，交通制度を整備するとともに，関所の廃止や市場の開設などによる商業取引の円滑化を進めた。これらの政策の影響もあり，農村の市場や町が飛躍的に発展するとともに，地方中小寺院の門前町(8)も繁栄した。これらの市場や町には販売座席や市場税などを設けないものも多く，戦国大名はこれを保護したり，自ら新設することで商品流通の活性化を図った。

加えて，戦国大名の中には，南蛮貿易の利益を享受するため，宣教師による布教を保護したり，自ら洗礼を受けるもの(9)もあった。

問１　応仁の乱で活躍した，徒歩で軍役に服す雑兵を何というか，答えなさい。

問２　このような制度を何というか，答えなさい。　〔解答欄〕＿＿＿＿制

問３　戦国時代の家臣団編制において用いられた，主従関係等を擬似的な血縁関係によって組織する制度を何というか，答えなさい。　〔解答欄〕＿＿＿＿制

問4 面積や収入額を家臣や農民に申告させる検地を何というか，答えなさい。

問5 2007年に世界遺産にも登録された，現在の島根県にある銀山を何というか，答えなさい。

問6 甲斐の釜無川と御勅使川の合流点付近に築かれた堤防を，築いた大名の名にちなんで何というか，答えなさい。

問7 島津氏の城下町を下から選び，記号で答えなさい。

ア．春日山　イ．小田原　ウ．府内　エ．鹿児島　オ．左記に正解はない

問8 善光寺の門前町を下から選び，記号で答えなさい。

ア．仙台　イ．長野　ウ．坂本　エ．堺　オ．左記に正解はない

問9 キリスト教に改宗した大名のことを何というか，答えなさい。

3

次の文を読み，下記の問に答えなさい。なお，下線部と問の番号は対応している。

幕末から明治維新前後にかけての日本では，国内外の要因による政治変動にともなって，多くの血が流された。政敵の弾圧[1]や暗殺が多発し，外国人に対する襲撃[2]も頻発した。上記の暴力の行使者はもっぱら武士だったが，社会全体が不安定化するなか，農民一揆もあらたな性格を帯び[3]，町人も打ちこわしへとむかった。政治・社会秩序の動揺が頂点に達したとき，内戦[4]が勃発し，幕府は倒れた。

幕府を倒した勢力は新政府を樹立したが，その支配がすぐ安定したわけではない。政府の施策による負担増加への不安や反発は，農民をふたたび一揆へとむかわせ，侍としての特権を奪われつつあった士族は反乱を起こした[5]。士族反乱は西南戦争を最後にほぼ終息したが，農民騒擾[6]はむしろ明治維新から20年弱後にピークに達し，それをもってほぼ終息した。

政府はこうした反乱や騒擾を抑え込み，成立期の不安定さから脱したが，20世紀に入るとあらたな種類の騒擾が発生しはじめた。近代日本にとって２度目の対外戦争では，東京の群衆は，屋外大会の後に会場の外へと繰り出し，焼打ちや投石をおこなった[7]。こうした都市暴動は，東京で1900年代後半から1910年代にかけて繰り返されることとなる。さらに，シベリア出兵による米価急騰をきっかけとして富山で発生した騒擾は，またたく間に全国に広がり，政府はこの騒擾[8]の鎮圧のため軍隊を出動させている。また，要人の暗殺も跡を絶たなかった。上記の全国的騒擾の後に成立した内閣の首相は，彼が所属する政党の「腐敗」に怒る青年によって東京駅で刺殺され，日本で在任中に暗殺された初の首相[9]となった。

問1 1850年代終盤に大老となった井伊直弼は，条約勅許反対派の公家・大名たちに隠居や謹慎を命じ，彼らの家臣多数を死刑などの厳罰に処した。この弾圧を何というか。

問2 外国人を襲撃した者がしばしば奉じていた排外的な観念を，２字で答えなさい。

問3 この時期の農民の一揆は，多くの場合ある観念を中心としておこなわれた。その観念とは何か。下から選び，記号で答えなさい。

ア．排仏
イ．世直し
ウ．血税
エ．徳政

問４　この内戦について適切な記述を下から選び，記号で答えなさい。

ア．箱館の五稜郭に立てこもっていた徳川慶喜・榎本武揚らが降伏したとき，戦争は終結した。

イ．西洋式軍備をそなえる新政府軍は，旧来の日本式軍備しかそなえない幕府軍を圧倒した。

ウ．この戦争は鳥羽・伏見の戦いによって始まり，しだいに西へと戦線を移動させた。

エ．幕府を支持する東北諸藩は，奥羽越列藩同盟を結成して対抗を図ったが，最終的に新政府軍に屈した。

問５　大規模な士族反乱の現場とならなかった県を下から選び，記号で答えなさい。

ア．長野県

イ．山口県

ウ．佐賀県

エ．鹿児島県

問６　1884年に埼玉県で発生し，鎮圧のため軍隊が出動した，大規模な農民蜂起の名称を答えなさい。

問７　この大会や暴動の主なスローガンは何か。下から選び，記号で答えなさい。

ア．講和反対

イ．軍縮反対

ウ．増税反対

エ．戦争反対

問８　全国に広がったこの騒擾を何と総称するか。３字で答えなさい。

問９　この首相が実行した施策を下から選び，記号で答えなさい。

ア．普選法の制定

イ．小選挙区制の導入

ウ．シベリア出兵

エ．山東出兵

4　次の文を読み下記の問に答えなさい。なお，下線部と問の番号は対応している。

終戦からおよそ10年の戦後復興期を経て，我が国の経済は順次戦前の水準を回復していった。朝鮮特需を契機とした好景気から高度成長期[1]へと転じ，1956年度の『経済白書』には「もはや（　　）ではない」[2]という言葉が記された。

しかし，当初の経済成長は内需主導型で，企業の国際競争力もなかったため，輸入超過からくる外貨不足がたびたび景気の足を引っ張った。しかしながら，日本の企業[3]も徐々に生産性や品質を高めることに成功し，それによって日本製品の海外輸出も増加，国際収支も黒字に転換していった。国際競争力の向上に伴って，我が国は国際的にも先進国の仲間入りをし，本格的に自由貿易体制[4]に参加するとともに，様々な義務も果たすことになり，自由貿易体制のもと1960年代後半には大幅な貿易黒字が続いた。1966年から1970年まで57カ月続く過去最長の好景気に恵まれ，この間，資本主義国の中で米国に次いで世界第二位の経済大国になった。

こうした高度成長を背景に，国民の所得は大幅に伸び，大衆消費社会が形成された。様々な耐久消費財が大量生産，大量販売体制によって普及し，割賦販売制度が購入を後押しした。交通網では，東京オリンピックの開催に合わせて（　　）[5]が開通し，モータリゼーションの進展と並行して各地に高速道路が開通した。

このように，我が国はかつてないほどの急速な発展を遂げたが，経済成長を最優先した歪みは社会の各所に現れた。その最たるものが公害[6]であろう。企業が垂れ流していた汚染物質による環境破壊，公害病に苦しむ被害者も放置されたままで，世論の高まりから対策[7]が求められるようになった。また，開発の偏りも顕著になった。太平洋側に重化学工業地帯が出現し，太平洋ベルトへの産業と人口の著しい集中[8]がみられた。都市部への人口集中により，交通渋滞や騒音・大気汚染が発生し，住宅や病院の不足も目立つようになった。こうした，過密化，住宅問題，交通問題などに悩まされる大都市圏では，革新自治体[9]が生まれ，国政とは一線を画す，公害規制，老人医療の無料化，福祉政策で成果を上げた。

問1　高度成長期におこった好況の順番を正しく並べたものを一つ選び，記号で答えなさい。

ア．いざなぎ景気→神武景気→オリンピック景気→岩戸景気

イ．神武景気→岩戸景気→オリンピック景気→いざなぎ景気

ウ．岩戸景気→神武景気→いざなぎ景気→オリンピック景気

エ．神武景気→オリンピック景気→岩戸景気→いざなぎ景気

問2　カッコ内に入る正しい語句を２字で答えなさい。

問3　高度成長期の日本企業にみられた特徴について述べた文のうち，誤っているものを一つ選び，記号で答えなさい。

ア．鉄鋼・造船・自動車・電気機械・化学などの分野で，アメリカの技術革新の成果を取り入れて設備の更新がなされ，高い生産性が獲得された。

イ．過度な輸出のため欧米諸国とのあいだに貿易摩擦が生じ，特に自動車産業では自主的に輸出規制をすることで欧米政府の追及を免れた。

ウ．終身雇用・年功賃金・労使協調を特徴とする日本的経営が確立した。

エ．春闘方式を導入した労働運動の展開などによって労働者の賃金が著しく上昇した。

問4　この時の日本の自由貿易体制への参加について述べた文のうち，誤っているものを一つ選び，記号で答えなさい。

ア．日本は1963年にGATT 11条国へ移行，1964年にはIMF ８条国へ移行するとともにOECDに加

盟して，為替と資本の自由化を実施した。

イ．戦後解体された三菱重工が再合併し，八幡製鉄と富士製鉄が合併して新日本製鉄となるなど，激しい国際競争にさらされるなか大型合併が進められた。

ウ．都市銀行が系列企業への融資を通じて企業集団を形成した。

エ．激しい国際競争に耐えられず北海道拓殖銀行と山一証券が破たんしたが，その損失を埋めるために多額の公的資金が投入された。

問5　東京オリンピックの開催に合わせて開通した高速鉄道は何か，答えなさい。

問6　高度成長期における公害とその対策について述べた文のうち，誤っているものを一つ選び，記号で答えなさい。

ア．公害対策基本法が制定され，大気汚染・水質汚濁など7種の公害が規制され，事業者・国・地方自治体の責任が明らかにされた。

イ．先進国の間で京都議定書が採択され，温室効果ガスの排出削減目標が定められた。

ウ．この時期，四大公害に関する被害者からの訴えが届けられるようになり，四大公害訴訟がはじまった。

エ．四大公害のうち水俣病・イタイイタイ病は工場排水，四日市ぜんそくは石油化学コンビナートによる大気汚染が原因であった。

問7　これまで各省庁でばらばらに対策されてきた公害対策を一本化することを意図して1971年に設立された行政機関は何か，答えなさい。

問8　1962年に制定された新産業都市建設促進法では，こうした太平洋ベルト地帯への集中を緩和し，都市間格差を是正しようとしたが，その法律で指定されたいわゆる地方開発拠点として正しくないものを下から選び，記号で答えなさい。

ア．道央

イ．八戸

ウ．富山高岡

エ．広島

問9　1967年に東京都知事に当選した革新首長の名前を下から選び，記号で答えなさい。

ア．蜷川虎三

イ．美濃部亮吉

ウ，青島幸男

エ．石原慎太郎

世界史

（60分）

1　次の文章を読み，下の設問に答えよ。

東南アジアは，紀元前後に東西を結ぶ貿易(a)が始まると，その中継地や，その輸出品となる産物の宝庫として注目されるようになり，沿岸部に住む諸民族が，中国やインドとの貿易の担い手として活躍するいっぽう，インド系・ペルシア系などの商人がさかんに来航した。貿易による富の蓄積や，外来文明との接触を通じて，マレー半島や大陸沿岸部などに（　1　）国家が成立し，やがてメコンデルタを本拠とする（　A　），ベトナム中部沿岸の（　B　）など，（　1　）国家群を支配する大国も登場した。いっぽう，中国大陸南部やベトナム北部での国家形成の動きは，中国の王朝によって押しつぶされた。

マラッカ海峡を抜ける交易ルートが発達した7世紀以降には，島嶼（とうしょ）部に強大な国家が現れた。7世紀なかば，マラッカ海峡を支配した（　1　）国家連合が，スマトラ島のパレンバンを中心に（　C　）を建国し，ついで8世紀なかばにはジャワ島中部の（　D　）朝が繁栄した。これらの国家では（　2　）仏教が広まり，ジャワ島中部の（　3　）寺院が築かれた。いっぽう大陸部でも，10世紀に中国から独立した北部ベトナムが発展してゆき，（　E　）朝は13世紀末に元（モンゴル帝国）の侵攻を撃退した。また，クメール人がたてたカンボジアも9世紀から強大化し，12～13世紀の最盛期には巨大寺院の（　4　）などが建設された。

問1　文中の空欄（　1　）～（　4　）にあてはまる語句を答えよ。

問2　文中の空欄（　A　）～（　E　）にあてはまる国家名または王朝名を，下の語群から1つ選び，記号で答えよ。

ア．真臘　　イ．扶南　　ウ．南詔
エ．ドヴァーラヴァティー　　オ．シャイレンドラ　　カ．パガン
キ．シュリーヴィジャヤ　　ク．マジャパヒト　　ケ．チャンパー
コ．ピュー　　サ．アチェ　　シ．アユタヤ
ス．阮　　セ．李　　ソ．陳

問3　下線部(a)に関連して，インド洋を中心に，アフリカ東岸から中国・日本までを結んだ海上交易ルートの呼称を答えよ。

2　次の文章を読み，下の設問に答えよ。

ローマ帝国支配下のパレスチナで誕生したキリスト教は，当初迫害を受けたものの，のちには(a)帝国の国教と認められた。西ローマ帝国崩壊後も，キリスト教はゲルマン世界に拡大し，西ヨーロッパ中世世界の基盤となる。その中でローマ司教は，使徒（　1　）の後継者を自認し，教会にかかわる事柄について絶対的な権威を持つ「教皇」という称号を用いるようになった。教皇（　2　）は，(b)聖職者を任命する権利を世俗権力から教会の手に移して教皇権を強化しようとし，ドイツ国王（のち神聖ローマ皇帝）ハインリヒ４世と争った。教皇（　2　）に破門されたハインリヒ４世は，(c)北イタリアの教皇の滞在先まで赴き許しを乞うた。また教皇（　3　）は，クレルモン宗教会議においてイスラーム勢力からの聖地回復を訴え，十字軍が派遣された。ローマ教皇の権威は，イギリスのジョン王を破門したことでも知られる教皇（　4　）のとき絶頂に達した。

しかし十字軍の失敗や各国での王権の伸長により，教皇の権威は次第に衰えを見せるようになる。聖職者への課税をめぐりフランス国王フィリップ４世と争った教皇（　5　）は，(d)王に捕らえられ，間もなく釈放されたものの屈辱のうちに死んだ。フィリップ４世はその後教皇庁を南フランスのアヴィニョンに移し，以後約70年間，教皇はフランス王の支配下に置かれた。さらに複数の教皇が並立する教会大分裂も生じ，教皇と教会の権威の失墜は決定的となった。(e)メディチ家出身の教皇（　6　）が(f)サン=ピエトロ大聖堂の新築資金を集めるために，ドイツで贖宥状（免罪符）の販売を始めると，ヴィッテンベルク大学神学教授の（　7　）は『95カ条の論題』を発表し，教皇庁を批判した。これにより(g)宗教改革が始まり，西ヨーロッパのキリスト教世界はカトリックと（　8　）に分裂した。

問１　文中の空欄（　1　）～（　8　）にあてはまる人名または語句を答えよ。

問２　下線部(a)に関連して，ローマ帝国においてキリスト教を国教化した皇帝を，次のア～エから１つ選び，記号で答えよ

ア．ユリアヌス　　イ．コンスタンティヌス　　ウ．ハドリアヌス　　エ．テオドシウス

問３　下線部(b)に関連して，この権利を何というか答えよ。

問４　下線部(c)に関連して，この出来事を何というか答えよ。

問５　下線部(d)に関連して，この事件を何というか答えよ。

問６　下線部(e)に関連して，メディチ家が拠点を置いていた都市を次のア～エから１つ選び，記号で答えよ。

ア．フィレンツェ　　イ．ヴェネツィア　　ウ．ミラノ　　エ．パレルモ

問７　下線部(f)に関連して，サン=ピエトロ大聖堂の建築にも関わり，『ダヴィデ像』でも知られるルネサンス期イタリアを代表する芸術家の人名を答えよ。

問８　下線部(g)に関連して，カトリック側からの「対抗宗教改革」の旗手となった修道会の名を答えよ。

3　次の文章を読み，下の設問に答えよ。

チンギス=ハンはモンゴル系・トルコ系の諸部族を統一してモンゴル帝国を興した。彼の死後即位した（ 1 ）は，1234年に（ A ）を滅ぼし華北を領有した。ついで（ 2 ）の率いる軍は東欧に侵入し，1241年にワールシュタットの戦いでドイツ・（ B ）連合軍を破ってヨーロッパ世界をおびやかした。西アジアでは，（ 3 ）が1258年にバグダードを占領して（ C ）を滅ぼした。その結果，13世紀半ばまでに，モンゴルの支配は，東は中国北部から西はロシア・イランにいたる広大な領域に広がった。この大領土の中には，イラン・イラク方面の（ D ），南ロシアの（ E ），中央アジアの（ F ）など，チンギス=ハンの子孫たちがおさめる地方的政権がつくられ，それらが大ハンのもとにゆるやかに連合するという形をとった。(a)しかし，それら諸勢力の間では大ハン位をめぐる相続争いもしばしばおこった。

問1　文中の空欄（ 1 ）～（ 3 ）にあてはまるチンギス=ハンの子孫の名を，次のア～クからそれぞれ1つ選び，記号で答えよ。

ア．フラグ　　イ．ナヤン　　ウ．バトゥ　　エ．ジョチ
オ．オゴタイ　　カ．モンケ　　キ．アリクブケ　　ク．グユク

問2　文中の空欄（ A ）～（ F ）にあてはまる国・王朝名を，次のア～ソからそれぞれ1つ選び，記号で答えよ。

ア．南宋　　イ．西遼　　ウ．金
エ．ハンガリー　　オ．ポーランド　　カ．デンマーク
キ．アッバース朝　　ク．ウマイヤ朝　　ケ．セルジューク朝
コ．キプチャク=ハン国　　サ．イル=ハン国　　シ．ヒヴァ=ハン国
ス．クリム=ハン国　　セ．カザフ=ハン国　　ソ．チャガタイ=ハン国

問3　下線部(a)に関連して，第5代大ハンのフビライに反乱し，フビライの死後テムルが大ハン位を継ぐと決戦を挑んだが1301年に敗れて戦傷死した，（ 1 ）の孫の名を答えよ。

4　次の文章を読み，下の設問に答えよ。

アメリカ合衆国では，1800年に反連邦派の（　1　）が第3代大統領に選ばれ，以後，政党間での政権交代が定着していった。1812年におこった（　2　）戦争によって州をこえたアメリカ人としての自覚が高まるとともに，工業製品の輸入がとだえたため，アメリカ合衆国自体の工業化が促進された。また，第5代大統領（　3　）は，(a)ラテンアメリカ諸国の独立を支持するため，ヨーロッパ諸国のアメリカ大陸への干渉に反対し，アメリカ合衆国もヨーロッパに干渉しないという相互不干渉を表明する（　3　）教書を1823年に発表したが，これはその後長くアメリカ合衆国の外交政策の基本となった。第7代大統領（　4　）の時代には(b)西部開拓が推進され，さらに（　5　）戦争に勝利したことで(c)1840年代にアメリカ合衆国の領土は太平洋岸に達した。

アメリカの北部と南部は，たがいに依存しながら発展してきたが対立もあった。南部では大農園で黒人奴隷を使役し，栽培した綿花やタバコをイギリスに輸出して利益を得ていたので，イギリスからの綿製品輸入にもつながる（　6　）貿易政策を支持していた。一方の北部は，イギリスの工業製品に対抗して国内市場を確保するための（　7　）貿易政策を支持していた。自由な労働力育成への期待と人道主義から，(d)北部では黒人奴隷制反対の声も強かった。1860年の大統領選挙で，奴隷制の拡大反対を唱える（　8　）党からリンカンが当選すると，南部諸州は連邦から離脱し，1861年に（　9　）を結成した。こうして対立は決定的となり，(e)南北戦争が始まった。リンカンは，1863年に奴隷解放宣言を出し，内外世論の支持を集めはじめた。そして同年の（　10　）の戦いに勝利をおさめて以降，北軍が優勢となり，南軍は1865年に降伏し，合衆国は再統一された。

問1　（　1　）～（　10　）にあてはまる人名または語句を答えよ。

問2　下線部(a)に関連して，ラテンアメリカ地域で最初に独立した黒人共和国の名称を答えよ。

問3　下線部(b)に関連して，西部開拓に関する記述として誤っているものを，次のア～エから1つ選び，記号で答えよ。

ア．1830年には先住民をコロラド川以西へ強制移住させる法律が制定された。
イ．1840年代には合衆国による西部開拓を正当化する「明白な天命」説が流布されるようになった。
ウ．強制移住させられた先住民は保留地に居住した。
エ．開拓をつうじて養われる自主独立の精神はフロンティア=スピリットとよばれた。

問4　下線部(c)に関連して，アメリカ合衆国の領土拡大に関する記述として誤っているものを，次のア～エから1つ選び，記号で答えよ。

ア．13植民地が統合されてアメリカ合衆国が建国された。
イ．1803年にフランスよりミシシッピ川以西のルイジアナを買収した。
ウ．1819年にスペインよりフロリダを買収した。
エ．1845年にメキシコ領土であったカリフォルニアを併合した。

問5　下線部(d)に関連して，アメリカ合衆国の奴隷制度に関する記述として誤っているものを，次のア～エから1つ選び，記号で答えよ。

ア．「アンクル=トムの小屋」は1852年に発表された奴隷制の悲惨さを描いた作品である。
イ．主に黒人奴隷をもちいて南部諸州で展開された大農園をプランテーションという。
ウ．1820年には北緯36度30分以北には奴隷州を作らないと定めたミネソタ協定が結ばれた。

エ．1854年には新州における奴隷制の可否を住民の決定に委ねるカンザス・ネブラスカ法が制定された。

問6　下線部(e)に関連して，1862年には公有地で5年間居住・耕作した者に，160エーカー（約65ヘクタール）の土地を無償で与える法律が制定され，これにより北軍は西部農民の支持を確保した。この法律の名称を答えよ。

地理

（60分）

1　世界の自然環境と文化に関する下記の設問に答えよ。

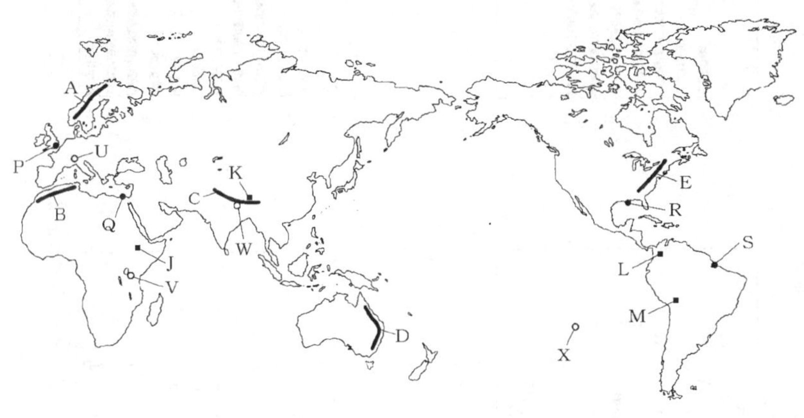

図1

問1　次の1～5の文は，図1中のA～Eに示したいずれかの山脈について述べたものである。これらの文の中で**適当でないもの**を2つ選び，番号で答えよ。ただし順番は問わない。

1．A山脈は，鉄鉱石と森林資源に恵まれ，山脈西側にはフィヨルドが発達する。

2．B山脈は，新期造山帯に属し，北斜面では果樹栽培が，南斜面では遊牧が行われている。

3．C山脈は，新生代に大陸プレート同士の衝突で形成され，BW気候とET気候の境界になっている。

4．D山脈は，大分水嶺山脈とも呼ばれ，山脈西側の盆地には巨大な帯水層が存在する。

5．E山脈は，古生代に形成された褶曲山脈であり，東麓に沿って炭田が分布する。

問2　図1中のJ～Mは，それぞれ標高2000m以上に位置するアディスアベバ，ラサ，ボゴタ，ラパスを示しており，次の図2中のア～エは，これら4地点のいずれかにおける雨温図である。これらの4地点の雨温図として適当なものを，ア～エの中からそれぞれ一つずつ選び，記号で答えよ。

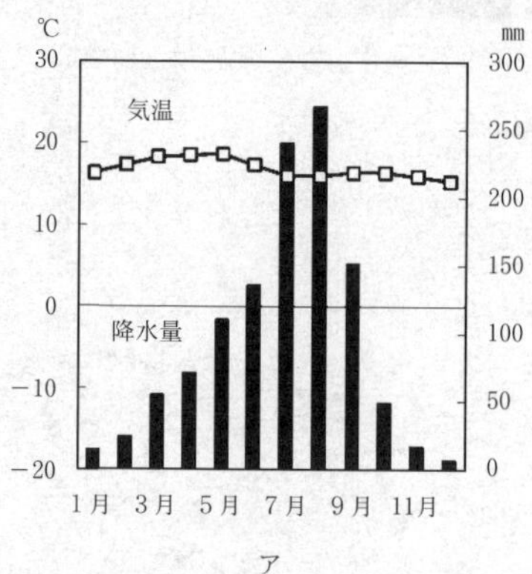

ア

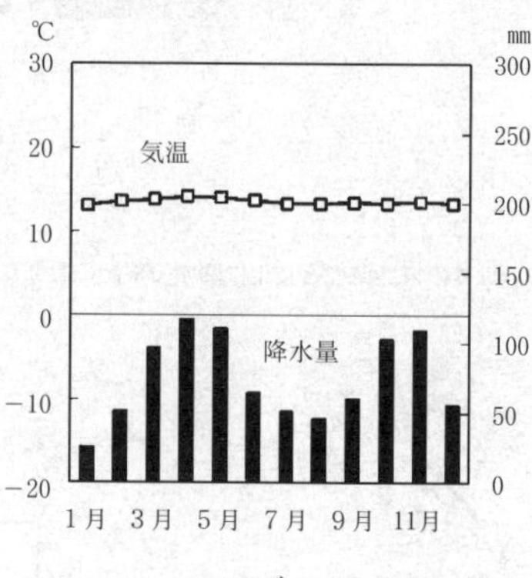

イ

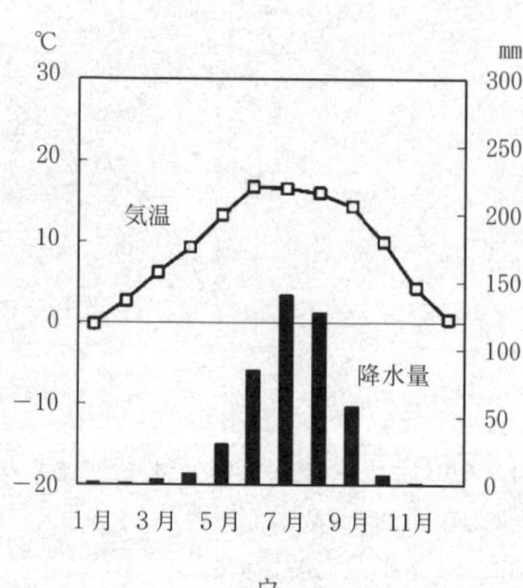

ウ

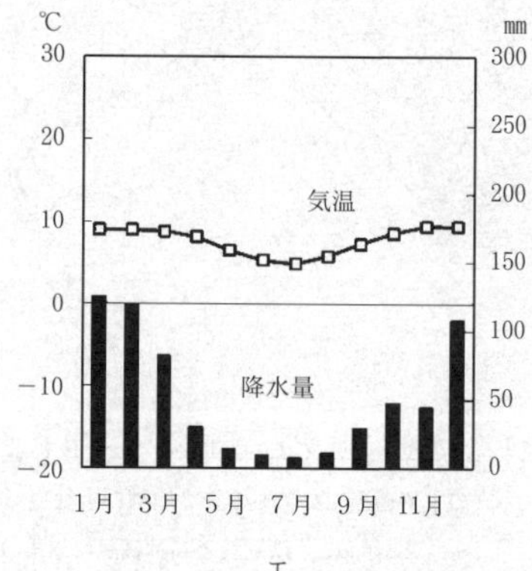

エ

出典：『理科年表　2022』

図2

問３　次の写真１中のカ～ケは，図１中のＰ～Ｓのいずれかの場所における河口周辺の様子を撮影した衛星画像である。これらの場所における衛星画像として適当なものを，カ～ケの中からそれぞれ一つずつ選び，記号で答えよ。なお，縮尺はそれぞれ異なり，また，画像の上方が北とは限らない。

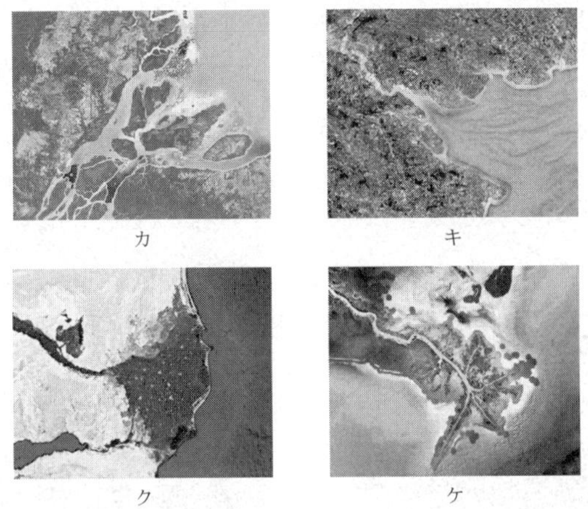

出典：Google Earth

写真１

問４　次の図３中のサ～スは，太平洋熱帯海域の平常時，エルニーニョ現象出現時，ラニーニャ現象出現時のいずれかにおける水温分布を模式的に示したものである。これらの水温分布のうちエルニーニョ現象出現時におけるものとして最も適当なものを，サ～スの中から一つ選び，記号で答えよ。

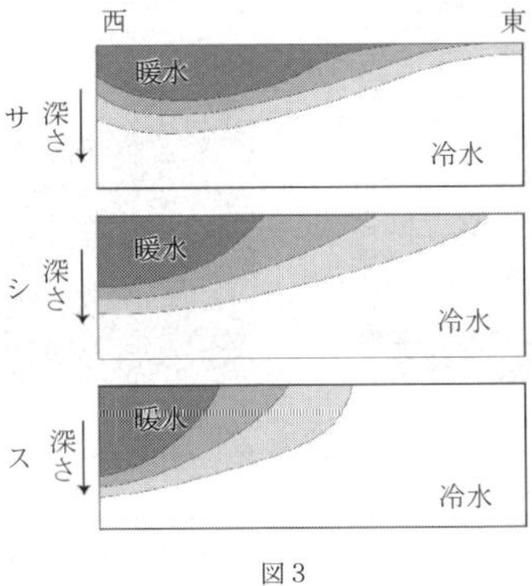

図３

問５　次の１～５の文は，エルニーニョ現象出現時における各地域の天候の傾向を説明したものである。これらの文の中から適当なものを２つ選び，番号で答えよ。ただし順番は問わない。

１．アメリカ合衆国の太平洋沿岸部では，３月から11月にかけて少雨傾向がみられる。

２．オーストラリア東部では，６月から２月にかけて少雨傾向がみられる。

３．東南アジアからインド付近では，年間を通して低温傾向がみられる。

４．東日本から西日本では，12月から２月にかけて高温傾向がみられる。

５．ペルーやチリの沿岸部では，６月から８月を中心に少雨傾向がみられる。

問６　次の写真２中のタ～テは，図１中のＵ～Ｘのいずれかの世界遺産において撮影したものである。これらの場所における写真として適当なものを，タ～テの中からそれぞれ一つずつ選び，記号で答えよ。

写真２

2　人口に関する次の文章を読み，下記の設問に答えよ。

人間が日常的に居住している場所を（　ア　），居住していない場所を（　イ　）という。アフリカで誕生したとされる人類は，移動と拡散を繰り返し，未開地を開拓して（　ア　）を拡大してきた。だが，その人口密度には偏りがあり，2020年の世界の地域別人口をみると，世界の陸地面積の約24％を占めるにすぎないアジアには世界人口の約（　あ　）％が住んでいる。次いで，アフリカに約（　い　）％が住んでいる。

人口は出生数と死亡数の差によって増減する。人類は歴史上長い間，出生率と死亡率の両方が高かったため，人口増加はゆるやかであった。しかし，（　ウ　）世紀後半から始まる産業革命以降の生産力の向上や，医療・衛生の進歩により西ヨーロッパや北アメリカ，日本などで死亡率が低下し，人口増加は加速した。第２次世界大戦後には，その他の地域でも死亡率が低下して人口が急激に増加し，人口（　エ　）と形容された。

ところで，１人の女性が一生の間に生むとされる子どもの数の平均を，（　オ　）という。先進国の多くでは，現在の人口を維持するためには，この値がおおむね（　カ　）前後であることが必要とされる。日本では，第２次世界大戦後のベビーブームでは4.0をこえていた。しかし，1970年代には2.0以下になっている。その結果，日本では出生率の低下により子どもの数が減る一方，総人口に対する（　キ　）歳以上の老年人口が増加するという（　ク　）化が進み，社会や経済に与える影響が懸念されている。

問１　（　ア　）～（　ク　）にあてはまるもっとも適切な語句や数字を答えよ。（　ア　）と（　イ　）はカタカナの語句を答えよ。なお，同じ記号には同じ語句または数字が入る。

問２　（　あ　）と（　い　）にあてはまる最も適切な数字を下記の１～８からそれぞれ一つずつ選び，番号で答えよ。

１．17　２．27　３．37　４．40　５．43　６．50　７．60　８．70

問３　下記の表１は2020年の世界で人口の多い国の上位５か国をまとめたものである。表中の（　A　）～（　E　）にあてはまる国名を答えよ。

表１　世界の人口の上位５か国(2020年)

国名	人口（千人）
（　A　）	1,439,324
（　B　）	1,380,004
（　C　）	331,003
（　D　）	273,524
（　E　）	220,892

出典：『世界国勢図会　2021/22』

3　都市に関する次の文章を読み，下記の設問に答えよ。

現代の都市は，行政・文化・生産・消費・交通など様々な機能を備えている。しかし特定の機能の比率が高い場合などに，これらの機能で都市を分類することがある。

物資の生産などを主な機能とする都市には，工業都市・水産都市などがある。工業都市は，産業革命期以降の工業化に伴い増加した。例として，アメリカ合衆国北東部のヒューロン湖と（　ア　）湖の間に位置する自動車工業都市デトロイトや，産業革命発祥の地とされるイギリス中西部ランカシャー地方の（　イ　）があげられる。

また，商業・金融・貿易・交通などの機能が卓越している都市を交易都市という。例として，スーダンの首都で白ナイル川・青ナイル川の定期航路の基地となっている（　ウ　），レバノンの首都で中継ぎ貿易港・金融センターとして繁栄する（　エ　）があげられる。

さらに，宗教都市・観光都市・政治都市といった分類もできる。宗教都市として知られるエルサレムは（　オ　）教・キリスト教・イスラームの三つの宗教の聖地である。チベット仏教の聖地であり，チベット自治区の中心都市である（　カ　）も宗教都市に該当する。また，観光都市としては，アメリカ合衆国のフロリダ半島南端部に位置する海岸保養都市である（　キ　）が知られる。日本国内では，（　ク　）県東部にあり，良質な温泉が湧く熱海市も観光都市に該当する。また，アメリカ合衆国の首都である（　ケ　）は政治都市に該当する。

このように様々な機能を持つ都市は，国の中で相互に関係を持ち，都市システムを形成する。都市システムは，国や地方の政治・経済構造や歴史的な発展過程によって異なっている。①ある国の都市を人口規模の順に並べると，その国の都市システムの発達過程が浮かび上がってくる。また，②都市システムは，各都市の人口変化とも密接な関係がある。

なお，人口がその国で第1位（第2位の都市を大きく上回る）となっており，国の政治・経済・文化などの諸機能が集中する大都市を③プライメートシティという。

問1　文章中（　ア　）～（　ケ　）にあてはまる地名や語句を答えよ。

問2　下線部①に関して，下の図1は，ある3か国の都市を人口規模が多い順に9位まで並べたものである。図中の折れ線（A）～（C）にあてはまる国名を下記の1～3からそれぞれ一つずつ選び，番号で答えよ。

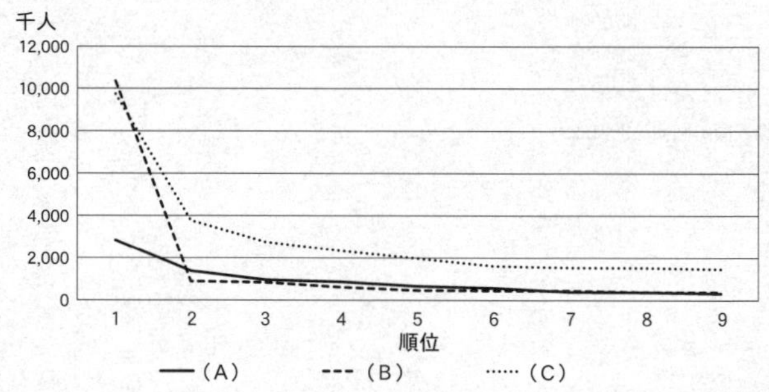

出典：『Demographic Yearbook　2020』

図1

1．日本　　2．ペルー　　3．イタリア

問3　文章中の下線部②に関して，下の図2は，日本の4つの政令指定都市の人口増加率の推移を示したものである。図中の（A）～（D）にあてはまる都市を下記の1～4からそれぞれ一つずつ選び，番号で答えよ。なお，さいたま市は2001年以降の合併によって出来た都市であるが，図で用いた人口は，合併前自治体の人口を合算したものである。

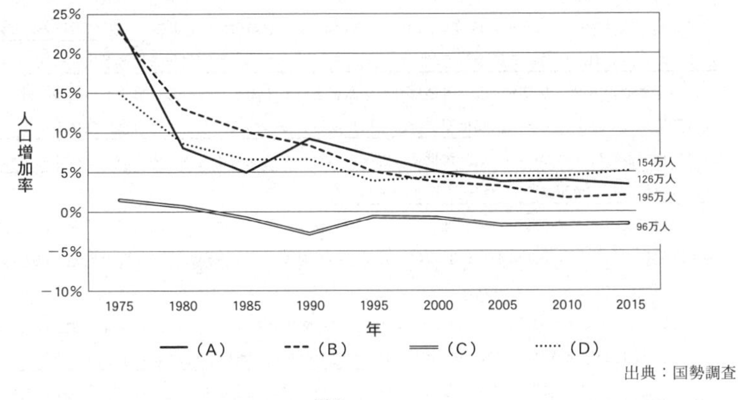

出典：国勢調査

図2

注：縦軸で示される「人口増加率」は，横軸で示される「年」までの5年間のものである。例えば，横軸の1975年における人口増加率は，1970年比のものである。またグラフ右横の人口は，2015年時点のものを示す。

1．札幌市　　2．福岡市　　3．さいたま市　　4．北九州市

問4　下線部③に関して，この別称を漢字4文字で答えよ。

4　アフリカに関する次の文章を読み，下記の設問に答えよ。

アフリカ大陸の面積は約3000万㎢で，世界で（　ア　）番目に大きい大陸である。アフリカ大陸には台地や高原が多く，低地は沿岸部の狭い地域に限られる。大陸の東部から南部にかけては全長7000kmにも及ぶ（　X　）がはしり，この地帯にはタンガニーカ湖やマラウイ湖，アフリカ最高峰の（　イ　）山などの火山がみられる。大陸の南東には日本の約1.5倍の面積をもつ（　ウ　）島がある。

アフリカ大陸では赤道から高緯度に向かってほぼ帯状に気候区が変化する。①赤道付近は熱帯雨林気候となっており，赤道から離れるにつれてサバナ気候，ステップ気候，砂漠気候の地域が広がっている。

15世紀までのアフリカ大陸では，各地に交易を基盤とする王国が栄え，ヨーロッパやアラブ諸国と緊密な経済関係をつくりあげてきた。②15世紀半ばからは，ヨーロッパの国々がアフリカ沿岸部に港や城塞を築くようになり，さらに交易が拡大した。③16世紀以降，ヨーロッパ各国の新大陸への入植が進行するにつれ，アフリカはいわゆる三角貿易の一部に組み込まれていった。

19世紀に入ると，ヨーロッパ列強はアフリカ大陸の資源に関心を向けはじめ，競って内陸部に進出し，各地を支配していった。1884年から1885年にかけてはベルリン会議が開かれ，アフリカ大陸のほとんどがヨーロッパ列強の（　エ　）となった。

（　エ　）時代にアフリカはヨーロッパへの農産物や鉱物資源の供給地として位置づけられた。独立後も（　エ　）時代の経済構造からの脱却が図れず，④少数の農産物や鉱物資源に依存する（　オ　）経済の傾向が残ることとなった。また，アフリカの大部分の国では工業の発達が進んでおらず，一次産品を輸出して工業製品を輸入する貿易構造となっている。

問1　文章中の（　ア　）～（　オ　）にあてはまる語句や数字を答えよ。なお，同じ記号には同じ語句または数字が入る。

問2　文章中の（　X　）にあてはまる語句を漢字4文字で答えよ。

問3　下線部①に関連して，下の図1中の カ ～ ケ はそれぞれ異なる気候区に位置するアフリカの4都市の雨温図である。カ ～ ケ がそれぞれどの気候区を示しているか，雨温図から判断されるケッペンの気候区分の記号をそれぞれ答えよ。

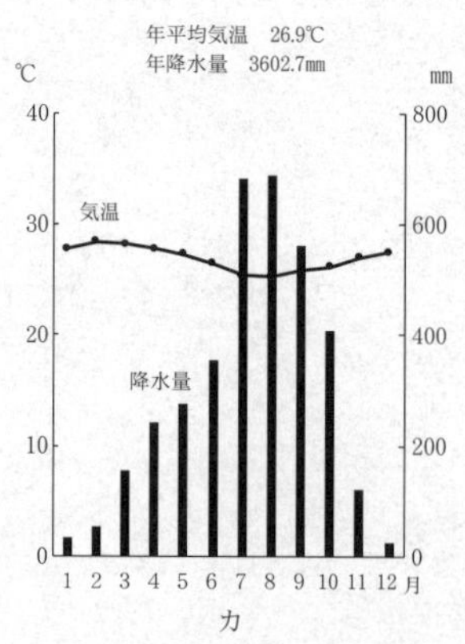

カ

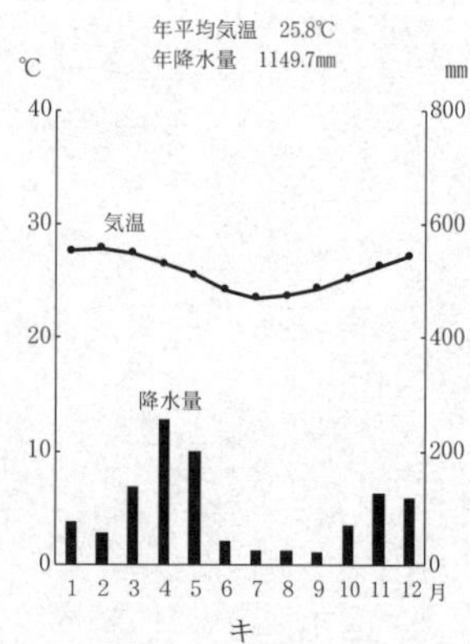

キ

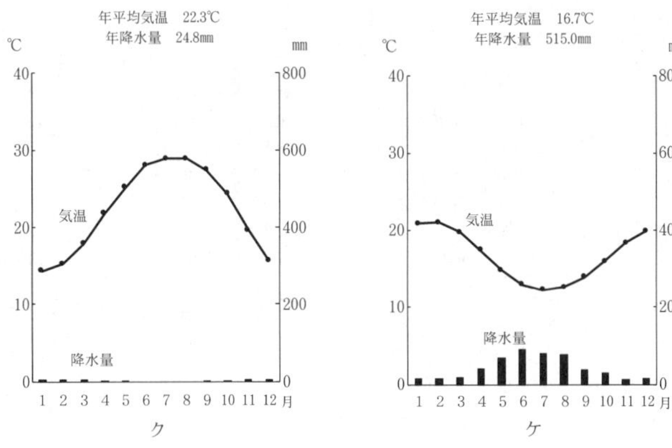

出典：World Meteorological Organization

図1

問4　下線部②に関して，この時代にヨーロッパ諸国は探検，略奪，植民，商取引などの形で競って海外に進出し，喜望峰を経由したインド航路の開拓やアメリカ大陸への到達など，さまざまな地理的「発見」を蓄積していった。この時代を何と呼ぶか，漢字5文字で答えよ。

問5　下線部③に関して，図2は三角貿易で取引された商品の流れを示している。図2のA～Cにあてはまる代表的な商品の例としてもっとも適当なものを下記の1～6から1つずつ選び，番号で答えよ。

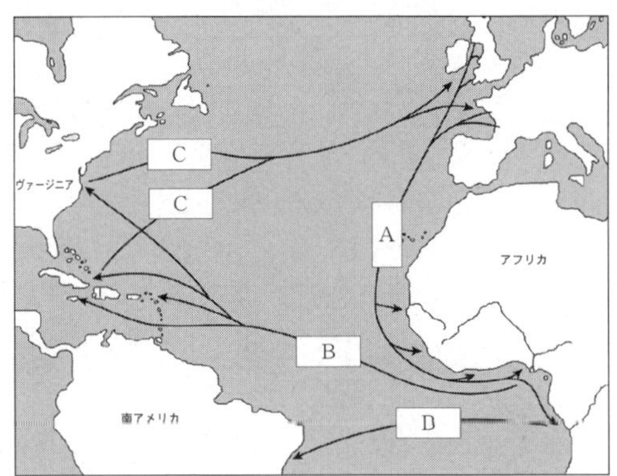

出典：松田素二編（2014）『アフリカ社会を学ぶ人のために』をもとに作成

図2

1．奴隷　　2．羊毛　　3．タバコ　　4．ビート　　5．武器　　6．タングステン

問6　下線部④に関して，表1は，2020年の世界のカカオ豆，茶，コーヒー生豆の主な生産国と，世界全体の生産量に占める割合を示している。表中の（a）～（d）にあてはまる国名の組み合わせとして正しいものを以下の1～5から選び，番号で答えよ。

表1

カカオ豆		茶		コーヒー生豆	
(a)	38.2%	中国	42.3%	ブラジル	34.6%
(b)	13.9%	インド	20.3%	ベトナム	16.5%
インドネシア	12.8%	(c)	8.1%	コロンビア	7.8%
ナイジェリア	5.9%	アルゼンチン	4.8%	インドネシア	7.2%
エクアドル	5.7%	スリランカ	4.0%	(d)	5.5%
カメルーン	5.0%	トルコ	3.6%	ペルー	3.5%
その他	18.4%	その他	17.0%	その他	24.9%

出典:『日本国勢図会 2022/23』をもとに作成

1.(a) コートジボワール (b) ガーナ
　(c) ケニア (d) エチオピア
2.(a) エチオピア (b) コートジボワール
　(c) ガーナ (d) ケニア
3.(a) ガーナ (b) ケニア
　(c) エチオピア (d) コートジボワール
4.(a) ケニア (b) ガーナ
　(c) コートジボワール (d) エチオピア
5.(a) ガーナ (b) エチオピア
　(c) ケニア (d) コートジボワール

政治・経済

（60分）

1　非正規雇用の増加傾向について，次の文章を読み下記の設問に答えよ。

正規雇用労働者と非正規雇用労働者数の推移（男女別）

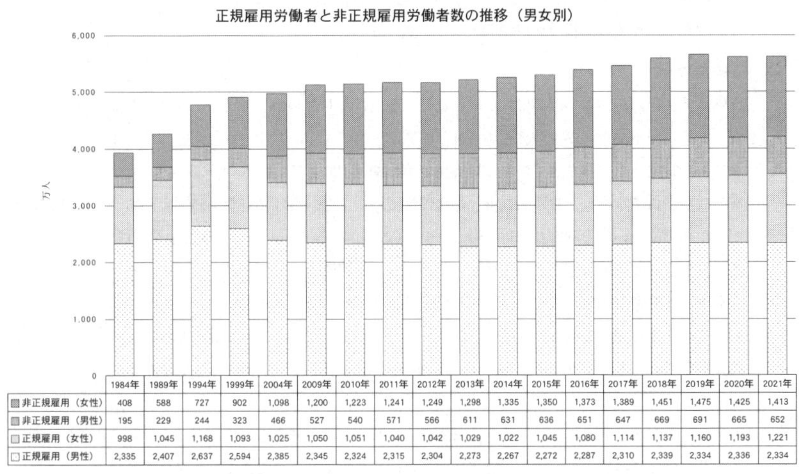

	1984年	1989年	1994年	1999年	2004年	2009年	2010年	2011年	2012年	2013年	2014年	2015年	2016年	2017年	2018年	2019年	2020年	2021年
非正規雇用（女性）	408	588	727	902	1,098	1,200	1,223	1,241	1,249	1,298	1,335	1,350	1,373	1,389	1,451	1,475	1,425	1,413
非正規雇用（男性）	195	229	244	323	466	527	540	571	566	611	631	636	651	647	669	691	665	652
正規雇用（女性）	998	1,045	1,168	1,093	1,025	1,050	1,051	1,040	1,042	1,029	1,022	1,045	1,080	1,114	1,137	1,160	1,193	1,221
正規雇用（男性）	2,335	2,407	2,637	2,594	2,385	2,345	2,324	2,315	2,304	2,273	2,267	2,272	2,287	2,310	2,339	2,334	2,336	2,334

出典　内閣府「男女共同参画白書　令和４年版」より作成

1980年代後半，全国の地価と株価が高騰し［ A ］景気が発生した。しかし，その状態は長続きせず1990年代に入ると地価と株価は暴落し［ A ］景気は崩壊した。この後の長期不況は［ B ］不況と呼ばれる。1997年には北海道唯一の都市銀行である［ C ］が破綻した。

1995年に，当時の日本経営者連盟は日本的経営・雇用慣行の改革を迫り労働者を「長期蓄積能力活用型グループ」,「高度専門能力活用型グループ」,「雇用柔軟型グループ」の３つのグループに分けて，正社員雇用を抑制し人件費の節約を図ることを提案した。2001年に成立した［ D ］政権は構造改革をすすめ，労働の分野では労働者派遣法(1)の改正を行った。これが2008年［ E ］の際に起こった派遣切り，雇い止めの問題につながっていく。

その後も非正規雇用の増加傾向が続いたが，その影響は女性と男性で異なっている。上の図を見ればわかるように，すべての女性労働者のうち非正規雇用の割合は，1984年以降上昇傾向があり［ F ］年に［ G ］％と最高となった。一方，すべての男性労働者のうち非正規雇用の割合も1984年以降［ H ］年に［ I ］％と最高となった。男女とも非正規雇用者の割合が増えているが，特に非正規雇用が女性に偏っている(2)ことがわかる。

問1　本文中の空欄［A］～［I］に当てはまる最も適切な語句や数字を答えよ。［B］は漢字2文字で解答し，［C］は漢字7文字で解答し，［D］は氏名を漢字で解答し，［E］はカタカナで解答せよ。［G］と［I］は小数第1位まで解答せよ。

問2　下線部(1)について以下の文の中で最も適切なものを，以下の選択肢ア～オの中から1つ選び，記号で答えよ。

ア．1985年に労働者派遣法が制定された。専門の16業種のみ派遣ができ，派遣期間は原則3年であった。

イ．1996年に派遣労働の対象業種は52業種に拡大された。

ウ．2004年に製造業での派遣労働が可能となった。ただし期間は1年とされた。

エ．現在，すべての労働者に対して日雇い派遣が可能となっている。

オ．現在，すべての業種で派遣期間の制限が最長5年となっている。

問3　下線部(2)について次の問いに答えよ。

女性に非正規雇用が多い理由は，女性が正社員を続けられないからである。現在でも女性の正規雇用率は，20歳代後半でピークを迎えたのち低下する［あ］字カーブを描く。そして，正社員を退職した女性は，育児などが落ち着くと非正規雇用で再び働き出す。

高度成長期に確立された日本的経営・雇用慣行においては，男性正社員を新卒者から一括採用し定年まで雇用する［い］制度や，勤続年数に応じて賃金が上がる［う］型賃金が形成された。一方，女性にはこれらの制度は適用されないことが多かった。男性より若い年齢で定年となる女子若年定年制や，女性だけ結婚で退職しなければならない結婚退職制がある企業もあった。

もちろん，今日ではこれらの女性差別は禁止されており，女性が正社員雇用を続けられるように様々な法律も作られている。男女雇用機会均等法(1)や女性活躍推進法(2)が代表的なものであるが，効果は限定的である。

また，女性が多い非正規雇用の待遇改善も進められている。非正規雇用で働く人々がそれぞれの意欲や能力を十分に発揮し，その働きや貢献に応じた待遇を得ることのできる「公正な待遇の実現」を目指すパートタイム・［え］法が2021年4月より全面施行された。

(a)　上の文章の空欄［あ］～［え］に当てはまる最も適切な語句を答えよ。

(b)　波線下線部(1)について適切なものを，以下の選択肢ア～コの中から2つ選び，記号で答えよ。

ア．1985年の制定時に定年・退職・解雇・募集・採用・配置昇進・教育訓練について差別禁止となった。

イ．現在，企業がパート労働者を募集する際に「女性向きの職種」と書いても問題はない。

ウ．現在，女性管理職が少ない（4割未満）企業が女性社員のみを対象にしてキャリアアップセミナーを実施するのは，女性を優遇しているため男女雇用機会均等法に反している。

エ．2020年改正では，男女雇用機会均等法に違反した全ての企業は，罰金刑に処せられるようになった。

オ．現在，出産・育児のために労働時間が短くなった女性社員を非正規雇用になるように企業が強要することは禁じられている。

カ．現在，妊娠した有期雇用の女性が産前産後休を取得し，契約期間のすべての期間に出勤できない時は，妊娠を理由に企業は契約更新をしなくて良い。

キ．現在，セクシュアルハラスメントが発生しても，直属の上司が丁寧に相談に乗れるなら，企業内に相談窓口を設ける必要はない。

ク．現在，企業は，就職活動中の学生に対するセクシュアルハラスメントに対する取り組みを行うことが望ましいが，防止措置義務はない。

ケ．現在，企業に同性に対するセクシュアルハラスメントの防止措置は課されていない。

コ．現在，派遣労働者に対するセクシュアルハラスメントについて，派遣会社が対応する義務があるため派遣先の企業は対応する必要はない。

(c) 波線下線部(2)について最も適切なものを，以下の選択肢 ア ～ オ の中から１つ選び，記号で答えよ。

ア．女性活躍推進法を制定した時の内閣総理大臣は菅義偉である。

イ．2022年４月１日から女性活躍推進法に基づく情報公表がすべての中小企業にも義務化された。

ウ．女性の活躍推進に関する状況が優良な企業は「えるぼし」認定が受けられるが，日本政策金融公庫の融資で優遇されない。

エ．2022年に従業員301人以上の企業では，女性活躍推進法に基づく情報公表に男女の賃金の差異の公表が義務化された。

オ．女性活躍推進法に基づく情報公表では，男女の育児休業の取得率と平均的な取得期間を公表しなければならない。

2　次の文章を読み，下記の設問に答えよ。

日本国憲法は，(1)その第92条から第95条で地方自治に関する定めを置いている。もっとも，その４ヵ条で，わが国の地方自治に関する制度の全てが網羅的かつ包括的に定められているわけではない。地方自治に関する定めの多くは，実際には，地方自治法や地方財政法をはじめとする法律において規定されているところである。このため，わが国の場合，(2)地方自治に関する制度変更は法律の制定・改廃を通じて行えることになる。わが国では，1990年代以降に地方自治の制度・仕組みに関する大きな変更があったところであるが，この制度変更等も法律の制定・改廃等を通じてなされたものである。

1990年代以降になされた地方自治制度に関する以上の変更は，主として，地方分権の推進を目的とするものであった。このような変更は，実際に，わが国の地方自治制度のあり方を大きく変えたものであるといえる。この変更の出発点として言及されることが多いのは，(3)第40回衆議院議員選挙（平成５年７月）直前の平成５年６月に，衆参両院においてなされた「地方分権の推進に関する決議」である。その後，平成７年５月に［　A　］が成立し，そして，平成11年７月に［　B　］が成立した。これらの法律に基づく地方分権改革のことを，(4)第一次地方分権改革ともいうが，同改革を通じてなされたのは，国と地方の権限配分（権限分配）の変更，言い換えれば，国から地方への権限移譲等であった。

もっとも，地方分権を真の意味で推進するためには，権限の移譲だけでなく，財政面での「分権化」を進める必要もある。つまり，法律上の権限配分の変更に加えて，地方公共団体の自主財源を増加させる必要もある。このような目的を達成するためになされたのが，いわゆる(5)「三位一体の改革」である。これによって地方公共団体の歳入に占める(6)自主財源の比率は増加した。もっとも，結果として，不況なども重なったために，実際の歳入額からみると，地方公共団体の財源は充実しなかったともいわれる。

以上のことから，地方自治制度については，1990年以降大きな制度変更があったと評価できよう。それでは，地方公共団体の運営に関して，わが国ではどのような仕組みが採用されているのであろうか。地方公共団体の運営は，地方公共団体の首長と議会によって担われるが，それぞれが，その地方に住む(7)住民の選挙によって選ばれる。また，住民には，$_{(8)}$直接に地方公共団体の運営・活動に影響を与える手段が認められてもいる。このようなことからして，地方公共団体の運営においては住民の役割は重要であるといえよう。

問1　下線部(1)に関連して，次の問いに答えよ。

(a)　下記の条文は，下線部(1)に関する憲法の条文の一部であるが，空欄［あ］～［う］に当てはまる最も適切な語句を答えよ。

憲法第92条　「地方公共団体の組織及び運営に関する事項は，［あ］に基いて，法律でこれを定める。」

憲法第93条1項　「地方公共団体には，法律の定めるところにより，その［い］機関として議会を設置する。」

2項　「地方公共団体の長，その議会の議員及び法律の定めるその他の吏員は，その地方公共団体の住民が，直接これを選挙する。」

憲法第94条　「地方公共団体は，その財産を管理し，事務を処理し，及び［う］を執行する権能を有し，法律の範囲内で条例を制定することができる。」

憲法第95条　「一の地方公共団体のみに適用される特別法は，法律の定めるところにより，その地方公共団体の住民の投票においてその過半数の同意を得なければ，国会は，これを制定することができない。」

(b)　日本国憲法第95条にいう「特別法」に該当しないことを理由に，その制定に際し，当該地方公共団体における住民の投票が実施されなかった法律として適切なものを，以下の選択肢ア～ウの中から1つ選び記号で答えよ。

ア．広島平和記念都市建設法　　イ．長崎国際文化都市建設法　　ウ．北海道開発法

問2　下線部(2)に関連して，日本国憲法の内容を踏まえた地方自治に関する法律の制定手続きや制定可能な法律の内容に関する説明として最も適切なものを，以下の選択肢ア～ウの中から1つ選び，記号で答えよ。なお，いずれも正しくない場合は解答欄に×と記載すること。

ア．日本国憲法にいう「地方公共団体」に「都道府県」が該当することを前提とした場合，国会が，地方自治法を改正し，その内容として各都道府県の知事を，各都道府県の議会が選出するという定めを置くことは可能である。

イ．日本国憲法の定める憲法改正の手続きや法律の改正に関する現在の手続きを前提とした場合，わが国における地方自治に関する制度の変更は，地方自治に関する規定の全てを網羅的かつ具体的に憲法で定めた場合に比べて，容易であるといえる。

ウ．日本国憲法の内容からして，地方公共団体における議会は，地方公共団体の長に対して優越的な機関として位置付けられているため，地方公共団体における議会は地方自治における事実上の最高機関であるといえる。

問3　下線部(3)についての決議がなされた時点の内閣総理大臣であった人物として適切な者を，以下の選択肢ア～エの中から1つ選び，記号で答えよ。

ア．宮澤喜一　　イ．細川護熙　　ウ．村山富市　　エ．橋本龍太郎

問4　本文中の空欄［A］と［B］に当てはまる法律として最も適切なものを，以下の選択肢ア～カの中から1つずつ選び記号で答えよ。

ア．地方分権促進法　　イ．地域再生法　　ウ．地方分権一括法

エ．地方創世推進法　　オ．地方分権推進法　　カ．まち・ひと・しごと創生法

問５　下線部(4)に関連して，次の問いに答えよ。

(a)　第１次地方分権改革の内容やそれに関する説明として適切なものを，以下の選択肢 ア ～ ウ の中から全て選び，記号で答えよ。

ア．第１次地方分権改革の結果，地方公共団体の長が国から委任されて，国の指揮監督のもとに，国の機関として行うという内容の事務は廃止された。

イ．第１次地方分権改革の結果，自治事務という区分が採用されたが，これは，旅券の交付といった本来は国が果たすべきことを，法令によって地方公共団体が代わりに行う事務のことである。

ウ．第１次地方分権改革の結果，自治事務に関する国の関与の方法は，原則として，助言や勧告といったものにとどまることになっている。

(b)　第１次地方分権改革の結果，地方公共団体の首長は，国の関与に対する不服の申立てを総務省内に置かれた委員会へ行うことができるようになった。この委員会の名称として最も適切なものを以下の選択肢 ア ～ エ の中から１つ選び，記号で答えよ。

ア．国地方紛争処理委員会　　イ．自治紛争処理委員会　　ウ．国地方係争処理委員会

エ．国地方不服審査裁定委員会

問６　下線部(5)に関連して，次の問いに答えよ。

(a)　「三位一体の改革」の内容に含まれないものを以下の選択肢 ア ～ エ の中から１つ選び，記号で答えよ。

ア．国庫補助負担金の削減

イ．地方債の発行に際しての許可制度の導入

ウ．地方交付税（交付金）の改革

エ．国から地方への税源移譲

(b)　「三位一体の改革」のもとになった内容は，経済財政諮問会議によって策定された「今後の経済財政運営及び経済社会の構造改革に関する基本方針」において示されたものである。同基本方針は，「○○（の）方針」とも呼ばれるが，○○に当てはまる語句として最も適切な内容を漢字２文字で答えよ。なお，「○○（の）方針」は，2022年６月７日にも策定されている。

問７　下線部(6)に関連して，次の問いに答えよ。

(a)　自主財源と呼ばれるものの中には地方税（(都)道府県税と市町村税）があるが，地方税に含まれないものを，以下の選択肢 ア ～ エ の中から１つ選び，記号で答えよ。

ア．所得税　　イ．自動車税　　ウ．事業税　　エ．固定資産税

(b)　地方公共団体は，地方税法に定める法定税以外に，条例に基づいて独自の課税を新設することが可能となっている。これを「法定外税」と呼ぶが，このうち，使途が限られていないものを「法定外普通税」，使途が限られているものを「法定外目的税」ともいう。2022年４月１日時点で「法定外目的税」として実際に存在するものを，以下の選択肢 ア ～ エ の中から１つ選び，記号で答えよ。

ア．核燃料税　　イ．入湯税　　ウ．ゴルフ場利用税　　エ．宿泊税

問８　下線部(7)に関連して，定住外国人に地方参政権が認められるかどうかが問題となった最高裁判所の判例（平成７年２月28日判決）があるが，この判決の内容に関する説明として最も適切なものを，以下の選択肢 ア ～ ウ の中から１つ選び記号で答えよ。

ア．最高裁判所は，定住外国人も，その地方公共団体へ地方税を納付し行政サービスを受けるのだから，住民自治の原理からして，憲法第93条２項の「住民」に含まれると判断したうえで，定住外国

人に地方公共団体の長や議員に関する選挙の選挙権を認めないことは違憲であると判断した。

イ．最高裁判所は，憲法前文で示された国民主権の原理等からして，憲法第93条２項にいう「住民」に含まれるのは，地方公共団体の区域内に住所を有する日本国民に限られるとして，同項が定住外国人に選挙権を保障したものとはいえないとした。さらに，最高裁判所は，国民主権の原理からして，法律や条例に基づき，定住外国人に地方参政権を付与することは憲法上許されないとした。

ウ．最高裁判所は，憲法前文で示された国民主権の原理等からして，憲法第93条２項にいう「住民」に含まれるのは，地方公共団体の区域内に住所を有する日本国民に限られるとして，同項が定住外国人に選挙権を保障したものとはいえないとした。もっとも，最高裁判所は，定住外国人が永住する者で，居住する地域と特段に緊密な関係を持つ場合には，法律等の規定に基づき，定住外国人に地方参政権を付与することは憲法上禁止されているものではないとした。

問９　下線部(8)に関連して，地方自治法には，直接請求と呼ばれる制度が設けられている。以下の文章は，直接請求に関連する文章であるが，この文章を読んで，次の問いに答えよ。なお，空欄［　あ　］には，問１の［　あ　］と同じ語句が入る。

直接請求は，地方公共団体の活動に対する住民の関与を確保するためのものである。これは，憲法第92条にいう［　あ　］を構成する２つの要素のうち［　え　］のための制度であるといわれる。直接請求の中には，首長の解職請求が存在するが，首長の解職請求を行うには，次のような手続きを経る必要がある。首長に対する解職請求の代表者は，選挙管理委員会に対して，その請求を行う。この請求に際しては，その選挙権を有する者の連署が必要となるが，この数については，選挙権者が100万人である場合には，［　お　］人以上の署名が必要となる。この署名が集まった後で，住民投票は実施される。

(a)　空欄［　え　］に当てはまる適切な語句を答えよ。

(b)　空欄［　お　］に当てはまる数値として，最も適切なものを，以下の選択肢 ア ～ カ の中から１つ選び，記号で答えよ。なお，解答に際しては下記の参考条文を用いても良い。

ア．333333　　イ．300000　　ウ．275000　　エ．250000　　オ．225000　　カ．200000

【参考条文】（全て地方自治法）

第80条１項　「選挙権を有する者は，政令の定めるところにより，所属の選挙区におけるその総数の三分の一（その総数が四十万を超え八十万以下の場合にあつてはその四十万を超える数に六分の一を乗じて得た数と四十万に三分の一を乗じて得た数とを合算して得た数，その総数が八十万を超える場合にあつてはその八十万を超える数に八分の一を乗じて得た数と四十万に六分の一を乗じて得た数と四十万に三分の一を乗じて得た数とを合算して得た数）以上の者の連署をもつて，その代表者から，普通地方公共団体の選挙管理委員会に対し，当該選挙区に属する普通地方公共団体の議会の議員の解職の請求をすることができる。この場合において選挙区がないときは，選挙権を有する者の総数の三分の一（その総数が四十万を超え八十万以下の場合にあつてはその四十万を超える数に六分の一を乗じて得た数と四十万に三分の一を乗じて得た数とを合算して得た数，その総数が八十万を超える場合にあつてはその八十万を超える数に八分の一を乗じて得た数と四十万に六分の一を乗じて得た数と四十万に三分の一を乗じて得た数とを合算して得た数）以上の者の連署をもつて，議員の解職の請求をすることができる。」

第81条１項　「選挙権を有する者は，政令の定めるところにより，その総数の三分の一（その総数が四十万を超え八十万以下の場合にあつてはその四十万を超える数に六分の一を乗じて得た数と四十万に三分の一を乗じて得た数とを合算して得た数，その総数が八十万を超える場合にあつてはその八十万を超える数に八分の一を乗じて得た数と四十万に六分の一を乗じて得た数と四十万に三分の一を乗じて得た数とを合算して得た数）以上の者の連署をもつて，その代表者から，普通地方公共団体の選挙管理委員会に対し，当該普通地方公共団体の長の解職の請求をすることができる。」

第86条１項　「選挙権を有する者（第二百五十二条の十九第一項に規定する指定都市（以下この項において「指定都市」という。）の総合区長については当該総合区の区域内において選挙権を有する者，指定都市の区又は総合区の選挙管理委員については当該区又は総合区の区域内において選挙権を有する者，道の方面公安委員会の委員については当該方面公安委員会の管理する方面本部の管轄区域内において選挙権を有する者）は，政令の定めるところにより，その総数の三分の一（その総数が四十万を超え八十万以下の場合にあつてはその四十万を超える数に六分の一を乗じて得た数と四十万に三分の一を乗じて得た数とを合算して得た数，その総数が八十万を超える場合にあつてはその八十万を超える数に八分の一を乗じて得た数と四十万に六分の一を乗じて得た数と四十万に三分の一を乗じて得た数とを合算して得た数）以上の者の連署をもつて，その代表者から，普通地方公共団体の長に対し，副知事若しくは副市町村長，指定都市の総合区長，選挙管理委員若しくは監査委員又は公安委員会の委員の解職の請求をすることができる。」

3　次の文章を読み，下記の設問に答えよ。

現代社会では，多くの人が会社に勤め，何かを生産している。生産に必要な要素を，(1)生産の３要素(生産要素)ということがある。仕事の現場では「労働生産性を高めよう」といった呼びかけがされることがある。この労働生産性という言葉は，どのようなものだろうか。労働生産性とは，例えば［　A　］に対する［　B　］の［　C　］として示すことができる。労働生産性を高めるために，多くの会社で社内教育が行われ，機械化や自動化が行われてきた。

労働生産性を国際的に比較すると，どのようになるだろう。公益財団法人日本生産性本部によると，日本の１人当たり労働生産性は2020年，78,655ドルであり，Ｇ７諸国の中で［　D　］に位置している。

次に，現実の賃金と労働時間について考えてみよう。賃金は国際的にみてどのようなものだろう。OECDによるとＧ７諸国で比較すると2016年で日本は，［　E　］に位置していた。

では労働時間に関してはどうだろう。独立行政法人労働政策研究・研修機構の「データブック国際労働比較2022」の中の第６－１表「一人当たり平均年間総実労働時間」によると，我が国の就業者一人当たりの平均年間総実労働時間は2020年は1598時間で，Ｇ７諸国の中では米国の1767時間，カナダの1644時間に次いで３番目に多いが，最も少ないドイツと比べると年間［　F　］の差が存在している。

我が国は何もしていないわけではない。すでに［　G　］を推進するための関係法律の整備に関する法律による改正後の労働基準法が2019年４月から順次施行されている。この中には，労働時間に関係するものが含まれている。時間外労働の上限規制と，年次有給休暇の確実な取得である。このいわゆる［　G　］関連法の特徴は，違反に対して［　H　］が設けられたことである。そもそも，(2)労働時間の限度は法律で定められている。今回は，新たに(3)時間外労働の上限規制が導入された。さらに，法律で定められた労働者に与えられた権利である年次有給休暇に関しても大きな変更がある。取得の一部義務化は，年次有給休暇の年［ I ］日間の取得を［ J ］に義務付けるものである。

働きやすさとは，働く者の都合に合わせた柔軟性ともいえる。コロナ禍で急速に広まった働き方に［ K ］がある。これは働く場所に柔軟性を与えている。また，一定の労働時間の中で，出社と退社の時刻を自由に決定できるものに［ L ］制度がある。さらに，労働時間管理を本人の自主性にゆだね，労働時間の長さよりも成果が問われる［ M ］がある。人が働く世界は少しずつ良くなっているように見える。

問1　下線部(1)に該当するのはどれか，以下の選択肢 ア ～ オ の中から1つ選び，記号で答えよ。

ア．原料・労働・資本　　イ．土地・労働・資本　　ウ．設備・労働・資本

エ．原料・設備・資本　　オ．土地・設備・資本

問2　空欄［ A ］～［ F ］に当てはまる最も適切なものを，以下の選択肢 ア ～ ソ の中から1つずつ選び，記号で答えよ。（複数回選択可）

ア．生産量　　イ．消費量　　ウ．供給量　　エ．労働量　　オ．労働価値

カ．生産年齢　　キ．位置　　ク．割合　　ケ．意味　　コ．上位

サ．中位　　シ．下位　　ス．約70時間　　セ．約270時間　　ソ．約470時間

問3　空欄［ G ］に入る言葉を5文字で答えよ。

問4　空欄［ H ］～［ M ］に当てはまる最も適切なものを，以下の選択肢 ア ～ ツ の中から1つずつ選び，記号で答えよ。

ア．罰則　　イ．猶予　　ウ．免除措置　　エ．5

オ．10　　カ．15　　キ．労働者　　ク．利用者

ケ．使用者　　コ．サイドワーク　　サ．テレワーク　　シ．ダブルワーク

ス．ワークシェア　　セ．フレックスタイム　　ソ．年功制度　　タ．裁量労働制

チ．労使委員会　　ツ．労使協定

問5　下線部(2)に関連して，現在の労働基準法により定められた法定労働時間について正しいものを，以下の選択肢 ア ～ オ の中から1つ選び，記号で答えよ。

ア．1日8時間及び1週40時間

イ．1日8時間及び1週42時間

ウ．1日8時間及び1週44時間

エ．1日8時間及び1週48時間

オ．1日8時間及び1週50時間

問6　下線部(3)に関連して，現在の労働基準法で定められている時間外労働の上限で正しいものを，以下の選択肢 ア ～ オ の中から1つ選び，記号で答えよ。

ア．原則として月45時間年360時間

イ．原則として月46時間年368時間

ウ．原則として月47時間年376時間

エ．原則として月48時間年384時間

オ．原則として月49時間年392時間

数学

◀経済学部▶

(60 分)

(注)　解答用紙には答えだけでなく，導出の過程も記入すること。

1 部受験者は[1] [2]が必須。[3] [4] [5]については，これらの中から 1 題を選択すること。

2 部受験者は[1] [2] [3]の全問が必須。

[1] (経済学部 1 部　必須 / 経済学部 2 部　必須)

次の各問いに答えよ。

(1)　$\dfrac{1}{\sqrt{10}-3}$ の整数部分を a，小数部分を b とするとき，$3a^2+5ab-2b^2$ の値を求めよ。

(2)　x^4+2x^2+9 を因数分解せよ。

(3)　放物線 $y=2x^2$ 上に 3 点 A $(-1,\ 2)$，B $(t,\ 2t^2)$，C $(3,\ 18)$ がある。このとき，三角形 ABC の面積 S の最大値を求めよ。ただし，$-1<t<3$ とする。

2 （経済学部１部 必須 / 経済学部２部 必須）

次の各問いに答えよ。

(1) ３進法で表されたとき，５桁となるような自然数の個数を求めよ。

(2) 連立不等式

$$\begin{cases} x^2 - 7x + 6 < 0 \\ x^2 - 2x - ax + 2a \geqq 0 \end{cases}$$

を満たす整数解の個数が３個のみであるとき，定数 a の値の範囲を求めよ。ただし，$a \geqq 2$ とする。

(3) 箱 X，Y には下の表のようにくじが入っている。１個のさいころを投げて，３未満の目が出たら箱 X から，３以上の目が出たら箱 Y からくじを１本引く。

いま，当たりくじを引いたことがわかったとき，投げたさいころの出た目が３未満であった確率を求めよ。

	X	Y
くじの本数	3	5
当たりくじの本数	1	1

3 （経済学部１部 選択 / 経済学部２部 必須）

３個のさいころを同時に投げるとき，次の確率を求めよ。

(1) 出た目の数のうち，ちょうど２個の数が等しくなる確率。

(2) ３個の出た目の数の積が５の倍数となる確率。

(3) 出た目の数の最小値が２となり，かつ最大値が６となる確率。

※経済学部２部の受験者は，このページの問題を解答してはいけません。

4 (経済学部１部　選択)

２つの放物線 $C_1 : y = x^2$，$C_2 : y = x^2 + 4$ があり，点 $(a,\ a^2 + 4)$ における C_2 の接線を ℓ_1 とする。このとき，次の問いに答えよ。ただし，a は実数とする。

(1) C_1 と ℓ_1 の交点の x 座標を求めよ。

(2) C_1 と ℓ_1 で囲まれた図形の面積 S を求めよ。

(3) 放物線 $y = x^2 + m^2$ 上の点 $(a,\ a^2 + m^2)$ における接線を ℓ_2 とする。C_1 と ℓ_2 で囲まれた図形の面積が 288 となる定数 m の値を求めよ。ただし，$m > 0$ とする。

※経済学部２部の受験者は，このページの問題を解答してはいけません。

5 (経済学部１部　選択)

数列 $\{a_n\}$，$\{b_n\}$ は次の条件を満たしている。

$$a_1 = 8,\ b_1 = 2$$
$$a_{n+1} = 5a_n + 4b_n + n^2 \quad (n = 1,\ 2,\ 3,\ \cdots)$$
$$b_{n+1} = 4a_n + 5b_n - n^2 \quad (n = 1,\ 2,\ 3,\ \cdots)$$

このとき，次の問いに答えよ。ただし，$n = 1,\ 2,\ 3,\ \cdots$ とする。

(1) $a_n + b_n$ を求めよ。

(2) $a_n - b_n$ を求めよ。

(3) 数列 $\{a_n\}$ と $\{b_n\}$ の一般項を求めよ。

◀工学部（建築）▶

（60分）

（注）　解答用紙には答えだけでなく，導出の過程も記入すること。

1は必須。2 3 4については，これらの中から2題を選択すること。

1 （必須）

次の各問いに答えよ。

(1)　$\dfrac{1}{\sqrt{10}-3}$ の整数部分を a，小数部分を b とするとき，$3a^2+5ab-2b^2$ の値を求めよ。

(2)　x^4+2x^2+9 を因数分解せよ。

(3)　放物線 $y=2x^2$ 上に3点 A$(-1,\ 2)$，B$(t,\ 2t^2)$，C$(3,\ 18)$ がある。このとき，三角形ABCの面積 S の最大値を求めよ。ただし，$-1<t<3$ とする。

2 （選択）

2つの放物線 $C_1:y=x^2$，$C_2:y=x^2+4$ があり，点 $(a,\ a^2+4)$ における C_2 の接線を ℓ_1 とする。このとき，次の問いに答えよ。ただし，a は実数とする。

(1)　C_1 と ℓ_1 の交点の x 座標を求めよ。

(2)　C_1 と ℓ_1 で囲まれた図形の面積 S を求めよ。

(3)　放物線 $y=x^2+m^2$ 上の点 $(a,\ a^2+m^2)$ における接線を ℓ_2 とする。C_1 と ℓ_2 で囲まれた図形の面積が288となる定数 m の値を求めよ。ただし，$m>0$ とする。

3 （選択）

3 個のさいころを同時に投げるとき，次の確率を求めよ。

(1) 出た目の数のうち，ちょうど 2 個の数が等しくなる確率。

(2) 3 個の出た目の数の積が 5 の倍数となる確率。

(3) 出た目の数の最小値が 3 となり，かつ最大値が 5 となる確率。

4 （選択）

数列 $\{a_n\}$，$\{b_n\}$ は次の条件を満たしている。

$a_1 = 8,\ b_1 = 2$

$a_{n+1} = 5a_n + 4b_n + n^2 \quad (n = 1,\ 2,\ 3,\ \cdots)$

$b_{n+1} = 4a_n + 5b_n - n^2 \quad (n = 1,\ 2,\ 3,\ \cdots)$

このとき，次の問いに答えよ。ただし，$n = 1,\ 2,\ 3,\ \cdots$ とする。

(1) $a_n + b_n$ を求めよ。

(2) $a_n - b_n$ を求めよ。

(3) 数列 $\{a_n\}$ と $\{b_n\}$ の一般項を求めよ。

物理

(60 分)

1　図 1 のように，水平な床の上に質量 M の台があり，その上に質量 m の小球がある。台上の弧 BC は半径 r の四分円（円の 4 分の 1）であり，点 B において水平な辺 AB になめらかに接続されている。小球と台との間の摩擦はないものとし，空気抵抗も無視する。また，重力加速度の大きさを g とし，床に沿って右向きに x 軸をとる。小球は質点とみなして，以下の問いに答えよ。

Ⅰ．まず，台が床に固定されている場合を考える。小球は点 A で初速度 v_0（> 0）を与えられると，台上を運動し，やがて点 C を越えて台から離れた。

（1）　点 C における小球の速さを g，r，v_0 で表せ。

（2）　小球が点 C に達するために必要な v_0 の最小値を g，r で表せ。

（3）　小球が点 C を離れた瞬間から最高点に達するまでの時間を g，r，v_0 で表せ。

（4）　小球が達する最高点の点 C からの高さを g，r，v_0 で表せ。

Ⅱ．次に，台が床に固定されていない場合を考える。台と床との間の摩擦はないものとする。台は初め静止しており，小球は点 A で初速度 v_0（> 0）を与えられると，台上を運動し，やがて点 C を越えて台から離れた。

（5）　小球が点 C に達した瞬間における，台に対する小球の相対速度の x 成分を求めよ。

（6）　x 軸方向の運動量保存則を用いて，小球が点 C に達した瞬間における，台の x 軸方向の速度を m，M，v_0 で表せ。

（7）　点 C における小球の速度の鉛直成分の大きさを g，m，M，r，v_0 で表せ。

（8）　小球が点 C を離れた瞬間から最高点に達するまでの時間を g，m，M，r，v_0 で表せ。

（9）　小球が点 C から離れる瞬間における点 C の x 座標を x_C とする．小球が落下してきて再び台に戻る点の x 座標を x_C，g，m，M，r，v_0 で表せ。

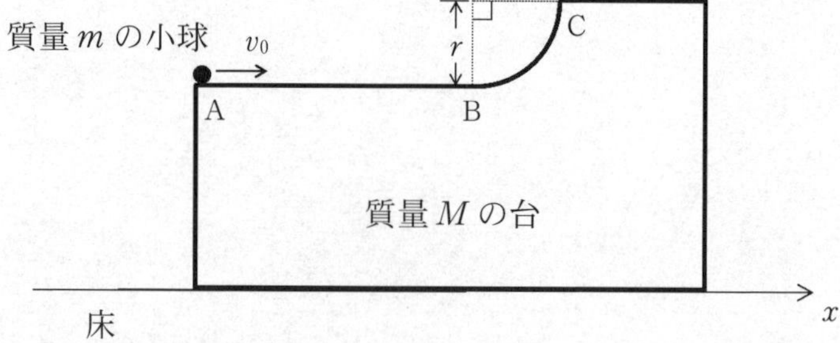

図 1

2　十分に広い水面上に図2－aのようにxy平面を張り，大きさの無視できる波源が水面に作る球面波を考える。波は波源から広がる振幅Aの正弦波で減衰しないものとする。以下の文中の空欄を適切な数値もしくは数式で埋めよ。また，選択肢がある場合はその記号で答えよ。

Ⅰ．座標（$-L$，0）の点Pに波源を置いて十分に時間がたち，時刻 $t=0$ でx軸上において水平面からの水の変位が図2－bのようになった。そしてこの時刻を過ぎてから，座標（L，0）の点Qにおける水の変位が時刻 $t=t_1$ で初めて最大になった。この波源が作る波の波長は［（1）］，速さは［（2）］，振動数は［（3）］である。また，時刻 $t=0$ を過ぎてから座標（$-2L$，0）の点で水の変位が初めて最大になる時刻は $t=$［（4）］である。

Ⅱ．前問Ⅰの状態で $x=L$ の直線に沿って水平面と垂直に反射板を置くと波はそこで自由端反射し，十分に時間がたつとx軸上の $-L\leqq x\leqq L$ の領域に定常波ができる。この定常波の腹の位置での振幅は［（5）］であり，節の数は［（6）］である。またこのとき，x軸上の $x<-L$ の領域にできる波は{（7）イ．進行波，ロ．定常波，ハ．変位が常に0}である。

以下の問題では点Pと点Qにおいて同一の波源が同位相で振動している場合を考える。

Ⅲ．波が強めあう点を連ねると，点Pと点Qを焦点とする双曲線になる。波源が作る波の波長が$\frac{3}{5}L$であるとき，x軸上の点Pと点Qの間にできる，波が強めあう点の数は［（8）］である。また，点Qからy軸正の方向にある波が強めあう点の中で，点Qに最も近いものの座標を（L，y）とすると，yは［（9）］である。

Ⅳ．波源が作る波の波長がある値λ_0を超えると，水面上に波が弱めあう場所が存在しなくなる。x軸上に波が弱めあう点がなければ水面全体でも波が弱めあう点がないということから，$\lambda_0=$［（10）］と求まる。

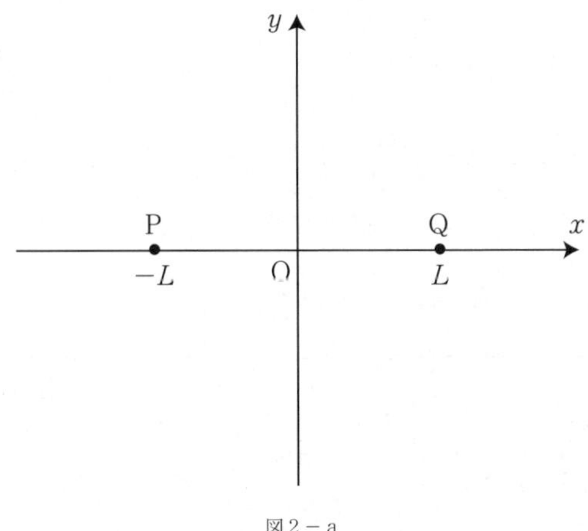

図2－a

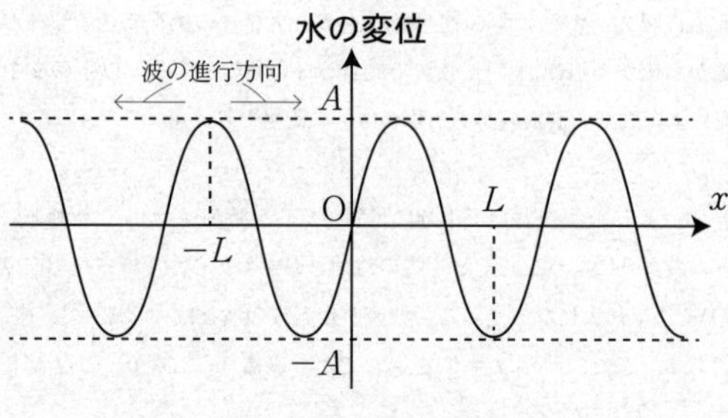

図２－ｂ

イ　幼児の生活に乱れがなく、誰もが同じように秩序正しく生育していくのならば
ウ　ものを分解することではなく、作り上げることが人間の特徴であるならば
エ　子どもに秩序を求めることなく、幼稚園が無用のものになるならば
オ　人間の成長は統一ではなく、人間を柔らかくほぐしていくことだとするならば

問十　次の文のうち、本文の内容と合致するものを**三つ**選び、符号（ア～カの順）で答えよ。

ア　フレーベルは、全体が秩序をもった部分から構成されるという考え方にしたがって第三恩物から第六恩物を考案した。
イ　建築物が同じ大きさの建材からできていることを学ぶために、第五恩物はすべて同じ大きさのパーツに分解される。
ウ　フレーベルの設立した幼稚園でメロディーがつけられていた遊びは、積み木遊びだけではなかった。
エ　フレーベルの設立した幼稚園では、積み木は園児みんなで共有され、一つの遊具箱にまとめて片付けられる。
オ　著者は、積み木というおもちゃは基本的に秩序ある全体を構成しており、分解されるのは一時的なことであると考えている。
カ　著者は、幼稚園を、人間が外面も内面も分解されうる可変的な存在であることを認識するのにふさわしい場であると考えている。

ア　歌の本来の姿からかけ離れたもの
イ　歌の原初的形態と呼ぶべきもの
ウ　歌の危険性を暴露するもの
エ　歌の新たな可能性を照らし出すもの
オ　歌の悲しき出自を伝えるもの

問七　傍線４「フレーベルの積み木の論考には、積み木を積み立てるときの歌があっても、積み木を崩すときの音に注意が払われていない」とあるが、著者はそれがなぜだと考えているか。その説明として最も適切なものを次の中から一つ選び、符号で答えよ。

ア　教育において秩序を重視したフレーベルは、積み木が崩れて秩序が失われることに積極的な意義を見出さなかったから。
イ　メロディーとリズムの役割を見抜いていたフレーベルは、積み木の崩れる音にも秩序を見出したから。
ウ　幼児の教育のために積み木遊びを推奨するフレーベルは、積み木を崩すことには言及しなかったから。
エ　積み木に分解と統一の性質を認めていたフレーベルは、ものが不変ではなく分解していくことを当然だと考えたから。
オ　教育の現場に無秩序があってはならないと考えるフレーベルは、子どもが積み木を崩すことを禁じていたから。

問八　傍線５「積み木が地面にぶつかる音は反転の音でもある」とあるが、その説明として最も適切なものを次の中から一つ選び、符号で答えよ。

ア　崩れ落ちて下へと向かっていた積み木が地面に跳ね返ることによって、運動の方向が上へと方向転換すること。
イ　統一を失った積み木が地面にぶつかる音が、遊びの時間が終わったことを子どもたちに告げ知らせること。
ウ　ある形に積み上げられていた積み木が崩れ落ちて地面に散らばることで、新たな形に積み上げられる可能性が生まれること。
エ　積み木を崩す子どもたちの熱を帯びた雰囲気に、新しいものを生み出す創造性が含まれているとフレーベルが気づいたこと。
オ　積み上げ終わった積み木に関心を失っていた子どもたちが、積み木が地面にぶつかる音を聞いて振り返ること。

問九　空欄③に入る最も適切なものを次の中から一つ選び、符号で答えよ。

ア　他人と混じり合うことなく、確固たる自己を確立することが教育の目標であるならば

オ　原点

問四　傍線２「その自然の摂理は建築の原理にも応用される」とあるが、その説明として最も適切なものを次の中から一つ選び、符号で答えよ。

ア　恩物を小さな部品に分解したり元の立方体に戻したりすることを通じて、自然のなかでは部分が秩序をもって全体を構成していることを知った上で、同様に部分と全体が調和した人工物を恩物で作ったり、崩して部品に分解したりするということ。

イ　たやすく分離され、そしてふたたび元どおりになる積み木で遊ぶことを通じて、神の創造した自然のなかに働く摂理を観察し、体感することで、基礎的な道具を上手に建設するためにも、神の導きが必要であることを信じるようになるということ。

ウ　第三恩物の八分割された小さな立方体をふたたびくっつけて元の大きな立方体を作ることができるように、自然は立方体を基本に作られているという秩序があることを知り、かまどなどを建築する際にも立方体を基本的な形状とするようになること。

エ　創造と分解を繰り返す自然の摂理を、元の大きな立方体からの分離と再生を繰り返す積み木を通してとらえることを元に、同じ大きさの建材からできている建築物もまた、いつかは必ず崩れて分解する無秩序な存在であることを知るということ。

オ　第三恩物の八つの部品を元の立方体の中心点でぴたりとくっつけると秩序が回復するように、自然には内面的な中心点があるという秩序が分かると、かまどのような中心部が空洞になっている建築は少し押すだけで崩れてしまうことが理解できるということ。

問五　傍線３「積み木は、あたかも自分自身の成長・発展の鏡のような存在であると言っても良い」とあるが、そのように言える理由として最も適切なものを次の中から一つ選び、符号で答えよ。

ア　子どもが積み木でどのような都市を建設するかが、その子どもが成長した後に収めることになる社会的成功に対応しているから。

イ　子どもが肉体的・体力的に成長していくことが、積み木でより大きな作品を作り上げることができることに対応しているから。

ウ　子どもが成長して自己が確立されることが、他の子どもとの共同作業により積み木で都市を建造できることに対応しているから。

エ　子どもの精神が発達し世界認識が拡大することが、積み木で作るものが家の一部から都市全体へと拡大することに対応しているから。

オ　子どもの人格が形成されることが、ドイツ語や英語では「建物を建てる」という意味を持つ動詞で表現されることに対応しているから。

問六　空欄②に入る最も適切なものを次の中から一つ選び、符号で答えよ。

d　奨レイ
ア　感染症予防のため、手洗いをレイコウする。
イ　親しい仲であってもレイセツを保つべきだ。
ウ　川の対岸にソウレイな神殿が見えた。
エ　労働環境を守るためにホウレイを遵守する。

e　卓エツ
ア　資料をエツランするために図書館を訪れた。
イ　二年ぶりに故郷に帰省してエツネンした。
ウ　全てが思い通りに進んで、彼はごマンエツだった。
エ　天正遣欧使節はローマ教皇にハイエツした。

問二　傍線1「それには理由があった」とあるが、その説明として最も適切なものを次の中から一つ選び、符号で答えよ。

ア　子どもが家具や動物といった特殊なものを知る前に、おもちゃによって立方体や直方体という一般的な形状を覚えるため。
イ　立方体を切り分けた一般的な形のおもちゃであれば、家具と組み合わせたり、動物と一緒に遊んだりできるため。
ウ　あまりにも複雑な形のおもちゃでは、幼稚園に通う幼い子どもでは遊び方を理解して一人で遊ぶことができないため。
エ　恩物は部分によって全体が構成されるので、完成度の高いおもちゃを求める子どもの要求を満たすことができるため。
オ　単純な形状のおもちゃを具体的なものに見立てたり組み合わせることで、さまざまなものをつくりだす力を伸ばすため。

問三　空欄①に入る最も適切なものを次の中から一つ選び、符号で答えよ。

ア　終極
イ　対極
ウ　極点
エ　終点

するならば――。人間総体をもっと異なったふうに、柔らかく、寛容に捉え直すことが幼稚園という環境のなかでこそできるのではないか。

（藤原辰史『分解の哲学　腐敗と発酵をめぐる思考』による。ただし一部変更した。）

問一　傍線a～eのカタカナを漢字に直した場合と同一の漢字を用いるべき文はどれか。それぞれ一つ選びその符号を答えよ。

a　シュウ学
ア　彼の書いた卒業論文はシュウイツだった。
イ　あまり過去にシュウチャクすべきではない。
ウ　外国人旅行客を案内するボランティアをボシュウする。
エ　スポーツ選手のキョシュウに注目が集まっている。

b　紙フク
ア　ワクチンのフクハンノウで発熱する。
イ　物語にさまざまなフクセンを張る。
ウ　友人にゼンプクの信頼を置く。
エ　外国語の発音をハンプク練習する。

c　イ持
ア　人前に出ると緊張してイシュクしてしまう。
イ　本社を首都圏から地方都市へとイテンする。
ウ　きのこには食物センイが豊富に含まれている。
エ　中世ヨーロッパではペストがモウイをふるった。

重きはつねに「統一」に置かれ、「分解」はあくまでその補助的役割を果たすにすぎなかった。積み木はつねに整理され、一定の遊具箱に入れられる。積み木を共同で使用することは大いに奨レイ(d)されていたが、その場合は、かならず、自分のものと他人のものを認識して使用し、最後には自分の箱に片付けることが注意書きとして述べられていた。

けれども、積み木が崩れる音は転生の音でもある。それは、積み木の分解の副産物であり、発酵の音でもある。積み木が地面にぶつかる音は反転の音でもある。積み木がまさに崩れようとするときの息を呑む空気の緊張は新しい世界の兆しであり、そのときの気配は何かが生まれることへの期待である。これは象徴的に述べているのではない。（中略）フレーベルほどの子どもの観察に卓エツ(e)した能力を持つ人間であれば、崩すという幼児たちの仕草と、崩す寸前に熱を帯びる幼児たちの赤らんだ顔と、幼児たちのまわりを包む張り詰めた空気のなかに新しい創造性がすでに含まれていることに、もっと目を向けてもよかったはずである。さらに言えば、積み木というおもちゃは、生産も増殖も分解の一構成要素にすぎず、基本的には分解過程のなかの一瞬の輝きにすぎないことを伝えているようにさえ思える。

フレーベルが積み木遊びから「秩序」を生み出そうとしたことの意義は認めつつも、なおそのうえで、以下のようなことを想像せずにはいられない。積み木を、何よりもまず「分解するおもちゃ」だと定義できれば――。かまど、家、城、都市空間、そういった建造物を「作り上げるもの」である以前に「分解されるべきもの」ととらえれば――。その建造もまた分解に向かってなされているのであり、分解されるべきものを建設することを建築と呼ぶのであれば――。幼児の教育は幼児を高みに連れていくのではなく、無秩序な深いところで磨かれることであるならば――。［③］――。この世界に増殖し続ける建造物・生産物がすべて分解しやすいものであったならば――。

積み木は、そんなありえたかもしれない別のしなやかな「世界」を静かに示している。あるいは、幼稚園の園庭にあふれんばかりに育てられることが想定されていた植物も、ものが不変ではなく、枯れて土に還ることを園児たちに長い時間をかけて無言のまま教えてくれている。人間も土のように、ものを分解し、みずからも分解していく存在であると自己認識できるのであれば――。精神も「統一」から漏れ出るものがあり、それがまた人間の特徴となり、創造性の源になるとまたその内的な発達過程をいかに促進し、明瞭にするか、また子どもはそれを手段にしていかに自己を強め、そしていわば自己自身でいかに成長するか、ということである。（荘司雅子訳）

後半はやや分かりにくいが、要するに、フレーベルの積み木の思想のなかには、積み木を積み上げていき、建造空間を拡げ、都市を開発していくことと、子どもが自己を形成して知見を広めていくことが、ちょうどドイツ語の bilden と英語の build という動詞に「建物を建てる」という意味と「人格を形成する」という意味がともに含まれているように、表裏一体となっているのである。3 積み木は、あたかも自分自身の成長・発展の鏡のような存在であると言っても良いだろう。

＊　＊　＊　（中略）　＊　＊　＊

フレーベルは『母の歌と愛撫の歌』（一八四四年）という本を刊行し、彼の書いた母と子の愛撫や手遊びの詩のほとんどにローベルト・コールが曲をつけている。歌にあふれた幼稚園生活のなかで積み木遊びに歌があることは、取り立てて驚くべきことではないかもしれない。だが、フレーベルのもたらした革新性はまさにここにある。というのも、積み木を積みながら歌をうたうことは、［　②　］だからである。歌と労働はかつて不可分のものであった。田植唄、馬引き唄、粉ひき唄、木挽き唄などの労作歌は、もともと仕事の苦痛を軽減させること以外に、仕事にリズムをもたらす、あるいは、共同作業者との呼吸を合わせるという効果があった。積み木をはじめ、さまざまな遊びにメロディーがつけられるフレーベルの幼稚園は、まさに、リズムのなかで作業を活性化するという効果を園児にもたらす。

ただし、4 フレーベルの積み木の論考には、積み木を積み立てるときの歌があっても、積み木を崩すときの音に注意が払われていない。そもそも、崩すときの音に関する描写がない。それこそフレーベルが教育の現場にあってはならないと考える「乱れ」であり「無秩序」だからかもしれない。（中略）フレーベルが積み木の性質として分解と統一に言及するとき、

完成されすぎている。そこに子どもの創造力が発展する余地は小さい。（中略）

一方で、積み木は、「自己完結的な、しかもたやすく分離され、そしてふたたびもとどおりにされ得る一個の立方体」にすぎない。だが、積み木は、創造と分解を繰り返す自然の摂理と同様に、分離と再生の繰り返しのなかで、「全体と部分」を生きいきととらえることができるようになる。第三恩物のように、八分割された小さな立方体を、ふたたびある中心点にお互いの角をぴたりとくっつけることで、元の大きな立方体の秩序を回復する。「生命の内面的な中心点・関係点および融合点、もしくはそれらの生命の調和と統一」を、積み木を通じて子どもは、神の創造した自然として観察し、体感しているのである。

そして、その自然の摂理は建築の原理にも応用される。[2]八つの直方体に分離される第四恩物の説明では、かまどのかたちに積み木を組み合わせる事例が出てくる。「スープの用意ができた。料理ができあがった。母と子はかまどを押す。かまどは崩れる。崩れてもとの建材、またはレンガになる。かまどは同じ大きさの建材からできているのである」。部分と全体の調和を、かまどという生命イ[c]持の基礎的な道具の建設と分解を通じて知る。

第五恩物は三種類、二八のパーツに分けられ、かなり複雑な表現が可能になる。すると、積み木遊びは「都市の建設」へと向かう。

子どもたちの世界は、最初は家や部屋のなかで、テーブルや腰掛けの上で、また小さい寝台のなかで展開されるが、いまや記憶のなかにおいてもそれらの像や表象やそれにもとづく表現もまたそれと同じように拡がってゆくのである。家の階段や屋外階段・井戸・教会・市町村役場、主要な建物のある一つの村全体があらわれ、つぎにふたたび共同のパン焼きかまどだけがあらわれる。さらに市場があらわれ、そしてここでまた市庁舎あるいは守衛本部、市の門、そしてこの市の門を通って外に出たところにある橋などがあらわれる。これによってわれわれはふたたびつぎのようなことを知るのである。すなわち、これらの恩物は、子どもの内的ならびに外的な発達過程といかに密接に結びついているか、

遊具一覧（第一から第六まで）

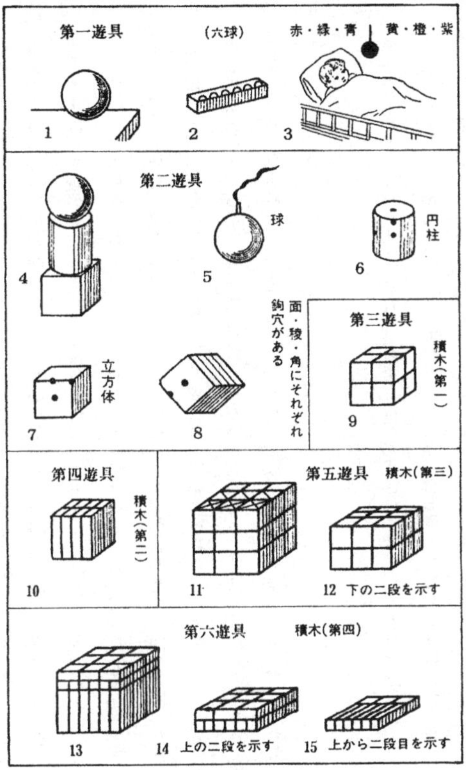

図　恩物の種類

のをあたえるならば、そのことによって同時に、一般的なもののなかに特殊なものを見るという要求を子どもから奪い去ってしまい、またそれを発見する（たとえば、全く一般的な立方体的な形およびその集合のなかに、あるいは一個の家具ないし部屋の器具を見たり、あるいは一匹の動物その他を見たりする）手段を奪ってしまう（荘司雅子訳）。

（中略）たとえば、現在の遊びの現場をかんがみれば、テレビゲームやプラモデルはまさに積み木の［①］にあるおもちゃと言えるかもしれない。すべてが製作者によってお膳立てされすぎていて、子どもの目の前に広がるイメージが

二

次の文章を読み、後の設問に答えよ。

フレーベルは、幼稚園を設立する前に、指物（さしもの）職人に六つの玩具を作成させ、それらを「与えられしもの　Gabe」と名づけ、未[a]シュウ学児の教育で用いようとした。日本では「恩物（おんぶつ）」、英語ではギフト gift と訳されている。フレーベルは神から子どもへの贈りものという意味を込めていると考えるのが通常であるが、もちろん、親から子へ、あるいは自然から子どもへの贈りものというニュアンスを排除するものではない。

これは六つの種類に分けられる（図を参照。なお、図は、荘司雅子の作成したもので、「恩物」ではなく「遊具」と記されている）。第一恩物は、羊毛でできた六つの球のみ。第二恩物は、木製の球と円柱と立方体の組み合わせ。第三恩物は、木製の立方体を八つの合同の立方体に分割したもの。第四恩物は、木製の立方体を八つの合同の直方体に分割したもの。第五恩物は、木製の立方体を三×三×三の合同の立方体に分け（ちょうどルービックキューブのようになる）、そのうえで三つの小立方体をそれぞれ二つの合同の三角柱に分けて、別の三つの小立方体をそれぞれ四つの合同の三角柱に分けたもの。第六恩物は、文章では説明にかなりの紙[b]フクが奪われるため、図を参照いただきたい。第三恩物および第四恩物の立方体は一辺が五センチメートル、第五恩物および第六恩物の立方体は一辺七・五センチメートルであった。

このうち第三恩物から第六恩物までどれも立方体を直線でパーツに分けたものであり、部分によって構成される全体というフレーベルの基本的な世界観に沿ったおもちゃとなっている。非常にシンプルなおもちゃであるが、[1]それには理由があった。

あまりにも形づくられすぎており、あまりにも完成されすぎているような遊具［……］では、自分からもはや、なにものをも始めることができないし、それによってなんら多様なものを十分自分からつくりだすという力が、それによってじっさい殺されてしまうのである。同様に、もしわれわれが子どもたちに、すでにあまりにも完成されすぎているも

問十一　次の文のうち、本文の内容と合致するものを**三つ**選び、符号（ア〜クの順）で答えよ。

ア　マルクス主義では女・子供・老人は市場の外に留め置かれ、市場からは見えない存在となっているため「階級分析」の対象とはならない。

イ　マルクス主義において女性はプロレタリアに内属する存在と位置づけられているため、プロレタリアの解放が女性対プロレタリアの階級対立を解消すると考えられていた。

ウ　市場は独立に存在しているのではなく市場を成り立たせている環境があり、環境条件が変われば、その影響を受け市場内部の活動が制限されることもあり得る。

エ　市場は〈外部〉を内包しており自律的に運動しているように見えて実は内在化した〈外部〉が市場を規定している。

オ　市場が労働力の再生産を本能に任せておくことができたのは社会的条件が整っていただけで、いつの時代もそれが可能となるわけではない。

カ　再生産領域におけるレッセ・フェールのメカニズムの例として西独と中国の政策があげられるが、これらはどちらも国家の生殖に対する直接統制である。

キ　マルクス主義に市場経済の全域性と社会的包括性が欠如していなければ、マルクス主義フェミニストはマルクス主義を積極的に「利用」することができる。

ク　マルクス主義フェミニストとはマルクス主義に忠実なフェミニストのことである。

ウ　労働市場
エ　被扶養者
オ　潜在的な労働力

問九　傍線６「だが、マルクスには、再生産領域の「自由放任」のカラクリは見えなかった。」とあるが、「再生産領域の「自由放任」のカラクリ」とはどういうことか、最も適切なものを次の中から一つ選び、符号で答えよ。

ア　再生産領域は国家の統制を受けることもあるが、専ら本能による統制を受けているということ。
イ　再生産領域は自由なシステムのように見えるが、「レッセ・フェール」という統制を受けているということ。
ウ　再生産領域は人間の本能に委ねられるべきものであるが、自由であるがために環境条件が変わればその影響を受けるということ。
エ　再生産領域は市場同様〈外部〉環境に非関与であるが、市場経済から間接的に統制されているということ。
オ　再生産領域は人間の自然な営みの結果であるが、「自由放任」を放置すると再生産も「不自由」に陥るということ。

問十　傍線７「マルクスは、「自然」な女性観を、同時代人と共に共有していた。」とあるが、どういうことか、最も適切なものを次の中から一つ選び、符号で答えよ。

ア　性の分化を人間の本質とするが、性を基準とした分業は人間本来の在り方ではないとする女性観を同時代人と共にマルクスが持っていたということ。
イ　性の階級対立を人類の本質とするが、男女の身体的差異による分業は認めない女性観を同時代人と共にマルクスが持っていたということ。
ウ　性による分業を社会的前提とし、性の階級対立に無自覚である女性観を同時代人と共にマルクスが持っていたということ。
エ　性による階級対立を認めつつ、性という人間的差異の本来性が強調された女性観を同時代人と共にマルクスが持っていたということ。
オ　市場経済における性的分業を前提としつつも、男女の身体的差異が相対化された女性観を同時代人と共にマルクスが持っていたということ。

イ　市場は〈外部〉環境がなければ成立し得ないと考えられるから。

ウ　市場は〈外部〉環境に依存していると考えられるから。

エ　市場は〈外部〉環境を前提として動いていると考えられるから。

オ　市場は〈外部〉環境に制約を受けることがないと考えられるから。

問六　空欄②に入る最も適切なものを次の中から一つ選び、符号で答えよ。

ア　ジャッキー・ウェスト

イ　労働者

ウ　失業者

エ　マクダナウとハリソン

オ　資本家

問七　空欄③に入る最も適切なものを次の中から一つ選び、符号で答えよ。

ア　アナロジー

イ　トートロジー

ウ　アイロニー

エ　アナクロニズム

オ　パラドックス

問八　傍線５「この〈外部〉が膨張し自立をとげる過程で市場経済は成立したが、その成立期において、この〈外部〉の〈外部〉は、いわば無尽蔵だったのである。」とあるが、「この〈外部〉の〈外部〉」とは何か、最も適切なものを次の中から一つ選び、符号で答えよ。

ア　扶養者

イ　顕在的な労働力

ウ　非市民

エ　被雇用者

オ　被生産者

問三　傍線2「フェミニストのマルクス主義に対するこの批判は当たっている。」とあるが、「この批判」とは何か、その説明として最も適切なものを次の中から一つ選び、符号で答えよ。

ア　マルクス主義では、女性が解放されるためにはプロレタリア革命では不十分であるとしていたことに対する批判。

イ　マルクス主義では、女性は男性に従属する存在であると考えられていたという批判。

ウ　マルクス主義では、女性に強いられる特別な支配関係があることを前提としていなかったという批判。

エ　マルクス主義では、市場の参加者として女性を認めていたが、女性の解放には関心がなかったという批判。

オ　マルクス主義では、女性を家族という領域に位置づけて家族が果たす社会的役割を階級論的に分析しているという批判。

問四　傍線3「マルクスはただその同時代人と共に、この市民社会の自己定義を共有していたにすぎない。」とあるが、「市民社会の自己定義」とはどういうことか、その説明として最も適切なものを次の中から一つ選び、符号で答えよ。

ア　人々が市場を社会空間に内包される領域として考えていたということ。

イ　人々が社会空間と市場とを同一の領域として考えていたということ。

ウ　人々が市民社会を全域的に捉え、女・子供・老人も含まれる社会そのものとして考えていたということ。

エ　人々が市場を限定的に捉え社会はそれに内属するものとして考えていたということ。

オ　人々が社会領域を全域的に捉え市場はそれに内包される領域として考えていたということ。

問五　傍線4「「環境」条件によって供給そのものに制限が加わることなど、市場にとっては予想外のノイズなのである。」とあるが、なぜ「予想外のノイズ」と解釈されるのか、最も適切なものを次の中から一つ選び、符号で答えよ。

ア　市場は〈外部〉環境に影響を与えるとは考えられないから。

場とともにこの限界を共有したにすぎない。市場が全域的なものだと仮定せず、マルクス理論にも包括性を要求しないならば、私たちはマルクス理論にないものねだりをしてこれを批判するよりは、その到達点を、限界とともに積極的に評価することができる。マルクス主義フェミニストがマルクス理論を「利用」するのも、その意味でである。

（上野千鶴子『家父長制と資本制―マルクス主義フェミニズムの地平』による。ただし、一部変更した。）

問一　傍線1「『家族は階級分析の外にある。』」とあるが、その説明として最も適切なものを次の中から一つ選び、符号で答えよ。

ア　マルクス主義では、家族を自然過程の一部と考えるため、市場のメカニズムを明らかにする上で家族が分析対象とはならないということ。

イ　マルクス主義では、家族とは生産手段を自己所有しない人々と考えるため、社会構造を解明する上で家族が分析対象とはならないということ。

ウ　マルクス主義では、家族を「市民」から構成されるものと考えるため、生産手段を自己所有しない家族は社会構造を明らかにする上で分析対象とはならないということ。

エ　マルクス主義では、家族を市場とは異なる内部メカニズムを持った集団と考えるため、社会構造を明らかにする上で家族が分析の対象とはならないということ。

オ　マルクス主義では、家族を市民社会に内在するものと考える一方で、市場を全域的なものと見なすため、家族が社会構造分析の対象とはならないということ。

問二　空欄①に入る最も適切なものを次の中から一つ選び、符号で答えよ。

ア　非使用者

イ　非雇用者

委ねる」ことができるとは限らない。今日の西独[注]の出産ショウレイ策や、逆に中国の一人っ子政策などを見ると、「生殖本能」というものが時代の与件によって変わりうること、かつそれは直接・間接の統制の対象になることがわかる。国家が統制すればそれは「直接」の管理と見えるが、市場もまた再生産を統制しているにはちがいない——ただ間接的なしかたで。「生殖を本能に委ねる」ことを「自由放任（レッセ・フェール）」と言うが、これは「自由放任」という名の（間接）統制のことにほかならない。「レッセ・フェール」と言われる市場経済そのものが、その実「レッセ・フェール」という名の市場メカニズムの間接統制のもとにある。産業社会は、生産の領域も再生産の領域も、「レッセ・フェール」という名の同じ統制のメカニズムのもとに置いた。

マルクスに、「自由」経済市場の「自由」な統制のメカニズムのカラクリは見えた。『資本論』の中で、彼は「自由」な市場がいかにそのメカニズムを通じて、失業と恐慌という「不自由」に不可避的に陥っていくかを、完膚なきまでにあばき出した。[6]だが、マルクスには、再生産領域の「自由放任」のカラクリは見えなかった。彼には、労働力の再生産は、人間の「自然過程」と見えた。

不思議なことに、マルクスには、男と女の性分業は、男と女の身体的差異にもとづく「自然」な分業と見なされている。マルクスは階級の間の対立や、「精神労働」と「肉体労働」の間の「分業」を、「自然」なものとは見なさなかったが、性分業は、これを「自然」なものと見なして不問に付している。「性」という階級対立は、自明視されるあまり、これほど見えにくいものである。あることがらを「自然」と見なすのは、それを不問に付すことである。[7]マルクスは、「自然」な女性観を、同時代人と共に共有していた。

フェミニストがマルクス主義について指摘したのは、この限界——性と生殖、したがって家族を「自然過程」と見なしたことによって、家族がマルクス理論の分析の射程に入ってこないという限界——だった。

しかしマルクス理論の限界は、マルクス自身の限界であるというより、市場の限界の反映だった。家族を市場の外に置いたのは、マルクス主義ではなく、市場そのもののほうだったからである。マルクス主義は、ただ市場の理論として、市

（注）本文が書かれたのは一九九〇年以前である。西独とは一九四九年から九〇年に統一するまで東西に分裂していたドイツの西側地域のことである。

のに制限が加わることなど、市場にとっては予想外のノイズなのである。

労働市場についても同じことが言える。労働市場もまた〈外部〉環境から、労働力という資源を調達しなければならない。マルクスはこの〈外部〉の存在に気づいていたが、次のように書く。

　労働者階級の不断のイ持と再生産とは、依然として資本の再生産のための恒常的条件である。資本家はこの条件の充足を安んじて労働者の自己保存本能と生殖本能とにまかせておくことができる。（『資本論』）

「本能」とは市場から独立した、市場が関与することも統制することもできないような変数のことである。労働力の再生産を、「本能」という定義できない不可知の変数に「委ねた」時、マルクスは、労働力再生産のための条件を、市場の〈外部〉へブラックボックスとして放逐し、それによって［　②　］同様、家族の分析を「安んじて」放棄した。

市場が労働力の再生産を「労働者の本能に安んじて委ね」たというのは、マルクスの有名なフレーズである。本能とは元来そういうものである、というのは、本能について無定義を重ねるだけの［　③　］であって、説明にならない。マルクスが「安んじて」労働力再生産の本能説を唱えることができたのには、それ相応の理由がある。

第一に、この時代の資本家は、高い失業率と高い出生率のおかげで、労働市場への労働力の調達について心配せずにすんだ、という歴史的背景がある。労働市場は、市場の〈外部〉に、いつでも労働力商品に転化できる潜在的な労働力予備軍を必要としている。労働市場は、ただ顕在的な労働力（売れた労働力＝雇用者）と潜在的な労働力（売れない労働力＝失業者）との間の境界として成立しているにすぎず、この境界は、開放的で流動的である。他のすべての商品と同じく、労働力もまた、売れた時にはじめて商品に転化する。したがって労働市場が成立するためには、必然的に失業者および労働力予備軍の存在が不可欠とされる。考えてみれば、初期の産業資本制とは、自給的subsistentな農業経済に付着した、それ自体が〈外部〉経済であった。5この〈外部〉が膨張し自立をとげる過程で市場経済は成立したが、その成立期において、この〈外部〉の〈外部〉は、いわば無尽蔵だったのである。

しかしこれはもちろん、歴史的な条件に依存している。資本家は労働力の再生産をいつでも「安んじて労働者の本能にく、ただブルジョアジーの「家族」（被扶養者 dependant）とプロレタリアートの「家族」にすぎない。そしてこの「家族」の領域に、ウェストの言うとおり、マルクスの「階級分析」は届かない、のである。

マクダナウとハリソンも「マルクスの著作の中には、女性に特有の従属について分析しようとする関心はほとんど見られない」と書く。彼女たちはまた「マルクスが万国の労働者に団結を呼びかける時、おそらくきっと彼は、男性たちに呼びかけているのだろう」と言う。

しかしこのことは、マルクスがフロイト的な意味で「男権的」であったことも、女性の解放に関心がなかったことも意味しない。マルクスにとっては「プロレタリアに固有の従属」はあっても「女性に固有の従属」はなかった。「女性に固有の従属」は「プロレタリアに固有の従属」に内属し、それに還元されたのである。だからこそ、「プロレタリア革命」によって、女性もまた自動的にかつ最終的に、解放されるはずであった。

2フェミニストのマルクス主義に対するこの批判は当たっている。マルクス理論は非常に精緻にできた市場の理論だが、同時に市場の理論でしかなかった。マルクスおよびマルクス主義者に誤りがあるとすれば、市場という社会領域が社会空間を全域的に覆いつくしていると仮定したところにあった。しかしこれは、マルクスだけの限界ではない。市民社会の自己定義が、もともとそのように全域的なものだったのである。3マルクスはただその同時代人と共に、この市民社会の自己定義を共有していたにすぎない。マルクスに「限界」があるとすれば、マルクスもまた自分の属する時代を超えられなかった、ということだが、この限界は、マルクスのみならず私たちのすべてが共有している「限界」でもある。

市場は全域的な見かけを持っているが、事実上は〈外部〉環境を前提しており、それに依存している。市場というシステムは、この〈外部〉を、ブラックボックスのように見えないものにする。市場は自己に内在的な論理のもとに、自律的 automatic に運動していると考えられている。市場は環境条件に非関与で、まして環境条件の側から逆に規制されることもない。したがって、市場で特定の商品が売れるとなれば、その商品は「環境」から無尽蔵に市場へと流れこみ、供給過剰で需要が飽和状態になるか利潤率を割るまでは、ストップしないと考えられている。4「環境」条件によって供給そのも

国語

（六〇分）

一 次の文章を読み、後の設問に答えよ。

フェミニストのマルクス主義に対する批判は、ジャッキー・ウェストの次の一語に尽くされる。

1「家族は階級分析の外にある。」

マルクスは「階級」という概念をキイタームとして社会構造を分析するが、「階級」とはもともと生産関係をめぐる概念であった。生産手段の所有／非所有をめぐって支配階級と被支配階級とが分化する。近代産業社会では、生産手段は「資本」と呼ばれるから、この資本をめぐって、それぞれ資本家（ブルジョア）と労働者（プロレタリア）とが成立する。労働者とは、生産手段を自己所有しないために、自らを労働力商品として市場で売り払うほかないような存在である。この労働市場には、労働力商品をめぐって二種類の人々が登場する。つまり買い手と売り手、使用者と ① である。市民社会の政治は、生産関係をめぐってこの二つの階級の間で争われる。

ところでこの「労働市場」に登場しない人々、女・子供・老人はどうか。彼らは「市場」の側からは目に見えない invisible 存在である。彼らは市場にあらわれないが、市場の外にバラバラに孤立して存在するわけではない。彼らは市場の外、「家族」と呼ばれる領域に隔離されて、家長労働者に扶養されている。市場に登場する人々だけが「市民 citizen」だとしたら、女・子供・老人は「市民」ではない。彼らはブルジョアジーでもなくプロレタリアートでもな

解答編

英語

リスニング

解答　Part One: 1－イ　2－ア　3－ウ　4－ウ　5－イ　6－エ　7－ウ

Part Two: 8－エ　9－ア　10－ウ　11－ウ　12－ア　13－イ　14－ウ

Part Three: 15－ウ　16－ウ　17－イ　18－エ　19－ウ　20－エ　21－イ　22－ウ　23－ウ

1

解答　問1．1－D　2－B　3－B　4－C　5－C　6－D　7－A　8－B　9－A　10－B

問2．11－C　12－D　13－D　14－B

問3．15－A　16－A　17－B　18－B

解説　≪ブーメランキッズの増加に伴う大人になることへの認識の変化≫

問1．1．「パンデミックの間，シェリダン＝ブロックはどのように祖父母を助けたのか」 第1段第6文（In exchange for …）に，「ブロックは，家賃無料の代わりに，祖父母を約束の時間に車で送り届け，用事を済ませ，料理をし，家事を手伝った」とあることから，正解はD.「ブロックは，家賃が無料の代わりに，彼女の祖父母の家事を手伝った」。

2．「『ブーメランキッズ』はどのようなことを指すのか」 第2段第1文（Block is among …）に，「実家を出た後に両親や祖父母の家に戻ってくる成人した子ども」と述べられていることから，正解はB.「実家に戻る若者たち」。

3．「西洋社会では伝統的に，故郷を離れるということは…」 第3段第1文（In Western cultures …）に，「特に西洋文化圏では，家を離れることは自立した大人になるための重要なステップと伝統的に考えられてきた」と述べられていることから，正解はB.「自立した大人になるための重要なステップである」。

4．「ヒップルウィズによると，若い人たちが故郷に戻る主な理由は何か」 第4段第2文（The primary reason …）に，「一番の理由は，主要都市の生活費が高いこと」と述べられていることから，正解はC.「大都市で暮らすことは非常にお金がかかる」。

5．「パンデミックによって，ブーメランキッズが増えたのはなぜか」 第5段第2文（Many who planned …）に，「大学進学を予定していた人の多くは，世界中の大学のキャンパスが閉鎖されたために進学できなかった」と述べられていることから，正解はC.「大学のキャンパスが閉鎖されたため，家にいる人が増えた」。

6．「ほとんどの場合，ブーメランキッズはどのくらいの期間，親と一緒にいるのか」 第6段第1文（For many, the …）に，「多くの場合，ブーメラン期は一時的なものである」と述べられていることから，正解はD.「一般に，人生の一時的な時期である」。

7．「20代，30代のブーメランキッズはどんな傾向があるか」 第7段第3文（Abetz says that …）に，「親と同居する20代，30代は晩婚化し，子どもをもつのも遅くなっている」と述べられていることから，正解はA.「結婚や子どもをもつことを先延ばしにする」。

8．「専門家によると，故郷に戻ることのメリットは何か」 第8段第4文（Socially, boomerang kids …）に，「ブーメランキッズは，親との関係を強化する機会にもなっている」と述べられていることや，同段第5文（It's an unexpected …）で，「これは思いがけない『家族との相互支援と親密さの機会』である」とアベッツ氏が述べていることから，正解はB.「親子関係を強化することができる」。

9．「西洋でブーメラン傾向が伸びることが予測されるのは，…ためである」 第9段第1文（Abetz and Hipplewith …）に，「アベッツとヒップルウィズは，生活費が上昇し続ける中で，親と同居する大人が増えていくだろうと予想している」と述べられていることから，正解はA.「今後も生活コストが上昇する」。

10．「アメリカの若者にとって，大人に関する新しい認識とは何か」 最終段第4文（"I think my …）で，ブロック氏が，「私の世代は，誰もが同じ道を歩むわけではないこと，成功はすべて認識次第であることを受け入れることを学んでいると思う」と述べている。ブロック氏は，第1段第2文

解答編

(She flew home…）で,「フロリダ州ジャクソンビルに帰郷した」と述べられていることや,第2段第1文（Block is among…）で,「実家を出た後に両親や祖父母の家に戻ってくる,いわゆるブーメランキッズの一人である」と述べられていることから,アメリカの若者であると考えられる。したがって,正解はB.「若者は大人になるために同じ道を歩む必要はない」。

問2. 11.「米国では,親と同居する若年層の割合が2020年に…に達した」ピューリサーチセンターの所見は,第2段第3文（According to a…）で,「2020年7月のピューリサーチセンターの分析によると,米国の若年成人の52%がひとり親または両親と同居しており,これは大恐慌が終わった1940年以降で最も高い割合であった」と述べられていることから,正解はC.「52%」。

12.「英国において,20歳から34歳の,子どものいない独身者のうち,親と同居している人の割合は,2008年から2017年にかけて…した」ラフバラ大学の所見は,第2段最終文（In the U.K., …）で,「ラフバラ大学の研究によると,英国では,2008年から2017年の間に,独身で子どものいない20歳から34歳の若者が親と同居する割合が55%上昇した」と述べられていることから,正解はD.「大きく増加」。

13.「現代の若者は,…な理由で,両親や祖父母と長く一緒にいる傾向がある」ジョアン＝ヒップルウィズ氏の意見は,第4段第2文（The primary reason…）で,「米国と英国では,大学の学費も要因のひとつである」と述べていることや,同段第4文（Staying home, for…）で,「多くの人にとって,家にいることは,高度な学位を取得したり,キャリアをスタートさせたりするための準備として,家族からの経済的支援を意味する」と述べられていることから,正解はD.「経済的」。

14. ジェナ＝アベッツ氏の意見は,第8段第2文（Many of these…）で,「ブーメランキッズの多くは,単に生活費を稼ぐための仕事に就くのではなく,自分が有意義だと思う仕事をする能力を身につけている」と述べていることから,正解はB.「ブーメランキッズの多くは,自分にとって有意義な仕事をする能力を高めている」。

問3. 15.「祖父母のところに滞在している間,シェリダン＝ブロックは借金を返済することができた」第1段第7・8文（She ended up … she explains.）で，「ブロックが2年近く祖父母のところに滞在し，借金を返済した」と述べられていることから，正解はTRUE，Aである。

16.「ブロックは，彼女の友人の多くが両親や祖父母のところに滞在していることに気づいた」 第3段第3・4文（When she moved … she says.）で，「ブロックは，祖父母の家に引っ越したとき，同級生の中で自分が孤独でないことに気づいた。『多くの友人が同じような境遇にあることに気づいた』と彼女は言う」と述べられていることから，正解はTRUE，Aである。

17.「ブロックは祖父母と暮らすことで，成功したキャリアを手に入れた」 第7段最終文（At times, living …）で，「祖父母と同居することで，『大人になる夢にチェックが入らず，失敗したように感じる』こともブロックにはあった」と述べられていることから，正解はFALSE，Bである。

18.「ブロックの祖母は，18歳になっても家にいることは許されないと考えている」 最終段第2・3文（"When I was … Block says.）で，ブロック氏が，「フィリピン出身の私の祖母でさえ，アメリカ人が18歳で家を出ることにこだわっているという習慣はおかしいと言っている」と述べていることから，正解はFALSE，Bである。

2 解答

19―C　20―C　21―D　22―A　23―A　24―B
25―C　26―C

解説　19.「このプロジェクトにおけるマネージャーの目的は何ですか」というXの質問に対して，「収益を上げる」と述べるのが選択肢の中では最も適当である。したがって，C.「(事業などの) 収益」が正解となる。
A.「推定，控除」 B.「財政」 D.「クーポン券」

20. 政府の新しい政策について，Yは空所直前の文で，「今の方針とは全然違う」と述べている。したがって，C.「抜本的な」が正解となる。A.「最初の」 B.「同一の」 D.「ふつうの」

21. XがYに対して，本当に会社を去りたいのか尋ねている。それに対して，Yが「このままでは状況が改善する見込みがない」と将来の主観的な見通しを述べていることから，D.「見通し」が正解となる。A.「側面」 B.「本能」 C.「尊敬」

22. Xは自分の今回書いたエッセーに自信がもてないことをYに伝えて

いる。それに対して，Yが「本当に感心しました」とXのエッセーを肯定的にとらえている。よって，空所には感心するほど上達したことを伝える語がくると考えられる。したがって，A.「かなり」が正解となる。B.「ほとんど～ない」 C.「ほとんど～ない」 D.「かろうじて」

23. XとYが，エイミーが会社を辞めることが大きな損失になるという会話をしている。自分たちがそれに伴って何をするべきか，XがYに尋ねている。この何をすべきかの応答として，空所を含む文でYは「彼女の後を継ぐ候補者のリストを集める必要がある」と述べていると考えられる。したがって，A.「～を集める」が正解となる。B.「～を結びつける」 C.「～を結合する」 D.「～を取り壊す」

24. Xの「仕事は辞めたの？」という質問に対して，Yは「辞めたいとは言ったけど，文字通りの意味じゃないよ」と辞めてはいないこと，辞めることが本心ではないことを伝えていると考えられる。したがって，B.「文字通りに」が正解となる。A.「部分的に」 C.「典型的に」 D.「事実上」

25. たった一度のケアレスミスを気にすることはないとXがYに述べている。それに対して，YがXのフォローに否定的な内容を述べていることから，「上司がミスを大目に見てくれない」という内容が当てはまると考えられる。したがって，C.「～を大目に見る」が正解となる。A.「～をささげる」 B.「～を挫折させる」 D.「～に違反する」

26.「なぜ上司がこのプロジェクトをまだ承認してくれないのか？」というXの質問に対して，Yは「決断前にもっと（　　）が必要なのかもしれないね」と答えていることから，「より考える」必要があるという内容がくると考えられる。したがって，C.「熟考」が正解となる。A.「政権」 B.「復興，再生」 D.「代表，表現」

3　**解答**　27－C　28－C　29－D　30－B　31－D　32－C
33－D　34－B　35－C　36－D

解説　27. 様態を表す副詞の位置の問題である。動詞を修飾して，「どんなふうに」なされるのかを表す様態の副詞は，通常，動詞の前に置かれるか，または意味の強調や文の均衡をとるため文末に置かれる。様態を表す副詞は，基本的に，形容詞＋ly である。したがって，正解はCとなる。

28. ポーラがどの人かを尋ねている会話文である。Y は「ポーラはドアに一番近い椅子に座っている人だよ」と，文脈や状況からどの椅子に座っているかをはっきりと伝えていることから，特定の椅子を表していることがわかるので，定冠詞を用いることが適当である。したがって，正解はC。

29. one of the＋最上級＋複数名詞で「最も～な〈名詞〉の一つ」という意味になる。したがって，the＋最上級＋複数名詞の形となっているDが正解となる。

30. 空所の直後にＳＶＯと文が続くことから，空所には接続詞が入ると考えられる。接続詞 while は「何かが行われている期間」を示すことから，while の節内では，動作動詞の進行形か状態動詞がくる。したがって，正解はBとなる。

31. mind は動名詞を目的語にとる。また，keep *A* waiting で「*A* を待たせる」という意味になるので，文脈から受動態の文が適当であると考えられる。したがって，正解はDとなる。

32. 英文の主語 soccer「サッカー」と，選択肢の他動詞 play「～をする」の関係は，「サッカーがされる」という受動の関係になるので，正解はCとなる。

33. every を否定形にすると，「すべてが～というわけではない」という部分否定の意味になる。教授が早口で話していたことから，Y は「講義の大部分は理解できたと思うけど，すべての言葉を理解できたわけではない」という部分否定の内容になると考えられる。したがって，正解はDとなる。

34. 先行詞 the job が関係代名詞節の中で前置詞の目的語になっている場合，目的格の関係代名詞は省略可能である。apply for ～で「～（仕事など）を求める，申し込む」という意味の熟語である。以上より，正解はBとなる。

35. know better than to *do* で「～するほど愚かではない，～しないだけの分別がある」という意味になるので，正解はCとなる。

36. make ends meet で「収入の範囲でやりくりする」という意味になるので，正解はDとなる。

4 解答 37－A 38－C 39－D 40－B 41－A 42－D

解説 37. 空所直前で，サトウさんが「もう少し大きな声で話していただけませんか？」と述べていることや，空所直後のホームズさんの「大変申し訳ないのですが，今ちょうど飛行機に乗るところなんです」という発言から，電話の声が聞き取りづらいことがうかがえる。したがって，正解はA.「ほとんど聞こえないのですが」。

38. 空所直前のホームズさんの「大変申し訳ないのですが，今ちょうど飛行機に乗るところなんです」という発言と，空所直後のサトウさんの「何時にお電話すればよろしいですか？」という発言から，空所には電話のかけ直しをお願いする内容がくると考えられる。したがって，正解はC.「今日の午後かけ直してください」。

39. 空所前後のサトウさんとホームズさんの会話で，ホームズさんがサトウさんに電話をかけ直す時間の話をしている。空所直前のサトウさんの「何時にお電話すればよろしいですか？」という時間の確認の発言に続くものとして，選択肢の中で最も適当なものは，電話内容について話しているD.「重要な内容を確認したいのです」が正解となると考えられる。

40. 空所直後で，ケリーが「フィクションもノンフィクションもどっちも好きよ」と述べていることから，空所にはどのような本を読んでいるのか質問している内容がくると考えられる。したがって，正解はB.「普段はどんな本を読んでいますか？」。

41. 空所直前で，トッドが「『スタートアップのスパイ』，面白そうな本だね」と発言していることから，ケリーの言った本に関して興味を示していることがわかる。さらに，空所直後で，ケリーが「基本的には，大学を中退した男が親しい友人とIT企業を立ち上げるという内容よ」と，本の内容について話している。これらのことから，空所には本の内容を尋ねる発言が入ると考えられる。したがって，正解はA.「どんな内容なの？」。

42. 最後のケリーの発言（I read on …）で，「通勤中の電車の中で読んでいますよ。週末は夜も読んでいますよ」と，読書している時間を説明している。このことから，空所にはいつ読書をしているのか尋ねる内容がくると考えられる。したがって，正解はD.「いつ本を読む時間をつくるんですか？」。

5 解答　43－A　44－C　45－B

解説　≪間欠泉≫

43. 空所直前の文（Geysers are made …）では，「間欠泉は，地殻の奥深くにあるチューブ状の地表の穴から作られている」，空所直後の文（Near the bottom …）では，「チューブの底近くにはマグマと呼ばれる高温の溶岩があり，チューブ内の水を加熱する」とあり，空所の前後ともにチューブに関する内容を述べている。空所直後にはチューブ内の水に関しても述べられていることから，空所にはチューブ内には水を含んでいるという内容がくると考えられる。したがって，正解はA.「チューブは水で満たされている」。

44. 空所直前の文（Gradually, it begins …）では，「徐々に沸騰し始め，水の一部が上方に押し上げられる」と述べられており，空所直後の文（The steam rushes …）では，「蒸気は地表に向かって押し上げられ，その上の水柱は空中に押し出される」と，空所直前の沸騰した水が，蒸気に変わったことがわかる内容となっている。したがって，空所には沸騰した水が水蒸気に変わるという内容がくると考えられる。正解はC.「その後，沸騰した水が蒸気に変わり始める」。

45. 空所直前の文（In some small …）では，「一部の小さな間欠泉では，噴火プロセスに数分しかかからないことがある」と間欠泉の特徴が述べられており，空所直後の文（Because geysers are …）では，「間欠泉は珍しいので，観光客は水が空高く吹き上がるのを見るためによく訪れる」と間欠泉が観光の場所であるということが述べられている。選択肢からも，空所直前の間欠泉の特徴とはまた別の特徴が空所で述べられていると考えられる。したがって，正解はB.「しかし，大きな間欠泉では，何日もかかることがある」。

6 解答　46－A　47－B　48－A　49－B　50－D　51－C　52－D

解説　≪フライトキャンセルに伴う，CN鉄道の乗車券予約に関するメール≫

46.「テッド＝マクドナルドは誰か」 電子メール本文の最下部には，差出人の名前と会社名を記載している。したがって，正解はA.「旅行代理店の人」。

47.「テッドはウエダ教授のために何をしたか」 電子メール本文の第2段第4文（Instead, I have …）で，「その代わり，CN 鉄道の乗車券を予約しておきました」と書かれていることから，正解はB.「CN 鉄道の乗車券を予約した」。

48.「なぜウエダ教授はトロント行きの列車に乗るのか」 電子メール本文の第2段第1・2文（Now, I am … schedule changes.）で，「さて，8月31 日のモントリオールからトロントへのフライトについて書きます。残念ながら，このフライトはスケジュールの変更によりキャンセルとなりました」と書かれていることから，正解はA.「トロント行きのフライトがキャンセルになったため」。

49.「CN 鉄道に乗る前に，ウエダ教授は…しなければならない」 電子メール本文の第2段第7文（Please print it …）で，「それ（＝eTicket）をプリントアウトして，列車に乗るときに見せてください」と書かれていることから，正解はB.「乗車券をプリント」。

50.「ウエダ教授は何時にトロントにいるか」 添付された eTicket の中央にある表の右上に，トロント・ユニオン・ステーションと書かれた部分がある。そこに，到着が 15:20 と書かれていることから，正解はD.「15 時20 分」。

51.「絵の中のどの文字がウエダ教授の席を表すか」 添付された eTicket の中央にある表の席（Seat）の欄に，窓側の進行方向に向かって後ろ向きの席と書かれていることから，正解はC。

52.「列車の乗客全員は，…しなければならない」 添付された eTicket の COVID-19 Infection Control の項目に，「CN 鉄道のすべての列車および駅構内では，飲食時以外はマスクまたはフェイスカバーを着用する義務を含む」と書かれていることから，正解はD.「マスクまたはフェイスカバーを着用」。

日本史

1　解答　≪古代の王都に関連する総合問題≫

問1．エ　問2．ウ　問3．推古　問4．ウ　問5．飛鳥浄御原宮
問6．条坊制　問7．壬申の乱　問8．庚寅年籍　問9．エ

2　解答　≪戦国時代≫

問1．足軽　問2．貫高　問3．寄親・寄子　問4．指出検地
問5．石見銀山　問6．信玄堤　問7．エ　問8．イ
問9．キリシタン大名

3　解答　≪幕末～大正時代の政治史≫

問1．安政の大獄　問2．攘夷　問3．イ　問4．エ　問5．ア
問6．秩父事件　問7．ア　問8．米騒動　問9．イ

4　解答　≪昭和戦後の経済・政治史≫

問1．イ　問2．戦後　問3．イ　問4．エ　問5．東海道新幹線
問6．イ　問7．環境庁　問8．エ　問9．イ

世界史

1　解答　≪東南アジア世界の形成≫

問1．1．港市　2．大乗　3．ボロブドゥール
4．アンコール＝ワット
問2．A―イ　B―ケ　C―キ　D―オ　E―ソ
問3．海の道

2　解答　≪教会権威の盛衰≫

問1．1．ペテロ　2．グレゴリウス7世　3．ウルバヌス2世
4．インノケンティウス3世　5．ボニファティウス8世
6．レオ10世　7．マルティン＝ルター　8．プロテスタント
問2．エ　問3．叙任権　問4．カノッサの屈辱　問5．アナーニ事件
問6．ア　問7．ミケランジェロ　問8．イエズス会

3　解答　≪モンゴル帝国の形成≫

問1．1―オ　2―ウ　3―ア
問2．A―ウ　B―オ　C―キ　D―サ　E―コ　F―ソ
問3．ハイドゥ

4　解答　≪アメリカ合衆国の発展≫

問1．1．ジェファソン　2．アメリカ＝イギリス　3．モンロー
4．ジャクソン　5．アメリカ＝メキシコ　6．自由　7．保護
8．共和　9．アメリカ連合国　10．ゲティスバーグ
問2．ハイチ　問3．ア　問4．エ　問5．ウ　問6．ホームステッド法

地理

1 解答 ≪世界の自然環境と文化≫

問1．3・5

問2．J－ア　K－ウ　L－イ　M－エ

問3．P－キ　Q－ク　R－ケ　S－カ

問4．サ　問5．2・4

問6．U－タ　V－テ　W－ツ　X－チ

2 解答 ≪人　口≫

問1．ア．エクメーネ　イ．アネクメーネ　ウ．18　エ．爆発
オ．合計特殊出生率　カ．2.1　キ．65　ク．少子高齢

問2．あ－7　い－1

問3．A．中国〔中華人民共和国〕　B．インド　C．アメリカ合衆国
D．インドネシア〔インドネシア共和国〕
E．パキスタン〔パキスタン＝イスラム共和国〕

3 解答 ≪都　市≫

問1．ア．エリー　イ．マンチェスター　ウ．ハルツーム
エ．ベイルート　オ．ユダヤ　カ．ラサ　キ．マイアミ　ク．静岡
ケ．ワシントンD.C.

問2．(A)－3　(B)－2　(C)－1

問3．(A)－3　(B)－1　(C)－4　(D)－2

問4．首位都市

4 解答 ≪アフリカの地誌≫

問1．ア．2　イ．キリマンジャロ　ウ．マダガスカル　エ．植民地　オ．モノカルチャー

問2．大地溝帯　問3．カ．Am　キ．Aw　ク．BW　ケ．Cs

問4．大航海時代　問5．A－5　B－1　C－3

問6．1

政治・経済

1 解答 ≪非正規雇用の増加傾向≫

問1．A．バブル（平成も可） B．平成　C．北海道拓殖銀行
D．小泉純一郎　E．リーマン・ショック　F．2014　G．56.6
H．2019　I．22.8
問2．ウ
問3．(a)あ．L　い．終身雇用　う．年功序列　え．有期雇用労働
(b)―オ・ク　(c)―エ

2 解答 ≪地方自治≫

問1．(a)あ．地方自治の本旨　い．議事　う．行政　(b)―ウ
問2．イ　問3．ア　問4．A―オ　B―ウ
問5．(a)―ア・ウ　(b)―ウ　問6．(a)―イ　(b)骨太
問7．(a)―ア　(b)―エ
問8．ウ　問9．(a)住民自治　(b)―オ

3 解答 ≪労働生産性と労働時間≫

問1．イ　問2．A―エ　B―ア　C―ク　D―シ　E―シ　F―セ
問3．働き方改革
問4．H―ア　I―エ　J―ケ　K―サ　L―セ　M―タ
問5．ア　問6．ア

数学

◀経済学部▶

1　解答　≪小問3問≫

(1)　$\dfrac{1}{\sqrt{10}-3}=\dfrac{\sqrt{10}+3}{(\sqrt{10}-3)(\sqrt{10}+3)}=\sqrt{10}+3$

$3<\sqrt{10}<4$ より　　$6<\sqrt{10}+3<7$

よって　　$a=6$

$a+b=\sqrt{10}+3$ より　　$b=\sqrt{10}-3$

$$\begin{aligned}3a^2+5ab-2b^2&=(3a-b)(a+2b)\\&=\{18-(\sqrt{10}-3)\}\{6+2(\sqrt{10}-3)\}\\&=(21-\sqrt{10})\cdot 2\sqrt{10}\\&=-20+42\sqrt{10}\quad\cdots\cdots(\text{答})\end{aligned}$$

(2)　$$\begin{aligned}x^4+2x^2+9&=(x^2+3)^2-(2x)^2\\&=(x^2+2x+3)(x^2-2x+3)\quad\cdots\cdots(\text{答})\end{aligned}$$

(3)　△ABC の面積が最大になるのは，点 B における接線が直線 AC に平行なときである。

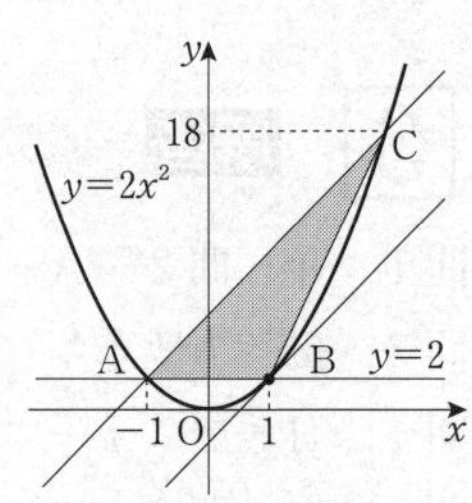

直線 AC の傾きは　　$\dfrac{18-2}{3+1}=4$

$(2x^2)'=4x$ より，点 B における接線の傾きは

$4t$

よって，$4t=4$ から，$t=1$ より　　B(1，2)

点 A，B は直線 $y=2$ 上の点だから，S の最大値は

$\dfrac{1}{2}\cdot\text{AB}\cdot(18-2)=\dfrac{1}{2}\cdot 2\cdot 16=16$　……(答)

2　解答　≪小問 3 問≫

(1)　3 進法 5 桁の自然数で最小な数は $10000_{(3)}$，6 桁で最小な数は $100000_{(3)}$ である。

この 2 数をそれぞれ 10 進法で表すと　　$3^4=81$，$3^5=243$

したがって，3 進法 5 桁となる自然数の個数は

$242-81+1=162$ 個　……(答)

(2)　$x^2-7x+6<0 \Longleftrightarrow (x-1)(x-6)<0 \Longleftrightarrow 1<x<6$

$x^2-(a+2)x+2a \geqq 0 \Longleftrightarrow (x-2)(x-a) \geqq 0$

$a \geqq 2$ より　　$x \leqq 2$，$x \geqq a$

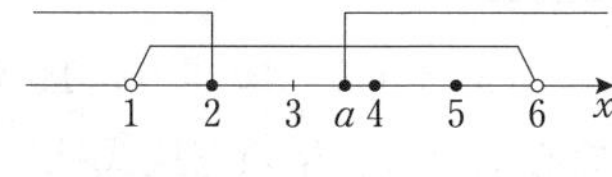

$x=2$，4，5 が解になるときだから

$3<a \leqq 4$　……(答)

(3)　当たりくじを引くという事象を A，投げたさいころの出た目が 3 未満という事象を B とすると

$$P(A)=\frac{2}{6}\cdot\frac{1}{3}+\frac{4}{6}\cdot\frac{1}{5}=\frac{11}{45}$$

$$P(A\cap B)=\frac{2}{6}\cdot\frac{1}{3}=\frac{1}{9}$$

よって　　$P_A(B)=\dfrac{P(A\cap B)}{P(A)}=\dfrac{1}{9}\cdot\dfrac{45}{11}=\dfrac{5}{11}$　……(答)

3　解答　≪さいころの出た目に関する確率≫

(1)　2 個の数が等しくなる目の組合せは，$6\times5=30$ 通りで，この 3 数をさいころに振り分ける方法は

$\dfrac{3!}{2!}=3$ 通り

よって，求める確率は

$\dfrac{30\times3}{6^3}=\dfrac{5}{12}$　……(答)

(2)　出た目の数の積が 5 の倍数にならないのは，5 の目が出ない場合であるから，求める確率は

$$1-\left(\frac{5}{6}\right)^3=\frac{91}{216}$$　……(答)

(3)　出た目の数の最小値が2となり，かつ最大値が6となる目の組合せは

$$\{2,\ 2,\ 6\},\ \{2,\ 3,\ 6\},\ \{2,\ 4,\ 6\},\ \{2,\ 5,\ 6\},\ \{2,\ 6,\ 6\}$$

であるから，求める確率は

$$\frac{3\times2+3!\times3}{6^3}=\frac{1}{9}$$　……(答)

4　解答　≪接線の方程式，放物線と直線で囲まれた図形の面積≫

(1)　$(x^2+4)'=2x$ より，接線 l_1 の傾きは　　$2a$

であるから，l_1 の方程式は

$$y-(a^2+4)=2a(x-a) \qquad \therefore \quad y=2ax-a^2+4$$

より，これと $y=x^2$ との連立方程式を解く。

$$\begin{aligned} x^2-(2ax-a^2+4)&=(x-a)^2-4 \\ &=(x-a+2)(x-a-2)=0 \end{aligned}$$

よって，放物線 C_1 と l_1 の交点の x 座標は　　$x=a\pm2$　……(答)

(2)　$a-2\leqq x\leqq a+2$ において，$2ax-a^2+4\geqq x^2$ が成り立つから

$$\begin{aligned} S&=\int_{a-2}^{a+2}\{(2ax-a^2+4)-x^2\}dx \\ &=-\int_{a-2}^{a+2}\{x-(a-2)\}\{x-(a+2)\}dx \\ &=\frac{1}{6}\{(a+2)-(a-2)\}^3=\frac{1}{6}\cdot4^3=\frac{32}{3} \end{aligned}$$　……(答)

(3)　同様にして，接線 l_2 の方程式は　　$y=2ax-a^2+m^2$

l_2 と C_1 との交点の x 座標は $x=a\pm m$ であり，l_2 と C_1 で囲まれた図形の面積は

$$\frac{1}{6}\{(a+m)-(a-m)\}^3=\frac{1}{6}(2m)^3=\frac{4}{3}m^3$$

よって　　$\frac{4}{3}m^3=288 \Longleftrightarrow m^3=6^3$

$m>0$ より　　$m=6$　……(答)

5 解答 ≪連立漸化式（等比数列，階差数列）≫

(1) $a_{n+1}=5a_n+4b_n+n^2$ ……①

$b_{n+1}=4a_n+5b_n-n^2$ ……②

①＋② より

$$a_{n+1}+b_{n+1}=9(a_n+b_n) \quad (n=1,\ 2,\ 3,\ \cdots)$$

したがって，$\{a_n+b_n\}$ は公比 9 の等比数列だから

$$a_n+b_n=(a_1+b_1)\cdot 9^{n-1}=10\cdot 9^{n-1} \quad \cdots\cdots(答)$$

(2) ①－② より

$$a_{n+1}-b_{n+1}=a_n-b_n+2n^2$$

$c_n=a_n-b_n$ とおくと

$$c_{n+1}-c_n=2n^2 \quad (n=1,\ 2,\ 3,\ \cdots),\ c_1=a_1-b_1=6$$

よって，$n\geqq 2$ のとき

$$c_n=c_1+\sum_{k=1}^{n-1}2k^2=6+2\cdot\frac{1}{6}n(n-1)(2n-1)$$

$$=\frac{2}{3}n^3-n^2+\frac{1}{3}n+6$$

$n=1$ とすると　$\frac{2}{3}-1+\frac{1}{3}+6=6$

$c_1=6$ であるから，上記の式は $n=1$ のときも成り立つ。

したがって　$a_n-b_n=\frac{2}{3}n^3-n^2+\frac{1}{3}n+6$ ……(答)

(3) (1), (2)の結果から

$$2a_n=10\cdot 9^{n-1}+\frac{2}{3}n^3-n^2+\frac{1}{3}n+6$$

$$2b_n=10\cdot 9^{n-1}-\frac{2}{3}n^3+n^2-\frac{1}{3}n-6$$

したがって

$$\left.\begin{aligned} a_n&=5\cdot 9^{n-1}+\frac{1}{3}n^3-\frac{1}{2}n^2+\frac{1}{6}n+3 \\ b_n&=5\cdot 9^{n-1}-\frac{1}{3}n^3+\frac{1}{2}n^2-\frac{1}{6}n-3 \end{aligned}\right\} \quad \cdots\cdots(答)$$

◀工学部（建築）▶

1　◀経済学部▶ 1 に同じ。

2　◀経済学部▶ 4 に同じ。

3　**解答**　≪さいころの出た目に関する確率≫

(1)・(2)　◀経済学部▶ 3 (1)・(2)に同じ。

(3)　出た目の数の最小値が 3 となり，かつ最大値が 5 となる目の組合せは

$\{3,\ 3,\ 5\}$，$\{3,\ 4,\ 5\}$，$\{3,\ 5,\ 5\}$

であるから，求める確率は

$$\frac{3+3!+3}{6^3}=\frac{1}{18}\quad \cdots\cdots(\text{答})$$

4　◀経済学部▶ 5 に同じ。

物理

1 解答 ≪四分円をもつ台上の物体の運動≫

(1) $\sqrt{v_0{}^2-2gr}$　(2) $\sqrt{2gr}$　(3) $\dfrac{\sqrt{v_0{}^2-2gr}}{g}$　(4) $\dfrac{v_0{}^2-2gr}{2g}$

(5) 0　(6) $\dfrac{m}{m+M}v_0$　(7) $\sqrt{\dfrac{M}{m+M}v_0{}^2-2gr}$　(8) $\dfrac{1}{g}\sqrt{\dfrac{M}{m+M}v_0{}^2-2gr}$

(9) $x_C+\dfrac{2mv_0}{(m+M)g}\sqrt{\dfrac{M}{m+M}v_0{}^2-2gr}$

2 解答 ≪水面波による定常波と干渉≫

(1) $\dfrac{4}{3}L$　(2) $\dfrac{2L}{3t_1}$　(3) $\dfrac{1}{2t_1}$　(4) $\dfrac{3}{2}t_1$　(5) $2A$

(6) 3 個　(7)—イ　(8) 7 個　(9) $\dfrac{19}{90}L$　(10) $4L$

問六　空欄②直後の「歌と労働はかつて不可分のものであった」から、労働と歌の一体化は本来の姿に戻ることである。よって、正解はイ。

問七　傍線4直後の「フレーベルが教育の現場に…果たすにすぎなかった」が根拠となる。フレーベルが「統一」に重きを置き、「分解」を補助的なものとしか見なさなかったことが理由である。選択肢のうち、これに触れているのはアのみ。よって、これが正解。

問八　「説明として」と聞かれた場合は、言い換えを意識すればよい。ここでは「反転」を言い換えると考えやすい。傍線5直前の「積み木が崩れる音は…発酵の音でもある」、直後の「積み木がまさに…期待である」から、「反転」とは「転生」もしくは「新しい世界の兆し」である。選択肢のうち、この意味で「反転」を説明しているのは、ウのみ。よって、これが正解。

問九　空欄③を含む段落の「積み木を、…定義できれば」から空欄③直後の「この世界に…分解しやすいものであったならば」までをひとくくりで考えると、すべて直前の段落の「生産も増殖も…伝えているようにさえ思える」を受けた表現であるとわかる。共通点に注目すると〈秩序立って見えるものは分解としての性質をもっている〉となる。選択肢のうち、この意味になるものは、オのみ。よって、これが正解。

問十　アは傍線1を含む段落と合致する。ウは傍線4の直前の段落の「積み木をはじめ、…園児にもたらす」に合致。カは最終段落と合致。よって、この三つが正解。イは「建築物が…学ぶために」が不可。エは「一つの遊具箱に…片付けられる」が不可。オは「分解されるのは一時的なことである」が不可。

問六　イ
問七　ア
問八　ウ
問九　オ
問十　ア・ウ・カ

解説　問二　傍線1の直後から傍線2までの部分が根拠となる。対比的に用いられているのは「完成されすぎているような遊具」であり、これは「一般的なもののなかに…奪ってしまう」とあり、「子どもの創造力が発展する余地は小さい」、つまり、この逆がフレーベルの恩物である。これをもとに傍線1の理由を考えると、子どもの創造力に触れているオが正解。

問三　「テレビゲームやプラモデル」は「完成されすぎているような遊具」に該当するため、「積み木」と正反対の性質をもつ。よって、イが正解。

問四　傍線2直前の段落の「創造と分解を繰り返す自然の摂理と同様に、分離と再生の繰り返しのなかで、『全体と部分』を生きいきととらえることができるようになる」と、傍線2を含む段落の「部分と全体の調和を、…建設と分解を通じて知る」をもとに考えると、建築に応用される「自然の摂理」とは「創造と分解」の繰り返しであり、それを通じて知る「部分と全体の調和」である。選択肢の中で自然の摂理をこのようにとらえているのはアのみ。よって、これが正解。エが紛らわしいが、「いつかは必ず崩れて分解する無秩序な存在」が不可。

問五　傍線3を含む段落の直前の引用部分で「家の階段や…かまどだけがあらわれる。さらに市場が…橋などがあらわれる」というように、広域化し、社会的なものへと変化することを「すなわち、…ということである」とまとめている。それを傍線3直前で「建造空間を拡げ、…表裏一体となっているのである」と簡潔に言い直していることから、「鏡」とは〈表現するものが内面の成長過程を示す〉の意。これらに触れているのはエのみ。

〝中にあるものが表面に現れていること〟である。

問九 傍線6の直前の段落より、「再生産領域」とは「労働力の再生産」の領域である。また、「自由放任」は〈国家による直接の統制とは異なる、市場による間接的な統制〉である。よって、ア・ウは不可。オは「再生産も…陥るということ」が不要。エは「再生産領域は…非関与であるが」が不可。以上より、イが正解。「自由放任」として〈自由に見せつつ統制する〉のが「カラクリ」である。

問十 傍線7の「『自然』な女性観」がポイント。傍線7を含む段落から、それは〈身体的差異に基づく男女の性分業〉となるので、性分業を否定するア・イは不可。エは「性による階級対立を認めつつ」が不可。オは「相対化」が不可。よって、ウが正解。「性の階級対立に無自覚」であるから「自然」な女性観と表現されるのである。

問十一 アは傍線1から傍線2までの記述に対応するので、適切。ウは傍線4を含む段落の「市場は全域的な…依存している」と対応する。オは傍線5の直後の「しかしこれは…できるとは限らない」と対応する。よって、ア・ウ・オが正解。イは「女性対プロレタリアの階級対立」が不可。エは「内在化した〈外部〉」が不可。カは傍線6を含む段落と矛盾。「レッセ・フェール」は市場の間接統制。キ・クは最終段落と矛盾。

二

出典 藤原辰史『分解の哲学──腐敗と発酵をめぐる思考』〈第2章 積み木の哲学──フレーベルの幼稚園について〉（青土社）

解答

問一 a─エ b─ウ c─ウ d─ア e─イ

問二 オ

問三 イ

問四 ア

問五 エ

アがこれに合致する。

問二　空欄①は、買い手＝使用者に対する売り手となる存在である。労働市場において買い手である使用者に売るものは労働力、すると売り手は労働者になる。よって、エが正解。「被」は受身の意を表す。

問三　「この批判」とは具体的には傍線1であり、その問題点は傍線2直前の「マルクスにとっては…解放されるはずであった」である。これを踏まえると〈マルクス主義が「女性」や「家族」を直接論じている〉とするア・エ・オは不可。イの「女性は男性に従属」は言い過ぎ。「市場の論理」が「全域的に覆いつくしている」と考えるのがよくないのである。よって、ウが正解。

問四　傍線3直前の「市民社会の…だったのである」の一文が根拠となる。これを踏まえると「市民社会の自己定義」とは〈市民社会が自身を全域的なものと定義する〉ということである。これに反するア・エ・オは不可。ウは「市場」ではなく「市民社会」となっているので、不可。よって、イが正解。

問五　傍線4を含む段落が根拠となる。「〈外部〉を、…見えないものにする」「市場は環境条件に…規制されることもない」とある。市場は、本来存在している外部をあえて「ブラックボックス」として見ないのである。イ・ウ・エは逆なので不可。問題は市場が外部の影響を受けることであり、逆ではないのでアも不可。よって、オが正解。

問六　傍線5の次の段落の「資本家は労働力の…できるとは限らない」が根拠となる。マルクス同様に労働力再生産のための条件の分析を「安んじて」放棄したのは「資本家」である。よって、これが答え。

問七　空欄③直前の「無定義を重ねるだけの」と直後の「説明にならない」が根拠。同じ内容を繰り返し、説明にならないのはイの「トートロジー」である。よって、これが正解。

問八　傍線5直前の記述より、「この〈外部〉」とは「初期の産業資本制」を指す。「〈外部〉の〈外部〉」とは、「無尽蔵だった」＝「心配せずにすんだ」「労働力の調達」のことで、すなわち「いつでも労働力商品に転化できる潜在的な労働力予備軍」である。よって、オが正解。「潜在」とは〝ものが見えないところに隠れていること〟。イの「顕在」とは

国語

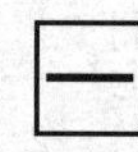

出典　上野千鶴子『家父長制と資本制——マルクス主義フェミニズムの地平』〈第二章　フェミニストのマルクス主義批判　2・1　階級分析の外部〉（岩波現代文庫）

解答

問一　ア
問二　エ
問三　ウ
問四　イ
問五　オ
問六　オ
問七　イ
問八　オ
問九　イ
問十　ウ
問十一　ア・ウ・オ

解説　問一　傍線7の次の文「フェミニストがマルクス主義について指摘したのは、この限界——性と生殖、したがって家族を『自然過程』と見なしたことによって、家族がマルクス理論の分析（＝「『階級』という概念をキイタームとして社会構造を分析する」（傍線1の次の文））の射程に入ってこないという限界——だった」でまとめられている。

■一般選抜 2 月 10 日実施分：経済・経営（経営）・工（社会環境工〈社会環境コース〉・電子情報工）学部

問題編

▶試験科目・配点

学部		教　科	科　　　目	配点
経済・経営（経営）	1部	外国語	コミュニケーション英語Ⅰ・Ⅱ・Ⅲ，英語表現Ⅰ・Ⅱ	150 点
		選　択	日本史B，世界史B，地理B，政治・経済，数学（「数学Ⅰ・A*」は2題必須。「数学Ⅰ・A*」「数学Ⅱ」「数学B*」から1題選択）の5科目から1科目選択	100 点
		国　語	国語総合**・現代文B	100 点
	2部	選　択	「コミュニケーション英語Ⅰ・Ⅱ・Ⅲ，英語表現Ⅰ・Ⅱ」，日本史B，世界史B，地理B，政治・経済，「数学Ⅰ・A*」の6科目から1科目選択	100 点
		国　語	国語総合**・現代文B	100 点
工（社会環境工）	〈社会環境コース〉	外国語	コミュニケーション英語Ⅰ・Ⅱ・Ⅲ，英語表現Ⅰ・Ⅱ	100 点
		数　学	数学Ⅰ・Ⅱは必須。数学Ⅲ，数学A，数学Bから1題選択	150 点
		選　択	物理基礎・物理，国語（国語総合**・現代文B）から1科目選択	100 点
工	（電子情報工）	外国語	コミュニケーション英語Ⅰ・Ⅱ・Ⅲ，英語表現Ⅰ・Ⅱ	100 点
		数　学	数学Ⅰ・Ⅱ・Ⅲは必須。数学A，数学Bから1題選択	150 点
		理　科	物理基礎・物理	100 点

▶備　考

経済学部は試験日自由選択制。

＊経済・経営学部の数学Aは「場合の数と確率」「整数の性質」，数学Bは「数列」「ベクトル」を出題範囲とする。

＊＊「国語総合」は近代以降の文章に限定。

※　選択科目は試験場で選択する。

英語

(60分)

(注) 経済学部1部・経営学部1部（経営）・工学部（社会環境工〈社会環境コース〉・電子情報工）は[1]～[6]，経済学部2部・経営学部2部（経営）は[1]～[5]をそれぞれ解答すること。

1 次の英文を読み，設問に答えよ。

The United States changed in the 2010s and became a deeply divided country. If you watch American news nowadays, it seems that Americans have lost the ability to speak the same language or recognize the same truth. Moreover, American democracy now seems like an ongoing war between people on the political left and people on the political right. What happened, and why did it happen in the 2010s? The short answer is this: social media are now having deeply negative effects on how human beings communicate with each other, and on democracy itself.

Things have not always been like that. In fact, the internet has long been perceived as important to the rise of democracies around the world. For example, in 2011, the widespread use of social media led to a democratic movement called the Arab Spring. Social media allowed citizens of many North African and Middle Eastern countries to gather together very quickly, plan very large demonstrations, and ultimately change their governments. Around 2011, the world also saw widespread use of Google Translate. This free service allows people to understand messages in any foreign language. This helps them to share information from anywhere and report news from around the world very rapidly.

The early internet of the 1990s was simple. It had chat rooms, message boards, and email. Then came the first wave of social-media platforms, which launched around 2003. Myspace, Friendster, and Facebook made it easy to connect with friends and strangers to talk about common interests, for free, and at a scale never before imaginable. By 2008, Facebook had emerged as the dominant platform, with more than 100 million monthly users, on its way to roughly 3 billion today. In the first decade of the new century, social media were widely believed to facilitate democracy.

In their early stages, platforms such as Myspace and Facebook were relatively harmless. They allowed users to create pages on which to post photos, family updates, and links to the mostly simple pages of their friends and favorite bands. At first, social media were an important technological improvement, as communication moved from regular postal mail, to the telephone, to email, and then to texting. All of these changes in communication actually helped people maintain and increase their social ties. So why have social media created this intense level of social disharmony in the United States?

Although social media have not always been a negative social force, the problem is how they changed in the 2010s. During that time, Facebook hoped to radically change the ways people spread and consume information by giving them the power to share other users' posts. This idea, it was originally believed, would help people transform social institutions and industries, and strengthen democracies everywhere. In the 10 years since then, however, things have not worked out as expected. Democracy around the world is under constant threat, misinformation spreads rapidly and without much pushback, and people's trust in governments is falling. To understand why, let's begin with the impact of social media on human communication.

By changing the ways people spread and consume information, social media companies actually changed the ways humans communicate with each other. Instead of sharing information, developing ideas, and debating important issues, people nowadays share intimate details of their lives with strangers and large companies. Now that most social media allow users to publicly "like" or share posts with the click of a button, a new aspect of human communication emerged. This is the "going viral" phenomenon, which is when a post is widely shared and re-shared. More people are now creating posts that "go viral" and make them "internet famous" for a few days. However, if they make a mistake or say something people don't like, they can find themselves buried in hateful comments.

The result is that people have become used to "performing their own brands" rather than sharing and improving ideas with other human beings, which is most often possible through face-to-face communication. This new social media communication game has encouraged dishonesty and very negative group thinking. Social media users no longer follow their true beliefs or values. Instead, they act based on how they think others will react to their social media behaviors. This is because they hope their posts will be very popular or even "go viral."

So, how have social media affected democracy? It's simple. Historically, civilizations have become strong because of shared identities based on blood ties, shared religions, and enemies. These shared identities motivated them to stick together as communities. Social scientists have identified at least four major forces that bind together successful democracies: strong and wide social connections, high levels of trust in government, strong democratic institutions, and shared identities. In the United States, social media have weakened all of these forces.

To be fair, it's not everyone who is attacking others on social media. A study by the pro-democracy group More in Common surveyed 8,000 Americans in 2017 and 2018 and identified seven large political groups. The one furthest to the right, the "devoted conservatives," comprised 6 percent of the U.S. population. The group furthest to the left, the "progressive activists," comprised 8 percent of the population. The progressive activists were by far the most active group on social media: 70 percent of them had shared political content over the previous year. The devoted conservatives followed at 56 percent. Even though the most radical and combative people in the United States are a minority, they occupy a very large part of the negative public discourse we see in the media, especially in the news.

Is there hope for the future? Although we can never return to the way things were before, there are things we can do now. First, we must strengthen our democratic institutions so that they can survive the pressures of constant public anger and mistrust. We can also reform social media and their uses so that they become more positive social forces. Finally, we need to prepare the next generation of people so that they understand what democracy is, how it can be damaged, and how it should be protected. One sure way to do this is to put our smartphones down, go back to face-to-face communication, debate ideas, and learn the importance of compromise.

問1 *Choose the best answers based on the reading.*

1．What caused the United States to become deeply divided in the 2010s?

A. The lack of American news sources.

B. The war on democracy.

C. The growth of social media.

D. The use of English.

2．How does the internet contribute to the spread of democracy in the world?

A. People can communicate in many languages anytime.

B. People can control their personal information.

C. Governments can rule their countries with greater ease.

D. News media can manage the information people receive.

3．Social media are different from earlier communication tools because they . . .

A. connect a large number of people easily.

B. have more than 100 million monthly users.

C. rely on one-to-one communication.

D. allow users to communicate without the internet.

4．What was an advantage of early social media?

A. They were more private than postal mail.

B. They made it easier for people to expand their social contacts.

C. They created social welfare around the world.

D. They allowed people to connect through telephone lines.

5．How have social media become a negative social problem?

A. They have become a source of misinformation.

B. They pressure people to consume more information.

C. They strengthen social institutions and industries.

D. They give governments too much power.

6．How have social media companies changed the ways humans communicate with each other?

A. The companies make users debate important issues.

出典追記：Why the Past 10 Years of American Life Have Been Uniquely Stupid, The Atlantic on April 11, 2022 by Jonathan Haidt

B. People now share more personal information publicly.

C. It is more difficult than ever for a post to go viral.

D. People don't have to worry about making mistakes in their posts.

7. People "performing their own brands" has resulted in . . .

A. certain brands becoming more popular.

B. people developing ideas with others.

C. people placing less priority on their own values.

D. people thinking more negatively.

8. What is one major force that strengthens democracies?

A. Strong and wide transportation networks.

B. High levels of trust in social media.

C. Strong democratic institutions.

D. Individual identities.

9. The most combative users on social media are . . .

A. large political groups.

B. politically neutral groups.

C. a large majority.

D. a small minority.

10. What would be a good title for this passage?

A. Social Media, Human Communication, and Democracy

B. Facebook's Impact on Other Social Media

C. The Current State of Democracy in the World

D. The Positive Impact of Social Media

問2 *Complete the following table.*

Approx. date	Social media on the internet	Social outcome
1990s	(11)	Increased social ties
2003	Myspace, Friendster, Facebook	Ability to communicate about common interests with a large number of strangers
2008−2011	Facebook becomes the most important platform; Google Translate	(12)
2010−2019	(13)	Domination of social media by users on the political far left or far right
2022	Over 3,000,000,000 Facebook users	(14)

11. A. Chat rooms, message boards, and email

B. Facebook users are able to share other users' posts

C. Focus on "going viral" by performing to others rather than communicating

D. Rise of democratic movements such as the Arab Spring

12. A. Chat rooms, message boards, and email
    B. Facebook users are able to share other users' posts
    C. Focus on "going viral" by performing to others rather than communicating
    D. Rise of democratic movements such as the Arab Spring

13. A. Chat rooms, message boards, and email
    B. Facebook users are able to share other users' posts
    C. Focus on "going viral" by performing to others rather than communicating
    D. Rise of democratic movements such as the Arab Spring

14. A. Chat rooms, message boards, and email
    B. Facebook users are able to share other users' posts
    C. Focus on "going viral" by performing to others rather than communicating
    D. Rise of democratic movements such as the Arab Spring

問3 *Mark A for TRUE and B for FALSE for each of the following statements.*

15. Facebook had roughly 3 billion users in 2008.
16. It was originally hoped that the ability to share posts would strengthen democracies everywhere.
17. More in Common found seven main political groups in the U.S.
18. According to More in Common, political content was shared the most by devoted conservatives.

2

次の19～26の空所に入れる語句として最も適切なものをA～Dの中から選べ。

19. X: Did you know her latest movie won an international prize?
    Y: I heard that she directed it with more energy and (　　) than ever.
    A. convention　B. commitment　C. conservation　D. commerce

20. X: Mark is not only well-educated but also very interested in literature.
    Y: Yes, he is very (　　).
    A. intangible　B. incurable　C. intellectual　D. integrative

21. X: Is everything ready in your new apartment?
    Y: Pretty much everything, but I still have to buy (　　) like a coffee maker and a toaster.
    A. appliances　B. furniture　C. tableware　D. interior

22. X: How's the preparation for the report going?
    Y: I don't have enough data. I wondered if I could (　　) yours with mine.
    A. incorporate　B. immigrate　C. imitate　D. originate

23. X: How much are those knives and forks?
    Y: Oh, they are $25 and $30 (　　).
    A. alternatively　B. exclusively　C. extensively　D. respectively

24. X: The Bears lost another game.
    Y: I'm afraid their recent defeats will (　　) the team's confidence.
    A. heighten　B. boost　C. create　D. undermine

25. X: Do you miss your hometown?
    Y: Yeah, I have friends there, and I have a strong (　　) to my grandmother.
    A. attachment　B. attendance　C. association　D. access

26. X: I cannot imagine a bright future ahead of me.
    Y: Come on! You should be more (　　) about your future.
    A. optimistic　B. critical　C. mystical　D. cosmetic

3 次の27～36の空所に入れる語句として最も適切なものをA～Dの中から選べ。

27. X: I heard Peter has got an A in Chemistry.
    Y: That's great, but I'm not (　　). He was studying so hard for the exam.
    A. surprise　B. surprises　C. surprising　D. surprised

28. X: How did you like the movie?
    Y: It wasn't very good, but I liked (　　).
    A. music　B. the music　C. a music　D. this music

29. X: We're going to the beach tomorrow. Do you want to join us?
    Y: Oh, I wish I (　　) to work tomorrow. Maybe next time!
    A. had　B. have　C. didn't have　D. don't have

30. X: Bob, are you coming to the BBQ tomorrow?
    Y: I don't know. Do you know what time (　　)?
    A. does it start　B. start　C. it starts　D. starting

31. X: This is so good! Can I have another glass?
    Y: That's your third glass! You (　　) be very thirsty.
    A. can　B. will　C. may　D. must

32. X: What are you doing outside?
    Y: The office (　　) right now, so we can't go in.
    A. is cleaning　B. cleans　C. is cleaned　D. is being cleaned

33. X: Sapporo City Dental Clinic. How may I help you?
    Y: Hello. (　　) is Kota Tanaka speaking. I'd like to reschedule my appointment.
    A. This　B. That　C. It　D. He

34. X: My sister moved to Okinawa last month.
    Y: I envy her. I'd like to live in a place (　　) the weather is nice even in winter.

A. which B. whose C. that D. where

35. If we can find the cause of the problem, we'll be able to ( ) out how to prevent it from happening again.

A. catch B. figure C. turn D. run

36. It's already 7 pm, and we've been very efficient today, so let's call it ( ).

A. a morning B. an afternoon C. an evening D. a day

4 それぞれの会話の空所に入れる最も適切な選択肢をA～Dの中から選べ。ただし，同じ選択肢が2箇所に入ることはない。

Mark: Could I speak with Susumu, please?

Receptionist: I'm afraid he's in a meeting right now. (37)

Mark: Yes, please. It's really crucial he gets it.

Receptionist: Don't worry. I'll relay the message as soon as he finishes. (38)

Mark: This is Mark Takahashi from the Head Office. (39) Can you also tell him to call me back as soon as possible?

Receptionist: No problem. What is your contact number?

Mark: It's 011-789-0123.

A. Who shall I say called?
B. Do you want to leave a message?
C. Please keep in touch with me to get the updated information.
D. Please tell him the meeting on Friday in Sapporo has been called off.

George: I think my job is boring.

Sophia: Oh, really? Why do you say that?

George: Well, I always do the same work routine every day: check the schedules, prepare reports, file papers and so on and so forth.

Sophia: Yeah, it does sound repetitive but that's normal in your line of work. But if you get bored often, you might get depressed. (40) I think it would be very good for you to find new ways to make it more interesting.

George: How? (41)

Sophia: I think you should do your usual routine in a different order.

George: That sounds sort of refreshing. (42)

Sophia: Well, it's either that, or look for a new job.

A. Do your best.
B. And that's not good.
C. But do you think it will work?
D. Do you have something in mind?

5　次の文章の空所に入れる文として最も適切なものを A ～ D の中から選べ。ただし，同じ文が 2 箇所に入ることはない。

著作権の都合上，省略。

Active listening skills – How to support children with poor listening skills, Teach Early Years by Eleanor Johnson

6　*Read the following information and answer the questions.*

（1 部および工学部受験者のみ）

From:	Harry.ROCKLEAR@texbbq.com
To:	AILEEN.WHITE@austin.com
Date:	July 11, 2022 — 3:30 pm
Subject:	Re: Unsatisfactory BBQ lunch

Dear Aileen,

Thanks for your email of July 3 concerning your recent visit to our Texas BBQ restaurant in Austin. I am very sorry you didn't have an enjoyable time at our restaurant. I'm sorry to hear that you had to wait for more than 30 minutes after you placed the order. Actually, we had two reasons for that incident. One is the malfunctioning of the freezers. They suddenly stopped working the night before and the meat was not usable. So, we needed to get meat from another source. The other reason is that on that day we had a staff shortage due to COVID-19. As a result, our customers had to wait for more than 30 minutes. I apologize for this matter.

To make amends for this unfortunate incident, I am sending you a complimentary coupon that you can use at one of our BBQ restaurants in either Austin, Dallas, Houston, or San Antonio. Please see the attached file. I hope you and your grandkids will return to one of our Texas BBQ venues soon. If you have further questions or comments, please do not hesitate to email me.

With sincere gratitude for your patience and understanding,

Harry Rocklear
Manager, Texas BBQ, Austin

(Attached file)

Texas BBQ Complementary Coupon
The best BBQ in Texas!

Ms. Aileen White is entitled to 3 items free of charge at any Texas BBQ restaurant.

Restaurant Locations: Austin, Dallas, Houston, San Antonio
Expires: December 31, 2022

For customer service or inquiries, email to GuestRelations@texbbq.com or contact by telephone at 512-234-3111

46. Why did Aileen send the previous email?
    A. She was happy.
    B. She was satisfied.
    C. She was worried.
    D. She was angry.

47. What was the main problem that Aileen complained about?
    A. The staff was rude to her.
    B. She received her order late.
    C. Her steak was not well cooked.
    D. She had to go to another restaurant instead.

48. What happened inside the restaurant kitchen?
    A. The electricity stopped suddenly.
    B. The restaurant didn't have any staff.
    C. The freezers stopped working.
    D. They ran out of BBQ sauce.

49. What does Harry offer Aileen to apologize for this incident?
    A. A refund for the meal.
    B. A refund for the next meal.
    C. A coupon for 3 free meals.
    D. A coupon for 3 items on the menu.

50. With whom did Aileen go to the restaurant?
    A. With a friend.
    B. With her grandchildren.
    C. With her grandparents.
    D. With Harry Rocklear.

51. Aileen can use the coupon until . . .

A. July 3.

B. July 11.

C. October 31.

D. December 31.

52. If she has a question about the coupon, Aileen should . . .

A. write an email or call.

B. write an inquiry on the web site.

C. meet Harry in person.

D. go to the restaurant directly.

日本史

（60分）

1 次の文を読み，下記の問に答えなさい。なお，下線部と問の番号は対応している。

10世紀初頭になると，律令体制はいよいよいきづまり，地方政治のあり様も大きく変化[1]していった。そのような時代に有力な武士となるものが現れ，また，いくつか大きな武士団へと成長するものもでてきた。地方の武士には，もともとは押領使や（　　）[2]として地方で起こった紛争の鎮圧に向かい，そのまま現地に留まっていたものから転じたものがいた。彼らは，家子や郎党などを従え，各地で紛争を起こしたり，国司に反抗するものまでいた。

有力な武士団としては，二つのものが特筆される。桓武平氏と清和源氏である。桓武平氏は，桓武天皇[3]の子孫で平姓を受けた氏族のことであり，そのうちの高望王の流れは特に武家として有名になった。この高望王の孫である平将門は，一族の紛争を契機に，「平将門の乱」[4]と呼ばれる内乱を起こすまでになり，関東の治安を大いに乱した。将門は，従兄弟の平貞盛や藤原秀郷らに討たれることとなったが，その後，貞盛の玄孫からの三代（正盛，忠盛，清盛）は，中央の院政政権[5]との結びつきを強め，大いに権勢をふるった。

対して，清和源氏は，清和天皇の孫である経基王が源姓を受けたことに始まる氏族とされる。経基王（源経基）の子である源満仲は摂津に館を構え，武士団を形成していった。満仲の長男である源頼光は，武芸に優れていたとされ，頼光と頼光四天王と呼ばれる四人の部下の武勇伝は，『（　　）』[6]をはじめとした多くの説話集や御伽草子などで語られ，現代においても物語や劇等の題材として大いに楽しまれている。なお，満仲の三男である源頼信は，（　　）[7]を平定し，源氏の東国進出のきっかけをつくったことでも知られるが，その子と孫である源頼義と源義家[8]，そしてその子孫である源義朝，源頼朝や源義経などへと続く，清和源氏のうちの河内源氏の祖であり，この河内源氏の流れにより，鎌倉幕府[9]による統治がなされることとなった。

問1　公田の耕作を請け負い，受領などに対し納税の責任を負うようになった有力農民のことを何というか，2字で答えなさい。

問2　空欄に入る，10世紀以降に諸国の盗賊や叛徒を平定するためにおかれた令外官の名称を3字で答えなさい。

問3　桓武天皇により征夷大将軍に任じられ，802年に蝦夷の族長阿弖流為を帰順させ，鎮守府を胆沢城に移した人物は誰か，答えなさい。

問4　この乱と同時期に，瀬戸内海の海賊を率いて反乱を起こし，伊予の国府や大宰府を攻め落とすなどした，もと伊予の国司であった人物は誰か，答えなさい。

問5　院政を行なう上皇の側近として権勢をふるった，上皇の后妃・乳母の一族や富裕な受領出身者などからなる一団を何というか，答えなさい。

問６　空欄に入る，日本・インド・中国の説話を和漢混淆文で記した，31巻からなる平安末期の説話集を何というか，答えなさい。

問７　空欄に入る，源頼信によって鎮圧され，源氏の東国進出のきっかけとなった反乱として最も適切なものを下から選び，記号で答えなさい。

ア．平治の乱　　イ．倶利伽羅峠の戦い　　ウ．平忠常の乱

エ．治承・寿永の乱　　オ．承久の乱

問８　陸奥北部で強大な勢力を誇っていた安倍氏を，源頼義と源義家が出羽の豪族清原氏の助けを得て滅ぼした出来事を何というか，最も適切なものを下から選び，記号で答えなさい。

ア．前九年合戦　　イ．後三年合戦　　ウ．保元の乱　　エ．鹿ヶ谷の陰謀　　オ．天慶の乱

問９　鎌倉幕府を開いた人物の妻で，尼将軍と呼ばれた人物は誰か，答えなさい。

2

次の文を読み，下記の問に答えなさい。なお，問9を除き，下線部と問の番号は対応している。

Aは，岡崎城主松平広忠の嫡男として1542年に生まれた。Aは，６歳で織田家の人質となり，その後人質交換により今川家の人質となるが，$_{1}$桶狭間の戦いで今川氏が敗れたことを機に岡崎城への帰還を果たした。

その後，家臣団を二分した一向一揆に苦しめられつつも$_{2}$三河を平定したAは，三河守に叙された。また，この頃より，Aは織田信長との同盟を深化させていった。信長との関係は長く続き，$_{3}$浅井氏・朝倉氏との戦いや武田氏との戦いを共にする。本能寺の変が起こった際にはその弔い合戦を決意し，出兵したものの，山崎の戦いで羽柴秀吉（豊臣秀吉）が勝利した報を受け，浜松へ帰還した。

信長の後継者の地位を確立したのは山崎の戦い・賤ヶ岳の戦いに勝利した秀吉であった。織田信雄の誘いを受けて秀吉と戦ったAであったが，信雄と秀吉の講和を機に和議に応じた。その後，秀吉とAの関係は，最終的にAが大坂城で秀吉に対し臣従の礼を示すことで決着した。秀吉とともに$_{4}$後北条氏を滅亡させたAは，秀吉によりその旧領を与えられ，江戸へ移った。

秀吉の死後，五大老の筆頭であるAと$_{5}$五奉行の一人である石田三成との確執が表面化し，関ヶ原の戦いが起きた。これに勝利したAは西軍諸大名を処分するとともに，全大名に対する指揮権の正統性を得るため征夷大将軍の宣下を受け，江戸に幕府を開いた。1605年，Aは，将軍職が世襲であることを示すため，将軍職を辞すとともに$_{6}$息子に将軍宣下を受けさせたが，その後も大御所として影響力を維持し続けた。

一方，Aは，豊臣家に対して，様々な口実をつけて戦いを仕掛け，$_{7}$1615年に同家を攻め滅ぼした。

大御所として権勢を維持し続けたAであったが，1616年に発病し，同年に死去した。死後，Aは朝廷から神号東照大権現を得るとともに，$_{8}$東照宮に祀られた。

問１　桶狭間の戦いで敗死した今川家の大名の名を何というか，答えなさい。

問２　三河は現在のどの地にあたるか，最も適切なものを下から選び，記号で答えなさい。

ア．神奈川県　　イ．静岡県　　ウ．愛知県　　エ．岐阜県　　オ．左記に正解はない

問３　織田信長とAが浅井氏・朝倉氏に勝利した戦いの名を下から選び，記号で答えなさい。

ア．姉川の戦い　　イ．川中島の戦い　　ウ．天目山の戦い

エ．三方ヶ原の戦い　　オ．ア～エに正解はない

問４　後北条氏の祖であり，堀越公方を滅ぼして，伊豆，相模に進出した人物を下から選び，記号で答えな

さい。

ア．北条早雲　イ．北条氏政　ウ．北条氏康　エ．北条氏綱　オ．北条守時

問5　五奉行に含まれない人物を下から選び，記号で答えなさい。

ア．浅野長政　イ．増田長盛　ウ．小早川隆景　エ．前田玄以　オ．長束正家

問6　この人物の将軍在位中に行われた施策として誤っているものを下から選び，記号で答えなさい。

ア．一国一城令発布

イ．武家諸法度制定

ウ．参勤交代の義務化

エ．禁中並公家諸法度制定

オ．欧州船の寄港地制限

問7　Aが豊臣家を攻め滅ぼした戦いの名を答えなさい。

問8　Aが祀られた日光東照宮の現在の所在地を以下から選び，記号で答えなさい。

ア．茨城県　イ．栃木県　ウ．群馬県　エ．埼玉県　オ．左記に正解はない

問9　Aに当てはまる人物の名を答えなさい。

3

次の文を読み，下記の問に答えなさい。なお，下線部と問の番号は対応している。

19世紀後半から20世紀前半にかけての日本では，国境にも，その国境をまたいで行き来する人の流れにも，ダイナミックな変化が生じた。

長年にわたる鎖国政策が転換されたのちも，日本人の海外渡航は最幕末まで全面的には解禁されなかった。しかし全面解禁前にも，$_{1}$条約の批准書交換や留学のため，幕府や諸藩から複数の日本人が欧米に渡った。その後の日本は幕府の倒壊と新政府の樹立を経て，$_{2}$幕末までは必ずしも日本の一部ではなかった土地を領土化しつつ，国境を画定させていく。その一方で，画定された国境の外側へと移民し，新天地に機会を求める人々も増えはじめた。

その後の日本は，$_{3}$対外戦争を通じて領土をさらに拡大させ，植民地をそなえた帝国となっていった。植民地へは多数の日本人が渡ったが，同時に$_{4}$植民地から日本への移民の流れも生じた。これと並行して中国大陸では，日本をふくめた列強による利権獲得や経済進出が進み，$_{5}$関東軍のような陸軍部隊の駐屯や，日本企業の活動のために，大陸に渡る日本人が増えていった。1930年代に入って，中国東北部で関東軍が建国を宣言させた$_{6}$（　　）を日本政府が承認すると，同地への農業移民が激増した。さらに日中戦争が始まると，中国大陸に日本軍兵士が続々渡った。

1941年の$_{7}$太平洋戦争開始後，植民地・占領地をふくめた帝国日本の外縁は一挙に拡大し，日本軍兵士も太平洋・東南アジア地域に広く展開したが，アメリカ軍が反攻に転じるとその外縁は動揺しはじめた。そして，1945年に$_{8}$ポツダム宣言を日本が受諾したとき，宣言にもとづいて一気に収縮した国境の外には，本土への$_{9}$引揚げを目指す大量の日本人が残されたのであった。

問1　咸臨丸による太平洋横断は，ある条約の批准書交換を目的としていた。この条約の名称を答えなさい。

問2　この一環として1879年，日本政府はある土地において藩と王国を廃止し，県を設置する廃藩置県を実施した。この施策を4字で答えなさい。

問3　日本が台湾を植民地化する契機となった，対外戦争の名称を答えなさい。

問4　その代表例は朝鮮半島からの移民であった。その植民地化および植民地支配について，適切な記述を下から選び，記号で答えなさい。

ア．韓国併合は，日露戦争によって日本が宗主権を獲得したことで断行された。

イ．日本は朝鮮半島の38度線以南を植民地化した。

ウ．朝鮮総督は当初文官に限られたが，義兵闘争の高まりを受けて現役軍人へと変更された。

エ．土地調査事業によって接収された半島内の山林・農地の一部は，日本企業や日本人に払い下げられた。

問5　関東軍が駐屯した租借地の所在地を以下から選び，記号で答えなさい。

ア．旅順　　イ．上海　　ウ．長春　　エ．天津

問6　空欄にあてはまる語句を3字で答えなさい。

問7　開戦後，日本が軍政下に置かなかった地域を下から選び，記号で答えなさい。

ア．フィリピン　　イ．ビルマ　　ウ．タイ　　エ．シンガポール

問8　ポツダム宣言による日本の占領後，アメリカとソ連がそれぞれ軍政下に置いた地域の組み合わせとして適切なものを下から選び，記号で答えなさい。

	アメリカの軍政	ソ連の軍政
ア	朝鮮半島北部	朝鮮半島南部
イ	台湾	千島列島
ウ	小笠原諸島	南樺太
エ	琉球諸島	遼東半島

問9　引揚げの過程で親と別れて中国大陸に取り残され，同地で育つこととなった日本人の子供のことを何と呼ぶか。6字で答えなさい。

4 次の文を読み，下記の問に答えなさい。なお，下線部と問の番号は対応している。

日本はポツダム宣言[1]にもとづいて連合国に占領されることとなった。当初の占領方針は，非軍事化・民主化を通じて，日本がふたたびアメリカや東アジア地域の脅威となることを防ぐことにおかれた。日本占領[2]にあたったGHQは，1945年10月に治安維持法や特別高等警察の廃止，共産党員はじめ政治犯の即時釈放を指令し[3]，この方針と対立した内閣[4]は総辞職した。かわって組閣した幣原喜重郎[5]に対し，最高司令官のマッカーサーは婦人参政権[6]の付与，労働組合の結成奨励[7]，教育制度の自由主義的改革，秘密警察などの廃止，経済機構の民主化からなる，いわゆる五大改革を指示した。

経済機構の民主化について，GHQは，日本の財閥が軍国主義の温床となったと考え，占領後すぐにその解体に着手した。すなわち15財閥[8]の資産の凍結・解体が指令され，財閥の持株会社や財閥家族などが所有する株式の譲渡を受けて一般への販売が行われ[9]，株式所有による財閥の傘下企業支配の解体をはかった。

問1 これに関する文のうち誤っているものを下から選び，記号で答えなさい。

ア．ドイツのベルリン郊外のポツダムで開かれたポツダム会談で決定された。

イ．日本軍への無条件降伏勧告に加え，日本の戦後処理方針が示された。

ウ．アメリカ・イギリス・ソ連の３交戦国の名で発表された。

エ．日本政府は1945年８月14日にこの宣言の受諾を連合国側に通告した。

問2 GHQによる占領統治について述べた文のうち，誤っているものを下から選び，記号で答えなさい。

ア．日本政府の機能は停止され，事実上米軍単独の軍政のもとにおかれた。

イ．連合国による対日占領政策決定の機関として極東委員会がおかれた。

ウ．東京に最高司令官の諮問機関として対日理事会が設置された。

エ．占領軍の日本政府に対する要求は，法律の制定を待たずに勅令で実施可能であった。

問3 これは一般に何と呼ばれるか，４字で答えなさい。

問4 この内閣を下から選び，記号で答えなさい。

ア．小磯国昭内閣　イ．鈴木貫太郎内閣　ウ．東久邇宮稔彦内閣　エ．片山哲内閣

問5 この人物は戦前期，外相としていわゆる幣原外交を展開した。彼が外相として1925年にソ連と締結した条約名を答えなさい。

問6 これに関連して，1946年４月の戦後初の総選挙で女性議員が誕生した。このときの女性議員の数を下から選び，記号で答えなさい。

ア．29人　イ．39人　ウ．49人　エ．59人

問7 当初，労働運動を推奨していたGHQはのちに方針を転換し，1948年には官公庁労働者のストライキの禁止が打ち出された。この際出された政令の名称を答えなさい。

問8 15財閥としてあげられた財閥のうち，日産・日窒は，1930年代自動車工業や化学工業分野などを中心に急速に発展し，軍と結びついて植民地へも進出していった。このような財閥は一般に何と呼ばれるか，答えなさい。〔解答欄〕＿＿＿＿財閥

問9 この業務を行うために1946年に設けられた組織の名称を答えなさい。

世界史

（60分）

1　次の文章を読み，下の設問に答えよ。

現在のインドやその周辺では，前1000年ごろからアーリヤ人がガンジス川流域に進出し，鉄器の使用とともに開発を進めて広大な稲作地帯を形成していった。それにつれて社会の階層化が進行し，(a)ヴァルナとよばれる身分制度ができていった。ヴァルナの最上位に位置する司祭階層である（　1　）が執行する祭式を中心とする宗教は（　1　）教とよばれ，その聖典の宗教的文献にちなみ，前1500年から前600年頃までの時代はヴェーダ時代ともよばれる。

前6世紀までにはガンジス川中流域を中心に巨大な都市がいくつも生まれ，遠隔地交易が発展するとともに金属貨幣や文字の使用も行われるようになった。さらにこれらの都市を拠点とする諸国家が急速に成長し，とくに（　2　）国やコーサラ国が勢力をのばした。都市は人・もの・情報の流れの結節点となり，そこを拠点に学者や宗教家などが交流を活発化させ，それまでの祭式主義の宗教を批判しつつ，(b)インド世界を代表する新しい哲学・思想を生みだした。

前4世紀後半には，西方からアレクサンドロスの遠征軍がインダス川流域に達したが，その直後に（　2　）国のチャンドラグプタが（　3　）朝をおこし，急速に北インド全域を支配下に入れ，(c)第3代（　4　）王のときに王朝は最盛期を迎えた。前180年ごろに（　3　）朝が滅ぶと，西北インドにはギリシア系のバクトリア，イラン系のサカ族などが次々と侵入し，その過程で1世紀後半から3世紀前半にかけてクシャーナ朝が中央アジアから北インドにいたる巨大な帝国を築いた。クシャーナ朝は，(d)2世紀半ばの（　5　）王の時代が最盛期であり，中央アジアからガンジス川中流域にいたる地域を支配した。同じころ，クシャーナ朝とならんで有力であったのは，西北インドから南インドにかけての広い領域で勢力をもった（　6　）朝であった。

問1　文中（　1　）～（　6　）にあてはまる人名または語句を答えよ。

問2　下線部(a)に関連して，ヴァルナに関する記述として誤っているものを，次のア～エから1つ選び，記号で答えよ。

ア．クシャトリヤはヴァルナの第2位に位置する戦士階層であり，政治・軍事の職を独占していた。

イ．ヴァイシャはヴァルナの第3位に位置する庶民階層であり，主に商人を指す。

ウ．不可触民はヴァルナの最下位に位置する隷属民階層であり，上位3ヴァルナに奉仕する義務を持つ。

エ．4つのヴァルナにジャーティを結びつけて成立したインド独特の社会制度をカースト制度という。

問3　下線部(b)に関連して，不殺生・禁欲・苦行によって救済されることを説いたジャイナ教の開祖の名称を答えよ。

問4 下線部(c)に関連して，このころにスリランカ（セイロン島）にも仏教が伝わったとされるが，スリランカからビルマ・タイに伝わった戒律の厳守を主張した仏教の一派の名称を答えよ。

問5 下線部(d)に関連して，クシャーナ朝に関する記述として誤っているものを，次のア～エから1つ選び，記号で答えよ。

ア．クシャーナ朝はサンスクリット語を公用語とし，その保護下でサンスクリット文学が花開いて，詩人カーリダーサなどを輩出した。

イ．ローマ帝国と漢帝国を両端とする東西交易がさかんになり，クシャーナ朝はその中継交易でうるおった。

ウ．このころにヘレニズム文化の影響を受けて仏像がつくられるようになり，ガンダーラ美術として各地に広まっていった。

エ．プルシャプラ（現在のパキスタンのペシャワール）がクシャーナ朝の都として定められた。

2 次の文章を読み，下の設問に答えよ。

西ヨーロッパ中世はキリスト教の時代であり，人々の日常生活全般にローマ＝カトリック教会の絶大な権威がいきわたっていた。出生・結婚・臨終など人生の重要な節目に際して信徒に儀式を授けることは，教会の重要な仕事であった。世俗を離れた修行の場である修道院(a)も，大きな文化的役割を果たした。6世紀にイタリアの（ 1 ）に開かれたベネディクト修道会は，清貧・純血・服従の厳しい戒律を修道士に課した。その生活原則の標語である「（ 2 ）」のモットーは，生産労働を奴隷の仕事と考えていた古典古代以来の労働観を大きく変えた。このほか著名な修道会として11世紀末にフランスのブルゴーニュ地方に創設された（ 3 ）修道会や13世紀に創建されたドミニコ会やフランチェスコ会(b)がある。

このような中世にあっては，学問もまたキリスト教の支配下にあった。（ 4 ）が最高の学問とされ，哲学はその下におかれた。当時の学者・知識人とは聖職者や修道士であり，彼らは学問の国際的共通語である（ 5 ）語を用いていた。

十字軍をきっかけに東方との交流が盛んになる12世紀には，ビザンツ帝国やイスラーム圏からもたらされたギリシアの古典が，ギリシア語やアラビア語から本格的に（ 5 ）語に翻訳されるようになり(c)，それに刺激されて学問や文芸も大いに発展した。これを12世紀ルネサンスという。信仰を論理的に体系化しようとして発展してきたスコラ学(d)は，（ A ）哲学の影響を受けて壮大な体系となり，（ 6 ）により大成されて教皇権の理論的支柱となった。

大学が誕生するのも12世紀頃からである。それまで教育と学問の中心は田園地帯の修道院にあったが，商業の発達とともに都市の大学に移った。大学は教会付属学校を母体に，教授や学生の組合としてできたのが始まりで，教皇や皇帝の特許状によって自治権を与えられた一種の（ 7 ）であった。おもな大学には（ 4 ）・法学・医学の3学部があり，また基礎的な教養科目として「自由（ 8 ）科」も教育された。最古の大学といわれるイタリアの（ 9 ）大学は法学で，またパリ大学は（ 4 ）でそれぞれ有名であった。イギリスではパリ大学を模範として創設された（ 10 ）大学と，そこからわかれてできたケンブリッジ大学が発展した。

問1 文中の空欄（ 1 ）～（ 10 ）にあてはまる人名または語句を答えよ。ただし，（ 8 ）には数字があてはまる。

問2　文中の空欄（　A　）には人物名があてはまるが，その人物は経験と観察を重んじ，自然・人文・社会のあらゆる方面において思索を及ぼしたため「万学の祖」と呼ばれる。これは誰か答えよ。

問3　下線部(a)に関連して，修道院が果たした歴史的役割についての記述として誤っているものを，次のア～エから1つ選び，記号で答えよ。

ア．修道院では農業技術の発展にともなってワインなどの醸造技術も発達した。

イ．修道院は世俗を離れて修行することを第一と考えたため，荘園を経営することはなかった。

ウ．修道院は写本を頻繁に行ったので，古典文化を伝承・保存する役割を果たした。

エ．修道院は大開墾運動の先頭に立ったため，各地の森林が切り開かれ耕地が拡大した。

問4　下線部(b)に関連して，ドミニコ会やフランチェスコ会は清貧を重んじて財産所有を否定し，信者からの喜捨によって生活しながら都会での説教を行ったが，こうした修道会のことを何というか，漢字5字で答えよ。

問5　下線部(c)に関連して，ギリシアの古典がギリシア語やアラビア語から翻訳された活動拠点としてイベリア半島のある都市を挙げることができるが，その都市の名前を答えよ。

問6　下線部(d)に関連して，スコラ学の中心的議論として普遍論争が挙げられるが，個物を超越した普遍は存在せず，個物に付された名としてのみ存在するとする立場を何というか答えよ。

3　次の文章を読み，下の設問に答えよ。

中国東北地方で明の支配下にあった女真（のちの満洲）は，明の支配がゆるむと，ヌルハチ（太祖）が諸部族を統一して（　1　）をたてた。（　1　）は，軍事的な社会組織である（　2　）を整備した。その子（　3　）は内モンゴルや朝鮮を制圧し，やがて国号を清と改めた。その後，明の各地で農民反乱がおこり，（　4　）が率いる反乱軍が北京を占領して明が滅ぶと，清はその討伐を名目として中国本土に侵入し，北京を占領して都とした。第4代皇帝の（　5　）は，清の中国征服に協力した漢族の将軍である呉三桂らがおこした反乱(a)を鎮圧し，台湾で抵抗を続けていた勢力(b)をほろぼして，中国全土の大規模な統一をなしとげた。ついで，シベリア東部に進出してきたロシアと（　6　）条約を結び，国境を定めて交易を約束した。

その後，（　5　）から雍正帝をへて（　7　）にいたる3代130年あまりが，清のもっとも栄えた時代である。清は中国を支配するにあたり，明の諸制度を引きついだが，中央官庁の要職は定員を偶数にして，満洲人と漢人を同数で用いる（　8　）制を行った。

問1　文中の空欄（　1　）～（　8　）にあてはまる人名または語句を答えよ。

問2　下線部(a)の反乱の名称を答えよ。

問3　下線部(b)に関連して，明の復興運動に活躍した武将で，台湾からオランダの勢力を駆逐して占領した人物の名称を答えよ。

4　次の文章を読み，下の設問に答えよ。

西ヨーロッパでは中世末期から各国で中央集権化が進んだが，それとは逆に政治的分裂と不統一(a)が深まっていたのがドイツ（神聖ローマ帝国）であった。国内には大小の諸侯や自由都市など，合わせて300ほどの領邦が分立するようになり，統一は困難な状況だった。15世紀以来，神聖ローマ帝国の皇帝位はほぼオーストリアを支配するハプスブルク家が世襲していた。オーストリアに次ぐドイツ第二の強国として台頭してきたのがプロイセンである。プロイセンのフリードリヒ２世(b)は，（　1　）のハプスブルク家継承に異議を唱え二度の戦争を戦い，ヨーロッパの強国の地位についた。

1805年，フランス皇帝ナポレオンは（　2　）の戦いでオーストリア・ロシアの連合軍を破り，翌年自らの保護下に西南ドイツ諸国をあわせ（　3　）を結成した。これを機にオーストリア皇帝は神聖ローマ帝国皇帝の地位を放棄し，神聖ローマ帝国は消滅した。ナポレオンの失脚後，フランス革命とナポレオンによる一連の戦争の戦後処理のために開かれたのが（　4　）会議である。その結果，ドイツはオーストリア・プロイセン以下の35の君主国と４自由都市で構成される（　5　）に再編された。会議を主催したオーストリア外相（　6　）はヨーロッパの政治的現状維持を目指し，自由主義とナショナリズムは抑えられ，ドイツ統一は先送りされた。

1848年の３月革命時にもフランクフルト国民議会でドイツ統一が目指されたが，オーストリアのドイツ人地域とベーメンを含む統一を求める（　7　）主義と，プロイセンを中心にオーストリアを排除した統一を求める（　8　）主義が対立した。ドイツ統一に大きな役割を果たしたのがプロイセン首相の（　9　）である。ユンカー出身の（　9　）は1862年に首相に任命されると，議会の反対を押し切って軍備を拡張した(c)。1864年にはオーストリアとともにデンマークを攻め，シュレスヴィヒ・ホルシュタイン両公国を奪った。1866年には，両公国の帰属をめぐりオーストリアと戦いこれを破った。さらに1870年には，フランス皇帝（　10　）を挑発して普仏戦争(d)を起こさせ,（　10　）を捕虜にしたうえでパリを包囲し，これに勝利した。1871年１月ヴィルヘルム１世は（　A　）でドイツ皇帝の即位式を行い，ドイツ帝国が成立した。

問１　文中の空欄（　1　）～（　10　）にあてはまる人名または語句を答えよ。

問２　下線部(a)に関連して，ドイツの分裂を決定づけた，17世紀に勃発したベーメンでの新教徒の反乱をきっかけとする戦争の名称を答えよ。

問３　下線部(b)に関連して，フリードリヒ２世やオーストリアのヨーゼフ２世のように，自らが主導し上からの近代化を推し進めようとする君主を何と呼ぶか，答えよ。

問４　下線部(c)に関連して，この政策を何というか答えよ。

問５　下線部(d)に関連して，普仏戦争の講和条約でドイツがフランスから獲得した地域の名を答えよ。

問６　（　A　）に当てはまる，フランス王ルイ14世が造営した建物の名を答えよ。

地理

（60 分）

1　下の図１と図２（それぞれ，２万5000分の１地形図「宝積寺」（2021年修正），「栃木」（2012年修正）の一部，原寸，一部改変）をみて，次の文章を読み，設問に答えよ。

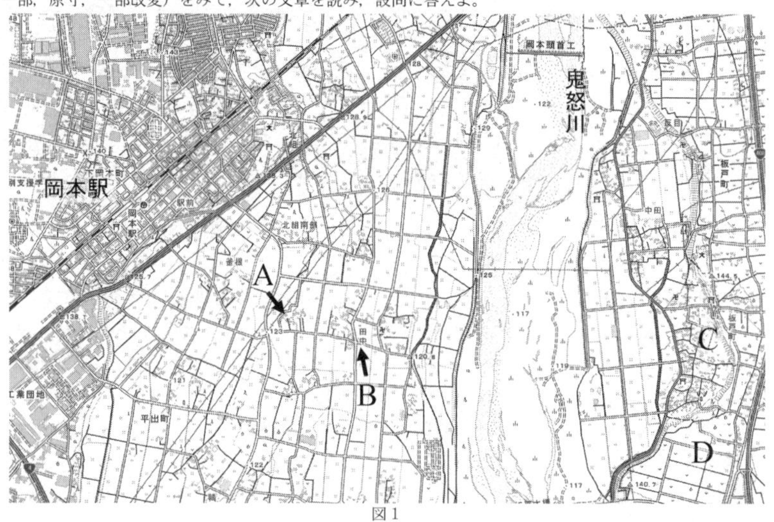

図１

編集部注：編集の都合上，60%に縮小

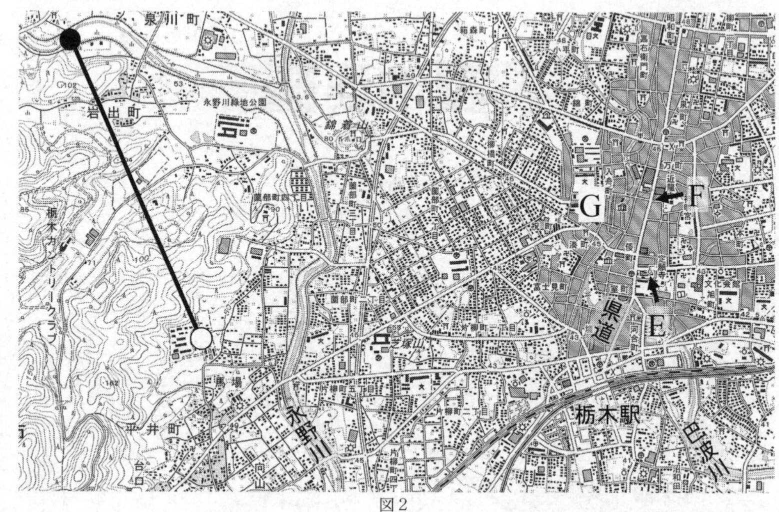

図2

編集部注：編集の都合上，60%に縮小

地図は特定の目的をもって作成される（　ア　）と，地表の事象を出来るだけ網羅的に取り上げた（　イ　）に大別できる。わが国で広範に用いられてきた（　イ　）には，地形図がある。国土地理院が発行する地形図のうち，日本全土をカバーするものとして，2万5000分の1，（　ウ　）分の1の2種類がある。2万5000分の1地形図では，計曲線が（　エ　）mの間隔で描かれる。

地形図を眺めると，全国のどのような場所でも，多くの魅力に溢れていることがわかる。ここでは，栃木県の地形図を見てみよう。栃木県では，2022年に「いちご一会」のキャッチフレーズを用いて国民体育大会が開催され，当地はおおいに注目された。このキャッチフレーズは，栃木県が$\underset{①}{\underline{\text{いちご}}}$の産地として知られていることに由来する。

図1は栃木県宇都宮市を含む地形図である。地図中の北西部には，$_{②}$鉄道路線が南西から北東方向に走っている。この路線上にある岡本駅から，鬼怒川方面に向かってみよう。駅のほぼ正面にある郵便局や宅地を経由して，鉄道とほぼ並行して走る国道を渡ると，水田が広がるエリアに出る。このエリアにあるA地点やB地点では，$_{③}$国内で一般的にみられる集村が形成されている。また，このエリアは，鬼怒川の（　オ　）を含んでいる。（　オ　）とは，洪水の時に流路に沿う一帯が浸水することによってつくられる起伏の小さな土地を示し，一般的に自然堤防や後背湿地，三日月湖などの特徴的な地形がみられる。B地点から，さらに東方に向かうと，$_{(1)}$標高120.8mを示す水準点があり，これを越えると鬼怒川の堤防にぶつかる。堤防に上ると，$_{(2)}$南流する鬼怒川や$_{(3)}$荒地が見える。鬼怒川対岸のC地点付近では，河川の流路に沿って発達した階段状の地形である（　カ　）が明瞭に示されている。また，$_{④}$D地点は（　カ　）を構成する（　キ　）であり，畑や果樹園が広がっている。

図2は同県栃木市の地形図である。栃木市は，巴波（うずま）川を利用した交易で栄えた都市である。現在でも，江戸期から残る歴史的な建造物が数多くみられ，「蔵の街」として知られる。

栃木市の玄関口といえる栃木駅から北方に向かってみよう。駅から「県道」を500mあまり進むと，地図記号から，左手に郵便局があり，右手E地点には，（　ク　）があることがわかる。E地点から，さらに進みF地点で左折すると，巴波川を渡り，G地点に至る。ここには市役所⑤があり，また近隣の区画には小学校や高校がある。これらの施設は「県庁堀」と呼ばれる水路で囲まれている。⑥この呼称からは，県庁が当地から宇都宮市に移転したという経緯がうかがい知れる。西方に目を移すと，⑦永野川の西側には丘陵地があり，(4)針葉樹林や広葉樹林が広がるほか，ゴルフ場としても利用されている。

問１　文章中の空欄（　ア　）～（　ク　）にあてはまる語句や数字を答えよ。ただし，同じ記号には同じ語句が入る。

問２　文章中の下線部①に関して，次の表は，いちごの2020年産県別収穫量の上位５位までの県を，対全国比とともに並べたものである。表中の空欄（　A　）にあてはまる県名を答えよ。

表

県名	収穫量（t）	対全国比
栃木県	22,700	14.3%
（　A　）県	16,400	10.3%
熊本県	12,200	7.7%
長崎県	10,500	6.6%
静岡県	10,400	6.5%

出典：『日本国勢図会　2022/23』

問３　文章中の下線部②に関して，この鉄道の説明として適切なものを以下の１～６から一つ選び，番号で答えよ。

1．単線のJR線
2．複線のJR線
3．単線のJR線以外
4．複線のJR線以外
5．地下鉄
6．路面電車

問４　文章中の二重下線部(1)～(4)のうち，**適当ではないもの**を一つ選び，番号で答えよ。

問５　文章中の下線部③に関して，この村落形態が日本で広くみられるようになった理由としてもっとも適切なものを，下記の１～４から一つ選び，番号で答えよ。

1．コンバイン等の農業機械を共同で所有するため。
2．田植えや稲刈りなどの農作業を共同で行うのに適しているため。
3．近世において，一戸ずつ分散して居住することが幕府により禁止されていたため。
4．扇状地上の平野にあり，水利に恵まれているため。

問６　文章中の下線部④に関して，D地点に畑や果樹園が広がっている理由としてもっとも適切なものを，下記の１～４から一つ選び，番号で答えよ。

1．崖下に集落が成立しやすく，畑作物や果樹への需要が豊富であるため。
2．高地となっており，気温が畑作物や果樹の栽培に適しているため。
3．畑作や果樹栽培は，水田に比して水が得にくい土地でも成立しやすいため。
4．上流からの土砂が堆積した結果，これら作物の栽培に適した土壌となったことが地形図から明らかであるため。

問７　文章中の下線部 ⑤ に関して，栃木市役所を示す地図記号を書きなさい。描かれる「線の太さ」は無視してもよい。なお，栃木市役所は2014年にＦ地点の北側に移転した。

問８　文章中の下線部 ⑥ に関して，このような経緯によって，栃木県は県庁所在地の都市名が県名と異なっている。北陸地方にも，県庁所在地の都市名が県名と異なる県がある。この県名を答えよ。

問９　文章中の下線部 ⑦ に関して，図２中の●と○を結ぶ直線沿いの断面図としてもっとも適当なものを下の図３の（A）～（D）から一つ選び，記号で答えよ。

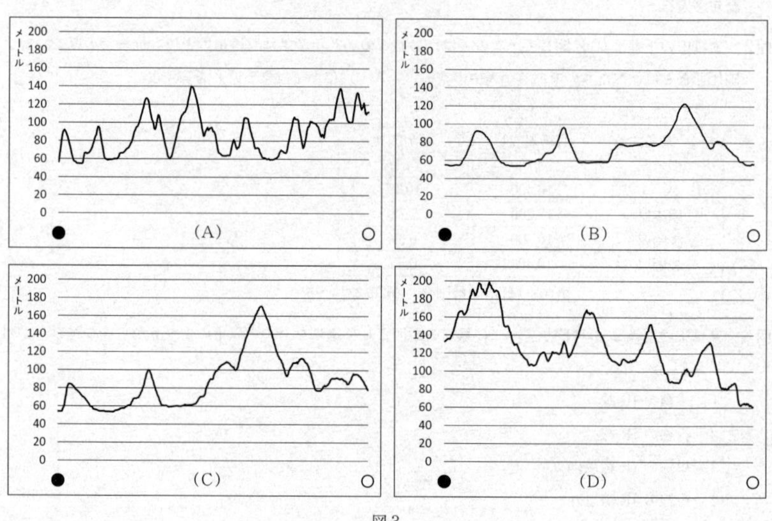

図３

2 次の文章は火山に関する生徒と先生の会話である。文章を読み，（ ア ）～（ ソ ）にあてはまるものを選択肢からそれぞれ一つずつ選び，番号で答えよ。なお，同じ記号には同じ番号が入る。

生徒 「鹿児島県（ ア ）の南岳山頂火口で，2022年7月24日の夜，爆発がおこったニュースを見たときは驚きました。噴火警戒レベルが，一時，最も高いレベル5の避難になりましたね」

先生 「（ ア ）をはじめ，北方領土を含む日本国内には111の（ イ ）があります。（ イ ）とは，概ね過去1万年以内に噴火した火山および現在活発な噴気活動のある火山と定義されています。ちなみに，噴火警戒レベルが5になったのは，（ ウ ）が2007年に噴火予報・警報を開始してから2例目です」

生徒 「火山について詳しく教えてください」

先生 「火山活動は，地球内部で生成された（ エ ）が，地表付近まで上昇することで発生します。（ エ ）が地表に噴出したものが（ オ ）です。（ オ ）が地表に噴出すると，流れ出てできた広大な（ オ ）台地，（ オ ）流が川の流れを止めたことでつくられた湖である堰止湖（せきとめこ），円形の凹地（おうち）である（ カ ）などの地形ができます」

生徒 「火山はどういうところにできるのですか」

先生 「火山ができる場所は，（ キ ）の海溝に沿うように形成される火山帯，長く狭い海底の高まりで，比較的急な斜面をもつ（ ク ），プレートの境界とは関係なく（ エ ）が噴出する（ ケ ）とさまざまな場所にできます」

生徒 「火山と一口にいってもいろいろな形をしていますよね。三代目ゴンタのSNSスタンプが可愛い，壮瞥町（そうべつちょう）の昭和新山熊牧場に行ったことがあるのですが，昭和新山は（ オ ）円頂丘（えんちょうきゅう）というそうです」

先生 「噴火の仕方や火山の形態は，（ エ ）の組成（そせい）によって異なります。昭和新山は（ エ ）の粘性が大きく，流紋岩（りゅうもんがん）質の火山です。粘性が中間で安山岩（あんざんがん）質の（ エ ）は，富士山のような円錐形の（ コ ）火山を作ります。また，粘性の小さい玄武岩（げんぶがん）質の（ エ ）は，ハワイ島のキラウエア山のような（ サ ）火山を作ります」

生徒 「火山の周辺では温泉がでます。火山の美しい風景は，観光資源にもなりますよね。新型コロナウイルスの感染拡大が落ち着いたら，私は温泉に行きたいです。北海道は日本で最も温泉地の数が多いですし」

先生 「火山の多いアイスランドやニュージーランドでは，再生可能エネルギーの一つとして，高温の熱水や蒸気を利用して行う（ シ ）もさかんですね。ちなみに，先生は独特な湯の香りがする天塩温泉が好きです」

生徒 「一方で，火山による災害では，長野県の御嶽山（おんたけさん）の噴火災害などがありました」

先生 「そうですね。2014年の御嶽山（おんたけさん）の大規模噴火は，登山者など58人が死亡した戦後最悪の火山災害といわれています。噴火前まで，御嶽山（おんたけさん）の噴火警戒レベルは最も低い1でした。火山は噴火に伴って（ ス ）を放出します。（ ス ）が堆積した地域では，噴火のときだけでなく，雨の時にも土砂災害が発生しやすいので，日頃から砂防対策をしておく必要があります」

生徒 「火山災害などの自然災害は本当に怖いですよね。もしもに備えて，私たちは何をすればよいですか・・・」

先生 「災害が起きた場合に，予想される被害の種類や程度，範囲を示した（ セ ）を日頃から見ておくとよいでしょう。自治体のホームページで公開されています。（ セ ）を作成するには，緯度・経度などの位置情報をもつデータを総合的に管理・加工して，電子地図帳に表示する情報システムである（　ソ　）が活用されています。また，（　ソ　）はコンビニエンスストアなどの出店計画など，企業のマーケティング活動にも利用されています」

生徒　「そうなんですね。今度の連休は（　セ　）をもって住んでいる地域を歩いてみたいと思います」

＜選択肢＞

1．マグマ	2．ホットスポット	3．風力発電
4．プレートテクトニクス	5．マントル	6．海峡（かいきょう）
7．口永良部島（くちのえらぶじま）	8．活断層	9．成層（せいそう）
10．気象庁	11．地熱発電	12．ハザードマップ
13．ずれる境界	14．地理情報システム（GIS）	15．ビュート
16．楯状（たてじょう）	17．休火山	18．バイオマスエネルギー
19．マール	20．太陽光発電	21．カルデラ
22．火山泥流（でいりゅう）	23．メンタルマップ	24．プルームテクトニクス
25．傾動地塊（けいどうちかい）	26．ケスタ	27．卓状（たくじょう）
28．カルスト地形	29．海嶺（かいれい）	30．火山灰
31．大陸棚	32．火山岩尖（がんせん）	33．活火山
34．桜島	35．国土地理院	36．火砕流（かさいりゅう）
37．火山ガス	38．溶岩	39．全球測位衛星システム（GNSS）
40．沈み込み帯	41．リモートセンシング（遠隔探査）	42．農林水産省
43．死火山	44．地溝帯（ちこうたい）	45．薩摩硫黄島（さつまいおうじま）
46．環境省	47．砕屑丘（さいせつきゅう）	

3　工業と貿易に関する次の文章を読み，下記の設問に答えよ。

工業は，農産物や鉱産物などの原材料を加工して新しい価値を加え，有用な製品をつくる産業である。工業は当初，人びとが生活を送るうえで必要なものを生産する手工業から発達した。その後17世紀のヨーロッパでは，製品の販売を目的に工場を営む資本家が現れた。工場には労働者が集められ，分業によって加工生産を行う（　ア　）が普及していった。18世紀末までには，コークスを燃料とする製鉄法や，工場や交通機関の動力として20世紀初頭まで中心的な役割を担った（　イ　）などが発明されるとともに，イギリスで紡績や織布の工程が機械化され，工場制機械工業が発展した。技術革新の進展は，生産力の拡大とともにさまざまな社会的変化をもたらした。この18世紀のイギリスからはじまった産業・経済・社会の一連の変革のことを（　ウ　）と呼ぶ。

工業の中心地は時代とともに変化する。ここでは繊維工業を例に見てみよう。1980年代半ばまでは，一般的に先進国は高級品を，発展途上国は低価格品をそれぞれ生産する分業体制が成立していた。しかし，1980年代後半以降，先進国のアパレル企業は新製品の開発を本国で進める一方で，①生産拠点を発展途上国に移すようになった。その背景には，繊維産業が必要とする②立地条件の傾向がある。くわえて，東西冷戦の終結，社会主義国の市場経済への移行，（　X　）の設置や工業団地の造成といった発展途上国での基盤整備は，③企業が地球規模で経済活動を行うことを容易にした。

工場が発展途上国や新興国に移されることによって，国際貿易の構造は変化しつつある。かつては，先進国同士は互いに必要とする工業製品を輸出しあう（　エ　）の関係にある一方で，先進国と途上国の間では，前者が工業製品を輸出し，後者は食料品と原燃料を輸出する（　オ　）の関係にあった。現在では，工業化が進展した一部の途上国・新興国と先進国の間でも（　エ　）の関係が築かれるようになっている。工場の進出は，経済成長や雇用創出，賃金の相対的な向上といった利益を受入国にもたらす一方で，これらの国々の安価な労働力や規制の少なさを利用して，先進国の企業が利益を上げている側面もある。

問１　文章中の（　ア　）～（　オ　）に入るもっとも適当な語句を答えよ。なお，同じ記号には同じ語句が入る。

問２　下線部①に関して，以下の表１は，1980年，1999年，2019年の衣類の主要輸出国とその世界貿易に占める輸出額割合を上位７位まで示している。表中の（A）～（D）にあてはまる国名の組み合わせとして適当なものを下記の１～５から一つ選び，番号で答えよ。

表１

1980年		1999年		2019年	
国名	輸出額割合	国名	輸出額割合	国名	輸出額割合
(A)	11.3%	(B)	16.2%	(B)	30.7%
韓国	7.3%	(A)	7.1%	(D)	6.7%
ドイツ	7.1%	(C)	4.4%	ベトナム	6.3%
フランス	5.6%	メキシコ	4.2%	(A)	5.3%
イギリス	4.6%	ドイツ	4.0%	ドイツ	5.0%
(B)	4.0%	トルコ	3.5%	インド	3.5%
(C)	3.1%	フランス	3.1%	トルコ	3.3%

出典：WTO　(2000；2022) *World Trade Statistical Review*

1．(A) アメリカ合衆国　(B) イタリア　(C) 中国　(D) ロシア

2．(A) 中国　(B) アメリカ合衆国　(C) ロシア　(D) イタリア

3．(A) ロシア　(B) イタリア　(C) バングラデシュ　(D) 中国

4．(A) イタリア　(B) 中国　(C) アメリカ合衆国　(D) バングラデシュ

5．(A) アメリカ合衆国　(B) バングラデシュ　(C) ロシア　(D) イタリア

問3　下線部②に関して，以下の表2は，工業立地の分類と原料・製品と立地の特徴，およびその例を示している。表中のa～eの例としてもっとも適当なものを下記の1～5の中からそれぞれ一つずつ選び，番号で答えよ。

表2

工業立地の分類	原料・製品と立地の特徴	代表的な工業とその地域の例
原料・燃料指向	重量が原料＞製品 →原料産地の近くに立地	a
市場指向（消費地指向）	生鮮さを求めるもの，情報・流行に敏感なもの，水を主な原料とするもの →市場の近くに立地	b
労働力指向①	高度な技術が求められるもの →熟練技術者が多い地域に立地	東大阪市の機械・部品工場
労働力指向②	大量の労働力が必要なもの →低賃金労働者が多い地域に立地	c
集積指向	集積によって費用が節約できるもの →同種の工業や関連工業が集まっている地域に立地	d
交通指向	原料を輸入に頼るもの，製品を遠距離輸送するもの →交通の結節点の近くに立地	e

1．フランス・パリの高級服飾品工業　　2．埼玉県秩父市のセメント工業

3．日本・太平洋ベルトの石油化学工業　　4．ベトナム・ホーチミン市の繊維縫製工業

5．愛知県豊田市の自動車工業

問4　文章中の（　X　）には，輸出向け製品の製造・加工を奨励するため，免税・減税などの優遇措置を講じて企業の立地を促進する地区を意味する語句が入る。漢字5文字で答えよ。

問5　下線部③に関して，海外各地に現地法人としての子会社を展開し，世界的な視野にたって原材料の調達や生産・販売活動を行っている企業を何と呼ぶか。漢字5文字で答えよ。

4　東南アジアに関する次の文章を読み，下記の設問に答えよ。

東南アジアはユーラシア大陸南東部に突き出た（　ア　）半島とマレー半島を中心とする大陸部と，（　イ　）や（　ウ　）の島々を中心とする島嶼部からなる。そのほぼ全域が（　エ　）造山帯に属し，地形は複雑である。大陸部では，北部の山岳地帯から南部の平原地帯に向けて①大河が流れ，河口付近には巨大な（　オ　）が形成されている。

東南アジアの大部分は熱帯に属している。そのうち②島嶼部が位置する赤道付近は，1年を通じて雨が多く，熱帯雨林気候になっているが，赤道から離れるにしたがい，明瞭な雨季と乾季がみられる③サバナ気候が現れる。大陸部に位置するタイの平原地帯では，南西の（　カ　）が吹く5月から10月にかけては雨季となり，11月から4月は乾季となる。（　カ　）のもたらす十分な雨と火山由来の肥沃な土壌は，稲の栽培に適した環境をつくりだしており，東南アジア各地で，雨季に合わせて，古くから稲作がさかんに行われてきた。米の生産は大河の中流から下流にかけての低地や河口近くの（　オ　）などでとくにさかんだが，④ジャワ島・バリ島・ルソン島などでは傾斜地を階段状にした（　キ　）もつくられている。

また，東南アジア各地には，19世紀以降，欧米諸国による植民地支配の下で⑤天然ゴムなどのプランテーションが数多く開かれてきた。第二次世界大戦後のマレーシアでは，農園経営はマレーシア系の企業に移行し，1970年代以降，価格が低迷する天然ゴムから（　ク　）への転換が進んでいる。その背景には，（　ク　）からとれるパーム油の需要の増加があり，1980年代以降は（　イ　）でも（　ク　）農園が急速に広がっており，2018年のパーム油の生産量は世界第1位になっている。

（　ウ　）では数千 ha にも及ぶ（　ケ　）農園がいくつも開かれている。これらは1960年代にアメリカ合衆国や日本の資本により開発されたもので，多くは日本に輸出されている。ベトナムでは，（　コ　）と呼ばれる市場開放政策に伴い，南部の高地を中心にコーヒー園が急激に拡大し，コーヒー豆の輸出が急増している。

問1　（　ア　）～（　コ　）にあてはまる語句をそれぞれ答えよ。ただし，（　イ　）と（　ウ　）は国名を，（　エ　）は漢字2文字，（　コ　）はカタカナ4文字で答えよ。なお，同じ記号には，同じ語句が入る。

問2　下線部①に関して，下記の1～4から，東南アジアの大河を一つ選び，番号で答えよ。

1．インダス　　2．チャオプラヤ　　3．ナイル　　4．ユーフラテス

問3　下線部②に関して，下記の1～4から，**赤道が通っていない島**を一つ選び，番号で答えよ。

1．スマトラ島　　2．カリマンタン（ボルネオ）島　　3．スラウェシ島　　4．ティモール島

問4　下線部③に関して，サバナ気候をあらわすケッペンの気候区分の記号をアルファベットで答えよ。

問5　下線部④に関して，ジャワ島は（　イ　）に属しており，島の北西部には（　イ　）の首都がある。首都名を答えよ。

問6　下線部⑤に関して，その原産地を下記の1～4から一つ選び，番号で答えよ。

1．アマゾン盆地　　2．コンゴ盆地　　3．デカン高原　　4．イラン高原

政治・経済

（60 分）

1　生活保護制度について，次の文章を読み下記の設問に答えよ。

日本国憲法第25条の条文は以下のとおりである。

すべて国民は，健康で文化的な［ A ］の生活を営む権利を有する。

2　［ B ］は，すべての生活部面について，社会福祉，社会保障及び公衆衛生の向上及び増進に努めなければならない。

生活保護制度は，その利用し得る資産や能力その他あらゆるものを活用してもなお生活に困窮する者に対して，その困窮の程度に応じた必要な保護を行うことにより，その自立を助長する制度であり，社会保障の最後のセーフティネットと言われている。扶養義務者の扶養は、生活保護法による保護に優先すると考えられるため，扶養照会が行われてきた。しかし，新型コロナウイルス感染症の感染拡大による困窮者の増大に伴って，2021年２月に［ C ］首相は，扶養照会の緩和を表明した。

扶助の種類は，(1) 生活扶助，(2) 教育扶助，(3) 住宅扶助，(4)［ D ］扶助，(5) 介護扶助，(6) 出産扶助，(7) 生業扶助，(8) 葬祭扶助から構成されている。

生活保護行政は，国が本来果たすべき役割を地方公共団体に委託しているので，［ E ］事務である。

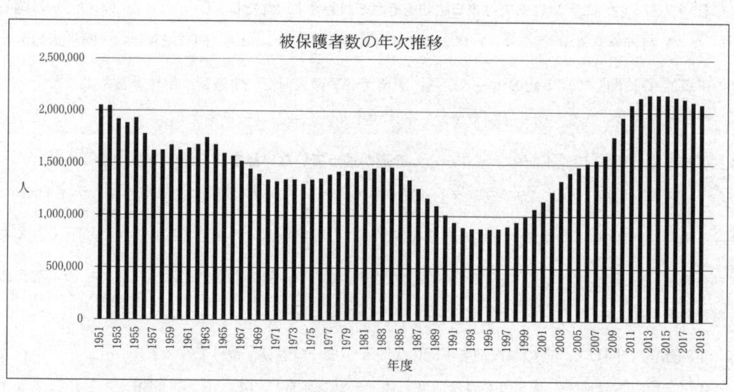

出典　厚生労働省「令和３年版厚生労働白書」より作成

問１　本文中の空欄［ A ］～［ E ］に当てはまる最も適切な語句を漢字で答えよ。［ C ］は氏名を記せ。

問２　以下は「被保護者数の年次推移」のグラフに関する文章である。これに関して以下の問いに答えよ。

1950年代半ばからの高度経済成長(1)を遂げた時期に，被保護者数は減少を続ける。この時期は幾度かの不況を挟みながら 神武景気，岩戸景気，［あ］景気，［い］景気という大型景気が実現された。

1973年第一次［う］の後の1975年から被保護者数は増加に転じ、1979年第二次［う］後も1984年まで続く。高度経済成長の終焉(2)とともに被保護者数は増加する。

その後，1987年にG 7による［え］によって為替相場が安定し景気が好転し，さらにバブル景気と呼ばれる好景気が訪れる。この時期の被保護者数は減少を続ける。

しかし，バブル景気の終焉後，1993年から2014年まで被保護者数は増加傾向にある。

以上のように，被保護者数の増減と日本の経済動向との間には，概ね相関が読み取れる。

(a) 文中の空欄［あ］～［え］に当てはまる最も適切な語句を，以下の選択肢 ア ～ モ の中から選び，記号で答えよ。

(b) 下線部(1)について，次の文中の空欄［お］～［く］に当てはまる最も適切な語句を，以下の選択肢 ア ～ モ の中から選び，記号で答えよ。

1956年の『［お］』は「もはや戦後ではない」と書き記した。1955年から1973年までの間平均10％前後の実質経済成長率で成長を続けた。これを可能にしたのは，旺盛な設備投資と個人消費，輸出の拡大であった。［か］首相も「所得倍増計画」を打ち出し，国民所得を10年間で2倍にすると宣言した。1960年代前半には，「三種の神器」と呼ばれる［き］，電気洗濯機，電気冷蔵庫が急速に普及した。しかし，この時期には誇大広告，欠陥商品などの問題も生じたため，1968年に［く］が制定された。

(c) 下線部(2)について，次の文中の空欄［け］～［し］に当てはまる最も適切な語句を，以下の選択肢 ア ～ モ の中から選び，記号で答えよ。

1971年にドルと金の交換が停止され，1976年の［け］で変動相場制への移行が正式に承認された。日本では円高が進み，輸出産業は打撃を受けた。さらにオイル・ショックを受け物価上昇と不況が同時に生じると［こ］が発生した。

このような危機を日本企業は，省エネ，減量経営，自動化・機械化によって乗り切り，日本の産業構造は高度経済成長期の「重厚長大」型産業から「軽薄短小」型産業へ転換した。高品質・低価格の日本の製品は欧米への輸出が急増し，貿易収支の不均衡が生じたため対立が起こり［さ］が発生した。

1985年にはG 5による［し］を受けて円高が急激に進み，輸出産業は打撃を受け，円高不況に陥った。

ア．消費者基本法	イ．オリンピック	ウ．スタグフレーション
エ．セーフガード	オ．ドーハ合意	カ．経済白書
キ．自家用車	ク．厚生労働白書	ケ．岸信介
コ．アジア経済危機	サ．キングストン合意	シ．環太平洋パートナーシップ協定
ス．白黒テレビ	セ．石油危機	ソ．池田勇人
タ．消費者保護基本法	チ．インフレーション	ツ．ウルグアイ合意
テ．デフレーション	ト．貿易摩擦	ナ．デノミネーション
ニ．田中角栄	ヌ．佐藤栄作	ネ．クーラー
ノ．ニクソン	ハ．いざなみ	ヒ．いざなぎ
フ．カラーテレビ	ヘ．朝鮮特需	ホ．ループル合意

マ．消費者契約法　ミ．鳩山一郎　ム．個人情報保護法
メ．冬季五輪　モ．プラザ合意

2 次の文章を読み，下記の設問に答えよ。

［ A ］の問題が指摘されるようになって久しい。このなかで，気候変動に関する政府間パネル（［ B ］）は，［ A ］の主たる要因を探る上で，人類の活動に着目してきた。2021年に発出された［ B ］第6次評価報告書では，「人類の影響によって大気，海洋，陸地が［ A ］したことは疑う余地がない」と強調した。国連のアントニオ・グテーレス事務総長は，［ B ］報告を受けて，「人類に対する赤信号」であると警鐘を鳴らした。環境破壊などによって人類が［ C ］の時を迎える瞬間を概念的に示す装置として，世界［ C ］時計があるが，2022年現在，その残り時間は100秒であるという。これは，時を刻み始めた1947年以降，もっとも分針が進んだことを意味する。人類は「最後の日」に最も近いところにいる。

［ A ］をはじめとする環境問題は，国境（境界）を越え，地球規模で顕在化する。わたしたちは，この素朴だが重要な論点に，改めて目を向ける必要がある。たとえば，北極の［ A ］を促す［ D ］には，二酸化炭素やメタンのほか，近年ではすす（ブラックカーボン）も含まれるようになった。北極圏監視評価プログラムによれば，<u>その約4割が東アジアと東南アジアから，約2割がロシアから飛来する</u>(1)。近年の研究では，暖められた北極の気温が，東アジアや北米などの中緯度北部地域の上層を流れる偏西風の蛇行を強め，当該域の気候に深刻な影響を与えていることが分かってきた。つまり，北極の［ A ］と，中緯度北部地域における［ E ］──猛暑，寒波，大雨，干ばつ，豪雪など──の間には，強い［ F ］の相関がある。遠く離れた北極の環境変化は，<u>わたしたちの生態系，生活環境，心身および社会的な健康，そして幸せ</u>(2)に影響をおよぼしている。2015年の<u>気候変動枠組条約</u>(3)第21回締約国会議で採択された［ G ］は，［ A ］に対する危機感の高まりを受けてまとめられた。当該協定は，［ H ］が，［ D ］の<u>低排出型の発展</u>(4)に取り組む，歴史上はじめてとなる<u>国際合意</u>(5)となった。

問1　空欄［ A ］～［ H ］について，以下の問いに答えよ。

a）空欄［ A ］～［ G ］に入る最も適切な語句を，以下の選択肢 ア ～ ト の中から選び，記号で答えよ。

ア．福祉　イ．教育　ウ．温暖化　エ．COP
オ．コペンハーゲン合意　カ．パリ協定　キ．工業化　ク．間氷期
ケ．負　コ．異常気象　サ．貧困　シ．レジリエンス
ス．温室効果ガス　セ．オスロ協定　ソ．終末　タ．エネルギー
チ．平和　ツ．環境開発　テ．正　ト．IPCC

b）空欄［ H ］は，気候変動枠組条約の第3条などに明記されている。空欄［ H ］に当てはまる最も適切な語句を，以下の選択肢 ア ～ オ の中から1つ選び，記号で答えよ。

ア．全ての締約国　イ．G20　ウ．脱炭素国家　エ．全ての国連加盟国　オ．主要排出国

問2　下線部(1)に関連して，汚染物質が国境を越えて発生源から遠く離れた国・地域に運ばれ，他の国・地域の環境に影響を与えることを，［ あ ］汚染という。空欄に当てはまる最も適切な語句を漢字2文字で答えよ。

問3　下線部(2)に関連して，国連は，冷戦終結後の南北問題の深刻化などをふまえ，国際社会の目標として，飢餓や貧困の撲滅などを謳った国連［い］開発目標（MDGs）を2000年に採択した。2015年には，新たに生起した環境問題などを取り込んだ［う］な開発目標（SDGs）が打ち出された。空欄［い］，［う］に当てはまる最も適切な語句を答えよ。

問4　下線部(3)は，気候変動およびその悪影響が人類の共通の関心事であることを前提にまとめられたが，その第3条「原則」には，関係主体が準拠すべき指針が明記されている。以下の空欄［え］～［き］に当てはまる最も適切な語句を，以下の選択肢ア～コの中から選び，記号で答えよ。

第3条1項　締約国は，衡平の原則に基づき，かつ，それぞれ［え］に有しているが［お］のある責任及び各国の能力に従い，人類の現在及び将来の世代のために気候系を保護すべきである。したがって，［か］締約国は，率先して気候変動及びその悪影響に対処すべきである。

第3条2項　［き］締約国（特に気候変動の悪影響を著しく受けやすいもの）及びこの条約によって過重又は異常な負担を負うこととなる締約国（特に［き］締約国）の個別のニーズ及び特別な事情について十分な考慮が払われるべきである。

ア．環境保全　イ．法的拘束力　ウ．先進　エ．差異　オ．開発途上
カ．負荷　キ．部分的　ク．共通　ケ．全体的　コ．経済成長

問5　下線部(4)に関連して，環境・社会・ガバナンスの3つの要素を考慮した投資を，それぞれの頭文字を取って［く］投資という。空欄に当てはまる最も適切な語句をアルファベットで答えよ。

問6　下線部(5)に関連して，下記①～④の地球環境問題にかかわる国際合意について，採択年に沿って時系列に並び替えた際，最も適切なものを，以下の選択肢ア～エの中から1つ選び，記号で答えよ。

① モントリオール議定書
② バーゼル条約
③ 生物の多様性に関する条約
④ 京都議定書

ア．①―②―③―④
イ．④―③―②―①
ウ．③―①―④―②
エ．②―④―①―③

3　次の文章を読み，下記の設問に答えよ。

企業は，生産活動を担う経済主体である。我が国の企業等の数の推移を，2020年版「中小企業白書」の「第1－3－1図企業規模別企業数の推移」でみると，1999年485万以降2016年の359万まで減少傾向にあった。また，企業規模別で企業を見ると，我が国の場合，企業等の数のうち大企業の占める割合は低く(1)，中小企業(2)が多くを占めている。

こうした企業は，出資者によっても分類することができる。国や地方自治体が資金を出して運営する企業を公企業という。これに対し，個人や私的な団体が資金を出して運営する企業を私企業という。私企業は，その事業を通じて得た利益（利潤）を，出資者の間で分配すること(3)を主な目的にする。なお，公企業と私企業の形態以外に，民間と国や地方公共団体が共同で出資運営する，公私合同（混合）企業(4)という形態がある。

私企業のうち会社法に基づいて設立されている企業を会社という。現在の会社法では会社は４種類あり，出資者の責任範囲と経営者の違いを簡単にまとめたものが次の表だ。

会社形態	出資者の責任範囲	経営者
株式会社	有限責任	選任された［ D ］（会社設立時）
［ A ］	無限責任（無限責任社員）	無限責任社員（会社設立時）
［ B ］	無限責任（無限責任社員）と有限責任（有限責任社員）	［ E ］責任社員（会社設立時）
［ C ］	有限責任（有限責任社員）	有限責任社員（会社設立時）

会社の出資者は，社員と表現されている。株式会社の場合，出資者，即ち社員は株式を保有するので［ F ］と呼ばれる。また，株式会社の場合，［ F ］総会が選任した者が経営をするため，出資者と経営者が分かれることになる。これを，「所有と経営の［ G ］」という。

株式会社は一定の条件を満たし，［ H ］所での株式の売買ができるようになること（上場）を選択すれば，多くの資金を効果的に集められるようになる。

問１　下線部(1)に関し，わが国の企業のうち大企業の占める割合で最も適切なものを，以下の選択肢 ア ～ オ の中から１つ選び，記号で答えよ。

ア．0.3%　　イ．１%　　ウ．３%　　エ．10%　　オ．30%

問２　下線部(2)に関し，中小企業に当てはまるものを２つ，以下の選択肢 ア ～ カ の中から選び，記号で答えよ。

ア．製造業の場合，資本金の額又は出資の総額が３億円以下の会社又は常時使用する従業員の数が300人以下の会社及び個人

イ．製造業の場合，資本金の額又は出資の総額が４億円以下の会社又は常時使用する従業員の数が400人以下の会社及び個人

ウ．製造業の場合，資本金の額又は出資の総額が５億円以下の会社又は常時使用する従業員の数が500人以下の会社及び個人

エ．小売業の場合，資本金の額又は出資の総額が５千万円以下の会社又は常時使用する従業員の数が50人以下の会社及び個人

オ．小売業の場合，資本金の額又は出資の総額が１億円以下の会社又は常時使用する従業員の数が100人以下の会社及び個人

カ．小売業の場合，資本金の額又は出資の総額が3億円以下の会社又は常時使用する従業員の数が300人以下の会社及び個人

問3　空欄［A］～［C］は会社形態の名称である。会社を含む漢字4文字をそれぞれ答えよ。

問4　空欄［D］～［G］に当てはまる最も適切な語句を，以下の選択肢ア～サの中から1つずつ選び，記号で答えよ。

ア．従業員　イ．取締役　ウ．有限　エ．有限責任社員と無限　オ．統合
カ．株主　キ．社員　ク．管理者　ケ．協働　コ．分離　サ．共生

問5　下線部(3)に関して，株式会社の場合にはなんと表現するか，漢字2文字で答えよ。

問6　下線部(4)の企業形態のものを2つ，そして公企業に該当するものを2つ，以下の選択肢ア～クの中からそれぞれ適切なものを選び，記号で答えよ。

ア．NTT（日本電信電話株式会社）　イ．JR東日本（東日本旅客鉄道株式会社）
ウ．札幌市水道局　エ．株式会社北海道銀行
オ．JT（日本たばこ産業株式会社）　カ．独立行政法人造幣局
キ．ANA（全日本空輸株式会社）　ク．北海学園生活協同組合

問7　空欄［H］に入る適切な言葉を漢字4文字で答えよ。

数学

◀経済学部・経営学部（経営）▶

（60分）

（注） 解答用紙には答えだけでなく，導出の過程も記入すること。

1部受験者は1 2が必須。3 4 5については，これらの中から1題を選択すること。

2部受験者は1 2 3の全問が必須。

1 （経済学部1部・経営学部1部　必須／経済学部2部・経営学部2部　必須）

次の各問いに答えよ。

(1) 次の式の分母を有理化せよ。

$$\frac{1}{1+\sqrt{6}+\sqrt{7}}$$

(2) 方程式 $|x|+|x-3|=x+2$ を解け。

(3) $x>1$ の範囲で，放物線 $y=x^2+6ax-9a+18$ と x 軸が異なる2点で交わるように，定数 a の値の範囲を定めよ。

2 （経済学部1部・経営学部1部　必須／経済学部2部・経営学部2部　必須）

次の各問いに答えよ。

(1) $AB = 4$, $BC = a$, $\angle BAC = 60^\circ$ の三角形ABCにおいて，辺CA上に $BC = BD$ を満たす点Dをとることができる。このとき，a の値の範囲を求めよ。ただし，点Dは頂点A，頂点Cとは異なる点とする。

(2) 十の位が0である3桁の正の偶数のうち，7の倍数となるものをすべて求めよ。

(3) 分母が2023，分子が1から2023までの自然数をとる2023個の分数のうち，既約分数であるものの個数を求めよ。

3 （経済学部1部・経営学部1部　選択／経済学部2部・経営学部2部　必須）

H, O, K, K, A, I, G, A, K, U, E, Nの12文字すべてを使って文字列をつくり，それらを辞書のようにアルファベット順に並べる。このとき，次の問いに答えよ。

(1) GOKAKUを含む文字列がいくつあるか求めよ。

(2) HGUから始まる文字列がいくつあるか求めよ。

(3) HGUから始まる文字列が最初に現れるのは，Hから始まる文字列の中で何番目か求めよ。

※経済学部2部・経営学部2部の受験者は，このページの問題を解答してはいけません。

4 （経済学部1部・経営学部1部　選択）

2つの関数 $f(x) = -2ax^3 + 3ax^2$, $g(x) = x^2 - 2ax + b$ があり，放物線 $y = g(x)$ を C とする。また，関数 $f(x)$ は $x = k$ で極値をとり，$O(0,\ 0)$，$P(k,\ 0)$，$Q(k,\ 2f(k))$，$R(0,\ 2f(k))$ とする。放物線 C は長方形OPQRの面積を2等分し，かつ C は2辺OR，PQと交わるとする。このとき，次の問いに答えよ。ただし，a, b, k は定数とし，$a > 0$, $k > 0$ とする。

(1) 3点P, Q, Rの座標を求めよ。

(2) b を a の式で表せ。

(3) 放物線 C は a の値に関係なく定点Aを通る。定点Aの座標を求めよ。

※経済学部２部・経営学部２部の受験者は，このページの問題を解答してはいけません。

5 (経済学部１部・経営学部１部　選択)

数列 $\{a_n\}$, $\{b_n\}$ は

$$a_1 = 3,\ \ a_{n+1} = 5a_n - 7\cdot(-2)^n \quad (n = 1,\ 2,\ 3,\ \cdots)$$

$$b_{n+1} = 5b_n - 7\cdot(-2)^n \quad (n = 1,\ 2,\ 3,\ \cdots)$$

を満たしている。また，数列 $\{b_n\}$ はある定数 k を用いて，

$$b_n = (-2)^n\cdot k \quad (n = 1,\ 2,\ 3,\ \cdots)$$

のように表される。このとき，次の問いに答えよ。ただし，$n = 1, 2, 3, \cdots$ とする。

(1) k の値を求めよ。

(2) $a_n - b_n$ を n を用いて表わせ。また，数列 $\{a_n\}$ の一般項を求めよ。

(3) 数列 $\{a_n\}$ の初項から第 n 項までの和 S_n を求めよ。

◀工学部（社会環境工〈社会環境コース〉・電子情報工）▶

（60 分）

（注）解答用紙には答えだけでなく，導出の過程も記入すること。

社会環境工〈社会環境コース〉：1 2は必須。3 4 5については，これらの中から 1 題を選択すること。

電子情報工：1 3は必須。4 5については，これらの中から 1 題を選択すること。

1（社会環境工学科　必須／電子情報工学科　必須）

次の各問いに答えよ。

(1) 次の式の分母を有理化せよ。

$$\frac{1}{1+\sqrt{6}+\sqrt{7}}$$

(2) 方程式 $|x|+|x-3|=x+2$ を解け。

(3) $\frac{3}{2}\pi<\theta<2\pi$ において，$\cos 2\theta=-\frac{7}{25}$ のとき，$\sin\theta$，$\cos\theta$，$\tan\theta$ の値を求めよ。

※電子情報工学科の受験者は，このページの問題を解答してはいけません。

2（社会環境工学科　必須）

次の各問いに答えよ。

(1) 2 つの 2 次方程式 $3x^2+(k-3)x-k+3=0$，$2x^2+(k+2)x+k+2=0$ がともに虚数解をもつように，実数の定数 k のとり得る値の範囲を求めよ。

(2) 関数 $y=9^x-2\cdot 3^{x+2}$ の最小値と，そのときの x の値を求めよ。

(3) 関数 $f(x)=-2x^3+ax^2+bx+2$ が $x=-2$ で極小となり，$x=2$ で極大となるように，定数 a，b の値を求めよ。

3 （社会環境工学科　選択／電子情報工学科　必須）

次の各問いに答えよ。

(1) 放物線 $y = 2x^2 - 8$ と直線 $y = 6x$ で囲まれた図形の面積 S を求めよ。

(2) 関数 $f(x) = \dfrac{3x \cdot \sqrt[3]{x}}{e^{3x}}$ を微分せよ。

(3) $f(x) = x\sqrt{\sin x}$ $(0 \leqq x \leqq \pi)$ とするとき，曲線 $y = f(x)$ と直線 $x = \dfrac{\pi}{4}$ および x 軸で囲まれた図形を，x 軸のまわりに 1 回転してできる立体の体積 V を求めよ。

4 （社会環境工学科　選択／電子情報工学科　選択）

H, O, K, K, A, I, G, A, K, U, E, N の 12 文字すべてを使って文字列をつくり，それらを辞書のようにアルファベット順に並べる。このとき，次の問いに答えよ。

(1) GOKAKU を含む文字列がいくつあるか求めよ。

(2) HGU から始まる文字列がいくつあるか求めよ。

(3) HGU から始まる文字列が最初に現れるのは，HG から始まる文字列の中で何番目か求めよ。

5 （社会環境工学科　選択／電子情報工学科　選択）

数列 $\{a_n\}$，$\{b_n\}$ は

$$a_1 = 3,\quad a_{n+1} = 5a_n - 7\cdot(-2)^n \quad (n = 1,\ 2,\ 3,\ \cdots)$$
$$b_{n+1} = 5b_n - 7\cdot(-2)^n \quad (n = 1,\ 2,\ 3,\ \cdots)$$

を満たしている。また，数列 $\{b_n\}$ はある定数 k を用いて，

$$b_n = (-2)^n \cdot k \quad (n = 1,\ 2,\ 3,\ \cdots)$$

のように表される。このとき，次の問いに答えよ。ただし，$n = 1, 2, 3, \cdots$ とする。

(1) k の値を求めよ。

(2) $a_n - b_n$ を n を用いて表わせ。また，数列 $\{a_n\}$ の一般項を求めよ。

(3) 数列 $\{a_n\}$ の初項から第 n 項までの和 S_n を求めよ。

(60分)

1 両岸が平行で幅が L の川があり，図1－aのように xy 座標をとる。川は一定の速さ V_0 で x 軸の正方向に流れている。この川の対岸に向かって，静水に対する速度が $\vec{u}$ の小さな船が原点Oを出発する。川の流れの速度と $\vec{u}$ との合成速度を $\vec{U}$ とする。また，QR間には y 軸に平行な橋がかかっており，この船の出発と同時にAさんは点Qを出発して一定の速さで橋を渡る。以下のⅠ～Ⅲでは，船とAさんがそれぞれ異なる速度を持つ3つの場合を考える。文中の空欄を適切な数式または数値で埋めよ。

Ⅰ．$\vec{u}=(0,\ \sqrt{3}V_0)$ のとき，$|\vec{U}|=$ [(1)] であり，$\vec{U}$ が y 軸となす角度は [(2)] である。船が原点Oを出発してから対岸に到着するまでにかかる時間は [(3)] であり，到着した地点の x 座標は [(4)] である。船が対岸に到着するのと同時にAさんが点Rに到着した場合，Aさんの速さは [(5)] である。

Ⅱ．次に，図1－bのように一定の $u\ (>0)$ と一定の $\theta\left(0<\theta<\frac{\pi}{2}\right)$ を用いて，$\vec{u}=(-u\sin\theta,\ u\cos\theta)$ と表される場合を考える（ただし $V_0<u$ とする）。このとき，$\vec{U}$ の x 成分を $u,\ V_0,\ \theta$ を用いて表すと [(6)] となるため，船が y 軸上の点Pに到着するときの $\sin\theta$ は，u と V_0 を用いて [(7)] と表される。また，点Qを出発したAさんの速さが $\frac{u}{2}$ で，船が点Pに到着するのと同時にAさんが点Rに到着した場合，$\theta=$ [(8)] である。

Ⅲ．最後に，点Qを出発したAさんの速さが $\frac{3}{10}V_0$ で，Aさんから見た船の相対速度の成分表示が $\left(\frac{7}{8}V_0,0\right)$ の場合，$\vec{u}$ の x 成分は [(9)] であり，y 成分は [(10)] である。

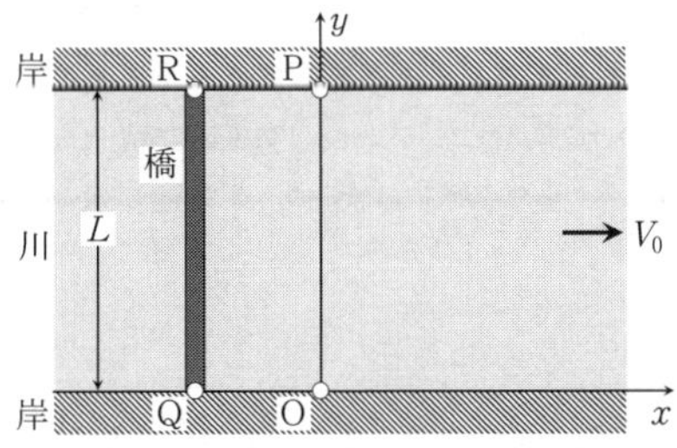

図1－a

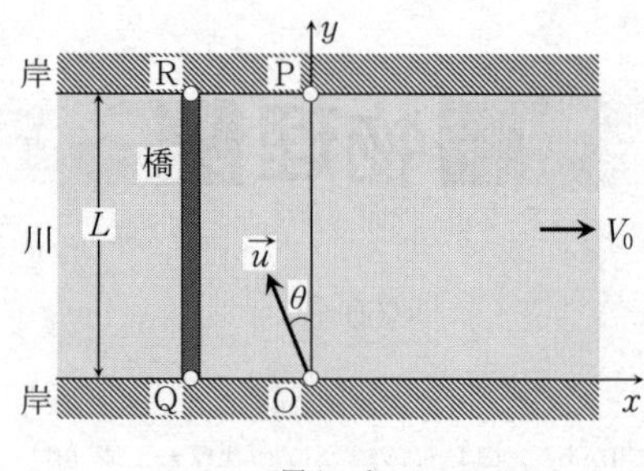

図1－b

2　図2は初期に帯電していない平行板コンデンサー1，2，3と電圧 V の電池を直列接続した回路であり，接続後十分に時間が経過した状態にある。各コンデンサーの極板間隔は異なるが，極板の面積は全て同じである。各コンデンサーの極板間は，誘電率の異なる誘電体で隙間なく満たされている。各誘電体の誘電率と極板間隔は下記の通りである。

コンデンサー1：誘電体の誘電率 3ε，極板間隔 d

コンデンサー2：誘電体の誘電率 2ε，極板間隔 $2d$

コンデンサー3：誘電体の誘電率 ε，　極板間隔 $3d$

コンデンサー3の負極側の極板は接地されており，その電位は0である。極板の厚さを無視し，また極板は十分に広く，各コンデンサーの内部には一様な電場が生じるものとする。以下の問いに答えよ。

(1)　コンデンサー1に蓄えられた電気量はコンデンサー2に蓄えられた電気量の何倍か。

(2)　コンデンサー2内部の電場の大きさはコンデンサー1内部の電場の大きさの何倍か。

(3)　コンデンサー1内部の電場の大きさを求めよ。

(4)　コンデンサー3内部の電場の大きさを求めよ。

(5)　コンデンサー1の極板間の電圧を求めよ。

(6)　点Aの電位を求めよ。

(7)　点Bの電位を求めよ。

(8)　コンデンサー1と2の合成容量はコンデンサー1の電気容量の何倍か。

(9)　コンデンサー1と2と3の合成容量はコンデンサー3の電気容量の何倍か。

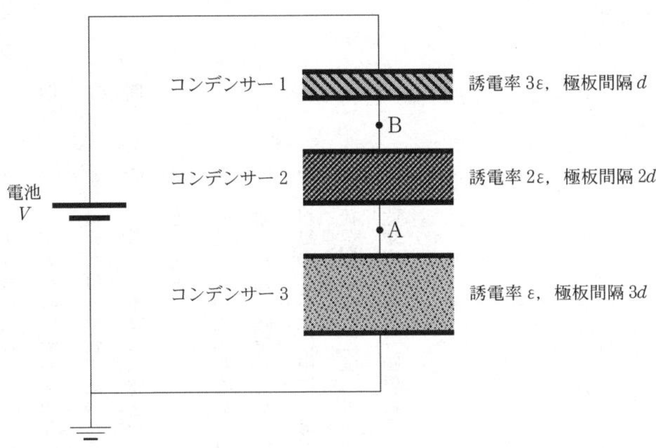
電池
V
コンデンサー 1
誘電率 3ε，極板間隔 d
B
コンデンサー 2
誘電率 2ε，極板間隔 $2d$
A
コンデンサー 3
誘電率 ε，極板間隔 $3d$

図 2

ウ　工場立ち上げの初期段階が過ぎ完成度が近づくと、大きな故障や事故が起こりやすくなる状況。

エ　肉屋がステーキセールの準備をしている時、徒弟に教えている時間がない状況。

オ　新人が失敗し仕事に大きな穴を開けてしまうと、その失敗のコストが直接組織に跳ね返ってくる状況。

問九　次の一文が入るのに最も適切な箇所を、本文中の〔　**ア**　〕〜〔　**カ**　〕から一つ選び、符号で答えよ。

言い換えれば、学習にまつわる失敗のコストを現場では許さないのである。

問十　次の文のうち、本文の内容と合致するものを**すべて**選び、符号（ア〜オの順）で答えよ。なお、本文の内容と合致するものが一つもない場合は、カと答えよ。

ア　社会に出るために必要な学習をするには、学校というシステムが最も適している。

イ　親方の元で修業した職人のように、見よう見まねで模倣する方法が学習に最適である。

ウ　組織の立ち上げ中には最も学習効果が高まるが、組織が安定すると現場での学習機会が減る。

エ　徒弟制のもとでは、表面的に模倣するだけではなく、弟子側が探索を行うことで学習が完結する側面がある。

オ　危険度の高い労働現場では、免疫化された周辺的環境で試行に従う学習を担保することができる。

空欄 Ⅱ
ア　しかし
イ　それとも
ウ　または
エ　つぎに

空欄 Ⅲ
ア　しかし
イ　それとも
ウ　それゆえ
エ　たとえば

問七　傍線3「『現場では』、とベッカーは言う『やはり学習することはできない』。」とあるが、なぜ学習できないのか。その理由として最も適切なものを次の中から一つ選び、符号で答えよ。

ア　施設立ち上げの初期というのは、様々な故障や問題が続出し、試行錯誤する自由がないから。
イ　巨大な技術的組織では、危機的な状況を回避するために若手・新人が対応するから。
ウ　仕事の現場はリアルタイムで出来事が進行していて、組織的なカリキュラムから逸脱するから。
エ　ゆとりをもった労働現場では、失敗によって生じる様々なコストに関して追求されないから。
オ　現実の労働現場がパッチワーク的構造になっていて、様々な業務や必要事項が次々と押し寄せてくるから。

問八　傍線4「免疫化したような空間である」とあるが、それはどのような状況を指しているか。例として最も適切なものを次の中から一つ選び、符号で答えよ。

ア　上級医が急患に対応している時、インターンが見学に集中できる状況。
イ　布の型取りに失敗しても大目にみられ、初心者が安心して学べるような状況。

問四　本文で使用されている次の動詞のうち、五段活用をする動詞をすべて選び、符号（ア～オの順）で答えよ。なお、五段活用をする動詞が一つもない場合は、カと答えよ。

ア　考える
イ　分かる
ウ　起こる
エ　与える
オ　生き延びる

問五　傍線2「失敗から多くを学ぶようになると、当該システムは完成に近づき、大きな事故や失敗は段々と減ってくる。すると学習そのものの可能性が逓減してくるのである。」を表す語句として最も適切なものを次の中から一つ選び、符号で答えよ。

ア　現場学習理論
イ　緊迫したプラクティス
ウ　徒弟制的な学習モデル
エ　救急医療教育カリキュラム
オ　組織化と学習の逆理
カ　象徴的相互作用論

問六　空欄［Ⅰ］～［Ⅲ］に入る語として最も適切なものを次の中からそれぞれ一つ選び、符号で答えよ。

空欄［Ⅰ］
ア　しかし
イ　つまり
ウ　それとも
エ　たとえば

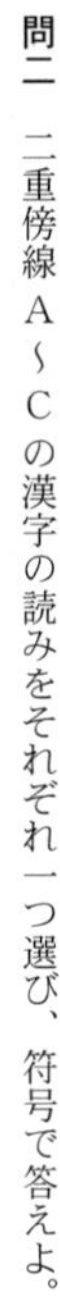

問二　二重傍線Ａ～Ｃの漢字の読みをそれぞれ一つ選び、符号で答えよ。

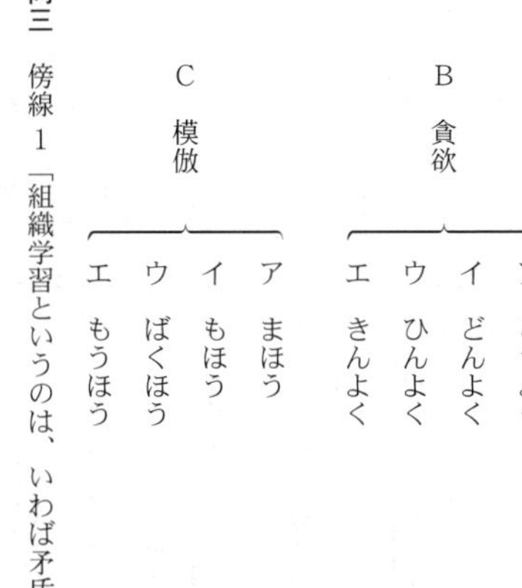

Ａ　捉える　　ア　かぞ　　イ　なぞら　　ウ　そな　　エ　とら

Ｂ　貪欲　　ア　ごうよく　　イ　どんよく　　ウ　ひんよく　　エ　きんよく

Ｃ　模倣　　ア　まほう　　イ　もほう　　ウ　ばくほう　　エ　もうほう

問三　傍線１「組織学習というのは、いわば矛盾する動きのこと」とあるが、その例として最も適切なものを次の中から一つ選び、符号で答えよ。

ア　救急救命センターにはあらゆる重症患者が運び込まれてくるため、膨大な医学的知識が必要となること。

イ　医局では研修医の現場学習を中心にしていたのに対して、看護ではきっちりと学習プログラムを立てていたこと。

ウ　リーダーレベルの会合では若手の人材不足がしばしば話題として取り上げられ、リーダー世代が不満に思っていたこと。

エ　救急救命センターが整備されてきてカリキュラムが完成度を増してくると、かつての試行錯誤の自由度が減少すること。

オ　救急救命センター立ち上げ時から参加してきた人たちが、関係しそうな分野から手当たり次第に情報を取ってきたこと。

そのためには徒弟制という枠組みには限界がある。

（福島真人『学習の生態学　リスク・実験・高信頼性』による。ただし一部変更した。）

問一　波線a～cのカタカナを漢字に直した場合と同一の漢字を含むものをそれぞれ一つ選び、符号で答えよ。

a　リョウイキ
ア　セイリョウ飲料水を飲む。
イ　仕事と子育てのリョウリツ支援。
ウ　上司のリョウカイを取る。
エ　試合でホンリョウを発揮した。

b　チツジョ
ア　ジョコウ運転する。
イ　ジョセイ金を申請する。
ウ　税金のコウジョを受ける。
エ　論文のジョロンを書く。

c　ハンニュウ
ア　救急車で患者をハンソウする。
イ　ショハンの事情で中止する。
ウ　土砂崩れで家がハンカイした。
エ　大雨で河川がハンランする。

維持できないのである。

ベッカーが見抜いていたのは、学校が学習のための学習という、空洞化された構造におちいりやすい傾向をもつのに対して、現実の労働現場では、逆にこうした試行への免疫化された空間が保持できないという点であった。必要な時にタイムリーな教授が得られる訳でもないし、ちょっとした失敗は、日常の緊迫したプラクティスの流れを阻害し、場合によっては損害を与えかねない。そのことを彼は、ある意味ペシミスティックに描いてみせたのである。

徒弟制モデルは、学習の固有性のある一面を表現しようとしているが、しかしそれは、比較的社会的な安定度が高く、価値の構造がゆっくりと変化しているようなタイプの組織構造に近い。〔　カ　〕だがその徒弟制をめぐる社会環境が目まぐるしく変化し、そこでの価値が安定した構造をもたないとなると、それを支える多くの必要条件が変化してしまうのである。

もう一つ、徒弟制モデルのもつ欠陥は、学習の原イメージとして、ある種の模倣的な振る舞いを強調しがちだという点である。（傍線C：模倣的な振る舞いを強調しがちだ）徒弟制の原型は、親方と弟子の関係にあり、弟子の出発点は親方の振る舞いを模倣することである。弟子は親方というモデルがあるからこそ入門する訳であり、そこで働く大きな動因の一つは、親方の技能その他の模倣である。

模倣が学習というプロセスの重要な段階であることは否めないが、しかしこれが徒弟制ですら全てを覆い尽くす訳ではないのは、たとえば日本舞踊を研究した生田の形と型という概念の弁別からも見て取ることができる。ここで形とは、弟子による師匠の形式的な模倣であるが、これだけでは学習は完結しない。そのうえを目指すには、様々なわざ言語による謎かけのような問いかけに対して、弟子側のある種の意味の「探索」が行われる必要がある。そうした主観的な内省を経て初めて、形は型に変化するというのがここでのポイントである（生田 1987）。

ここで重要なのは、現実の徒弟制の中には、この探索的側面がある程度ビルトインされているのだが、徒弟制自体の比較的安定した構造と、中心的な親方の影響力に遮られて、理論モデルとしてははっきりと前面に出てこないという点なのである。だがここでは、前例がなくても、探索的に前進していくという側面をより強調した理論モデルを目指している。

徒弟制のような比較的安定した構造をモデルに考える学習理論が十分に対応できない問題は、現実の労働現場がかなりの場合、パッチワーク的構造になっており、学習を促進するような、安定した構造をいつも確保できるとは限らないという点である。ここでいうパッチワーク的構造とは、仕事を行おうという時に、様々な業務や必要事項が、次から次へと押し寄せてくるような事態を想定している。ベッカーの議論は、現場の仕事がそうした断片的な構造をもつという現実を鋭くついており、それゆえ学校も職場も学習には不適切というラディカルな主張に繋がっている。

ここでの対立のポイントは次のような点である。徒弟制的な学習をモデルにした理論では、その対象とするリョウイキの周辺に、ある種のセーフティゾーンのようなものがあることを前提としている。アフリカの仕立屋で見いだされたのは、フルの活動（十全的な参加と呼ばれる）の周囲に、基礎的な実践（［Ⅲ］布の型取りのような）を行いつつ、そこで失敗してもそれが大目にみられ、失敗によって生じる様々なコストに関して、追及されないような、そうした空間があるという点である。そこに初心者として参加し、徐々に学習していく過程が、周辺参加と呼ばれたのだが、これはこの空間をより理論的な形に拡張したものである（レイヴ＋ウェンガー 1991［1993］）。

こうしたリョウイキとは一体何であろうか。それはある意味で、日常的な活動（つまりプラクティス）がもつ、ある種の毒のようなものを、うまく排除、[4]あるいは免疫化したような空間である。日常的な実践というのは、単に些細なルーティンの繰り返しを意味するだけでなく、実際には様々な突発事件や、それへの緊急の対応、複雑なタスクの同時並行などを含んだ過程である。その中には、失敗によってもたらされる危険な要素がある。それがここでいうプラクティスの毒である。

こうした危険性を伴う日常実践の過程で、学習に必要な試行錯誤の過程が、十全に担保できるか、更にその保証が常にあるのか、というのがここでの焦点なのである。特に危険度の高い労働現場を考えてみれば分かるが、外科手術や、管制塔のオペレーション、あるいは飛行機の操縦など、ちょっとしたミスが大きな事故につながりかねない日常的実践はいたるところに存在する。こうした緊迫した状況においては、アフリカの仕立屋で観察されたような、ゆとりをもった周辺的環境（いわば免疫化された空間）といったものが実質存在しない可能性があり、試行に従う学習を担保するような空間を先生になりうる人達は、もっと緊急の仕事のせいで、教えるための時間がないかもしれない。専門の肉屋がステーキセールの準備をしているなら、徒弟に教えている時間はないであろう。上級医が急患に対応している時は、インターンに教えている暇はない。オンザジョブで学習できるチャンスは、その仕事量によって大きく変わりうるのである（Becker 1972：101, 筆者訳）。

またもっと大きいのは、新人が失敗し仕事に大きな穴を開けたとすると、その失敗のコストは直接組織に跳ね返ってくるから、技能の低い新人には仕事を任せたくないという傾向である（同上：102）。ここでベッカーが指摘する失敗を、医療現場で考えれば、それは医療過誤であり、今ではすぐに裁判沙汰になる。〔　オ　〕結局ベッカーは、学習というのは学校でもその外でも、どの文脈でも不可能であるという、ある意味驚くべき結論に達してしまう。これをここではベッカーの難問と呼ぶことにしよう。

ベッカーの議論の前半の学校批判は、既に多く論じられているから、ここでは省略するとして、後半の議論は、多くの現場学習論に冷水を浴びせかける強烈な破壊力をもっている。筆者が調査をした看護の現場では、リアリティ・ショックという言葉があり、現場では結構深刻な問題になっているが、これはいわば今まで比較的ぬるま湯的な学校教育によって保護されてきた新人たちが、突然医療現場の前線に駆り出され、そのギャップで燃え尽きてしまう現象を示している。まさにリアルな状況が、お膳立てされた学校教育ではカバーできない様々な問題をいきなり、しかも息つく暇もなく突きつけてくるために、新人達がみるみる燃え尽きてしまうのである。

ベッカーのこの短い論文は、現場学習という概念の問題点を鋭くえぐっている。つまり現場の日常的実践というのは、学習に必要なある種の猶予を許さない、緊密な構成になっていて、そこに加わっている人々は、日々の実践の奔流の中に巻き込まれざるをえない。その意味で十全な学習というのは、この文脈では不可能なのだ、という一種の宣告のようなものだからである。

矛盾した流れを圧縮して表現したものであるが、するとここに従来の学習理論を再検討する、重要なモチーフが潜んでいることに気づかされるのである。〔　エ　〕

（中略）

現場での学習という問題に対して鋭い批判的観点を展開した研究者にベッカーという社会学者がいる。彼はいわゆる象徴的相互作用論の中核的な研究者の一人で、多くの著作と優れた弟子たちを育てた人として有名である。その著作としては『アウトサイダー』論（Becker 1966）や、『アートの社会学』（Becker 1982）などがよく知られているが、教育に関しても鋭利な論考を残している。

そのベッカーがものした教育論の中に、「学校は何を学ぶにも最低の場所だ」（Becker 1972）という、短いが、不思議な印象を与える論文がある。この中でベッカーは、学校というのは全く学習には役立たないと主張する。つまり学校での学習というのは、学校という制度で生き延びるための技術を学ぶことにすぎないという、後に教育社会学等で広く論じられるようになる議論を展開して、読者を驚かす。だがベッカーは、そうやって学校教育を一刀両断にしたあと、その矛先を今度は現場での学習に向ける。3「現場では」、とベッカーは言う「やはり学習することはできない」。［　Ⅰ　］学校でも現場でも、学習というのは不可能なのだ、というのである。

学校が学校秀才を生むだけだ、とここまでは徒弟制モデルと印象が近いが、ではなぜ現場でも学習ができないのであろうか。ベッカーによれば、仕事の現場というのはリアルタイムで出来事が進行していて、そこで学習に必要なある種の猶予、つまりちゃんと立ち止まって考え直したり、分からないところを繰り返し試してみたり、あるいは適当なタイミングで先輩や指導者に、適度の指導を受ける、といったチャンスは限られている。たとえば、新人は状況が摑めずに、誰かに教えてもらいたいと考える。［　Ⅱ　］仕事の流れは、そうした中断を許さないし、またそうしたうまいタイミングで親切に教えてくれる先輩や教師が、うまい具合にいてくれる保証もない。

話題として取り上げられたが、それに対して対比的に語られたのが、リーダー世代の経験してきたパスであった。このセンターは設立してから比較的日が浅いが、指導的な立場の世代は、救急以外の部門からここに参加してきた人達である。当然彼女たちはセンターを一から立ち上げる必要があり、ある意味手当たり次第、関係しそうな分野から、情報を取ってきた。そのため彼女たちは必死だった、という。しかしそれに比べて、今の世代は、そうした食いつきがない、知識に対する貪欲さ(B)がない、というのである。

実はここにワイク的な意味の逆理があるのでは、と考えるようになったのは後のことである。つまり先行世代にとっては、センターという組織があくまで未完成であったために、センターをどんなものにするか、試行錯誤する自由が与えられていた。〔　イ　〕しかし組織としてのセンターが段々と整備されてきて、それと並行して教育的なカリキュラムが完成度を増してくると、かつてあったような試行錯誤の自由度は大幅に減少してくる。実はこの自由度の減少という事態が、ワイクのいう組織化と学習の矛盾なのでは、と考えるようになったのである。

だがこうした事態は、なにも救命センターに限った話ではない。工場やコンビナート、あるいは原子力発電所のような巨大な技術的組織でも、似たような話は散見する。

（中略）

工場立ち上げの初期というのは、様々な故障や問題続出で、それらに対応すること自体が膨大な労力を要求するものではあったが、逆にいうと、そうした故障や問題自体が、そのシステムの全体的な働きを学ぶ、絶好のチャンスであったということが分かる。近年の「失敗学」ではないが、まさに失敗こそが最も豊かな学習資源だったのである。〔　ウ　〕するとだが失敗から多くを学ぶようになると、当該システムは完成に近づき、大きな事故や失敗は段々と減ってくる。すると学習そのものの可能性が逓減してくるのである。(2)そのためコンビナートでは、システムの初期段階が過ぎて、完成度が近づいた段階で大きな故障や事故が起こると、経験不足の若手ではそれに対応できないため、初期の故障しがちなシステムの改善を経験した世代をわざわざ呼んでこなければならなかったのである。組織化と学習の逆理というのは、この二つの

二

次の文章を読み、後の設問に答えよ。

社会、あるいはもっと限定して、組織とその中での学習の問題というのは、組織学習という項目のもと、近年多くの研究の蓄積がある分野である。だがそうした研究リョウイキ[a]の中で、組織と学習という概念の間に本質的な矛盾があると指摘したのは経営学者のワイク(K. Weick)である。ここで組織というのを、ある固定した名詞として捉えるのではなく[A]、ワイク流に時間的な過程として組織化(organizing)という風に捉えなおすと、組織化と学習というのは、まるで方向が逆だと彼は指摘する。つまり組織化が、対象の複雑さを縮減してチツジョ[b]化する過程なのに対し、学習というのはその逆で、複雑さの拡大である。すると[1]組織学習というのは、いわば矛盾する動きのことであり、彼の主張によれば、それは逆方向に向かう人々が一瞬出会うのと同様、一瞬の交差の中にしか成立しないのだ、というかなり刺激的な主張をしている(Weick & Westley 1996)。

この一見分かりにくい議論の意味が、何となく理解できるようになったのは、ハンニュウ[c]患者の波でバタバタしている救命救急センターにいた時であった。救命センターを掌る救急医がカバーするリョウイキは膨大である。脳挫傷、多発外傷、中毒や心不全、その他あらゆる病態の重傷患者が運び込まれる。この極めて広いリョウイキをカバーするために、膨大な医学的知識が必要となるが、その習得に関しては、医局と看護ではやや異なるアプローチをとっていた。医局では、ローテーションでまわってくる研修医が実際に業務につくという、いわばOJT(現場実習)面を中心にしていたのに対して、看護の方は救急医療関係の知識を網羅した膨大なカリキュラムを整備し、一年度、二年度という形できっちりとプログラムを立てていた。更にいくつかのチームや先輩が後輩を助けるプリセプター制というのもあり、かなり手厚く教育制度を完備していたのである。〔 ア 〕

だがこれだけ組織的にカリキュラムを整えても、看護上層部の顔色はいま一つさえなかった。つまりなかなか次の世代を担うような、若手が育ってくれないというのである。リーダーレベルの会合では、そうした若手の人材不足がしばしば

ア　光　　イ　法律　　ウ　良心　　エ　道徳　　オ　監視者
カ　神　　キ　反省

問十　以下の各文が本文の内容に合致する場合は「1」を、合致しない場合は「2」を記入せよ。

ア　近代市民社会における個人は、私的利益を追求することが社会的な善の実現につながると信じているという意味で宗教的である。

イ　近代市民社会における個人の私的利益の追求が動物的な欲求充足と異なるのは、前者が、法律等に代表される具体的な権力統制の下で行われる点である。

ウ　近代的な個人の主体形成を理解する上でパノプティコンが示唆する重要な特徴の一つとして、受刑者が独房で孤立させられていることが挙げられる。

エ　規律訓練型の権力様態における「第三者の審級」は、監視が常に隅々まで行き届くという意味で遍在的であるとき、その結果として抽象的な存在となり得る。

オ　抽象化された「第三者の審級」が個人の内面に完全に取り込まれることは、近代市民社会における個人の主体化と不可分である。

カ　「第三者の審級」が完全に内面化された個人においては、「反省する超越論的審級」と「反省される内在的審級」は、完全に同一化されている。

イ　慎重な光学的配慮のゆえに、収監された者には、監視塔内の様子が全く確認できないということ
ウ　外部からの光によって、収監された者の犯した罪が、常に照らし出されているということ
エ　収監された者は、独房内で孤立状態に置かれるため、常に反省を強いられ続けるということ
オ　収監された者には監視塔内部が見えないため、常に監視されていると意識せざるを得ないということ

問六　空欄Dに入る最も適切な語を次の中から一つ選び、符号で答えよ。

ア　権力　イ　強制　ウ　監視　エ　収監　オ　恒常性　カ　建築

問七　空欄Eに入る最も適切な語を次の中から一つ選び、符号で答えよ。

ア　授業　イ　試験　ウ　受験競争　エ　課外活動　オ　宿題
カ　成績　キ　個別面談

問八　傍線②「第三者の審級」を含む形式段落の内容理解として適切なものを、次の(a)～(c)の各対からそれぞれ一つ選び、符号（アかイ）で答えよ。

(a)
ア　「第三者の審級」（典型的には神）は、人々が何ごとかを願う対象として現れる。
イ　「第三者の審級」（典型的には神）は、人々に何ごとかを欲する主体として現れる。

(b)
ア　ある行為の望ましさを判断する際には、何らかの「視点」を前提にしている。
イ　ある行為の望ましさが判断できた結果として、何らかの「視点」が定まる。

(c)
ア　「規範の選択性の帰属」とは、行為の望ましさを判断する際の前提をどの「視点」に求めるかということである。
イ　「規範の選択性の帰属」とは、行為の望ましさを判断する際に、特定の前提の下でどの「規範」を適用するかということである。

問九　空欄F1とF2に入る同一の語として最も適切なものを次の中から一つ選び、符号で答えよ。

(b) 円環状

ア 政策の一カン性
イ 血液の循カン
ウ カン気扇
エ 授業の一カンとしての見学
オ 宇宙からの帰カン

問二 空欄A1とA2に入る同一の語として最も適切なものを次の中から一つ選び、符号で答えよ。

ア 矛盾　イ 逆説　ウ 詭弁　エ 洞察　オ 反論

問三 空欄B1とB2に入ることばの組み合わせとして最も適切なものを次の中から一つ選び、符号で答えよ。

ア したがって ― したがって
イ したがって ― だが
ウ だが ― だが
エ だが ― したがって
オ 一方 ― 他方
カ 一方 ― 同じく

問四 空欄Cに入る最も適切な語を次の中から一つ選び、符号で答えよ。

ア 動物性　イ 利己性　ウ 宗教性　エ 無意識性　オ 人間性
カ 世俗性　キ 利他性　ク 意識性

問五 傍線①「収監された者は、原理的に監視の外に逃れることができない」とはどういうことか、その説明として最も適切なものを次の中から一つ選び、符号で答えよ。

ア 独房全体が外部からの光に照らし出されるため、監視者から見えない場所がないということ在のための場をもたない。それは、従属する個人とともに、その個人のすぐ脇に存在している。第三者の審級と個人の身体との距離は、極限にまで縮まり、ついには無化されてしまうだろう。こうして、抽象化された第三者の審級は、個人の〈内面〉に完全に収容されてしまう。「反省する超越論的審級／反省される内在的審級」が、個人の〈内面〉の二つの契機[注]となるのだ。主体化された個人とは、これである。

諸個人がそれぞれ純粋に自己利益を追求したとき、結果として、社会の全体としての善が、公共的な利益がもたらされる。このように主張されるとき、前提とされている個人とは、ここに述べてきたようなプロセスを経て構成された主体である。

（大澤真幸「〈民主主義を超える民主主義〉に向けて」（『岩波講座 現代』第一巻所収）による。ただし一部変更した。）

（注）契機…ここでは、本質的な構成要素のこと

問一 以下の各問において、アからオの選択肢に含まれるカタカナを漢字に直す場合、二重傍線(a)と(b)で示す漢字と同じ漢字を用いることが**適切ではないものを全て選び**、符号（ア～オの順）で答えよ。例えば、選択肢アとエが適切ではない場合は、「ア・エ」と記入すること。また、全てが適切である場合は、「なし」と記入すること。

(a) 提示

ア 理念のテイ唱
イ 河川のテイ防
ウ 業務テイ携
エ 問題テイ起
オ 政策のテイ言

つまり、このような監視によって実現される権力、つまり規律訓練型の権力のもとで、個人は不断の反省を強いられる。次のように、である。まず、権力とともに発効している規範がある。個人の任意の行為と体験に関して、その規範に照らして妥当だったのか、それとも不適切だったのか。このことをその当の個人は、不断に対自化[注]し、反省せざるをえなくなるのだ。

＊

規範の選択性の帰属先となっている仮想的な身体を、②「第三者の審級」と呼ぶ。人々は、（規範的に）望ましい行為を選択しようとする。その際、どの視点から見たとき、その行為が望ましい（あるいは望ましくない）ものとして現れるのか、つまり、どの視点を前提にして、行為の望ましさが判断されているのか、という問題がある。その規範的な判断が前提にしている視点が所属している超越的な身体が、第三者の審級である。第三者の審級は、私に対して、何ごとかを欲しているものとして現れる。神は第三者の審級の典型だが、第三者の審級は、規範が発効するための論理的な前提条件なので、（狭義の）神には限らない。この概念を用いるならば、パノプティコンでは、もちろん、不可視の［F1］が第三者の審級として機能している。

パノプティコンにあっては、［F2］が（監視される者にとって）不可視であるがゆえに、恒常的な監視が可能になっている。つまり、規律訓練型の権力とは、第三者の審級が、（可視的・可感的な実体性をもたないという意味で）抽象的であることによって、遍在性（いつでもどこでも監視している）を獲得したときに出現する、権力の様態である。このとき——先に述べたように——個人は不断の自己反省を強いられる。

その際、個人が行ったこと、考えたこと、欲したことが正しかったかどうかを判定する規準を与える第三者の審級は、抽象化されていて、外的な実在性をもたない。つまり、抽象化された第三者の審級は、これに従属する個人の外には、実

（注）対自化…ここでは、自覚的に対象化すること

れている。二つの窓のうち一方は、中央の塔の窓の位置に対応して内側へと向けられており、他方は、外部からの光線が独房の全体を照らし出すように外側へと向けられている。この中央の塔に、監視人が一名置かれ、外部の独房内には狂人・病人・労働者・生徒・受刑者などが閉じ込められたのである。

監視装置としてのパノプティコンの根本的な特徴は、次の諸点に要約できるだろう。第一に、慎重な光学的な配慮のゆえに、監視する者の身体は、従属者の側からすると、まったく見ることができない。監視者の身体がこのように不可視化されたために、それは、場合によっては、まったく省略することができる。つまり、ときには監視者が塔にいなくてもよい。したがって、第二に、この装置を通じて、独房に収められた者に対する、完全に途切れることのない監視が実現される。①収監された者は、原理的に監視の外に逃れることができないのだ。

監獄に閉じ込められるのは、犯罪者などごく一部の特殊な人なのだから、こんな建築物に具体化された権力など、大多数の者には関係がない、と思われるかもしれない。しかし、もちろん、そんなことはない。重要なのは［D］そのものではない。建築が強制するような関係が、それの適切な形象化であるような、恒常的な権力の様式を、一般的な水準で捉え直さなくてはならない。そう考えれば、パノプティコン型の監視は、近代社会の至る所にあり、ほとんどすべての人が体験していることがわかる。たとえば、学校における、教師と生徒の関係がその典型である。特に、［E］のことを思うとよい。物理的な壁こそないが、一人ひとりの生徒は、見えない独房に入れられ、常時、監視されている。

このような監視が、どのように、個人を主体として成形するのか。パノプティコン的な監視の最も重要な特徴は二つある。第一に、個人が完全に他者から分離され孤立させられること。第二に、監視が途切れることなく継続的なものになること。この二条件が満たされているとき、監視された個人に対して、次のような効果が生まれる。A・ド・トクヴィルの言葉を借りよう。「孤立状態に投げこまれると受刑者は反省する。自分の犯罪にただひとりで直面すると、その犯罪を憎むことを学ぶのであって、その魂が悪によってまだ無感覚になっていなければ、いずれ後悔がその魂を襲うようになるのは孤立状態においてである」（フーコー 一九七七、二三六頁）。

気づかなくてはならない。資本主義の精神は、宗教に媒介されている、とするマックス・ヴェーバーの洞察を思い起こす必要がある。ヴェーバーほどにははっきりと断定してはいないが、マルクスも同様のことを述べている。あるいは、ベンヤミンもまた、資本主義を宗教の一種と見なした。資本主義を構成する個人は、宗教的な使命に献身するときのように、私的利益の追求に打ち込まなくてはならないのだ。あえて［A2］を弄するならば、その個人は、自分自身の利害に、自分自身の快楽に反してまで、私的利益を追求し、富の蓄積に邁進しているのである。ヴェーバーは、『プロテスタンティズムの倫理と資本主義の精神』の冒頭で、一六世紀ドイツの大商人ヤーコプ・フッガーとアメリカ建国の功労者の一人ベンジャミン・フランクリンとを比較し、後者だけが、資本主義の精神を体現していると述べている。両者の違いは、自己利益の追求そのものに［C］が宿っているかどうか、にある。

［B2］、市民社会を構成する、私的利益を追求する個人そのものが、自然の与件（動物としての個体）ではなく、なんらかの社会過程に媒介された結果でなくてはならない。その社会過程とは何か。これに一定の説明を与えたのが、ミシェル・フーコーの権力論ではないだろうか。フーコーは、個人がいかにして主体として構成されるのか、その論理を解明した。

＊

個人を主体として構成する近代的な権力を、フーコーは「規律訓練型（ディシプリン）」と形容している。よく知られているように、フーコーによれば、この権力は、一八世紀末にジェレミー・ベンサムによって設計された監獄が含意しているような身体への関係の様式によって、隠喩的に表現される（フーコー 一九七七）。ベンサムの装置パノプティコンは、次のように構成されている。この施設は、周囲に(b)円環状の建物を、中心には塔を配置している。その塔の壁には、壁の円周にそうようなかたちで、監視用の窓がいくつも付けられている。周囲の建物は独房に区分されており、各独房には、窓が二つずつ設けら

国語

（六〇分）

一

次の文章を読み、後の設問に答えよ。

説明の出発点とすべきは、私的な利害関心と公共的なものとの関係についての、近代市民社会の基本的なアイデアである。それは、アダム・スミスが、『国富論』において明快に提示[(a)]したアイデアだ。市民社会は、自分の利得だけを意図している個人の集合である。個人が私的利益を純粋に追求することで、かえって、意図せざる結果として、社会全体としての利益が、つまり公共的な利益が得られる、とされる。このような社会像は、ヘーゲルやマルクスにも継承され、そして何より、経済学という学問の基本的な公理ともなった。これは自由市場社会の理念であり、したがって、このように概念化された市民社会は、資本主義社会でもある。

重要なことは、個人が自分の私的利害を断念し、直接社会的な善を追求すると、かえって、社会的な善を損なうことになる、という A1 である。スミスは、「社会のためと称して商売をしている徒輩が、社会のために善いことを沢山したという話は、未だかつて聞いたことがない」とまで断じている。これは画期的な見方である。それ以前は、公共的な善が実現するためには、諸個人が善人である必要があると考えられていたからである。アリストテレスの政治の定義、「善き生」と政治を結びつける定義も、こうした伝統的な常識を前提にしていた。

B1 、ここで、自己利益を追求する個人は、動物的に欲求の充足を目指す、自然の個体ではない、ということに

解答編

■英語■

1 **解答** 問1．1－C　2－A　3－A　4－B　5－A
6－B　7－C　8－C　9－D　10－A
問2．11－A　12－D　13－B　14－C
問3．15－B　16－A　17－A　18－B

解説　≪ソーシャルメディア，ヒューマンコミュニケーション，民主主義≫

問1．1．「2010年代にアメリカが深く分裂した原因は何か」 第1段最終文（The short answer …）で，「ソーシャルメディアが，人間同士のコミュニケーションや，民主主義そのものに，深い悪影響を及ぼしているからである」と述べられていることから，正解はC.「ソーシャルメディアの発展」。

2.「インターネットは，世界の民主主義の普及にどのように貢献しているか」 第2段最終文（This helps them …）で，「Google翻訳という無料サービスによって，人々はどこからでも即座に情報を共有することができるようになった」と述べられていることから，正解はA.「人々はいつでも多言語で情報交換ができる」。

3.「ソーシャルメディアが初期のコミュニケーションツールと異なるのは…からである」 第3段第4文（Myspace, Friendster, and …）で，「Myspace，Friendster，Facebookによって，友人や見知らぬ人と簡単につながり，共通の関心事について，無料で，かつて想像もできなかった規模で語り合うことができるようになった」と述べられていることから，正解はA.「多くの人を簡単につなげることができる」。

4.「初期のソーシャルメディアの利点は何だったのか」 第4段第4文（All of these …）で，「このようなコミュニケーションの変化はすべて，人々が社会的なつながりを維持し，増やすのに実際に役立った」と述べられていることから，正解はB.「人々が社会的なつながりを広げることがより容易になった」。

5.「ソーシャルメディアは，どのように負の社会問題になっているのか」 第5段第5文（Democracy around the …）で，「世界中の民主主義は常に脅威にさらされ，誤った情報は急速に拡散し，多くの反発を受けることなく，人々の政府に対する信頼は低下している」と述べられていることから，正解はA.「誤った情報の発信源になっている」。

6.「ソーシャルメディア企業は，人間同士のコミュニケーションのあり方をどのように変えたのか」 第6段第2文（Instead of sharing …）で，「情報を共有し，アイデアを練り，重要な問題を議論する代わりに，人々は今日，見知らぬ人や大企業と自分の生活の親密な詳細を共有するようになった」と述べられていることから，正解はB.「人々はより多くの個人情報を公に共有するようになった」。

7.「人々が『自分自身のブランドを演じる』ことで，結果的に…」 第7段第3・4文（Social media users … social media behaviors.）に，「ソーシャルメディアを使う人々はもはや自分自身の本当の信念や価値観に従ってではなくて，代わりにソーシャルメディアでの行動に対する人々の反応に基準を置いて行動する」と述べられているので，正解はC.「彼ら自身の価値観を重視しなくなる」。

8.「民主主義国家を強化する一つの大きな力とは何か」 第8段第5文（Social scientists have …）で，「成功した民主主義国家を結びつける4つの主要な力，すなわち，強く広い社会的つながり，政府に対する高い信頼，強力な民主主義制度，そしてアイデンティティの共有」と，民主主義国家を強化する4つの力を述べていることから，正解はC.「強力な民主主義制度」。

9.「ソーシャルメディア上で最も好戦的なユーザーたちは…」 第9段最終文（Even though the …）で，「米国で最も過激で好戦的な人々は少数派であるにもかかわらず，私たちがメディア，特にニュースで目にするネガティブな世間の言論の非常に大部分を占めている」と述べられていることから，正解はD.「少数派である」。

10.「本文にふさわしい題名は何か」 導入の段落である第1段では，2010年代にアメリカが深く分裂した国となり，人間同士のコミュニケーションや民主主義に，ソーシャルメディアが悪影響を及ぼしていると述べている。第2段から第4段までは，21世紀の最初の10年間は，ソーシャルメディアが民主主義を促進すると信じられてきたことや，コミュニケーションの変化を起こし，人々が社会的なつながりを維持し，増やすのに実際に役立ったと，初期のソーシャルメディアのポジティブな内容が述べられている。第5段から第7段では，2010年代にソーシャルメディアが初期の頃から変化し，どのような負の社会的な影響を与えたのか，ソーシャルメディアが人間のコミュニケーションに与えた影響について述べている。第8段では，ソーシャルメディアが民主主義にどのような影響を与えたのかを述べている。第9段では，アメリカにおいて，ソーシャルメディアで他人を攻撃しているのは少数派であるが，メディアで目にするネガティブな世間の言論の大部分を占めていると述べている。続く最終段において，民主主義制度を強化することや，ソーシャルメディアとその利用方法を改革し，よりポジティブな社会的勢力となるようにすること，次世代の人々が，民主主義とは何か，それがどのように損なわれ，どのように守られるべきかを理解できるよう，準備する必要があることなどの方法を確実にできるものの一つとして，スマートフォンを置き，対面でのコミュニケーションに戻り，アイデアを議論し，妥協することの重要性を学ぶことである，とまとめている。以上の内容を踏まえると，正解はA．「ソーシャルメディア，ヒューマンコミュニケーション，民主主義」。

問2．11．1990年代のインターネット上のソーシャルメディアは，第3段第2文（It had chat…）で，「チャットルーム，メッセージボード，電子メールがあった」と述べられていることから，正解はA．「チャットルーム，メッセージボード，電子メール」。

12．2008年から2011年までの社会的な成果としては，第2段第3文（For example, in…）で，「2011年，ソーシャルメディアの普及により，アラブの春と呼ばれる民主化運動が起こった」と述べられていることから，正解はD．「アラブの春など民主化運動の台頭」。

13．2010年から2019年までのインターネット上のソーシャルメディアについては，第5段第2文（During that time, …）で，「その頃，Facebookは，他のユーザーの投稿を共有する力を与えることで，人々が情報を拡散し消費する方法を根本的に変えることを望んでいた」と述べられていることから，正解はB.「Facebookユーザーは，他のユーザーの投稿を共有することができる」。

14. 2022年の社会的な成果として，第6段第5文（More people are …）で，「現在，より多くの人々が『バズる』投稿を作成し，数日間『インターネット上の有名人』になることができる」と，人間のコミュニケーションの新たな側面について述べられていることから，正解はC.「コミュニケーションよりも，他者へのパフォーマンスで『バズる』ことに重点を置く」。

問3. 15.「Facebookは2008年に約30億人のユーザーを獲得した」 第3段第5文（By 2008, Facebook …）で，「2008年には，Facebookが圧倒的なシェアを獲得し，月間ユーザー数は1億人を超え，現在では約30億人に達している」と述べられていることから，30億人を超えたのは現在の話なので，正解はFALSE，B。

16.「当初は，投稿を共有することで，あらゆる場所の民主主義が強化されることが期待されていた」 第5段第2・3文（During that time, … democracies everywhere.）で，「その頃，Facebookは，他のユーザーの投稿を共有する力を与えることで，人々が情報を拡散し消費する方法を根本的に変えることを望んでいた。この考え方は，当初，人々が社会制度や産業を変革し，あらゆる場所で民主主義を強化するのに役立つと信じられていた」と述べられていることから，正解はTRUE，A。

17.「More in Commonは，米国における7つの主要な政治グループを発見した」 第9段第2文（A study by …）で，「民主化団体More in Commonの調査では，2017年と2018年に8,000人のアメリカ人を調査し，7つの大きな政治グループを特定した」と述べられていることから，正解はTRUE，A。

18.「More in Commonによると，政治コンテンツは熱心な保守派によって最も多く共有されていた」 第9段第5文（The progressive activists …）で，「進歩的な活動家は，ソーシャルメディア上で最もアクティブなグループである。彼らの70%は，前年度に政治的なコンテンツを共有したことがある」と述べられていることから，正解はFALSE，B。

2 **解答** 19－B 20－C 21－A 22－A 23－D 24－D 25－A 26－A

解 説 19. X が,「彼女の最新作の映画が国際的な賞を受賞したのを知っていましたか？」と発言しているのに対して, Y は, 彼女がどのように監督したかを述べている。したがって,「彼女はこれまで以上にエネルギーと責任をもって演出をしていると聞いていました」といった内容がくると考えられる。よって, B.「責任, 献身」を選ぶ。A.「会議」 C.「保全」 D.「商業」

20. X が,「マークは教養があるだけでなく, 文学にもとても興味があるんだ」と発言していることから, Y の発言には「彼はとても知的だ」という内容がくると考えられる。したがって, C.「知的な」が正解となる。A.「無形の」 B.「不治の」 D.「統合的な」

21. Y は空所直後に,「コーヒーメーカーやトースターなど」と発言しており, Y は家電製品を買わなければならないということがわかる。したがって, A.「家電製品」が正解となる。B.「家具」 C.「食卓用食器類」 D.「インテリア」

22. X と Y の会話から, Y はデータ不足のためレポートの作成に困っていることがわかる。さらに, 空所直後の語順が O with … となっていることに注目する。incorporate O with ～ で「～と O を組み合わせる」という意味になる。Y の発言を「君のデータを僕のデータに組み込めないかな」とすると文意に合うので, A.「～を組み合わせる」が正解となる。B.「移住する」 C.「～を模倣する」 D.「考案される」

23. X が, フォークとナイフの値段を尋ねている。それについて, Y がそれぞれの値段を伝えている。したがって, D.「それぞれ」が正解となる。A.「その代わりに」 B.「排他的に」 C.「広範囲に」

24. X が,「ベアーズはまた試合に負けた」と発言している。この X の発言の次にくる Y の発言は,「最近の彼らの敗北がチームの自信をだめにするのではと心配だ」といった内容がくると考えられる。したがって, D.「～（自信など）を徐々にだめにする」が正解となる。A.「～（意識・感情）を高める」 B.「～（自信・意気など）を高める」 C.「～（興奮・問題など）を引き起こす」

25. X の「故郷が恋しいですか？」という発言に, Y は肯定的な応答をしている。空所には，この故郷が恋しいという肯定的な応答を踏まえた，おばあちゃんに対する感情が入ると考えられる。したがって，A.「愛着」が正解となる。B.「出席」 C.「連想」 D.「交通手段」

26.「この先の明るい未来が想像できない」というネガティブな内容の発言をしているXに対して，Yは，Xを励ます発言をしている。空所にはXの将来についてプラスのイメージになる語が入ると考えられる。「いいじゃない。もっと自分の将来について楽観的になるべきだよ」という内容が適切。したがって，A.「楽観的な」が正解となる。B.「批判的な」 C.「神秘的な」 D.「化粧用の」

3 解答

27－D　28－B　29－C　30－C　31－D　32－D
33－A　34－D　35－B　36－D

解説　27. 他動詞 surprise「～（人）を驚かせる」から派生した形容詞 surprising は「(人を) 驚かせるような」すなわち「(人を) 驚かすような」という意味になり，surprised は「(人が) 驚かされた」，つまり「(人が) 驚いて」という意味になる。ここでは，主語がIであるということから「私が驚く」という意味になるため，surprisedを使う。したがって，正解はD。

28. Xが「その映画は気に入ったかい？」と言ったことに対して，Yは「映画はあまりよくなかったけど，その映画の中の音楽は気に入ったよ」と述べている。この音楽は，映画の中に出てきた特定の音楽を表すことから，ある特定のものを表す定冠詞の the がついたものが正解となる。したがって，正解はB。

29. Xが，明日ビーチに行く誘いをYにしたのに対して，Yは空所直後の文で，「またこの次」と断っている。つまり，明日Yには予定があることがわかる。S wish S′ ＋仮定法過去で「～であればよいのに」と，現在の事実と異なる願望を表す仮定法を使うと会話が成り立つ。したがって，「明日仕事する必要がなければよいのに」となるCが正解。

30. 文中に what time という疑問詞を組み込んだ間接疑問文の問題である。疑問詞に導かれる節は名詞節となる。疑問詞の後の語順は平叙文と同じになる。疑問詞＋S V の語順になることから，正解はC。

31. 〈推量〉を表す助動詞の問題である。選択肢の中で確信度が高い順に並べると，must＞will＞can＞may となる。本問では，X が「これはとてもおいしい！　もう一杯もらえますか？」と発言していることや，Y の空所直前の発言で「３杯目ですよ！」と述べていることから，X がのどが渇いているという Y の確信度はかなり高いことがわかる。したがって，〈推量〉を表す助動詞の中で一番確信度の高いDが正解。

32. 英文の主語 The office「会社」と，選択肢の他動詞 clean「～を掃除する」の関係は，「会社が掃除される」という受動の関係になる。さらに，X の発言から，Y が中に入らず外にいて，Y の「私たちは中には入れないんだ」という発言から，会社の中が清掃中であるということがわかる。したがって，進行形の受動態が用いられているDが正解。

33. X と Y の発言から，電話で会話をしていると推測できる。This is＋自分の名前＋speaking. で「私は～です」という電話での会話表現である。したがって，Aが正解。

34. 空所の後ろは the weather(S) is(V) nice(C) という構造で，欠けた名詞要素がない。したがって，関係代名詞を使うことはできない。先行詞 a place が「場所」を表すことからもDが正解。

35. figure out ～ で「～を考え出す，わかる」という意味になり，「原因がわかれば，再発防止策も考え出すことができる」という意味の通る文になるので，Bが正解。

36. call it a day で「(仕事などを) 終わりにする，切り上げる」という意味になるので，正解はDとなる。

4　解答　37－B　38－A　39－D　40－B　41－D　42－C

解説　37. 空所直前の受付の発言から，ススムが会議中であるため電話に出られないことがわかる。さらに，空所直後にマークが「お願いします」と答えていること，その後の受付の発言（I'll relay the …）で，「彼の会議が終わり次第すぐにメッセージをお伝えします」と述べていることから，空所には何かメッセージなどを残すかどうか尋ねる内容がくると考えられる。したがって，正解はB.「メッセージを残しますか？」。

38. 空所直後のマークの発言で，自分の会社名と名前を述べている。このことから，受付は誰からの連絡かを尋ねていることが考えられる。したがって，正解はA.「誰から電話があったと言いましょうか？」。

39. 空所直前の受付の発言までで，マークがススムにメッセージを残すという会話をしており，空所にはそのメッセージの内容がくると考えられる。したがって，正解はD.「金曜日の札幌での会議が中止になったことを伝えてください」。

40. 空所直前のソフィアの発言では，「たびたび，飽きてしまうと，うつ状態になってしまうかもしれないね」と述べており，空所直後では，「もっと面白くなるような新しい方法を見つけるのは，とてもよいことだと思うわ」と述べていることから，空所には，直前の内容がよくないことであることを述べる発言がくると考えられる。したがって，正解はB.「それはよくないね」。

41. 面白くなるような方法を見つけることがよいことであると述べたソフィアの発言に対して，空所直前でジョージが「どうやって？」と質問している。さらに，空所直後のソフィアの発言は，その具体例を述べている。したがって，空所にはどのような方法があるか尋ねている内容がくると考えられる。正解はD.「何か考えがあるの？」。

42. 空所直前のソフィアの発言で，「いつものルーティンを違う順番でやるといいと思うわ」と述べている。それを聞いて，空所直前でジョージは，「なんだか斬新でよさそうだね」とソフィアの意見に賛成している。しかし，空所直後のソフィアの最後の発言で，「まあ，そうするか，新しい仕事を探すか，どちらかだわね」と述べていることから，ジョージは肯定的にとらえてはいるが，まだ不安で何かを尋ねたと考えられる。したがって，正解はC.「でも，うまくいくと思う？」。

5 解答 43－C 44－B 45－D

解説 ≪子どもが「聞く」ときに行う3つの行動≫

43. 空所直前の2文（The first is … mother's voice.）では，ヒアリングに関する内容が述べられている。ヒアリングについて，「赤ちゃんは生まれる前から聴覚を発達させており，生後数日で母親の声に反応する」と述べられている。空所後の第6文（By the time …）では，リスニングについて述べられており，「赤ちゃんは生後4カ月になる頃には，声のする方を向くようになる」と述べられている。これらのことから，ヒアリングは自然に音や声が聞こえるという行為になり，リスニングは意図的に耳を傾けるという行為になる。空所直後でリスニングの内容を述べており，生後4カ月くらいになってその行為ができるようになるということから，ヒアリングができるようになったからといって，リスニングができるようになったわけではないことがわかる。そのような内容が空所にくると考えられるので，正解はC.「しかし，子どもは聞こえるようになったからといって，聴いているとは限らない」。

44.（　43　）の次の文（Listening is the second action.）以降で，「聞く」ときの３つの行動のうちの２つ目について述べている。「赤ちゃんは生後４カ月になる頃には，声のする方を向くようになる。成長するにつれて，さまざまな音を聞き分けられるようになる。また，周囲の声や音も聞き分けられるようになる」と段階的に述べられていることから，空所には次の段階が入ると考えられる。したがって，正解はB.「最終的に，子どもたちは特定の言葉を識別し，それを理解できるようになる」。eventually は，徐々に何かが進んでいき結果にたどり着くときに使う語である。

45. 空所直前の文（However, while children …）では，「しかし，子どもは音や声を聞き分けられるようになる一方で，これを持続的に行えるようになる必要がある」と述べられており，空所直後の最終２文（Even at age … length of time.）では，「２歳や３歳であっても，子どもは視覚と言語の課題を同時にこなすことは難しい。ある課題を遂行し，気が散るものを無視して，妥当な時間，注意を維持できるようになるのは，５歳くらいからである」と述べられている。すなわち，子どもたちが第３の行動をこなせるようになるには時間がかかるということで，Dの内容が正しいので，空所に入れるのに適切。

6 解答

46－D　47－B　48－C　49－D　50－B　51－D　52－A

解説　≪お客への謝罪メール≫

46.「アイリーンはなぜ先のメールを送ったのか」 電子メールのタイトルに「不満足なバーベキューランチへの返信」と書いてあることや，電子メール本文の第１段第２・３文（I am very … placed the order.）で，「当店で楽しい時間をお過ごしいただけなかったこと，大変申し訳ございませんでした。ご注文をいただいてから 30 分以上お待ちいただいたとのこと，申し訳ございませんでした」と，支配人からのメールに書いてあることから，正解はD.「彼女は怒っていた」。

47.「アイリーンが不満を言った主な問題は何だったのか」 電子メール本文の第 1 段第 3 文（I'm sorry to …）で，「ご注文をいただいてから 30 分以上お待ちいただいたとのこと，申し訳ございませんでした」と書かれていることから，正解はB.「彼女は注文した商品を受け取るのが遅かった」。

48.「レストランの厨房の中で何が起こったのか」 電子メール本文の第 1 段第 6 文（They suddenly stopped …）で，「それら（＝冷蔵庫）が前日の夜に突然動かなくなり，お肉が使えなくなってしまったのです」と書かれていることから，正解はC.「冷蔵庫が動かなくなった」。

49.「ハリーはアイリーンにこの件について何をお詫びするのか」 添付ファイルのクーポンの第 2 段で，「アイリーン＝ホワイトさんは，テキサス BBQ で 3 品無料で食べることができます」と書かれていることから，正解はD.「メニュー 3 品分のクーポン」。

50.「アイリーンは誰とレストランに行ったのか」 電子メール本文の第 2 段第 3 文（I hope you …）で，「お孫さんと一緒に，また近いうちにテキサス BBQ にお越しください」と書かれている。正解はB.「孫と」。

51.「アイリーンがクーポンを使用できる期間は…まで」 添付ファイルのクーポンの第 3 段の有効期限（Expires）の欄に，「2022 年 12 月 31 日」と書かれていることから，正解はD.「12 月 31 日」。

52.「クーポンについて質問がある場合，アイリーンは…べきである」 添付ファイルのクーポンの最終段に，「カスタマーサービスやお問い合わせは，メール（GuestRelations@texbbq.com）または電話（512-234-3111）でご連絡ください」と書かれていることから，正解はA.「メールを書くか，電話をする」。

日本史

1　解答　≪平安後期～鎌倉時代の政治史≫

問1．田堵　問2．追捕使　問3．坂上田村麻呂　問4．藤原純友
問5．院近臣　問6．今昔物語集　問7．ウ　問8．ア　問9．北条政子

2　解答　≪徳川家康に関連する政治史≫

問1．今川義元　問2．ウ　問3．ア　問4．ア　問5．ウ　問6．ウ
問7．大坂夏の陣　問8．イ　問9．徳川家康

3　解答　≪幕末～昭和戦前までの外交史≫

問1．日米修好通商条約　問2．琉球処分　問3．日清戦争　問4．エ
問5．ア　問6．満州国　問7．ウ　問8．ウ　問9．中国残留孤児

4　解答　≪占領期の改革≫

問1．ウ　問2．ア　問3．人権指令　問4．ウ　問5．日ソ基本条約
問6．イ　問7．政令201号　問8．新興
問9．持株会社整理委員会

世界史

1 解答 ≪インドの古典文明≫

問1．1．バラモン　2．マガダ　3．マウリヤ　4．アショーカ
5．カニシカ　6．サータヴァーハナ
問2．ウ　問3．ヴァルダマーナ　問4．上座部仏教　問5．ア

2 解答 ≪中世ヨーロッパの文化≫

問1．1．モンテ＝カシノ　2．祈り，働け　3．シトー　4．神学
5．ラテン　6．トマス＝アクィナス　7．ギルド　8．七
9．ボローニャ　10．オクスフォード
問2．アリストテレス　問3．イ　問4．托鉢修道会　問5．トレド
問6．唯名論

3 解答 ≪清王朝≫

問1．1．アイシン〔金〕　2．八旗　3．ホンタイジ　4．李自成
5．康熙帝　6．ネルチンスク　7．乾隆帝　8．満漢併用
問2．三藩の乱　問3．鄭成功

4 解答 ≪ドイツ史≫

問1．1．マリア＝テレジア　2．アウステルリッツ　3．ライン同盟
4．ウィーン　5．ドイツ連邦　6．メッテルニヒ　7．大ドイツ
8．小ドイツ　9．ビスマルク　10．ナポレオン3世
問2．三十年戦争　問3．啓蒙専制君主　問4．鉄血政策
問5．アルザス・ロレーヌ　問6．ヴェルサイユ宮殿

地理

1 解答 ≪栃木県宇都宮市・栃木市付近の地形図読図≫

問1．ア．主題図　イ．一般図　ウ．5万〔50,000〕　エ．50
オ．氾濫原　カ．河岸段丘　キ．段丘面　ク．電波塔
問2．福岡　問3．2　問4．(1)　問5．2　問6．3
問7．◎　問8．石川県　問9．(B)

2 解答 ≪火　山≫

ア―34　イ―33　ウ―10　エ―1　オ―38　カ―21　キ―40　ク―29
ケ―2　コ―9　サ―16　シ―11　ス―30　セ―12　ソ―14

3 解答 ≪工業と貿易≫

問1．ア．工場制手工業〔マニュファクチュア〕　イ．蒸気機関
ウ．産業革命　エ．水平分業（水平貿易も可）
オ．垂直分業（垂直貿易も可）
問2．4　問3．a―2　b―1　c―4　d―5　e―3
問4．輸出加工区　問5．多国籍企業

4 解答 ≪東南アジアの地誌≫

問1．ア．インドシナ　イ．インドネシア　ウ．フィリピン　エ．新期
オ．三角州〔デルタ〕　カ．季節風〔モンスーン〕　キ．棚田
ク．アブラヤシ　ケ．バナナ　コ．ドイモイ
問2．2　問3．4　問4．Aw　問5．ジャカルタ　問6．1

政治・経済

1 解答 ≪生活保護制度≫

問1．A．最低限度　B．国　C．菅義偉　D．医療　E．法定受託
問2．(a)あ・い―イ・ヒ（順不同）　う―セ　え―ホ
(b)お―カ　か―ソ　き―ス　く―タ
(c)け―サ　こ―ウ　さ―ト　し―モ

2 解答 ≪環境問題≫

問1．a）A―ウ　B―ト　C―ソ　D―ス　E―コ　F―テ　G―カ
b）―ア
問2．越境　問3．い．ミレニアム　う．持続可能
問4．え―ク　お―エ　か―ウ　き―オ
問5．ESG　問6．ア

3 解答 ≪企　業≫

問1．ア　問2．ア・エ
問3．A．合名会社　B．合資会社　C．合同会社
問4．D―イ　E―エ　F―カ　G―コ　問5．配当
問6．公私合同（混合）企業：ア・オ　公企業：ウ・カ
問7．証券取引

数学

◀経済学部・経営学部（経営）▶

1 解答 ≪小問 3 問≫

(1)
$$\frac{1}{1+\sqrt{6}+\sqrt{7}}=\frac{1+\sqrt{6}-\sqrt{7}}{(1+\sqrt{6}+\sqrt{7})(1+\sqrt{6}-\sqrt{7})}$$
$$=\frac{1+\sqrt{6}-\sqrt{7}}{2\sqrt{6}}$$
$$=\frac{6+\sqrt{6}-\sqrt{42}}{12}\quad\cdots\cdots(答)$$

(2)　$|x|+|x-3|=x+2$　……①

(i) $x<0$ のとき

①$\iff -x-(x-3)=x+2$　　∴　$x=\frac{1}{3}$　（$x<0$ を満たさない）

(ii) $0\leqq x<3$ のとき

①$\iff x-(x-3)=x+2$　　∴　$x=1$　（$0\leqq x<3$ を満たす）

(iii) $x\geqq 3$ のとき

①$\iff x+(x-3)=x+2$　　∴　$x=5$　（$x\geqq 3$ を満たす）

よって　　$x=1,\ 5$　……(答)

(3)　$f(x)=x^2+6ax-9a+18$ とおく。

$f(x)=(x+3a)^2-9(a+2)(a-1)$

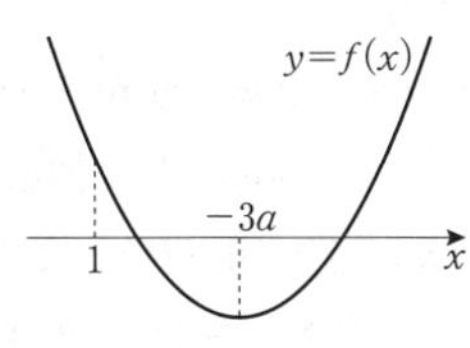

$f(-3a)=-9(a+2)(a-1)<0$ より

$(a+2)(a-1)>0$

∴　$a<-2,\ a>1$　……①

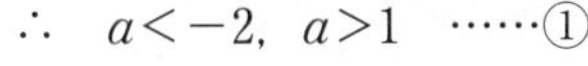

$f(1)=19-3a>0$ より　　$a<\frac{19}{3}$　……②

軸の条件から　　$-3a>1$　　∴　$a<-\frac{1}{3}$　……③

①，②，③より　　$a<-2$　……(答)

2　解答　≪小問 3 問≫

(1)　AC$=x$ とおくと，余弦定理より

$$a^2=4^2+x^2-2\cdot4\cdot x\cdot\cos60°$$

$$x^2-4x+16=a^2$$

$$(x-2)^2=a^2-12$$

これを満たす実数 x が存在する条件から

$$a^2-12\geqq0 \Longleftrightarrow a\geqq2\sqrt{3}\quad(\because\quad a>0)$$

このとき　　$x=2\pm\sqrt{a^2-12}$

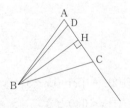

点 B から直線 AC に下ろした垂線と直線 AC の交点を H とおくと

$$\text{AH}=\text{AB}\cos60°=2$$

したがって，辺 AC 上に BC$=$BD を満たす点 D がとれる条件から

$$x=2+\sqrt{a^2-12}$$

DH$=$CH$=x-2=\sqrt{a^2-12}$ より，D が線分 AH（両端は除く）上にある条件から

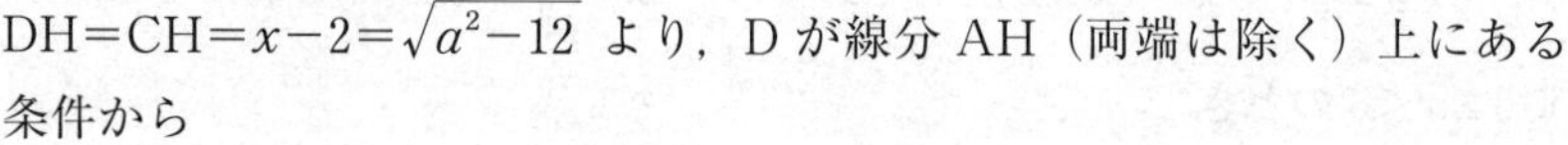

$$0<\sqrt{a^2-12}<2$$

よって，a の値の範囲は　　$2\sqrt{3}<a<4$　……(答)

(2)　百の位を a，一の位を b とおくと

$$100a+b=7\cdot14a+2a+b$$

より

$100a+b$ が 7 の倍数 $\Longleftrightarrow$ $2a+b$ が 7 の倍数

$100a+b$ が偶数 $\Longleftrightarrow$ b が偶数

$1\leqq a\leqq9$，$0\leqq b\leqq8$ より

$$2\leqq2a+b\leqq2\cdot9+8=26$$

$2a+b$ は偶数かつ 7 の倍数だから，14 の倍数であり

$$2a+b=14\qquad\therefore\quad a=\frac{14-b}{2}$$

bは偶数だから　$(b,\ a)=(0,\ 7),\ (2,\ 6),\ (4,\ 5),\ (6,\ 4),\ (8,\ 3)$
よって，求める自然数は

308，406，504，602，700 ……(答)

(3)　$2023=7\times17^2$

2023以下の7の倍数の全体の集合をA，2023以下の17の倍数の全体の集合をBとおくと

$A=\{7\times1,\ 7\times2,\ \cdots,\ 7\times289\}$

$B=\{17\times1,\ 17\times2,\ \cdots,\ 17\times119\}$

$A\cap B=\{119\times1,\ 119\times2,\ \cdots,\ 119\times17\}$

よって

$$n(A\cup B)=n(A)+n(B)-n(A\cap B)$$
$$=289+119-17=391$$

したがって，既約分数の個数は　$2023-391=1632$個 ……(答)

3 解答 ≪同じものを含む順列，順列の順序≫

(1) GOKAKU，H，K，A，I，E，Nの順列の総数より

$7!=5040$個 ……(答)

(2) O，K，K，K，A，A，I，E，Nの順列の総数より

$$\frac{9!}{3!2!}=\frac{9\cdot8}{6\cdot2}\cdot7!=6\cdot7!=30240\text{個}$$ ……(答)

(3) A→1，E→2，G→3，H→4，I→5，K→6，N→7，O→8，U→9
と置き換えて，1，1，2，3，4，5，6，6，6，7，8，9の順列で考える。

(i)41から始まる文字列の個数は

1，2，3，5，6，6，6，7，8，9の順列より　$\dfrac{10!}{3!}$個

(ii)42から始まる文字列の個数は

1，1，3，5，6，6，6，7，8，9の順列より　$\dfrac{10!}{3!2!}$個

(iii)43から始まる文字列の個数は

1，1，2，5，6，6，6，7，8，9の順列より　$\dfrac{10!}{3!2!}$個

そのうち，439 で始まる文字列が(2)より　$\dfrac{9!}{3!2!}$ 個

よって，439 から始まる文字列が最初に現れるのは 4 から始まる文字列の中で

$$\begin{aligned}\frac{10!}{3!}+\frac{10!}{3!2!}+\left(\frac{10!}{3!2!}-\frac{9!}{3!2!}\right)+1&=\frac{10!}{3!}+\frac{10!}{3!}-\frac{9!}{3!2!}+1\\&=\frac{2\cdot 10!}{3!}-\frac{9!}{3!2!}+1\\&=7!\left(\frac{2\cdot 10\cdot 9\cdot 8}{6}-\frac{9\cdot 8}{12}\right)+1\\&=7!\cdot 234+1\\&=5040\cdot 234+1\\&=1179361\text{ 番目}\end{aligned}$$

……(答)

4　解答　≪長方形の面積を 2 等分する放物線≫

(1)　$f(x)=-a(2x^3-3x^2)$ より

$$f'(x)=-a(6x^2-6x)=-6ax(x-1)$$

$a>0$ より，$f(x)$ の増減表は，右のようになる。

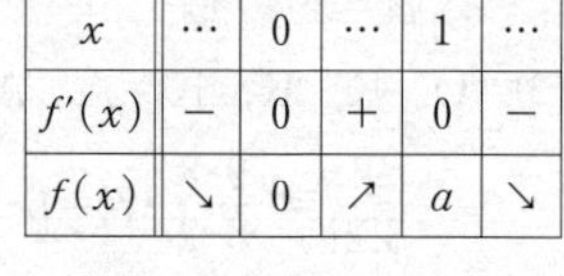

x	$\cdots$	0	$\cdots$	1	$\cdots$
$f'(x)$	$-$	0	$+$	0	$-$
$f(x)$	↘	0	↗	a	↘

$k>0$ より，$k=1$ であり，$f(1)=a$ より

$$\mathrm{P}(1,\ 0),\ \mathrm{Q}(1,\ 2a),\ \mathrm{R}(0,\ 2a)$$

……(答)

(2)　長方形 OPQR の面積は　$2a$

右図の網かけ部分の面積は

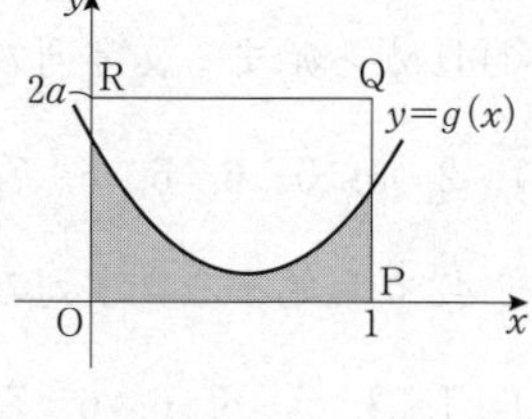

$$\begin{aligned}\int_0^1 g(x)dx&=\int_0^1(x^2-2ax+b)dx\\&=\left[\frac{1}{3}x^3-ax^2+bx\right]_0^1\\&=\frac{1}{3}-a+b\end{aligned}$$

よって，対物線 C が長方形 OPQR の面積を 2 等分する条件は

$$\frac{1}{3}-a+b=a$$

$\therefore\quad b=2a-\dfrac{1}{3}$　……(答)

(3)　(2)の結果から

$$g(x)=x^2-2ax+2a-\frac{1}{3}$$
$$=x^2-\frac{1}{3}-2a(x-1)$$

$g(x)=x^2-\dfrac{1}{3}-2a(x-1)$ において $g(x)=y$ とし，a について整理すると

$$2(x-1)a+y-x^2+\frac{1}{3}=0$$

C が定点 $(p,\ q)$ を通るならば

$$2(p-1)a+q-p^2+\frac{1}{3}=0$$

が a の値によらず成立する。

よって　　$2(p-1)=0$　かつ　$q-p^2+\dfrac{1}{3}=0$

ゆえに　　$p=1,\ q=\dfrac{2}{3}$

したがって　　$\mathrm{A}\left(1,\ \dfrac{2}{3}\right)$　……(答)

参考　C が2辺OR，PQと交わる条件は　　$g(0)=2a-\dfrac{1}{3},\ g(1)=\dfrac{2}{3}$

であるから

$$2a-\frac{1}{3}>0,\ 2a>\frac{2}{3}\Longleftrightarrow a>\frac{1}{3}$$

である。

5　解答　≪連立漸化式，数列の和≫

(1)　$a_{n+1}=5a_n-7\cdot(-2)^n$　……①

$b_{n+1}=5b_n-7\cdot(-2)^n$　……②

$b_n=(-2)^n\cdot k$　……③

③より　　$b_1=-2k,\ b_2=4k$

②より，$b_2=5b_1+14$ であるから

$$4k=5\cdot(-2k)+14$$

∴　$k=1$　……(答)

(2)　①−②より　　$a_{n+1}-b_{n+1}=5(a_n-b_n)$

$b_1=-2$ より　　$a_1-b_1=5$

よって，数列 $\{a_n-b_n\}$ は，初項5，公比5の等比数列だから

$$a_n-b_n=5\cdot 5^{n-1}=5^n \quad \text{……(答)}$$

$$a_n=5^n+b_n=5^n+(-2)^n \quad \text{……(答)}$$

(3)　$$S_n=\sum_{k=1}^{n}a_k=\sum_{k=1}^{n}\{5^k+(-2)^k\}$$

$$=\frac{5(5^n-1)}{5-1}+\frac{-2\{(-2)^n-1\}}{(-2)-1}$$

$$=\frac{5^{n+1}-5}{4}+\frac{2\cdot(-2)^n-2}{3}$$

$$=\frac{1}{4}\cdot 5^{n+1}+\frac{2}{3}\cdot(-2)^n-\frac{23}{12} \quad \text{……(答)}$$

◀工学部（社会環境工〈社会環境コース〉・電子情報工）▶

1 解答 ≪小問3問≫

(1)・(2) ◀経済学部・経営学部（経営）▶1(1)・(2)に同じ。

(3)　$\cos^2\theta=\frac{1}{2}(1+\cos2\theta)=\frac{1}{2}\left(1-\frac{7}{25}\right)=\frac{9}{25}$

$\frac{3}{2}\pi<\theta<2\pi$ より，$\cos\theta>0$，$\sin\theta<0$ だから

$$\cos\theta=\frac{3}{5}\quad\cdots\cdots(\text{答})$$

$$\sin\theta=-\sqrt{1-\cos^2\theta}=-\sqrt{1-\frac{9}{25}}=-\frac{4}{5}\quad\cdots\cdots(\text{答})$$

$$\tan\theta=\frac{\sin\theta}{\cos\theta}=-\frac{4}{5}\cdot\frac{5}{3}=-\frac{4}{3}\quad\cdots\cdots(\text{答})$$

2 解答 ≪小問3問≫

(1)　$3x^2+(k-3)x-(k-3)=0$ が虚数解をもつ条件は

$$(k-3)^2+12(k-3)<0$$

$$(k-3)(k+9)<0$$

$$\therefore\quad -9<k<3\quad\cdots\cdots①$$

$2x^2+(k+2)x+k+2=0$ が虚数解をもつ条件は

$$(k+2)^2-8(k+2)<0$$

$$(k+2)(k-6)<0$$

$$\therefore\quad -2<k<6\quad\cdots\cdots②$$

①，②より　　$-2<k<3$　……(答)

(2)　$3^x=t$ とおくと

$$y=(3^x)^2-18\cdot3^x=t^2-18t=(t-9)^2-81$$

$t>0$ であるから，y の最小値は　　-81　……(答)

このとき，$t=9$ だから　　$3^x=3^2$

$\therefore\quad x=2\quad\cdots\cdots$(答)

(3)　$f(x)=-2x^3+ax^2+bx+2$ より

$$f'(x)=-6x^2+2ax+b$$

$f(x)$ が $x=\pm 2$ で極値をとるから

$$f'(2)=4a+b-24=0$$

$$f'(-2)=-4a+b-24=0$$

よって　$a=0,\ b=24$

$$f'(x)=-6(x+2)(x-2)$$

x	$\cdots$	-2	$\cdots$	2	$\cdots$
$f'(x)$	$-$	0	$+$	0	$-$
$f(x)$	↘		↗		↘

$f(x)$ の増減表は右のようになり，

$x=-2$ で極小，$x=2$ で極大となっている。

したがって　$a=0,\ b=24\quad\cdots\cdots$(答)

3　解答　≪小問3問≫

(1)　$(2x^2-8)-6x=2(x+1)(x-4)$

よって，交点の x 座標は　$x=-1,\ 4$

$-1\leqq x\leqq 4$ において，$2x^2-8\leqq 6x$ が成り立つから

$$S=\int_{-1}^{4}\{6x-(2x^2-8)\}dx$$

$$=-2\int_{-1}^{4}(x+1)(x-4)dx$$

$$=2\cdot\frac{1}{6}(4+1)^3=\frac{125}{3}\quad\cdots\cdots(答)$$

(2)　$f(x)=3x^{\frac{4}{3}}e^{-3x}$ より

$$f'(x)=3\cdot\frac{4}{3}x^{\frac{1}{3}}e^{-3x}+3x^{\frac{4}{3}}(-3)e^{-3x}$$

$$=-x^{\frac{1}{3}}e^{-3x}(9x-4)$$

$$=-\frac{(9x-4)\sqrt[3]{x}}{e^{3x}}\quad\cdots\cdots(答)$$

(3)　$V=\pi\int_0^{\frac{\pi}{4}}x^2\sin x\,dx$

$$\int x^2\sin x\,dx=\int x^2(-\cos x)'dx$$

$$=-x^2\cos x+\int 2x\cos x dx$$

$$=-x^2\cos x+2\int x(\sin x)'dx$$

$$=-x^2\cos x+2x\sin x-2\int \sin x dx$$

$$=-x^2\cos x+2x\sin x+2\cos x+C \quad (C\text{は積分定数})$$

よって

$$V=\pi\Big[-x^2\cos x+2x\sin x+2\cos x\Big]_0^{\frac{\pi}{4}}$$

$$=\pi\left(-\frac{\sqrt{2}}{32}\pi^2+\frac{\sqrt{2}}{4}\pi+\sqrt{2}-2\right) \quad \cdots\cdots(\text{答})$$

4 解答 ≪同じものを含む順列，順列の順序≫

(1)・(2) ◀経済学部・経営学部（経営）▶3(1)・(2)に同じ。

(3)　A→1，E→2，G→3，H→4，I→5，K→6，N→7，O→8，U→9 と置き換えて，1，1，2，3，4，5，6，6，6，7，8，9の順列で考える。

43から始まる文字列の個数は

1，1，2，5，6，6，6，7，8，9の順列より　$\dfrac{10!}{3!2!}$ 個

439で始まる文字列の個数は

1，1，2，5，6，6，6，7，8の順列より　$\dfrac{9!}{3!2!}$ 個

よって，439から始まる文字列が最初に現れるのは43から始まる文字列の中で

$$\frac{10!}{3!2!}-\frac{9!}{3!2!}+1=\frac{9!}{12}\times 9+1$$

$$=\frac{3}{4}\cdot 9\cdot 8\cdot 7!+1=54\cdot 7!+1$$

$$=272161\text{ 番目} \quad \cdots\cdots(\text{答})$$

5

◀経済学部・経営学部（経営）▶5に同じ。

物理

1 解答 ≪流れのある川における船の運動≫

(1) $2V_0$ (2) $\dfrac{\pi}{6}$ または 30° (3) $\dfrac{L}{\sqrt{3}V_0}$ (4) $\dfrac{L}{\sqrt{3}}$ (5) $\sqrt{3}V_0$

(6) $V_0-u\sin\theta$ (7) $\dfrac{V_0}{u}$ (8) $\dfrac{\pi}{3}$ または 60° (9) $-\dfrac{1}{8}V_0$ (10) $\dfrac{3}{10}V_0$

2 解答 ≪誘電体を挿入されたコンデンサー≫

(1) 1 倍 (2) $\dfrac{3}{2}$ 倍 (3) $\dfrac{V}{13d}$ (4) $\dfrac{3V}{13d}$ (5) $\dfrac{1}{13}V$

(6) $\dfrac{9}{13}V$ (7) $\dfrac{12}{13}V$ (8) $\dfrac{1}{4}$ 倍 (9) $\dfrac{9}{13}$ 倍

を表しているので、ここが最も適切。その他の選択肢は直前が「学習にまつわる失敗のコストを現場では許さない」の意でないので、不可。

問十 アは傍線3を含む段落と矛盾。イは最終二段落の「探索」の意をとらえていないので、不可。逆にエはここを正確に説明しているので、適切。ウは傍線2およびその前後と合致するので、適切。オは第十七段落と矛盾するので、不可。「危険度の高い労働現場」は「試行に従う学習を担保」できない。

問九　オ

問十　ウ・エ

解説

問三　傍線1の直前より「矛盾」は、「組織化」が「複雑さを縮減」するのに対し、「学習」が「複雑さの拡大」であることによる。両者の動きに触れているのはイ・エのみ。イは両者を「医局」と「看護」に分けているので不可。エは「カリキュラムが完成度を増す」と組織化をまとめ、これにより「試行錯誤の自由度が減少」と学習の不成立に触れているので、正解。第四段落もヒント。

問五　傍線2の直前の段落より、ここでいう「学習」とは一般的に考えられるような教科書の学習ではなく、〈失敗を豊かな学習資源とし、故障や問題自体から学ぶもの〉となる。この定義でいけば傍線2のように「当該システムは…減ってくる」と、学習が成立しなくなる。この意になるのはオのみ。よって、これが正解。

問六　空欄Ⅰの前後ともに、〈学校と現場における学習の不成立〉に触れているので、言い換えの「つまり」がよい。空欄Ⅱの直前は〈新人が必要とする学習〉、直後は〈それが実行できない現場の状況〉に触れているので、逆接の「しかし」がよい。空欄Ⅲは直後の「布の型取りのような」という具体的な例示を根拠とし、「たとえば」を選ぶ。

問七　直後の第十段落や第十三段落の記述から、共通する学習不成立の理由は〈余裕のなさ〉である。よって、オが正解。ちなみに、逆の意のエは不可。指導や学習の〈余裕のなさ〉に触れていないア・イ・ウも不可。

問八　傍線4を含む段落から、「免疫化」の対象となる「ある種の毒」とは、「失敗によってもたらされる危険な要素」のことである。また、直後の段落で「アフリカの仕立屋」が「いわば免疫化された空間」とされていることから、この状況が〈学習に最適な、失敗を許される状況〉とわかる。よって、イが正解。アが紛らわしいが、免疫化の対象である「ある種の毒」の趣旨がないので不可。

問九　挿入文に「言い換えれば」とあるので、直前に同意表現がある。これをもとに考えるとオの直前の「またもっと大きいのは、…。ここで…裁判沙汰になる」の二文が〈現場で学習にまつわる失敗のコストが許されない〉という内容る」より、(b)・(c)はともにア。

問九　空欄F1・F2の前に「パノプティコン」における何かという条件があるので、パノプティコンについて述べた第五・六段落を見ると、「監視用の窓」「監視装置」「監視者の身体が…不可視化された」とある。「第三者の審級」とは行為の望ましさを判断する存在なので、パノプティコンにおいてはオの「監視者」である。

問十　アは「社会的な善の実現につながると信じている」が第二・三段落に合致しない。イは「具体的な権力統制」が最後から二段落目に合致しない。「第三者の審級」は抽象化されている。ウは第八段落と合致。エは「監視が常に隅々まで行き届く」が誤り。不可視であるために「省略することができる。…監視者が…いなくてもよい」（傍線①の二行前）。オは第十二段落と合致。カは第十二段落に「『反省する超越論的審級／反省される内在的審級』が、個人の〈内面〉の二つの契機となる」とあり、完全に同一化されているわけではない。

二

出典　福島真人『学習の生態学――リスク・実験・高信頼性』〈ちくま学芸文庫〉

解答

問一　a－エ　b－エ　c－ア

問二　A－エ　B－イ　C－イ

問三　エ

問四　イ・ウ

問五　オ

問六　Ⅰ－イ　Ⅱ－ア　Ⅲ－エ

問七　オ

問八　イ

の関係は、前で述べた内容の解釈を再検討し、一見逆の立場である第二段落の「直接社会的な…損なうことになる」の妥当性につなぐものである。よって、空欄B1は「だが」の一択。空欄B2は直前の内容を踏まえて、直後に「市民社会を…結果でなくてはならない」という結論を導いているので、「したがって」がよい。エが正解。

問四　直前の「ヤーコプ・フッガー」になくて「ベンジャミン・フランクリン」にあるものを入れればよい。両者の共通点は「私的利益を追求」していること。違いは空欄A2の前の「ベンヤミンもまた、…宗教の一種と見なした」や空欄B1の後の「資本主義の…宗教に媒介されている」から宗教の有無である。よって、ウが正解。

問五　傍線①を含む段落より、〈監視者の不可視化〉によって〈監視者が不在でも存在を意識させられる〉ことが読み取れる。これが傍線①の「原理的に…逃れることができない」という状態である。よって、オが正解。アは監視者不在の場合は機能しないので、不可。イは傍線①の「監視の外に逃れることができない」の説明になっていない。ウ・エは監視者の不可視化についての言及がないので、不可。

問六　空欄D前後が根拠となる。直前の「こんな建築物に…関係がない」という考えを否定して、直後の「建築が…捉え直さなくてはならない」という結論に向かわせるための空欄である。つまり、〈建築ではなく、それに象徴される権力が重要である〉という趣旨になればよい。よって、カが正解。

問七　パノプティコン型の監視とは〈対象者に常時監視されているように錯覚させることで、監視者の視線を内在化させる〉ことである。よって、〈教室の中で教師の視線を意識して常に監視されているかのようにふるまう学習活動〉を選ぶ。条件をすべて満たすのは、イの「試験」。アの「授業」が紛らわしいが、授業形態によってはあてはまらず、イには及ばない。

問八　傍線②を含む段落をまとめると、〈規範の選択性の帰属先とは、個人が望ましい行為を選択する上で基準とする視点のことであり、その視点を有している仮想的な身体を「第三者の審級」と呼び、それの視点を前提に人は行動している〉となる。具体的箇所としては、「第三者の審級は、私に…現れる」とあるので、(a)はイ。「つまり、…問題があ

国語

一

出典　大澤真幸「〈民主主義を超える民主主義〉に向けて」（『岩波講座 現代』第一巻所収）

解答

問一　(a)—イ　(b)—ア・ウ・オ
問二　イ
問三　エ
問四　ウ
問五　オ
問六　カ
問七　イ
問八　(a)—イ　(b)—ア　(c)—ア
問九　オ
問十　ア—2　イ—2　ウ—1　エ—2　オ—1　カ—2

解説

問二　空欄A2の前後の「あえて」「弄する」から、意図的に弄することができないアは不可。空欄A1の直前の「直接社会的な善を追求」することが「社会的な善を損なう」という一見矛盾する二つの事象を踏まえることができるのは〝一見真理に反しているように見えて、実は一面の真理を表している〟の意をもつイの「逆説」である。

問三　空欄B1の前の「公共的な善が…善人である必要がある」と空欄B1直後の「自己利益を…自然の個体ではない」

■一般選抜2月11日実施分：法・経営（経営情報）・工（社会環境工〈環境情報コース〉・生命工）学部

問題編

▶試験科目・配点

学部		教科	科目	配点
法	1部	外国語	コミュニケーション英語Ⅰ・Ⅱ・Ⅲ，英語表現Ⅰ・Ⅱ	100点
		選択	日本史B，世界史B，地理B，政治・経済，数学（「数学Ⅰ・A*」は2題必須。「数学Ⅰ・A*」「数学Ⅱ」「数学B*」から1題選択）の5科目から1科目選択	100点
		国語	国語総合**・現代文B	100点
	2部	選択	「コミュニケーション英語Ⅰ・Ⅱ・Ⅲ，英語表現Ⅰ・Ⅱ」，日本史B，世界史B，地理B，政治・経済，数学（「数学Ⅰ・A*」は2題必須。「数学Ⅰ・A*」「数学Ⅱ」「数学B*」から1題選択）の6科目から1科目選択	100点
		国語	国語総合**・現代文B	100点
経営（経営情報）		外国語	コミュニケーション英語Ⅰ・Ⅱ・Ⅲ，英語表現Ⅰ・Ⅱ	100点
		選択	日本史B，世界史B，地理B，政治・経済，数学（「数学Ⅰ・A*」は2題必須。「数学Ⅰ・A*」「数学Ⅱ」「数学B*」から1題選択）の5科目から1科目選択	150点
		国語	国語総合**・現代文B	100点
工（社会環境工〈環境情報コース〉）		外国語	コミュニケーション英語Ⅰ・Ⅱ・Ⅲ，英語表現Ⅰ・Ⅱ	100点
		数学	数学Ⅰ・Ⅱは必須。数学Ⅲ，数学A，数学Bから1題選択	100点
		選択	理科（「物理基礎・物理」「化学基礎・化学」「生物基礎・生物」より各2題の計6題から2題を選択），国語（国語総合**・現代文B）から1科目選択	100点
工（生命工）		外国語	コミュニケーション英語Ⅰ・Ⅱ・Ⅲ，英語表現Ⅰ・Ⅱ	100点
		数学	数学Ⅰ・Ⅱは必須。数学Ⅲ，数学A，数学Bから1題選択	100点
		理科	「物理基礎・物理」「化学基礎・化学」「生物基礎・生物」より各2題の計6題から2題を選択	100点

▶備　考

法学部は試験日自由選択制。

＊法・経営学部の数学Ａは「場合の数と確率」「整数の性質」，数学Ｂは「数列」「ベクトル」を出題範囲とする。

＊＊「国語総合」は近代以降の文章に限定。

※　選択科目は試験場で選択する。

英語

（60分）

（注） 経営学部1部（経営情報）・法学部1部・工学部（社会環境工〈環境情報コース〉・生命工）は1～6，法学部2部は1～5をそれぞれ解答すること。

1 次の英文を読み，設問に答えよ。

As of the end of May 2022, more than 1 million Americans had died from COVID-19, and almost twice as many poor people had died from it as rich people. This is the main finding of a report produced by the Poor People's Campaign in partnership with a team of economists at the United Nations' Sustainable Development Solutions Network led by Jeffrey Sachs. Researchers from both groups came to this shocking conclusion by analyzing statistics from more than 3,200 districts, and by comparing the poorest 10% with the richest 10%. Looking at the 300 districts with the highest death rates, researchers also found that 45% of this population lives below the poverty line, the point at which people are considered to be poor.

Before the report was published, few knew about the extent to which the virus had affected poor communities because the Centers for Disease Control and Prevention (CDC) had not systematically analyzed data linking COVID-19 deaths with income and wealth information. This relationship between COVID-19 deaths and socio-economic status in America cannot be explained by differences in vaccination rates, because more than half of the population of poor people had received two vaccine shots by the time the report was being drafted. The biggest reason for this difference is that, compared to the proportion of rich Americans without health insurance, the proportion of poor Americans lacking health insurance is twice as high.

Although the virus itself did not discriminate between rich and poor people, society and the U.S. government did. According to Bishop William Barber, co chair of the Poor People's Campaign, "This troubling difference in how this pandemic has affected the poor and the rich is largely due to neglect and sometimes intentional decisions by politicians and leaders not to focus on the poor. This is immoral, shocking, and unjust." Jeffrey Sachs said the findings underlined how the pandemic was not just a national tragedy but also a failure of social justice. "The burden of disease—in terms of deaths, illness, and economic costs—was borne disproportionately by the poor, women, and people of color. The poor were America's essential workers, such as cashiers and delivery persons. They were on the frontlines, saving lives and also incurring disease and death."

The researchers also ranked U.S. districts according to poverty and COVID-19 death rates. On the top of their list is Galax District, a small rural community in south-west Virginia. Its death rate per 100,000 people now stands at 1,134, compared with 299 per 100,000 nationally. To understand poverty, researchers use median income, the point at which half the households are above and half are below. The median income in Galax District is only $33,000 per year, and almost half of the population lives below the poverty line. Also with high poverty and death rates is the Bronx in New York City, where 56% of the population is Hispanic and 29% Black. More than half of Bronx residents live under the poverty line, and the COVID death rate is 538 per 100,000—within the highest 10% of COVID-19 death rates in the U.S.

This is not just a problem related to how American society deals with poverty, but also how it deals with ethnic minorities. As more data about the COVID-19 pandemic is being analyzed, it is becoming clearer that Black people and Hispanics in America are dying from COVID at twice the rate of whites and Asians. However, this does not seem to bother white people. On the contrary, a study in the journal *Social Science & Medicine* found that when white Americans were informed through the media that Black Americans were dying at higher rates than their demographic group was, their fear of the virus lowered and they became less empathetic toward those vulnerable to the disease. They were also more likely to abandon COVID safety precautions such as masks and social distancing.

However, poor white communities are also at high risk. Mingo District in West Virginia, for example, has one of the lowest income levels in the U.S., following the collapse of the coal mining industry there. The district is 96% white, with over half its residents living below the poverty line. Its COVID death rate is 470 per 100,000—putting it within the top 25% of districts in the nation for pandemic mortality. Unfortunately, what is happening in the U.S. can also be seen in other parts of the world.

Globally, two decades of progress in the reduction of extreme poverty around the world has been reversed by a combination of the impact of the COVID-19 pandemic and the growing climate emergency. Near the end of 2021, the World Bank warned of an "unprecedented increase" in levels of poverty. It published its own findings showing that between 119 and 124 million people around the world had fallen into poverty because of the pandemic and poor governmental responses. Axel van Trotsenburg, managing director of operations at the World Bank, says that the reduction of extreme poverty has more or less stalled, and signs increasingly show that poverty will increase in the future. He estimates that there will be around 150 million people falling into poverty by the end of 2022.

This worsening trend is unlikely to be reversed soon. Homi Kharas, a senior fellow for global economy and development at the Brookings Institution, argues that the impact of the COVID crisis is likely to last well beyond 2030. Looking at likely projections for the future, Kharas points out that "half of the rise in poverty could be permanent. By 2030, the poverty numbers could still rise by 60 million people above the baseline."

This change is very unfortunate. As a matter of fact, global poverty had seen a spectacular decline since the 1960s, when about 80% of the world's population lived in extreme poverty. Before the COVID pandemic, that number had been reduced to roughly 10%. The likely rise in the number of poor people around the world will create problems in multiple areas from education to employment for years to come. We can already see signs of this worrying trend. In recent months, multiple reports have noted higher dropout rates in education in the developing world, falling wages, and rising unemployment, since the beginning of the pandemic. One of these reports was published by the International Labour Organization (ILO), which said workers around the world lost 3.7 trillion dollars in earnings during the pandemic.

Particularly affected are women, who in many countries make up the majority of low-paid, temporary workers. It's not just women who suffer more, but also young girls. Van Trotsenburg identified a disproportionate number of girls around the world who, when they leave school, will permanently quit education, and so they will lose even more. In this context, the social and economic impacts of COVID-19 will continue to weigh heavily on poor and middle-income people in America and the rest of the world. Without adequate resources to overcome large-scale problems such as poverty, climate change, wars, and unbalances created by the global economy, their struggles will only increase.

問1 *Choose the best answer based on the reading.*

1. The Poor People's Campaign and Jeffrey Sachs's team found that ...
   - A. 45% of the U.S. population has been infected by COVID-19.
   - B. fewer than 1 million Americans died from COVID-19.
   - C. more poor Americans died from COVID-19 than rich ones.
   - D. COVID-19 spread in 300 districts in total.

2. What was the main focus of the Poor People's Campaign and Sachs's report?
   - A. How the CDC usually analyzes its data.
   - B. The relation between COVID-19 deaths and socio-economic status.
   - C. The number of Americans who received two vaccinations.
   - D. The proportion of rich to poor Americans without health insurance.

3. Who should be blamed for differences in how COVID affected the rich and the poor?
   - A. Bishop William Barber.
   - B. Politicians.
   - C. Essential workers.
   - D. Jeffrey Sachs.

4. Which statement best describes Galax District?
   - A. Its COVID-19 death rate was the highest in America.
   - B. 1,134 people died from COVID-19.
   - C. It is a mid-sized city in south-west Virginia.
   - D. It is located in the Bronx, New York City.

5. Which ethnic groups were hit hardest by the COVID-19 pandemic?
   - A. Black people and Hispanics.
   - B. Black people and Asians.
   - C. White people and Hispanics.
   - D. White people and Asians.

6. What is striking about the pandemic mortality rate in Mingo District?

A. A lot of people died at the coal mines.

B. More Black people died than white people.

C. People there have a higher income compared to other districts.

D. The death rate is very high among poor white people.

7. What is the warning by Axel van Trotsenburg?

A. Poor government responses will likely continue.

B. Almost 120 million people will die by the end of 2022.

C. Extreme poverty will worsen in the future.

D. The climate emergency will rapidly worsen in the future.

8. According to Homi Kharas, what will happen in the future?

A. Extreme poverty will likely decrease after 2030.

B. COVID-19's negative influence will continue after 2030.

C. A permanent poverty solution will be reached by 2030.

D. The percentage of poor people will not change in the future.

9. According to the reports, which of the following is NOT a result of poverty?

A. An increase in unemployment around the world.

B. An increase in dropout rates in schools in developing countries.

C. A decrease in problems in multiple areas around the world.

D. A decrease in wages around the world.

10. What would be a good title for this passage?

A. COVID-19 and Poverty

B. COVID-19 in Galax District

C. COVID-19 and Unemployment

D. COVID-19 in Hispanic Communities

問2 *Complete the following table.*

COVID-19 and Poverty Statistics in the U.S.	
U.S. Overall	・The number of poor American who died from COVID-19 was double that of rich Americans. ・The COVID-19 death rate per 100,000 was (11).
Galax, Virginia	・Median income per year was (12). ・About half of its residents lived below the poverty line.
Bronx, NYC	・The COVID-19 death rate per 100,000 was (13). ・About half of its residents lived below the poverty line. ・Placed within highest 10% in terms of the COVID-19 death rate.
Mingo, West Virginia	・Placed in the top (14) of districts in terms of the COVID-19 death rate. ・Over half of its residents lived below the poverty line.

11. A. 299
    B. 470
    C. 538
    D. 1,134

12. A. $3,200
    B. $33,000
    C. $100,000
    D. $3.7 trillion

13. A. 299
    B. 470
    C. 538
    D. 1,134

14. A. 25%
    B. 33%
    C. 50%
    D. 55%

問3　*Mark A for TRUE and B for FALSE for each of the following statements.*

15. The Poor People's Campaign and Sachs's team surveyed 10% of middle-class people in the U.S.
16. The World Bank's 2021 report warned of an increase in worldwide poverty.
17. In the 1960s, about eighty percent of people around the world suffered from extreme poverty.
18. The majority of low-paid temporary workers in many countries are women.

2 次の 19 ～ 26 の空所に入れる語句として最も適切なものを A ～ D の中から選べ。

19. X: Susan got headhunted by a large IT company.
    Y: She has (　　　) in the area, so she is a good choice.
    A. excess　　B. expectancy　　C. exploration　　D. expertise

20. X: What do you think of Mr. Jones's writing course?
    Y: Oh, it's an (　　　) course. Students have to write three essays every week.
    A. inactive　　B. illiterate　　C. impolite　　D. intensive

21. X: Leonard broke his leg while he was doing aerial skiing.
    Y: I don't feel much (　　　) for him. It's his own fault.
    A. obligated　　B. sympathy　　C. threatened　　D. shame

22. X: Hi, Mom. I'm home.
    Y: Where's your umbrella? You are (　　　).
    A. soaked　　B. sacked　　C. seasoned　　D. simmered

23. X: I heard that you got a new job at Thompson's Department Store.
    Y: I did. That was the job I (　　　) wanted, and I am so happy now.
    A. adequately　　B. desperately　　C. moderately　　D. separately

24. X: Have you read my comments on your report?
    Y: Yes, and I do appreciate your comments. I got a lot of (　　　) from them.
    A. inflation　　B. intensity　　C. index　　D. inspiration

25. X: I wish I could act more like my brother. I can't be as positive as he is.
    Y: Oh, come on. You should just (　　　) who you are. You're so thoughtful and gentle.
    A. commence　　B. embrace　　C. reinforce　　D. enforce

26. X: Are you free this weekend? Why don't we go shopping at the mall?
    Y: Sorry, I have no time. I have to concentrate on my work for the (　　　) exams.
    A. upbringing　　B. upcoming　　C. upright　　D. upward

3 次の27～36の空所に入れる語句として最も適切なものをA～Dの中から選べ。

27. X: Excuse me. How can I get to the post office?
Y: The fastest way is to go through the (　　) street over there.
A. long narrow winding　　B. winding narrow long
C. winding long narrow　　D. narrow winding long

28. X: Where shall we meet tomorrow?
Y: What about (　　)?
A. Kikusui Station　　B. the Kikusui Station
C. a Kikusui Station　　D. this Kikusui Station

29. X: You should see your parents more often.
Y: I know. I wish they (　　) so far away.
A. didn't live　　B. don't live　　C. lived　　D. live

30. X: What questions were you asked at the interview?
Y: The interviewer first asked how long (　　) working in my current job.
A. had I been　　B. I had been　　C. was I　　D. I am

31. X: Did you call the bank?
Y: Oh no, I forgot. (　　) them right now.
A. I call　　B. I'll call　　C. I'd call　　D. I called

32. X: Professor, when is the deadline for this assignment?
Y: Please submit it (　　) next Thursday. I won't accept it beyond that.
A. by　　B. until　　C. after　　D. since

33. X: When shall we have the party? How about this weekend?
Y: I heard that (　　) are away this weekend, so let's do it next week.
A. the Tanakas　　B. the Tanaka　　C. Tanakas　　D. Tanaka

34. X: I don't understand why you like that kind of music.
Y: I just do. You know, there are things (　　) can't be explained.
A. that　　B. what　　C. where　　D. how

35. I want to make sure everyone is on the same (　　) before we begin today's meeting.
A. cover　　B. book　　C. sheet　　D. page

36. When I entered the university, I (　　) it for granted that I would start working soon after graduation.
A. held　　B. took　　C. thought　　D. imagined

4 それぞれの会話の空所に入れる最も適切な選択肢をA～Dの中から選べ。ただし，同じ選択肢が2箇所に入ることはない。

Alma: Kana, the meeting is scheduled for 3 pm this afternoon. (37)

Kana: Yes, Alma. We'll have the meeting in the conference room.

Alma: How about a projector for the presentation?

Kana: I've got it ready.

Alma: (38)

Kana: I've put the handouts and other materials on the table for each member.

Alma: Well done. (39)

Kana: Yes, I also prepared coffee and green tea for the break.

Alma: Perfect. Thank you for your hard work.

A. May I help you?

B. Is everything ready?

C. How about refreshments?

D. Is there anything else we need to think about?

Mother: John, you're going to be late for school again.

John: I know, mom, but I don't like school. The classes are so boring.

Mother: Well, nothing is perfect. (40)

John: Why? What's the point of having a degree? I know lots of people who don't like studying.

Mother: Of course. But it's better to graduate than not graduate. (41)

John: Like who?

Mother: Well, let's see. Your father, your grandfather, your aunt, so many around us.

John: What did they learn in school?

Mother: (42) But they studied hard.

A. I'm not sure.

B. But I do want you to graduate.

C. You will regret your lack of motivation.

D. Many people who study hard at school become successful.

5 次の文章の空所に入れる文として最も適切なものをＡ～Ｄの中から選べ。ただし，同じ文が２箇所に入ることはない。

Traveling on a budget is not as hard as it seems, but it requires some planning. A good way to begin is to have clear strategies to avoid overspending. Airfare is usually where travelers spend most of their money. (43) However, the cheapest airfare often requires more stop-overs and less direct flight paths. This means you must be ready to spend more time in airports and airplanes. You can also save quite a lot of money by avoiding restaurants and buying your food in markets instead. Most open markets sell healthy foods that don't require cooking such as bread, cheese, and fruits. (44) Money can also be saved by staying at youth hostels instead of regular hotels. Youth hostels are like dormitories for students and young people to stay in one big room overnight. (45) They also provide great opportunities to meet other travelers from around the world. These tips will help you enjoy traveling cheaply.

Ａ. These places cost very little, sometimes less than half the price of the cheapest hotel.
Ｂ. If you don't speak the local language, you can always use the Google Translate app.
Ｃ. To reduce costs, reserve your tickets online rather than through a travel company.
Ｄ. Doing so also allows you to stay healthy while traveling.

6 *Read the following information and answer the questions.*
（1部および工学部受験者のみ）

Come Study English for 3 Weeks at the University of Kent!

Summer 2023 Programme

Spend 3 summer weeks at the University of Kent, be introduced to life in the UK, and practice your English language skills.

Learning objectives:
Participants can improve their English language and intercultural skills in class by studying with students from around the world, and out of class by taking part in various group projects and excursions to explore British culture. Classes focus on speaking, listening, reading, and writing skill development, with a special emphasis on the use of Standard British English in everyday communication.

Programme duration:
Monday 7th August 2023－Sunday 27th August 2023.

Classroom schedule:
Monday to Friday, from 9:30 to 16:30 (6 class hours/day)

Activities outside the University:
We also provide free off-campus social and sports activities, including a one-day sightseeing tour of London and an afternoon of wall climbing. We also organize a one-day tour of historic Dover Castle, but admission is not included in the programme fees.

Accommodations:
You have the choice of staying in an on-campus student dormitory for £110/week (meals not included) or with a host family for £175/week (all meals included)

Programme (class) fees:
£445/week (excluding textbooks, health insurance, bus pass)

We accommodate students of all English language abilities. Upon arrival, students will be given a one-hour English language proficiency test and placed in different classes based on their proficiency level.

Please contact the International Centre to book a course or for more information:

Tel: +44 (0)1227 824402
Email: int_programmes@kent.ac.uk

46. What is an important focus of this English programme?
    A. International English.
    B. The English used by British people.
    C. Academic English.
    D. Business English.

47. How long will the programme run?
    A. Three weeks in summer.
    B. Fall semester.
    C. Three weeks in the fall.
    D. During the month of June.

48. When are the classes scheduled?
    A. Seven days a week.
    B. It depends on the days.
    C. On weekdays.
    D. On weekdays and some weekends.

49. For off-campus activities, what will students have to pay extra for?
    A. London sightseeing.
    B. Wall climbing equipment.
    C. Admission to Dover Castle.
    D. Sports activities.

50. Students will have to prepare their own meals if they stay...
    A. in the dormitory.
    B. with a host family.
    C. off-campus.
    D. for one week.

51. What is included in the programme fees?

A. Costs of classes.

B. Textbooks.

C. Health insurance.

D. Bus pass.

52. What should students do if they want to join this programme?

A. Seek more information in books.

B. Select their preferred class level.

C. Submit their English test results.

D. Email or call the International Centre.

日本史

（60分）

1　以下の年表は，前1世紀ごろから6世紀末にかけての出来事を扱ったものである。この年表に関する下記の問いに答えなさい。なお，問9を除き，下線部と問の番号は対応している。

前1世紀ごろ	倭，百余国に分立[1]
57	倭人，後漢に入貢，光武帝より印綬[2]を受ける
107	倭国王帥升等後漢に入貢，生口[3]を献上
239	邪馬台国の卑弥呼[4]，魏に遣使，親魏倭王の称号を受ける
266	倭の女王[5]，晋に遣使
4世紀前半	ヤマト政権，勢力拡大
391	倭軍，朝鮮半島に出兵
421	讃，宋に遣使，以降，珍・済・興・武[6]が宋に遣使
478	武[7]，安東大将軍の称号を受ける
527	筑紫国造磐井の乱
538	〔 A 〕公伝（戊午説）（一説に552壬申説）
587	蘇我馬子，物部守屋を滅ぼす
592	推古天皇即位[8]

問1　『漢書』地理志には，日本列島各地に「小国」が分立し，倭人が定期的に朝鮮半島に使者を送っている様子が描かれている。派遣先となった朝鮮半島にある郡名を3字で答えなさい。

問2　この印綬は志賀島で1784年に発見された金印のこととされる。この金印に彫られた文字を5字で答えなさい。

問3　生口とは何か。下から選び，記号で答えなさい。

ア．奴隷　　イ．生牡蛎　　ウ．生糸　　エ．玄米

問4　卑弥呼は247年かその直後に亡くなったとされる。このころになると大規模な古墳が西日本を中心に出現する。中でも最大の規模を持つものは，卑弥呼の墓という説もある箸墓古墳である。この古墳の墳形を答えなさい。

問5　この女王は，卑弥呼の宗女（一族の女）であるという。その名を下から選び，記号で答えなさい。

ア．欽明　　イ．難升米　　ウ．壱与　　エ．王仁

問6　讃・珍・済・興・武の総称を4字で答えなさい。

問7　『宋書』に見られる武に当てはまると考えられる天皇を下から選び，記号で答えなさい。

ア．履中　　イ．仁徳　　ウ．応神　　エ．雄略

問8　この天皇の在位中に関わるものを下から選び，記号で答えなさい。

ア．冠位十二階制定

イ．薬師寺創建

ウ．大宝律令完成

エ．第1回遣唐使

問9　[A]に当てはまる用語を答えなさい。

2　次の文を読み，下記の問いに答えなさい。なお，問8を除き，下線部と問の番号は対応している。

豊臣秀吉は，はじめはキリスト教を容認していた。しかし，九州平定の際に，大村純忠が長崎の地をイエズス会に寄贈していることを知ると，大名らの入信を許可制とし，（　A　）を出し宣教師の国外追放を命じた。また，1596年に土佐に漂着した$_1$(　　　)の乗組員の証言によって，京畿地方の26人のキリスト教宣教師・信者が長崎で処刑される事件が起きた。

江戸幕府も当初はキリスト教を黙認するものの，キリスト教の布教がスペイン・ポルトガルによる侵略に結びつくのを恐れ，1612年に（　B　）を出した。こうした状況の中で1614年の高山右近ら300人あまりのマニラ・マカオへの追放，1622年の長崎での宣教師・信徒ら55人の処刑といった激しい弾圧が加えられた。さらに，1637年には島原の乱が起こった。これは，$_2$島原・天草の領民による，苛酷な年貢とキリスト教弾圧に対する一揆であった。一揆勢は，$_3$(　　　)を首領として原城跡に立てこもった。

島原の乱鎮圧後，幕府はキリスト教徒の根絶をはかった。例えば$_4$キリスト教徒摘発のための聖画像を踏ませるという行為を強化した。一方で寺請制度を設けて$_5$禁教目的の信仰調査を実施し，仏教への改宗を強制した。だが開国後，$_6$ある教会を訪れていたフランス人宣教師に対して，自らの信仰を告白した者たちがいたように，江戸時代における$_7$厳しい弾圧の中でも信仰を続けたキリスト教信者たちが存在した。

問1　空欄に当てはまる船名を下から選び，記号で答えなさい。

ア．サン=フェリペ号　　イ．リーフデ号　　ウ．フェートン号　　エ．モリソン号

問2　島原の乱勃発時の島原領主と天草領主の組み合わせで正しいものを下から選び，記号で答えなさい。

ア．有馬氏　小西氏　　イ．有馬氏　松倉氏　　ウ．松倉氏　小西氏　　エ．松倉氏　寺沢氏

オ．寺沢氏　有馬氏　　カ．寺沢氏　小西氏

問3　空欄に当てはまる人物名を答えなさい。

問4　この行為を何と言うか，答えなさい。

問5　これを何というか，答えなさい。

問6　ある教会とは，「(　　　)天主堂」のことである。空欄に当てはまる語句を下から選び，記号で答えなさい。なお，この教会は正式には「日本二十六聖殉教者聖堂」と言い，1596年に殉教した26人が聖人に列せられたのを受けて1865年に完成したものである。

ア．長崎　　イ．島原　　ウ．浦上　　エ．平戸　　オ．大浦

問7　こうしたキリスト教信者を何と呼ぶか答えなさい。

問8　A，Bに当てはまる法令を答えなさい。

3 次の文を読み，下記の問に答えなさい。なお，下線部と問の番号は対応している。

明治政府は富国強兵を目指して殖産興業に力を注いだ。その始まりが，旧幕府直営の軍事工場の没収と管理による軍事工業の拡充であるといえよう。たとえば，横須賀造船所は，1865年に江戸幕府が海防政策のため設立した横須賀製鉄所[1]を，明治政府が接収したものである。

1870年に設置された（　　）[2]省は，鉱工業・交通部門を管掌したが，上記の横須賀造船所や長崎造船所，藩営の高島炭鉱，三池炭鉱などを接収して官営事業とした。また，1872年には日本初の官営鉄道[3]が正式開業し，各地に少しずつ鉄道が整備されていった。その一方で内務省[4]は，地方行政や警察，土木など幅広い事務を所轄したが，殖産興業[5]に関しては軽工業や農業，牧畜などに力を入れた。

こうして明治の最初に政府によって育てられた各種の工業は，次第に民間へと売却され，特に優良鉱山の払い下げを受けた政商[6]は，鉱工業の基盤を持つことで財閥に成長していった。その一方で，松方財政でのデフレ政策によって，農民層分解[7]が進み，小作農層は子女を紡績工場などに出稼ぎに出すことでかろうじて家計を成り立たせた。また，工場や鉱山の現場では，増加した賃労働者が劣悪な労働環境[8]で働かされる事態が多発した。日清戦争前後の産業革命期に入ると，工場労働者のストライキが多発し，1897年にはアメリカの労働運動の影響を受けた高野房太郎，片山潜らが（　　）[9]を結成し，そうした労働運動の指導に乗り出した。

問1　この製鉄所の設立にあたって，幕府が技術支援を受けた国の名を答えなさい。

問2　空欄にはいる省の名称を答えなさい。

問3　この鉄道は，正式開業時，横浜駅とどの駅を結んだか。終点となる駅名を答えなさい。

問4　1873年，内務省を設置し，初代内務卿をつとめた人物の氏名を答えなさい。

問5　これに関連して，明治政府の殖産興業政策について述べた文のうち，誤っているものを一つ選び，記号で答えなさい。

ア．明治政府の官営模範工場として富岡製糸場が設立された。

イ．駒場農学校，三田育種場などを開設して農業・牧畜に西洋式技術の導入を図った。

ウ．岩崎弥太郎の建議により飛脚に代わる官営の郵便制度を発足させた。

エ．産業技術の交流と発展を目的に，内国勧業博覧会を開催した。

オ．人力車や荷車，馬車などの交通の便をはかるため道路改修を奨励した。

問6　払い下げ鉱山と政商の組合せとして正しいものを下から選び，記号で答えなさい。

ア．足尾銅山―三菱

イ．佐渡金山―古河

ウ．高島炭鉱―住友

エ．三池炭鉱―三井

問7　自らは耕作せず，小作料の収入に依存して生活する大地主を何というか，答えなさい。

問8　明治期の労働環境に関する次の文章で正しいものを下から選び，記号で答えなさい。

ア．富岡製糸場において，寄宿舎制度で工場に縛り付けられ長時間労働を強いられた工女の様子が細井和喜蔵の『女工哀史』に描かれている。

イ．1888年，高島炭鉱の奴隷的待遇に対する労働者の暴動が雑誌『日本人』に掲載された。

ウ．北海道では，函館，小樽，網走の集治監の囚人が，道路の開削や開墾，三池炭鉱において，いわゆる囚人労働に従事させられた。

エ．1886年，八幡製鉄所で日本最初のストライキがおこったが，警察による激しい弾圧を受け中止させられた。

問9　空欄にはいる語句を答えなさい。

4　次の文を読み，下記の問に答えなさい。なお，下線部と問の番号は対応している。

産業革命期以降，日本は基本的に米の輸入国となった。米の生産は，1農業の発展により単位面積当たりの収穫量こそ増加したものの，人口とくに都市人口の増加と米食率の上昇による需要の増加に追いつけなかったからである。米の輸入量増加は，第1次世界大戦が始まるまで，2輸入超過による正貨流出に悩む日本にとって大きな問題であった。

さらに1910年代には，大戦景気によってインフレが進んだ結果，米価が高騰し，3米騒動が起こるなど米不足が深刻化した。これに対し，政府は，植民地の台湾・朝鮮でも米の増産をはかった。

他方，農村では，1920年代以降，4小作農が地主に対して小作料引き下げを求める（　　　）が増加した。日中戦争が始まると，漸減したものの，政府による経済統制のもとで，主食の確保をはかるための5米の強制的買い上げ制度が実施されるとともに，生産奨励のために小作料の制限や生産者米価の優遇措置が行われた結果，地主の取り分が縮小し，地主制の衰退が進行した。

戦後，GHQにより農地改革が指示されると，政府は第一次農地改革案を決定した。しかし，これを不徹底とするGHQの勧告にもとづき6第二次農地改革が開始され，1950年にはほぼ終了した。これによって地主制はほぼ解体され，多数の零細な自作農が生み出された。戦後も深刻な7食糧難が続いていたが，土地を得た農民の生産意欲は高まって米の生産量は拡大し，1955年にようやく米の自給が可能になった。しかし，8農業構造改善事業の推進や米価の政策的引き上げもあって農家所得は向上したものの，1970年には逆に米の供給過剰が問題となり，9米作付けの制限策がはかられることになった。

問1　この時期の農業に関して述べた下の文のうち，誤っているものを選び，記号で答えなさい。

ア．農事試験場が設置され，品種改良が進められた。

イ．大豆粕肥料などの金肥が普及した。

ウ．生糸の需要拡大により養蚕が盛んになった。

エ．綿・麻・菜種の作付面積が拡大した。

問2　1880年代後半から第1次世界大戦前まで，日本の主要な輸入品としてあてはまらないものを下から選び，記号で答えなさい。

ア．綿花　　イ．銅　　ウ．砂糖　　エ．鉄類

問3　この結果，総辞職した内閣を下から選び，記号で答えなさい。

ア．西園寺公望内閣　　イ．山本権兵衛内閣　　ウ．寺内正毅内閣　　エ．原敬内閣

問4　空欄に当てはまる語句を4字で答えなさい。

問5　この制度を何というか，最も適切なものを下から選び，記号で答えなさい。

ア．供出制度　　イ．徴発制度　　ウ．配給制度　　エ．食管制度

問６　これは農地調整法改正とともに1946年10月に公布された法律をもとに実行された。この法律の名称を答えなさい。

問７　米や代用食の配給も遅配・欠配が続く中，各地の焼け跡などに生まれた市場を当時なんと呼んだか，その名称を２字で答えなさい。

問８　これは1961年制定の法律にもとづいて推進された。この法律の名称を答えなさい。

問９　この政策を一般に何というか，２字で答えなさい。　〔解答欄〕＿＿＿＿政策

世界史

（60分）

1　次の文章を読み，下の設問に答えよ。

前272年，ローマは南イタリアのギリシア人諸都市を征服してイタリア半島を統一した。ローマは征服した諸都市に対し，市民権の有無など権利や義務に格差のある関係を個別に結んで（　1　）を行い，諸都市が結束してローマに反抗することを防いだ。

(a)イタリア半島を支配したローマは，さらに西地中海域の覇権をめぐって(b)フェニキア人の植民市カルタゴと対立し，ポエニ戦争を引き起こした。ローマは，カルタゴの名将（　2　）にカンネーの戦いで大敗したがもちこたえ，その後ローマの将軍（　3　）がザマの戦いで（　2　）をうち破った。そして前146年にはカルタゴを滅亡させた。また同年，ローマはギリシア全土を征服し支配下においた。こうしてローマは地中海世界の大部分を支配するまでになった。

しかし，急速な領土の拡大はローマ社会を変質させた。ローマはイタリア半島以外の海外領土を（　4　）とし直轄支配を行ったが，そこに赴任する総督や騎士身分の徴税請負人は赴任地での収奪によって巨額の利益を上げた。そしてその利益で土地を購入し，戦争によって得た奴隷を大量に使役して，オリーヴ・ぶどう・小麦などの商品作物を栽培させる（　5　）を行った。その一方で，（　6　）として戦った中小農民は長期にわたる戦争で疲れ，農地も荒廃して没落し，（　7　）となって首都ローマに流入した。有力者は彼らに(c)小麦や剣闘士競技などの娯楽を提供して支持基盤としていった。

共和政の下で軍隊の担い手であった中小農民の没落に危機感を抱いたグラックス兄弟は，あいついで（　8　）に就任すると(d)改革を試みたが，貴族らの反対にあい改革は挫折した。

軍事力が弱体化するなかで，前107年執政官になったマリウスは，（　7　）から志願者を募り武装させて職業軍人とする軍制改革を行った。これ以後，ローマ市民の軍隊は有力な将軍の私兵としての性格が強くなり，軍事力で政権を奪おうとする者が続出した。

その間，イタリア半島の同盟諸都市が戦争を起こしたり，大規模な奴隷反乱などがあいついで混乱が続いた。

このようななか，共和政の機能不全を見抜き，広大な領土の統治にふさわしい政体への変革をめざしたのが（　9　）である。（　9　）は，有力な将軍であった（　10　）やクラッススとひそかに手を結び三頭政治を実現した。その後，(e)ガリア遠征で富を蓄え，クラッスス亡きあとは，元老院と手を結んだ（　10　）を倒し，民衆の人気を背景に独裁政権を樹立した。（　9　）は元老院を無視して改革を行ったため，前44年，共和政に固執する元老院保守派のブルートゥスらによって暗殺された。

問1　文中の空欄（　1　）～（　10　）にあてはまる人名または語句を答えよ。ただし，（　1　），（　6　），（　7　）はそれぞれ漢字4字で答えよ。

問2 下線部(a)に関連して，イタリア半島を統一するまでのローマについての記述として適切なものを次のア～エから1つ選び，記号で答えよ。

ア．前8世紀中ごろからエトルリア人がテヴェレ川周辺に定住し，都市国家を形成した。

イ．ローマからイタリア半島北部のブルンディシウムを結ぶ軍用道路アッピア街道が整備された。

ウ．元老院は300人のプレブスから構成されていた。

エ．ホルテンシウス法によって，平民会の決議が貴族をも拘束する国法とされることが認められた。

問3 下線部(b)に関連して，フェニキア人についての記述として誤っているものを，次のア～エから1つ選び，記号で答えよ。

ア．フェニキア人は自分たちのことをアラム人と称した。

イ．フェニキア人はレバノン山脈から良質の杉を大量に切り出して船を造ったり，貿易品としたりしたが，それは環境破壊のはじまりだといわれている。

ウ．フェニキア人が作った文字はギリシア文字やラテン文字などヨーロッパ各地の文字の原型となった。

エ．フェニキア人は地中海東岸のシドンやティルスなどを拠点として交易を行った。

問4 下線部(c)に関連して，このように無料で提供された穀物や娯楽のことを一般に何と呼ぶか，答えよ。

問5 下線部(d)に関連して，グラックス兄弟が行った改革についての記述として適切なものを次のア～エから1つ選び，記号で答えよ。

ア．貴族と平民との通婚を禁じようとした。

イ．貴族による土地の占有を制限し，貧しい市民に分配しようとした。

ウ．債務の帳消しを行い，債務によって奴隷とされることを禁じようとした。

エ．執政官や法廷の陪審員を全市民のなかから抽選で選ばれるようにした。

問6 下線部(e)に関連して，ガリアとは現代のどこをさすか，ほぼ一致するものを，次のア～エから1つ選び，記号で答えよ。

ア．スペイン　イ．イギリス　ウ．フランス　エ．ルーマニア

2　次の文章を読み，下の設問に答えよ。

中国では，漢（後漢）の滅亡から３世紀半あまり，(a)長い分裂の時代が続いたが，北朝からでた隋の（　1　）が589年にふたたび統一を果たした。（　1　）は，北朝の政策をうけついで律令を定め，土地制度では一定の土地を農民に割り当てる（　2　）制を，軍の制度では農民を兵士とする（　3　）制を行うなど，支配の強化をつとめた。また，北魏で行われていた推薦制の官吏登用制度である（　4　）をやめ，新たに学科試験によって官吏となる人材を登用した。この制度は以後各王朝にうけつがれて（　5　）とよばれ，20世紀はじめまで行われた。（　5　）は，皇帝が官僚を使って全国を支配するしくみを支えるとともに，(b)中国の学問や文化のあり方にも大きな影響を与えた。

また，第２代皇帝の（　6　）は，政治や軍事の中心地である華北と，物資の豊かな江南を結ぶ経済の大動脈として，（　7　）を完成させた。これも，その後の各王朝が改修を重ね，輸送の幹線として活用した。しかし，これらの大土木事業や，３回にわたる（　A　）遠征は，人々を苦しめた。やがて国内各地に反乱がおきて（　6　）は殺され，隋は統一後わずか30年で滅びた。

問１　文中の空欄（　1　）～（　7　）にあてはまる人名または語句を答えよ。

問２　文中の空欄（　A　）にあてはまる王朝を，次のア～エから１つ選び，記号で答えよ。

　ア．新羅　　イ．高句麗　　ウ．百済　　エ．伽耶（加羅）

問３　下線部(a)に関連して，中国で王朝が分立していたこの頃には，北方や西方の諸民族が進出し，華北の各地に小王朝が次々と成立した。これらの総称を漢字５字で答えよ。

問４　下線部(b)に関連して，宋の時代になると，官吏登用試験に合格するために儒学を修めた知識人たちが，政治的・社会的指導者の地位を占めるようになった。彼らは何と呼ばれたか，漢字３字で答えよ。

3　次の文章を読み，下の設問に答えよ。

ロシアでは，16世紀にモスクワ大公国の（　1　）が貴族をおさえて専制政治の基礎を固め，農民の移動を禁じて農奴制を強化し，全ロシアの君主として正式にツァーリの称号を用いた。彼は領土を南ロシアに広げ，(a)コサックの隊長イェルマークの協力を得てシベリアにも領土を広げた。彼の死後は内紛が続いたが，1613年に中小の領主や商人たちの支持を得た（　2　）が即位し，専制支配と農奴制を強化した。

1682年に即位した（　3　）は，(b)不凍港を求めてスウェーデンとの間で1700年から1721年にかけ(c)北方戦争（大北方戦争）を戦い，バルト海へ進出してペテルブルクを建設し，ここに首都を移した。また，(d)南はアゾフ海へ進出した。東は1689年に清と(e)ネルチンスク条約を結んで国境を定め，清との通商を開いた。

1762年に即位した（　4　）は啓蒙専制君主として知られるが，1773年からおこった（　5　）の農民反乱後は貴族の特権を認め，農奴制を強化した。領土の拡大にも努め，(f)ポーランド分割に参加し，南はクリミア半島やバルカン半島へ進出した。東はアラスカ・千島・オホーツク海方面に進出し，日本に陸軍軍人（　6　）を派遣して通商を求めた。

問1　文中の空欄（　1　）～（　4　）にあてはまるロシアの君主の名を，次のア～クからそれぞれ1つ選び，記号で答えよ。

ア．アレクセイ　　イ．イヴァン4世　　ウ．ヴァシーリー3世
エ．エカチェリーナ2世　　オ．ピョートル1世　　カ．ボリス=ゴドゥノフ
キ．ミハイル=ロマノフ　　ク．フョードル3世

問2　文中の空欄（　5　），（　6　）に当てはまる人物名を答えよ。

問3　下線部(a)の説明として最も適切なものを，次のア～エから1つ選び，記号で答えよ。

ア．南ロシアや現在のウクライナの地に移住した逃亡農民を中心とする独立性の強い軍事的共同体
イ．シベリアから東ヨーロッパにかけて居住したテュルク系諸民族
ウ．現在のウクライナの地を中心に活動したイラン系遊牧騎馬民族
エ．12世紀以降にロシア北西部の白海沿いに移住したスラヴ系民族

問4　下線部(b)に関連して，1783年にロシアがクリム=ハン国を併合して獲得した不凍港で，クリミア戦争と第二次世界大戦では要塞化されたがいずれも陥落，ソ連解体後ウクライナ領となったが，2014年にロシアが実効支配した港湾都市名を答えよ。

問5　下線部(c)に関連して，ロシアと北方同盟を結んで1700年の開戦時にスウェーデンを攻撃した国を，次のア～クから2つ選び，記号で答えよ（順不同）。

ア．ポーランド　　イ．イギリス　　ウ．プロイセン　　エ．フランス
オ．オスマン帝国　　カ．オーストリア　　キ．スペイン　　ク．デンマーク

問6　下線部(d)に関連して，アゾフ海は陸地と陸地との間に挟まれた内海であるが，これと隣接し海峡で結ばれている海を，次のア～エから1つ選び，記号で答えよ。

ア．バレンツ海　　イ．黒海　　ウ．白海　　エ．地中海

問7　下線部(e)に関連して，①ネルチンスク条約では未確定であった外モンゴル方面の国境を画定した1727年の条約，②黒竜江左岸をロシア領，ウスリー川以東をロシアと清の共同管理地とした1858年の条約の名称を答えよ。

問8　下線部(f)に関連して，1772年の第一次ポーランド分割でロシアとともにポーランドの領土分割に参加した国を，次のア～クから2つ選び，記号で答えよ（順不同）。

ア．スウェーデン　イ．イギリス　ウ．プロイセン　エ．フランス
オ．オスマン帝国　カ．オーストリア　キ．スペイン　ク．デンマーク

4　次の文章を読み，下の設問に答えよ。

1866年にドイツ統一の主導権をめぐる（　1　）との戦争に敗れたオーストリアは，翌年ハンガリーに自治権を与え，オーストリア=ハンガリー帝国として再編された。中・東欧にまたがる帝国は，多民族帝国として複雑な民族問題を抱えていた。

(a)1870年にローマ教皇領を併合し全土統一を果たしたイタリアは，オーストリア領であるトリエステ・南チロルなどを（　2　）と呼び，その獲得を目指した。1908年，オスマン帝国で（　3　）がおこると，オーストリアは(b)管理下にあったボスニア=ヘルツェゴヴィナを併合した。この2州の住民は大部分がスラヴ系で，かねてからセルビアが編入を望んでいたことから，併合はスラヴ系民族主義者の強い反発を呼んだ。

1914年6月末，オーストリアの帝位継承者フランツ=フェルディナント夫妻がボスニアの州都（　4　）を訪問した際，セルビア人の民族主義者に暗殺され，それが引き金となって第一次世界大戦が勃発した。オーストリアは同盟国であるドイツと共に戦ったが敗れ，1918年11月(c)オーストリア=ハンガリー帝国は崩壊した。第一次世界大戦後の（　5　）講和会議では，民族自決のスローガンのもと，オーストリア=ハンガリー帝国から(d)いくつもの新興国が独立した。しかし新興国はいずれも国内に(e)少数民族問題を抱えて国内の政治的まとまりを欠いた。

問1　（　1　）～（　5　）にあてはまる語句を答えよ。

問2　下線部(a)に関連して，この時のイタリア王国の国王の名前を答えよ。

問3　下線部(b)に関連して，オーストリア=ハンガリー帝国がボスニア=ヘルツェゴヴィナの管理権を獲得した，1878年に開催された国際会議の名を答えよ。

問4　下線部(c)に関連して，オーストリア=ハンガリー帝国崩壊時の最後の皇帝を，次のア～エから1つ選び，記号で答えよ。

ア．ヴィルヘルム2世　イ．フリードリヒ2世　ウ．カール1世　エ．ヨーゼフ2世

問5　下線部(d)に関連して，第一次世界大戦後に新たに独立した国を，次のア～エから1つ選び，記号で答えよ。

ア．ユーゴスラヴィア　イ．ルーマニア　ウ．ブルガリア　エ．アルバニア

問6　下線部(e)に関連して，1938年にドイツ首相のヒトラーがチェコスロヴァキアに割譲を求めたドイツ人居住地域はどこか答えよ。

地理

（60 分）

1 次の図１と図２を見て，下記の設問に答えよ。

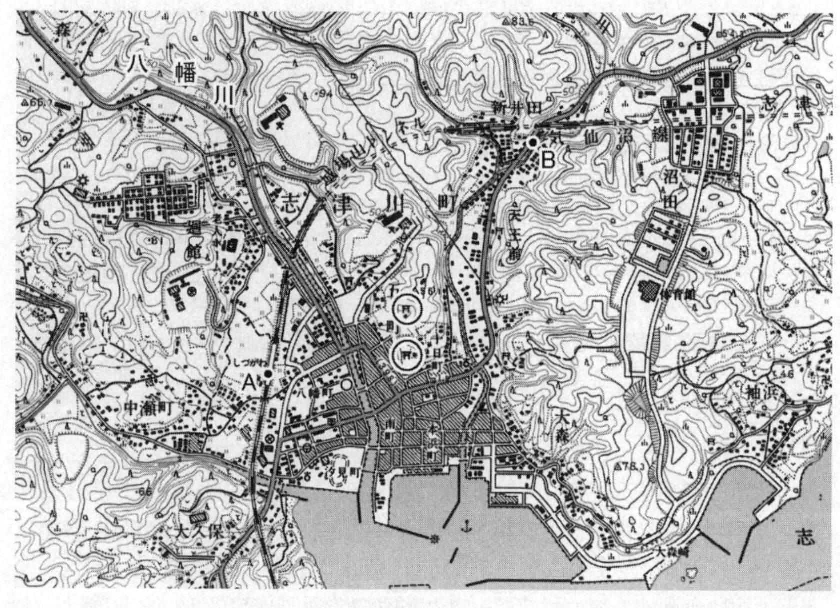

図１

（２万5000分の１地形図「志津川」の一部，2001年修正，原寸，一部改変）

編集部注：編集の都合上，80%に縮小

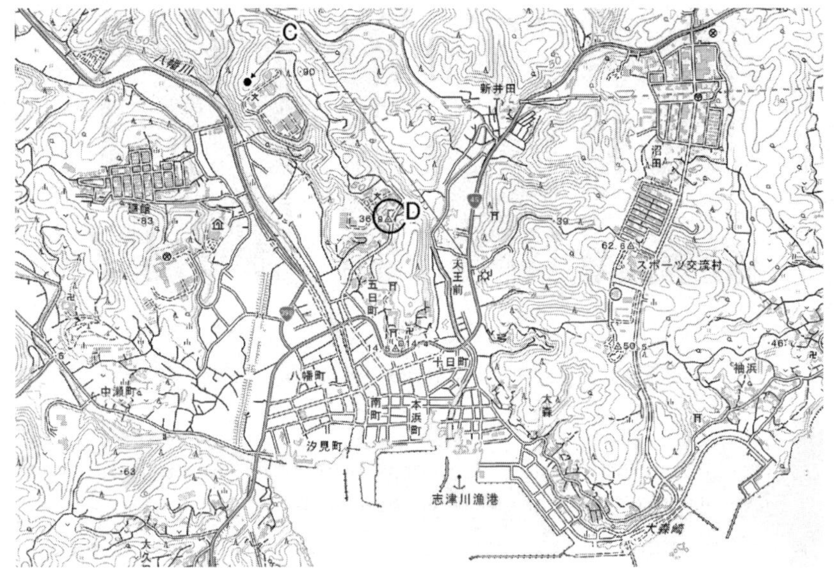

図２

（２万5000分の１地形図「志津川」の一部，2014年修正，原寸，一部改変）

編集部注：編集の都合上，80%に縮小

問１　以下の⑴～⑸の設問に答えよ。

⑴　地形図を発行している国土交通省所管の機関名を漢字５文字で答えよ。

⑵　図１や図２が採用している図法の名称としてもっとも適当なものを次の１～４から一つ選び，番号で答えよ。

１．ホモロサイン図法　　２．モルワイデ図法　　３．ボンヌ図法

４．ユニバーサル横メルカトル図法

⑶　図１中の地点Ａから地点Ｂまでの直線距離を計測したところ６cmであった。地点Ａ・Ｂ間の実際の直線距離を答えよ。

（　　　）km

⑷　図２中の地点Ｃの標高を答えよ。

（　　　）m

⑸　図２中の円Ｄ内の地図記号で表された地物としてもっとも適当なものを，次の写真１中のア～エから一つ選び，記号で答えよ。

写真1

問2　図1と図2に示される「志津川」地区は，三陸海岸の一角に位置する。この海岸に代表される，起伏の大きな山地が海面下に沈んでできた海岸地形の名称を5文字で答えよ。

問3　2011年3月11日に発生した東北地方太平洋沖地震により，この地域を含む三陸海岸の広範囲で甚大な津波被害が生じた。これに関連して以下の(1)～(4)の設問に答えよ。

(1)　この災害の一般名称を漢字6文字で答えよ。

(2)　この地震の震源は，2枚のプレート境界付近で発生した。2枚のプレートの組み合わせとしてもっとも適当なものを次の1～4から一つ選び，番号で答えよ。

1．太平洋プレート／北米プレート　　2．太平洋プレート／ユーラシアプレート
3．フィリピン海プレート／北米プレート　　4．フィリピン海プレート／ユーラシアプレート

(3)　この地震の震源となった2枚のプレート境界付近の海底には，細長く深い凹地状の地形がみられる。この地形の名称を漢字2文字で答えよ。

(4)　この地域は，1896年や1933年にも，2011年と同じ三陸海岸沖を震源とする地震が発生し，大きな津波被害を経験している。このほか，1960年には，日本からはるか離れた地域を震源とする地震であったにもかかわらず，その地震で発生した津波が約一日かけて三陸海岸に到達して被害を及ぼした。この地震の名称としてもっとも適当なものを次の1～4から一つ選び，番号を答えよ。

1．リスボン地震　　2．カリフォルニア地震　　3．チリ地震　　4．カンタベリー地震

問4　図1と図2に関して述べた下記の1～6の文章のうち，**誤っているもの**を3つ選び，番号で答えよ。ただし，順番は問わない。

1．2001年頃の八幡川河口付近の市街地は川の東西に広がっていた。
2．2014年頃にみられる漁港の破壊の原因として津波の可能性が考えられる。
3．2014年頃の小・中学校，高等学校のグラウンドにみられる建物は，仮設住宅の可能性はない。
4．2014年の時点でJR気仙沼線の志津川駅はもとの場所で営業を再開している。
5．2001年頃の町役場は八幡川の西に位置していたが，2014年頃には地図中の別の場所に移転した。
6．2001年頃の地図中，円で囲んだ2つの神社はいずれも標高10m未満の低地に位置しているため，津波によって甚大な被害を受けたと考えられる。

2　気候区分や土壌に関する次の文章を読み，下記の設問に答えよ。

世界には様々な気候がある。ケッペンの気候区分では，これを樹林のある気候と樹林のない気候に大きく分けている(高山気候区を除く)。さらに，気温などを基準に気候帯を分け，世界は５つの気候帯に区分される。

樹林のない気候は，寒帯と乾燥帯に分かれる。前者には最暖月の平均気温が０℃以上10℃未満の（　ア　）気候と，最暖月の平均気温が０℃未満の（　イ　）気候が含まれる。乾燥帯は年降水量によってステップ気候と，（　ウ　）気候に分かれる。ステップ気候には，ウクライナに分布する（　あ　）が広がる地域や，北アメリカのロッキー山脈東部に広がる台地状の大平原である（　エ　）も含まれる。

樹林のある気候は大きく熱帯・温帯・亜寒帯に分かれる。熱帯はこの中でも最寒月平均気温が（　オ　）℃以上の気候帯である。熱帯はいくつかの気候区に分かれるが，このうち雨季と乾季の区別が明瞭なものは（　カ　）気候と呼ばれ，①コーヒーや綿花などの栽培が盛んである。オリノコ川流域の（　カ　）型草原である（　キ　）が広がる地域もこの気候区に属する。赤道に最も近い高温多湿の地域に分布するのは熱帯雨林気候である。この気候区には，南アメリカのアマゾン盆地に分布する熱帯雨林である（　ク　）が含まれる。

温帯には，地中海性気候や②温帯冬季少雨気候，③温暖湿潤気候，西岸海洋性気候が含まれ，それぞれ気温や降水量で区分されている。このうち，地中海性気候地域には，夏の厳しい乾燥に対応した硬葉樹林が広がる。コメの栽培が盛んなのは温帯冬季少雨気候地域や温暖湿潤気候地域である。

冬の寒さが厳しい冷帯（亜寒帯）では樹種が少ない針葉樹林である（　ケ　）が分布するが，混合林気候とされる地域では落葉広葉樹がみられる。冷帯湿潤気候地域の南部では夏季は比較的高温になり，春小麦の栽培，地力の消耗を抑える輪作や牧畜を組み合わせた混合農業，酪農が見られる。

土壌の性質は，多くの場合，植生と気候の違いに対応している。気候の影響を強く受けて生成された土壌を（　コ　）土壌という。世界の土壌分布をみるとこのことがよくわかる。（　カ　）気候地域や熱帯モンスーン気候地域は（　い　）ができ，亜寒帯では，低温の為に植物の分解が遅くなり，酸性の強い（　う　）ができる。いっぽう，気候や植生よりも，母材となる岩石や，地形・地下水の影響を強く受けて生成する土壌もある。これを（　サ　）土壌と呼ぶ。（　サ　）土壌には，ブラジル高原南部に分布する（　え　），玄武岩が風化したインド・デカン高原の（　お　）などがある。

問１　文章中の（　ア　）～（　サ　）にあてはまる適当な語句や数値を答えよ。ただし，同じ記号には同じ語句が入る。

問２　文章中の（　あ　）～（　お　）にあてはまる土壌はそれぞれ何か。以下の１～８からそれぞれ一つずつ選び，番号で答えよ。

１．ラトソル　　２．ポドゾル　　３．テラロッサ　　４．レグール　　５．プレーリー土
６．テラローシャ　　７．栗色土　　８．チェルノーゼム

問３　下線部①に関し，次の表は2019年のコーヒー豆の各国別生産量上位５位までを順に並べたものである。表中の（　A　）と（　B　）にあてはまる国名をそれぞれ答えよ。

表

国名	生産量（千トン）
ブラジル	3,009
（ A ）	1,684
（ B ）	885
インドネシア	761
エチオピア	483

出典：『世界国勢図会　2021/22』

問4　下線部②と③を，ケッペンの気候区分の記号でそれぞれ表記せよ。

3　水産業に関する次の文章を読み，下記の設問に答えよ。

かつての日本は世界で有数の漁業国であったが，各国による（ ア ）海里を範囲とする排他的経済水域①の設定によって（ イ ）漁業の漁獲量が減少し，また，1980年～90年代には乱獲や海水温の変化の影響でいわし類などが影響を受け，（ ウ ）漁業の漁獲量が減少した。

海洋のなかでも，大陸棚②が分布する浅い海域は，魚の餌となるプランクトンが豊富であり良い漁場となっている。日本は世界の主要な漁場③のうち太平洋北西部漁場に囲まれている。日本列島周辺の太平洋には暖流の（ エ ）海流や寒流の（ オ ）海流，いっぽう日本海には暖流の（ カ ）海流や寒流の（ キ ）海流が流れ，暖流と寒流が接する（ ク ）にはプランクトンが集まり格好の漁場となっている。2020年の日本の主な漁港別の年間水揚げ高の上位３港は，千葉県の（ ケ ）港（27.2万t），北海道の（ コ ）港（19.2万t），静岡県の（ サ ）港（15.1万t）となっている。

養殖業を含まない2019年の世界の漁獲量では，（ シ ）が１国で世界全体の15.1％の漁獲量をあげている他，インドネシア，インド，ロシアと続き，アンチョビ（かたくちいわし）④の漁獲が多い南米の（ ス ）が第５位であり，日本は第８位になっている。

問１　（ ア ）～（ ス ）にあてはまるもっとも適切な語句または数字を答えよ。

問２　下線部①について，「排他的経済水域」の略称をアルファベット３文字で答えよ。

問３　下線部②について，「大陸棚」のうち，とくに水深の浅い部分を何というか答えよ。

問４　下線部③について，「世界の主要な漁場」のうち，（A）北海を中心に大陸棚があり，寒流の東グリーンランド海流と暖流の北大西洋海流が流れる漁場名と，（B）ニューファンドランド島周辺にあり，暖流のメキシコ湾流と寒流のラブラドル海流が流れる漁場名を，それぞれ答えよ。

問５　下線部④について，「アンチョビ」を原料として飼料や肥料のために輸出用に加工されたものを何というか，その名称をカタカナ８文字で答えよ。

4 南アジアに関する下記の設問に答えよ。

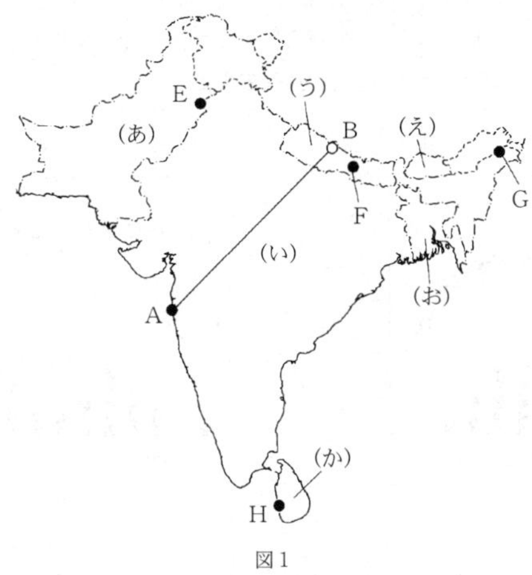

図1

問1 次の図2中のア～ウのいずれかは，図1中の線A（●）－B（○）に沿った地形断面図を示したものである。この地形断面図として最も適当なものを，ア～ウから一つ選び，記号で答えよ。なお，地形断面図の高さは強調して表現してある。

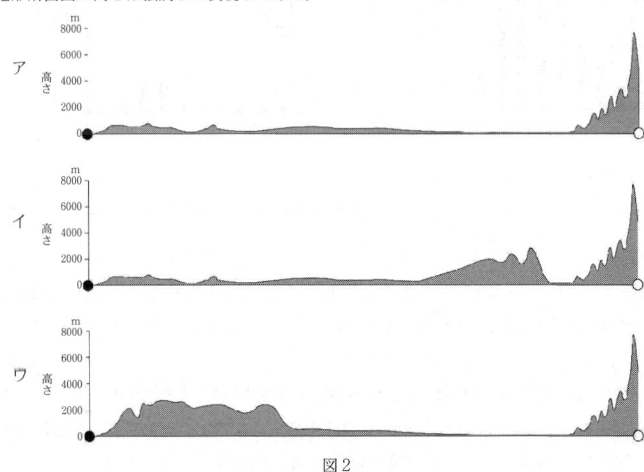

図2

問2 ヒマラヤ山脈について述べた次の文章中の（ カ ）～（ ケ ）にあてはまる最も適当な語を答えよ。ただし，同じ記号には同じ語が入る。

ヒマラヤ山脈は，（ カ ）プレートとインド・オーストラリアプレートとの狭まる境界のうち（ キ ）帯に形成されたものである。このような（ キ ）帯では多くの断層が形成され，一般的には圧縮力が働くため，垂直方向にずれる場合には，（ ク ）断層となることが多い。ヒマラヤ山脈より南側のインド半島は，かつてアフリカ大陸や南極大陸などと共にパンゲア大陸の南部を構成していた（ ケ ）大陸の一部をなしていたものであり，地形的には安定陸塊の楯状地となっている。

問3 次の図3中のサ～セは，図1中のE～H（ラホール，カトマンズ，パッシグハット，コロンボ）のいずれかの地点における雨温図である。これらの地点に該当する雨温図として適当なものを，サ～セのうちからそれぞれ一つずつ選び，記号で答えよ。

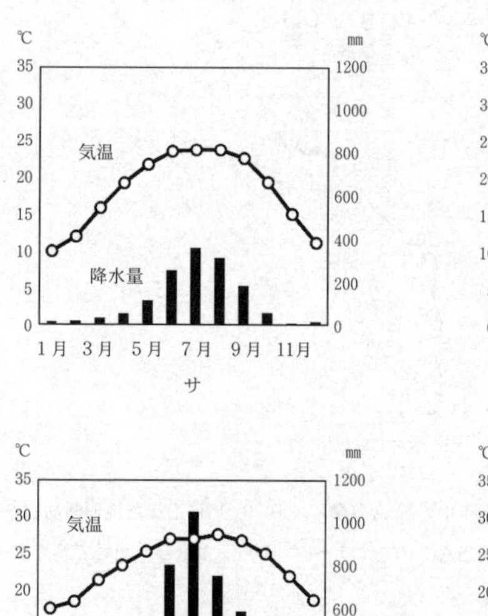

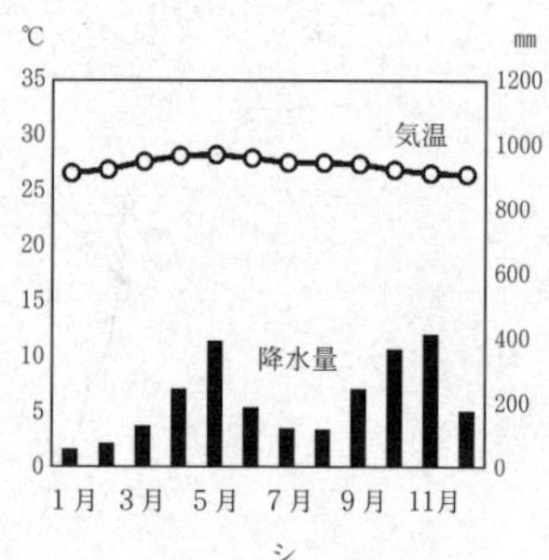

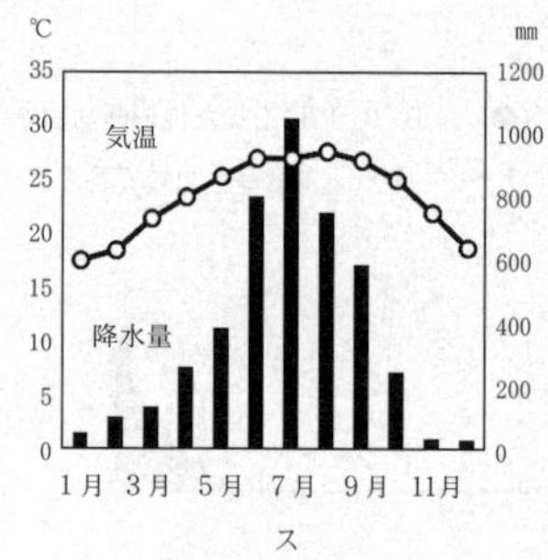

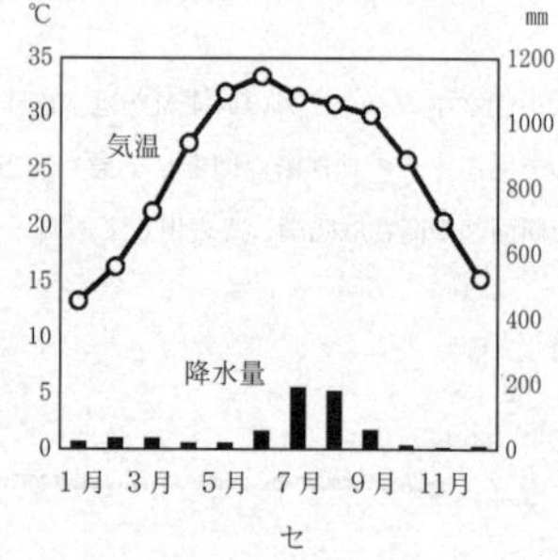

（出典）WORLD METEOROLOGICAL ORGANIZATION

図3

問4 次の1～4の文章は，インド，スリランカ，パキスタン，バングラデシュのいずれかの国における農業について述べたものである。これらの国に該当する文章として適当なものを1～4からそれぞれ一つずつ選び，番号で答えよ。

1．1960年代に，緑の革命と呼ばれる高収量品種の導入を中心とした技術革新を行い，農業生産が飛躍的に増加した。また，1970年代後半から乳牛の品種改良が進み，酪農協同組合が設立されたことで，白い革命と呼ばれる生乳の生産急増がもたらされた。

2．農地の4分の3は灌漑によって潤されている。かつては遊牧民が利用していただけのやせた土地が，二毛作が可能な肥沃な土地に生まれ変わった。

3．農業の中心は水田稲作である。一方，植民地時代のプランテーションの影響が残っており，標高200m程度まではココナッツ，標高500mまでは天然ゴム，それ以上の標高では茶の生産が盛んである。

4．主要農産品は米およびジュート，茶である。井戸の普及や改良種の普及により，米の二期作や三期作の可能な地域も増加しており，2019年の米の生産量は世界第4位である。

問5　次の図4中のタ～テは，インド，スリランカ，ネパール，バングラデシュのいずれかの国における宗教別人口割合を示したものである。これらの国に該当するものとして適当なものを，タ～テのうちからそれぞれ一つずつ選び，記号で答えよ。

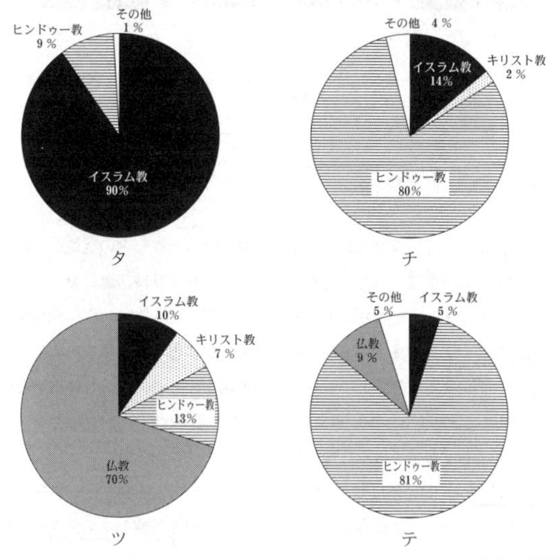

出典：外務省ホームページ他

図4

問6　次の写真1は，図1中の（あ）～（か）のいずれかの国における民族衣装をまとった人々を撮影したものである。その該当する国名を答えよ。また，図1中におけるその国の位置を（あ）～（か）から一つ選び，記号で答えよ。

写真1

政治・経済

（60 分）

1 次の文章を読み，下記の設問に答えよ。

2019年以降，世界各国においてデジタル時代の新たな競争政策の在り方の議論が活発化している。デジタル技術を用いた取引が利用者の市場アクセスを飛躍的に向上させ，経済活動におけるデジタル化の重要性が増している。巨大IT 企業も誕生しており，中でもアメリカ発のGAFA(1)などと呼ばれるデジタルプラットフォーマーは，新自由主義(2)の国際的拡大の潮流に乗り，世界的に市場占有率を高めていった。一方，アメリカのオバマ政権による，デジタルプラットフォーマーが市場支配力を拡大させ経済活力を低下させているという批判を皮切りに，国際通貨基金（IMF）や欧州各国で市場競争に関する当局が，デジタルプラットフォーマーの市場支配に警鐘を鳴らす報告を次々に行っている。

日本では公正取引委員会(3)が，2019年にGAFAなどのデジタルプラットフォーマーにみられた反競争的活動などについての報告を行った。デジタルプラットフォーマーが，圧倒的な情報量(4)や開発力において優位な立場で，個人情報を不正に収集・利用する場合，あるいは自社製品や自社コンテンツの自己優遇を行う場合，「優越的地位の乱用」にあたるとして，排除措置命令や課徴金の対象となり得る，としている。さらに，2020年6月には「デジタルプラットフォーム取引透明化法」が公布され，デジタルプラットフォーマーに対して，取引条件などの情報開示，運営における公正性の確保(5)，運営状況の報告の義務付けなどを定めた。アメリカでは制裁措置に重点を置くのに対して，日本では事業者による「共同規制」という新たな競争政策が注目されている。近年では，アメリカ発のGAFAだけではなく，中国などの新興デジタルプラットフォーマー(6)も拡大しているため，ますます，日本のデジタル時代の競争政策(7)の重要性は増している。

問1 下線部(1)に関連して，GAFAの頭文字の基となった，最も適切な4つの企業名あるいはインターネットサービス名を，カタカナで答えよ。（頭文字Aは順不同）

問2 下線部(2)に関連する下記の文章中，空欄 A ～ C それぞれに該当する最も適切な語句を，解答欄の字数に合わせて答えよ。

1970年代の石油危機以降，ケインズ理論による A の原理は批判され，欧米先進国では「小さな政府」の新自由主義が注目された。特にノーベル経済学賞を受賞したアメリカの経済学者 B の，貨幣供給量を経済成長率に合わせて一定に保つ C の考え方は，金融自由化に始まり，財政や民営化などに拡大されていった。1990年代以降になると，市場開放や資本移動の自由化など国際経済においても新自由主義が拡大していった。

〔解答欄〕 A □□□
B □□□□□□
C □□□□□□

問3 下線部(3)に関連する下記の文章中，空欄 D ～ H それぞれに該当する最も適切な語

句を，以下の選択肢 ア 〜 ソ の中から選び，記号で答えよ。（E，Fは順不同）

第二次世界大戦までは［D］による独占・寡占状態が続いていたが，戦後GHQの経済民主化の中で，［E］，［F］，そして［D］解体が進んだ。公正取引委員会は，［G］の運用を担い，公正で自由な市場経済を促進することを目指して1947年に発足した，日本の独立行政委員会である。［G］では，不当な取引や不公正取引方法などを禁止するが，そのあり方は時代とともに変化するため，運用基準が適宜更新されている。経済のグローバル化に応じて海外進出やM&Aなどで企業形態の柔軟性が求められる中，1997年の法改正では，［H］が原則的に認められた。

ア．教育改革　イ．競争制限防止法　ウ．秘密結社　エ．ゼネコン
オ．持株会社　カ．農地改革　キ．企業規制改革法　ク．共同企業体
ケ．財閥　コ．労働改革　サ．不正競争防止法　シ．独占禁止法
ス．産業革命　セ．合弁会社　ソ．規制改革

問4　下線部(4)に関連して，インターネットの世界的普及と，IT技術の進化によって生まれた大容量かつ多様なデータ群は何と呼称されるか，最も適切な語句をカタカナ6文字で答えよ。

問5　下線部(5)に関連して，企業が関連する法律や企業倫理を認識し，それらを守りながら経済活動を行うことを何というか，最も適当な語句をカタカナ8文字で答えよ。

問6　下線部(6)に関連して，中国系のデジタルプラットフォーマーとして<u>適切ではない</u>ものを，以下の選択肢 ア 〜カ の中から2つ選び，記号で答えよ。

ア．アリババ　イ．ファーウェイ　ウ．バイドゥ　エ．ヒュンダイ
オ．テンセント　カ．エンロン

問7　下線部(7)に関連して，日本のデジタル社会実現の司令塔として2021年9月に設置された行政機関の名称として，最も適当な語句を答えよ。

2　次の文章を読み，下記の設問に答えよ。

<u>大日本帝国憲法</u>(1)は，［A］年に公布された。大日本帝国憲法第1条は，「大日本帝国ハ万世一系ノ天皇之ヲ統治ス」として，<u>天皇</u>(2)に主権があることを示している。天皇に関する規定は，大日本帝国憲法第1条以外にも存在し，例えば，大日本帝国憲法第4条は，「天皇ハ国ノ元首ニシテ［B］権ヲ総攬シ此ノ憲法ノ条規ニ依リ之ヲ行フ」としている。

大日本帝国憲法下では，<u>帝国議会</u>(3)は天皇の立法権に<u>キョウサン</u>(4)する機関（大日本帝国憲法第5条）であり，国務各大臣は天皇の行政権を<u>輔弼</u>(5)（大日本帝国憲法第55条）し，<u>裁判所</u>(6)は「天皇ノ名ニ於テ」（大日本帝国憲法第57条）裁判を行った。

1945年のポツダム宣言の受諾に伴い，日本国政府は，大日本帝国憲法の改正をGHQより迫られた。政府は，<u>憲法問題調査委員会</u>(7)を設置して，改正案を作成しGHQに提出したが，GHQはこれを拒否し，<u>マッカーサー3原則</u>(8)に基づく憲法草案を日本政府に提示した。日本政府は，これをもとに憲法改正案をまとめ，1946年6月に開催された第［C］回帝国議会に上程し，そこでの審議，修正，可決を経て，同年［D］月に公布されたのが<u>日本国憲法</u>(9)である。

日本国憲法下では，天皇は，「日本国の［E］であり日本国民統合の［E］」（日本国憲法第1条）とされ，国政に関する権能を持たず，一定の<u>国事行為</u>(10)のみを行うとされている。

問１　下線部(1)に関する以下の問いに答えよ。

(a)　大日本帝国憲法に関連する記述として最も適切なものを，以下の選択肢 ア ～ エ の中から１つ選び，記号で答えよ。

ア．大日本帝国憲法には，信教の自由に関する規定は存在しなかった。

イ．大日本帝国憲法は，天皇の意思によって制定された民定憲法である。

ウ．大日本帝国憲法には，内閣総理大臣が国務各大臣の任命権を有することが規定されていた。

エ．大日本帝国憲法は，プロイセン憲法を模範として制定された。

(b)　大日本帝国憲法第20条は，「日本臣民ハ法律ノ定ムル所ニ従ヒ［あ］ノ義務ヲ有ス」として，［あ］の義務を規定している。他方で，日本国憲法では，［あ］の義務は規定されておらず，国民の義務の対象とはされていない。空欄［あ］に当てはまる最も適切な語句を漢字で答えよ。

問２　空欄［A］に当てはまる最も適切な算用数字を，以下の選択肢 ア ～ オ の中から１つ選び，記号で答えよ。

ア．1888　イ．1889　ウ．1897　エ．1898　オ．1899

問３　下線部(2)に関連して，［い］院とは，国家の重要問題に関して，天皇の諮問に応えることを任務とした機関で，大日本帝国憲法第56条は，「［い］顧問ハ［い］院官制ノ定ムル所ニ依リ天皇ノ諮詢ニ応ヘ重要ノ国務ヲ審議ス」としている。空欄［い］に当てはまる最も適切な語句を漢字２文字で答えよ。

問４　空欄［B］～［E］に当てはまる最も適切な語句又は算用数字を答えよ。但し，［C］，［D］は算用数字で答えること。

問５　下線部(3)に関連する記述として最も適切なものを，以下の選択肢 ア ～ オ の中から１つ選び，記号で答えよ。

ア．帝国議会は，衆議院と元老院から構成される。

イ．帝国議会は，参議院と元老院から構成される。

ウ．帝国議会は，衆議院と貴族院から構成される。

エ．帝国議会は，参議院と貴族院から構成される。

オ．帝国議会は，貴族院と元老院から構成される。

問６　下線部(4)の「キョウサン」を漢字で書け。

問７　下線部(5)の「輔弼」の意味に最も近いものを，以下の選択肢 ア ～ エ の中から１つ選び，記号で答えよ。

ア．掌握　イ．抑制　ウ．代理　エ．助言

問８　下線部(6)に関連して，大日本帝国憲法下では特別裁判所が設置されていた。大日本帝国憲法下の特別裁判所として適切でないものを，以下の選択肢 ア ～ エ の中から１つ選び，記号で答えよ。

ア．軍法会議　イ．行政裁判所　ウ．憲法裁判所　エ．皇室裁判所

問９　下線部(7)に関連して，憲法問題調査委員会が設置された時の内閣総理大臣を，以下の選択肢 ア ～ エ の中から１つ選び，記号で答えよ。

ア．片山哲　イ．鈴木貫太郎　ウ．吉田茂　エ．幣原喜重郎

問10　下線部(8)に関連して，マッカーサー３原則を要約すると，「天皇は国家元首の地位」，「［う］」，「封建制度の廃止」，という３つの原則からなっている。空欄［う］に入る最も適切な語句を，以下の

選択肢 ア ～ エ の中から1つ選び，記号で答えよ。

ア．戦争の放棄　　イ．農地改革　　ウ．普通選挙権の確立　　エ．男女平等

問11　下線部(9)に関連して，日本国憲法の改正にあたり，日本国憲法第96条に基づき，国会の発議を受けて実施される［え］について定めた，日本国憲法の改正手続きに関する法律（2007年制定）は，憲法改正［え］法とも呼ばれる。空欄［え］に入る最も適切な語句を，漢字4文字で答えよ。

問12　下線部(10)に関連する記述として適切なものを，以下の選択肢 ア ～ カ の中から2つ選び，記号で答えよ。

ア．天皇の国事行為には，内閣の助言と国会の承認が必要である。

イ．天皇の国事行為には，国会が責任を負う。

ウ．天皇の国事行為は，皇室典範に規定されている。

エ．国会の召集は，天皇の国事行為である。

オ．衆議院の解散は，天皇の国事行為である。

カ．内閣総理大臣の指名は，天皇の国事行為である。

3

次の文章を読み，下記の設問に答えよ。

高校2年生であるシズカさんは，北海学園大学のオープンキャンパスに参加した。以下の会話は，その日の晩のシズカさんとお父さんの会話である。

シズカ：今日は，北海学園大学のオープンキャンパスに参加して，いくつかの学部の模擬講義を受けてきたんだけど，ところで，お父さんって何学部だったの？

父：　父さんは，法学部の法律学科だったよ。憲法や民法は頑張って勉強していたよ。

シズカ：え，お父さんって法学部法律学科だったの！知らなかった。今日は，法学部の模擬講義も聞いてきたんだけど，そこで聞いた法律の勉強の内容は，私のイメージしてた法律の勉強とだいぶ違っていて，なんか印象的だったわ。私，法律に関する勉強って，法律の内容をひたすら暗記するようなものなのかなと思ってたの。でも，模擬講義の内容は，「『このはしわたるべからず』という立札が橋の前に立っているけど，これはどのように理解したら良いでしょう」というような話で，ルールの内容をどのように考えれば良いかみたいな話で…。

父：　それは解釈という話だね。法律学で学ぶことの中には，法律の規定が，具体的な事案に対してどのように適用されるのかという話があるんだよ。むしろ，そういう勉強の方が多いくらい。少なくとも，法学部を出たからといって法律の規定全部を暗記しているというわけではないよ。

シズカ：へー，そうなんだ。さっき，憲法や民法は良く勉強したと言っていたけど，具体的には，どんな勉強をしてたの？

父：　それじゃあ，憲法の話からしようか。憲法と聞いてどんな言葉が思い浮かぶ？

シズカ：うーん，今，思いついたのは，違憲判決(1)や基本的人権(2)という言葉かな。

父：　そうそう。それらはまさに憲法の勉強に関係する言葉だね。2022年のニュースでいえば，5月25日に最高裁判所裁判官の［A］において，［B］が投票することができないのは違憲であるという判断が示されたところだね。覚えてるかな？それから，父さんが学生時代にレポートを書いたテーマとして，婚外子の相続格差(3)に関する問題もある。ぜーんぶ，憲法で勉強するような内容だよ。ちなみに，民法を頑張って勉強したのも，このテーマを勉強したからなんだ。

シズカ：へえ〜。家ではテレビばっかりみているお父さんも，昔は真面目に勉強してたんだね。ところで，民法というのはどういう法律なの？

父：　そういうことは，言わなくて良いの。さて，法の分類でいえば，民法は，人と人の関係を対象とする法分野である［　C　］に属するんだ。たとえば，売買や婚姻なんかが関係する分野だよ。

シズカ：勉強をしていて馴染みがあるのは憲法だけど，生活に身近なのは民法が関わるような話ってことだね。

父：　そういうこと。ついでだから言っておくけど，シズカだって，もうすぐ成人になるんだから，自分一人で契約を締結できるようになる。そうすると，悪い人が「うまい儲け話がある」とかナントカいって，怪しげな契約を締結させようと近寄ってくるかもしれない。そういうトラブルには巻き込まれないよう注意するんだよ。もちろん，シズカがそういうトラブルに巻き込まれても，一定の要件を満たすならば，［　D　］という法律に基づいて契約の取り消し等を主張することはできる。それに，(4)訪問販売やエステなどの取引類型については［　E　］という法律による保護もあるよ。でも，巻き込まれないのが一番だから注意しようね。ちなみに，［　D　］は，成人年齢の引き下げに伴って2018年に(5)改正されたところだね。

シズカ：しっかり気をつけるようにするわ。他に法律が関わりそうな場面といえば…，あ！この間見たドラマの中で，警察が犯人を逮捕するシーンがあったんだけど，こういう場面にも，法律は関係してくるんだよね？

父：　そうだね。今，シズカが言ったような場面は，刑法や刑事訴訟法といった法律が関係する場面だね。刑法というのは，犯罪になる行為やその刑罰等を定めている法律なんだけど，そこでの重要な考え方として［　F　］というのがある。これは，ある行為を犯罪として処罰するには，犯罪となる行為の内容とそれに対応する刑罰を予め法律で定めておかなければいけないという考え方だよ。それから，警察による犯人の逮捕や犯罪の捜査に際して，守らないといけないルールが定められているんだけど，これに関係するのが刑事訴訟法。たとえば，逮捕については，現行犯逮捕の場合を除いて，司法官憲，すなわち裁判官の関与が憲法上要求されているね。逮捕は，意思に反した身体拘束を伴う点で，逮捕される人の自由を侵害する行為だから，不当な逮捕が起きないようにするために，こういう仕組みになっているんだよ。こういう仕組みのことを［　G　］ともいうね。とまあ，結構話したけども，いい時間だから，今日はこのくらいにしておこうか。

シズカ：えっ，もうこんな時間。お父さん，遅くまでありがとう。そういえば，今日の模擬講義をしていた先生は，法学部には政治学科もあると言っていたんだけど…。

父：　政治学科については，明日，おじさんが来るそうだから，そのときに聞いてみたらどうかな。おじさんは，政治学科の卒業生だから。

問1　下線部(1)に関連して，最高裁判所がこれまで（2022年6月1日以前）に出した基本的人権に関する判例についての説明として正しいといえるものを，以下の選択肢ア〜ウの中から全て選び，記号で答えよ。ただし，以下の選択肢の中に正しいものがない場合は，解答欄に×と記載すること。

ア．最高裁判所は，企業が，その入社希望者に学生運動への参加歴等を申告させて，その思想・信条を調査することについて，そのような行為が入社希望者の思想・良心の自由を侵害するものであると判断したことがある。

イ．最高裁判所は，公立学校の音楽教師が，入学式において斉唱される「君が代」の伴奏を命じられたことについて，当該命令が思想・良心の自由を侵害するものであるとして，違憲であると判断したことがある。

ウ．最高裁判所は，愛媛県（知事）が靖国神社や護国神社へ玉串料等の奉納について公金を支出したことについて，そのような支出が憲法の定める政教分離原則に違反するとして，違憲と判断したことがある。

問2　下記の条文は，下線部(2)に関連する憲法の条文であるが，下記の空欄［あ］～［え］に当てはまる語句として，最も適切なものを答えよ。

憲法第11条　「国民は，すべての基本的人権の［あ］を妨げられない。この憲法が国民に保障する基本的人権は，侵すことのできない永久の権利として，現在及び将来の国民に与へられる。」

憲法第13条　「すべて国民は，個人として尊重される。生命，自由及び［い］に対する国民の権利については，［う］に反しない限り，立法その他の国政の上で，最大の尊重を必要とする。」

憲法第14条１項　「すべて国民は，法の下に［え］であつて，人種，信条，性別，社会的身分又は門地により，政治的，経済的又は社会的関係において，差別されない。」

問3　本文中の空欄［A］～［G］に入る最も適切な語句を，以下の選択肢 ア ～ ネ の中から選び，記号で答えよ。

ア．国内法	イ．公法	ウ．慣習法	エ．定住外国人
オ．罪刑法定主義	カ．独占禁止法	キ．消費者保護基本法	ク．私法
ケ．一事不再理	コ．黙秘権	サ．消費者契約法	シ．令状主義
ス．遡及処罰の禁止	セ．特定商取引法	ソ．未成年者	タ．国民審査
チ．国民投票	ツ．難民	テ．消費者基本法	ト．企業取引法
ナ．特殊役務等規制法	ニ．選定罷免権	ヌ．在外国民	ネ．社会法

問4　下記の文章は，下線部(3)の問題に関する最高裁判決の一部分であるが，この文章を読んで，次の問いに答えよ。

「相続制度は，被相続人〔出題者注：亡くなった人のこと〕の財産を誰に，どのように承継させるかを定めるものであるが，相続制度を定めるに当たっては，それぞれの国の伝統，社会事情，国民感情なども考慮されなければならない。さらに，現在の相続制度は，家族というものをどのように考えるかということと密接に関係しているのであって，その国における婚姻ないし親子関係に対する規律，国民の意識等を離れてこれを定めることはできない。これらを総合的に考慮した上で，相続制度をどのように定めるかは，立法府の合理的な裁量判断に委ねられているものというべきである。この事件で問われているのは，このようにして定められた相続制度全体のうち，本件規定〔出題者注：嫡出子（法律上の夫婦の子）と，嫡出でない子（非嫡出子）の間の法定相続分を区別して定める民法の規定のこと〕により嫡出子と嫡出でない子との間で生ずる法定相続分に関する区別が，合理的理由のない差別的取扱いに当たるか否かということであ」る。

「本件規定の合理性に関連する……種々の事柄の変遷等は，その中のいずれか一つを捉えて，本件規定による法定相続分の区別を不合理とすべき決定的な理由とし得るものではない。しかし，昭和22年民法改正時から現在に至るまでの間の社会の動向，我が国における家族形態の多様化やこれに伴う国民の意識の変化，諸外国の立法のすう勢及び我が国が批准した条約の内容とこれに基づき設置された委員会からの指摘，嫡出子と嫡出でない子の区別に関わる法制等の変化，更にはこれまでの当審〔出題者注：

最高裁判所のこと〕判例における度重なる問題の指摘等を総合的に考察すれば，家族という共同体の中における個人の尊重がより明確に認識されてきたことは明らかであるといえる。そして，法律婚という制度自体は我が国に定着しているとしても，上記のような認識の変化に伴い，上記制度の下で父母が婚姻関係になかったという，子にとっては自ら選択ないし修正する余地のない事柄を理由としてその子に不利益を及ぼすことは許されず，子を個人として尊重し，その権利を保障すべきであるという考えが確立されてきているものということができる。

以上を総合すれば，……平成13年7月当時においては，立法府の裁量権を考慮しても，嫡出子と嫡出でない子の法定相続分を区別する合理的な根拠は失われていたというべきである。

したがって，本件規定は，遅くとも平成13年7月当時において，［ お ］に違反していたものというべきである」（最高裁判所平成25年9月4日裁判所 HP）

(a) 判決文中の空欄［ お ］に入る憲法の条文として適切なものを，以下の選択肢 ア ～ ウ の中から1つ選び，記号で答えよ。

ア．憲法第11条　イ．憲法第13条　ウ．憲法第14条1項

(b) 上記判例に関する説明として最も適切といえるものを，以下の選択肢 ア ～ ウ の中から1つ選び，記号で答えよ。

ア．最高裁判所は，嫡出子と嫡出でない子の間の法定相続分に関して区別を設けることそれ自体が，日本国憲法の基本的価値観に即して望ましくなく，わが国の伝統にもそぐわないという理由から，本件規定を違憲と判断している。

イ．最高裁判所は，本件規定の制定以降に生じた諸般の事情を総合的に考慮した結果，子自らが選択・修正できない事柄を理由に不利益を受けるべきでなく，子を個人として尊重し，その権利を保障すべきという考え方が確立してきていることから，本件規定を違憲と判断している。

ウ．最高裁判所は，相続制度としてどのような内容を定めるのかについての合理的な裁量が立法府に認められるとしつつも，その裁量には憲法の規定との関係で限界があるとして，本件規定の合理性を，本件規定が制定された当時の事情に基づいて審査し，違憲と判断している。

問5 下線部(4)の［ E ］という法律においては，一定の期間内であれば無条件で購入申込みの撤回や契約の解除を行える制度が定められている。この制度は一般的に何と呼ばれているか。カタカナ7文字で答えよ。

〔解答欄〕 □□□□□・□□

問6 下線部(5)に関連して，日本の国会における法律の制定・改正に関する手続の説明として正しいものを，以下の選択肢 ア ～ ウ の中から全て選び記号で答えよ。ただし，以下の選択肢の中に正しい説明がない場合には解答欄に×と記入すること。

ア．日本では，全ての法律案は衆議院で先に審議され，衆議院で可決された後に，参議院がその法案を審議するというルールが採用されている。

イ．衆議院で可決された法律案が，参議院において否決された場合，その法律案は衆議院に返付されるが，衆議院が出席議員の過半数の賛成によって返付された法律案を再可決したならば，その法律案は法律として成立する。

ウ．衆議院においても参議院においても，提出された全ての法律案は両院の議長によって本会議に直ちに付託されることになる。

数学

◀法学部 1 部・2 部，経営学部 1 部（経営情報）▶

（60 分）

（注）解答用紙には答えだけでなく，導出の過程も記入すること。

1 2は必須。3 4 5については，これらの中から 1 題を選択すること。

1（必須）

次の各問いに答えよ。

(1) $x = 3 + 2\sqrt{2}$，$y = 3 - 2\sqrt{2}$ のとき，$\dfrac{\sqrt{x} - \sqrt{y}}{\sqrt{x} + \sqrt{y}}$ の値を求めよ。

(2) 次の関数の最大値と最小値，およびそのときの x の値を求めよ。

$$y = (x^2 - 2x)^2 - 3(x^2 - 2x) \quad (0 \leqq x \leqq 3)$$

(3) 次のデータは，6 人のテストの得点である。

55，61，53，45，70，a　（単位は点）

このとき，このデータの中央値は a の値によって何通りの値を取り得るか。ただし，a の値は正の整数とする。

2（必須）

次の各問いに答えよ。

(1) x，y を実数とするとき，次の命題の対偶を書け。

「$x > 0$ かつ $y < 0$ が成り立つならば，$xy < 0$ が成り立つ」

(2) 不定方程式 $17x + 23y = 1$ の整数解をすべて求めよ。

(3) 1 個のさいころを 2 回投げ，1 回目に出た目の数を a，2 回目に出た目の数を b とする。このとき，$\sin\theta = \dfrac{b}{a}$ を満たす θ の値が存在する確率を求めよ。ただし，$0^\circ \leqq \theta \leqq 180^\circ$ とする。

3 （選択）

$AB = x^2$，$BC = 2x + 3$，$CA = 4x + 4$ である三角形ABCについて，次の問いに答えよ。ただし，$x > 0$ とする。

(1) x の値の範囲を求めよ。

(2) 三角形ABCが二等辺三角形となるような x の値を求めよ。

(3) 三角形ABCが二等辺三角形となり，かつ鋭角三角形となるような x の値を求めよ。

4 （選択）

関数 $f(x) = x^3 + x^2 - ax$ は $x = -1$ で極値をとる。曲線 $y = |f(x)|$ 上の点 $\left(\frac{1}{2}, \left|f\left(\frac{1}{2}\right)\right|\right)$ における接線を ℓ とするとき，次の問いに答えよ。ただし，a は定数とする。

(1) a の値を求めよ。また，$f(x)$ の極小値，およびそのときの x の値を求めよ。

(2) ℓ の方程式を求めよ。

(3) 次の曲線と直線で囲まれた図形の面積 S を求めよ。

曲線 $y = |f(x)|$，接線 ℓ，直線 $x = -1$，y 軸

5 （選択）

次の条件によって定められる数列 $\{a_n\}$ について，次の問いに答えよ。

$$a_1 = 3,\ a_{n+1} = 4a_n + 3 \quad (n = 1,\ 2,\ 3,\ \cdots)$$

(1) a_4 を求めよ。

(2) 数列 $\{a_n\}$ の一般項を求めよ。

(3) $b_n = (a_n + 1)^n$ $(n = 1,\ 2,\ 3,\ \cdots)$ とする。b_1，b_2，$\cdots$，b_n の積 B を $B = b_1 b_2 \cdots b_n$ とおくとき，B を求めよ。

◀工学部（社会環境工〈環境情報コース〉・生命工）▶

（60 分）

（注）　解答用紙には答えだけでなく，導出の過程も記入すること。

1 2は必須。3 4 5については，これらの中から 1 題を選択すること。

1 （必須）

次の各問いに答えよ。

(1)　$x = 3 + 2\sqrt{2}$，$y = 3 - 2\sqrt{2}$ のとき，$\dfrac{\sqrt{x} - \sqrt{y}}{\sqrt{x} + \sqrt{y}}$ の値を求めよ。

(2)　次の関数の最大値と最小値，およびそのときの x の値を求めよ。

$$y = (x^2 - 2x)^2 - 3(x^2 - 2x) \quad (0 \leqq x \leqq 3)$$

(3)　次のデータは，6 人のテストの得点である。

55，61，53，45，70，a　（単位は点）

このとき，このデータの中央値は a の値によって何通りの値を取り得るか。ただし，a の値は正の整数とする。

2 （必須）

次の各問いに答えよ。

(1)　2 次方程式 $x^2 + 8x + k = 0$ の 1 つの解が他の解の(-3)倍であるとき，定数 k の値とこの 2 次方程式の解を求めよ。

(2)　関数 $y = 7\sin x + \sqrt{6}\cos x$ $(0 \leqq x < 2\pi)$ の最大値と最小値を求めよ。

(3)　3 次方程式 $x^3 - 9x^2 + 16x + 26 = 0$ を解け。

3（選択）

数列 $\{a_n\}$ と関数 $f(x)$ を次で定める。

$$a_n = 2n^2 - n \quad (n = 1,\ 2,\ 3,\ \cdots),$$

$$f(x) = \frac{1}{\sqrt{x}+1} \quad (x \geqq 0)$$

このとき，次の問いに答えよ。

(1) 極限 $\displaystyle\lim_{n\to\infty} a_n$ を求めよ。

(2) 不定積分 $\displaystyle\int f(x)\,dx$ を求めよ。

(3) 極限 $\displaystyle\lim_{n\to\infty}\int_{a_n}^{a_{n+1}} f(x)\,dx$ を求めよ。

4（選択）

7 個の数字 1，2，3，4，5，6，7 の中から異なる 3 個の数字を使って，3 桁の整数を作るとき，次の問いに答えよ。

(1) 3 桁の整数はいくつ作ることができるか答えよ。

(2) 456 以上の 3 桁の整数はいくつ作ることができるか答えよ。

(3) 作った 3 桁の整数のうち，小さい方から数えて 123 番目の整数を答えよ。

5（選択）

3 つのベクトル $\vec{a} = (x,\ y)$，$\vec{b} = \left(\dfrac{x-\sqrt{3}y}{2},\ \dfrac{\sqrt{3}x+y}{2}\right)$，$\vec{c} = s\vec{a}+t\vec{b}$ は $\vec{a}\cdot\vec{c} = \vec{b}\cdot\vec{c}$ を満たすとする。このとき，次の問いに答えよ。ただし，x，y，s，t は実数の定数であり，$x^2 + y^2 = 1$，$s \neq 0$ を満たす。

(1) $\vec{a}$ と $\vec{b}$ のなす角 θ_1 を求めよ。

(2) t を s を用いて表せ。

(3) $\vec{a}$ と $\vec{c}$ のなす角 θ_2 を求めよ。

理科

（60 分）

（注）物理（1 2），化学（3 4），生物（5 6）の 6 題から任意の 2 題を選んで解答すること。

1 （物理基礎）

図 1 のように水平面となす角度が $\theta\left(0 < \theta < \frac{\pi}{2}\right)$ である斜面上の点 A において，質量が M の小さな物体が水平方向の外力を受けて静止している。図中の長さが L の水平な区間 BC には一様な摩擦が存在し，それ以外の場所はなめらかであるとする。物体は水平面や斜面から離れることがないものとし，重力加速度の大きさを g として以下の文中の空欄を適切な数式または数値で埋めよ。

1．点 A において物体が斜面から受ける垂直抗力の大きさは [（1）] であり，外力の大きさは [（2）] である。

2．水平方向の外力をゼロにすると物体は斜面を点 A から初速度ゼロで静かにすべり出した。その後，物体は速さ v で点 B を通過すると，摩擦が存在する区間 BC を進み，速さ $\frac{4}{5}v$ で初めて点 C に到達した。このことから区間 BC での物体の加速度の大きさが [（3）] であり，区間 BC における物体と水平面の間の動摩擦係数が [（4）] であることがわかる。また，この最初の BC 間の移動にかかる時間は [（5）] である。

3．物体は点 C を通過した後，斜面を上昇して点 D まで到達し，再び下降を開始した。力学的エネルギー保存則より，この点 D の高さは点 A の高さの [（6）] 倍である。また，下降した物体が再び点 C を通過するときの速さは [（7）] である。

4．物体は区間 BC を 1 回通過するごとに運動エネルギーを [（8）] だけ失う。その結果，物体は運動を開始してから点 B を合計 3 回通過した後，点 B から点 C に向かって [（9）] だけ離れた場所で停止する。物体が動き出してから最後に停止するまでに摩擦力が物体にした仕事は [（10）] である。

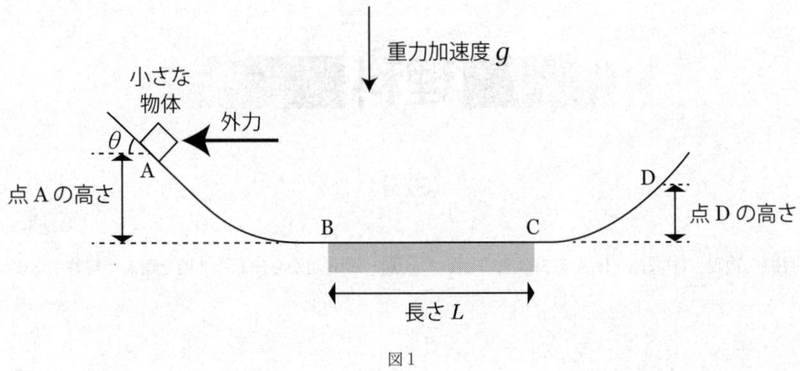

図1

2　（物理）

真空中で図2のように，xy 平面上の1辺の長さ r の正三角形OPQの各頂点に，十分に長いまっすぐな導線を紙面に垂直に通過させて固定する。各導線には大きさ I の直流電流が紙面の裏から表に向かって流れている。導線の太さを無視し，真空の透磁率を μ_0 として，以下の問いに答えよ。ただし，向きを答える場合は図中の30°ずつ異なる向きを表す矢印 イ ～ ヲ の中から最も適切な1つを選び記号で答えよ。

（1）　点Pを通る電流1が点Oにつくる磁場の大きさと向きを求めよ。

（2）　点Qを通る電流2が点Oにつくる磁場の大きさと向きを求めよ。

（3）（1）の磁場の磁束密度の大きさと向きを求めよ。

以下では，点Oを通る導線上の長さ L の部分が磁場から受ける力を考える。

（4）　電流1がつくる磁場から受ける力の大きさと向きを求めよ。

（5）　電流1と電流2がつくる磁場から受ける力の合力の大きさと向きを求めよ。

（6）　点Pを通る電流1の向きを逆（紙面の表から裏）にした場合，電流1と電流2がつくる磁場から受ける力の合力の大きさと向きを求めよ。

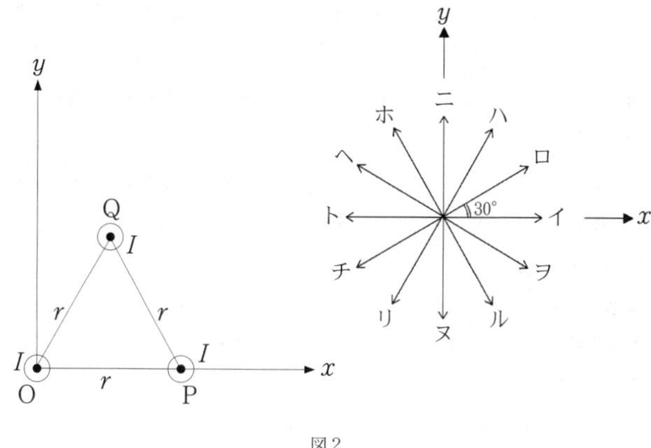

図 2

3 （化学基礎）

次の各設問に答えよ。

1．次の (1)～(6) の各設問に記号で答えよ。ただし，原子量は H ＝ 1.0，C ＝ 12，N ＝ 14，O ＝ 16，標準状態（0 ℃，1.01×10^5 Pa）における 1 mol の気体の体積は22.4 L とする。

(1) 次の a ～ e の組み合わせのうち，純物質と混合物の組み合わせのものを記号で答えよ。

a．塩素と塩化ナトリウム　　b．食塩水と海水　　c．塩化水素と塩酸
d．水素と水　　e．酸素と二酸化炭素

(2) 次の a ～ e の原子またはイオンのうち，最外殻電子の数が Ca と同じものを記号で答えよ。

a．He　　b．B　　c．Ne　　d．P　　e．K^-

(3) 次の a ～ e の組み合わせのうち，極性分子と無極性分子の**組み合わせでないもの**を記号で答えよ。

a．HF と H_2　　b．HCl と Cl_2　　c．NH_3 と CH_4　　d．H_2O と O_2　　e．CO_2 と CCl_4

(4) 次の a ～ e の気体のうち，標準状態における気体の体積がもっとも小さいものを記号で答えよ。

a．48 g の O_2　　b．60 g の CO_2　　c．2.0 mol の CH_4
d．標準状態で気体の体積が40 L の N_2　　e．1.8 mol の NH_3

(5) エタノール C_2H_5OH を完全燃焼させたところ，5.4 g の水 H_2O が生成した。このとき，燃焼した C_2H_5OH の質量としてもっとも適当なものを，次の a ～ e のうちから記号で答えよ。

a．3.4 g　　b．4.6 g　　c．5.4 g　　d．8.8 g　　e．9.6 g

(6) 溶媒に対する物質の溶けやすさの違いを利用して，混合物から特定の物質を溶媒に溶かし出して分離する操作がある。この操作の名称としてもっとも適当なものを，次の a ～ e のうちから記号で答えよ。

a．ろ過　　b．吸着　　c．再結晶　　d．蒸留　　e．抽出

2．次の⑴～⑷の各設問に答えよ。ただし，原子量は H = 1.0，C = 12，O = 16，Na = 23とし，計算結果はいずれも有効数字 2 桁で答えよ。

⑴　シュウ酸二水和物 $H_2C_2O_4 \cdot 2H_2O$ の結晶 0.630 g を水に溶かし，100 mLの水溶液にした。このシュウ酸水溶液のモル濃度は何 mol/L か答えよ。

⑵　⑴のシュウ酸水溶液 10.0 mL を濃度未知の水酸化ナトリウム水溶液で滴定したところ，中和点までに12.0 mL を要した。この水酸化ナトリウム水溶液のモル濃度は何 mol/L か答えよ。

⑶　食酢を正確に10倍に薄めた水溶液をつくり，その 10.0 mL を 0.100 mol/L の水酸化ナトリウム水溶液で滴定すると，中和点までに 6.60 mL を要した。薄める前の食酢中の酢酸のモル濃度（mol/L）と質量パーセント濃度（%）をそれぞれ答えよ。ただし，食酢中の酸はすべて酢酸とし，食酢の密度は 1.0 g/cm^3 とする。

⑷　質量パーセント濃度が 20.0％の水酸化ナトリウム水溶液の密度は 1.22 g/cm^3 である。この水酸化ナトリウム水溶液のモル濃度は何 mol/L か答えよ。

3．次の文章を読み，⑴～⑶の各設問に答えよ。

図 1 に示すように，希硫酸に銅板と亜鉛板を浸し導線で結んだ電池をボルタ電池という。この電池がはたらくとき，亜鉛板は ①［(a) 正極　(b) 負極］となり，亜鉛が ②［(a) 酸化　(b) 還元］される。また，銅板は ③［(a) 正極　(b) 負極］となり，希硫酸中の水素イオンが ④［(a) 酸化　(b) 還元］される。

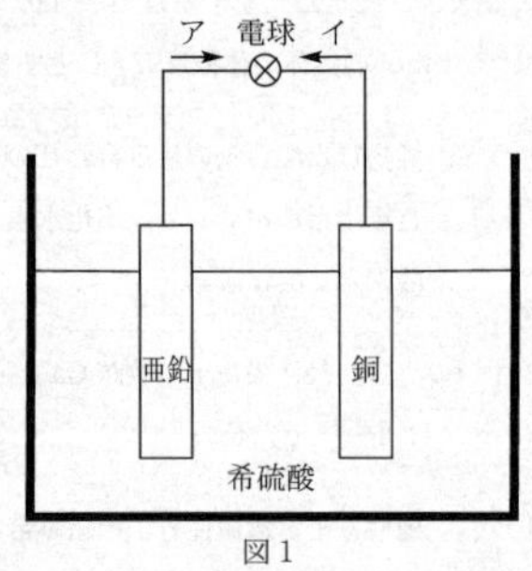

図 1

⑴　文中の①～④の［　］内にあてはまる適切な語句を選び記号で答えよ。

⑵　この電池がはたらくとき，図 1 の導線中の電子の流れる方向は矢印 ア，イ のどちらか答えよ。

⑶　この電池がはたらくとき，図 1 の導線中の電流の流れる方向は矢印 ア，イ のどちらか答えよ。

4　（化学）

次の各設問に答えよ。

1．次の文章を読み，(1) および (2) の各設問に答えよ。

炭酸ナトリウムは，工業的には，食塩（塩化ナトリウム）と石灰石（炭酸カルシウム）から次のように製造される。

① 塩化ナトリウムの飽和水溶液に，アンモニアと［ a ］を吹き込むと，比較的溶解度の小さい［ b ］が沈殿する。

② ［ b ］を取り出して加熱すると，炭酸ナトリウムと［ a ］と［ c ］に分解する。

③ 石灰石（炭酸カルシウム）を強く熱すると，［ a ］と［ d ］に分解する。この［ a ］は ① の反応に利用される。

④ ［ d ］に水を加えると，発熱して反応し［ e ］になる。

⑤ ① の操作後，［ b ］を除いた溶液に［ e ］を加えて加熱すると，アンモニアが発生する。アンモニアは再び，① で利用される。

(1) 文中の［ a ］～［ e ］の空欄にあてはまる適切な物質を化学式で答えよ。

(2) ① から ⑤ までの反応をまとめると，一つの化学反応式になる。この化学反応式を答えよ。

2．次の (1) ～ (3) の各設問に答えよ。ただし，原子量は N = 14，O = 16，気体定数は $R = 8.3 \times 10^3$ Pa・L/(K・mol) とし，すべての気体は理想気体として振る舞うものとする。なお，計算結果はいずれも有効数字 2 桁で答えよ。

(1) 27℃，2.0×10^5 Pa で 5.0 L の気体がある。この気体を 87℃，4.0×10^5 Pa とすると，体積は何 L になるか答えよ。

(2) ある気体 0.54 g をとり，47℃，1.0×10^5 Pa のもとで体積を測定したところ，0.20 L であった。この気体の分子量を答えよ。

(3) 一定容積の容器に，窒素 2.52 g と酸素 1.60 g からなる 27℃の混合気体が入っている。この混合気体の全圧が 1.4×10^5 Pa のとき，混合気体中の窒素の分圧と酸素の分圧はそれぞれ何 Pa か答えよ。

3．分子式が C_3H_8O の化合物には，A，B，C の 3 種類がある。これらに関する次の ① ～ ③ の各文章を読み，文中の化合物 A，B，C，D，E に該当する有機化合物をそれぞれ構造式で答えよ。

① 化合物 A，B，C それぞれに少量の金属ナトリウムを加えると，化合物 A と化合物 B はいずれも水素ガスを発生したが，化合物 C は水素ガスを発生しなかった。

② 化合物 A を硫酸酸性の二クロム酸カリウム水溶液で酸化すると，銀鏡反応を示す化合物 D が生成した。化合物 D をさらに酸化すると，プロピオン酸 CH_3CH_2COOH が生成した。

③ 化合物 B を硫酸酸性の二クロム酸カリウム水溶液で酸化すると，芳香のある無色の液体 E が生成し

た。化合物Eにヨウ素と水酸化ナトリウムの水溶液を加えて温めると，特有の臭気をもつヨードホルム CHI_3 の黄色沈殿が生成した。

5　（生物基礎）

ある河川の生態系調査に関する次の文章を読み，下記の設問（問1～6）に答えよ。

図1は，有機物を多く含む生活排水（汚水）が継続的に流入しているある河川の生物の個体数と水質の変化を調査したものである。上のグラフは水中に生息する微生物の個体数を示し，下のグラフはBODや化学物質などの量を示している。BODは微生物が水中の有機物を分解するときに必要な酸素量のことで，水中に含まれる有機物量の指標と考えてよい。NH_4^+ と O_2 は，それぞれ無機栄養塩類であるアンモニウムイオンと溶存酸素量の変動を示している。汚水が流れ込む地点は上流付近の1カ所（汚水流入点）で，河川の流速および汚水から流入する化学物質の量は一定とみなす。

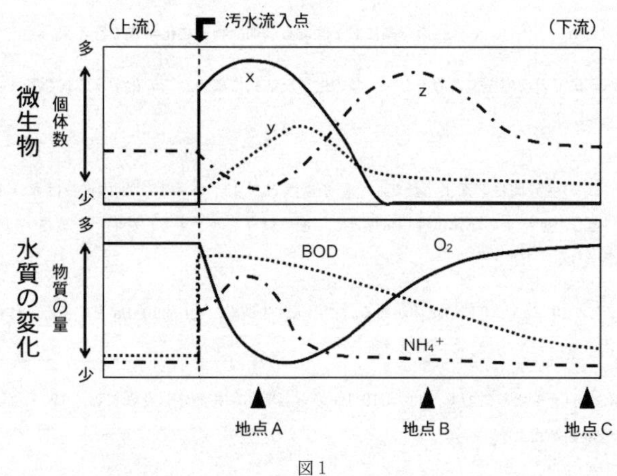

図1

この河川では，下流に行くにしたがって，各地点で以下のようなことが起こったと考えられる。地点Aでは，生物 x が汚水中の有機物を栄養分として取り込み，急激に増加する。このとき，生物 x の代謝反応である（　ア　）によって酸素が減少する。また有機物の分解が進み，アンモニウムイオンが増加する。₁生物 x が増加すると，生物 x を捕食する生物yが増加する。その結果，生物 x は生物 y に捕食されて減少する。地点Aでアンモニウムイオンが増加すると，生育にそれらを必要とする生物 z が増加してくる。その結果，地点Bでは生物 z の代謝反応である（　イ　）によって酸素が増加し，₂アンモニウムイオンが消費されて減少する。アンモニウムイオンが減少すると，やがて生物 z も減少する。こうして下流の地点Cでは，生物の個体数や物質の量，BODは汚水流入前の状態に近づいていく。このように河川や湖沼などに有機物などを含む汚水が流入すると，その量が少ないときは大量の水による希釈や，岩や水底の泥などへの吸着，微生物のはたらきなどにより汚濁物が減少する。このような現象は₃（　ウ　）と呼ばれ，生態系のバランスを保つはたらきの1つである。

問１　文章中の空欄（　ア　）～（　ウ　）に入る適切な語句を答えよ。

問２　この河川の調査で調べられた３種の微生物は，藻類，細菌，原生動物[注]であった。それぞれ x，y，z のどれに対応するか，微生物の個体数変化を示すグラフを参考にして，記号で答えよ。

注）ゾウリムシのような単細胞で運動性がある従属栄養生物を原生動物という。

問３　下線部１のような食う食われるの関係によって引き起こされる現象について述べた次の(1)と(2)に答えよ。

(1)　汚水中に生物によって分解あるいは排出されにくい物質が含まれていた場合，食物連鎖を通じて濃縮され，栄養段階の上位の生物で毒性が現れることがある。このように特定の物質が生体内に取り込まれて，外部の環境よりも高濃度で蓄積される現象を何というか。

(2)　生物の間に見られる食う食われるの関係が，複雑な網状になったものを何というか。

問４　下線部２のような生物によるアンモニウムイオンの利用は，生態系における窒素の循環の一部を構成している。これに関連した次の(1)と(2)に答えよ。

(1)　窒素は，生命活動に必要な有機物を合成するために不可欠な元素である。このような窒素を構成成分とする有機物を，次の ① ～ ⑤ の中からすべて選び，番号で答えよ。

①　DNA　　②　RNA　　③　タンパク質　　④　脂肪　　⑤　炭水化物

(2)　生態系における物質の循環とエネルギーの流れについて述べた以下の ① ～ ⑤ の文章のうち，誤っているものをすべて選び，番号で答えよ。

①　生産者である植物は，土壌中にある硝酸イオン（NO_3^-）やアンモニウムイオンを根から吸収し，タンパク質や核酸などの有機窒素化合物を合成しており，このはたらきを窒素固定という。

②　分解者である脱窒素細菌のはたらきによって，土壌中の窒素化合物の一部は窒素（N_2）に変えられ，大気中に戻る。

③　大気中や水中の二酸化炭素（CO_2）は，生産者である植物の異化作用によって糖を合成する際に吸収され，食物連鎖によりすべての生物体の有機物を構成している炭素（C）の原料となる。

④　太陽の光エネルギーは生産者によって，その一部が有機物中の化学エネルギーに変換され，食物連鎖を通し消費者や分解者に移動する。

⑤　炭素と同様に，エネルギーは生態系内を循環し，生態系外には放出されない。

問５　下線部３について，大量の汚水が流れ込むなどして，このはたらきをこえる大きなかく乱が生じた場合，生態系のバランスが崩れてしまい，容易にはもとにもどらなくなることがある。これについて(1)と(2)に答えよ。

(1)　生態系バランスを崩す原因の１つである河川や湖沼の栄養塩類の増加現象を何というか。

(2)　気温の高い夏などに，(1)の進行によって湖沼と海洋で発生するプランクトンの異常増殖現象をそれぞれ何というか。

問６　図２は，（　ア　）と（　イ　）の代謝反応において，エネルギーの受け渡しに使われている物質を模式的に示したもので，Ⓟはリン酸を示している。この物質について，以下の問(1)～(5)に答えよ。

(1)　この物質の名称を答えよ。

⑵　図中の（　エ　）は糖の１種，（　オ　）は塩基の１種，（　カ　）は（　エ　）と（　オ　）が結合した物質である。それぞれの物質名を答えよ。

⑶　A ～ C の矢印の中で，高エネルギーリン酸結合であるのはどれか。当てはまる記号をすべて答えよ。

⑷　A ～ C の矢印の中で，生命活動に使われるエネルギーが発生するのは，一般的にどの位置のリン酸結合が分解されるときか。当てはまる記号を１つ答えよ。

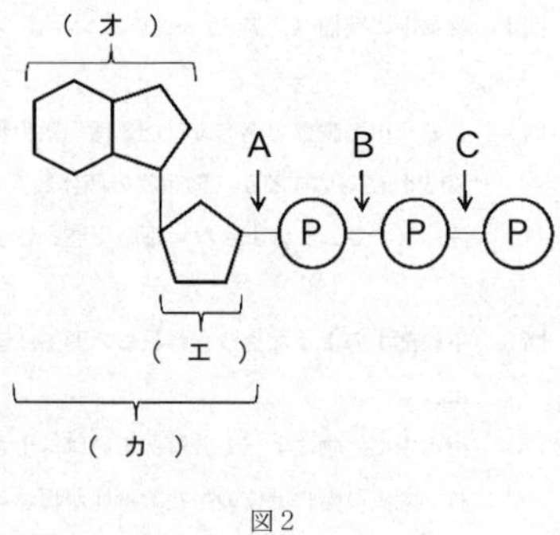

図２

⑸　次の ① ～ ⑥ の中から，この物質の消費をともなう生命活動を３つ選び，番号で答えよ。

①　植物が根毛から水分を吸収する。
②　ホタルがルシフェラーゼを使って発光する。
③　赤血球中のヘモグロビンが酸素と結合する。
④　だ液に含まれるアミラーゼがデンプンを分解する。
⑤　動物が動くときに筋肉を収縮させる。
⑥　植物が二酸化炭素からデンプンを合成する。

6　（生物）

カエルの発生に関する次の文章を読み，下記の設問（問１～８）に答えよ。

カエルでは，精子が卵の（　ア　）極側から進入すると，卵の表層がその下の細胞質に対して回転し$_1$，これによって精子進入点の反対側に周囲と色の濃さの異なる領域である（　イ　）が生じる。受精卵$_2$は卵割$_3$が進むと桑実胚を経て胞胚となり，胞胚期を過ぎると細胞が胚の内部に入り込む陥入が起こり，やがて原腸が形成される。この時期の胚を原腸胚といい，陥入する部分は原口$_4$と呼ばれる。原腸胚期には，胚を構成する細胞群が外胚葉，内胚葉，中胚葉$_5$の３つに区別できるようになる。原腸胚期後，神経胚，尾芽胚をへて幼生（オタマジャクシ）となり，やがて成体となる$_6$。

生物の体において方向性がみられるとき，それを示す線を体軸$_7$といい，背中と腹を通る体軸は背腹軸という。カエルの背腹軸は精子の進入位置によって決まり，（　イ　）が生じた側は将来の背側になる。

問１　本文中の（　ア　）および（　イ　）に当てはまる適切な語句をそれぞれ答えよ。

問２　下線部１について，卵の表層はその下の細胞質に対しておよそ何度回転するか。次の ① ～ ⑤ から最も適切なものを１つ選び，番号で答えよ。

①　約10度　　②　約20度　　③　約30度　　④　約40度　　⑤　約50度

問３　下線部２について，受精卵のように，その種の個体のあらゆる細胞に分化し得る細胞があれば再生医療などに役立つ。そのような細胞の候補の１つとして，2006年に山中伸弥らの研究グループが，マウスの皮膚組織から得た細胞に４つの遺伝子を人為的に導入することによって，多分化能を備える細胞を作り出すことに成功した。この細胞の名称を答えよ。

問４　下線部３について，動物の受精卵の卵割に関して述べた次の文章 ① ～ ④ のうち，正しいものをすべて選び，番号で答えよ。

①　ウニの卵は等黄卵で，16細胞期までは等割である。

②　カエルの受精卵では，卵割の３回目は，動物極と植物極を結ぶ軸に直交するように不等割が起こる。

③　ハエの卵割は，初めは核の分裂しか起きず，１つの細胞に多数の核がある状態になる。

④　動物の受精卵の卵割の時に見られる細胞周期は，通常の体細胞分裂の細胞周期よりも長い。

問５　下線部４について，原口がそのまま成体の口になるような動物を旧口動物という。旧口動物に当てはまるものを次の選択肢 ① ～ ⑥ からすべて選び，番号で答えよ。

①　プラナリア　　②　ヒト　　③　ミミズ　　④　ヒトデ

⑤　センチュウ　　⑥　カニ

問６　下線部５について，次の ① ～ ④ の文章は両生類における外胚葉，内胚葉，中胚葉のいずれかについて説明したものである。各胚葉に当てはまる説明文をそれぞれすべて選び，番号で答えよ。

①　この胚葉からは，心臓や骨格筋などができる。

②　この胚葉からは，表皮や神経管が分化する。

③　この胚葉から最初に分化する脊索は，形態形成の中心的な役割を果たし，のちに退化する。

④　食道や胃，腸などの消化管の内壁の上皮は，この胚葉から分化する。

問７　下線部６について，次の設問 (1) および (2) に答えよ。

(1)　動物の幼生が形態や性質を大きく変えて成体になる過程を何というか，その名称を答えよ。

(2)　オタマジャクシの尾はオタマジャクシがカエルの成体になる際に消失するが，これは発生段階においてあらかじめ死ぬようにプログラムされている細胞死（プログラム細胞死）によるものである。プログラム細胞死では多くの場合，細胞の DNA が断片化し，それが引き金になって細胞が死滅する。このような細胞死を特に何というか，その名称を答えよ。

問８　下線部７に関して，ショウジョウバエの体軸の決定について述べた下記の文章を読み，設問 (1) および (2) に答えよ。

ショウジョウバエの胚の前後軸の形成において，卵の前後に局在する（　ウ　）は重要な役割を果たしている。卵の前方にはビコイドという遺伝子の（　ウ　）が局在している。この（　ウ　）は母親の体内で卵形成中に合成され，卵に蓄積する。受精後，（　ウ　）が翻訳されてタンパク質が作られるが，その過程で拡散が起こりタンパク質の濃度勾配が生じる。この濃度勾配が卵における相対的な位置情報となり，胚の前後軸が形成される。ビコイドタンパク質が欠失すると胚の前方部は形成されなくなる。

⑴　（　ウ　）に当てはまる最も適切な語句を答えよ。

⑵　ビコイドをコードする正常な対立遺伝子を B，その RNA が転写されない異常な対立遺伝子を b とする。ショウジョウバエの雄（遺伝子型 Bb）と雌（遺伝子型 bb）を交配した場合，受精卵のうち次世代 F_1 が正常に発生できる確率は何％か，数字で答えよ。

は異なるものにした。

キ　現代の民主主義には性格を異にする複数の選挙制度が存在するが、いずれも権力の私物化を防ぎ、民主主義の理念を実現するための手続きと見なされている点は共通している。

問八　傍線３「不可欠だからである」とあるが、ここで不可欠だと述べられているものは何か。最も適切なものを次の中から一つ選び、符号で答えよ。
ア　選挙で選ばれた者が国民全体の代表者になること
イ　議会での決定を国民全員の意思の表明と見なすこと
ウ　国民全員に平等に参政権が与えられること
エ　人民主権という原理と選挙という具体的制度を両立させること
オ　歴史的に見れば必ずしも民主主義的とは言えない選挙という制度を民主主義化すること

問九　傍線４「国民の意思の表明という実質的な強い正統性と国民による審判という手続き的な弱い正統性」とあるが、次のうち著者が「国民の意思の表明という実質的な強い正統性」とより関係が深いと考えているものにはア、「国民による審判という手続き的な弱い正統性」とより関係が深いと考えているものにはイ、どちらにも等しく関係すると考えているものにはウを答えよ。
一　定期的で頻繁な選挙
二　権力の私物化や専制を防止すること
三　比例代表制

問十　本文の内容と合致するものを次の中から**三つ**選び、符号（ア～キの順）で答えよ。
ア　選挙制度は、近代民主主義の成立以降もエリートによる統治、言い換えれば一種の貴族主義を政治に温存するための手段だった。
イ　近代の民主主義は、古代の民主主義に見られる権力行使の平等性に対する強いこだわりを批判することから始まった。
ウ　選挙制度を民主主義的なものにするための二大条件は、参政権の平等と選挙の定期的で頻繁な実施である。
エ　近代の民主主義は、しだいに参政権の平等を重視するようになった結果、出発点では異質なものだった古代の民主主義に接近していった。
オ　（選択肢省略）
カ　近代民主主義の推進者たちは、歴史上はじめて政治権力を正統化する必要性を自覚し、そのことが近代の民主主義を古代の民主主義と

問七　空欄④～⑥に入る言葉として最も適切なものを次の中からそれぞれ一つ選び、符号で答えよ。

④
ア　偏向なき決定
イ　満場一致の決定
ウ　多数決による決定
エ　熟議を経た決定
オ　独立独歩の決定

⑤
ア　非人格的な法律
イ　人道的な法律
ウ　欽定憲法
エ　自主憲法
オ　目的別の予算案

⑥
ア　平板化
イ　擬人化
ウ　弱体化
エ　恣意的な行使
オ　無目的な行使

主体的市民へと変容させようとしたから。

オ　古代の民主主義を復活させるにあたって、当時の新しい思想であったロックやルソーの社会契約論によって権力の正統性を根拠づけることが、多数の人々の支持を得るために必要であったから。

問五　空欄①と②に入る言葉の組み合わせとして最も適切なものを次の中から一つ選び、符号で答えよ。

ア　①　効果　②　理念

イ　①　規模　②　計略

ウ　①　目的　②　法則

エ　①　技法　②　戒律

オ　①　形態　②　規範

問六　空欄③に入る最も適切なものを次の中から一つ選び、符号で答えよ。

ア　代表制度は、どのような仕組みで政治権力を人民ないし国民の名において権威づけ、それによって、反専制政治を実現しようとしたのだろうか。

イ　代表制度は、政治において利害や意見の対立が生じた場合に、最高権力者としての君主に頼ることなしにどうやって問題解決を図ったのだろうか。

ウ　人民主権は、民衆の名において権力に一定の制約を課されなければならないという原則を、どのように具体的な制度として実現しようとしたのだろうか。

エ　人民主権は、いかにして一国の代表制度と結びつき、単なる理念ではなくその国の歴史や文化に根ざした現実的な指針へと変化していったのだろうか。

オ　人民主権は、あらゆる政治権力を批判し公正な政治を実現するために、どのようなプロセスを経て代表制度の中に組み込まれていったのだろうか。

B　カン和

ア　この先で地面がカンボツしていて危険です。
イ　好きな言葉は「初志カンテツ」です。
ウ　多文化共生社会ではカンヨウの精神が大切です。
エ　カンキュウ自在の戦いぶりで観客を魅了した。

問三　傍線１「市民による政治権力の行使の平等性」とあるが、その説明として最も適切なものを次の中から一つ選び、符号で答えよ。

ア　重要な政治的決定をクジ引きによって行なうこと
イ　重要な政治的決定を行うのに市民全員の同意が必要であること
ウ　市民の誰もが権力者になる可能性を有すること
エ　政治権力を私物化する者を投票により追放できること
オ　政治権力を持つ者と持たない者の間に地位の差がないこと

問四　傍線２「近代の民主主義が同意による権力の正統化に非常にこだわったわけ」とあるが、その説明として最も適切なものを次の中から一つ選び、符号で答えよ。

ア　近代民主主義をもたらした市民革命の核心には、政治権力の正統性をそれに従う者たちの同意に見るロックや、その考えをさらに発展させたルソーの思想があり、後に生じるフランス革命もその強い影響下にあったから。
イ　近代民主主義は、それまでクジ等で無作為に選ばれていたため正統化の必要がなかった権力者に、新たに人々の同意という正統性を与えることで、その権力をより強固なものにしようとしたから。
ウ　ロックやルソーが提唱した同意としての正統性や人民主権という考えによってこそ、当時の専制政治や権力の私物化に対抗することができたから。
エ　近代民主主義は、それまでは一方的に君主に支配されていた臣民を、権力の行使に同意するという能動的行為の担い手と見なすことで、性という双方の理解には、明らかな共通点がある。それは、選挙が、権力の私物化による専制政治を防ぐ手段と見なされている点だ。このことが何より重要だ。すなわち、民主主義的な正統性を政治に供給することができる唯一の手続きが、誰もが参加でき、しかも定期的に行われる選挙だとして想定されてきたこと。それゆえ、選挙は代表制度によって民主主義の理念を実現する上での中心となる手続きだと想定されてきたということだ。

（藤井達夫『代表制民主主義はなぜ失敗したのか』による。ただし一部変更した。）

問一　傍線ａとｂの漢字の正しい読みを次の中からそれぞれ一つ選び、符号で答えよ。

ａ　繋ぐ　ア　かつ　イ　かし　ウ　つ　エ　つな

ｂ　換言　ア　かんごん　イ　かんげん　ウ　しんげん　エ　しんごん

問二　傍線ＡとＢのカタカナを漢字に直した場合と同じ漢字を用いるものを次の中からそれぞれ一つ選び、符号で答えよ。

Ａ　タン保
ア　事のホッタンは十年前の事故だ。
イ　介護者のフタン軽減が大きな課題だ。
ウ　タンチョウな生活に変化をつけたい。
エ　一年の計はガンタンにあり。

理念から要請される条件でもあることを忘れてはならない。

もちろん、これら二つの条件だけで、代表制度が民主主義の理念を実現できるわけではない。ロバート・ダールによれば、それらに加えて次のような条件を整える必要がある。表現の自由が保障されること。多様な情報源——新聞、雑誌、ネット——へのアクセスが可能であること。また政党やその他の市民社会の団体が存在することなどだ。こうした条件がきわめて重要であることはいうまでもないが、選挙を民主主義に相応しいものにする上で、先の二つの条件はより根本的である。

ところで、「参政権の平等」と「定期的で頻繁な選挙」という二つの条件に関しては特筆すべき別の点がある。それは、二つの条件のどれを重視するかによって、選挙についての全く異なる理解を引き出すことができるということだ。

参政権の平等という条件を重視する立場からすると、選挙は、国民全体を代表する多数派の利害関心や意思の表明として理解され、その利害関心や意思によって代表者の政治権力の行使は正統化される。別のいい方をすれば、選挙によって表明された国民に共通な意思に従った政治を行わせることで、代表者による権力の私物化や専制を防ぐ。これは、正統性に関する実質的な理解と呼ぶことができるだろう。

定期的で頻繁な選挙という条件を重視する立場からすると、選挙は国民の利害関心や意思の表明というよりは、政治権力を行使してきた代表者の業績に照らして賞罰を与える機会として理解される。賞を与えるか罰を与えるかをめぐっての国民の審判によって、政治権力の行使が正統化されるのだ。[b]換言すれば、この審判によって、特定の集団や代表者による権力の私物化や専制を防ぐ。これは、正統性に関する手続き的な理解と呼ぶことができる。

この相違から望ましい選挙制度も異なってくる。前者を重視する立場は、有権者の投票がより正確に議席数に反映される比例代表制を望ましいとする傾向にある。他方、後者を重視する立場は、死票が多く得票数と議席数が不釣り合いとなるが、政権交代が起きやすい（賞罰を与えやすい）とされる小選挙区制を好む傾向にある。

こうした違いはあるものの、[4]国民の意思の表明という実質的な強い正統性と国民による審判という手続き的な弱い正統活したときに代表制度を擁護した人たちにとっても、一般の有権者とは異なったエリートによる統治を可能にする手続きとして選挙はきわめて重要であった。この意味で、選挙は近代以降も、一種の貴族主義を政治に温存する手段であったのだ（Manin 1997）。

そもそも、民主的な代表制度の下で選挙が持つ基本的な機能は何か。それは、議会において国民に共有された意思に従い法律を制定し、それに基づいて政治を行う国民の代表者を選出することである。しかし、近代において選挙が民主的な代表制度の手続きとしての機能を十分に果たすには、少なくとも次の二つの条件を満たす必要があった。一つは、平等に参政権が与えられること。もう一つが、選挙が定期的かつ頻繁に行われることである。

一つ目の参政権の平等という条件は、代表者を選出する投票権と代表者として選出される被選挙権との双方において、身分や財産、性別などによって差別されないことを意味する。この条件が選挙の民主主義化に必要な理由は、選挙で選出された代表者が、国民全体の代表者であり、それゆえ、その代表者たちが構成する議会での決定が国民に共有された意思の表明だとする想定ないし擬制を維持するのに[3]不可欠だからである。参政権の平等は、選挙の貴族主義的性格を[B]カン和させると同時に、人民主権という近代民主主義の原理を代表制度の下で維持するために必要な条件だったのである。

もう一つの条件が、選挙の定期的で頻繁な実施である。民主主義の選挙の一つの機能には、代表者を選出するという実際的な機能がある。それは、代表者が政治権力を行使することを有権者が許可し、信任を与えるという機能として説明できる。すなわち、委任の手続きとしての選挙だ。正統な政治権力の行使には被治者の同意と信任が不可欠だとした、絶対王政の時代の自然法学派の思想家たちでさえ、その多くが、そうした同意の表明は一度で十分であるとした。このため、彼らが定期的な信任の確認を求めることはなかった（Manin 1997）。これに対して、近代の民主主義の下では、信任を付与する委任手続きとしての選挙が定期的かつ頻繁に行われる必要がある。裏を返せば、代表者は、定期的かつ頻繁に有権者の審判を受ける必要があるということだ。これは、中世の命令委任から自由委任へ変化したことに関わる。とはいえ、定期的かつ頻繁な選挙は、代表者が政治権力を私物化しないよう有権者がコントロールせねばならないという民主主義の

③ 代表制度における政治権力の正統化は、国民が選んだ代表者が議会を構成し、そこでの議論を経た多数決によって法律を制定し、その法律に従って政治を行うという形をとる。教科書にも載っているような馴染みのある話であるものの、これが民主的な代表制度において政治的正統性が産出される本来の手続きであることに間違いない。

ここで注目すべき点は三つある。一つは、議会における多数派が共有のものとしての国民の意思を代表するのであって、それゆえ ④ が国民に共通した意思に基づく決定と見なされている点だ。そのためには、代表者は国民によって直接選ばれ、信任を得る必要がある。これが第二の点になる。最後に、代表者たちから構成される議会で制定された ⑤ に従って政治が行われるという点である。ここに、不偏不党の法律による政治のコントロールという図式を見て取ることができる。すなわち、行政府に対する立法府の優越である。この最大の狙いは、政治権力を脱人格化することで、その私物化や ⑥ を未然に防ぐことにあった。

このような代表制度における政治権力の民主的な正統化は、しばしば議会主義と呼ばれてきた。日本国憲法では、第四一条での「国会は、国権の最高機関」という表現の中にそれを見出すこともできる。では、この議会主義は、どのように実現されるのか。この答えが、選挙によってというものだ。ここから、選挙こそ、代表制度と民主主義を繋[a]ぐ制度上の結節点であり、この意味で、選挙は代表制民主主義を理解する上で鍵となる手続きだといえる。

ただし、選挙それ自体が民主主義なのではない。民主主義の理念を実現する手段として存在する限りで、選挙は民主主義的であるに過ぎない。まず、歴史的に見て選挙は民主主義とは無関係なところで用いられてきた。例えば、ヨーロッパ世界において、それは古代から中世にかけてのキリスト教の教会の司教の選出において活用されてきた。もちろん、そうした近代以前の選挙は、現在の私たちが行っているような、投票者一人ひとりの選好[注]を数えるという形をとらない。そうではなくて、信徒共同体の結びつきを確認するために、満場一致の喝采という形をとっていた。また、理論的な観点から見ても、選挙はある種の貴族主義と結びついてきたといえる。マディソンにせよ、シィエスにせよ、民主主義が近代に復

（注）選択肢からどれを選ぶかという個々人の好みのこと。

義が同意による権力の正統化に非常にこだわったわけを理解するには、その復活に大きく関わる近代市民革命の核心に何があったかを見る必要がある。

近代に民主主義を復活させた一八世紀の二つの革命、すなわち、アメリカ独立革命とフランス革命、そしてそれらに先行した一七世紀のイングランドでの二つの革命は一般に、市民革命と呼ばれる。これらの革命に共通する核心的なモットーは、ジョン・ロックの「本来、万人が自由平等独立であるから、何人も、自己の同意なしにこの状態を離れて他人の政治的権力に服従させられることはない」という有名な一文にある。そこで言い表されているのは、「あらゆる権力の行使が唯一正統な形で行われるのは、それに従う者の同意がある場合のみである」という政治的正統性についての考えだ。

この考え方は、グロチウスやホッブズ、プーフェンドルフらに始まる近代自然法学派の下で社会契約論として発展してきた。この学派――実定法を超える普遍の法としての自然法を理性の法として世俗化＝非宗教化した――に多くを負うロックは、当時の絶対王政に正統性を付与した王権神授説を批判するために、この同意としての正統性を掲げた。

さらに、ルソーが政治権力の正統性に関する理解をさらに発展させる。彼は、唯一正統な権力の行使を人民の意志に基づかせることで、君主主権論に対抗する人民主権論を打ち立てたのだ。このように、近代の民主主義の始まりには、神とその代理人である国王ではなく、国家を構成する人間たちの間の同意に政治権力の源泉と正統性を見出（みいだ）そうとする理論と実践が活発化していた。そしてフランスでの市民革命だ。そこで、人民主権論は何より、権力を私物化し専制政治を敷いた国王に対抗する正統性のイデオロギーとして理解され、新たな政治体制の構築のための根本原理として用いられた。

このように、近代の民主主義の始まりには、同意による権力の正統化の問題があったことが見て取れる。また、それゆえ、近代の民主主義は、古代の民主主義のようにたんなる統治の［①］――一人の支配＝君主政、少数の支配＝貴族政、多数の支配＝民主政――を意味するだけでなく、支配と被支配の関係を根拠づける［②］――「誰が支配すべきか」「どうして服従すべきか」といった問いに対する回答になる――という意味を獲得することになったと説明できるのである。

それでは、正統性原理としての人民主権は、代表制度によってどのように具体化されようとしたのか。言い換えれば、

ウ　ツイッターのような開かれた場で批評者と批評の対象となる作品の作者との間で、その作品に関する肯定的なやり取りが行なわれることは、批評のための言葉の成長を妨げる原因となる。

エ　使い古された決まり文句のような賞賛の言葉が延々と用いられ続けるのは、そのような言葉がとりあえずは受け手に受容されるからである。

オ　就職活動で多くの学生が頭を抱え、抱えたまま人間不信になる本質的な原因は、就職活動のガイド本で推奨されている方法に従ってプレゼンをしたにもかかわらず、そのことが成果につながらないことが多いからである。

カ　絶賛と批判のバランスが絶賛の側に寄りすぎている現状が是正されれば、「全米が泣いた」「待望の文庫化」といった言葉も、再び新鮮なものになると考えられる。

二

次の文章を読み、後の設問に答えよ。

古代アテナイの市民たちは、権力の私物化を禁じ、反専制政治を実現するために、クジと輪番制という制度を採用した。それは、政治の専門化ないしエリート化こそ、それらの専制政治の元凶だということを彼らが経験していたからである。翻って言えば、民主主義の理念を実現するには、クジと輪番制によって政治権力を行使する上での平等を徹底することが最適だと知っていたからだ。誰もが政治権力を直接行使できれば、権力の私物化は難しくなる。これに対して、近代の民主主義は、専制政治に対抗する手段として、平等性をAタン保するクジという手続きではなく、代表者を選ぶ選挙という手続きを重視した。それはなぜなのか。ここでは、正統性という言葉に注目してその理由を考えてみる。

古代と近代の民主主義の差異の一つは、民主主義の理念を実現しようとする上で、1前者が市民による政治権力の行使の平等性に依拠したのに対して、後者は、政治権力の行使に対する同意としての正統性に依拠した点にある。2近代の民主主う公的な場で行わなければならないということ。

エ　自分の人生という私的な領域から引っ張り出した自分の長所についてプレゼンする際には、公にガイド本で推奨されている方法に従わなければならないということ。

オ　自分の人生という私的な領域から引っ張り出した自分の長所を、主観的にのみ評価するのではなく、公に評価されるような活動と結びつけなければならないということ。

問七　傍線6「物事を多方面から見ることを怠らなければ、「絶賛」「待望」「渾身」は、順当に賞味期限を迎えていくのではないか。」とあるが、どういうことか。最も適切なものを次の中から一つ選び、符号で答えよ。

ア　ある物事を評価する際に、その物事に対する賞賛だけではなく批判があり得ることを考えてみることを続けていけば、無内容な賞賛の言葉や主語が不明確な賞賛の言葉が濫用されることはなくなっていくのではないか、ということ。

イ　ある物事を色々な角度から見ることを心がければ、「絶賛」「待望」「渾身」という言葉は、賞賛のための言葉というよりもむしろけなすための言葉であると評価されて使われなくなっていくのではないか、ということ。

ウ　ある物事を賞賛する際に、誰が賞賛しているのかということを明確にしたうえで、別の主語を用いたらどうなのかということを考えることを心がければ、「絶賛」「待望」「渾身」という言葉は、受け手に訴求する効果を失うのではないか、ということ。

エ　ある物事を賞賛する際に、賞賛の仕方には多様なものがあるということに注意していれば、「絶賛」「待望」「渾身」だけではない、新たな賞賛の言葉を生み出せるのではないか、ということ。

オ　ある物事を色々な角度から見ることを心がければ、その物事を賞賛する可能性はなくなり、「絶賛」「待望」「渾身」といった言葉が使われることもなくなっていくのではないか、ということ。

問八　次の文のうち、本文の内容に合致するものを**二つ**選び、符号（ア～カの順）で答えよ。

ア　人や物事を賞賛する際に感嘆符を用いると、賞賛の言葉が空回りするため、感嘆符を用いるべきではない。

イ　人や物事を賞賛する言葉の選択肢が狭まっていることについては、賞賛の言葉を発する側に全ての原因がある。

うな言葉を使用してはいけない場合もあるのではないか、ということ。

問五　傍線４「Ａの作者である当事者が、批評を操縦するイニシアチブを持ってしまっている」とあるが、どういうことか。最も適切なものを次の中から一つ選び、符号で答えよ。

ア　Ａという作品の作者自身が、Ａに対する特定の肯定的な意見を開かれた場で表明するように裏で誰かに依頼することによって、Ａに対する批判を出すことを封じ得るということ。

イ　Ａという作品の作者自身が、開かれた場で、Ａに対する特定の肯定的な意見を絶賛し、それとは異なる意見を厳しく批判することによって、それとは異なる意見を出しにくい雰囲気を作り得るということ。

ウ　Ａという作品の作者自身が、開かれた場で、Ａに対する特定の肯定的な意見に同意を与えることによって、それとは異なる意見を出しにくい雰囲気を作り得るということ。

エ　Ａという作品の作者自身が、Ａに対する肯定的な意見を開かれた場で広く募ることによって、Ａに対する批判的な意見が出ることを防ぎ得るということ。

オ　Ａという作品の作者自身が、開かれた場で、あらかじめ、「Ａの本質はこういうことである」という理解を表明することによって、Ａに対する批評を特定の立場に誘導し得るということ。

問六　傍線５「その私的な肯定を必死に公的化しなければいけない」とあるが、どういうことか。最も適切なものを次の中から一つ選び、符号で答えよ。

ア　自分の人生から引っ張り出した自分の長所を、希望する会社に入りたいという私的な動機のためにプレゼンするのではなく、公の利益のためにプレゼンしなければならないということ。

イ　自分の人生という私的な領域から引っ張り出した自分の長所を補強するためには、ボランティア活動のような公的な活動をしなければならないということ。

ウ　自分の人生という私的な領域から引っ張り出した、自分の主観では評価できる長所についてのプレゼンを、就職活動のための面接といに、「批判するのは簡単」といったような言葉を用いるから。

イ　それぞれの芸能人のファンが、広く受け入れられる形でその芸能人を褒めることができないので、負け惜しみのように、「批判するのは簡単」といったような言葉を用いるから。

ウ　それぞれの芸能人のファンが、その芸能人に対する賞賛と批判、および、自分たちに対する同調と反対を明確に判別できないために、「批判するのは簡単」といったような言葉を用いるから。

エ　それぞれの芸能人のファンが、その芸能人を賞賛する言葉が一般的に少なく、自分たちの間での同調の結束を維持できないので、批判者や反対者に対抗するための絶好の理由として、「批判するのは簡単」といったような言葉を用いるから。

オ　それぞれの芸能人のファンが、賞賛と批判の間、同調と反対の間に様々な意見が存在し得ることを無視して、自分たちに同調する者以外は全て批判者・反対者であるとするために、「批判するのは簡単」といったような言葉を用いるから。

問四　傍線３「その判断が〝適切〟であることと〝最適〟であることは違う。」とあるが、「新進気鋭」という言葉との関係で、この一節はどのようなことを意味するか。最も適切なものを次の中から一つ選び、符号で答えよ。

ア　若手学者のデビュー作の帯で「新進気鋭」という言葉を掲げることには、その作品をアピールする最大の効果を期待し得るが、他方で、その帯を見た人から笑われる可能性が生じるという危険もあり得るのではないか、ということ。

イ　若手学者のデビュー作の帯で「新進気鋭」という言葉を掲げることは、その時しかないというタイミングでなされたものと評価されるが、その言葉を延々と繰り返しどの若手学者に対しても使わなければならないわけではないのではないか、ということ。

ウ　若手学者のデビュー作の帯で「新進気鋭」という言葉を掲げることは、指導の教授や周囲の教授からの推薦に基づくという点で適切であるが、書店の店頭でその帯を見る人にアピールするために最もふさわしいとは限らないのではないか、ということ。

エ　若手学者のデビュー作の帯で「新進気鋭」という言葉を掲げることは、その時しかないというタイミングでなされたものと評価されるが、真の意味で「新進気鋭」と評価される若手学者は一人しかいないのではないか、ということ。

オ　若手学者のデビュー作の帯で「新進気鋭」という言葉を掲げることは、その時しかないというタイミングでなされてはいるが、そのよ

e　貢ケン

ア　オゾン層は成層ケンにある。
イ　ケン実な作戦をとる。
ウ　収賄のケン疑がかかる。
エ　信頼できる文ケンで確かめる。
オ　ケン賞に当選する。

問二　傍線1「知らない誰かの待望をともにするよりも、確かな涙を流したいではないか。」とあるが、どういうことか。最も適切なものを次の中から一つ選び、符号で答えよ。

ア　書籍の帯に人気女優の写真を付けた方が、そうではない書籍の帯よりも、帯が付けられた書籍の素晴らしさを伝えやすいということ。
イ　どこの誰だか分からない編集者による賞賛の言葉よりも、有名人による感動の言葉を書籍の帯に載せた方が、書店員の評価を得て、その書籍を書店内の目立つ場所に置いてもらいやすいということ。
ウ　書籍の帯に掲載する賞賛の言葉には、手書き文字を使う方が、そうでない方よりも、書店の店頭で書籍を見かける人の目をひきやすいということ。
エ　誰によるものであるのかが分からない匿名の賞賛の言葉よりも、誰によるものであるのかが明確でイメージしやすい感動の言葉の方が、書店の店頭で書籍の帯を見る人の心に響きやすいということ。
オ　書籍の帯に掲載する賞賛の言葉には、感情をあらわにするような文言を用いた方が、そうでない方よりも、書店の店頭で書籍の帯を見る人に信用してもらいやすいということ。

問三　傍線2「「批判するのは簡単」という定義は、はなはだ怪しくなる」とあるが、それはなぜか。最も適切なものを次の中から一つ選び、符号で答えよ。

ア　それぞれの芸能人のファンが、あたかも、その芸能人を賞賛し自分たちの間での同調の結束を高めることが難しいかのように装うため

b　チョウ達

ア　格チョウの高い文章を読む。
イ　裁判を傍チョウする。
ウ　あの人の行為は愚の骨チョウだ。
エ　成果を誇チョウして発表する。
オ　故人の通夜にチョウ問する。

c　オンの字

ア　乾杯のオン頭を取る。
イ　強いオン念を抱く。
ウ　謝オン会に参加する。
エ　心よりオン礼申し上げます。
オ　平オンな日常が続く。

d　トウ襲

ア　戸籍トウ本が必要になる。
イ　病トウが不足する。
ウ　学生を薫トウする。
エ　飛行機にトウ乗する。
オ　全てのルートをトウ破する。

ずだ。その取り組みを怠りすぎている。

未だに全米が泣いていて、文庫化が待望され続けているのは、ただ単に、絶賛・批判の天秤が絶賛に寄りまくっているくせに「釣り合っている」と言い張ってくるからにすぎない。ちっとも釣り合ってなんかいない。他人様の悪口をみんなではね除けることを絶賛のガソリンにしているくせに、これが「絶賛と批判のベストミックス」状態だと言い張る。嘘だ。その欺瞞、いつもの絶賛で済ましてしまう態度が、絶賛の跳躍力を奪っているのではないか。なにかと絶賛へ向かい、絶賛に落ち着きたがる昨今のあらゆる作業工程。少しばかり絶賛と批判のバランスが是正されれば、渾身の絶賛語が新たに生まれるのではないだろうか。

（武田砂鉄『紋切型社会』による。ただし一部変更した。）

問一 波線a～eのカタカナを漢字に直した場合と同じ漢字を用いるものを次の中から一つ選び、符号で答えよ。

a キュウする

ア 老キュウ化した建物がある。
イ 会議が紛キュウする。
ウ 生活に困キュウする。
エ キュウ陵地帯の道路を行く。
オ 電子機器が普キュウする。

が含まれている。自分を自分で褒められない場合、自分の体に合うようにこれらの自嘲を調合して日々のハードルを下げ、あるいは取っ払って、批判が入り込みにくい体を作る。この作業に慣れてしまうと、ハードルを下げた分、肯定し続けることはできるけれど、向かってくる批判への抗体はすっかり弱まってしまう。

シューカツでは、肯定してみてください、否定もしてみてください、さぁどうぞ、と短時間で迫られ、最終的に肯定を引き立たせたプレゼンをしなければ通らない。コミックエッセイ的な自嘲では、求められているバランスを築くことはできない。このバランスと戦略的に向き合わないと、何十社受けても、やる気だけはあります、絶対に御社に貢ケン[e]する人材になりますと、気合いの言語を空焚きし続けることになる。

ライターの北尾トロは、コラムニストのえのきどいちろう、編集者・ライターの新保信長との鼎談で、帯文に躍る「渾身」が気に食わないと吐露する。

「帯の文に『渾身の』を安易に付けとく、みたいな風潮がさ。オレは『渾身』慣れしてるから、あ、また『渾身』だ!って目に付く」

この「渾身」の内情は、肯定感の押し売りだ。今回頑張りましたので泣いてください、だ。でも、「私、頑張ってるので御社に入れてください」では面接に落ちる、あのパターンだ。器用に使ったつもりだが、とにかく切実さが生じない。その欠点に気付かないふりをして「渾身」を使い続けていると、周りが渾身だらけになっていることを忘れてしまう。「待望の文庫化」と同様に、本屋じゅうで浮気を繰り返す尻軽ワードだと気付かぬまま、「渾身」を使ってしまう。

絶賛の言語に跳躍力を持たせるためには、絶賛を受け止める前に、裏返して考えてみるといい。「全米が泣いた」時に南米が怒り狂っている可能性を考えてみる。「全米が泣いている」間にアジアは眠りこけているのではないか。[6]物事を多方面から見ることを怠らなければ、「絶賛」「待望」「渾身」は、順当に賞味期限を迎えていくのではないか。良し悪しを決める時に、良しを知って悪しとして、悪しを知って良しとするように心がければ、肯定言語も批判言語も浮つかないは

disられはしない。だからこそ、手垢のついた「待望の文庫化」や「新進気鋭」は、改訂される機会を持たないまま、いけしゃあしゃあと流通していく。例えば、「全米が泣いた」というハリウッド映画の宣伝文句は繰り返されてきたけれど、これほど大雑把な言葉遣いが見過ごされるのも、それが絶賛の言葉に分類されるからだ。立ち止まって、ところで全米とは誰なのか、という問いを真顔で投げかける機会は持たれなかった。もしもその映画に対して「全米じゅうが怒ってるよ」と告げ口をした場合、たちまち、全米とは一体誰なんだよ、と問われるだろう。でもそれは、いつもオマエらが平気で使ってるアプローチじゃんか。

肯定や絶賛はディテールが問われない。吟味する必要がないからだ。就職活動において多くの学生が頭を抱え、抱えたまんま人間不信におちいるのは、面接で「あなたの長所は何ですか?」と問われたっきり、後日封書で「今回はご縁がありませんでした。ご多幸をお祈りします」と人格を否定されるからである。彼らは就職セミナーの類いに座ったとたんに、「自己分析せよ」と指図されてきた。面接当日には、多少の短所を交えつつ、自己分析した長所を絞り出し、自分なりに長所が上回るようにプレゼンする。にもかかわらず、「ご縁がない」と否定され続ける。肯定の要素を自家チョウ達して案配を整えたのに、届きませんでしたと縁を切られる残酷さ。シューカツでメンタルをやられやすいのは、否定され続けるからではなくて、肯定したのに否定され続けるからだ。

胸を張れるほどの肯定を自分の人生から引っ張り出すことは簡単ではない。5しかもその私的な肯定を必死に公的化しなければいけない。おばあちゃんが病に倒れた時、真っ先に病院へ駆けつけた話をしても面接官には響かない。オリジナルブレンドでは「肯定」を作れないから、ガイド本を手にして、推奨されている肯定に準じていく。社会学を教える大学教授の知人が嘆いていたが、自分の教え子が横並びで東南アジアへ、短期留学のボランティア活動に出かけていくという。理由を問うと「就職に有利だと聞いたので」。肯定の公的化のメソッドをみんな一緒に仲良くdトウ襲する。

「自慢」の反対語は「自嘲」だが、コミックエッセイにしても、自己啓発系の本にしても、今の流行本の多くには「自嘲」

やったら姑息と思われるかもしれない」というガードが働いていないという点で投票を避けてしまうのだが、ここでもまた、言葉のバリエーションが足りていないようなのだ。

「批判するのは簡単だけど、褒めるのは難しい」。いいや、褒めるのは難しいのではない、褒めるのにはただただパターンが足りていないだけだ。

そこまで駆使できていないがツイッターを遅ればせながら始めて感じたのは、批評者と対象者（作者）の馴れ合いだ。「Ａ（作品名）について、Ｂ（肯定的な意見）と感じました」と書けば、Ａの作者から「そうなんです、よくぞＢという本質に気付いてくれました」と返ってくる。開かれた場でそのやり取りが行なわれる以上、その作品Ａに対する屈強な評価軸として周囲に広まっていく。作品ＡはＢと評されるべきであるとしたことにＡの作者が賛同している中で、「いいや、これはＣではないか」と異なる意見を投じる難しさがある。この流れのどこに「褒めるのは難しい」が泳ぎ渡っているのだろう。一体、難しいのはどちらなのか。

熟知と評価は違う。評価の最高峰に熟知があると思っている受け手が多い。Ａの作者に「そんなことがよく分かりましたね」と言われても、それが熟知とは限らない。しかし今、別の意見Ｃを投じる批評が薄まっているのは、Ａの作者がＢに賛同している状態が、「批評の完成系」として咀嚼されていて、そこから逸脱するＣは、たちまち「dis る」という流行言葉で処理されてしまう。

絶賛にしろ、批判にしろ、言葉を尽くした細やかな考察がそこまで待望されないのは、4Ａの作者である当事者が、批評を操縦するイニシアチブを持ってしまっているから。アマゾンのレビューに☆二つを付けてＣであると言っている人がいるけれど、これは全くお門違いで☆五つ付けてくれたＢが正しいんだよとＡの作者が言った時、Ｃという見解はＡの作者に帰属する人たちから袋叩きに遭う。この構造は、批評をどこまでも矮小化させていく。ＳＮＳの世界ではしばしばこういうことが起きる。

これでは、絶賛の言葉も批判の言葉も成長しない。しかし、絶賛の言葉は、成長しなくともひとまず歓迎はされる。

化させるための言葉を捻出すると、その言葉はすっかりのっぺりと均一化した言葉になる。褒めるのは難しい、ではなくて、褒める言葉が限られているのではないか。

例えば「新進気鋭」の学者は、これまで何人、世の中に生まれてきたのだろう。若い学者が博士論文をまとめて指導の教授や周囲の教授から推薦コメントをもらった後に、処女作の帯にメインに掲げられるのは「新進気鋭」だ。あらゆる言葉はある瞬間や機会で意味が最大化される場面を持つのだろうが、「新進気鋭」はおそらく若手学者の処女作で最大化される。これ以上ない適役なのだ(ところで、この本にはどんな言葉が投げかけられたのだろう。「新進気鋭」かもしれない)。

クールビズの初日くらいしかアロハシャツを着られるタイミングがないように。わざわざ大寒の日にふんどし一丁で海に入っていく行事があるように。そのアロハやふんどしは、確かに毎年、今日しかないタイミングなのだけれど、そのタイミングしかないからといって、そこでアロハを着ること、ふんどしで海に入ることが手放しで肯定されているわけではない。[3]<u>その判断が〝適切〟であることと〝最適〟であることは違う。</u>テレビカメラは嬉々として毎年同じ光景、クールビズの初日に恥ずかしそうにアロハを着てきた課長を撮り、寒風吹きすさぶ中、荒波に駆け込んでいった後の「さぶい〜」を撮る。それを見て私たちは笑う。毎年のように笑う。彼らにとってのアロハの必然性、ふんどし一丁の必然性が、こちらには「なんでまたその選択肢なの?」と喜劇性を持って伝えられるからだ。確かにその日ならではのものではある。でもそれを毎年繰り返している。「新進気鋭」という言葉もそれに近いのではないか。今しか使えない絶賛だが、何度か「今しかない」サイクルを知ると、すっかり鮮度のないリフレインだと気付く。

選挙が行なわれる度に選挙ポスターを舐めまわすように凝視しているが、若手候補の売り出し方の近似が気になってしまう。自分ならではの初々しさを打ち出してみたつもりなのだろうが、定点観測している身からすると、『新進気鋭』と同様に、賛意を促す文言があまりにも類似していて歯がゆい。「若さで改革!」「フレッシュ革命!」「日本のために汗をかきます!」「二児のパパ、国政にチャレンジ!」等々。蛇足ながら、子どもを抱えてポスターに写る新人には「これを言い訳を必要とする時点で効果的ではない。

あろうことか、「待望の文庫化！」と、「！」まで付けてしまっていた。一体、誰の感嘆だというのか。正体不明の「待ち望んでいる人」にすがったこの空回りを恥じながら書店に出向くと、文庫売り場ではあらゆる文庫化が待望されているのであった。売り上げランキングのコーナーには、フォトショップで肌をすっかりキレイにしてもらった人気女優の写真の横に、「号泣しながら、一晩で一気読みしちゃいました」と手書き文字を添えてある帯。発生源が不明の「待望」では、この帯には勝てない。女優の涙を感知して手に取る。[1]知らない誰かの待望をともにするよりも、確かな涙を流したいではないか。

「批判するのは簡単だけど、褒めるのは難しい」と言われる。芸能人にまつわる原稿をネット上に放つと、おおよそその言葉と同質の反応がそれぞれのファンから返ってくる。その反応こそ簡単に繰り返されているけれど、とにかく、チミのような指摘など誰にでもできると言う。この弁には安手のトリックがある。彼らには、褒めていなければ批判であるし、同調していなければ反意であるとする考えが通底している。批判するのは簡単、という言葉が簡単に流布されるのは、同調の結束を高めるためであり、自分たちが日頃愛でるため褒めるために使っている言語に更なる意味を持たせるためでもある。あらゆる熱烈なファンは、押し並べて同様の反応を見せる。ただ単に仲間同士で承認されている褒める言葉が少ないという内輪の事情で「褒めるのは難しい」を使う場合が多い。ならば、[2]「批判するのは簡単」という定義は、はなはだ怪しくなる。

批判する方法と比べて、褒め讃える方法は本当に手持ちの駒が少ないのだろうか。文庫化の存在を褒め讃えるためには、知らない誰かに待望してもらうしかなかったのだろうか。仮に、「褒めるのは難しい」と思っている人に「これは褒めている」と思ってもらうための選択肢が狭まっているのだとすれば、それは、発せられた言葉のバラエティや精度の問題ではなく、ただただ、言葉を受け取る側の問題、懐のサイズに起因しているのではないか。あらゆるマーケティングが買い手を最大

国語

（六〇分）

一

次の文章を読み、後の設問に答えよ。

書籍の帯文というものは、基本的には編集者が考えることになっている。本が書店から取次に返品され再度出荷される時には、改訂された新しい帯や重版や受賞などの吉報を添えた帯が巻き直される。この重要な販促ツール、少なくとも文言案は編集者が出し、書き手と相談し、より届く言葉を探し出す。夜中に書いて翌朝読めば赤面してしまうラブレターのような文言になりがちだが、逆にこれくらい強いほうがこの本の想いを伝えられるはず、手に取ってもらえるはずといきり立った企みが、ホントにただの逆効果だったりする。毎日二〇〇冊を超える書籍が世に出ているが、その中から手に取ってもらえる、多種多様の主張を押しのける帯文を編み上げるのは簡単ではない。

七年間ほど編集者をやっていたが、ある時「これは、誰が待望しているの?」と上司に冷たくあしらわれたことがある。ある本の文庫化の帯文言を「待望の文庫化」で締めたのである。一体、誰が待望しているというのか、と問われ、返答にaキュウする。単行本を買った人は文庫化を待望していない。単行本では買わないなぁ、文庫でなら買ってもいいけれど、程度に思っていた人は、決して待望しているわけではない。瞬時にbチョウ達した言い訳は「待望の、と書いておけば、みんなが待望するだけの作品なのだから、面白いに違いないと、未知の方が手に取ってくれるんじゃないか」というもの。うまく逃げきれた気もしたが、書籍の帯という、店頭で一秒でも見てもらえればcオンの字のポジションに、これだけ長い

解答編

英語

1 **解答** 問1. 1－C 2－B 3－B 4－A 5－A
6－D 7－C 8－B 9－C 10－A
問2. 11－A 12－B 13－C 14－A
問3. 15－B 16－A 17－A 18－A

解 説 ≪COVID-19と貧困≫

問1. 1.「貧者の行進（Poor People's Campaign）とジェフリー＝サックスのチームは，…ということを発見した」 第1段第1文（As of the …）で，「2022年5月末時点で，100万人以上のアメリカ人がCOVID-19で死亡し，貧困層の人たちは富裕層の約2倍も死亡していた」と述べられていることから，正解はC.「COVID-19で死亡したアメリカ人は，富裕層よりも貧困層の方が多い」。

2.「貧者の行進（Poor People's Campaign）とサックスの報告書の主な焦点は何だったのか」 第1段第1・2文（As of the … by Jeffrey Sachs.）で，「2022年5月末時点で，100万人以上のアメリカ人がCOVID-19で死亡し，貧困層の人たちは富裕層の約2倍も死亡していた。これは，貧者の行進（Poor People's Campaign）がジェフリー＝サックス率いる国連の持続可能な開発ソリューション・ネットワークの経済学者チームと共同で作成した報告書の主な発見である」と述べられていることや，第2段第1文（Before the report …）で，「CDCは，COVID-19の死因と所得や貧富の情報を関連づけたデータを体系的に分析していなかったため，その報告書が発表される前は，ウイルスが貧しい地域にどの程度影響を与えているのか，ほとんど知られていなかった」と述べられていることから，正解はB.「COVID-19の死因と社会経済的地位の関係」。

3.「コロナがどのように富裕層と貧困層に影響を与えたかの違いについて，誰が非難されるべきか」 第3段第2文（According to Bishop …）

で，バーバー司教は，「このパンデミックがどのように貧困層と富裕層に影響を与えたのかという厄介な違いは，政治家や指導者が貧困層に焦点を当てないという怠慢と，ときには意図的な決定によるところが大きい」と述べている。したがって，正解はB.「政治家たち」。

4.「ゲーラクス地区を説明するのに最も適した記述はどれか」 第4段第1・2文（The researchers also … in south-west Virginia.）で，「研究者たちは，貧困と COVID-19 による死亡率によって，米国の地区をランクづけした。そのトップは，バージニア州南西部の小さな農村地域であるゲーラクス地区である」と述べられていることから，正解はA.「その地区の COVID-19 の死亡率は，アメリカで最も高いものだった」。

5.「COVID-19 のパンデミックによって最も大きな被害を受けた民族はどの民族か」 第5段第2文（As more data …）で，「アメリカの黒人やヒスパニックが白人やアジア人の2倍の割合でコロナで死亡していることが明らかになりつつある」と述べられていることから，正解はA.「黒人とヒスパニック」。

6.「ミンゴ地区のパンデミック死亡率について，顕著なことは何か」 第6段第3・4文（The district is … pandemic mortality.）で，「ミンゴ地区は 96％が白人で，住民の半数以上が貧困ライン以下で暮らしている。コロナによる死亡率は 10 万人あたり 470 人で，パンデミックによる死亡率では全米の上位 25％に入る地区である」と述べられていることから，正解はD.「貧困層の白人の死亡率が非常に高い」。

7.「アクセル＝ファン＝トロツェンバーグによる警告とは何か」 第7段第4文（Axel van Trotsenburg, …）で，トロツェンバーグ氏は，「極度の貧困の減少は多かれ少なかれ停滞しており，将来的に貧困が増加する兆しがますます強まっている」と述べていることから，正解はC.「極度の貧困は今後，さらに悪化する」。

8.「ホミ＝カラスによると，将来何が起こるか」 第8段第2文（Homi Kharas, a …）で，「ホミ＝カラスは，コロナ危機の影響は 2030 年以降も続く可能性が高いと主張している」と述べられていることから，正解はB.「COVID-19 の悪影響は 2030 年以降も続くだろう」。

9.「報告書によると，次のうち貧困の結果ではないものはどれか」 第9段第6文（In recent months, …）で，「パンデミック発生以降，開発途上国の教育現場における退学率の上昇，賃金の低下，失業率の上昇などが複数の報告書で指摘されている」と述べられていることから，正解はC.「世界の多地域で問題が減少している」。

10.「この文章に適したタイトルはどれか」 第1段から第6段までは，COVID-19の死亡率と社会経済的地位の関係についての内容が具体例とともに述べられている。第7段から最終段まででは，COVID-19のパンデミックによる影響から，貧困の増加が今後起こり，それによってさまざまな分野で問題が起こるという内容が述べられている。したがって，全段落を通して述べられていることがタイトルとしてふさわしいので，正解はA.「COVID-19と貧困」。

問2. 11. 第4段第3文（Its death rate …）で,「ゲーラクス地区の人口10万人あたりの死亡率は1,134人で，全米では299人である」と述べられていることから，表のアメリカ全体の空所に当てはまるのは，A.「299人」である。

12. バージニアのゲーラクス地区の平均収入について，第4段第5文（The median income …）で,「ゲーラクス地区の平均収入は年間33,000ドルに過ぎない」と述べられていることから，正解はB.「33,000ドル」。

13. ブロンクス区の10万人あたりのコロナ死亡率は，第4段最終文（More than half …）で,「ブロンクス区のコロナ死亡率は10万人あたり538人である」と述べられていることから，正解はC.「538人」。

14. ウェストバージニア州ミンゴ地区のCOVID-19による死亡率については，第6段第4文（Its COVID death …）で,「ミンゴ地区は，パンデミックによる死亡率では全米の上位25%に入る地区である」と述べられている。したがって，正解はA.「25%」。

問3. 15.「貧者の行進（Poor People's Campaign）とサックスのチームは，アメリカの中流階級の10%を対象に調査を行った」 第1段第3文（Researchers from both …）で,「貧者の行進（Poor People's Campaign）とサックスのチームの両団体の研究者は，3,200以上の地区の統計を分析し，最貧困層10%と最富裕層10%を比較することによって，この衝撃的な結論を導き出した」と述べられていることから，正解はFALSE，B。

16.「世界銀行の2021年版報告書は，世界的な貧困の拡大を警告した」第7段第2・3文（Near the end … governmental responses.）で,

「2021年末近く，世界銀行は貧困のレベルが『前例のないほど上昇』していると警告した。世界銀行は，パンデミックと政府の不十分な対応のために，世界中で1億1900万人から1億2400万人が貧困に陥っていることを示す独自の調査結果を発表した」と述べられていることから，正解はTRUE，A。

17.「1960年代，世界の約80％の人々が極度の貧困に苦しんでいた」 第9段第2文（As a matter …）で，「世界人口の約80％が極度の貧困状態にあった1960年代以降」と述べられていることから，正解はTRUE，A。

18.「多くの国で，低賃金の派遣労働者の大半は女性である」 最終段第1文（Particularly affected are …）で，「特に影響を受けたのは女性で，多くの国で低賃金の派遣労働者の大半を占めている」と述べられていることから，正解はTRUE，A。

2 解答

19－D　20－D　21－B　22－A　23－B　24－D
25－B　26－B

解説　19. Xは，スーザンがIT企業にヘッドハンティングされたことを述べており，Yはその理由を述べている。ヘッドハンティングされるなら，その分野の専門知識をもっていることが考えられる。したがって，「彼女はその分野の専門知識をもっているので，よい選択だと思う」と述べるのが適当である。正解はD.「専門知識」。A.「過剰」 B.「期待」 C.「探究」

20. Xは，「ジョーンズ先生のライティング講座はどうですか？」とYに質問している。また，空所直後のYの発言で，「生徒たちは毎週3つのエッセーを書かなければならないんだ」と述べていることから，「ああ，それは集中講義ですよ」と述べるのが適当である。したがって，正解はD.「集中的な」。A.「活動的でない」 B.「読み書きができない」 C.「不作法な」

21. Xが，「レナードはエアリアルスキーをしているときに足を骨折したんだ」と述べているのに対して，空所直後の文でYが，「彼自身のせいなんだから」と述べていることから，Yはレナードに同情していないことがわかる。したがって，正解はB.「同情」。A.「義務」 C.「脅し」 D.「恥」

22. 帰宅直後のXにYが「傘はどうしたの？」と聞いていることから，Xの状態が傘が必要なのに，持っていなかったことがわかる。したがって，正解はA.「びしょぬれの」。B.「解雇された」 C.「ベテランの」 D.「煮詰められた」

23. Yがトンプソンデパートに転職して，空所直後で「私は今とても幸せです」と述べていることから，この仕事をどうしてもしたかったことがわかる。したがって，正解はB.「どうしても」。A.「十分に」 C.「ほどほどに」 D.「別に」

24. 空所直前の文で，Yは，YのレポートにコメントしてくれたXに対して，「コメントに感謝しています」と述べている。空所を含む文は，「私はそれらのコメントからたくさんのひらめきをもらっています」と述べるのが適当なので，正解はD.「ひらめき」。A.「インフレ」 B.「激しさ」 C.「索引，指標」

25. Xが，「もっと兄のように振る舞えたらと思うんだよ。兄みたいにポジティブになれないんだ」と述べているのに対して，Yは，「まあ，いいじゃない。ありのままの自分を受け入れてあげればいいんだよ。あなたはとても思慮深く，優しい人なんだから」と述べていると考えられる。したがって，正解はB.「～を受け入れる」。A.「～を開始する」 C.「～を強化する」 D.「～を強制する」

26. 週末にショッピングモールに行かないかというXの誘いをYは断っている。空所を含む発言から，テストが近づいていると考えられる。したがって，正解はB.「まもなくやってくる」。A.「しつけ」 C.「まっすぐに立った」 D.「上向きの」

3　解答

27－A　28－A　29－A　30－B　31－B　32－A
33－A　34－A　35－D　36－B

解説　27. 形容詞の語順の問題である。複数の形容詞を名詞の前に入れる場合，基本的に，主観的判断，サイズ，新旧や年齢，形状，色，原産地，素材，用途という順になる。ちなみに，long narrow で「細長い」という意味になる。したがって，正解はA。

28. 地名などの固有名詞の前には冠詞をつけることはできない。したがって，正解はA。

29.「もっと両親に会えばいいのに」とXがYに言っているのに対して，Yは，「そうなんだよね」と空所直前の発言で述べている。つまり，頻繁に会えない理由があると考えられる。S wish S′＋仮定法過去で「～であればよいのに」と，現在の事実と異なる願望を表す仮定法を使うと会話が成り立つことから，正解はA。

30. Yの発言から，「面接官はまず，今の仕事に就いてからどのくらいたったかを聞いてきました」と述べていると考えられる。これは，面接官に質問された時点までの，仕事で働いているという行為の継続を表していることから，過去のある時点までの行為の継続を表す過去完了進行形を用いる。また，文中にhow longという疑問詞を組み込んだ間接疑問文になっており，疑問詞に導かれる節は名詞節となる。疑問詞の後の語順は平叙文と同じになり，疑問詞＋S Vの語順になる。以上のことから，正解はB。

31. Xの「銀行に電話したの？」という質問に対して，Yは「忘れてた。今すぐ電話してみるよ」という発言になると考えられる。これは，話し手のその場で生じた意志を表していることから，〈意志〉を表すwillを用いる必要がある。したがって，正解はB。

32. Xが「教授，この課題の締め切りはいつまでですか？」とYに聞いていることから，空所には期限を表す語が当てはまる。動作や状態が完了する〈期限〉を表すbyが適当であるから，正解はA。

33. the＋複数名詞で特定のグループ全体を指すことができる。「今週末はタナカ夫妻が不在だそうなので，来週にしましょうか」というYの発言が成立することから，正解はA。

34. 空所の後ろに注目すると，助動詞（can't）があるので，主語が欠けていることがわかる。先行詞thingsが人以外なので，関係詞節内で主語の働きをする主格の関係代名詞であるA．thatが正解となる。

35. on the same pageで「同じ考えをもっている」という意になるイディオムである。したがって，正解はD。

36. take it for granted that～で「～を当たり前に思う」という意のイディオムになる。したがって，正解はB。

4 解答　37―B　38―D　39―C　40―B　41―D　42―A

解説　37. 空所の直前で，アルマが「カナさん，午後3時から会議になっています」と発言しており，その直後に，カナが「はい，アルマさん。会議は会議室で行うことにします」と肯定の返事をしていることから，この会話の流れで最も適当な選択肢はB.「準備万端ですか？」であると考えられる。

38. 空所直後のカナの発言で，「配布資料などは各メンバーのテーブルの上に置いておきました」と述べており，空所には何か確認することがあるかどうか質問する表現がくると考えられる。したがって，正解はD.「ほかに考えなければならないことはありますか？」。

39. 空所直後のカナの発言で，「そうそう，休憩用にコーヒーと緑茶も用意したんですよ」と述べていることから，空所には飲み物などの準備はどうするかなどの質問が当てはまると考えられる。したがって，正解はC.「飲み物はどうしましょう？」。

40. 空所直前までのジョンと母の会話から，ジョンが学校が嫌いなことがわかる。ジョンが学校が嫌いで，授業がつまらないと述べていることに対して，空所直前で母は「まあ，何もかも完璧なんてないんだけどね」と答えている。さらに，空所直後のジョンの発言で，「なんで？　学位をもっている意味はあるの？」と述べている。学位を取得するには卒業しなければならないので，空所には卒業に関わる内容がくると考えられる。したがって，正解はB.「でも，卒業だけはしてほしいの」。

41. 空所直前で，母が，「卒業しないよりも卒業した方がいいよ」と述べており，空所直後でジョンが，「例えば誰？」と述べていることから，空所には卒業した方がよいという肯定的な内容や一般的な事例を述べている発言がくると考えられる。したがって，正解はD.「学校で一生懸命勉強した人の中には，成功する人もたくさんいるんだよ」。

42. 空所直前で，ジョンが「彼らは学校で何を学んだの？」と質問しているのに対して，母は空所直後で「でも，彼らは一生懸命勉強したんだよ」と逆接の表現で発言していることから，空所にはA.「よくはわからないよ」という，確信がもてない，断定を避ける表現が適当である。

5　解答　43－C　44－D　45－A

解説　≪安く予算内で旅行するためには≫

43. 空所直前の文（Airfare is usually …）で，「旅行者が最もお金を使うのは，通常，航空券です」と述べられており，空所直後の文（However, the …）では，「しかし，最も安い航空券は，経由地が多くや直行便が少ないことが多いのです」と述べられていることから，空所には安い航空券を購入する方法が述べられていると考えられる。したがって，正解はC.「費用を抑えるには，旅行会社を通してではなく，オンラインで航空券を予約することです」。

44. 空所直前の2文（You can also … cheese, and fruits.）に，「レストランに行くことを避けて市場で食材を買う方が多くのお金を節約できて，ほとんどのオープンマーケットではそう調理の手間のかからないパンやチーズ，果物のような健康的な食材を売っている」ことが述べられており，その続きなので，D.「そうすることで旅行中も健康でいることもできます」と続くと自然である。

45. 空所直前の文（Youth hostels are …）と空所直後の文（They also provide …）で，ユースホステルについての内容が述べられていることから，空所にはユースホステルに関する内容が入ると考えられる。したがって，正解はA.「ユースホステルの料金は非常に安く，最も安いホテルの半額以下であることもあります」。

6　解答　46－B　47－A　48－C　49－C　50－A　51－A　52－D

解説　≪ケント大学での夏の3週間英語学習プログラム≫

46.「この英語プログラムの重要な焦点は何か」 学習目標（Learning objectives）の欄の第2文（Classes focus on …）で，「日常的なコミュニケーションにおける標準的なイギリス英語の使い方に重点を置いています」と書かれていることから，正解はB.「イギリス人が使用する英語」。

47.「プログラムはどのくらい行われるのか」 表題の下に，「夏の3週間をケント大学で過ごし，イギリスの生活を紹介し，英語力を鍛えましょう」と書かれていることから，正解はA.「夏の3週間」。

48.「授業はいつ行われるか」 教室のスケジュール（Classroom schedule）の欄に，「月曜日から金曜日」と書かれていることから，正解はC.「平日に」。

49.「学外での活動で，学生が追加料金を支払わなければならないものは何か」 大学外での活動（Activities outside the University）の欄の第2文（We also organize …）で，「歴史あるドーバー城の1日観光も企画していますが，入場料はプログラム費用に含まれていません」と書かれていることから，正解はC.「ドーバー城の入場料」。

50.「もし…宿泊する場合，食事は各自で用意する必要がある」 宿泊施設（Accommodations）の欄に，「キャンパス内の学生寮は110ポンド／週（食事代別）」と書かれていることから，正解はA.「寮に」。

51.「プログラム料金に含まれるものは何か」 プログラム（クラス）料金（Programme (class) fees）の欄の最初の文（£445/week …）に，「445ポンド／週（テキスト，健康保険，バスパス除く）」と書かれていることから，正解はA.「授業にかかる費用」。

52.「このプログラムに参加したい場合，学生は何をすればいいのか」 プログラム（クラス）料金（Programme (class) fees）の欄の最終文（Please contact the …）で，「コースの予約や詳細については，インターナショナルセンターまでお問い合わせください」と書かれていることから，正解はD.「インターナショナルセンターへメールまたは電話で連絡する」。

日本史

1 解答 ≪弥生～飛鳥時代の政治史≫

問1．楽浪郡　問2．漢委奴国王　問3．ア　問4．前方後円墳
問5．ウ　問6．倭の五王　問7．エ　問8．ア　問9．仏教

2 解答 ≪近世のキリスト教史≫

問1．ア　問2．エ　問3．益田時貞〔天草四郎時貞〕　問4．絵踏
問5．宗門改め　問6．オ　問7．隠れキリシタン
問8．A．バテレン追放令〔宣教師追放令〕　B．禁教令

3 解答 ≪明治時代の経済に関連する総合問題≫

問1．フランス　問2．工部　問3．新橋　問4．大久保利通
問5．ウ　問6．エ　問7．寄生地主　問8．イ　問9．労働組合期成会

4 解答 ≪明治～昭和戦後の農業に関連する総合問題≫

問1．エ　問2．イ　問3．ウ　問4．小作争議　問5．ア
問6．自作農創設特別措置法　問7．闇市　問8．農業基本法
問9．減反

世界史

1　解答　≪共和政ローマ≫

問1．1．分割統治　2．ハンニバル　3．スキピオ　4．属州
5．ラティフンディア　6．重装歩兵　7．無産市民　8．護民官
9．カエサル　10．ポンペイウス
問2．エ　問3．ア　問4．パンと見世物　問5．イ　問6．ウ

2　解答　≪隋王朝≫

問1．1．楊堅　2．均田　3．府兵　4．九品中正　5．科挙
6．煬帝　7．大運河
問2．イ　問3．五胡十六国　問4．士大夫

3　解答　≪ロシア絶対王政≫

問1．1―イ　2―キ　3―オ　4―エ
問2．5．プガチョフ　6．ラクスマン　問3．ア
問4．セヴァストーポリ　問5．ア・ク　問6．イ
問7．①キャフタ条約　②アイグン条約　問8．ウ・カ

4　解答　≪オーストリア＝ハンガリー帝国≫

問1．1．プロイセン　2．未回収のイタリア　3．青年トルコ革命
4．サライェヴォ　5．パリ
問2．ヴィットーリオ＝エマヌエーレ2世　問3．ベルリン会議
問4．ウ　問5．ア　問6．ズデーテン地方

地理

1 解答 ≪宮城県南三陸町付近の地形図読図≫

問１．⑴国土地理院　⑵－４　⑶1.5　⑷70　⑸－イ
問２．リアス海岸
問３．⑴東日本大震災　⑵－１　⑶海溝　⑷－３
問４．３・４・６

2 解答 ≪気候区分と土壌≫

問１．ア．ツンドラ　イ．氷雪　ウ．砂漠　エ．グレートプレーンズ
オ．18　カ．サバナ　キ．リャノ　ク．セルバ　ケ．タイガ　コ．成帯
サ．間帯
問２．あ－８　い－１　う－２　え－６　お－４
問３．A．ベトナム　B．コロンビア　問４．②Cw　③Cfa

3 解答 ≪水産業≫

問１．ア．200　イ．遠洋　ウ．沖合　エ．日本　オ．千島　カ．対馬
キ．リマン　ク．潮目〔潮境〕　ケ．銚子　コ．釧路　サ．焼津
シ．中国〔中華人民共和国〕　ス．ペルー
問２．EEZ　問３．バンク〔浅堆〕
問４．Ⓐ北東大西洋漁場〔大西洋北東部漁場〕
Ⓑ北西大西洋漁場〔大西洋北西部漁場〕
問５．フィッシュミール

4 解答 ≪南アジアの地誌≫

問１．ア　問２．カ．ユーラシア　キ．衝突　ク．逆　ケ．ゴンドワナ

問３．Ｅ―セ　Ｆ―サ　Ｇ―ス　Ｈ―シ

問４．インド：１　スリランカ：３　パキスタン：２
バングラデシュ：４

問５．インド：チ　スリランカ：ツ　ネパール：テ　バングラデシュ：タ

問６．国名：ブータン　国の位置：(え)

提供：ブータン政府観光局

政治・経済

1　解答　≪経済社会のデジタル化≫

問１．Ｇ：グーグル　Ａ：アップル（アマゾンも可）
Ｆ：フェイスブック　Ａ：アマゾン（アップルも可）（２つのＡは順不同）
問２．Ａ．有効需要　Ｂ．フリードマン
Ｃ．マネタリズム（マネタリストも可）
問３．Ｄ－ケ　Ｅ・Ｆ－カ・コ（順不同）　Ｇ－シ　Ｈ－オ
問４．ビッグデータ　問５．コンプライアンス　問６．エ・カ
問７．デジタル庁

2　解答　≪大日本帝国憲法と日本国憲法≫

問１．(a)－エ　(b)兵役　問２．イ　問３．枢密
問４．Ｂ．統治　Ｃ．90　Ｄ．11　Ｅ．象徴　問５．ウ
問６．協賛　問７．エ　問８．ウ　問９．エ　問10．ア
問11．国民投票　問12．エ・オ

3　解答　≪法　律≫

問１．ウ　問２．あ．享有　い．幸福追求　う．公共の福祉　え．平等
問３．Ａ－タ　Ｂ－ヌ　Ｃ－ク　Ｄ－サ　Ｅ－セ　Ｆ－オ　Ｇ－シ
問４．(a)－ウ　(b)－イ　問５．クーリング・オフ　問６．×

数学

◀法学部 1 部・2 部，経営学部 1 部（経営情報）▶

1 解答 ≪小問 3 問≫

(1)　$x=3+2\sqrt{2}$，$y=3-2\sqrt{2}$ より

$$x+y=6,\ x-y=4\sqrt{2},\ xy=1$$

であるから

$$\frac{\sqrt{x}-\sqrt{y}}{\sqrt{x}+\sqrt{y}}=\frac{(\sqrt{x}-\sqrt{y})(\sqrt{x}+\sqrt{y})}{(\sqrt{x}+\sqrt{y})^2}$$

$$=\frac{x-y}{x+y+2\sqrt{xy}}$$

$$=\frac{4\sqrt{2}}{6+2}=\frac{\sqrt{2}}{2}\quad\cdots\cdots(答)$$

(2)　$y=(x^2-2x)^2-3(x^2-2x)$

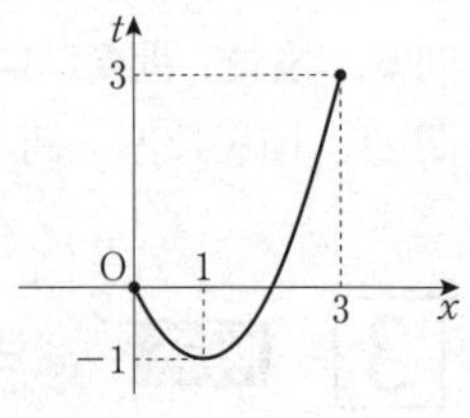

$t=x^2-2x$ とおくと

$$t=(x-1)^2-1\quad(0\leqq x\leqq 3)$$

よって　$-1\leqq t\leqq 3$

$$y=t^2-3t$$

$$=\left(t-\frac{3}{2}\right)^2-\frac{9}{4}$$

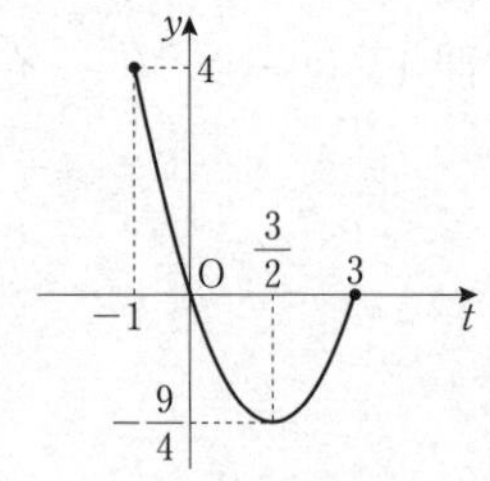

したがって

y の最大値は　4　……(答)

このとき，$t=-1$ より

$$x^2-2x=-1\qquad(x-1)^2=0$$

これより，最大値を与える x の値は

$x=1$　……(答)

y の最小値は　$-\frac{9}{4}$　……(答)

このとき，$t=\dfrac{3}{2}$ より　　$\dfrac{3}{2}=x^2-2x$

$$2x^2-4x-3=0 \qquad \therefore \quad x=\frac{2+\sqrt{10}}{2} \quad (0\leqq x\leqq 3)$$

よって，最小値を与える x の値は　　$x=\dfrac{2+\sqrt{10}}{2}$　……(答)

(3)　中央値は下表のようになり　　9 通り　……(答)

a	53 以下	54	55	56	57	58	59	60	61 以上
中央値	54	54.5	55	55.5	56	56.5	57	57.5	58

2　解答　≪小問 3 問≫

(1)　対偶は　　「$xy\geqq 0$ ならば，$x\leqq 0$ または $y\geqq 0$ が成り立つ」　……(答)

(2)　　$17x+23y=1$　……①

$x=-4$，$y=3$ は，①の解だから

$$17\times(-4)+23\times 3=1 \quad \cdots\cdots ②$$

①－② より　　$17(x+4)+23(y-3)=0$

17 と 23 は互いに素だから

$$x+4=23k,\ \ y-3=-17k$$

$\therefore$　$x=23k-4$，$y=-17k+3$　（k は整数）　……(答)

(3)　$\sin\theta=\dfrac{b}{a}$ $(0\leqq\theta\leqq\pi)$ を満たす θ が存在する条件は

$$\frac{b}{a}\leqq 1 \Longleftrightarrow b\leqq a$$

これを満たす a，b の組は

$a=b$ のとき　　6 組

$a>b$ のとき　　${}_6C_2$ 組

よって，求める確率は

$$\frac{6+{}_6C_2}{6^2}=\frac{7}{12} \quad \cdots\cdots(答)$$

3 解答 ≪二等辺三角形・鋭角三角形の条件≫

(1) $x>0$ のとき，$x^2>0$，$2x+3>0$，$4x+4>0$ だから，三角形ができる条件は

$$x^2+(4x+4)>2x+3 \quad \cdots\cdots①$$

$$x^2+(2x+3)>4x+4 \quad \cdots\cdots②$$

$$(4x+4)+(2x+3)>x^2 \quad \cdots\cdots③$$

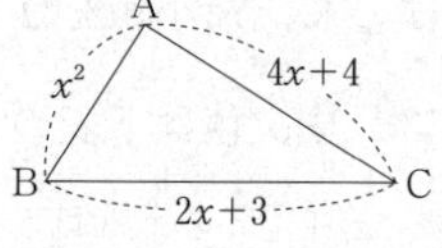

である。

$$① \Longleftrightarrow (x+1)^2>0 \quad (x>0 \text{ のとき成り立つ})$$

$$② \Longleftrightarrow x^2-2x-1>0$$

$$\Longleftrightarrow x<1-\sqrt{2},\ x>1+\sqrt{2} \quad \cdots\cdots④$$

$$③ \Longleftrightarrow x^2-6x-7<0 \Longleftrightarrow -1<x<7 \quad \cdots\cdots⑤$$

$x>0$ のとき，④，⑤より　　$1+\sqrt{2}<x<7$　……(答)

(2) $x>0$ のとき，$4x+4>2x+3$ であるから　　$\mathrm{AC}>\mathrm{BC}$

$\mathrm{AB}=\mathrm{AC}$ のとき

$$x^2=4x+4 \qquad x^2-4x-4=0 \qquad \therefore \quad x=2+2\sqrt{2}$$

$\mathrm{AB}=\mathrm{BC}$ のとき

$$x^2=2x+3 \qquad x^2-2x-3=0 \qquad \therefore \quad x=3$$

これらの値は(1)で求めた不等式を満たす。

よって　　$x=3,\ 2+2\sqrt{2}$　……(答)

(3) $x=3$ のとき　　$\mathrm{AB}=\mathrm{BC}=9$，$\mathrm{AC}=16$

$\triangle\mathrm{ABC}$ の最大角は　　$\angle\mathrm{ABC}$

$$\cos B=\frac{9^2+9^2-16^2}{2\cdot9\cdot9}=-\frac{47}{81}<0$$

これより，$\triangle\mathrm{ABC}$ は鈍角三角形。

$x=2+2\sqrt{2}$ のとき

$$\mathrm{AB}=\mathrm{AC}=12+8\sqrt{2},\ \mathrm{BC}=7+4\sqrt{2}$$

$\triangle\mathrm{ABC}$ の最大角は，$\angle\mathrm{ABC}=\angle\mathrm{ACB}$ より鋭角なので，$\triangle\mathrm{ABC}$ は鋭角三角形。

よって，求める x の値は　　$x=2+2\sqrt{2}$　……(答)

4　解答　≪3次関数の極値，接線の方程式，面積≫

(1)　$f(x)=x^3+x^2-ax$

$f'(x)=3x^2+2x-a$

$f(x)$ は $x=-1$ で極値をとるから

$f'(-1)=1-a=0$

よって　$a=1$　……(答)

このとき　$f'(x)=(x+1)(3x-1)$

$f(x)$ の増減表は，右のようになる。

x	$\cdots$	-1	$\cdots$	$\frac{1}{3}$	$\cdots$
$f'(x)$	$+$	0	$-$	0	$+$
$f(x)$	$\nearrow$	1	$\searrow$	$-\frac{5}{27}$	$\nearrow$

よって，$x=\dfrac{1}{3}$ のとき，極小値 $-\dfrac{5}{27}$ をとる。……(答)

(2)　$f(x)=x(x^2+x-1)=0$ より

$$x=0,\ \frac{-1\pm\sqrt{5}}{2}\quad\left(\beta=\frac{\sqrt{5}-1}{2}\text{ とおく}\right)$$

$g(x)=|f(x)|$ とおくと，(1)の増減表から，グラフは右図のようになる。

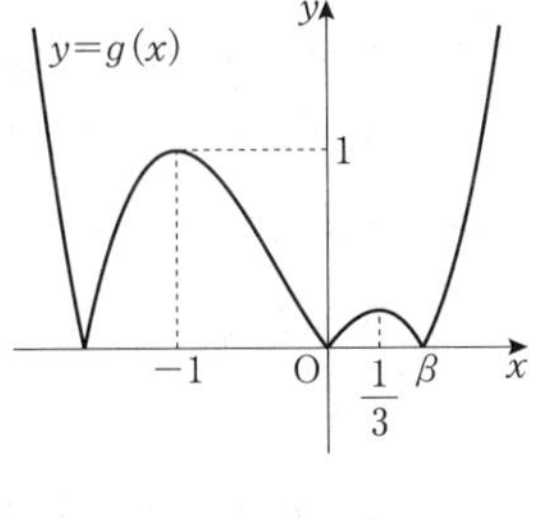

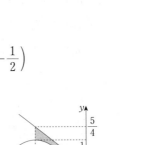

$\beta-\dfrac{1}{2}=\dfrac{\sqrt{5}-2}{2}>0$ より　$\dfrac{1}{2}<\beta$

$0\leqq x\leqq\beta$ のとき，$g(x)=-f(x)$ だから

$$g\left(\frac{1}{2}\right)=-f\left(\frac{1}{2}\right)=\frac{1}{8}$$

$$g'\left(\frac{1}{2}\right)=-f'\left(\frac{1}{2}\right)=-\frac{3}{4}$$

よって，接線 l の方程式は　$y-\dfrac{1}{8}=-\dfrac{3}{4}\left(x-\dfrac{1}{2}\right)$

$$\therefore\quad y=-\frac{3}{4}x+\frac{1}{2}\quad\cdots\cdots\text{(答)}$$

(3)　$-1\leqq x\leqq 0$ のとき　$g(x)=f(x)$

右のグラフより，$-1\leqq x\leqq 0$ のとき

$-\dfrac{3}{4}x+\dfrac{1}{2}\geqq g(x)$ が成り立つから

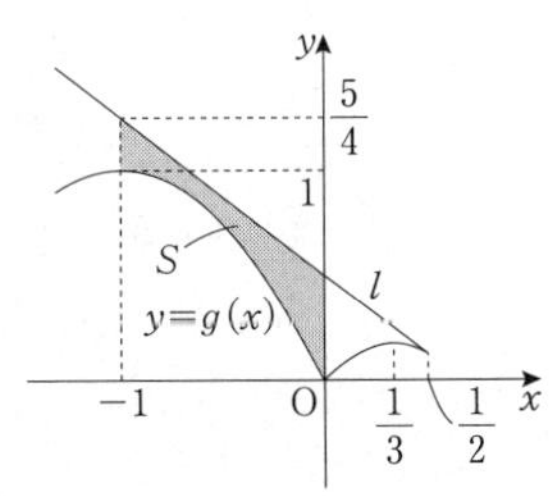

$$S=\int_{-1}^{0}\left\{\left(-\frac{3}{4}x+\frac{1}{2}\right)-g(x)\right\}dx$$

$$=\int_{-1}^{0}\left(-x^3-x^2+\frac{1}{4}x+\frac{1}{2}\right)dx$$

$$=\left[-\frac{1}{4}x^4-\frac{1}{3}x^3+\frac{1}{8}x^2+\frac{1}{2}x\right]_{-1}^{0}$$

$$=\frac{7}{24}\quad\cdots\cdots(\text{答})$$

5 解答 ≪2 項間の漸化式，数列の和≫

(1)　$a_{n+1}=4a_n+3$　……①

$a_1=3$ より

$$a_2=4a_1+3=4\cdot3+3=15$$

$$a_3=4a_2+3=4\cdot15+3=63$$

$$a_4=4a_3+3=4\cdot63+3=255\quad\cdots\cdots(\text{答})$$

(2)　①より

$$a_{n+1}+1=4(a_n+1)$$

数列 $\{a_n+1\}$ は公比 4 の等比数列だから

$$a_n+1=(a_1+1)\cdot4^{n-1}=(3+1)\cdot4^{n-1}=4^n$$

$$\therefore\quad a_n=4^n-1\quad\cdots\cdots(\text{答})$$

(3)　$b_n=(a_n+1)^n=(4^n)^n=4^{n^2}$　$(n=1,\ 2,\ 3,\ \cdots)$

よって

$$B=b_1b_2\cdots b_n=4^{1^2}\cdot4^{2^2}\cdot4^{3^2}\cdot\cdots\cdot4^{n^2}=4^{1^2+2^2+3^2+\cdots+n^2}$$

$$=4^{\frac{1}{6}n(n+1)(2n+1)}$$

$$=2^{\frac{1}{3}n(n+1)(2n+1)}\quad\cdots\cdots(\text{答})$$

◀工学部（社会環境工〈環境情報コース〉・生命工）▶

1

◀法学部 1 部・2 部，経営学部 1 部（経営情報）▶[1]に同じ。

2 解答 ≪小問 3 問≫

(1)　$x^2+8x+k=0$　……①

①の 2 つの解を α，-3α とおくと，解と係数の関係より

$$\alpha+(-3\alpha)=-8,\ \alpha\cdot(-3\alpha)=k$$

よって，$\alpha=4$ であり

$k=-48$，2 次方程式の解は　$4,\ -12$　……(答)

(2)　$y=7\sin x+\sqrt{6}\cos x$

$=\sqrt{55}\sin(x+\alpha)$

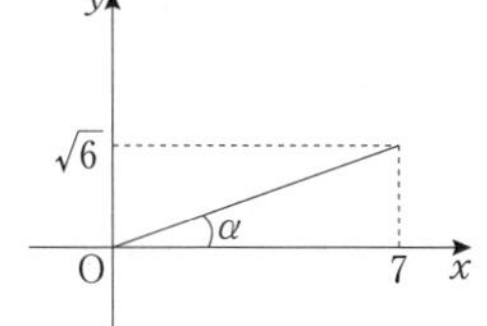

ただし　$\cos\alpha=\dfrac{7}{\sqrt{55}}$，$\sin\alpha=\sqrt{\dfrac{6}{55}}$

$\alpha\leqq x+\alpha<2\pi+\alpha$ であるから

$$-1\leqq\sin(x+\alpha)\leqq1$$

$$-\sqrt{55}\leqq7\sin x+\sqrt{6}\cos x\leqq\sqrt{55}$$

よって　最大値 $\sqrt{55}$，最小値 $-\sqrt{55}$　……(答)

(3)　$f(x)=x^3-9x^2+16x+26$ とおく。

$f(-1)=0$ より，$f(x)$ は $x+1$ で割り切れるから

$$f(x)=(x+1)(x^2-10x+26)$$

よって，$f(x)=0$ の解は　$x=-1,\ 5\pm i$　……(答)

3 解答 ≪定積分と極限≫

(1)　$a_n=2n^2-n$ より

$$\lim_{n\to\infty}a_n=\lim_{n\to\infty}2n^2\left(1-\frac{1}{2n}\right)=\infty \quad \text{……(答)}$$

(2)　$\sqrt{x}+1=t$ とおくと

$$\sqrt{x}=t-1 \qquad x=1-2t+t^2$$

$\dfrac{dx}{dt}=2t-2$ より　　$dx=(2t-2)dt$

よって

$$\begin{aligned}\int\frac{1}{\sqrt{x}+1}dx&=\int\frac{2t-2}{t}dt=\int\left(2-\frac{2}{t}\right)dt\\&=2t-2\log t+C'\\&=2(\sqrt{x}+1)-2\log(\sqrt{x}+1)+C'\\&=2\sqrt{x}-2\log(\sqrt{x}+1)+C\end{aligned}$$

（C は積分定数）

……(答)

(3)　$I_n=\displaystyle\int_{a_n}^{a_{n+1}}f(x)dx$ とおくと

$$\begin{aligned}I_n&=\Big[2\sqrt{x}-2\log(\sqrt{x}+1)\Big]_{a_n}^{a_{n+1}}\\&=2(\sqrt{a_{n+1}}-\sqrt{a_n})-2\{\log(\sqrt{a_{n+1}}+1)-\log(\sqrt{a_n}+1)\}\\&=2(\sqrt{a_{n+1}}-\sqrt{a_n})-2\log\frac{\sqrt{a_{n+1}}+1}{\sqrt{a_n}+1}\end{aligned}$$

$a_{n+1}=2(n+1)^2-(n+1)=2n^2+3n+1$ より

$$\begin{aligned}\sqrt{a_{n+1}}-\sqrt{a_n}&=\sqrt{2n^2+3n+1}-\sqrt{2n^2-n}\\&=\frac{(2n^2+3n+1)-(2n^2-n)}{\sqrt{2n^2+3n+1}+\sqrt{2n^2-n}}\\&=\frac{4n+1}{\sqrt{2n^2+3n+1}+\sqrt{2n^2-n}}\\&=\frac{4+\frac{1}{n}}{\sqrt{2+\frac{3}{n}+\frac{1}{n^2}}+\sqrt{2-\frac{1}{n}}}\end{aligned}$$

よって　　$\displaystyle\lim_{n\to\infty}(\sqrt{a_{n+1}}-\sqrt{a_n})=\frac{4}{2\sqrt{2}}=\sqrt{2}$

また

$$\frac{\sqrt{a_{n+1}}+1}{\sqrt{a_n}+1}=\frac{\sqrt{2n^2+3n+1}+1}{\sqrt{2n^2-n}+1}$$

$$=\frac{\sqrt{2+\frac{3}{n}+\frac{1}{n^2}}+\frac{1}{n}}{\sqrt{2-\frac{1}{n}}+\frac{1}{n}}$$

よって　$\lim_{n\to\infty}\frac{\sqrt{a_{n+1}}+1}{\sqrt{a_n}+1}=\frac{\sqrt{2}}{\sqrt{2}}=1$

したがって　$\lim_{n\to\infty}I_n=2\sqrt{2}-2\log 1=2\sqrt{2}$　……(答)

4 解答 ≪7 個の数字でできる 3 桁の整数≫

(1)　${}_7P_3=7\cdot 6\cdot 5=210$ 個　……(答)

(2)　5 で始まる数，6 で始まる数，7 で始まる数がそれぞれ

$${}_6P_2=6\cdot 5=30 \text{ 個}$$

47 で始まる数，46 で始まる数がそれぞれ

$${}_5P_1=5 \text{ 個}$$

45 で始まる数は　456，457 の 2 個

よって，作ることができる 456 以上の 3 桁の整数は

$30\times 3+5\times 2+2=102$ 個　……(答)

(3)　1 で始まる数，2 で始まる数，3 で始まる数，4 で始まる数がそれぞれ　30 個

また，5 で始まる数は　512，513，514，516，…

よって，小さい方から数えて 123 番目の整数は

514　……(答)

5 解答 ≪平面ベクトルの内積，ベクトルのなす角≫

(1)　$\vec{a}=(x,\ y)$，$\vec{b}=\left(\frac{x-\sqrt{3}y}{2},\ \frac{\sqrt{3}x+y}{2}\right)$，$x^2+y^2=1$ より

$$|\vec{a}|^2=x^2+y^2=1$$

$$|\vec{b}|^2=\frac{1}{4}\{(x-\sqrt{3}y)^2+(\sqrt{3}x+y)^2\}$$

$$=x^2+y^2=1$$

よって　$|\vec{a}|=|\vec{b}|=1$

また

$$\vec{a}\cdot\vec{b}=x\cdot\frac{x-\sqrt{3}y}{2}+y\cdot\frac{\sqrt{3}x+y}{2}=\frac{x^2+y^2}{2}=\frac{1}{2}$$

$$\cos\theta_1=\frac{\vec{a}\cdot\vec{b}}{|\vec{a}||\vec{b}|}=\frac{1}{2}$$

$\therefore\ \theta_1=\dfrac{\pi}{3}$　……(答)

(2)　$\vec{c}=s\vec{a}+t\vec{b}$ より

$$\vec{a}\cdot\vec{c}=\vec{a}\cdot(s\vec{a}+t\vec{b})=s|\vec{a}|^2+t\vec{a}\cdot\vec{b}=s+\frac{1}{2}t$$

$$\vec{b}\cdot\vec{c}=\vec{b}\cdot(s\vec{a}+t\vec{b})=s\vec{a}\cdot\vec{b}+t|\vec{b}|^2=\frac{1}{2}s+t$$

よって，$\vec{a}\cdot\vec{c}=\vec{b}\cdot\vec{c}$ より

$$s+\frac{1}{2}t=\frac{1}{2}s+t$$

$\therefore\ t=s$　……(答)

(3)　(2)の結果から　$\vec{c}=s(\vec{a}+\vec{b})$

$$\vec{a}\cdot\vec{c}=s(|\vec{a}|^2+\vec{a}\cdot\vec{b})=\frac{3}{2}s$$

$$|\vec{a}+\vec{b}|^2=|\vec{a}|^2+2\vec{a}\cdot\vec{b}+|\vec{b}|^2=3$$

$$|\vec{c}|=|s||\vec{a}+\vec{b}|=\sqrt{3}\,|s|$$

$$\cos\theta_2=\frac{\vec{a}\cdot\vec{c}}{|\vec{a}||\vec{c}|}=\frac{\frac{3}{2}s}{\sqrt{3}\,|s|}=\frac{\sqrt{3}}{2}\cdot\frac{s}{|s|}$$

よって

$s>0$ のとき　$\cos\theta_2=\dfrac{\sqrt{3}}{2}$

$s<0$ のとき　$\cos\theta_2=-\dfrac{\sqrt{3}}{2}$

$$\therefore\ \theta_2=\begin{cases}\dfrac{\pi}{6} & (s>0)\\[2mm] \dfrac{5}{6}\pi & (s<0)\end{cases}\quad\text{……(答)}$$

理科

1　解答　≪なめらかな斜面と粗い水平面上での物体の運動≫

(1) $\dfrac{Mg}{\cos\theta}$　(2) $Mg\tan\theta$　(3) $\dfrac{9v^2}{50L}$　(4) $\dfrac{9v^2}{50gL}$　(5) $\dfrac{10L}{9v}$

(6) $\dfrac{16}{25}$　(7) $\dfrac{4}{5}v$　(8) $\dfrac{9}{50}Mv^2$　(9) $\dfrac{7}{9}L$　(10) $-\dfrac{1}{2}Mv^2$

2　解答　≪直線電流による磁場≫

(1)大きさ：$\dfrac{I}{2\pi r}$　向き：ヌ　(2)大きさ：$\dfrac{I}{2\pi r}$　向き：ヲ

(3)大きさ：$\dfrac{\mu_0 I}{2\pi r}$　向き：ヌ　(4)大きさ：$\dfrac{\mu_0 I^2 L}{2\pi r}$　向き：イ

(5)大きさ：$\dfrac{\sqrt{3}\mu_0 I^2 L}{2\pi r}$　向き：ロ　(6)大きさ：$\dfrac{\mu_0 I^2 L}{2\pi r}$　向き：ホ

3　解答　≪物質の分類，最外殻電子数，極性，体積・質量計算，分離，濃度，ボルタ電池≫

1．(1)ー c　(2)ー a　(3)ー e　(4)ー b　(5)ー b　(6)ー e

2．(1)0.050 mol/L　(2)0.083 mol/L　(3)0.66 mol/L，4.0%

(4)6.1 mol/L

3．(1)①ー(b)　②ー(a)　③ー(a)　④ー(b)

(2)ーア　(3)ーイ

4　解答　≪アンモニアソーダ法，気体の体積・分圧，C_3H_8O の異性体≫

1．(1)a．CO_2　b．$NaHCO_3$　c．H_2O　d．CaO

e．$Ca(OH)_2$

(2) $2NaCl + CaCO_3 \longrightarrow CaCl_2 + Na_2CO_3$

2．⑴3.0 L　⑵72

⑶窒素の分圧：9.0×10^{4} Pa　酸素の分圧：5.0×10^{4} Pa

3．

```
A.     H  H  H              B.     H  H     H
       |  |  |                     |  |     |
    H-C-C-C-H                   H-C-C----C-H
       |  |  |                     |  |     |
       H  H  O-H                   H  O-H   H

C.     H  H     H           D.     H  H
       |  |     |                  |  |
    H-C-C-O-C-H                 H-C-C-C-H
       |  |     |                  |  |  ||
       H  H     H                  H  H  O

E.     H     H
       |     |
    H-C-C-C-H
       |  || |
       H  O  H
```

5　解答　≪生態系のバランスと物質循環≫

問1．ア．呼吸　イ．光合成　ウ．自然浄化

問2．藻類：z　細菌：x　原生動物：y

問3．⑴生物濃縮　⑵食物網

問4．⑴―①・②・③　⑵―①・③・⑤

問5．⑴富栄養化　⑵湖沼：アオコ（水の華）　海洋：赤潮

問6．⑴ATP　⑵エ．リボース　オ．アデニン　カ．アデノシン

⑶―B・C　⑷―C　⑸―②・⑤・⑥

6　解答　≪動物の発生と遺伝子≫

問1．ア．動物　イ．灰色三日月環

問2．③

問3．iPS 細胞

問4．②・③

問5．①・③・⑤・⑥

問6．外胚葉：②　中胚葉：①・③　内胚葉：④

問7．⑴変態　⑵アポトーシス

問8．⑴mRNA　⑵0 %

の見方、後者は内実の「べき」に注目する見方である。これを踏まえているのは、オのみ。よって、これが正解。

問六　空欄③直前の「言い換えれば」から、直前の一文「それでは、…具体化されようとしたのか」と同じ意味になるものを選ぶ。このようなとき、一度主語を変えると考えの幅が広がる。「代表制度」を主語にして考えると、「代表制度」が〈理念である人民主権をどのように具体化しようとしたのか〉と言い換えられるから、同じ意味になるアが正解。エは「その国の…変化していった」が不可。

問七　直前の段落に「多数決によって」とあるので、空欄④はウが適切。空欄⑤の後の「最大の狙いは、政治権力を脱人格化すること」から、⑤はアが適切。空欄⑥直前の「私物化や」より、脱人格化と相反する語で「私物化」と親和性の高いものを選ぶと、⑥はエが適切。「恣意的」とは〝その時々の思いつきで物事を判断するさま〟である。

問八　傍線3を含む一文の主語は「この条件が…理由は」であるから、「不可欠」なのは「この条件」。直前の一文より、その指示内容は、「参政権の平等という条件」となる。よって、正解はウ。

問九　直前の三段落が根拠となる。ここをもとにまとめると「国民の…強い正統性」は『参政権の平等という条件を重視する立場」、「国民による…弱い正統性」は「定期的で頻繁な選挙という条件を重視する立場」である。よって、一はイ。傍線4直後の「明らかな…見なされている点だ」から二はウ。傍線4直前の段落の「前者を重視する…比例代表制を望ましいとする傾向にある」から三はア。

問十　アは第十一段落最終文「選挙は近代以降も、一種の貴族主義を政治に温存する手段であったのだ」に合致する。ウは傍線3直前の段落の「近代において…二つの条件…行われることである」に対応、キは最終段落と対応する。よって、これらが正解。イは「古代の…こだわりを批判」が不可。エは「古代の民主主義に接近」が不可。カは「歴史上はじめて政治権力を正統化する必要性」が不可。第四段落に「当時の絶対王政に正統性を付与した王権神授説」とある。

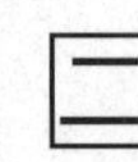

二

出典　藤井達夫『代表制民主主義はなぜ失敗したのか』(集英社新書)

解答

問一　a―エ　b―イ

問二　A―イ　B―エ

問三　ウ

問四　ウ

問五　オ

問六　ア

問七　④―ウ　⑤―ア　⑥―エ

問八　ウ

問九　一―イ　二―ウ　三―ア

問十　ア・ウ・キ

解説

問三　傍線1を含む一文の「前者」「後者」の指示内容を押さえる。直前の「古代と近代の民主主義の差異」より、「前者」は〈古代の民主主義〉、「後者」は〈近代の民主主義〉である。直前の段落より、古代の民主主義は「古代アテナイ」の「誰もが…私物化は難しくなる」制度である。よって、ウが正解。

問四　傍線2の直後の三段落が説明部分となる。第三段落の「そこで…考えだ」、第四段落の「当時の…正統性を掲げた」、第五段落の「このように、…活発化していた」から、〈既存の国王の絶対的権力を批判するために政治権力の正統性を問題とし、その正統性の根拠として人民主権と同意を用いた〉という内容が読み取れる。これに触れているのは、ウのみ。よって、これが正解。

問五　空欄①直後の「一人の支配…民主政」と空欄②直後の「誰が…服従すべきか」を踏まえて考える。前者は外側だけ

問四　「適切」と「最適」の違いがポイント。傍線3を含む段落を踏まえると「適切」は「今日しかないタイミング」を生かすこと、「最適」は「鮮度のないリフレイン」の逆の〈鮮度のある〉表現となる。これを「新進気鋭」にあてはめると、〈新進気鋭はタイミングはよいが、もはやアロハやふんどし同様に鮮度のないリフレイン（＝繰り返し）になった〉となる。よって、イが正解。エは「一人しかいない」、オは「使用してはいけない場合もある」がそれぞれ不適。

問五　傍線4の直前の二段落が具体例なので、これをもとにまとめる。作者が「批評を操縦するイニシアチブを持ってしまっている」というのは、特定の批評を作者が褒め、その批評を優位にすることである。特定の批評を作者が褒めるという意があるのはイとウ。作者がそれに反する批評を「厳しく批判する」という動きは本文中にないので、イは不可。よって、ウが正解。

問六　傍線5の直後の例を利用する。〈おばあちゃんの病院に真っ先に駆けつけた〉が評価されない「私的な肯定」の例、〈東南アジアへ短期留学のボランティアに行く〉ことが評価される「公的化」された肯定の例である。共通点は〈優しさ〉であり、違いはオの「公に評価されるような活動」か否かである。よって、オが正解。

問七　傍線6を含む段落より、「物事を多方面から見る」とは「裏返して考えてみる」こと。具体的には「全米が泣いた」の表現に対して〈そうではないケースや逆のケースを考える〉ようなことである。傍線6の直後の段落より、「賞味期限を迎えていく」とは「絶賛に寄りまくっている」状態が是正されることである。双方を踏まえているのは、アのみ。

問八　ウは傍線4を含む段落の「この構造は、…矮小化させていく」と対応し、エはその直後の段落の「絶賛の言葉は、…歓迎はされる」と対応する。よって、これらが正解。感嘆符の使用の弊害は主題ではないので、アは不可。「賞賛の言葉」を受け入れる側にも問題があるので、イも不可。オはガイド本の無効性についての記載は本文中にないので、不可。カは最終段落と矛盾。

国語

一

出典　武田砂鉄『紋切型社会』（新潮文庫）

解答

問一　a－ウ　b－ア　c－エ　d－オ　e－エ
問二　エ
問三　オ
問四　イ
問五　ウ
問六　オ
問七　ア
問八　ウ・エ

解説

問二　傍線1と同じ段落から、傍線1の語を言い換えると、「知らない誰かの待望」は〈発生源が不明の「待望」〉、「確かな涙」は〈この帯に書かれている女優の涙を感知すること〉となる。すなわち、〈誰かわからない人ではなく、具体的な誰かの気持ちを感受したい〉ということである。この内容があるのは、エのみ。よって、これが正解。

問三　傍線2の前に「この弁には安手のトリックがある。彼らには、褒めていなければ批判であるし、同調していなければ反意であるとする考えが通底している」とある。よって、オが正解。エは「一般的に少なく」が不適。正しくは、「仲間同士で承認されている褒める言葉が少ない」（傍線2の直前）である。

■一般選抜 2 月 12 日実施分：法・人文(日本文化)学部

問題編

▶試験科目・配点

学部		教　科	科　　目	配点
法	1部	外国語	コミュニケーション英語Ⅰ・Ⅱ・Ⅲ，英語表現Ⅰ・Ⅱ	100 点
法	1部	選　択	日本史B，世界史B，地理B，政治・経済の 4 科目から 1 科目選択	100 点
法	1部	国　語	国語総合（近代以降の文章に限定）・現代文B	100 点
法	2部	選　択	「コミュニケーション英語Ⅰ・Ⅱ・Ⅲ，英語表現Ⅰ・Ⅱ」，日本史B，世界史B，地理B，政治・経済の 5 科目から 1 科目選択	100 点
法	2部	国　語	国語総合（近代以降の文章に限定）・現代文B	100 点
人文（日本文化）	1部	外国語	コミュニケーション英語Ⅰ・Ⅱ・Ⅲ，英語表現Ⅰ・Ⅱ	100 点
人文（日本文化）	1部	選　択	日本史B，世界史B，地理B，政治・経済の 4 科目から 1 科目選択	100 点
人文（日本文化）	1部	国　語	国語総合（漢文を除く）・現代文B	150 点
人文（日本文化）	2部	選　択	「コミュニケーション英語Ⅰ・Ⅱ・Ⅲ，英語表現Ⅰ・Ⅱ」，日本史B，世界史B，地理B，政治・経済の 5 科目から 1 科目選択	100 点
人文（日本文化）	2部	国　語	国語総合（近代以降の文章に限定）・現代文B	100 点

▶備　考

法学部は試験日自由選択制。

※　選択科目は試験場で選択する。

英語

（60分）

（注） 法学部1部・人文学部1部（日本文化）は1～6，法学部2部・人文学部2部（日本文化）は1～5をそれぞれ解答すること。

1 次の英文を読み，設問に答えよ。

著作権の都合上，省略。

Can Moving Make You Happier?, Moving.com on September 15, 2020 by Laura Mueller

著作権の都合上，省略。

問1 *Choose the best answers based on the reading.*

1．How has Americans' trend in moving changed over the years?

A．It has increased because of greater globalization.

B．It has increased even though fewer homes are now available.

C．It has decreased even though society is now more globalized.

D．It has decreased because of greater transnational interaction.

2．What did Schkade and Kahneman say about the relation between place and happiness?

A．Moving to a new place guarantees greater happiness.

B．The milder the climate, the greater the happiness.

C．Most Californians are happier than other Americans.

D．Happiness is not necessarily determined by where people live.

3．What is topophilia?

A．A strong positive emotion about a specific place.

B．A strong love of the mysteries of nature.

C．A firm decision about moving to a new place.

D．A common illusion about living in California.

4．According to Goetz's study, what affects our sense of happiness most strongly?

A．The place where we live.

B．Friends from childhood.

C．How hot and sunny it is.

D．Our actions in the place where we live.

5．What usually happens when people move to a new place?

A．They have trouble with their computer services.

B．They tend to be less happy than those who didn't.

C．They focus too much on their work environment.

D．They are more active than those who didn't.

6．What do the three studies seem to agree on?

A．Moving to a new place usually makes people unhappy.

B．Moving to a new place generally makes people happy.

C．Being happy and moving to a new place are complex issues.

D．The choice of a new place is most important to ensure happiness.

7．What should be taken into account when choosing a new place?

A．How many days you feel unhappy when commuting.

B．How long it takes to travel to work or school.

C．Whether there is a direct connection between school and home.

D．Whether there is a train or subway system.

8. People are most likely to feel happy in . . .

A. dynamic and economically active communities.

B. communities where there are a lot of people.

C. supportive and communicative communities.

D. communities closely related to work or school life.

9. People are the happiest in suburbs because suburbs . . .

A. provide the benefits of both city and countryside.

B. are more suitable for engaging with art than cities.

C. have the peace and quiet that country life never offers.

D. have more relaxing cultural events than in cities.

10. What would be a good title for this passage?

A. Popular Beliefs among Americans about California.

B. Which Is Better, the City or the Suburbs?

C. Want to Be Happier? Move to a New Place.

D. Can Moving Make You Happier?

問2 *Complete the following table.*

Study	Research question	Method	Main Finding
Schkade & Kahneman	(11)	● Mail survey ● Interviews	People imagine things they don't know as more important than they actually are.
Goetz	How do place and happiness relate to each other?	● (12)	(13)
Hendriks & associates	What do people actually do once they move to a new place?	● Smartphone applications	(14)

11. A. Why is it always sunny in California?

B. Why do so many people want to move to California?

C. What fantasies do people around the U.S. have about California?

D. Why do people believe that Californians are happier?

12. A. Mail survey

B. Observation

C. Telephone survey

D. Smartphone applications

13. A. People are usually unhappy when reality doesn't match their imagination.

B. Place matters somewhat, but lifestyle matters a lot more.

C. After people move to a new place, their life usually improves.

D. To be happy, it's best for people to move to the countryside.

14. A. Less exercise and hobbies, and more computer time.
    B. More exercise and hobbies, and less computer time.
    C. Less hobbies and computer time, and more exercise.
    D. More hobbies and computer time, and less exercise.

問3 *Mark A for TRUE and B for FALSE for each of the following statements.*

15. A little more than 20 percent of the American population changed homes in 2000.
16. Schkade and Kahneman interviewed one thousand people from seven different states.
17. Happiness is related to our daily life rather than to our surrounding environment.
18. The countryside is usually the best place to live because people feel at peace.

2 次の19～26の空所に入れる語句として最も適切なものをA～Dの中から選べ。

19. X: What do you think about the newcomer, Bob?
    Y: We shouldn't make any (　　) about new people too soon.
    A. admissions　B. attributes　C. judgments　D. achievements

20. X: I have a headache and I think I need a pain killer.
    Y: It's in the top desk (　　).
    A. drape　B. drawer　C. furniture　D. stroller

21. X: How was the boss's reaction to your proposal?
    Y: He just laughed and (　　) it as unrealistic.
    A. dissolved　B. dismissed　C. disappeared　D. disclosed

22. X: I heard your project proposal was rejected at the meeting.
    Y: Yeah, but fortunately, we had an (　　) proposal in case there was a problem.
    A. ineffective　B. alternate　C. ambiguous　D. inappropriate

23. X: Jane has left you, as did Joanne before. Why do your girlfriends leave you so often?
    Y: I already have another girlfriend, so nothing you say will (　　) me.
    A. ignore　B. amuse　C. irritate　D. entertain

24. X: A lot of TV programs are broadcasting the politician's statement.
    Y: I believe her remark will stir up a new (　　) about energy.
    A. convenience　B. contract　C. controversy　D. consumption

25. X: I heard that the local government is planning to raise teachers' salaries.
    Y: Yeah, that's because there is a (　　) shortage of teachers in this area.
    A. chronic　B. repeating　C. contemporary　D. sustainable

26. X: Would you be able to help me with this legal case as a friend?
    Y: Sorry, but I'm not allowed to handle private cases. I work (　　) for the government.
    A. exclusively　B. definitely　C. unnecessarily　D. aggressively

3　次の 27 ～ 36 の空所に入れる語句として最も適切なものを A ～ D の中から選べ。

27. X: How was the restaurant?
    Y: The food was great. I thought it would be expensive, but it was (　　).
    A. cheaply reasonably　B. reasonably cheap
    C. cheap reasonably　D. reasonable cheap

28. X: Did you know Karen's husband is over sixty?
    Y: It's hard to believe, right? He looks (　　) than he is.
    A. many younger　B. much younger
    C. more young　D. young

29. X: The forecast says it might rain tomorrow.
    Y: We'll still go camping (　　) the weather is bad.
    A. although　B. because　C. when　D. even if

30. X: John, where's the ground beef? I need it to make hamburger steaks for dinner.
    Y: Sorry, I forgot (　　) it out of the freezer. Can we make something else?
    A. I took　B. taking　C. take　D. to take

31. X: We just missed the bus, and the next bus won't come for an hour.
    Y: Then we (　　) as well walk.
    A. might　B. would　C. should　D. could

32. X: I'm sorry, but I have to cancel today's meeting. I have to see the dentist.
    Y: Oh, OK. Let's meet (　　) Friday morning, then.
    A. in　B. on　C. at　D. over

33. X: You should wait a bit longer.
    Y: OK, OK. I'm too impatient, (　　) I?
    A. am　B. do　C. aren't　D. don't

34. X: I don't know if Steve's coming to work today.
    Y: Yesterday he said he (　　) back to Sapporo the day before, so I think he's coming.
    A. comes　B. came　C. has come　D. had come

35. Colin does everything by the (　　). I wish he were a bit more flexible.
    A. order　B. way　C. book　D. law

36. Leave me alone! It's none of your (　　).
    A. business　B. job　C. work　D. matter

4 それぞれの会話の空所に入れる最も適切な選択肢をA～Dの中から選べ。ただし，同じ選択肢が2箇所に入ることはない。

Phillip: Hello, Bob. How are you today?

Bob: Not bad, Phillip. How're you doing?

Phillip: Oh, fine. Look, I've been meaning to ask you. (37)

Bob: Nothing in particular. Why?

Phillip: Well, we're having a get-together at our place in the evening. Would you like to come?

Bob: Sure. I'd love to come. (38)

Phillip: Oh, just a few friends from the office. Actually, I want the new boss to join us.

Bob: Sounds fun. (39) I'm free all day. I can help you set things up.

A. How do you like it?

B. Do you need a hand?

C. Who else are you inviting?

D. What are you doing on Saturday?

Salesperson: Can I help you?

Customer: Yes. I'd like to buy one of these striped cotton shirts, but I wear a large. I see every size except that one. (40)

Salesperson: Let me take a look for you. Ah, there it is. Here's your shirt in large.

Customer: Great. (41)

Salesperson: Looks like somebody just stocked it in the wrong area, here in this stack of checked shirts. Would you like to try it on?

Customer: Yes, please. (42)

Salesperson: Right over there, behind the belt rack.

A. Where are the fitting rooms?

B. I don't know how I missed it.

C. What size are you looking for?

D. Do you have these shirts in large?

5　次の文章の空所に入れる文として最も適切なものをA～Dの中から選べ。ただし，同じ文が2箇所に入ることはない。

Imagine that you are running a factory that produces motorcycles. How do you get these motorcycles to the shops that will sell them? Basically, you have three choices: by land, by air, or by water. Water transportation is the movement of people and goods across oceans, over lakes, and up and down rivers and canals, using boats and ships. This type of transportation has several strong points. (43) Another advantage is that, unlike air transport, which can experience delays due to weather, ships can operate more readily in difficult or unpredictable weather situations. Finally, water transportation typically has a lower carbon footprint than other types of transportation. (44) Water transportation is slow, so it takes longer to ship products by boat. Another disadvantage is that plenty of time is needed to load and unload boats at ports. (45). Finally, water transport is inefficient for delivering fresh products such as some food items. Manufacturers must consider these and other factors when deciding whether to deliver their goods by land, by air, or by sea.

A. However, there are also several disadvantages.
B. For these two reasons, delivery dates tend to be unreliable.
C. Boats are one of the oldest types of transportation in the world.
D. First, it is the cheapest way to transport heavy products across long distances.

6　*Read the following information and answer the questions.*
（1部受験者のみ）

From:	Laura.Brown@tha.ca
To:	Rina.Shinjo@hgu.com
Date:	June 30, 2022 - 3:30 p.m.
Subject:	Your homestay confirmation

Dear Rina,

How have you been? Two months to go before you arrive in Toronto. Are you getting excited? Please find attached the Homestay Confirmation Letter for you. Your host family has been confirmed.

Please note that I will be on vacation from July 4 to July 15. If you have any questions about your homestay in my absence, please do not hesitate to contact Jennifer Chen (J.Chen@tha.ca) at Toronto Homestay Association.

One more thing: could you please send me your flight information? More specifically, I need to know when you will arrive.

Best wishes,

Laura Brown
Manager, Toronto Homestay Association (THA)

(Attached file)

Homestay Confirmation Letter

STUDENT

Student Name: Rina Shinjo
School: University of Toronto
Meal Plan: Full board (3 meals a day)
Special Requests: Private Bathroom

Airport Pickup: unknown
THA Relationship Manager: Laura Brown
email: Laura.Brown@tha.ca

Host Family

Head of family: Jacob Ramos
Family members, age, occupations:

Jacob	46	Father, Medical doctor, works at his own clinic
Angela	40	Mother, Florist, works at a town shop
Liza	13	Daughter, currently in Grade 8

Hobbies/Interests:
Baseball, Biking, Boating, Boarding, Camping, Concert, Cooking, Fishing, Gardening, Golf, Movie, Music, Reading, Shopping, Soccer, Swimming.

General description:
The Ramos are a cheerful family. Jacob and Angela are a warm and caring couple and live with their daughter Liza. Jacob and Angela were educated in English and they also speak Spanish and Tagalog. The family enjoys camping and traveling. They have traveled to Europe, the USA, and the Philippines. Their home is located near a city bus line and a shopping mall. They are very excited to welcome international students into their home.

46. In two months, Rina Shinjo will . . .

A. have a summer vacation in Japan.

B. confirm her arrival date in Toronto.

C. go camping with her host family.

D. start living with a homestay family in Toronto.

47. What will happen in July?

A. Laura will travel to Toronto.

B. Laura will be on holiday.

C. Jennifer will contact Rina.

D. Jennifer will be Rina's host mother.

48. What information does Rina have to send?

A. Her flight preferences.

B. The date and time she arrives in Toronto.

C. Her summer vacation plans.

D. Her homestay preferences.

49. With a full board meal plan, Rina can . . .

A. cook her meals any time she likes.

B. eat in the university cafeteria.

C. buy 3 meals a day at a supermarket.

D. receive 3 meals a day from the host family.

50. Who is Rina's host mother?

A. Angela.

B. Jennifer.

C. Laura.

D. Liza.

51. What is Jacob's job?

A. A manager at THA.

B. A florist.

C. A medical doctor.

D. A Grade 8 teacher.

52. What is near Rina's host family's house?

A. A city bus line.

B. An international center.

C. A language school.

D. A campground.

日本史

（60分）

1　下図は，宮都の変遷を年代とともに示したものである。この図に関する下記の問に答えなさい。なお，問５を除き，下線部と問いの番号は対応している。

飛鳥→667大津宮→672 飛鳥浄御原宮（2）→694藤原宮→710 [A]→784 [B]→794 平安京（4）→1180福原京

飛鳥↓ 645難波宮（1）　654（難波宮→飛鳥）

710 [A]→ 740恭仁京→744難波宮→744紫香楽宮（3）　745（紫香楽宮→[A]）

問１　ここで，公地公民制の確立，軍事・交通制度の整備，班田収授法の施行，新税制の実施などを目標にした政策方針が示されたという。この詔を何というか，２字で答えなさい。

〔解答欄〕＿＿＿の詔

問２　天武天皇は，国家体制の充実をはかり，銭貨の鋳造をおこなった。この銭貨を何と呼ぶか答えなさい。

問３

⑴　疫病の流行や政情不安のなかで，恭仁京・難波宮・紫香楽宮と都を移した天皇名を答えなさい。

⑵　政情不安の一因となった740年に九州で生じた事件を下から選び，記号で答えなさい。

ア．長屋王の変　　イ．藤原仲麻呂の乱　　ウ．藤原広嗣の乱　　エ．橘奈良麻呂の変

⑶　仏教の力を借りて国家が安定するように，741年と743年に相次いで詔が出された。743年に出されたのは大仏造立の詔であるが，741年に出された詔は何か，５字で答えなさい。

〔解答欄〕＿＿＿＿＿の詔

問４

⑴　ここで桓武天皇は，国家財政の負担となっていた平安京の造営の他，もう１つの事業を中止させた。その事業を下から選び，記号で答えなさい。

ア．公営田の設置　　イ．勘解由使の設置　　ウ．健児の採用　　エ．蝦夷との戦争

⑵　842年に藤原良房が，藤原氏の中の北家の優位を確立した事件名を下から選び，記号で答えなさい。

ア．薬子の変　　イ．承和の変　　ウ．応天門の変　　エ．安和の変

問５　[A] と [B] にあてはまる宮都名を答えなさい。

2　次の文を読み下記の問いに答えなさい。なお，問７，８を除き，下線部と問の番号は対応している。また，設問の都合上，本文には明らかに誤って用いられている語句が１つ含まれている。

日本と元の間には正式な国交はなく，$_{1}$寺院建立の資金調達のために派遣された船などの私的な商船の往来にとどまっていた。その後，1368年に建国された明の呼びかけに応じて，$_{2}$（　　　）は明との国交を開き，$_{3}$日明貿易を開始した。すなわち，$_{2}$（　　　）は，明徳の乱で山名氏清，（　A　）で大内義弘などの有力守護を滅ぼして，守護の勢力を削減する一方で，明皇帝から日本統治者として認められることで権威の高揚をはかった。この貿易における明宛の国書には「日本准三后某，書を大明皇帝陛下にたてまつる。(略)好を通じて方物を献ず」（『善隣国宝記』）と記されていた。

これは，日明貿易が$_{4}$（　　　）体制に基づいていたことを意味する。$_{4}$（　　　）とは，前近代において中国皇帝は周辺諸国の首長に対し，冊書・称号を授けて国王などに任命し，封土を与えて臣属させることである。$_{5}$臣属した首長は中国皇帝に対して土産物を献上して，臣下としての礼を尽くし，それに対して中国皇帝は多くの返礼物を与え，首長の支配を保証するというものであった。このように日明貿易では，貿易時の滞在費・運搬費を明が持つため，日本は貿易を通じて莫大な利益を得ることができた。また，日本からの貿易船については明から交付された朱印状と呼ばれる証票を持参することが義務づけられた。

四代将軍義持はこの貿易形態を屈辱的なものとし日明貿易を一時中断したが，六代将軍義教の代に日明貿易は再開された。幕府の衰退に伴い日明貿易の実権を得ようとしたのは大内氏と細川氏であった。大内氏は$_{6}$博多商人，細川氏は堺商人と手を結んだ。大内氏は（　B　）で細川氏に勝ち，日明貿易を独占していった。

問１　これら寺院のうち，足利尊氏と直義が後醍醐天皇の冥福を祈るために建立した寺院を下から選び，記号で答えなさい。

ア．建長寺　　イ．大覚寺　　ウ．天龍寺　　エ．建仁寺

問２　空欄に当てはまる人物名を答えなさい。

問３　この貿易の日本からの輸出品を下から選び，記号で答えなさい。

ア．屏風　　イ．陶磁器　　ウ．生糸　　エ．銅銭

問４　空欄に当てはまる語句を答えなさい。

問５　この貿易形態を答えなさい。　　〔解答欄〕＿＿＿＿貿易

問６　この都市は12人の豪商の合議で市政が運営されていた。この豪商達を何と呼ぶか下から選び，記号で答えなさい。

ア．若年寄　　イ．十人組　　ウ．会合衆　　エ．年行司

問７　空欄Ａ，Ｂに当てはまる争乱をそれぞれ下から選び，記号で答えなさい。

ア．正中の変　　イ．応永の乱　　ウ．応永の外寇　　エ．享徳の乱　　オ．嘉吉の変

カ．永享の乱　　キ．応仁の乱　　ク．寧波の乱　　ケ．三浦の乱

問８　本文において，明らかに間違って用いられている語句が１つある。その語句を指摘し，修正しなさい。

3 次の文を読み，下記の問に答えなさい。なお，下線部と問の番号は対応している。

廃藩置県後，明治政府にとって地方統治は大きな課題となった。とくに，1873年に各地で徴兵制度(1)や学制(2)による小学校設置の負担増加などに反対する農民一揆が増加し，さらに同年より始まった地租改正事業による高負担への反発から，大規模な地租改正反対一揆(3)が起こると，統一的な地方制度の整備が急務となった。しかも政府は，折からの士族による武力蜂起(4)や自由民権運動にも対処する必要に迫られていた。

そのため政府は，農民一揆や士族反乱を鎮圧すると，1878年に民意をある程度組み入れられる地方三新法(5)を制定し，自由民権運動の高まりを抑えようとした。さらに，明治十四年の政変後には，憲法制定に着手することでこの運動に対抗しつつ，ドイツ人顧問(6)の助言のもと，山県有朋を中心に地方制度改革を進め，1888年に市制・町村制を，1890年には府県制・（　）制(7)を相次いで公布した。この結果，政府の強い統制のもとではあるものの，地域有力者を担い手とする地方自治制が確立した。

こうして再編された地方は，1880年代後半からはじまった産業革命において，重要な役割を担った。たとえば，外貨獲得を支えた製糸業(8)は，都市を中心とする紡績業に対して農村地帯に立地し，これにともない原料の繭を供給する養蚕農家も増加した。しかし，日露戦争後になると，地租や間接税の負担増から農村の困窮が深刻化したため，政府も対応(9)を迫られることとなった。

問1　これに関して，1872年に出され，「血税」の語が使われた太政官布告の名称を答えなさい。

問2　この学校制度は主にどこの国を参考にしたか，下から選び，記号で答えなさい。

ア．アメリカ　イ．イギリス　ウ．フランス　エ．オランダ

問3　これに対して明治政府は，1877年に減租を余儀なくされた。減租された後の税率は地価の何％となったか，下から選び，記号で答えなさい。

ア．1％　イ．1.5％　ウ．2％　エ．2.5％

問4　このうち，1874年に江藤新平らを中心として起こった士族反乱の名称を答えなさい。

問5　次のうち，地方三新法ではないものを下から選び，記号で答えなさい。

ア．大区小区制　イ．郡区町村編制法　ウ．府県会規則　エ．地方税規則

問6　1886年に来日し，地方制度成立に尽力したこの顧問の名前を下から選び，記号で答えなさい。

ア．グナイスト　イ．シュタイン　ウ．モッセ　エ．ロエスエル

問7　空欄に当てはまる語句を答えなさい。

問8　製糸業とその関連産業について述べた次の文のうち，誤っているものを下から選び，記号で答えなさい。

ア．器械製糸は，日清戦争後には座繰製糸の生産量を上回るようになった。

イ．幕末以来，米国向けであった生糸輸出は，日露戦争後，欧州向け中心に拡大した。

ウ．生糸を原料とする絹織物業でも，北陸地方中心に輸出向け羽二重生産が発展した。

エ．生糸輸出拡大により1909年には清国を追いこして，世界最大の生糸輸出国となった。

問9　この対応として，第2次桂内閣のもとで，1909年より内務省中心に推進された運動を何というか，名称を答えなさい。　〔解答欄〕＿＿＿＿運動

4　次の文章を読んで下記の問いに答えなさい。なお，下線部と問いの番号は一致している。

1清浦奎吾内閣の総辞職後，1924年の2第1次加藤高明内閣の成立から始まる3政党内閣の時代は8年間しか続かなかった。4最後の政党内閣が崩壊して後は，政党の影響力は次第に小さくなり，軍部の影響を強く受けることになった。さらに，ナチ党やファシスト党にならって強力な大衆組織を基盤とする一大指導政党の樹立を目指した5「革新」運動を通じて大政翼賛会が結成された。この運動の下で既成政党は解散を余儀なくされた。東条英機内閣が実施した1942年の総選挙は翼賛選挙と呼ばれ，政府の援助を受けた推薦候補が絶対多数を獲得し，戦争翼賛体制が確立された。

終戦後，民主化政策がつぎつぎに実施される中で，各政党も相次いで復活ないし結成された。1945年10月には，GHQ の指令で出獄した6徳田球一らの政党が合法的に活動を開始し，11月には日本社会党，翼賛選挙時の非推薦議員を中心に結成された日本自由党，翼賛体制期に大日本政治会に属していた議員が中心の日本進歩党が結成された。しかしながら，1946年の GHQ の7公職追放指令により，翼賛選挙の推薦議員がすべて失格されたため，政界は大混乱に陥った。

1946年に戦後初の総選挙の結果，日本自由党を第一党として8(　　　)が内閣を組織した。しかしながら，戦後の混乱からくる国民生活の危機は，同内閣の打倒を目指した大衆運動を高揚させた。その後，1947年4月の総選挙では日本社会党・民主党・国民協同党の3党の連立政権が発足した。しかしながら連立ゆえの政策の調整に苦しみ，翌年2月に総辞職した。続く内閣も，同じ3党連立で民主党総裁を首相に組織されたが，9疑獄事件で退陣した。

問1　この内閣は，貴族院の勢力を基礎とし，政党と無関係に組閣されたためどのような内閣と称されたか。2字で答えなさい。　〔解答欄〕＿＿＿＿内閣

問2　この内閣について述べた文のうち，誤っているものを下から選び，記号で答えなさい。

ア．憲政会・立憲政友会・革新倶楽部の3党の連立内閣であった。

イ．この内閣の首相は，明治憲法下で総選挙の結果によって首相となった唯一の例である。

ウ．幣原外相による協調外交を基本とした。

エ．治安維持法を成立させた。

オ．直接税15円以上の納税者に全て選挙権を与えるよう選挙法を改正した。

問3　二大政党の総裁が交代で内閣を組織する慣例は当時何と呼ばれていたか，答えなさい。

問4　この内閣が崩壊する原因となった事件を何というか，答えなさい。

問5　この運動を何というか，5字で答えなさい。

問6　この政党の名前を5字で答えなさい。

問7　次のうち公職追放処分を受けた人物を下から選び，記号で答えなさい。

ア．鳩山一郎　　イ．尾崎行雄　　ウ．芦田均　　エ．片山哲

問8　空欄に当てはまる人物名を答えなさい。

問9　この疑獄事件を下から選び記号で答えなさい。

ア．昭和電工事件　　イ，帝人事件　　ウ，リクルート事件　　エ，帝銀事件　　オ，三鷹事件

世界史

（60分）

1　次の文章を読み，下の設問に答えよ。

前1100年ごろ，西方辺境の氏族が殷を滅ぼし，周王朝を樹立して，都を（　1　）に置いた。周王は，一族・功臣や各地の土着の首長に封土を与えて諸侯とし，代々その地を領有させた。王や諸侯に従う卿・大夫・士などの家臣も，それぞれ地位と封土を与えられた。代々続く家柄を重んずるこのような統治制度のもとでは，氏族のまとまりが重要であり，(a)親族関係の秩序やそれに応じた祭祀のしかたを規範として定めて結束を固めたが，氏族制にもとづく絆は時代とともに弱くなった。前770年，犬戎に首都を攻略された周は，都を東方の（　2　）に移した。それ以後，周の勢力は衰え，前221年の秦による統一まで分裂と抗争の時代が続いた。この時期の前半，(b)前403年までを春秋時代といい，それ以後の後半の時期を戦国時代という。

春秋時代の有力諸侯は，周王の権威のもとに多くの諸侯を招集し，盟約の儀式をおこなって列国の主導権を握った。このような有力諸侯は覇者とよばれ，それまで200あまりもあった諸侯の国々は，春秋の（　3　）覇をはじめとする一部の覇者によって併合されていった。戦国時代になると周王を無視してみずから王を称する諸侯が増え，やがて戦国の（　4　）雄と呼ばれる強国が分立する時代となった。

戦争の続く時代のなかで，人々は新しい社会秩序のあり方を模索し，諸子（　5　）家と総称される多くの思想家や学派が登場した。孔子は，家族道徳（孝）の実行を重視し，為政者にも仁徳をもって統治することを求めた。その思想は，性善説を説いた（　6　）や性悪説を説いた（　7　）などに受け継がれた。その他，兼愛や非攻を説く墨子を祖とする墨家，無為自然を説いた老子や（　8　）らの道家，秦に仕え国政改革（変法）を実施した（　9　）らの法家などがあり，いずれもその後の中国社会思想の重要な源となっている。さらに，「白」は色の概念で「馬」は動物の概念であるから「白馬」は馬ではないとする白馬非馬説で知られた（　10　）など論理学を説いた名家，兵法を説いた（　11　）や呉子などの兵家，秦と対抗する六国を縦に連合する合従策を主張した蘇秦，六国それぞれが秦と同盟を結ぶ連衡策を主張した（　12　）などの外交策を説いた縦横家，陰陽五行説を唱えた（　13　）などの陰陽家，農民の立場から農業の重要性を説いた農家なども登場した。

問1　文中の空欄（　1　）（　2　）にあてはまる都市名として適切なものを，次のア～エからそれぞれ1つ選び，記号で答えよ。

ア．洛邑　　イ．臨淄　　ウ．邯鄲　　エ．鎬京

問2　文中の空欄（　3　）～（　5　）にあてはまる数を，それぞれ漢数字1字で答えよ。

問3　文中の空欄（　6　）～（　13　）にあてはまる人物を，次のア～コからそれぞれ1つ選び，記号で答えよ。

ア．孫子　　イ．鄒衍　　ウ．荀子　　エ．荘子　　オ．公孫竜
カ．張儀　　キ．孟子　　ク．許行　　ケ．韓非　　コ．商鞅

問4　下線部(a)の規範を何というか。漢字2字で答えよ。

問5　下線部(b)にあった，春秋時代と戦国時代の分かれ目とされる事件として適切なものを，次の ア ～ エ から1つ選び，記号で答えよ。

ア．越王勾践が呉王夫差を破り，呉が滅亡した。

イ．趙・魏・韓が大国の晋から独立し，正式に諸侯となった。

ウ．宋の襄公が会盟を開いて斉の後継者争いをおさめ，諸侯の盟主と認められた。

エ．秦の昭襄王と斉の湣王が同盟を結び，それぞれ西帝，東帝と称した。

2　次の文章を読み，下の設問に答えよ。

フランク人は定住地であったライン下流域を確保しつつ，ガリア北部に建国していた。496年（　1　）朝のクローヴィスは，異教から（　2　）派のキリスト教に改宗した。これによりクローヴィスはガリア各地でキリスト教の司教として地域社会を支配していたローマ人貴族層の支持を取りつけ，また(a)異端のアリウス派を信奉するほかのゲルマン諸国家との戦争を正当化して，ガリアの支配に成功した。しかし，彼の死後，分割相続と王家内部の争いで王権は弱体化し，かわって宮廷の長官である宮宰が勢力をのばした。

宮宰（　3　）は，732年，ピレネー山脈を越えて北上するイスラーム勢力のウマイヤ朝軍を（　4　）の戦いで破った。(b)その子ピピンは，751年にローマ教皇の承認を得たうえで王位を奪い，（　5　）朝を開いた。ピピンの子カール大帝は，(c)西ヨーロッパの広大な領域を支配下におき，フランク王国はビザンツ帝国とならぶ強大国となった。カール大帝の死後，（　5　）朝は相続争いから，843年の（　6　）条約，870年のメルセン条約を経て，(d)東フランク，西フランク，イタリアの3王家に分かれた。

問1　文中の空欄（　1　）～（　6　）にあてはまる人名または語句を答えよ。

問2　下線部(a)に関連して，325年に開催され，アリウス派が異端とされた公会議の名称を答えよ。

問3　下線部(b)に関連して，ピピンがフランク王国新王権承認の返礼に教皇に寄進し，ローマ教皇領のはじまりとなったイタリアの地方の名称を答えよ。

問4　下線部(c)に関連して，カール大帝に関する記述として誤っているものを，次の ア ～ エ から1つ選び，記号で答えよ。

ア．カール大帝は，広大な領域を伯管区に分け，各地の有力者を伯に任命し，巡察使を派遣して伯を監督させた。

イ．カール大帝は，北イタリアに建てられたゲルマン人国家であるランゴバルド王国を征服した。

ウ．カール大帝は，教皇グレゴリウス3世よりローマ皇帝の冠を授けられ，ローマ教会の守護者となった。

エ．カール大帝は，イギリス出身の神学者アルクインなど多くの学識者を宮廷に招き，ラテン語による学芸の復興に努めた。

問5　下線部(d)に関連して，分裂したフランク王国に関する記述として誤っているものを，次の ア ～ エ から1つ選び，記号で答えよ。

ア．西フランク王国では，10世紀初めにノルウェー出身のリューリクが征服地の領有を西フランク王に認めさせ，封臣としてノルマンディー公国を建てた。

イ．西フランク王国では，10世紀末にユーグ=カペーが王位についてカペー朝を開いた。

ウ．東フランク王国では，10世紀半ばにオットー１世が教皇からローマ皇帝の冠を授けられた。

エ．東フランク王国では，10世紀半ばにオットー１世が東方から侵入したマジャール人を破り，敗れたマジャール人はハンガリー王国を建てた。

3　次の文章を読み，下の設問に答えよ。

イギリス（イングランド）では，1642年，ピューリタンが支持する（　1　）派は（　2　）派と戦うようになり，独立派のクロムウェル(a)に指導された（　1　）派は（　2　）派をやぶって国王を処刑し，イギリスを共和政にかえた。これがピューリタン革命（イギリス革命）である。クロムウェルは政治・軍事の全権をにぎる（　3　）となって厳しい独裁をしいたため，国民の不満は高まり，彼の死後，1660年に先王の子が国王（　4　）として迎えられた。（　4　）は，徐々に専制に傾き，カトリックの擁護をこころみた(b)。これに対抗して議会は1673年に（　5　）を制定して官吏を国教徒に限り，1679年の（　6　）により不当な逮捕を禁止して市民的自由を保障した(c)。議会は，次に王となった（　7　）もカトリックの復活をはかっているとして，1688年に（　7　）を追放し，王の娘メアリとその夫オラニエ公ウィレムをイギリスに招いた。メアリとウィレムは，議会が提出した王権を制限する「権利の宣言」を受け入れて，共同統治の王（メアリ２世とウィリアム３世）として即位した（名誉革命）(d)。この宣言は「（　8　）」という法律になり，法律の制定や課税には議会の承認が必要になり，議場では言論の自由が保障された。

メアリの妹であるアン女王が1714年に死去してステュアート朝が断絶すると，遠縁にあたるドイツのハノーヴァー選帝侯が国王に迎えられ，（　9　）としてハノーヴァー朝をはじめた。英語が話せなかった王はあまり議会に出席せず，「君臨すれども統治せず」という原則が確立し，初代首相とされる（　10　）の下で，内閣が議会に責任を負う（　11　）が慣習となっていった。

問１　文中の空欄（　1　）～（　11　）にあてはまる人名または語句を答えよ。

問２　下線部(a)に関連して，クロムウェルに関する記述として誤っているものを，次のア～エから１つ選び，記号で答えよ。

ア．クロムウェルは，ピューリタンを中心によく統率された鉄騎隊を編成して内戦に勝利した。

イ．クロムウェルは，国王処刑後，より急進的な主張を掲げた水平派を弾圧した。

ウ．クロムウェルは，カトリック教徒の多いアイルランドを征服し，大規模な土地の没収を行って，植民地化をすすめた。

エ．クロムウェルは，航海法を制定し，中継貿易で繁栄していたスペインに打撃を与えたため，両国間で戦争がおこった。

問３　下線部(b)に関連して，イギリスにおけるカトリック，イギリス国教会およびその他の新教に関する記述として誤っているものを，次のア～エから１つ選び，記号で答えよ。

ア．メアリ１世は，カトリック復活をくわだて，新教徒を弾圧した。

イ．ピューリタンとプレスビテリアン（長老派）は，それぞれイングランド，スコットランドにおけるルター派の呼称である。

ウ．ヘンリ８世は，離婚を認めない教皇と対立し，国王至上法を制定してイギリス国教会を成立させた。

エ．エリザベス１世は，統一法を制定して，イギリス国教会の祈祷や礼拝の統一をはかった。

問4　下線部(c)に関連して，この過程で王権に寛大な党と批判的な党の二つの党派が成立し，今日の政党の起源となった。この二つの党の名称を答えよ。

問5　下線部(d)に関連して，このころから英仏両国は，植民地と商業の主導権をめぐって，1世紀以上に及ぶ断続的な戦争状態に入っていた（第2次英仏百年戦争）。この時代の英仏の覇権争いに関する記述として誤っているものを，次のア～エから1つ選び，記号で答えよ。

ア．イギリスは，スペイン継承戦争の講和条約であるユトレヒト条約により，スペインからジブラルタル，フランスからニューファンドランドなどを獲得した。

イ．イギリスは，北米にも植民地を次々と築き，18世紀前半までに13植民地が成立した。

ウ．イギリスは，北アメリカの支配をめぐるフレンチ＝インディアン戦争に勝利し，パリ条約によりミシシッピ川以東のルイジアナがフランスからイギリスへ割譲された。

エ．イギリスは，シュレジエン奪還を目指すオーストリアとプロイセンとの戦い（七年戦争）でオーストリア側につき，フランスがついたプロイセン側に勝利し，その結果，オーストリアのシュレジエン領有が確定した。

4　次の文章は，第二次世界大戦の戦後処理について，1945年2月にクリミア半島の保養地で三国の首脳がおこなった会談の合意文書からの抜粋である。文章を読んで下の各問いに答えよ。

次の宣言が採択された。

「(a)ソ連邦首相，(b)連合王国首相，(c)米合衆国大統領は，それぞれの国民と解放された欧州の国民の共通の利益のため協議した。解放された欧州が一時的に不安定な期間において，ナチス・ドイツの支配から解放された国民と(d)欧州における旧枢軸衛星国の国民が，その緊急な政治的，経済的問題を民主的な方法で解決に当たれるよう援助するため，三国政府の政策を協調させることに合意したことを共同で表明する。

欧州における秩序の確立と(e)国民の経済生活の再建は，解放された国民がナチズム，ファシズムの最後の痕跡を根絶し，自らの選択で民主的な制度を創設できるような方法で達成されなければならない。(f)すべての国民が，そのもとで生活しようとする政府の形態を選択する権利を持つことを定めた大西洋憲章の原則に基づき，(g)侵略国により主権と自治を剥奪された国民が，それらを回復できるよう保障されなければならない。

……［中略］……

この宣言により，我々は大西洋憲章の原則に対する我々の信念と連合国宣言においてなされた我々の誓いを再確認し，他の平和愛好国の国民と協力し，(h)平和，安全保障，自由と人類の普遍的な福祉のために捧げられた，法に基づく国際秩序を創設する決意を新たにする。

この宣言を発表するに当たり，三国政府は，(i)フランス共和国臨時政府が，提案された手続きにおいて三国政府と協同されることを希望する」

（出典　『戦後の誕生』小西正樹他訳，中央公論新社，2022年）

問1　これは何という会談において表明された宣言か，会談名を答えよ。

問2　下線部(a)，(b)，(c)は誰のことか，答えよ。

問3　下線部(d)に関連して，ソ連は1939年に隣国の1つを侵攻したために，国際連盟から除名された。その隣国は後に枢軸国に属したが，このときソ連が侵攻した隣国とはどこか，次のア～エから適切なものを1つ選び，記号で答えよ。

ア．ルーマニア　イ．ポーランド　ウ．ハンガリー　エ．フィンランド

問4　下線部(e)に関連して，戦後，欧州復興を目的としてアメリカの国務長官によって復興計画が提案されたが，この提案を何と呼ぶか，答えよ。

問5　下線部(f)に関連して，こうした原則のことを何というか，漢字4字で答えよ。

問6　下線部(g)に関連して，ドイツ軍の占領政策に対しては各地で抵抗運動が展開されたが，その中心的指導者であり後にユーゴスラヴィアの大統領となったのは誰か，答えよ。

問7　下線部(h)は後に国際連合として結実するが，1944年に国連憲章の草案を作成した会議の名前を答えよ。

問8　下線部(i)に関連して，当時，フランス共和国臨時政府首席だったのは誰か，次のア～エの中から適切なものを1つ選び，記号で答えよ。

ア．ド=ゴール　イ．ペタン　ウ．ダラディエ　エ．クレマンソー

地理

（60分）

1　地理情報と地図に関する文章を読み，下記の設問に答えよ。

地図は作成の目的によって，（　ア　）と（　イ　）に大別される。（　ア　）は地形や道路などの要素を基礎として，地表の事象を可能な限り網羅的に取り上げたもので，地形図①や，地図帳に地域別に掲載される地図などがこれにあたる。地形図には，縮尺が５万分の１，②2万5000分の１，１万分の１のものがある。（　イ　）は，気候・土壌，人口分布など，特定の事象について重点的に取り上げたもので，地図帳に掲載されているテーマ別の統計地図などがこれにあたる。

地図投影法には，さまざまな種類のものがある。たとえば，面積を正しくあらわした地図は正積図法という。正積図法のうち，（　ウ　）図法は低緯度の形のひずみは少ないが，高緯度と周辺部のひずみが大きい。（　エ　）図法は中緯度から高緯度のひずみが減少する。低緯度に（　ウ　）図法，高緯度に（　エ　）図法を用いて，両者を緯度40度44分で接合したものが，ホモロサイン（グード）図法である。

地形図には数多くの地理情報が反映されている。同じ標高の点を結んだ曲線を（　オ　）線という。③（　オ　）線には計曲線，主曲線，補助曲線があり，縮尺ごとに引かれる間隔が異なる。地形図上では，山頂から外側に向かって凸型に（　オ　）線がでているところを（　カ　），反対に山頂から見て凹にへこんだところを（　キ　）という。

さらに，公共工事等の高さの基準など，さまざまな活動で活用される（　ク　）点や（　ケ　）点からは，経度・緯度・高さを知ることができる。位置の基準点は（　ク　）点といい，その原点の１つである日本経緯度原点は，東京都港区麻布の旧東京天文台構内にある。また，高さの基準点は（　ケ　）点といい，日本（　ケ　）原点は東京都千代田区永田町におかれている。

問１　（　ア　）～（　ケ　）にあてはまるもっとも適当な語句をそれぞれ答えよ。なお，同じ記号には同じ語句が入る。

問２　下線部①について，国土交通省に属する政府機関で，国土の測量や地磁気・重力などの研究を行い，地形図をはじめとする各種の地図を発行する組織はどこか，漢字で答えよ。

問３　下線部②について，2万5000分の１地形図上の１cmは何m（メートル）になるか，数字で答えよ。

問４　下線部③について，５万分の１地形図の場合，計曲線および主曲線は，それぞれ何m（メートル）間隔で示されているか，あてはまる数字を答えよ。

問５　（　ケ　）点について，日本では主要道路沿いに約何km（キロメートル）間隔で設置されているか，以下の１～５から一つ選び，番号で答えよ。

１．1km　　２．2km　　３．3km　　４．4km　　５．5km

問６　地球上のある地点から，地球の中心を通る直線が反対側の地球表面に出た地点のことを何というか，

漢字３文字で答えよ。例）東京の正反対の位置にあたるのはアルゼンチン沖合

2 次の図１を見て，日本の自然環境と文化に関する下の設問に答えよ。

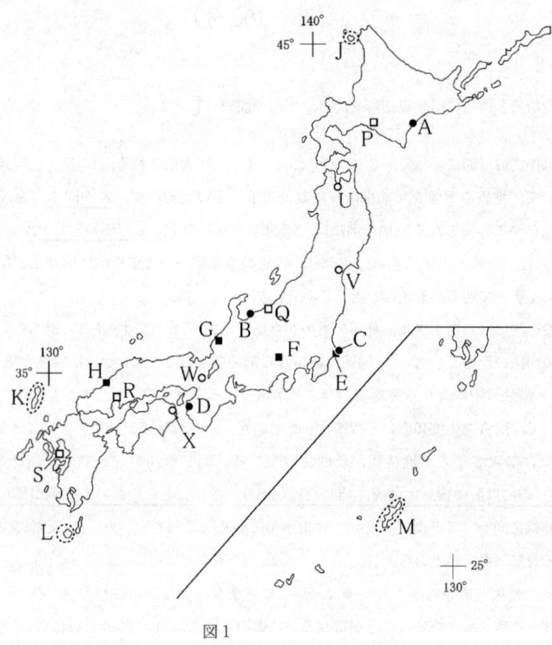

図１

問１　次の１～４の文章は，図１中のＡ～Ｄで示した地点に河口を持つ河川について説明したものである。これらの河川を説明した文章として適当なものを，１～４からそれぞれ一つずつ選び，番号で答えよ。

1．ほぼ地質構造線に沿って流れ，流域の大部分は山地である。また，上流域は，林業地帯であり，かつては本河川を利用した木材流送が行われていた。

2．流域内では年間を通して降水量が多く，侵食作用が活発な上流部では顕著なＶ字谷が発達している。また，豊富な水量を利用した電源開発が行われてきた。

3．標高2000m付近に源を発する源流部は，原生自然環境保全地域に指定されている。また，中流域を中心に畑作地域が広がっている。

4．上流部には複数の火山が分布し，流域には日本で２番目の面積を有する湖が存在する。また，江戸時代には下流部で大規模な河川改修が行われ，河口が付け替えられた。

問２　次の図２中のア～エは，図１中のＥ～Ｈ（銚子，甲府，福井，浜田）のいずれかの地点における雨温図を示したものである。Ｅ～Ｈに該当するものを，ア～エの中からそれぞれ一つずつ選び，記号で答えよ。

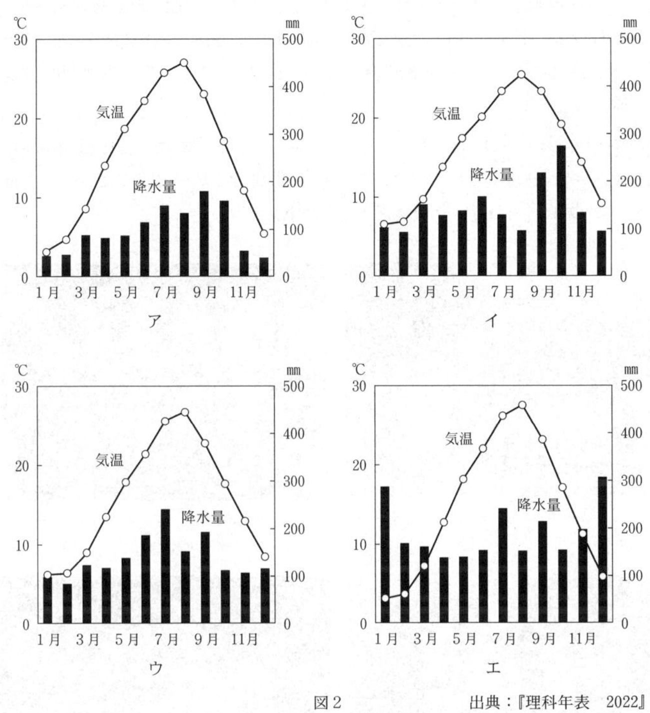

図２　　　　出典：『理科年表　2022』

問３　図１中のＪ～Ｍで示した島のうち，活火山が存在する島を一つ選び，記号で答えよ。

問4　次の１～４の文は，図１中のＰ～Ｓのいずれかの地域周辺において発生した災害を説明したものである。これらの地域に該当する文として適当なものを，１～４からそれぞれ一つずつ選び，番号で答えよ。

1．火山活動に伴い発生した大規模な火砕流により，40名を超える犠牲者が出た。

2．プレート内地震の発生に伴い生じた多くの土砂崩れにより，30名を超える犠牲者が出た。

3．線状降水帯による集中豪雨で発生した土石流により，山麓部の住宅地に大きな被害が出た。

4．低気圧発達に伴うフェーン現象出現時に発生した火事が燃え広がり，市街地を中心に多くの家屋が焼失した。

問5　次の写真１中のカ～ケは，図１中のＵ～Ｘ（青森市，仙台市，京都市，徳島市）の都市における代表的な祭りの様子を撮影したものである。これらの都市における祭りを撮影したものとして適当なものを，カ～ケの中からそれぞれ一つずつ選び，記号で答えよ。

カ

キ

ク

ケ

写真１

ケの写真は，著作権の都合上，類似の写真に差し替えています。

3 5つの国の民族と国家の関係に関するA～Eの文章を読み，下記の設問に答えよ。

A．この国にはヨーロッパ人からアボリジニと呼ばれるようになった人びとが暮らしてきたが，18世紀末にイギリス人の入植がはじまり，その植民地となった。1850年代に金が発見されたことでゴールドラッシュがはじまり，ヨーロッパや中国からの移民が増加した。中国系人口の増加はヨーロッパ系住民の反発を招き，①ヨーロッパ系以外の人びとの移住を制限する政策がとられ，アボリジニの隔離や迫害も起こった。この政策は1970年代に撤廃され，現在ではさまざまな民族・人種・出身国の移民・難民を積極的に受け入れているほか，アボリジニの権利回復に努め，その文化を尊重する政策を進めている。

B．この国は，大西洋からインド洋へ出る航路の重要拠点であった地域を擁している。のちに内陸部で金やダイヤモンドが発見されると，入植したヨーロッパ人がアフリカ系住民を鉱山などの非熟練労働者として働かせるようになった。②このような社会経済的背景の下，政府は国民を「白人」，「黒人」，「カラード」，「アジア人」の４つに分けたうえで，政治への参加，居住可能な場所，就いてよい職業，恋愛や結婚をしてよい相手までを「人種」別に区分する法律を1948年に制定した。この法律は激しい抵抗運動を引き起こし，数多くの死傷者を出したうえで，1991年に廃止された。その後は，1994年に全国民が参加する総選挙を初めて実施したほか，憲法で11の民族語を公用語と定めるなど，過去の国民間の対立を克服し，平等を実現するための方策を模索しつづけている。

C．この国はスラブ系，トルコ系，モンゴル系など，大小100以上の民族が暮らす多民族国家であり，民族自治を掲げる共和国や自治州，自治管区などからなる連邦国家である。20世紀初めまでは皇帝を元首とする帝国国家だったが，1922年に世界初の社会主義国である（　ア　）連邦として生まれ変わった。（　ア　）連邦は，第二次世界大戦後にアメリカと肩を並べる大国となったが，1991年に崩壊し，15の独立国に分かれた。それらの独立国のうち，この国は最も人口が多く，面積も最大である。国家を形成した民族がいる一方で，この国の内部にとどまってマイノリティとなった民族や，国境で分断された民族もおり，新たな民族問題が発生している。とくに，カスピ海と黒海に挟まれた（　イ　）地方は民族分布が複雑で，チェチェン紛争をはじめとして紛争や対立が頻発している。

D．この国では，17世紀以降にヨーロッパ人の入植が進み，とくにイギリス系の人びととフランス系の人びとがそれぞれ異なる地域に入植した。両国が植民地を争った結果，フランス領もイギリス支配下に置かれることとなったが，多くのフランス系住民は同地に残ることを選択した。このような状況に対して，政府は英語とフランス語の両語を公用語とするほか，州の権限を優先する連邦制を採用するなど，二つの文化の違いを克服する努力を続けてきた。政府は③他の少数民族に対してもその文化的伝統を尊重する政策を実施してきた。その一例として，イヌイットの自治州となったヌナブト準州の設立が挙げられる。共生を模索する施策が続けられている一方で，人口の約８割（2012年）がフランス語を母語とし，フランス語のみを公用語と定めている（　ウ　）州では，この国からの分離・独立を求める動きも続いている。

E．この国は，二つの大河川の流域で古代文明が起こって以来，周辺民族の支配や侵略をたびたび受けながらも，独自の文化を形成・継承してきた。その長い歴史のなかで国の枠組みも変わり続けてきたが，現在の国家が成立したのは1949年である。人口は14億人以上にのぼり，その約９割が（　エ　）族であるものの，ウイグル族やホイ（回）族，チベット族など，政府に認められたものだけでも55の少数民族がいる。これらの少数民族のうち，人口規模の大きい民族を中心に５つの（　オ　）が設置されている。多民族国家であるこの国は，全民族の平等や民族文化の尊重を掲げ，少数民族に対する大学入試や就職での優遇策などを実施しているが，現実には民族間の経済格差や衝突，民族言語や特定宗教の制限などの問題が未解決のまま残されている。

問１　Ａ～Ｅの文章が説明している国の名称をそれぞれ答えよ。

問２　下線部①について，この国で採用された白人優遇策（あるいはその政策を支える考え方）を何と呼ぶか。漢字４文字で答えよ。

問３　下線部②に関して，この政策を何と呼ぶか。カタカナ７文字で答えよ。

問４　文章Ｃの（　ア　），（　イ　）にあてはまる国・地域名をそれぞれ答えよ。

問５　下線部③に関して，一つの国家や社会の中に複数の異なる民族や文化が共存することを認め，宗教的な規範の実践や移民・少数民族が母語を使う権利の制度化などを積極的に進める政策あるいは考え方を何というか。漢字５文字で答えよ。

問６　文章Ｄの（　ウ　）にあてはまる地名を答えよ。

問７　文章Ｅの（　エ　），（　オ　）にあてはまるもっとも適切な語句をそれぞれ答えよ。

問８　アボリジニやイヌイットのように，のちにほかの民族が支配・征服した国または地域で古くから生活してきた人びとのことを何と呼ぶか。漢字３文字で答えよ。

4　北アメリカに関する下記の設問に答えよ。

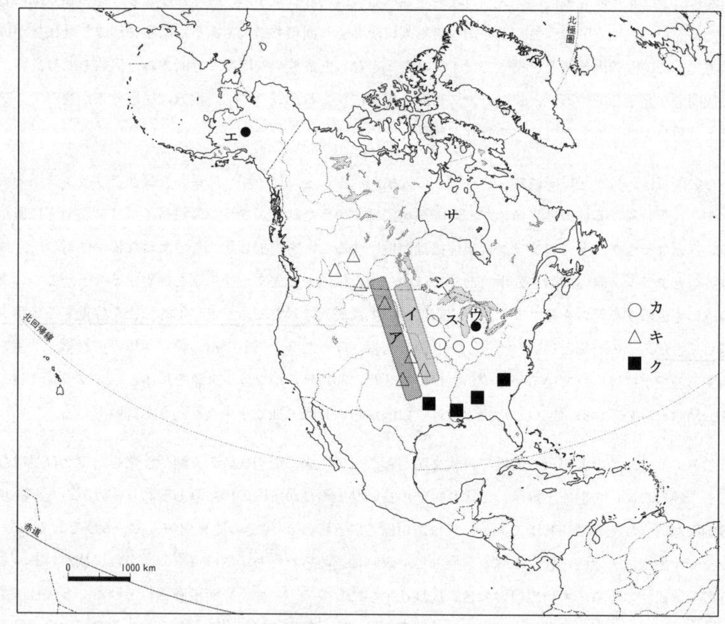

図１

問1 図1中に示されたア～エの地域・地点の自然環境について述べた文章として，下線部が**適当でないもの**を，以下の1～4から一つ選び，番号で答えよ。

1．ア地域は，ロッキー山脈の東部に広がる台地状の大平原である。土壌が肥沃で灌漑により，さまざまな飼料作物が栽培されている。

2．イ地域は，コロンビア川以西からアパラチア山脈東麓に広がる平原である。黒色の肥沃な土壌に恵まれ，世界有数の穀倉地帯が広がる。

3．ウ地点の周辺から北東岸のニューイングランド地方にかけては，冬に雪が多くなるアメリカ合衆国の多雪地帯である。

4．エ地点は，アメリカ合衆国の飛地で高緯度にあり，寒冷な気候のため農業には適さず人口も少ない。

問2 図1中のカ～クは，綿花，とうもろこし，小麦のいずれかについて，それらの主な産地を示したものである。農作物名とカ～クとの正しい組み合わせを，以下の1～6から一つ選び，番号で答えよ。

	1	2	3	4	5	6
綿花	カ	カ	キ	キ	ク	ク
とうもろこし	キ	ク	カ	ク	カ	キ
小麦	ク	キ	ク	カ	キ	カ

問3 図1中のサの海域の名称は何か，以下の1～4から一つ選び，番号で答えよ。

1．ハドソン湾　2．ラブラドル海　3．セントローレンス湾　4．サルガッソー海

問4 図1中のシ・スの地形は，何の影響で形成されたものか，以下の1～4から一つ選び，番号で答えよ。

1．プレート運動　2．海岸流や河川の侵食　3．氷河の侵食　4．火山の爆発

問5 次の文章を読み，下記の設問に答えよ。

アメリカ合衆国では，①自然条件・社会条件に最も適した作物を選び，栽培する生産方式をとっている。農業人口は，労働人口の約2％未満に過ぎないため，アメリカ合衆国では，販売に重点をおいて大型機械を導入して大規模な（　タ　）穀物農業を行っている。近年では，②情報通信技術（ICT）を利用して温度や湿度，養分などを自動的に管理して行う（　チ　）アグリも取り入れられている。

アメリカ合衆国の農業は，農業用機械・農薬の生産や，農作物の流通など，農業を取り巻く関連産業と結びつき発展をとげてきた。なかでも（　ツ　）は，国境をこえる農作物の流通に大きな影響力をもち，世界の穀物の価格を左右する多国籍企業である。アメリカ政府はさらなる市場の拡大を目指して，③国際協議や二国間の交渉のなかで，関税の引き下げや規制の撤廃を求めている。

方，多くの農産物を海外に輸出するアメリカ合衆国では，国際的な政治経済の影響を直接に受けることが多い。農業の大規模化が進んだ結果，土壌侵食や農地の荒廃などの問題に直面している地域もある。

1）（　タ　）～（　ツ　）にあてはまるもっとも適当な語句をそれぞれ答えよ。

2）下線部①の生産方式を何というか，以下の1～4から一つ選び，番号で答えよ。

1．センターピボット　2．適地適作　3．フィードロット　4．地産地消

3）下線部②の説明について，以下の1～4から**適当でないもの**を一つ選び，番号で答えよ。

1．トラクターなどの大型機械を操縦しながら，ICTを利用して農作物の生育や土壌に関する情報を得ることができる。

2．農業用ドローンを活用して，農薬散布，農産物等の運搬，鳥獣被害対策に役立てることができる。

3．農作業の記録がデジタル化・自動化されることで，熟練者でなくても生産活動を主体的に行うこ

とができる。

4．ICT を活用した農業に取り組むことで，作業に従事する人が増えるため労働生産性を劇的に減少させることができる。

4）下線部 ③ について，アメリカ合衆国が途中で離脱した協定で，日本を含む環太平洋諸国による経済の自由化を目的とし，2018年に結ばれた経済連携協定のことを何というか。もっとも適切な語句を答えよ。

問6　次の文章を読み，（　ナ　）～（　ノ　）にあてはまるもっとも適当な語句をそれぞれ答えよ。

北アメリカ大陸へのヨーロッパ系移民の入植は，東海岸から始まった。アメリカ合衆国では，植民が開始された17世紀から開拓前線が消滅する19世紀末まで，東部の定住地帯から西へ向かう継続的な人口移動現象である（　ナ　）運動がみられた。連邦政府は西部開拓を促進するため，公有地を測量・分割する（　ニ　）制を導入した。この制度によって，農家は１農家につき160エーカー（約65ha）が割り当てられた。

西部開拓に大きな役割を果たしたのが，アメリカ合衆国とカナダの大西洋岸と太平洋岸を結ぶ数本の大陸（　ヌ　）鉄道である。これによって以前は数か月かかった移動が，わずか１週間に短縮された。

アメリカ合衆国は建国以来，イギリス系住民を基盤とする社会に，多くの移民が融合する（　ネ　）を理想としてきた。しかし，実現することは難しく，現在では多様な文化をもつ人々が，個性を活かして社会全体として豊かで調和した社会をつくるという（　ノ　）のたとえが理想とされている。

政治・経済

（60分）

1　次の文章を読み，下記の設問に答えよ。

2022年７月，為替相場は１ドル＝139円台まで急落し，1998年(1)９月以来の円安水準を記録した。ロシアによるウクライナ侵攻の影響による世界的物価上昇が，今回の「行き過ぎた円安」の引き金となっているが，世界経済と外国為替相場との関係についてみていく。

20世紀初め，帝国主義などの政治関係を色濃く反映し，閉鎖的で排他的な経済圏である［　A　］が世界大戦の要因の一つとなり，自国通貨と他国通貨を交換する外国為替も経済的分断に大きな役割を果たした。その反省から，第二次世界大戦後の資本主義諸国における安定した経済を目指して，1944年にブレトン・ウッズ協定が締結され，米ドルを基軸通貨とすること，およびIMF（国際通貨基金）とIBRD（国際復興開発銀行）(2)の設立などが合意された。金で保証された米ドルの価値（１オンス＝35ドル）を軸とし，各国通貨の交換レートを固定することで国際通貨体制を形成し，国際貿易の安定がはかられた。円の固定相場は，［　B　］という日本の経済安定計画で１ドル＝［　X　］円と決定され，比較的に円安基調であったため，日本の輸出は順調に拡大し，戦後回復から高度成長期への推進力となった。しかし1971年のニクソン・ショックにより，［　C　］が崩壊した。変動相場制に移行(3)した後，日本では円高基調となり輸出に厳しい状況でも，国内の高い生産技術などで経済成長を概ね持続してきた。このように輸出主導型といわれる日本経済において，国際的には円安ドル高が問題視される(4)ことはあったが，国内的には，円安による経済的影響について問題視されることが少なかった。

ところが今回のウクライナ侵攻を契機とする原材料価格などの上昇する［　D　］インフレが世界的に加速している中で，円安はインフレにさらなる影響を与えた。その原因の一つとして，生産拠点の海外移転拡大が，日本のモノづくりの構造を大きく変容したことがあげられる。例えば，円安によって日本車への海外需要が急拡大したが，半導体などの先端技術部品をアジア諸国へ依存する割合が高まっているなどの要因から，生産台数が伸びず，需要拡大に対応できない状態が続いている。生産過程が間延びすると，今度は円安による輸入部材・燃料のコスト増加分を製品価格に反映せざるを得なくなり，円安のメリットは打ち消される。同時に，家庭消費へのインフレによる負担が増しており，景気停滞の可能性も高まっている。かつてのように「円安が日本企業に利益をもたらす」とは断言できない状況だといえる。

もう一つの原因として指摘されるのが，日本の通貨安に対する金融政策の問題である。自国通貨安に対して通常は，中央銀行による政策金利の上昇(5)による金融資産の誘導，あるいは自国通貨の買い支えなどの方策がとられる。しかし日本銀行は，1999年以降はゼロ金利政策が断続的にとられ続けている。それに加えて，公開市場操作によりマネタリーベース（市中の現金通貨＋市中銀行の日銀当座預金残高）を増大(6)させるために，長期にわたり加速度的に国債を買い入れている。2001年から実施されたこのような金融政策は［　E　］と呼ばれた。一方で2021年度末には国の長期債務残高が［　Y　］兆円（1998年度末390兆円）に膨張しており，国債金利を上げることになる政策金利の上昇という方策は，財政負担が増すため採用しにくくなってきている。外国為替相場に対する日本銀行の金融政策は，国際的にも注目されている。

問1　空欄［A］～［E］に該当する最も適当な語句を，解答欄の字数に合わせて答えよ。

〔解答欄〕A □□□□□□
B □□□・□□□
C □・□□□□□
D □□□・□□□□・インフレ
E □□□□□□

問2　下線部(1)に関連して，この時期前後に世界経済では通貨危機が頻発している。1998年に起きた通貨危機の名称として，最も適切な語句を答えよ。　〔解答欄〕＿＿＿＿通貨危機

問3　下線部(2)に関連して，IBRDをはじめ5つの国連機関を「世界銀行グループ」と呼ぶが，そのグループに属さない機関を，以下の選択肢ア～オの中から最も適切な名称を1つ選び，記号で答えよ。

ア．IDA（国際開発協会）　イ．IFC（国際金融公社）　ウ．BIS（国際決済銀行）
エ．ICSID（国際投資紛争解決センター）　オ．MIGA（多数国間投資保証機関）

問4　下線部(3)に関連して，変動相場制への移行について記述している以下の文章ア～オに対して，正しいものを○，間違いを含むものを×，として答えよ。

ア．1971年8月のニクソン米大統領の発表では，10％の輸入課徴金も発表された。
イ．1971年スミソニアン協定では，固定相場制が維持され，円相場は1ドル＝270円となった。
ウ．1976年キングストン合意で，IMFが変動相場制移行の追認を決定した。
エ．キングストン体制での国際流動性は，金と米ドルとSDR（IMFの特別引き出し権）となった。
オ．固定相場制が終了したことでIMFは役割を終え，解散して世界銀行グループへと組み込まれた。

問5　下線部(4)に関連して，外国為替相場が大きく変動する問題などに協調し市場に介入すべく，財務大臣・中央銀行総裁会議が開催される。主要国の協調介入でドル高是正を合意した1985年「プラザ合意」が有名であるが，その会合に参加していない国名を，以下の選択肢ア～クの中からすべて選び，記号で答えよ。

ア．カナダ　イ．西ドイツ　ウ．ソビエト連邦　エ．アメリカ　オ．イギリス
カ．イタリア　キ．フランス　ク．日本

問6　下線部(5)に関連して，アメリカにおける，政策金利の引上げなど金融政策に取り組んでいる中央銀行に相当する機関の名称として，最も適切な名称を解答欄の字数に合わせて答えよ。

〔解答欄〕□□□□□□□□

問7　下線部(6)に関連して，日本銀行が通貨量を増大させるために行う公開市場操作の名称として，最も適切な語句を答えよ。

問8　空欄［X］，［Y］それぞれに該当する数字として，最も適切な算用数字を，以下の選択肢ア～カの中から1つ選び，記号で答えよ。

ア．271　イ．360　ウ．514　エ．739　オ．1019　カ．1533

2　次の文章を読み，下記の設問に答えよ。

第二次世界大戦期，アメリカ軍は，沖縄(1)に設置されていた日本軍の飛行場を収奪し，基地建設を開始した。戦後，沖縄を太平洋の要石と位置付けたアメリカは，ソ連や中国に対する戦略的拠点として，基地の安定的かつ継続的な運用を切望した。1950年には，[A]が，恒久的基地を建設する旨の声明を発出した。翌年には，日本と連合国側との間で[B]平和条約が締結された。これに基づき，日本の主権が回復する一方，沖縄はアメリカの施政権の下に置かれた。1954年には，海兵隊の移駐に伴って，「[C]とブルドーザー」と称される武力に基づく土地の接収(2)がより強権的に行われ，沖縄の基地が大規模化した。沖縄返還が合意された1969年以降，日本とアメリカとの間では，より具体的な基地の整理・縮小に向けた交渉がなされた。しかし，返還にあたり実際に施策が講じられたのは，全体の15%にすぎなかった。いわゆる「基地つき返還」(3)だった。

1960年に改定された「日本国とアメリカ合衆国との間の相互協力及び安全保障条約」(4)は，日本とアメリカが同盟関係にあることを根拠付ける。沖縄への適用は日本に施政権が返還された1972年からである。その第[D]条では，日本の安全に寄与し，極東における国際の平和および安全の維持に貢献するため，アメリカ陸軍，空軍および海軍への基地許与(5)の義務を日本に課している。日本政府は，1997年に，アメリカ軍の基地使用を容易にするための施策(6)を打った。

基地は，アメリカ兵による犯罪，航空機墜落等の事故，騒音被害，発がん性が疑われる有機フッ素化合物などの流出による環境（水質）被害など，多くの事件や事故(7)の要因になってきた。国連[E]委員会は，[E]条約（1965年採択）の実施状況をまとめた日本政府報告の総括所見のなかで，沖縄への基地の不均衡な集中(8)が，住民の経済的，社会的および文化的な権利の享有に否定的な影響を与えていると指摘した。

2022年は，沖縄が日本に返還されて[F]年の節目だった。沖縄返還とは，何であったか。

問1　下線部(1)に関連する記述として最も適切なものを，以下の選択肢 ア ～ エ の中から1つ選び，記号で答えよ。

ア．沖縄には，北海道開発法や離島振興法のような「国土の均衡ある発展」を目的とした地域振興法が制定されている。

イ．沖縄には，北海道開発法や離島振興法のような「国土の均衡ある発展」を目的とした地域振興法がない。

ウ．沖縄振興予算は，教育，道路整備，企業支援など，管轄の省庁が分野ごとに計上する。

エ．沖縄振興予算は，教育，道路整備，企業支援などの予算を，沖縄県で取りまとめた上で一括計上する。

問2　空欄[A]～[F]について，以下の問いに答えよ。

a）空欄[A]に入る最も適切な語句を以下の選択肢 ア ～ エ の中から1つ選び，記号で答えよ。

ア．連合国賠償委員会　　イ．連合国軍最高司令官総司令部

ウ．連合国軍安全保障会議　　エ．連合国軍統合参謀本部

b）空欄[B]～[F]に入る最も適切な語句を答えよ。なお，[D]および[F]は数字で答えよ。

問3　下線部(2)の手続きを進めるために，アメリカ軍が1953年4月に公布したのは，[あ]令である。空欄[あ]にあてはまる最も適切な語句を答えよ。

問４　下線部(3)に関連して，下の文章の空欄［　い　］～［　え　］に当てはまる最も適切な語句を答えよ。なお，［　い　］はフルネームで答えよ。

日本の首相として戦後初めて沖縄を訪問した［　い　］は，「沖縄の祖国復帰が実現しない限り，わが国にとって［　う　］が終わっていない」と演説し，その後，沖縄返還を実現させた。その一方で，アメリカのニクソン大統領との間で［　え　］の持ち込みに関する合意議事録をひそかに交わすなど，密使として返還交渉を担った若泉敬などとともに，その政治的功罪が問われてもきた。

問５　下線部(4)の条約と併せて，戦後日本の安全保障の基本的な枠組みとなってきたのが，憲法９条である。そこでは，戦争の放棄と戦力の不保持，［　お　］の否認を定めている。空欄［　お　］に当てはまる最も適切な語句を漢字で答えよ。

問６　下線部(5)に関連して，下のグラフは，アメリカ軍の駐留経費の国別負担を示している（アメリカ国防総省、2004年)。イタリア，韓国，クウェート，ドイツ，日本の負担額を示すこのグラフにおいて，日本はどこに入るか，最も適切なものを選択肢ア～オの中から１つ選び，記号で答えよ。

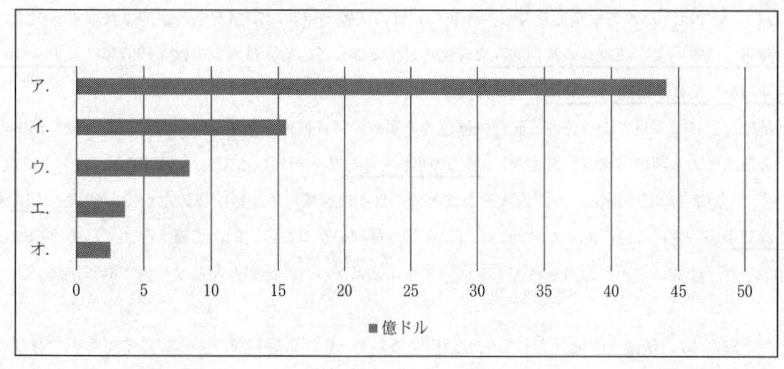

出典：2004 Statistical Compendium on Allied Contributions to the Common Defense. を基に作成。

問７　下線部(6)について，1952年に公布されたアメリカ軍への日本の土地提供に関する法律が1997年に改正されたが，これを何というか，以下の選択肢ア～オの中から１つ選び，記号で答えよ。なお，選択肢は全て略称である。

ア．公用地暫定使用法　　イ．地籍明確化法　　ウ．跡地利用特措法

エ．駐留軍用地特措法　　オ．公共用地取得特別措置法

問８　下線部(7)に関連して，下の文章の空欄［　か　］および［　き　］に当てはまる最も適切な語句を答えよ。なお，［　か　］はアルファベットで，［　き　］は地名を漢字で答えよ。

1995年９月のアメリカ兵による少女暴行事件は，基地の在り方を根本から問い直す契機となった。日本とアメリカ両政府間で「沖縄に関する特別行動委員会」（略称：［　か　］）が立ち上がり，そこで合意されたのが，住宅地近くにある普天間飛行場の移設だった。沖縄の負担軽減のためには県外移設が必要であるとする声が出されていたが，2001年９月のアメリカ同時多発テロの発生と，その後のアメリカの基地再編の動きの中で，日本とアメリカは，2014年を目標に，名護市［　き　］のキャンプ・シュワブ沿岸部を移設先（新基地建設）とすることで合意した。しかし，［　き　］の軟弱な地盤や，沿岸部の埋め立てに伴う環境悪化への懸念もあり，政治上の混乱を引き起こしている。

問9　下線部(8)について，①沖縄の国土面積に占める割合と，②アメリカ軍専用施設の沖縄への集中の度合い（面積比）の組み合わせとして，正確な数値に最も近いものを，以下の選択肢ア～エの中から1つ選び，記号で答えよ。

ア．①0.6％—②50％

イ．①0.6％—②70％

ウ．①1.2％—②50％

エ．①1.2％—②70％

3　次の文章を読み，下記の設問に答えよ。

裁判所には，最高裁判所(1)と下級裁判所(2)がある。最高裁判所の長官の任命については，日本国憲法第6条2項が，「［　A　］は，［　B　］の指名に基いて，最高裁判所の長たる裁判官(3)を任命する」と規定している。最高裁判所の権限については，日本国憲法第77条1項が，「最高裁判所は，訴訟に関する手続，弁護士，裁判所の内部規律及び司法事務処理に関する事項について，［　C　］を定める権限を有する」と規定している。

裁判官の身分の保障については，日本国憲法第78条が，「裁判官は，裁判により，［　D　］の故障のために職務を執ることができないと決定された場合を除いては，公の弾劾(4)によらなければ罷免(5)されない。裁判官の懲戒処分は，［　E　］機関がこれを行ふことはできない」と規定している。

刑事(6)被告人の権利については，日本国憲法第37条1項が，「すべて刑事事件においては，被告人は，［　F　］な裁判所の迅速な公開裁判を受ける権利を有する」と規定している。他方で，国民が刑事裁判に参加する制度としては，裁判員制度(7)がある。

問1　下線部(1)に関連する以下の問いに答えよ。

(a)　最高裁判所が違憲判決を下した規定や事件として適切でないものを，以下の選択肢ア～カの中から2つ選び，記号で答えよ。

ア．薬事法薬局開設距離制限規定

イ．津地鎮祭事件

ウ．砂川政教分離事件

エ．森林法共有林分割制限規定

オ．公職選挙法衆議院議員定数配分規定

カ．チャタレイ事件

(b)　最高裁判所の裁判官の定年の年齢として正しいものを，以下の選択肢ア～オの中から1つ選び，記号で答えよ。

ア．60歳　　イ．65歳　　ウ．67歳　　エ．70歳　　オ．75歳

問2　下線部(2)に関連する以下の問いに答えよ。

(a)　裁判所法第2条1項は，「下級裁判所は，高等裁判所，地方裁判所，家庭裁判所及び［　あ　］裁判所とする」としている。空欄［　あ　］に入る最も適切な語句を漢字で答えよ。

(b)　下級裁判所の裁判官の任期に関する記述として最も適切なものを，以下の選択肢ア～オの中から1つ選び，記号で答えよ。

ア．下級裁判所の裁判官の任期は５年であり，任期満了後に再任されることができる。

イ．下級裁判所の裁判官の任期は５年であり，任期満了後に再任されることができない。

ウ．下級裁判所の裁判官の任期は10年であり，任期満了後に再任されることができる。

エ．下級裁判所の裁判官の任期は10年であり，任期満了後に再任されることができない。

オ．下級裁判所の裁判官の任期は15年であり，任期満了後に再任されることができない。

問３　空欄［　A　］～［　F　］に当てはまる最も適切な語句をそれぞれ漢字で答えよ。

問４　下線部(3)に関連して，裁判官の発する令状に基づいて，一定の犯罪に限定して，捜査機関による電話などの傍受を合法化する法律を，「犯罪捜査のための［　い　］に関する法律（1999年制定）」という。空欄［　い　］に入る最も適切な語句を漢字４文字で答えよ。

問５　下線部(4)に関連して，日本国憲法第64条１項は，「［　う　］は，罷免の訴追を受けた裁判官を裁判するため，両議院の議員で組織する弾劾裁判所を設ける」としている。空欄［　う　］に入る最も適切な語句を漢字で答えよ。

問６　下線部(5)に関連して，最高裁判所の裁判官の罷免に関する制度として「国民審査」がある。日本の国民審査に関する記述として最も適切なものを，以下の選択肢 ア ～ エ の中から１つ選び，記号で答えよ。

ア．最高裁判所の裁判官に対する最初の国民審査は，その任命後初めて行われる衆議院議員総選挙の際に実施される。

イ．国民審査において，罷免を可とする意思表示は，投票用紙に○の記号を記載することで行われる。

ウ．国民審査において，投票用紙に何も書かずに投票した場合，その票は無効とみなされる。

エ．国民審査の結果，○の記号を記入した票の数が，国民審査の投票をした者全体の３分の２を超えた場合に，裁判官の罷免が成立する。

問７　下線部(6)に関連して，日本の刑事司法制度に関する記述として最も適切なものを，以下の選択肢 ア ～ エ の中から１つ選び，記号で答えよ。

ア．刑事事件で被疑者や被告人が捜査に協力することの引き換えに，検察官が起訴を見送ったり，裁判での求刑を軽減したりできる司法取引制度は，日本では導入されていない。

イ．検察官が起訴処分にした事件について，それが適当であるかどうかを国民が審査する制度として，検察審査会制度がある。

ウ．特定の刑事事件においては，犯罪被害者やその家族が刑事裁判に参加して意見を述べることが認められている。

エ．検察審査会は，選挙権を有する国民の中からくじで選ばれた５名の検察審査員で構成される。

問８　下線部(7)に関連して，日本の裁判員制度に関する記述として最も適切なものを，以下の選択肢 ア ～ エ の中から１つ選び，記号で答えよ。

ア．裁判員制度は，原則として，選挙権を有する者から無作為で選ばれた裁判員９名，裁判官３名の合議体で行われる。

イ．裁判員制度の対象となる事件は，殺人罪や強盗致死罪などの重大な刑事事件に限定される。

ウ．裁判員制度では，裁判員は有罪無罪の認定には関与するが，刑罰を決める量刑には関与しない。

エ．裁判員裁判における被告人の有罪無罪の評決には，裁判員及び裁判官の全員の意見が一致することが必要であり，それ以外の方法で被告人の有罪無罪の評決をすることは禁止されている。

ア　長い年月を経て怠惰になった気持ちのために、ちらちらと光る炎のような人生に埋没して、再び人間に生まれてしまうため、仏に手を差し伸べてほしいということから。

イ　長い年月を経て怠惰になった気持ちのために、心を澄ませて道心を得たとしても元通りになってしまうため、仏に手を差し伸べてほしいということから。

ウ　長い年月を経て怠惰になった気持ちのために、世間を離れて生きようとしても元通りになってしまうため、仏に手を差し伸べてほしいということから。

エ　長い年月を経て怠惰になった気持ちのために、後世のためを思わず、ただ単に心を澄ませてしまうため、仏に手を差し伸べてほしいということから。

オ　長い年月を経て怠惰になった気持ちのために、昨日を無為に過ごし、今日も無駄に過ごしてしまったため、仏に手を差し伸べてほしいということから。

問二　二重傍線D「この世をいみじとしもは思はねど」の解釈として最も適切なものを、次の中から一つ選び、符号で答えよ。

ア　この世をひどいとはまったく思わないが
イ　この世をかならずしもひどいとは思わないが
ウ　この世をすばらしいとはまったく思わないが
エ　この世をかならずしもすばらしいとは思わないが

問三　波線A「れ」と同じ意味で用いられる「れ」をもつものを、次の中から一つ選び、符号で答えよ。

ア　この奉る文を取れ
イ　宿直ばかりを、簀の端わたり許されはべりなむや
ウ　「いかにせむ」とばかり言ひて、ものも言はれずなりぬ
エ　いへばえにいはねば胸にさわがれて心ひとつに嘆くころかな
オ　大幣と名にこそ立てれ流れてもつひによる瀬はありといふものを

問四　傍線①「行ひは何の行ひにてもあれ、常に心を澄まして濁すまじきにこそ侍るめれ」とあるが、どうあることが考えられるか。**本文に照らして適切でないもの**を次の中から一つ選び、符号で答えよ。

ア　世の塵を避けて暮らすこと。
イ　松風を友とすること。
ウ　色にほだされること。
エ　荒涼とした山猿の声を聞くこと。
オ　深山に住居を定めること。

問五　傍線②「願はくは、釈迦如来、阿弥陀仏、すべては四方の仏たち、昔の誓ひをかへりみて、哀れみを下し給へとなり。」とあるが、どのようなことでそのように願うのか。最も適切なものを、次の中から一つ選び、符号で答えよ。

問一　二重傍線A「すさましき」二重傍線B「何となく」二重傍線C「ほだされ」の解釈として最も適切なものを、次の中からそれぞれ一つ選び、符号で答えよ。

A「すさましき」

ア　興ざめした感じの
イ　あきれるほど強い
ウ　はげしく強い
エ　恐ろしい
オ　荒涼とした

B「何となく」

ア　たまたま
イ　平凡に
ウ　これというわけもなく
エ　一面に
オ　かすかに

C「ほだされ」

ア　しばられ
イ　みせられ
ウ　だまされ
エ　ながされ
オ　うかされ

三　次の文章を読み、後の設問に答えよ。

　そもそも、おろおろ伝記を尋ね侍るに、①行ひは何の行ひにてもあれ、常に心を澄まして濁すまじきにこそ侍るめれ。吹く風、立つ波につけて、善知識の思ひをなして、常に心を静むべきなり。その中に、昔より、海のほとり、野の間、跡あまた見え侍れど、深山の住居ぞ澄みて覚え侍る。されば、天竺・震旦の賢き跡を尋ぬれば、多くは深山の住居なりけり。

　かかる数にもあらぬ憂き身にも、松風を友と定め、白雲を馴れ行くものとして、ある時は青嵐の夜、Aすさまじき月の色を眺め、ある時は、長松の暁、さびたる猿の声を聞く、ある時は、問ふかとすれば過ぎて行くむら時雨を窓に聞き、ある時は、馴るるままに荒れて行く高嶺の嵐を友として、窓の前に涙を抑へ、床の上に思ひを定めて侍るは、B何となく心も澄み渡り侍れば、それをこの世の楽しみにて侍るなり。

　たとひ後の世を思はずとも、ただこの世一つの心を遊ばせて侍らんも、あしからじものを。海のほとりに居て、寄り来る波に心を洗ひ、谷の深きに隠れて、嶺の松風に思ひを澄まさむこと、後の世のためとは思はずとも、澄み渡りて聞こゆべきにや。いはむや、思ひをまことの道にかけて、濁れる人々を遠ざかり、心を憂き世の中に留めずして、世の塵に汚れじと住まはんは、などてかはあしく侍るべき。あさましや、眼の前の陽炎のあるかなきかの世の中に、仮の名に耽りて、長き夜を送り、C偽りの色にほだされて、昔の五戒の報いを行方なくなし果てんこと、悲しくも侍るかな。しかるを、無明の眠り深くして、Dこの世をいみじとしもは思はねど、昨日もいたづらに過ぎ、今日もむなしく暮れぬるぞかし。たそかれになりゆく時にこそ、いかに侍るやらん、同じ野寺の鐘なれど、夕べは音の悲しくて、涙も止まらず驚かれ侍り。あはれ、仏の助けにて、常にかやうにのみ侍れかしと嘆けども、世々を経て思ひ慣れにける心なりければ、ひき続くことも難くてのみ明かし暮すこそ、悲しとも愚かに侍れ。②願はくは、釈迦如来、阿弥陀仏、すべては四方の仏たち、昔の誓ひをかへりみて、哀れみを下し給へとなり。

（慶政『閑居友』による。ただし一部改変した。）

（注）
伝記…ここでは高僧伝・往生伝など、仏教において功徳を積んだ人々の伝。
善知識…人々を仏の道へ誘い導く人。
震旦…中国の異称。
この世一つ…現世のみ。
昔の五戒の報い…前世で在家信者の戒律を守って再び人間に生まれたという報い。
無明の眠り…悟りの光明に会えず暗がりに眠るという例え。
昔の誓ひ…各仏が仏となる前に立てた衆生を救う願い。

ア　フランス詩と日本詩について
イ　フランス詩と日本詩の押韻
ウ　フランス詩の翻訳と現代詩
エ　訳詩体験から詩をかいまみる
オ　訳詩体験から詩を近づける

問十　次の文のうち、本文の内容と合致するものを**すべて**選び、符号（ア～カの順）で答えよ。

ア　ヴァレリーは若き日に詩作から離れ、数学に没頭した一時期があったが、のち、散文など多くの作品を発表した。
イ　「うたう状態」が始まると、言葉の語順や意味に拘泥しなくなり、言葉の音楽性や感覚的なものが優位になる。
ウ　日本の俳句を四・四・四と表現するならば、日本の和歌は四・四・四・四・四であると表現することができる。
エ　日本語は四拍子が基本である。他方、日本の散文はすべて三拍子で書かれており、それは室町時代から続く特徴である。
オ　母音調和は、母音体系が複雑な言語に適しており、母音体系が単純な日本語では十分な効果は期待できない。
カ　フランス語詩をイタリア語に翻訳すると、日本語における関西語のような弱強アクセントが前面に出て面白くなる。

オ　『雁』『興津弥五右衛門の遺書』

問七　傍線4「沙羅の木」という詩の説明として**適切ではないもの**を次の中から**二つ**選び、符号（ア～オの順）で答えよ。

ア　「みえざりし」など文語を使った定型詩であり、七・五調で作られてゆったりしている。

イ　「ありとしも」の「あ」と「あおばがくれに」の「あ」が頭韻として機能している。

ウ　基本的に四拍子で読むことができ、フランス語の定型詩とは別種の趣がある。

エ　外国詩の「不運」と「墓畔の哀歌」の頭韻と転調をそのまま翻案した詩で、母音の響きが良い。

オ　群生しない沙羅の木の白い花が人知れず落ちるさまは、鷗外の辞世のように読むこともできる。

問八　傍線5「なぜ私は訳詩であって、作詩ではないのか」とあるが、著者はなぜ詩の創作ではなく、外国詩の翻訳を手掛けたのか。その理由として最も適切なものを次の中から一つ選び、符号で答えよ。

ア　精神科医として患者と外国語で話し合う機会があり、精神科医の仕事とは、外国語から日本語へと「翻訳」をする仕事であることを発見したから。

イ　外国の研究者と話し会う中で、外国語を日本語に「翻訳」する際、その場に適したリズムやテンポの日本語がおのずと浮かぶようになり、その記憶が後々まで忘れがたかったから。

ウ　高校時代から詩を創作する才能はあまりないと自覚しており、さらに、精神科医として働き続ける以上は詩人にはなれないと周囲から言われたから。

エ　自分が詩人ではないということは早くからわかっていたが、精神科医として患者と向き合うにあたり、翻訳の仕事も並行してしなければならないことに気付かされたから。

オ　詩を創作する素質があまりなかったこともあるが、精神科医として統合失調症患者の話を聞き取ることは、詩を翻訳する作業と似ていると感じることもあったから。

問九　この文章全体のタイトルとして最も適切なものを次の中から一つ選び、符号で答えよ。

問三　空欄①に入る最も適切なものを次の中から一つ選び、符号で答えよ。

ア　これは「詩への回帰」の揺り戻しであった。

イ　これは「浜に寄せては返す波の音」の揺り戻しであった。

ウ　これが「私の方法」ということだろうか。

エ　これが「急性状態」ということだろうか。

オ　これも「地獄のような悪循環」に近かったにちがいない。

カ　これも「力の充溢感」に近かったにちがいない。

問四　傍線２「日本語の訳詩の場合は、日本語の散文の中に引用されて、なお周囲の散文の中に没せずに詩として区別して感得されるかどうか」を判断する場合、著者はどのような方法が効果的だと考えたか。その説明として最も適切なものを次の中から一つ選び、符号で答えよ。

ア　十二シラブルを十二音の日本語に置き換え、かつ、一行の日本詩にするよう心がける。

イ　石井宏氏が名付けた「ぐにゃぐにゃ水飴語」をあえて意識的に用い、切れ目のないような一行にする。

ウ　切れ目なく流れるような散文と区別しやすいように、四拍子の日本語による表現を意識する。

エ　五・七調ではなく、七・五調を基調とし、俳句のような音数と拍数にする。

オ　フランス語の行数とは同じでなくても、十二シラブルにはこだわって翻訳する。

問五　空欄②には漢字二字が入る。適切な漢字を文中から抜き出して答えよ。

問六　傍線３「鷗外」は森鷗外であるが、森鷗外の**作品ではないもの**が入っているものを次の中から一つ選び、符号で答えよ。

ア　『舞姫』『山椒大夫』

イ　『阿部一族』『青年』

ウ　『高瀬舟』『草枕』

エ　『寒山拾得』『普請中』

c　キン密

- ア　アルバイトの応募は市内在住者だけではなく、キンリンの市町村在住者も可とします。
- イ　ここは以前から自転車の駐車がキンシされている区域である。
- ウ　昨夜のキンキュウ警報のおかげで、今朝は寝不足のまま登校したのだった。
- エ　「とにかくこの人はキンベンで、それが何よりの長所です」と紹介された。

d　イ論

- ア　先輩がこの部活の課題としてあげた五つの内容について、イワ感をおぼえた。
- イ　人気マンガのほとんどがイセカイ転生ものだが、はずれがないのでつい読んでしまう。
- ウ　最近のスナック菓子はどれも似たような味とパッケージばかりで、大同ショウイだね。
- エ　今後、新聞を読んで、社会人にふさわしいゴイリョクを身につけていきたいと思います。

e　抑ヨウ

- ア　中小企業診断士のヨウセイ課程について、ホームページでカリキュラムを調べてみた。
- イ　突然、先輩から告白されてドウヨウしてしまい、聞こえないふりをした。
- ウ　ＳＮＳが普及して以降、日本はフカンヨウな社会になってきたと指摘されている。
- エ　中国最長の河川であるヨウスコウは、中国国内では長江と呼ばれている。

問二　傍線１「面はゆい」の読みと意味の組み合わせとして、最も適切なものを次の中から一つ選び、符号で答えよ。

- ア　おもはゆい―場当たり的だ
- イ　おもはゆい―気恥ずかしい
- ウ　つらはゆい―場当たり的だ
- エ　つらはゆい―気恥ずかしい
- オ　めんはゆい―場当たり的だ
- カ　めんはゆい―気恥ずかしい

たえず「翻訳」しているが、この生理的基盤も同じか似たものであろうかと思う。

最後になぜ私は訳詩であって、作詩ではないのかということを問われそうである。詩人でないことは高校時代に自覚している。素質のなさとしかいいようがないが、また私の器量では、詩人であれば精神科医ではありえなかったような気がする。そして、精神科医という職業は一種の翻訳者、それも少なくとも統合失調症の場合には、散文よりも詩の翻訳者に近いところがありそうに思うことが時々ある。

私のささやかな「うたう状態」は一九九五年に終わった。『魅惑』の最後の詩を訳し終えた数時間後に阪神淡路大震災がやってきた。そして「ぼくは詩はわからないよ」という人の状態ってこれだという状態に私も戻った。それはカラーの写真とモノクロームの写真ほども違っていた。

（中井久夫『私の日本語雑記』による。ただし一部変更した。）

問一　傍線a～eのカタカナを漢字に直した場合と同一の漢字を用いるべき文はどれか。その符号をア～エの順ですべて答えよ。（例：ア・イ）

a　ライ鳴

ア　付和ライドウばかりしていると言われるので、今度からは自分の意見をしっかり述べたい。
イ　あの人はシンライできる人なので、金を貸しても必ずきちんと返してくれるだろう。
ウ　登山が趣味なので、いつか富士山頂に光りかがやくごライコウをこの目で見てみたい。
エ　古代中国の儒教の経書の一つ、『ライキ』からは、古代の習俗や制度などを知ることができる。

b　セン領

ア　自分名義の物を持つことは所有だが、名義人にかかわらずその物を支配することはセンユウである。
イ　あのセンセイ術師のアドバイスはよく当たると評判で、今日も行列ができている。
ウ　センキョ権が二十歳以上から十八歳以上に引き下げられたが、投票率は伸び悩んでいる。
エ　広島市で行われた平和記念式典での、市長による平和センゲンの全文を読んだ。

「かちいろの　ねぶかわいしに　／　しろきはな　はたとおちたり、
ありとしも　あおばがくれに　／　みえざりし　さらのきのはな」

この詩（褐色(かちいろ)の根府川石(ねぶかわいし)[注]に／白き花はたと落ちたり、／ありとしも青葉がくれに／見えざりしさらの木の花）における音の響き合いの一端を抜き出せば「いろ—いし—しろき」「おち—たり—あり（と）しも—あおば—がくれに」「みえざりし—さらのき—はな」。このように頭韻、母音調和に加えて時に速く、時にゆっくり流れ、時に転調する流れが読み取れる。ちなみに、この詩はボードレール[注]の「不運」の最終節を下敷きにし、それはさらにグレイ[注]の「墓畔の哀歌」に遡ることができる。鷗外が日露戦争の出征にあたって作った、辞世の含みのある詩であって、「森」の中に隠れて見えなかった（群がっては生えず必ず孤独な木であるという）沙羅(さら)の木の花の落花をうたっていることは、「不運」「墓畔の哀歌」と同じ趣向である。

もっとも、フランス語の定型詩でも（当然）下らない詩はたくさんある。形式を原詩に近づけることはこの程度でよいであろう。ギリシャ、ラテン詩以来の伝統として西欧語の詩は三拍子が多いが、日本詩に三拍子は難しいのではなかろうか。

日本語とたとえばフランス語の言語的距離を嘆く必要はないと思う。距離があるからこそ面白いのである。ヴァレリー詩のイタリア語訳をみれば、近縁の言語は、日本詩を日本の方言に訳する場合に似て、滑稽にならないための努力が求められそうである。

実際の私は、原文を筆写し、朗読、黙読し、そのうちに何かが深部言語意識に届くことを念願するのみである。私はたまたま外国語で患者を診察する機会が少々あり、外国の研究者と語り合うこともあったが、会話の記憶は、いつのまにか、その場にふさわしい抑ヨウ[e]とテンポの日本語になって再生されるのが普通である。翻訳に生理的基盤があると思う理由であるが、そういうことは起こらないという方もおられる。私たちは皆、固有日本語と漢語、最近は日本語と洋語とを

根府川石…神奈川県小田原市の根府川地区から産出される安山岩で、墓石にも利用される。

シャルル・ボードレール…フランスの詩人。一八二一～六七年。

トマス・グレイ…イギリスの詩人、古典学者。一七一六～七一年。

は後に休止を持ち「七」は持たないからである。これに対して日本語の散文は氏によれば切れ目なく流れてゆく「ぐにゃぐにゃ水飴語」である。アレクサンドランの一行を一行に移すことは部分的にはできるが、ただ、長詩全体をそうすることには無理がある。原詩の行にこだわらず、行数が違ってもよいとすればできる。

そこまでしなくとも日本語の基本である四拍子を実現することは、イ論もあろうが、散文の中に置いても詩と認識できるもっともやさしい方法であると思う。

石井氏の指摘される「水飴語」は、室町時代に現れ、現代の歌謡にまで続いている。七・五調は、五・七調と根本的に違う。冒頭の七の後に［②］が来ないために言葉の流れが自然になり、「水飴語」への道をなだらかにした。

日本の現代詩の多くが「水飴語」的であり、訳詩のさらに多くがそうである現実を私は否定するわけではない。この傾向は強弱アクセントでなく抑ヨウアクセントを持つ言語に生まれやすいのかもしれない。四拍子の日本詩は関西語では「弱強弱強」、関東語では「強弱強弱」に読まれる傾向があり、これに対して「水飴語」では抑ヨウが前面に出てくるようであるが、私には断定するだけの能力がない。

ただ、「流れ」も日本語の美の大きな一部分であり、「水飴」のたとえは日本語にいささか気の毒かもしれない。以前に挙げた志貴皇子の「石走（いはばし）る／垂水（たるみ）の上の／さわらびの／萌え出づる春に／なりにけるかも」は拍子と流れがあいまって美をつくり出している。

日本語押韻の試みは現代詩において頻繁になされている。日本語押韻の難しさは、母音体系が簡単であるために、次の行末にたどりつくまでに韻と同じ母音に何度も出会う確率が高いことにある。実際、押韻の効果がはっきりするのは一行が短い詩、たとえば一行四拍子である。

ところで、ヴァレリーという詩人は、脚韻もさることながら、頭韻（アリテレーション）、母音調和（アソナンス、母音の響き合い）が際立つ詩を書くのが特徴である。私は、脚韻よりもこのほうが日本詩の詩作に活かしやすいし、実際によく活用されていると思う。たとえば、鷗外の「沙羅の木」である。

にはある程度の目鼻を付けえたと信じていた。ことに回復状態はほとんど誰も手を付けていなかった領域であった。しかし、その後の十数年は、次第に激務となった臨床と管理職とに携わりつつ、回復しそこねた患者の慢性状態にどのようにして目鼻を付けるかに苦しんでいた。

［①］（中略）

ヴァレリーの『若きパルク』は、アレクサンドランという詩型を使って書かれている。一行十二シラブルの押韻詩である。この十二シラブルの一行内でも六対六などの下位の区切りが起こる。行と行との間も、押韻ゆえに二行あるいは四行の関係がキン[c]密である。さらに全詩五百十二行は十六のパラグラフに分かれる。

この形式を日本語訳においてどう変換するかである。

まず、詩の翻訳は原則的にやはり詩になっていなければならない。では、詩になっているかどうかをどうやってみわけるか。フランス語のように詩と散文との区別をはっきりさせてきた言語文化もあり、英語のように、T・S・エリオット[注2]の表現を借りれば、詩と散文の区別は漸層的であって明確な一線はないといわれる場合もある。私は、日本語の訳詩の場合は、日本語の散文の中に引用されて、なお周囲の散文の中に没せずに詩として区別して感得されるかどうかを一つのテストと考えている。これ以上の実行可能な区別を私は思いつかない。（中略）

ではアレクサンドランを日本語にどう移すか。一行十二シラブルは逆立ちしても不可能であり、仮に実現させても殺風景である。

私は、十二拍子を以て十二シラブルに置き換えることはできないか、と考えた。シラブルと拍子とは違う。休止も一拍に数える。基本的に二モーラが一拍であるから、十二シラブルでは二十四モーラになる。これは無理なく一行にできる。なお日本詩の基本が四拍子であることは、その後、音楽研究者の石井宏氏が『西洋音楽から見たニッポン――俳句は四・四・四』（PHP研究所、二〇〇七年）において明らかにしておられる。俳句は休止を数えれば四・四・四である。たとえば「なつ／くさ／や／□／つわ／もの／ども／が／ゆめ／の／あと／□」である。和歌は基本的に四×五である。「五

（注）2　T・S・エリオット…イギリスの詩人、文芸評論家。一八八八〜一九六五年。

なった。私が語を耳にすると、私の中で、自分でもわからない和音的相互依存関係や、皮一枚下まで来ている律動の、まだ声にならない存在が揺れるのであった。シラブルには色が付いてきた。言語のある種の形態、ある種の転回が、おのずと意識あるいは音声の前景にはっきりと現れるようになり、生かしてくれとねだるようになった。この「うたう状態(état chantant)」の始まり、この表現開発のもっとも秘められた春は、演奏の前のオーケストラの楽譜の低い呟きのように甘美である」。

「詩モード」の基底は「うたう状態」である。その表現は、「ことばの響き」「ことばの音楽」「和音的相互依存関係」「皮一枚下まで来ている律動の、まだ声にならない存在」に敏感になり、「シラブルには色が付いて」きて、「言語のある種の形態、ある種の転回が、おのずと意識あるいは音声の前景にはっきりと現れるようになり、生かしてくれとねだる」ようになる。これを無粋に要約すれば、言葉の非文法的、非意味的といおうか、その素材的な「質」に感覚が開けることである。

私の場合をここで持ち出すのは面はゆいがやむを得ない[1]。詩の訳者として、私も遥かに希薄であろうが、この「うたう状態」を体験した。それは、一九八四年秋のことであったが、私が招待された結婚式のスピーチを考えあぐねて、たまたま現代ギリシャの英訳詩集を手にして、オディッセアス・エリティス[注]の「エーゲ海」を見いだした時から始まっている。この詩は祝婚歌であると私は直観した。そして、各行が現在分詞で終わる歌い出しの節が、浜に寄せては返す波の音に聞こえてきた。

私はここから現代ギリシャの詩をいくつか翻訳し、そしてヴァレリーの訳詩に進んだ。

ヴァレリーは、長く難問に取り組んでなかなか解決ができず、それが力の充溢感と無力感との無際限の往復という地獄のような悪循環そのものになって、とうの昔にうんざりしていたと述べている。彼は四十歳であった。

この格闘は、死後公刊の『カイエ』に生々しく語られている。

私は精神医学に転じてから十八年であった。私は私の方法によって数年で統合失調症の急性状態とそこからの回復過程

（注）オディッセアス・エリティス…ギリシャの詩人。一九一一～九六年。

二　次の文章を読み、後の設問に答えよ。

作詩体験自体を述べることは私にはない詩人の特権である。ただ、私は十数年前、フランスの詩人ポール・ヴァレリー（一八七一―一九四五）の詩を翻訳して出版してしまったことがある（『若きパルク／魅惑』みすず書房、一九九五年／改訂普及版二〇〇三年）。この訳詩体験から遡って作詩体験をかいまみよう。さいわい、この詩人は自己の作詩体験について具体的に述べている人である。それは、アンリ・ポアンカレ[注]が数学を生み出す体験について述べているのに似ている。その一部は私どもにも追体験できるようなものである。

この詩人は、十三歳のころから詩作を始め、二十歳にして当時のフランス詩壇の「詩王」マラルメに認められ、その晩年に末っ子弟子の特権を享受する。しかし、まもなく二十一歳の秋、不眠の一夜にヌゥス（理性）とエロスとがライ鳴[a]の中で闘う体験を契機に詩作を放棄して「大沈黙」に入り、数学に没頭する。しかし、一九一二年に、親友アンドレ・ジッドの勧めに従って、若い時の詩と散文を整理して出版しようとして、その冒頭に一つの詩を置くことを考えているうちに「詩的状態」に入り、第一次大戦の圧力に抗して五百十二行の長詩『若きパルク』を一九一七年に完成、続いてフランス古典詩のいろいろな形式を駆使した詩集『魅惑』の諸詩篇がその後産のようにおおむね一九二二年までに現れ、以後は対話篇、エッセイ、講演などの散文作品を主として多産であって、フランス第三共和国の知的代表者として国際連盟を含む公職にも携わり、ドイツセン[b]領下にはパリに留まって非妥協的態度を貫き、解放後の一九四五年七月二〇日死去、ド・ゴールは国葬の礼を以て彼を葬った――。（中略）

彼は定型詩の詩作が終わった後に、「詩への回帰（Retour à la poésie）」という一文を書いている。拙訳で少し長く引用する。

「自分ではわからない謎の回復、青春への回帰によって私は二十年以上離れていた詩に再び感興を覚えるようになった。……再び会話の中のことばの響きに敏感になったことが自分でわかった。ことばの音楽を味わおうとこだわるように

（注）アンリ・ポアンカレ…フランスの数学者、理論物理学者、科学哲学者。一八五四～一九一二年。

れらを並列して対置しても意味がないということ。

エ　異なる国や民族の歴史記述は、同一の歴史に基づくものではないにもかかわらず、一つの歴史をそれぞれの立場から書いたものと位置付けられてしまうために、歴史を修正した記述だと受け止められることが少なくないということ。

オ　対立する国や民族の歴史記述を対置することは、記述の相違を歴史の多様な見方として許容することになるので、記述を突き合わせて実際の出来事を確定することが疎かにされて、不確定な歴史記述がなかなか取り除かれないということ。

カ　対立する国や民族の歴史記述を並立させると、その中に現状を正当化するのに都合のよい歴史記述が混ざり込んでいた場合に、対立が長期化してしまう可能性があるということ。

問十一　次の文のうち、本文の内容と合致するものをすべて選び、ア～オの順で符号で答えよ。なお、本文の内容と合致するものが一つもない場合は、カと答えよ。

ア　歴史の政治利用はどの国にも見られるが、第二次世界大戦の敗戦国では特に顕著である。

イ　ドレッガーは、政治家であるがゆえに、現代史家であるシュテュルマーよりも鋭敏に、共通の「歴史の喪失」の原因が戦後ドイツのナチの過去に対する取り組みにあることを見抜くことができた。

ウ　従来のナショナルヒストリーは、国のために書かれる物語であったがゆえに歴史学の基本的姿勢と相容れなかったことに加えて、主流派以外の歴史記述や国の枠組みを超えた歴史記述の試みが普及したために、もはや維持することができなくなった。

エ　国家アイデンティティを鼓舞する歴史記述は、自国民を団結させるかもしれないが、他者の排除を誘発し、さらなる他者を生み出すような対立の再生産にも繋がる。

オ　著者は、国家にとって現在の利益をもたらすように見える歴史記述であっても、国を超える枠組みから見た場合には、将来的に自国民の利益にもならない公算が大きいと考えている。

ウ　歴史は起こった出来事の善悪を問うことなく記述されるべきである。
エ　歴史を記述する者には、主観を排除するための最大限の努力が求められる。
オ　歴史家が国益や政策のために事実を取捨選択することは許されない。

問八　空欄①に入る言葉として最も適切なものを次の中から一つ選び、符号で答えよ。

ア　ローカル　　イ　グローバル　　ウ　グローカル　　エ　普遍　　オ　不偏　　カ　不変

問九　傍線６「対外的な対立が長期化する要因ともなる」とあるが、それはなぜか。その理由として最も適切なものを次の中から一つ選び、符号で答えよ。

ア　ナショナルヒストリーの枠組みに基づいた国のための歴史記述が、物流と人流を妨げて経済的利益を損なうから。
イ　国家アイデンティティを強化する歴史記述は、他者が他者のままであることが前提なので、原理的に歩み寄りや融和の余地がないから。
ウ　国家アイデンティティを鼓舞する歴史記述は、国のいう国益を守ることが愛国心であるという国民の認識を強化するから。
エ　自国を自画自賛する歴史や自国の犠牲ばかりを強調する歴史は、対立の再生産を目的としているから。
オ　対立する国や民族の歴史記述の間の隔たりを解消することは容易ではなく、長い年月を要するから。
カ　国家アイデンティティを鼓舞する歴史記述は、対立を長期的に持続させる結果、交渉の機会を失わせ、選択肢を少なくするから。

問十　傍線７「両者を一つの歴史の二つの解釈と位置付けるところに、歴史修正主義が紛れ込むからだ。」とあるが、これはどのようなことか。最も適切なものを次の中から一つ選び、符号で答えよ。

ア　対立する国や民族の歴史記述を対置することは、過去の出来事を別の視点から語っているようにみせかけて、現在の政治的意図や目的を達成しようとする余地を残してしまうということ。
イ　対立する国や民族の歴史記述がグローバルヒストリーの枠組みに移行せず、互いにナショナルヒストリーの枠組みにとどまっていることにつけ込んで、それぞれが歴史を政治利用するようになるということ。
ウ　対立する国や民族の歴史記述は、いずれも、多かれ少なかれ、国益や政策に結びつけられて現在に奉仕させられるものであるから、そ中から一つ選び、符号で答えよ。

ア　ミヒャエル・シュテュルマーという人物そのもの
イ　コール政権を維持するために、ナチズムの過去を都合よく改竄したこと
ウ　戦前にドイツ国民を結び付けていた共通の歴史が失われたこと
エ　世代間の対立を歴史問題にすり替えたこと
オ　戦後ドイツにおけるナチズムの過去の克服に向けられた取り組みが過剰であったこと
カ　東ドイツに対抗して国家を存続させるために、国民を統一する役割を歴史に求めたこと

問五　傍線４「歴史なき国」とはどのような状態の国家を表現したものか。最も適切なものを次の中から一つ選び、符号で答えよ。

ア　誕生してから時間が経っていない国家
イ　歴史記述の乱立によって国民の歴史認識が一致しなくなった国家
ウ　戦渦によって歴史を知る人物や史料が失われた国家
エ　歴史が国民を自ずと団結させるような精神的支柱として機能していない国家
オ　歴史以外のものが国民意識のバックボーンとなっている国家
カ　国民的合意が得られるような歴史政策を打ち出すことができない国家

問六　傍線５「自身を国の歴史の一部だと感じることで、積極的に共同体と関わることができる」とあるが、これと反対の状態を意味する比喩表現を本文冒頭から傍線５までの間より四字で正確に抜き出せ（なお、明確に判読できない解答は不正解とする）。

問七　★の箇所の内容に基づいて正しいと判断できる記述を次の中からすべて選び、ア～オの順で符号で答えよ。なお、正しいと判断できる記述が一つもない場合は、カと答えよ。

ア　歴史家は意味の創造者となってよい。
イ　歴史が国民意識を強化することはあってはならない。

しかし、対立に基づく歴史観に慣らされた人々は、国益だと国が説くものを守ることが愛国心であるという単純な等式を受け入れやすい。問題はこれが、他者と見なした集団の排除を誘発し、さらなる他者が生み出されることである。

自国中心の歴史記述により、国内の団結は維持できるかもしれない。しかし長期的に見ると、自国民のみが満足する歴史は、将来の選択肢をせばめている。対立が持続することによって、失われる機会も多いからだ。つまり国家アイデンティティを強化することを目的とする歴史記述は、実は利益にさえならない可能性が高いのだ。

（武井彩佳『歴史修正主義』による。ただし一部変更した。）

問一　本文にある次の漢字の傍線部の読みをひらがなで書け（なお、明確に判読できない解答は不正解とする）。

A　悼む　B　阻害　C　流浪　D　紛れ込む

問二　傍線1「どの国にも国家アイデンティティを強化することを目的とした歴史記述があり」とあるが、このような歴史記述は何と呼ばれてきたか。該当する言葉を本文から三字で正確に抜き出せ（なお、明確に判読できない解答は不正解とする）。

問三　傍線2「その」が指す言葉は何か。最も適切なものを次の中から一つ選び、符号で答えよ。

ア　政治

イ　論争

ウ　世界の関心

エ　国

オ　国家アイデンティティを強化すること

カ　歴史記述

問四　傍線3「歴史家論争では具体的にどのような点が歴史の政治利用と言われたのだろうか」とあるが、その答えとして最も適切なものを次のこうした伝統的な歴史記述に対して、歴史を書く主体としての地位を奪われていた人々からの異議申し立てが行われるようになって久しい。マイノリティの歴史、女性の歴史、植民地の歴史など、主流派以外の歴史が書かれるようになった。さらには近年「グローバルヒストリー」と呼ばれる、国家や地域を越えた交流など、相互作用から歴史を記す流れもある。

国の枠組みを超えた歴史を書く試みは、たとえばドイツとフランスで共通の歴史教科書が作られたり、「ヨーロッパ」を一つの単位として捉え直す流れにも見られる。

ナショナルヒストリーの枠組みが維持されるアジアでさえ、自国中心主義的でバランスを欠く歴史記述は軋轢（あつれき）を生みやすいため、一定の抑制がきくようになっている。物や人の流れが［　①　］化した現代では、歴史記述が経済的利益と連動するようになっているからだ。このため現在では、国家中心主義的な歴史観を全面的に打ち出す国は、独裁国家くらいしかなくなっている。

たしかに国民のアイデンティティを鼓舞する歴史記述は、国民の帰属意識を強化する肯定的な側面がある。だが、それゆえに6対外的な対立が長期化する要因ともなる。自国を自画自賛する歴史、もしくは逆に犠牲の側面ばかりを強調する歴史は、他者が他者であり続けることを前提としている。それは交渉の可能性を排除し、将来に取り得る選択肢を限定する。つまり、対立を再生産するのである。

たとえばパレスチナ問題の歴史について、パレスチナ人とユダヤ人の記述はまったく異なる。ユダヤ人は長い流浪の時代から筆を起こして、悲劇の後についに実現したユダヤ人国家を守る歴史として描く。対してパレスチナ人には、よそ者に突然故郷を追われた苦しみと、抑圧からの解放への闘いの歴史である。

アルメニア人虐殺をめぐるアルメニア人とトルコ人の記述の隔たり、慰安婦についての韓国と日本の記述の相違など、数多く存在する。これらは本来、並列で対置すべきものではない。7両者を一つの歴史の二つの解釈と位置付けるところに、歴史修正主義が紛れ込むからだ。

取り組み方のせいだと考えていた。「いわゆる〈過去の克服〉はたしかに必要なことであったが、われわれの国民から未来を奪い取るためにこれを乱用する者に、われわれは異議を申し立てる必要がある」とドレッガーは言う。ナチズムの過去と向き合うための政治的・教育的取り組みが、健全な愛国心の育成を阻害し、ドイツの未来を損じたというわけだ。

これらに対してハーバーマスは、現在に奉仕させるための歴史を書くことを歴史修正主義と批判した。ところが、シュテュルマーやその後ろに控える政権保守派は、国家のよりよい未来のために肯定的な歴史を書くことのいったい何が悪いのか、と開き直るかのようであった。

国家にとって、民主主義的な価値と社会的責任感を持つ市民の育成が重要であることは、言うまでもない。国民が歴史を共有することによって、つまり自身を国の歴史の一部だと感じることで、積極的に共同体と関わることができるならば、誰もが誇れる歴史を提示することに問題があるのだろうか。「歴史の政治利用がなぜ悪いのか」という問いに対して、歴史学はどのように答えるのだろうか。

★

まず、歴史を書く際の基本的な姿勢に立ち戻る必要がある。ランケは、歴史家は「実際にいかにあったか」を記すべきであり、歴史学の役割は過去の過ちから教訓を垂れたり、未来への指針としたりすることではないと言った。可能なかぎり客観的に、価値中立的に歴史を記すことが、ランケ以降は歴史学の合意事項となっている。

また、歴史とは全体のことであり、任意の点だけを線で結んでつなぐことではない。現状を正当化するのに都合のよい事実だけを選び出して歴史を書けば、実際に起こったこととかけ離れた姿になるだろう。

ところが、国家の利益になるような歴史を示すことに、特に問題はないと考える政治家は多い。それは、これまで歴史とは、基本的に国のための物語であったからだろう。歴史と言えば「国民史」（ナショナルヒストリー）であり、国や民族の歴史は多くの場合に対立する国や民族との関係性のなかで記されてきた。このため小国の歴史は、周辺の大国への抵抗の語りに終始してきた。また広範な抑圧を伴った植民地帝国の歴史は、「未開」の地に「文明」の恩恵をもたらす物語として正当化されてきた。

では、[3]歴史家論争では具体的にどのような点が歴史の政治利用と言われたのだろうか。
たとえばエアランゲン大学の現代史家、ミヒャエル・シュテュルマーだ。彼はコール政権の歴史政策に関わり、「歴史はアイデンティティへの道標を約束する」と言って憚らなかった。
彼は一九八六年四月の『フランクフルター・アルゲマイネ』紙上で、[4]「歴史なき国における歴史」という論考で次のように記している。「歴史なき国において将来を獲ちえるのは、記憶を満たし、概念を定め、そして過去を解釈する者である」と。
この言葉は、ジョージ・オーウェルの小説『一九八四年』を思い出させる。主人公ウィンストンは、全体主義的な国で党の命令を受けて過去の改竄を行っている。党のスローガンは言う。「過去をコントロールするものは未来をコントロールし、現在をコントロールするものは過去をコントロールする」
シュテュルマーは、歴史を国民意識のバックボーンとし、歴史家が意味の創造者となることを是認する。彼は、ドイツ国民が一体となれるような歴史認識が必要だと考えていた。なぜなら歴史なき民は根無し草であり、共同体として、国民として団結することができない。そうした国家は外部からの挑戦に立ち向かうことができず、国際政治における国家間の熾烈な争いを生き抜くことはできないからだという。
しかし現実には、ドイツ人のナチ時代に対する歴史認識は世代で断絶し、連続性がないとシュテュルマーは嘆く。国家への帰属意識を持たすことは、東ドイツと国境線で対峙していた西ドイツにとっては、十分に死活問題であったにもかかわらず。
シュテュルマーのように、歴史の解釈を国家の利益や政策と結び付ける考えは、一部の政治家と共鳴する。たとえば歴史家論争当時、政権与党のキリスト教民主・社会同盟の院内総務を務めていたアルフレート・ドレッガー（一九二〇―二〇〇二）である。
ドレッガーもシュテュルマーのように共通の「歴史の喪失」を嘆いていたが、これは戦後ドイツによるナチの過去との

国語

（法学部1部・2部、人文学部2部（日本文化）：六〇分
人文学部1部（日本文化）：八〇分）

（注）三は人文学部1部（日本文化）のみ解答すること。

一

次の文章を読み、後の設問に答えよ。

歴史家論争[注]のもう一つの中心的議論は、歴史の政治利用の問題であった。

ドイツの論争が世界で関心を集めたのは、[1]どの国にも国家アイデンティティを強化することを目的とした歴史記述があり、歴史はその[2]担い手であるべきか議論されてきたからだ。多かれ少なかれ、それぞれの国の「歴史家論争」がある。たとえば日本だ。日本は敗戦国として、加害国として、過去をどのように記述するか長く苦心してきた。日本人の犠牲者だけでなく、アジアの犠牲者をも悼む歴史記述が、国民的合意を得ることは難しかった。

一九九〇年代後半には、第二次世界大戦をより肯定的に記述することで「自虐史観」からの脱却を図ると主張する団体も生まれ、「新しい歴史教科書をつくる会」（略称、「つくる会」）を名乗った。「つくる会」は日本人として誇りを持てる歴史を提示することで、歴史を国民の紐帯（ちゅうたい）とし、愛国心を高めると謳っていたが、こうした議論はドイツとそっくりである。

注　歴史家論争…西ドイツで起こった論争。その中心的議論は二つあり、一つはホロコーストの問題、もう一つは歴史の政治利用の問題であった。

解答編

英語

1 **解答** 問1．1－C　2－D　3－A　4－D　5－B
6－C　7－B　8－C　9－A　10－D
問2．11－D　12－C　13－B　14－A
問3．15－B　16－B　17－A　18－B

解説 ≪引っ越すことはあなたをより幸せにするのか≫

問1．1．「アメリカ人の引っ越しの傾向は，年々どのように変化しているのか」 第1段最終文（In other words, …）で，「グローバル化が進み，国境を越えた交流が盛んになっているにもかかわらず，アメリカ人の引っ越しは少なくなっているようである」と述べられていることから，正解はC．「社会のグローバル化が進んだにもかかわらず，減少した」。

2．「シュケイドとカーネマンは，場所と幸福の関係についてどのように述べたか」 第3段第2文（Their conclusion is …）で，「住む場所と幸福度は私たちが思うほど密接な関係にはないのかもしれない，というのが彼らの結論であった」と述べられていることから，正解はD．「幸せは必ずしも住む場所によって決まるわけではない」。

3．「トポフィリアとは何か」 第4段第1文（This phenomenon can …）で，「この現象は，特定の場所に対する強い愛情であるトポフィリアと関係がある」と述べられていることから，正解はA．「特定の場所に対する強く好ましい感情のこと」。

4．「ゲッツの研究によると，私たちの幸福感に最も強く影響するものは何か」 第5段最終2文（The main findings … in those places.）で，「最も重要なのは，住んでいる場所ではなく，そこでどんな生活を送るかである」，また「その土地で何をするかということが重要である」と述べられていることから，正解はD．「私たちが住んでいる場所での行動」。

5．「人が新しい場所に移動するとき，通常何が起こるか」 第6段第1文

(Another interesting finding…）で，「最近新しい場所に引っ越した人は，引っ越さなかった人に比べて，1カ月に悪い日が多い傾向がある」と述べられていることから，正解はB.「そうでない人に比べて，あまり幸せでない傾向がある」。

6.「3つの研究が一致していると思われる点は何か」 第7段第2文(However, these three…）で，「これらの3つの研究は，幸せと新しい土地への移住は，複雑な相互作用をする人生経験であることを示唆している」と述べられていることから，正解はC.「幸せであることと，新しい場所に移ることは，複雑な問題である」。

7.「新しい土地を選ぶときに気をつけるべきことは何か」 第7段第4文(The first is…）で，「新しい場所を選ぶときに覚えておきたいことの1つ目は，通勤時間の短縮である」と述べられていることから，正解はB.「通勤・通学にかかる時間の長さ」。

8.「人が最も幸せを感じやすいのは…」 第8段第3・4文（The research by…social groups.）で，「シュケイドとカーネマンの研究によると，一般的に，人々が礼儀正しく，コミュニケーションをとり，互いに友好的であるコミュニティでは，幸福度が高くなることがわかっている。また，人々が協力的な社会集団に属していると，幸福度が高まることもわかっている」と述べられていることから，正解はC.「協力的でコミュニケーションをとっているコミュニティ」。

9.「人々が郊外で最も幸せなのは，郊外が…からだ」 最終段最終文(Suburbs combine the…）で，「郊外は，都会と田舎の両方に近いので，両方の欠点を感じることなく，両方のメリットを享受することができるのである」と述べられていることから，正解はA.「都会と田舎の両方のメリットを享受できる」。

10.「この文章に適した題名はどれか」 第1段では，新しい土地に移ることは，私たちの心を変える有効な手段なのかという問いを立てており，アメリカの引っ越しの傾向について述べている。第2段から第4段では，シュケイド氏とカーネマン氏の場所と幸福の関係についての研究内容を述べている。第5段と第6段では，シュケイド氏とカーネマン氏と同様の研究を行ったゲッツ氏の研究内容について述べている。そして，第6段では，ゲッツ氏の研究結果を裏付ける，ヘンドリックス氏の研究についても述べている。第7段から最終段までは，ここまでに見てきた3つの研究から，新しい場所を選ぶときに覚えておきたい3つのことを紹介している。全段落を通して，第1段で投げかけられた，「新しい土地に移ることが，私たちの心を変える有効な手段なのか」という問いについて答えている。したがって，正解はD.「引っ越すことはあなたをより幸せにする」。

問2．11．シュケイドとカーネマンの研究課題は，第2段第2・3文（There is a … have this belief.）で，「アメリカの中間地域に住む人々の間では，カリフォルニアの方が気候も文化も魅力的だから，自分たちよりもカリフォルニアの人々の方が幸せだという考えが広まっている。1998年，テキサス大学のデビッド=A.シュケイドとプリンストン大学のダニエル=カーネマンは，なぜ人々がこのような信念をもつのかを調べることにした」と述べられていることから，正解はD.「なぜ，カリフォルニアの人は幸せだと思われているのか」。

12．ゲッツの研究手法は，第5段第2文（In a large …）で，「ゲッツは大規模な電話調査で，全米の700人以上の回答者に話を聞き，住んでいる場所と幸福度の関係を把握した」と述べられていることから，正解はC.「電話調査」。

13．ゲッツの研究の主な結果は，第5段第3文（The main findings …）で，「ゲッツの研究の主な結果は，シュケイドとカーネマンの研究と一致しているように見えたが，1つだけ小さな違いがある：最も重要なのは，住んでいる場所ではなく，そこでどんな生活を送るかである」と述べられていることから，正解はB.「場所は多少重要だが，ライフスタイルはそれ以上に重要である」。

14．ヘンドリックスとその仲間たちの研究の主な結果は，第6段第3文（These researchers found …）で，「これらの研究者は，人が引っ越しをすると，すでにその場所に住んでいる人よりも，運動や趣味などのアクティブレジャーに費やす時間が短くなり，コンピュータに費やす時間が長くなる傾向があることを発見した」と述べられていることから，正解はA.「運動や趣味の時間が減り，コンピュータの時間が増える」。

問3．15．「2000年に住宅を替えたのは，アメリカ人口の20%にすぎない」 第1段第5文（In 2000, it …）で，「2000年には16%強だった」と述べられていることから，正解はFALSE，B。

16.「シュケイドとカーネマンは，７つの州から1,000人の人々にインタビューを行った」 第２段最終文（They gathered data…）で，「シュケイドとカーネマンは，1,000人を対象にした郵便調査と，７つの州で30人を対象にしたインタビューからデータを収集した」と述べられていることから，正解はFALSE，B。

17.「幸福は，周囲の環境よりもむしろ日常生活に関係している」 第５段第３文（The main findings…）で，「最も重要なのは，住んでいる場所ではなく，そこでどんな生活を送るかである」と述べられていることから，正解はTRUE，A。

18.「田舎は通常，人々が平和を感じるので，住むのに最適な場所である」 最終段第３・４文（In contrast, the… says Goetz.）で，「田舎には穏やかな空が広がり，必要な静寂がたくさんあるが，人々が最も幸せなのは，実は郊外である」と述べられていることから，正解はFALSE，B。

2　**解答**　19－C　20－B　21－B　22－B　23－C　24－C　25－A　26－A

解説　19. Xが「新人のボブについてどう思う？」と質問したのに対して，Yは「新人のことをあまり早く判断しない方がいい」と述べるのが最も適当な会話の流れである。したがって，正解はC.「判断」。ちなみに，make a judgementで「判断を下す」というイディオムである。A.「入学許可」 B.「特質，特性」 D.「成果，功績」

20. YはXに鎮痛剤のありかを伝えていることから，空所には「引き出し」が一番適当であると考えられる。したがって，正解はB.「引き出し」。A.「(厚手の) カーテン」 C.「家具」 D.「ベビーカー」

21. Yが提案した内容について，上司が非現実的だとして，どうしたのかを考える。正解はB.「～を却下した」。A.「～を分解した」 C.「～を消失した」 D.「～を公開した」

22. Xの発言から，Yは企画案を却下されたことがわかる。しかし，Yの発言から，問題があったときのためにもう一つ案を用意していたことが推測される。したがって，正解はB.「代わりの」。A.「効果がない」 C.「あいまいな」 D.「不適切な」

23. Xが，「ジェーンは，以前のジョアン同様，君の元を去ったよね。どうして君のガールフレンドは頻繁に君の元を去っていくの？」と述べていることに対して，Yの発言が「もう別のガールフレンドがいるから，あなたが何を言ってもぼくはいらいらしないよ」となると自然である。したがって，正解はC.「～をいらいらさせる」。A.「～を無視する」 B.「～を楽しませる」 D.「～を楽しませる」

24. Xが，「多くのテレビ番組がこの政治家の発言を放送しているよ」と述べていることに対して，Yは自分の考えを述べていることがわかる。Yは，「彼女の発言は，エネルギーに関する新しい論争に拍車をかけると思うな」と述べるのが適当である。したがって，正解はC.「論争」。A.「便宜」 B.「契約」 D.「消費」

25. Xが，「地方自治体が教師の給料を上げる予定だと聞いたのですが」と述べていることに対して，その理由をYが答えている。人手不足が慢性的であるからなどの理由が考えられることから，正解はA.「慢性的な」。B.「繰り返し」 C.「現代的な」 D.「持続可能な」

26. Xが，「友人としてこの法律案件を手伝ってくれませんか？」と述べたことに対して，Yは「申し訳ないのですが，私は個人的な案件を扱うことはできないんです」と述べている。つまり，Yは，政府のためだけに働いているという内容が空所を含む文になると考えられる。したがって，正解はA.「もっぱら」。B.「間違いなく」 C.「不必要に」 D.「積極的に」

3 **解答** 27−B　28−B　29−D　30−D　31−A　32−B
33−C　34−D　35−C　36−A

解説　27. 副詞が形容詞を修飾する場合，基本的に，その修飾する形容詞の直前に置かれる。また，reasonable は形容詞であり，形容詞に ly がつくと副詞になることから，正解はB。

28.「ずっと～」や「はるかに～」のように比較級を強調する場合は，much などの比較級を強調する副詞を比較級の前に置く。比較級 younger を強調できるのは much のみである。したがって，正解はB。

29. even if を選ぶと，「たとえ天気が悪くても」となり，文意が通る。even if は何かを仮定して「(実際はどうか知らないが) もしそうなったとしても」という場合に使う。したがって，正解はD。

30. forget to *do* は「やるべきことをやり忘れる」という意味である。空所を含む文では，「冷蔵庫からひき肉を取り出すべきだったのに出し忘れた」という文意なので，正解はD。ちなみに，forget *doing* は，「(過去に) ～したことを忘れる」という意味になるため，Bは不適である。

31. might as well *do* で「～した方がいい」という意になる。助動詞を用いた慣用表現である。したがって，正解はA。

32. 特定の日の「朝」などを表す場合は，前置詞の on を用いる。したがって，正解はB。

33. 付加疑問文の問題である。be 動詞の肯定文には be 動詞の否定形の付加疑問文を続ける。I am に対する付加疑問文には，aren't I という形が使われる。したがって，正解はC。

34. 伝達動詞を用いた文で，間接話法の場合，従属節の中の動詞の形を主節の動詞に合わせて変える，時制の一致を行う必要がある。Y が「昨日は前日に札幌に帰ってきたと言っていたので，彼は来てくれると思うよ」と述べている。昨日の時点で，一昨日の話は過去の話であり，〈過去形〉は，時制の一致を受けると〈過去完了形〉という形になる。したがって，正解はD。

35. by the book で「規則通りに」という意のイディオムである。したがって，正解はC。

36. It's none of your business. で「あなたには関係ないことだ，余計なお世話だ」という意の会話表現である。したがって，正解はA。

4　**解答**　37－D　38－C　39－B　40－D　41－B　42－A

解説　37. 空所直後で，ボブが「特に何もないよ。どうして？」と発言し，この直後フィリップが「あのね，夕方からうちで集まりがあるんだけど，来ないかい？」と発言している。このことから，空所では，フィリップがボブに，その日の予定を尋ねていることがわかる。したがって，正解はD.「土曜日は何をする予定なの？」。

38. 空所直後のフィリップの発言で「ああ，会社の友達を数人だよ。実は，新しい上司にも参加してもらいたいんだ」と述べていることから，空所には誰が来るのか聞いている表現が入ると考えられる。したがって，正解は

C．「ほかに誰を招待するの？」。

39．空所直後のボブの発言で「一日中暇なんだ。準備のお手伝いするよ」と述べていることから，空所には，何か手伝いをするか質問する表現が入ると考えられる。したがって，正解はB．「お手伝いするかい？」。

40．お客の発言（Yes. I'd like to …）から，お客は普段Lサイズを着ているが，自分の買いたい服のLサイズだけが見当たらないことがわかる。空所直後の店員の発言（Let me take …）で，「お探ししますよ」と述べていることから，お客は店員に，Lサイズの服があるか尋ねている内容の発言をしていると考えられる。したがって，正解はD．「このシャツのLサイズはありますか？」。

41．空所直前の店員の発言（Here's your shirt …）で，Lサイズのお客のほしい服を見つけたことがわかる。空所直後の店員の発言（Looks like somebody …）で，「このチェック柄のシャツの中に，誰かが間違えて置いてしまったようです」と述べていることから，空所には，なぜ見つけられなかったのかと疑問に思っている内容がくると考えられる。したがって，正解はB「どうして見逃したんだろう」。

42．空所直前の店員の発言（Would you like …）で，「試着してみますか？」と尋ねており，空所直前のお客の発言で，試着するということがわかる。さらに，空所直後の店員の発言で，「あそこのベルト棚の後ろです」と述べていることから，空所には試着室がどこにあるのか尋ねている内容がくると考えられる。したがって，正解はA．「試着室はどこですか？」。

5　**解答**　43－D　44－A　45－B

解説　≪水上輸送のメリットとデメリット≫

43．空所直前の文（This type of …）で，「このタイプの輸送手段には，いくつかの長所がある」とあるので，水上輸送の長所についてこれから述べることがわかる。空所直後の文（Another advantage is …）で，「また，天候によって遅れが生じることがある航空輸送と異なり，船は天候が不安定であっても運航しやすいという長所もある」と長所の２つ目について述べている。したがって，空所には１つ目の長所について述べている内容が当てはまるとわかる。正解はD．「１つ目は，重い製品を長距離輸送する場合，最も安価な方法だということである」。

44. 空所直前の文（Finally, water transportation …）で，「最後に，水上輸送は他の輸送手段に比べて，一般的に二酸化炭素排出量が少ない」と述べており，水上輸送の最後の長所を述べている。空所直後の文（Water transportation is …）で，「水上輸送は速度が遅いため，製品をボートで輸送するのに時間がかかる」とデメリットについて述べていることから，空所には，水上輸送にはデメリットもあるという内容がくると考えられる。したがって，正解はA.「しかし，いくつかのデメリットもある」。

45. 空所直前の2文（Water transportation is … boats at ports.）で，「水上輸送は速度が遅いため，製品をボートで輸送するのに時間がかかる。また，港でのボートの積み下ろしに多くの時間が必要なことも欠点である」と述べられていることから，空所には，これら2つの理由からどうなるかという内容がくると考えられる。したがって，正解はB.「これら2つの理由から，納期は不安定になりがちである」。

6 解答

46－D　47－B　48－B　49－D　50－A　51－C　52－A

解説　≪ホームステイの確認メール≫

46.「2カ月後，リナ＝シンジョウは…」件名（Subject）の欄と，メール本文の第1段第2文（Two months to …）から，2カ月後に，リナはホームステイするためにトロントに行くことがわかる。したがって，正解はD.「トロントのホームステイ先で生活を始める」。

47.「7月には何があるか」メール本文の第2段第1文（Please note that …）で，「私は7月4日から7月15日まで休暇をとりますのでご了承ください」と書かれていることから，正解はB.「ローラは休暇をとる」。

48.「リナが送らなければならない情報は何か」メール本文の第3段（One more thing: …）で，「もう一つ，フライト情報を送っていただけませんか？　具体的には，あなたがいつ到着するのか知りたいのです」と書かれていることから，正解はB.「トロントに到着する日付と時間」。

49.「3食つきプランで，リナは…ができる」添付ファイルの生徒（STUDENT）の欄に，食事プラン（Meal Plan）として，「1日3食付」と書かれていることから，正解はD.「ホストファミリーから1日3食を受け取ること」。

50.「リナのホストマザーは誰か」 添付ファイルのホストファミリー（Host Family）の欄に，母が Angela と書かれていることから，正解はA.「アンジェラ」。

51.「ジェイコブの仕事は何か」 添付ファイルのホストファミリー（Host Family）の欄に，ジェイコブ（Jacob）の名前から順に，年齢，続き柄，職業が書いてある。職業は Medical doctor と書いてあることから，正解はC.「医者」。

52.「リナのホストファミリーの家の近くには何があるか」 添付ファイルの概要（General description）の欄の，最後から2文目（Their home is …）で，「彼らの家は，市バスの路線やショッピングモールの近くに位置しています」と書かれていることから，正解はA.「市バスの路線」。

日本史

1 解答 ≪宮都に関連した古代史≫

問1．改新　問2．富本銭

問3．⑴聖武天皇　⑵―ウ　⑶国分寺建立　問4．⑴―エ　⑵―イ

問5．A．平城京　B．長岡京

2 解答 ≪中世の外交史≫

問1．ウ　問2．足利義満　問3．ア　問4．冊封　問5．朝貢

問6．エ　問7．A―イ　B―ク　問8．（誤）朱印状→（正）勘合

3 解答 ≪明治時代の経済・政治史≫

問1．徴兵告諭　問2．ウ　問3．エ　問4．佐賀の乱　問5．ア

問6．ウ　問7．郡　問8．イ　問9．地方改良

4 解答 ≪大正～昭和戦後の政治史≫

問1．超然　問2．オ　問3．憲政の常道　問4．五・一五事件

問5．新体制運動　問6．日本共産党　問7．ア　問8．吉田茂

問9．ア

世界史

1 解答 ≪中国の古典思想≫

問1．1―エ　2―ア　問2．3．五　4．七　5．百
問3．6―キ　7―ウ　8―エ　9―コ　10―オ　11―ア
12―カ　13―イ
問4．宗法　問5．イ

2 解答 ≪フランク王国の発展と分裂≫

問1．1．メロヴィング　2．アタナシウス　3．カール＝マルテル
4．トゥール＝ポワティエ間　5．カロリング　6．ヴェルダン
問2．ニケーア公会議　問3．ラヴェンナ地方　問4．ウ　問5．ア

3 解答 ≪イギリス革命≫

問1．1．議会　2．王党　3．護国卿　4．チャールズ2世
5．審査法　6．人身保護法　7．ジェームズ2世　8．権利の章典
9．ジョージ1世　10．ウォルポール　11．責任内閣制
問2．エ　問3．イ　問4．トーリー党，ホイッグ党　問5．エ

4 解答 ≪連合国の首脳会談≫

問1．ヤルタ会談
問2．(a)スターリン　(b)チャーチル　(c)フランクリン＝ローズヴェルト
問3．エ　問4．マーシャル＝プラン　問5．民族自決　問6．ティトー
問7．ダンバートン＝オークス会議　問8．ア

地理

1　解答　≪地理情報と地図≫

問1．ア．一般図　イ．主題図　ウ．サンソン　エ．モルワイデ
オ．等高　カ．尾根　キ．谷　ク．三角　ケ．水準
問2．国土地理院　問3．250
問4．計曲線：100　主曲線：20　問5．2　問6．対蹠点

2　解答　≪日本の自然環境と文化≫

問1．A－3　B－2　C－4　D－1
問2．E－イ　F－ア　G－エ　H－ウ　問3．J
問4．P－2　Q－4　R－3　S－1
問5．U－ケ　V－ク　W－カ　X－キ

（出典追記）キ：徳島市提供
ク：仙台七夕まつり協賛会

3　解答　≪民族と国家≫

問1．A．オーストラリア〔オーストラリア連邦〕
B．南アフリカ〔南アフリカ共和国〕　C．ロシア〔ロシア連邦〕
D．カナダ　E．中国〔中華人民共和国〕
問2．白豪主義　問3．アパルトヘイト
問4．ア．ソビエト〔ソビエト社会主義共和国連邦〕
イ．カフカス（北カフカスも可）
問5．多文化主義　問6．ケベック
問7．エ．漢（漢民も可）　オ．民族自治区（自治区も可）
問8．先住民

4　解答　≪北アメリカの地誌≫

問１．２　問２．５　問３．１　問４．３

問５．１)タ．企業的（商業的も可）　チ．スマート　ツ．穀物メジャー

２)－２　３)－４　４)TPP〔環太平洋パートナーシップ協定〕

問６．ナ．西漸　ニ．タウンシップ　ヌ．横断　ネ．人種のるつぼ

ノ．サラダボウル

政治・経済

1 解答 ≪世界経済と外国為替相場の関係≫

問1．A．ブロック経済　B．ドッジ・ライン　C．金・ドル本位制
D．コスト・プッシュ　E．量的緩和政策〔金融緩和政策〕
問2．ロシア（通貨危機）　問3．ウ
問4．アー○　イー×　ウー○　エー×　オー×
問5．ア・ウ・カ　問6．連邦準備制度理事会
問7．買いオペレーション〔買いオペ，資金供給オペレーション〕
問8．Xーイ　Yーオ

2 解答 ≪沖縄の基地≫

問1．ア
問2．a)ーイ　b)B．サンフランシスコ　C．銃剣　D．6
E．人種差別撤廃　F．50
問3．土地収用　問4．い．佐藤栄作　う．戦後　え．核〔核兵器〕
問5．交戦権　問6．ア　問7．エ
問8．か．SACO　き．辺野古〔辺野古崎〕　問9．イ

3 解答 ≪裁判所≫

問1．(a)ーイ・カ　(b)ーエ　問2．(a)簡易　(b)ーウ
問3．A．天皇　B．内閣　C．規則　D．心身　E．行政　F．公平
問4．通信傍受　問5．国会　問6．ア　問7．ウ　問8．イ

りしたウよりはエの方がふさわしい。
C、「ほだされ」はサ行四段活用の動詞「ほだす（〝しばる〟の意）」に受身の助動詞「る」の連用形がついた形。よって、アが正解。
問二　「いみじ」は〝程度がはなはだしい〟の意でよい場合にも悪い場合にも使われる。「しも」は下に打消の語を伴い〝必ずしも〜（ない）〟の意となる。この時点でイかエに絞られる。二重傍線Dの直前の部分は脚注から、悟りが開けないという意味だとわかる。二重傍線Dとその直後の部分は、これを受けて〝この世がすばらしいと思っているわけでもないのだが、現世を捨てることができず日々を無為に過ごしている〟という意味になるので、エが正解。
問三　波線Aの直前が四段活用の未然形で心情語であるので、「れ」は自発の助動詞「る」の連用形。選択肢のうち、同じ助動詞を扱っているのはイ・ウ・エ。この中で自発はエのみ。よって、これが正解。アは四段活用の動詞「取る」の命令形活用語尾。イは受身。ウは可能。オは存続の助動詞「り」の已然形。
問四　「行ひ」は〝仏道修行〟の意。これを踏まえれば、傍線①の趣旨は、仏道修行において「常に心を澄まして濁すまじき」ということで、仏道修行が俗世を離れるものと考えれば、俗世に煩わされているものが不適切なものとなる。よって、答えはウ。二重傍線Cを含む一文に「偽りの…侍るかな」とあり、ウの内容を明確に嘆かわしいこととして述べていることも根拠となる。
問五　傍線②直前の一文に「常に…愚かに侍れ」とあるので、最も嘆いているのは、仏道修行を志せるような心情が長続きしないことだとわかる。ここから、「元通りに…仏に…から」の表記があるイ・ウに絞れる。さらに、「かやうに」の指示内容は「たそかれに…驚かれ侍り」なので、これを踏まえたイが正解。ウは、世間を離れて悟りを得たいことに言及していないので、不可。

で続く共通テーマではないので、ア・イ・ウのタイトルは不可。また、著者は「訳詩」と「作詩」を明確に分け、最終段落で「『ぼくは…私も戻った」と述べているので、オの「詩を近づける」よりも「かいまみる」の方が適切。よって、オも不適。

問十　アは第二段落の内容と合致する。イは傍線1の直前の段落と合致する。ウは傍線2の二段落後に「和歌は基本的に四×五である」とあるので、合致する。エは「日本の散文は…特徴である」が不可。オは傍線3を含む段落と逆の内容であり、不可。カはフランス語詩のイタリア語への翻訳について、「弱強アクセントが…面白くなる」とまでの記述はないので、不可。

三

出典　慶政『閑居友』〈下　一二〉

解答

問一　A―オ　B―エ　C―ア

問二　エ

問三　エ

問四　ウ

問五　イ

解説

問一　A、「すさましき（すさまし／すさまじ）」は〝興ざめである、殺風景な、冷ややかな、荒涼としている、ものすごい、荒々しい〟などの意味がある。「さびたる猿の声」「むら時雨」「荒れて行く高嶺の嵐」と同類の、ものわびしい「月の色」なのだから、オ「荒涼とした」が正解。

B、「何となし」には①〝特にどうということもない〟、②〝特に何と限らず、すべてにわたっている〟、③〝なんとなく〟の意がある。ウが③、エが②の意味になり、どちらとも取れるが、「思ひを定めて」というのだから、ぼんや

問十　ア・イ・ウ

解説　問三　空欄①の三段落前の「ヴァレリーは、…述べている」の記述と空欄①直前の一文「しかし、…苦しんでいた」の部分に〈難問が解決できず苦しむ〉「力の充溢感と無力感」という共通点があることに注目するとよい。このことを表せるのはオのみ。よって、これが正解。

問四　傍線2直後の三段落に著者の具体的な方法の説明が書かれているので、ここを丁寧に読む。解答の直接の根拠は最後の「そこまで…やさしい方法であると思う」である。これを根拠に四拍子の実現に触れているウが正解。アは「十二音の日本語に置き換え」が不可。イの「水飴語」、エの「七・五調」、オの「十二シラブル」は著者が訳詩において最も意識することではない。

問五　空欄②を含む文は七・五調を五・七調と比較しながら述べている文であることを押さえる。よって、空欄②は五・七調にはあるが、七・五調にないものとなる。七・五調の「冒頭の七」に対応するのは五・七調の冒頭の五である。空欄②の二つ前の段落の『五』は後に…『七』は持たないからである」より、五の後にあり、七の後にないのは「休止」である。よって、これが正解。

問七　引用部分の次の段落に「時に速く、時にゆっくり」とあるので、「ゆったりしている」と言い切っているアは不適。エの「頭韻と転調をそのまま翻案」については本文中に記載がない。引用部分直後の段落に記載されているのは「下敷きに」するである。

問八　まず、「作詩」「訳詩」両方を説明していないア・イ・ウは不可。次に、傍線5を含む段落を丁寧に読み解く。傍線5直後の「詩人でないことは…気がする」の二文から「作詩ではない」、つまり「詩人でない」理由は〈素質がないこと〉が挙げられ、「そして、…時々ある」から「訳詩」になる理由は〈精神科医と詩の翻訳に親和性があること〉が挙げられる。よって、オが正解。

問九　第一段落に「この訳詩体験から遡って作詩体験をかいまみよう」とあるので、エが正解。「フランス詩」は結論ますることで、自国民同士や仲間同士の対立であれば行えるような簡潔な和解が困難になるのである。よって、これを踏まえた、イが正解。カが紛らわしいが「対立を…結果」が不可。対立が長期化する原因を問われているのであり、これでは説明にならない。

問十　「どのようなことか」から、言い換えを意識する。傍線5の直前の段落の「これらに対して…批判した」から、「歴史修正主義」は〈現在に都合よく歴史を書くこと〉となる。この意味があるのは、ア。よって、これが正解。

問十一　エは傍線6を含む段落と合致。オは最終段落と合致。アは「第二次…顕著である」が不可。イは「政治家であるがゆえに」が不可。ここまで言い切れるだけの根拠はない。ウは「維持することができなくなった」が不可。維持されているからこそいまだに対立が続き、著者がその歴史記述の問題点を述べているのである。

二

出典　中井久夫『私の日本語雑記』＜10　訳詩体験から詩をかいまみる＞（岩波書店）

解答

問一　a―ア　b―ア・イ　c―ウ　d―イ・ウ（別解：ア・イ・ウ）　e―エ

問二　イ

問三　オ

問四　ウ

問五　休止

問六　ウ

問七　ア・エ

問八　オ

問九　エ

で、これを抜き出せばよい。

問三　傍線2直後の「担い手」をもとに考える。「どの国にも国家アイデンティティを強化することを目的とした歴史記述」があるという前提で、「歴史」が「担い手」で「あるべきか」（あってよいのか）を議論している、という文脈での「その」であるから、指示内容は歴史に担わされているもの。よって、オの「国家アイデンティティを強化すること」が答え。

問四　「歴史の政治利用」の定義は直前の段落の「歴史を国民の…愛国心を高める」が該当する。よって、この内容を踏まえていないア・ウ・エ・オは不可。シュテュルマーの考えが具体的に書いてあるのは、傍線3の四・五段落後である。五段落後に「国家への…死活問題であった」とあるので、「歴史の政治利用」の目的はイの「政権を維持」ではなく、「国家への帰属意識」。よって、カが正解。

問五　傍線4の二段落後に「歴史なき民は根無し草であり、共同体として、国民として団結することができない」とある。よって、エが正解。

問六　傍線5は、傍線1の「歴史記述」が機能し、傍線3でいう「歴史の政治利用」がなされている状態に極めて近い。ゆえに、これと反対の状態を示すのは、歴史の政治利用を主張するシュテュルマーが批判する傍線4の「歴史なき国」の状態である。この状態における国民の状態を示す四字の比喩表現は、傍線4の二段落後の「根無し草」である。

問七　ウは「『実際にいかにあったか』を記すべき」に合致、エは「可能なかぎり客観的に、価値中立的に」に合致、オは「正当化するのに…かけ離れた」に合致する。アとイは★の箇所に記述がない。

問八　「物や人の流れ」という空欄①直前の言葉と相性がよく、空欄①と対義的に用いられている言葉「ナショナルヒストリーの枠組み」や「自国中心主義」「国家中心主義」と対義的関係になる語は、イの「グローバル」のみ。よって、これが正解。

問九　傍線6直後の「自国を…前提としている」が根拠。直後の二つの具体例にあるように、「他者」として相手を規定

国語

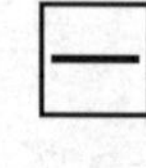
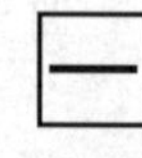

出典　武井彩佳『歴史修正主義――ヒトラー賛美、ホロコースト否定論から法規制まで』〈第4章　ドイツ「歴史家論争」――一九八六年の問題提起〉（中公新書）

解答

問一　A、いた　B、そ　C、るろう　D、まぎ
問二　国民史
問三　オ
問四　カ
問五　エ
問六　根無し草
問七　ウ・エ・オ
問八　イ
問九　イ
問十　ア
問十一　エ・オ

解説　問二　〈その国のアイデンティティ強化を目的にした歴史記述〉を探す。「歴史記述」を探すので、歴史の書き方、書かれ方がわかる三字が望ましい。条件を満たすのは★の部分の次の段落の「国民史」。直前の「国家の利益に…物語であったからだろう」の部分が傍線1の「国家アイデンティティを強化することを目的とした」に対応しているの

////////////////////// · memo · //////////////////////

//////////////////// · memo · ////////////////////

/////////////////// ・memo・ ///////////////////

//////////////////// · memo · ////////////////////

/////////////////// · memo · ///////////////////

////////////////////// · memo · //////////////////////

教学社 刊行一覧

2025年版 大学赤本シリーズ

国公立大学（都道府県順）

374大学556点
全都道府県を網羅

全国の書店で取り扱っています。店頭にない場合は，お取り寄せができます。

1 北海道大学(文系－前期日程)
2 北海道大学(理系－前期日程) 医
3 北海道大学(後期日程)
4 旭川医科大学(医学部〈医学科〉) 医
5 小樽商科大学
6 帯広畜産大学
7 北海道教育大学
8 室蘭工業大学／北見工業大学
9 釧路公立大学
10 公立千歳科学技術大学
11 公立はこだて未来大学 総推
12 札幌医科大学(医学部) 医
13 弘前大学 医
14 岩手大学
15 岩手県立大学・盛岡短期大学部・宮古短期大学部
16 東北大学(文系－前期日程)
17 東北大学(理系－前期日程) 医
18 東北大学(後期日程)
19 宮城教育大学
20 宮城大学
21 秋田大学 医
22 秋田県立大学
23 国際教養大学 総推
24 山形大学 医
25 福島大学
26 会津大学
27 福島県立医科大学(医・保健科学部) 医
28 茨城大学(文系)
29 茨城大学(理系)
30 筑波大学(推薦入試) 医 総推
31 筑波大学(文系－前期日程)
32 筑波大学(理系－前期日程) 医
33 筑波大学(後期日程)
34 宇都宮大学
35 群馬大学 医
36 群馬県立女子大学
37 高崎経済大学
38 前橋工科大学
39 埼玉大学(文系)
40 埼玉大学(理系)
41 千葉大学(文系－前期日程)
42 千葉大学(理系－前期日程) 医
43 千葉大学(後期日程) 医
44 東京大学(文科) DL
45 東京大学(理科) DL 医
46 お茶の水女子大学
47 電気通信大学
48 東京外国語大学 DL
49 東京海洋大学
50 東京科学大学(旧 東京工業大学)
51 東京科学大学(旧 東京医科歯科大学) 医
52 東京学芸大学
53 東京藝術大学
54 東京農工大学
55 一橋大学(前期日程)
56 一橋大学(後期日程)
57 東京都立大学(文系)
58 東京都立大学(理系)
59 横浜国立大学(文系)
60 横浜国立大学(理系)
61 横浜市立大学(国際教養・国際商・理・データサイエンス・医〈看護〉学部)
62 横浜市立大学(医学部〈医学科〉) 医
63 新潟大学(人文・教育〈文系〉・法・経済科・医〈看護〉・創生学部)
64 新潟大学(教育〈理系〉・理・医〈看護を除く〉・歯・工・農学部) 医
65 新潟県立大学
66 富山大学(文系)
67 富山大学(理系) 医
68 富山県立大学
69 金沢大学(文系)
70 金沢大学(理系) 医
71 福井大学(教育・医〈看護〉・工・国際地域学部)
72 福井大学(医学部〈医学科〉) 医
73 福井県立大学
74 山梨大学(教育・医〈看護〉・工・生命環境学部)
75 山梨大学(医学部〈医学科〉) 医
76 都留文科大学
77 信州大学(文系－前期日程)
78 信州大学(理系－前期日程) 医
79 信州大学(後期日程)
80 公立諏訪東京理科大学 総推
81 岐阜大学(前期日程) 医
82 岐阜大学(後期日程)
83 岐阜薬科大学
84 静岡大学(前期日程)
85 静岡大学(後期日程)
86 浜松医科大学(医学部〈医学科〉) 医
87 静岡県立大学
88 静岡文化芸術大学
89 名古屋大学(文系)
90 名古屋大学(理系) 医
91 愛知教育大学
92 名古屋工業大学
93 愛知県立大学
94 名古屋市立大学(経済・人文社会・芸術工・看護・総合生命理・データサイエンス学部)
95 名古屋市立大学(医学部〈医学科〉) 医
96 名古屋市立大学(薬学部)
97 三重大学(人文・教育・医〈看護〉学部)
98 三重大学(医〈医〉・工・生物資源学部) 医
99 滋賀大学
100 滋賀医科大学(医学部〈医学科〉) 医
101 滋賀県立大学
102 京都大学(文系)
103 京都大学(理系) 医
104 京都教育大学
105 京都工芸繊維大学
106 京都府立大学
107 京都府立医科大学(医学部〈医学科〉) 医
108 大阪大学(文系) DL
109 大阪大学(理系) 医
110 大阪教育大学
111 大阪公立大学(現代システム科学域〈文系〉・文・法・経済・商・看護・生活科〈居住環境・人間福祉〉学部－前期日程)
112 大阪公立大学(現代システム科学域〈理系〉・理・工・農・獣医・医・生活科〈食栄養〉学部－前期日程) 医
113 大阪公立大学(中期日程)
114 大阪公立大学(後期日程)
115 神戸大学(文系－前期日程)
116 神戸大学(理系－前期日程) 医
117 神戸大学(後期日程)
118 神戸市外国語大学 DL
119 兵庫県立大学(国際商経・社会情報科・看護学部)
120 兵庫県立大学(工・理・環境人間学部)
121 奈良教育大学／奈良県立大学
122 奈良女子大学
123 奈良県立医科大学(医学部〈医学科〉) 医
124 和歌山大学
125 和歌山県立医科大学(医・薬学部) 医
126 鳥取大学 医
127 公立鳥取環境大学
128 島根大学 医
129 岡山大学(文系)
130 岡山大学(理系) 医
131 岡山県立大学
132 広島大学(文系－前期日程)
133 広島大学(理系－前期日程) 医
134 広島大学(後期日程)
135 尾道市立大学 総推
136 県立広島大学
137 広島市立大学
138 福山市立大学 総推
139 山口大学(人文・教育〈文系〉・経済・医〈看護〉・国際総合科学部)
140 山口大学(教育〈理系〉・理・医〈看護を除く〉・工・農・共同獣医学部) 医
141 山陽小野田市立山口東京理科大学 総推
142 下関市立大学／山口県立大学
143 周南公立大学 新 総推
144 徳島大学 医
145 香川大学 医
146 愛媛大学 医
147 高知大学 医
148 高知工科大学
149 九州大学(文系－前期日程)
150 九州大学(理系－前期日程) 医
151 九州大学(後期日程)
152 九州工業大学
153 福岡教育大学
154 北九州市立大学
155 九州歯科大学
156 福岡県立大学／福岡女子大学
157 佐賀大学 医
158 長崎大学(多文化社会・教育〈文系〉・経済・医〈保健〉・環境科〈文系〉学部)
159 長崎大学(教育〈理系〉・医〈医〉・歯・薬・情報データ科・工・環境科〈理系〉・水産学部) 医
160 長崎県立大学 総推
161 熊本大学(文・教育・法・医〈看護〉学部・情報融合学環〈文系型〉)
162 熊本大学(理・医〈看護を除く〉・薬・工学部・情報融合学環〈理系型〉) 医
163 熊本県立大学
164 大分大学(教育・経済・医〈看護〉・理工・福祉健康科学部)
165 大分大学(医学部〈医・先進医療科学科〉) 医
166 宮崎大学(教育・医〈看護〉・工・農・地域資源創成学部)
167 宮崎大学(医学部〈医学科〉) 医
168 鹿児島大学(文系)
169 鹿児島大学(理系) 医
170 琉球大学 医

2025年版　大学赤本シリーズ

国公立大学 その他

- 171 〔国公立大〕医学部医学科 総合型選抜・学校推薦型選抜※ 医 総推
- 172 看護・医療系大学〈国公立 東日本〉※
- 173 看護・医療系大学〈国公立 中日本〉※
- 174 看護・医療系大学〈国公立 西日本〉※
- 175 海上保安大学校／気象大学校
- 176 航空保安大学校
- 177 国立看護大学校
- 178 防衛大学校 総推
- 179 防衛医科大学校(医学科) 医
- 180 防衛医科大学校(看護学科)

※No.171～174の収載大学は赤本ウェブサイト(http://akahon.net/)でご確認ください。

私立大学①

北海道の大学(50音順)

- 201 札幌大学
- 202 札幌学院大学
- 203 北星学園大学
- 204 北海学園大学
- 205 北海道医療大学
- 206 北海道科学大学
- 207 北海道武蔵女子大学・短期大学
- 208 酪農学園大学(獣医学群〈獣医学類〉)

東北の大学(50音順)

- 209 岩手医科大学(医・歯・薬学部) 医
- 210 仙台大学 総推
- 211 東北医科薬科大学(医・薬学部) 医
- 212 東北学院大学
- 213 東北工業大学
- 214 東北福祉大学
- 215 宮城学院女子大学 総推

関東の大学(50音順)

あ行(関東の大学)

- 216 青山学院大学(法・国際政治経済学部－個別学部日程)
- 217 青山学院大学(経済学部－個別学部日程)
- 218 青山学院大学(経営学部－個別学部日程)
- 219 青山学院大学(文・教育人間科学部－個別学部日程)
- 220 青山学院大学(総合文化政策・社会情報・地球社会共生・コミュニティ人間科学部－個別学部日程)
- 221 青山学院大学(理工学部－個別学部日程)
- 222 青山学院大学(全学部日程)
- 223 麻布大学(獣医、生命・環境科学部)
- 224 亜細亜大学
- 226 桜美林大学
- 227 大妻女子大学・短期大学部

か行(関東の大学)

- 228 学習院大学(法学部－コア試験)
- 229 学習院大学(経済学部－コア試験)
- 230 学習院大学(文学部－コア試験)
- 231 学習院大学(国際社会科学部－コア試験)
- 232 学習院大学(理学部－コア試験)
- 233 学習院女子大学
- 234 神奈川大学(給費生試験)
- 235 神奈川大学(一般入試)
- 236 神奈川工科大学
- 237 鎌倉女子大学・短期大学部
- 238 川村学園女子大学
- 239 神田外語大学
- 240 関東学院大学
- 241 北里大学(理学部)
- 242 北里大学(医学部) 医
- 243 北里大学(薬学部)
- 244 北里大学(看護・医療衛生学部)
- 245 北里大学(未来工・獣医・海洋生命科学部)
- 246 共立女子大学・短期大学
- 247 杏林大学(医学部) 医
- 248 杏林大学(保健学部)
- 249 群馬医療福祉大学・短期大学部
- 250 群馬パース大学 総推
- 251 慶應義塾大学(法学部)
- 252 慶應義塾大学(経済学部)
- 253 慶應義塾大学(商学部)
- 254 慶應義塾大学(文学部) 総推
- 255 慶應義塾大学(総合政策学部)
- 256 慶應義塾大学(環境情報学部)
- 257 慶應義塾大学(理工学部)
- 258 慶應義塾大学(医学部) 医
- 259 慶應義塾大学(薬学部)
- 260 慶應義塾大学(看護医療学部)
- 261 工学院大学
- 262 國學院大學
- 263 国際医療福祉大学 医
- 264 国際基督教大学
- 265 国士舘大学
- 266 駒澤大学(一般選抜T方式・S方式)
- 267 駒澤大学(全学部統一日程選抜)

さ行(関東の大学)

- 268 埼玉医科大学(医学部) 医
- 269 相模女子大学・短期大学部
- 270 産業能率大学
- 271 自治医科大学(医学部) 医
- 272 自治医科大学(看護学部)／東京慈恵会医科大学(医学部〈看護学科〉)
- 273 実践女子大学 総推
- 274 芝浦工業大学(前期日程)
- 275 芝浦工業大学(全学統一日程・後期日程)
- 276 十文字学園女子大学
- 277 淑徳大学
- 278 順天堂大学(医学部) 医
- 279 順天堂大学(スポーツ健康科・医療看護・保健看護・国際教養・保健医療・医療科・健康データサイエンス・薬学部) 総推
- 280 上智大学(神・文・総合人間科学部)
- 281 上智大学(法・経済学部)
- 282 上智大学(外国語・総合グローバル学部)
- 283 上智大学(理工学部)
- 284 上智大学(TEAPスコア利用方式)
- 285 湘南工科大学
- 286 昭和大学(医学部) 医
- 287 昭和大学(歯・薬・保健医療学部)
- 288 昭和女子大学
- 289 昭和薬科大学
- 290 女子栄養大学・短期大学部 総推
- 291 白百合女子大学
- 292 成蹊大学(法学部－A方式)
- 293 成蹊大学(経済・経営学部－A方式)
- 294 成蹊大学(文学部－A方式)
- 295 成蹊大学(理工学部－A方式)
- 296 成蹊大学(E方式・G方式・P方式)
- 297 成城大学(経済・社会イノベーション学部－A方式)
- 298 成城大学(文芸・法学部－A方式)
- 299 成城大学(S方式〈全学部統一選抜〉)
- 300 聖心女子大学
- 301 清泉女子大学
- 303 聖マリアンナ医科大学 医
- 304 聖路加国際大学(看護学部)
- 305 専修大学(スカラシップ・全国入試)
- 306 専修大学(前期入試〈学部個別入試〉)
- 307 専修大学(前期入試〈全学部入試・スカラシップ入試〉)

た行(関東の大学)

- 308 大正大学
- 309 大東文化大学
- 310 高崎健康福祉大学
- 311 拓殖大学
- 312 玉川大学
- 313 多摩美術大学
- 314 千葉工業大学
- 315 中央大学(法学部－学部別選抜)
- 316 中央大学(経済学部－学部別選抜)
- 317 中央大学(商学部－学部別選抜)
- 318 中央大学(文学部－学部別選抜)
- 319 中央大学(総合政策学部－学部別選抜)
- 320 中央大学(国際経営・国際情報学部－学部別選抜)
- 321 中央大学(理工学部－学部別選抜)
- 322 中央大学(5学部共通選抜)
- 323 中央学院大学
- 324 津田塾大学
- 325 帝京大学(薬・経済・法・文・外国語・教育・理工・医療技術・福岡医療技術学部)
- 326 帝京大学(医学部) 医
- 327 帝京科学大学 総推
- 328 帝京平成大学 総推
- 329 東海大学(医〈医〉学部を除く－一般選抜)
- 330 東海大学(文系・理系学部統一選抜)
- 331 東海大学(医学部〈医学科〉) 医
- 332 東京医科大学(医学部〈医学科〉) 医
- 333 東京家政大学・短期大学部 総推
- 334 東京経済大学
- 335 東京工科大学
- 336 東京工芸大学
- 337 東京国際大学
- 338 東京歯科大学
- 339 東京慈恵会医科大学(医学部〈医学科〉) 医
- 340 東京情報大学
- 341 東京女子大学
- 342 東京女子医科大学(医学部) 医
- 343 東京電機大学
- 344 東京都市大学
- 345 東京農業大学
- 346 東京薬科大学(薬学部) 総推
- 347 東京薬科大学(生命科学部) 総推
- 348 東京理科大学(理学部〈第一部〉－B方式)
- 349 東京理科大学(創域理工学部－B方式・S方式)
- 350 東京理科大学(工学部－B方式)
- 351 東京理科大学(先進工学部－B方式)
- 352 東京理科大学(薬学部－B方式)
- 353 東京理科大学(経営学部－B方式)
- 354 東京理科大学(C方式、グローバル方式、理学部〈第二部〉－B方式)
- 355 東邦大学(医学部) 医
- 356 東邦大学(薬学部)

私立大学②

357 東邦大学（理・看護・健康科学部）
358 東洋大学（文・経済・経営・法・社会・国際・国際観光学部）
359 東洋大学（情報連携・福祉社会デザイン・健康スポーツ科・理工・総合情報・生命科・食環境科学部）
360 東洋大学（英語〈3日程×3カ年〉）
361 東洋大学（国語〈3日程×3カ年〉）
362 東洋大学（日本史・世界史〈2日程×3カ年〉）
363 東洋英和女学院大学
364 常磐大学・短期大学 総推
365 獨協大学
366 獨協医科大学（医学部） 医

な行（関東の大学）

367 二松学舎大学
368 日本大学（法学部）
369 日本大学（経済学部）
370 日本大学（商学部）
371 日本大学（文理学部〈文系〉）
372 日本大学（文理学部〈理系〉）
373 日本大学（芸術学部〈専門試験併用型〉）
374 日本大学（国際関係学部）
375 日本大学（危機管理・スポーツ科学部）
376 日本大学（理工学部）
377 日本大学（生産工・工学部）
378 日本大学（生物資源科学部）
379 日本大学（医学部） 医
380 日本大学（歯・松戸歯学部）
381 日本大学（薬学部）
382 日本大学（N全学統一方式－医・芸術〈専門試験併用型〉学部を除く）
383 日本医科大学 医
384 日本工業大学
385 日本歯科大学
386 日本社会事業大学 総推
387 日本獣医生命科学大学
388 日本女子大学
389 日本体育大学

は行（関東の大学）

390 白鷗大学（学業特待選抜・一般選抜）
391 フェリス女学院大学
392 文教大学
393 法政大学（法〈Ⅰ日程〉・文〈Ⅱ日程〉・経営〈Ⅱ日程〉学部－A方式）
394 法政大学（法〈Ⅱ日程〉・国際文化・キャリアデザイン学部－A方式）
395 法政大学（文〈Ⅰ日程〉・経営〈Ⅰ日程〉・人間環境・グローバル教養学部－A方式）
396 法政大学（経済〈Ⅰ日程〉・社会〈Ⅰ日程〉・現代福祉学部－A方式）
397 法政大学（経済〈Ⅱ日程〉・社会〈Ⅱ日程〉・スポーツ健康学部－A方式）
398 法政大学（情報科・デザイン工・理工・生命科学部－A方式）
399 法政大学（T日程〈統一日程〉・英語外部試験利用入試）
400 星薬科大学 総推

ま行（関東の大学）

401 武蔵大学
402 武蔵野大学
403 武蔵野美術大学
404 明海大学
405 明治大学（法学部－学部別入試）
406 明治大学（政治経済学部－学部別入試）
407 明治大学（商学部－学部別入試）
408 明治大学（経営学部－学部別入試）
409 明治大学（文学部－学部別入試）
410 明治大学（国際日本学部－学部別入試）
411 明治大学（情報コミュニケーション学部－学部別入試）
412 明治大学（理工学部－学部別入試）
413 明治大学（総合数理学部－学部別入試）
414 明治大学（農学部－学部別入試）
415 明治大学（全学部統一入試）
416 明治学院大学（A日程）
417 明治学院大学（全学部日程）
418 明治薬科大学 総推
419 明星大学
420 目白大学・短期大学部

ら・わ行（関東の大学）

421 立教大学（文系学部－一般入試〈大学独自の英語を課さない日程〉）
422 立教大学（国語〈3日程×3カ年〉）
423 立教大学（日本史・世界史〈2日程×3カ年〉）
424 立教大学（文学部－一般入試〈大学独自の英語を課す日程〉）
425 立教大学（理学部－一般入試）
426 立正大学
427 早稲田大学（法学部）
428 早稲田大学（政治経済学部）
429 早稲田大学（商学部）
430 早稲田大学（社会科学部）
431 早稲田大学（文学部）
432 早稲田大学（文化構想学部）
433 早稲田大学（教育学部〈文科系〉）
434 早稲田大学（教育学部〈理科系〉）
435 早稲田大学（人間科・スポーツ科学部）
436 早稲田大学（国際教養学部）
437 早稲田大学（基幹理工・創造理工・先進理工学部）
438 和洋女子大学 総推

中部の大学（50音順）

439 愛知大学
440 愛知医科大学（医学部） 医
441 愛知学院大学・短期大学部
442 愛知工業大学 総推
443 愛知淑徳大学
444 朝日大学 総推
445 金沢医科大学（医学部） 医
446 金沢工業大学
447 岐阜聖徳学園大学 総推
448 金城学院大学
449 至学館大学 総推
450 静岡理工科大学
451 椙山女学園大学
452 大同大学
453 中京大学
454 中部大学
455 名古屋外国語大学 総推
456 名古屋学院大学 総推
457 名古屋学芸大学 総推
458 名古屋女子大学 総推
459 南山大学（外国語〈英米〉・法・総合政策・国際教養学部）
460 南山大学（人文・外国語〈英米を除く〉・経済・経営・理工学部）
461 新潟国際情報大学
462 日本福祉大学
463 福井工業大学
464 藤田医科大学（医学部） 医
465 藤田医科大学（医療科・保健衛生学部）
466 名城大学（法・経営・経済・外国語・人間・都市情報学部）
467 名城大学（情報工・理工・農・薬学部）
468 山梨学院大学

近畿の大学（50音順）

469 追手門学院大学 総推
470 大阪医科薬科大学（医学部） 医
471 大阪医科薬科大学（薬学部） 総推
472 大阪学院大学 総推
473 大阪経済大学 総推
474 大阪経済法科大学 総推
475 大阪工業大学 総推
476 大阪国際大学・短期大学部 総推
477 大阪産業大学 総推
478 大阪歯科大学（歯学部）
479 大阪商業大学 総推
480 大阪成蹊大学・短期大学 総推
481 大谷大学 総推
482 大手前大学・短期大学 総推
483 関西大学（文系）
484 関西大学（理系）
485 関西大学（英語〈3日程×3カ年〉）
486 関西大学（国語〈3日程×3カ年〉）
487 関西大学（日本史・世界史・文系数学〈3日程×3カ年〉）
488 関西医科大学（医学部） 医
489 関西医療大学 総推
490 関西外国語大学・短期大学部 総推
491 関西学院大学（文・法・商・人間福祉・総合政策学部－学部個別日程）
492 関西学院大学（神・社会・経済・国際・教育学部－学部個別日程）
493 関西学院大学（全学部日程〈文系型〉）
494 関西学院大学（全学部日程〈理系型〉）
495 関西学院大学（共通テスト併用日程〈数学〉・英数日程）
496 関西学院大学（英語〈3日程×3カ年〉） 新
497 関西学院大学（国語〈3日程×3カ年〉） 新
498 関西学院大学（日本史・世界史・文系数学〈3日程×3カ年〉） 新
499 畿央大学 総推
500 京都外国語大学・短期大学 総推
502 京都産業大学（公募推薦入試） 総推
503 京都産業大学（一般選抜入試〈前期日程〉）
504 京都女子大学 総推
505 京都先端科学大学 総推
506 京都橘大学 総推
507 京都ノートルダム女子大学 総推
508 京都薬科大学 総推
509 近畿大学・短期大学部（医学部を除く－推薦入試） 総推
510 近畿大学・短期大学部（医学部を除く－一般入試前期）
511 近畿大学（英語〈医学部を除く3日程×3カ年〉）
512 近畿大学（理系数学〈医学部を除く3日程×3カ年〉）
513 近畿大学（国語〈医学部を除く3日程×3カ年〉）
514 近畿大学（医学部－推薦入試・一般入試前期） 医 総推
515 近畿大学・短期大学部（一般入試後期） 医
516 皇學館大学 総推
517 甲南大学 総推
518 甲南女子大学（学校推薦型選抜） 新 総推
519 神戸学院大学 総推
520 神戸国際大学 総推
521 神戸女学院大学 総推
522 神戸女子大学・短期大学 総推
523 神戸薬科大学 総推
524 四天王寺大学・短期大学部 総推
525 摂南大学（公募制推薦入試） 総推
526 摂南大学（一般選抜前期日程）
527 帝塚山学院大学 総推
528 同志社大学（法、グローバル・コミュニケーション学部－学部個別日程）

2025年版　大学赤本シリーズ

私立大学③

529 同志社大学（文・経済学部－学部個別日程）
530 同志社大学（神・商・心理・グローバル地域文化学部－学部個別日程）
531 同志社大学（社会学部－学部個別日程）
532 同志社大学（政策・文化情報〈文系型〉・スポーツ健康科〈文系型〉学部－学部個別日程）
533 同志社大学（理工・生命医科・文化情報〈理系型〉・スポーツ健康科〈理系型〉学部－学部個別日程）
534 同志社大学（全学部日程）
535 同志社女子大学 総推
536 奈良大学 総推
537 奈良学園大学 総推
538 阪南大学 総推
539 姫路獨協大学 総推
540 兵庫医科大学（医学部） 医
541 兵庫医科大学（薬・看護・リハビリテーション学部） 総推
542 佛教大学 総推
543 武庫川女子大学 総推
544 桃山学院大学 総推
545 大和大学・大和大学白鳳短期大学部 総推
546 立命館大学（文系－全学統一方式・学部個別配点方式）／立命館アジア太平洋大学（前期方式・英語重視方式）
547 立命館大学（理系－全学統一方式・学部個別配点方式・理系型3教科方式・薬学方式）
548 立命館大学（英語〈全学統一方式3日程×3カ年〉）
549 立命館大学（国語〈全学統一方式3日程×3カ年〉）
550 立命館大学（文系選択科目〈全学統一方式2日程×3カ年〉）
551 立命館大学（IR方式〈英語資格試験利用型〉・共通テスト併用方式）／立命館アジア太平洋大学（共通テスト併用方式）
552 立命館大学（後期分割方式・「経営学部で学ぶ感性＋共通テスト」方式）／立命館アジア太平洋大学（後期方式）
553 龍谷大学（公募推薦入試） 総推
554 龍谷大学（一般選抜入試）

中国の大学（50音順）

555 岡山商科大学 総推
556 岡山理科大学 総推
557 川崎医科大学 医
558 吉備国際大学 総推
559 就実大学 総推
560 広島経済大学
561 広島国際大学 総推
562 広島修道大学
563 広島文教大学 総推
564 福山大学／福山平成大学
565 安田女子大学 総推

四国の大学（50音順）

567 松山大学

九州の大学（50音順）

568 九州医療科学大学
569 九州産業大学
570 熊本学園大学
571 久留米大学（文・人間健康・法・経済・商学部）
572 久留米大学（医学部〈医学科〉） 医
573 産業医科大学（医学部） 医
574 西南学院大学（商・経済・法・人間科学部－A日程）
575 西南学院大学（神・外国語・国際文化学部－A日程／全学部－F日程）
576 福岡大学（医学部医学科を除く－学校推薦型選抜・一般選抜系統別日程） 総推
577 福岡大学（医学部医学科を除く－一般選抜前期日程）
578 福岡大学（医学部〈医学科〉－学校推薦型選抜・一般選抜系統別日程） 医 総推
579 福岡工業大学
580 令和健康科学大学 総推

医 医学部医学科を含む
総推 総合型選抜または学校推薦型選抜を含む
DL リスニング音声配信　新 2024年 新刊・復刊

掲載している入試の種類や試験科目，収載年数などはそれぞれ異なります。詳細については，それぞれの本の目次や赤本ウェブサイトでご確認ください。

akahon.net

難関校過去問シリーズ

出題形式別・分野別に収録した

「入試問題事典」

20大学 73点

定価2,310～2,640円（本体2,100～2,400円）

先輩合格者はこう使った!
「難関校過去問シリーズの使い方」

61年，全部載せ!
要約演習で，総合力を鍛える

東大の英語
要約問題 UNLIMITED

国公立大学

東大の英語25カ年［第12版］ 改
東大の英語リスニング20カ年［第9版］ DL 改
東大の英語 要約問題 UNLIMITED
東大の文系数学25カ年［第12版］ 改
東大の理系数学25カ年［第12版］ 改
東大の現代文25カ年［第12版］ 改
東大の古典25カ年［第12版］ 改
東大の日本史25カ年［第9版］ 改
東大の世界史25カ年［第9版］ 改
東大の地理25カ年［第9版］ 改
東大の物理25カ年［第9版］ 改
東大の化学25カ年［第9版］ 改
東大の生物25カ年［第9版］ 改
東工大の英語20カ年［第8版］ 改
東工大の数学20カ年［第9版］ 改
東工大の物理20カ年［第5版］ 改
東工大の化学20カ年［第5版］ 改
一橋大の英語20カ年［第9版］ 改
一橋大の数学20カ年［第9版］ 改
一橋大の国語20カ年［第6版］ 改
一橋大の日本史20カ年［第6版］ 改
一橋大の世界史20カ年［第6版］ 改
筑波大の英語15カ年 新
筑波大の数学15カ年 新
京大の英語25カ年［第12版］
京大の文系数学25カ年［第12版］
京大の理系数学25カ年［第12版］
京大の現代文25カ年［第2版］
京大の古典25カ年［第2版］
京大の日本史20カ年［第3版］
京大の世界史20カ年［第3版］
京大の物理25カ年［第9版］
京大の化学25カ年［第9版］
北大の英語15カ年［第8版］
北大の理系数学15カ年［第8版］
北大の物理15カ年［第2版］
北大の化学15カ年［第2版］
東北大の英語15カ年［第8版］
東北大の理系数学15カ年［第8版］
東北大の物理15カ年［第2版］
東北大の化学15カ年［第2版］
名古屋大の英語15カ年［第8版］
名古屋大の理系数学15カ年［第8版］
名古屋大の物理15カ年［第2版］
名古屋大の化学15カ年［第2版］
阪大の英語20カ年［第9版］
阪大の文系数学20カ年［第3版］
阪大の理系数学20カ年［第9版］
阪大の国語15カ年［第3版］
阪大の物理20カ年［第8版］
阪大の化学20カ年［第6版］
九大の英語15カ年［第8版］
九大の理系数学15カ年［第7版］
九大の物理15カ年［第2版］
九大の化学15カ年［第2版］
神戸大の英語15カ年［第9版］
神戸大の数学15カ年［第5版］
神戸大の国語15カ年［第3版］

私立大学

早稲田の英語［第11版］ 改
早稲田の国語［第9版］ 改
早稲田の日本史［第9版］ 改
早稲田の世界史［第2版］ 改
慶應の英語［第11版］ 改
慶應の小論文［第3版］ 改
明治大の英語［第9版］ 改
明治大の国語［第2版］ 改
明治大の日本史［第2版］ 改
中央大の英語［第9版］ 改
法政大の英語［第9版］ 改
同志社大の英語［第10版］
立命館大の英語［第10版］
関西大の英語［第10版］
関西学院大の英語［第10版］

DL リスニング音声配信
新 2024年 新刊
改 2024年 改訂

2025 年版　大学赤本シリーズ　No. 204

北海学園大学

2024 年 7 月 20 日　第 1 刷発行
ISBN978-4-325-26261-9
定価は裏表紙に表示しています

編　集　教学社編集部
発行者　上原 寿明
発行所　教学社
〒606-0031
京都市左京区岩倉南桑原町56
電話　075-721-6500
振替　01020-1-15695
印　刷　共同印刷工業